Serge Doubrovsky

Corneille et la dialectique du héros

Gallimard

Cet ouvrage a initialement paru dans la collection
« Bibliothèque des Idées » en 1963.

ISBN 2-07-020723-4

A ma mère.

Introduction

Bien des livres et des articles ont été consacrés à Corneille : que dire sur lui de neuf et de vrai? Cette simple question met la critique entière en question. S'il n'est guère possible, dans ces quelques pages préliminaires, de donner une réponse qui exigerait à elle seule un ouvrage, nous aimerions, du moins, tenter de définir la portée et les limites du présent essai.

Une nouvelle critique, au cours de ce demi-siècle, s'est peu à peu constituée. Il ne s'agit pas d'une école, ni même d'une méthode précise, mais d'une certaine façon d'envisager les rapports de la critique et de l'œuvre mère, qui n'est plus celle du passé. Selon une formule récente de J.-P. Richard, cette perspective est « interrogative et totalitaire »[1] : interrogative, elle demande en effet le déchiffrement d'une œuvre (ou d'une vie) à l'examen de ses structures internes, non de ses concomitants extérieurs; totalitaire, elle cherche, dans l'analyse de ces structures, à mettre au jour l'unité de sens qui les soutient. Cette attitude, quand elle s'adresse à Proust ou à Mallarmé, semble normale. On admet volontiers que la modernité se pense avec ses propres catégories; que les grandes enquêtes de Sartre, de Merleau-Ponty ou de Bachelard guident l'interprétation de l'homme et, partant, de la littérature modernes. Mais, pour la littérature classique, on préfère, en général, les voies traditionnelles de l'élucidation historique. Comprendre Corneille ou Racine, ce serait les replacer, avec le plus d'exactitude, dans le mouvement de leur temps : éclairer le texte par le contexte. Nous croyons que, poussé, comme il l'est souvent, jusqu'au bout de sa logique, un tel esprit détruit la compréhension littéraire qu'il entend instaurer. Nous voudrions, pour notre part, indiquer et justifier rapidement une approche des œuvres classiques, qui ne craigne pas d'employer, pour Corneille, les instruments de pensée dont a récemment tiré profit la connaissance de Baudelaire, de Rimbaud ou de Mallarmé. Il faut, en bref, pour reprendre l'expression de J. Duvignaud, faire entrer à son tour la critique du xviie dans le xxe siècle.

I. CRITIQUE ET HISTOIRE

Le premier problème, dans la perspective où se situe cette étude, est le rapport de la critique et de l'histoire, s'il est vrai qu'un recours abusif à l'histoire constitue le mal principal dont souffre la critique. Suivant un mot de Renan, qui fait encore école, dès qu'il s'agit d'œuvres éloignées, la véritable admiration serait historique; c'est sur le terrain de l'histoire qu'il faudrait chercher les clés et les critères de la compréhension esthétique. Cette présupposition guide la plupart des grands travaux universitaires consacrés à l'âge classique; de façon différente, elle anime aussi la floraison contemporaine des essais marxistes. Les points de vue sur l'histoire varient, selon les cas : le point de vue de l'histoire demeurerait celui de la vérité.

G. Couton, lui-même excellent connaisseur du théâtre de Corneille, formule très clairement la position de ce que l'on pourrait appeler l'école française d'histoire littéraire : « Une œuvre littéraire ne peut pas continuer à vivre plusieurs siècles après son auteur sans souffrir quelques trahisons et sans que les générations successives, en la tirant chacune à soi, ne commettent quelques contresens. Il faut bien dénoncer les plus graves, lorsqu'on veut établir ce qu'était l'œuvre pour ses contemporains et pour son auteur [2]. » Il est deux manières d'entendre ce texte. La première conçoit la recherche historique comme un nettoyage préalable et indispensable, destiné à enlever la patine du temps et à restituer leur éclat aux couleurs embues du tableau. Il convient de préciser des idées, des termes, des détails, dont la signification s'est obscurcie ou perdue. Il s'agit de rendre à l'œuvre sa présence, en lui rendant son présent. Il faut qu'elle se donne de nouveau à nous, *hic et nunc*, sans voiles extérieurs, mais dans son entier mystère. L'histoire s'abolit, à cet instant, devant le contact avec l'œuvre. Cette interprétation sera la nôtre. La seconde, celle du critique-historien — et celle de l'auteur de cette citation — est juste l'inverse : si le devenir est trahison, si les générations successives, en interprétant un ouvrage à partir de leur propre expérience, le défigurent, c'est que le « vrai sens » se trouve là-bas, au xviie siècle. Il serait donné une fois pour toutes, dans « ce

qu'était l'œuvre pour ses contemporains et pour son auteur ».
Moment absolu déposé dans les profondeurs du temps, il faudrait seulement, tel le souvenir bergsonien, le faire remonter à
la surface. L'extraction faite, il n'y aurait plus qu'à comparer
les vues « subjectives » des autres âges au modèle initial.

La métaphysique, que suppose cet historicisme, est un réalisme naïf. On y voit survivre curieusement la conception de
la connaissance comme « adaequatio rei et intellectus », disparue
depuis des siècles de la philosophie. Il n'existe, pourtant, guère
plus de Corneille-en-soi que de chose-en-soi. Il existe simplement une œuvre, et, sur elle, une multiplicité de perspectives :
le point de vue de Corneille sur lui-même, de ses contemporains
sur Corneille, de l'historien moderne sur Corneille et ses contemporains. Y aurait-il, parmi ces points de vue, un point de vue-
clé? C'est ce qui nous paraît, par nature, impossible.

Impossible, d'abord, de demander à l'auteur (sur lequel, de
surcroît, nous ne savons, au xviie siècle, presque rien) le secret
de son œuvre, pour la bonne raison qu'il ne le possède pas.
Lorsqu'il cesse de coïncider avec l'acte de création, pour considérer l'objet créé, sa perspective n'est plus qu'une perspective
comme les autres. On sait assez, depuis les travaux de la philosophie et de la psychologie modernes, que la conscience réfléchie
ne coïncide jamais entièrement avec la conscience irréfléchie
qui la porte. La distance qui sépare l'intention de l'acte est,
au surplus, infranchissable; la page projetée est incommensurable à la page écrite. Si l'on est seul juge de ses intentions, on ne saurait l'être de ses actes; et si, de son propos
créateur l'écrivain peut seul décider, le sens de cette création,
par contre, lui échappe. Aucun auteur, et cela à priori et eût-il
toute la « lucidité » du monde, n'est en mesure de se substituer
au critique, parce qu'aucun sujet ne peut se connaître en tant
qu'objet. Cette dimension « pour-autrui » d'une œuvre est,
comme celle de l'incarnation pour la conscience, irrémédiable.

Le cas de Corneille est particulièrement probant. Pour une
fois, son théâtre s'accompagne d'une rare abondance de commentaires, Discours, Avis, Examens. Est-on devant le « vrai
sens » de l'œuvre? Croirons-nous l'auteur, quand il nous dit
que le succès du *Cid* est dû à la réunion des deux « maîtresses
conditions » demandées par Aristote? Le suivrons-nous, quand
il considère *Œdipe* parmi ses ouvrages qui manifestent le plus
d' « art »? Inversement, lorsqu'il mutile, sur le tard, ses premières
comédies, lorsqu'il déclare les Stances de Rodrigue inexcusables, ou l'action d'*Horace* fautive et mal préparée, il faudra le
défendre contre lui-même. Corneille, et il ne pouvait faire
autrement, se jugeait avec les critères et les instruments

intellectuels de son temps : nous ne pouvons le juger qu'avec les nôtres. Est-ce à dire que les textes critiques de Corneille soient négligeables? Pas un instant. Ils constituent, au contraire, un témoignage capital pour qui veut se mettre de plain-pied avec son théâtre. Si Corneille nous confie que la criminelle Cléopâtre de *Rodogune* montre « une grandeur d'âme admirable » et que la tragédie où elle paraît est une de ses favorites, il est évident qu'aucune théorie de l'héroïsme cornélien ne sera valable, à moins d'intégrer cette indication à ses recherches. Il faut comprendre Corneille « par lui-même », certes, mais non de son point de vue. La compréhension qu'il a de soi demande à être, à son tour, comprise. De même les interprétations de ses contemporains : les Sentiments de l'Académie, les opinions de Saint-Evremond ou de Mme de Sévigné ne fournissent aucun repère absolu. Mais, en tant que réactions à une réalité alors immédiatement accessible, leur témoignage est d'une importance décisive. Rencontrer Corneille, ce n'est pas régresser du xxe siècle au xviie, mais progresser du xviie siècle au xxe : le devenir est à sens unique. Le commentateur d'aujourd'hui ne saurait pas plus vouloir interpréter les pièces de Corneille selon la signification qu'elles avaient au xviie siècle (bien qu'il doive en tenir compte), que l'acteur contemporain ne peut désirer les jouer ainsi qu'on faisait à l'Hôtel de Bourgogne. Partie chercher ce qu'était l'œuvre, là-bas, dans les profondeurs du passé, l'histoire littéraire ne trouve qu'une pluralité ouverte de perspectives, dont aucune n'est de plein droit la bonne, et que la critique doit précisément rassembler et comprendre selon sa propre perspective.

Il existe, toutefois, une autre conception de l'histoire, celle du marxisme, dont se sont récemment inspirés d'importants travaux. La connaissance historique ne s'y présente plus comme une machine à remonter le temps, pour découvrir un secret enfoui. C'est, au contraire, l'évolution ultérieure qui met à nu le sens des actions et des œuvres passées; c'est à partir de la prise de conscience moderne que l'histoire se dévoile rétrospectivement. Cette philosophie a l'avantage de mettre fin à la crise du scepticisme qu'ouvre immanquablement l' « admiration historique ». Car l'historien se trouve lui-même en situation; c'est un observateur relatif, non absolu. Après l'illusion scolastique, il faut renoncer vite à l'illusion newtonienne.

Le déroulement même de l'histoire présente, en effet, dès le départ, une succession redoutable de contradictions, qui devient vite insoluble conflit. Scudéry, parlant du *Cid :* « La vertu semble bannie de ce poème, il est une instruction au mal... » Saint-Evremond : « Corneille se fait admirer par l'expression

d'une grandeur d'âme héroïque... » Racine, orfèvre en la
matière : « Quelle véhémence dans les passions ! » Mais Voltaire :
« On peut le plaindre de n'avoir point traité de vraies passions... »
Changeons de siècle. Sainte-Beuve : « La moralité de ses héros
est sans tache : comme pères, comme amants, comme amis ou
ennemis, on les admire, on les honore... » Jules Lemaître : « Oui,
le bon Corneille aime les beaux monstres. Le bon Corneille
n'aime que la force et l'orgueil. » [3] A entendre Faguet, Corneille, c'est Nietzsche. A consulter Péguy, c'est une âme
sainte. Ces disparates se retrouvent dans la critique contemporaine. R. Brasillach ou L. Herland continuent à voir, dans le
vieux Maître, un parfait chrétien, R. Caillois ou G. May un
nietzschéen non moins convaincu. Si la nature de l'héroïsme
cornélien est contestée, on dispute aussi sur l'origine : pour
P. Bénichou, ce sublime, c'est l'idéal aristocratique, voire
féodal, dans toute sa force ; pour B. Dort, il n'y a là que contradictions d'une classe nobiliaire à son déclin. Il y a enfin, pour
mettre tout le monde d'accord en matière d'héroïsme, ceux
qui, comme F. J. Tanquerey ou A. Adam, soutiennent qu'il
n'existe point, chez Corneille, de héros.

La critique marxiste a la supériorité de montrer qu'il n'y a
pas là simple chaos d'impressions subjectives, et que ces contradictions ne se produisent pas au hasard. Si les Sentiments de
l'Académie sont défavorables au *Cid*, c'est qu'ils traduisent
la colère d'une aristocratie inquiète de se voir rappelée à ses
origines perdues (« Il y a des vérités monstrueuses, ou qu'il
faut supprimer pour le bien de la société [4]... »). La faveur dont
le « sublime cornélien », au contraire, jouit auprès de
Mme de Sévigné ou de Saint-Evremond, le prestige des « belles
passions », ne tombent pas des nues : comment mieux justifier
l'existence du privilège nobiliaire que par la preuve d'une nature
noble ? Mais le Corneille des belles passions devient bientôt
celui de la lutte entre l' « amour » et le « devoir », de Nisard à
Doumic, lorsque la bourgeoisie, pour assurer l' « ordre », se
découvre un besoin urgent de « morale ». Ce Corneille-frein
n'est pas un hasard, pas plus qu'une coïncidence, la « volonté »
lansonienne qui « maîtrise » impitoyablement les impulsions,
après en avoir pris « connaissance », en un temps où la bourgeoisie, forte de la « science » politique, savait assez la nécessité
de la contrainte du haut sur le bas. Une libre société, toutefois,
doit avoir sa libre concurrence : réprimer, certes, mais seulement les parties inférieures. Pour l'individu d'exception, il faut
bien faire exception ; il faut tenir la réussite pour un mérite,
puisque, c'est bien connu, seul le mérite réussit. On retrouvera
donc — avec les critiques nietzschéens — après le professeur

de morale, le professeur d'énergie. Mais une forte partie des classes dirigeantes reste catholique : il est temps de faire faire, à ce génie inquiétant, une bonne fin. On aura à présent un pieux Corneille. La variété des vues « subjectives » ne fait que refléter les variations d'époque et de classe. Ainsi pourrait se trouver résumée et comprise, selon un schéma marxiste, l'histoire apparemment chaotique de la critique cornélienne.

Cette seconde conception de l'histoire marque, croyons-nous, un progrès capital sur la première. Mais si le relativisme marxiste porte contre la postérité de Taine, il se retourne aussi, du coup, contre lui-même. Et si l'histoire littéraire la plus stricte manifeste à son tour, dans l'établissement comme dans le découpage des faits, les idées et les préférences, les conditions et les méthodes de travail de l'érudit, l'historien marxiste, pas plus que les autres, ne coïncide avec l'histoire-en-soi. Il nous décrit, avec raison, toutes les perspectives comme comprises par l'histoire; mais, soudain, c'est l'histoire qui est tout entière comprise par la perspective de l'historien marxiste : à un moment donné, en quelque sorte, surgirait un point de vue absolu. De même que, dans la pratique, la dialectique des contradictions sociales finirait par se résoudre dans l'harmonie de la société future, la relativité des jugements contraires s'abolirait au profit d'une sorte de Jugement Dernier. Leur propre vérité, qui échappait par principe à la conscience « mystifiée » de Corneille et de ses contemporains, voilà qu'elle apparaît, définitive et transparente, dans les travaux de l'historien marxiste. Le malheur de cette philosophie, venue tout droit de l'idéalisme hégélien, malgré l'affublement matérialiste, c'est de vouloir introduire, au cœur d'un devenir ouvert, un point de vue total et final, en un domaine où il n'y a précisément ni fin ni totalité. L'histoire continue, et le marxisme n'est lui-même qu'un point de vue historique dépassable, et, à maints égards, dépassé. L'interprétation que B. Dort donne de Corneille, L. Goldmann de Racine ou H. Lefèvre de Pascal est tout aussi assujettie à la vision d'une époque et d'un groupe, tout aussi étroite, que celle de Nisard ou de Lanson. Croire, à la manière marxiste ou, d'ailleurs, existentialiste, qu'à un moment, on puisse tirer le trait et faire le compte, conduit inévitablement à simplifier et à réduire. Ce que les contemporains de Corneille prenaient pour la tragédie du sublime n'était *que* l'angoisse d'un homme de robe, loyaliste et monarchiste, devant la liquidation de sa classe par la monarchie. Cette philosophie du « ne... que » domine tous les travaux de la critique historiciste, marxiste ou non. Puisqu'on postule un sens absolu qui se donne à l'historien, comprendre devient *expliquer* par l'histoire; saisir une œuvre, c'est la définir, au-delà de son individualité apparente, par tous les éléments extérieurs sur lesquels elle repose. En bref, on touche le fond d'un texte à l'instant précis où on le quitte pour son contexte. Le vrai sens de *Nicomède* se trouve dans les rapports de Corneille et de Condé; le secret de l'angoisse janséniste en face du Divin, dans les contradictions inavouées de la noblesse de robe. La signification de l'œuvre est toujours, en définitive, ailleurs.

Cet écueil de la « réduction », contre lequel vient se briser la spécificité de toute entreprise spirituelle, est curieusement le même pour la critique d'inspiration psychanalytique. Une image onirique *n'*est, pour elle, *que* l'expression indirecte d'un désir; une métaphore poétique, que la transposition de tel contenu affectif latent, exactement comme l'œuvre littéraire n'était que l'histoire déguisée [5]. Dans tous les cas, l' « explication » laisse échapper l'essentiel : l'œuvre ou l'image en tant que telles, avec leur articulation et leur logique propres, — réponse créatrice aux données d'une situation, invention originale. Loin qu'on puisse expliquer un sens humain par sa genèse, historique ou psychologique, à l'instar d'un produit par sa recette de fabrication, cette genèse n'est elle-même intelligible qu'en fonction d'un sens premier et fondamental. Il faut que le rêveur choisisse de vivre son désir dans *cette* image, que le poète décide de transcrire son émotion dans *cette* métaphore, pour qu'on puisse faire ensuite, à loisir, la théorie de l'imagination symbolique. Il faut de même qu'un théâtre définisse et sécrète son propre tragique, pour que l'historien y retrouve ensuite les drames du temps. Aucun concours d'événements, aucune rencontre de causes ne peuvent rendre compte de ce qui est, dans l'œuvre d'art, noyau central. Nous espérons en donner des exemples précis dans cette étude. Il n'est, bien sûr, pas inutile de savoir à quelle occasion telle pièce de Corneille a été conçue, dans quelles circonstances elle a été composée. Mais le *sens* de la pièce ne dérive jamais des circonstances ni de l'occasion. Tout au contraire, c'est l'œuvre d'art qui établit l'importance des faits et des événements, dans la mesure où elle les indique et les insère dans sa trame. C'est l'œuvre qui absorbe l'histoire, et non l'histoire qui la résorbe. Une œuvre a une cohérence, une consistance indépendantes de sa genèse, et que la critique doit se donner pour fin de découvrir. En un mot — et ce sera le premier principe de notre méthode — un sens intime et ultime habite l'œuvre, un sens qu'il faut interroger lui-même et lui seul.

II. LES VOIES DE LA CRITIQUE : PERCEPTION ET PERSPECTIVE

Si l'interprétation historique ne saurait constituer une explication, ce n'est pas par hasard : liaison de faits au moyen de concepts, la connaissance qu'elle propose est d'ordre intellectuel. Or, selon nous, la connaissance critique est d'une tout autre nature : elle ne se rapporte pas à la notion, mais à la perception. Qui dit œuvre, en effet, dit toujours *objet*. Alors que l'histoire traite d'événements par définition absents, l'art, quel qu'il soit, s'offre comme *présence* humaine, déposée dans une matière et signifiante à travers elle. A Sartre, qui déclarait de la VIIe symphonie de Beethoven qu'elle « n'est pas là, entre ces murs, au bout de ces archets » et qu'elle « échappe entièrement au réel [6] », définissant ainsi la contemplation esthétique « un rêve provoqué [7] », nous opposerons les analyses de M. Dufrenne : « si l'irréel comme sens de l'objet esthétique n'est pas un imaginaire, c'est qu'il est intérieur à cet objet et doit être saisi en lui; c'est que le sens est immanent à la chose [8]. » Naturelle ou esthétique, la perception est du même ordre : l'objet ne se livre qu'à une conscience, mais la conscience ne constitue pas pour autant le sens du perçu, elle le découvre dans ce qu'elle perçoit. Sans prétendre élucider un problème qui demanderait, à la suite de M. Dufrenne, l'ampleur d'une phénoménologie, il faut pourtant indiquer, pour la critique, les conséquences de son mode d'accès à l'œuvre d'art.

1o Il n'y a pas plus, en critique, d'*au-delà* de l'œuvre, qu'il n'y a, pour la perception, d'*en-deçà* de la chose. La rencontre avec l'objet est, pour le sujet, un commencement absolu. De même qu'il n'y a pas d'explication scientifique de la perception, parce que toute science et toute explication se constituent sur fond originel de déjà-perçu, la réalité artistique est entièrement donnée et définie par le contact primitif avec l'objet d'art. Les classifications, comparaisons, relations et élaborations subséquentes de la pensée réfléchie ne sont possibles qu'à partir de cette présence première, indépassable et irréductible. Il ne saurait donc être question, pour la critique, d'aller chercher ailleurs sa vérité que dans un certain mode d'aperception ou d'appréhension qui ne prétend nullement *expliquer* l'œuvre, mais seulement l'*expliciter*. L'objet esthétique indique lui-même, à la conscience qui le considère, ses articulations et ses contours.

2⁰ Dévoilement objectif, la perception demeure contact personnel. Le sujet n'a d'accès au monde que de *son* point de vue; il ne peut s'ouvrir à l'objet que dans une perspective qui est la sienne, et dont il ne saurait « sortir ». Parce que l'on ne « sort » pas du Cogito, même s'il nous jette dans le monde, le critique ne dépouille en rien sa subjectivité, quand il se penche sur une œuvre. Il la voit de son point de vue, situé dans l'espace et le temps, du fond d'un engagement géographique et historique, qu'il ne quitte qu'avec la vie.

3⁰ Si toute perception est subjective, cela ne veut pas dire pour autant que toutes se valent. Il en est de correctes ou d'incorrectes, suivant la *prise* qu'elles ont sur leur objet. Comme dit ici M. Merleau-Ponty, dont ces vues s'inspirent directement, cette prise n'est autre que la concordance pratique, le recoupement vivant de tous les profils perceptifs dans une « chose », où « les « aspects » se signifient l'un l'autre dans une équivalence absolue; c'est la plénitude insurpassable : impossible de décrire complètement la couleur du tapis sans dire que c'est un tapis, un tapis de laine, et sans impliquer dans cette couleur une certaine valeur tactile, un certain poids, une certaine résistance au son. La chose est ce genre d'être dans lequel la définition complète d'un attribut exige celle du sujet tout entier et où par conséquent le sens ne se distingue pas de l'apparence totale [9]. »

Pareillement, le sens d'une œuvre sera son « apparence totale », c'est-à-dire la totalité de ses apparences. La perception critique correcte sera celle qui aura une « prise précise », qui saisira l'œuvre à la fois dans son *unité* et sa *totalité*, dans la communication concrète de ses aspects particuliers. Il s'agira de comprendre les parties par le tout qu'elles forment, et le tout, non comme une somme, mais une synthèse de parties liées entre elles. De même que la perception vraie tend à faire surgir, à travers la coordination systématique de ses profils, la cohésion plénière de la chose, nous dirons, avec L. Goldmann, qu'en critique, « le sens valable est celui qui permet de retrouver la cohérence entière de l'œuvre [10]. »

4⁰ Il paraît, dès lors, possible de trouver, au scepticisme provoqué par le spectacle des jugements contradictoires, une réponse autre que la mise en perspective historique, à la façon hégélienne ou marxiste. Il y a, en effet, par avance, une norme de vérité, qui n'est autre que l'*œuvre elle-même:* elle est à l'horizon de tous les jugements, elle est la présence absolue dans laquelle ils se rejoignent. Ce n'est pas le terme lointain, idéal, au bout de tous les jugements possibles, comme voudrait Sartre; c'est la donnée immédiate, à l'origine de tous les jugements réels. Les jugements sur l'œuvre se comprennent donc par l'œuvre, dans l'exacte mesure où l'œuvre se comprend par les jugements. Pour décider du vrai, puisque la subjectivité n'est pas prisme déformant, mais pouvoir dévoilant de son objet, il y aura bien une critique « objective » : ce sera non pas celle qui tend à réduire le sens esthétique à ses concomitants extérieurs, mais celle qui tente de coïncider avec la profondeur, l'épaisseur *totales* de son objet.

Ainsi, lorsque le catholicisme de Chateaubriand ou de Péguy leur fait éprouver le christianisme de *Polyeucte*, leur sensibilité personnelle n'est pas un obstacle, elle est un contact, où se donne un certain sens religieux de ce théâtre. D'autres, enclins à se chercher, pour eux-mêmes et pour leur société, une morale de la discipline, seront sensibles à l'effort éthique du Corneille « romain » : ils ne sont point alors « mystifiés » par leur condition bourgeoise et leur conscience de classe, mais, au contraire, leur condition et leur classe leur permettent de retrouver et d'apprécier ce qu'il y a, dans l'héroïsme cornélien, d'astreinte. Les nietzschéens, qui découvrent dans *Rodogune* ou *Attila* le culte d'une grandeur située au-delà du Bien et du Mal, ont raison de comprendre à la lumière de Nietzsche un mouvement du Moi, dont Corneille avait tenu à souligner l'importance, et que Nietzsche éclaire beaucoup plus que le contemporain de Corneille, Descartes. L'esprit du critique réveille justement le sens « chrétien », « vertueux » ou « sanguinaire » des ouvrages qui le confrontent. Sa subjectivité ne l'égare point, elle révèle un aspect de l'œuvre. L'interprétation qui s'ensuit n'est pas fausse, parce qu'elle serait fondée sur une « impression »; elle est fausse, parce qu'elle a *seulement* la vérité d'une impression, c'est-à-dire d'une vue fragmentaire. Une scène prise dans une pièce, une pièce prélevée sur l'ensemble d'un théâtre, peuvent produire des jugements vrais, mais partiels, qui entrent aussitôt en conflit. L'erreur, ici, est morcellement de la vérité. Ce que l'on nous dit de *Polyeucte* est absurde pour *Rodogune;* ce que l'on découvre dans *Attila* est inapplicable à *Horace*. Au lieu de présenter le théâtre de Corneille par morceaux successifs, par pièces détachées, selon l'humeur du critique ou le caprice de l'époque, une étude serrée doit rassembler la variété inépuisable des apparences suivant une perspective cohérente, qui réunisse Polyeucte et Cléopâtre, Horace et Attila. En un mot, il faut considérer le théâtre de Corneille comme une dramaturgie. Si la critique est forcément point de contact et point de vue d'une subjectivité, elle ne doit pas pour autant se contenter de révéler des éléments : elle doit faire apparaître des structures. La vraie perspective est celle qui, pour s'assurer une prise maxima, *met son objet en perspective.*

Cependant, dira-t-on, n'avons-nous pas affaire à une activité créatrice qui, dans le cas de Corneille, s'étale sur un demi-siècle? Cette immense production, où se distinguent les genres les plus divers, les réussites les plus inégales, ne répond-elle pas à des sollicitations différentes? Corneille n'a-t-il pas le droit de se renouveler, de se contredire? Ramener son œuvre à l'unité, n'est-ce pas une démarche purement artificielle? — Nous sommes le premier à admettre qu'il n'existe aucune formule dont on puisse tirer le théâtre de Corneille, aucun principe qui le produirait comme une conséquence nécessaire. Aussi bien l'unité en question ne saurait être celle d'un concept. Refuser d'expliquer la succession empirique des actes ou des œuvres, ce n'est nullement renoncer à trouver, entre eux, un lien vivant. Les gestes les plus discontinus forment un comportement général; les conduites les plus insignifiantes signifient. Ces vérités, que cinquante ans de psychanalyse ont rendues banales, il faut pourtant les répéter ici. La variété éblouissante du talent cornélien, la multiplicité des sujets, les changements de rythme, les innovations dramatiques ne vont pas à l'aventure; ce ne sont rien moins que des accidents. Il y a *un* auteur, Corneille, et *une* œuvre, son théâtre. Suivrait-il cent fois le « goût du jour » ou les « fluctuations de la mode », comme on l'a souvent dit, Corneille le fait à *sa* façon; quoi qu'il entreprenne, son entreprise se définit par un style de pensée et d'être, qui, de même qu'à tout homme, lui est propre. En admettant que le théâtre de Corneille se présente par morceaux successifs, par tranches séparées, le rôle de la critique serait précisément de saisir cette brisure comme une forme de continuité, cette rhapsodie comme une suite. Les conduites éparses au fil des jours et les ouvrages disséminés au long des ans constituent une totalité signifiante et s'ordonnent autour d'une ligne de force. — Demeure, évidemment, le problème capital, qu'aucune théorie de la perception ne peut résoudre : s'il existe une vision unifiante, et si elle n'est en rien un concept, où chercher ce principe directeur? Comment découvrir, pour la critique, l'équivalent du déchiffrement que s'est donné, pour la vie quotidienne, la psychanalyse?

Nous trouverons, croyons-nous, ce déchiffrement au même endroit, sur un plan, sinon identique, du moins similaire. Il n'y a point plusieurs compréhensions de l'homme, mais seulement plusieurs niveaux d'activités. L'homme rêve, agit ou écrit : cela ne nie point la réalité spécifique (et, par conséquent, l'interprétation particulière) du songe, de l'action ou de l'écriture. Mais, au bout du compte, l'agent est le même. Psychologie, politique et esthétique sont supportées par le même sujet. Elles se rejoignent et communiquent par le bas : par l'*existence humaine* qui les fonde, et que, au-delà de la psychanalyse classique, les philosophies contemporaines s'efforcent de mettre à nu. Force est donc de revenir, en critique aussi, à ce niveau primordial qui voit le surgissement de la conscience dans un corps et dans un monde, avec lesquels elle noue spontanément certains rapports affectifs. « Trauma infantile » ou « projet fondamental » : peu importe ici le vocabulaire. Ce qui compte, c'est l'importance décisive de ce contact originel. Notre vie ultérieure se développe à partir de cette réaction aux données vécues de notre condition; elle en reçoit son rythme et sa tonalité propres. C'est aussi cet élan primitif qui se dépose et se transpose dans l'œuvre d'art, à laquelle il imprime sa consistance.

En soulignant le primat de l'œuvre, nous n'avons pas voulu un seul instant promouvoir le formalisme dont s'inspire souvent la critique anglo-saxonne. Pour nous, le sens est bien dans la matière sensible de l'objet; mais l'objet ne se referme point sur lui-même, de sorte que l'examen de ses structures ne renverrait à rien d'autre qu'au miracle de son équilibre interne. Tout objet esthétique, en fait, est l'œuvre d'un *projet humain*. Interroger l'œuvre et l'œuvre seule, comme nous disions précédemment, c'est donc tenter de saisir, à travers elle, l'appel d'un esprit au nôtre, pour nous proposer une quête et nous offrir, en définitive, un salut. A travers le texte écrit ou la pièce jouée, à travers la beauté des mots ou la rigueur de la construction, *un homme parle de l'homme aux hommes*. L'objet esthétique, sur ce point, ne constitue qu'un cas particulier des relations avec autrui, un mode spécial d'apparition de l'Autre. Sa matière, semblable ici à la matière technologique, est porteuse d'un sens humain, tout entier donné dans sa structure. Un marteau qu'on tend indique qu'il est « à prendre » d'une certaine manière; une pièce qu'on montre, qu'elle est « à comprendre » d'une certaine façon. Les moyens d'investigation dont la critique dispose sont, à ce niveau, ceux-là mêmes qui permettent de déchiffrer tout rapport vécu au réel. Pour notre part, nous avons donc demandé nos instruments de pensée à une « psychanalyse existentielle », librement inspirée des travaux de Sartre et de Merleau-Ponty, sans nous interdire de regarder ailleurs, du côté de Marx ou de Freud, voire de

Hegel. (Bien entendu, il s'agit d'une « psychanalyse existentielle » appliquée à l'*œuvre*, non à l'*auteur*. Ce sont là deux ordres
de réalité entièrement distincts. Nous maintenons la spécificité
de l'œuvre non seulement contre la réduction « historique »,
mais contre la réduction « biographique ». En particulier, nous
refusons de suivre ici la critique existentialiste, pour laquelle
l'examen des ouvrages n'est souvent qu'un prétexte à faire le
procès des auteurs. Les « complexes » du héros cornélien ne
sont nullement ceux de Corneille; c'est, en tout cas, un tout
autre problème, que nous n'aborderons pas dans cette étude,
et sur lequel, heureusement, disait avec humour O. Nadal, nous
ne savons rien.) Ces moyens d'élucidation ne constituent donc
pas un système clos, mais instituent une approche; disons, une
certaine compréhension, ouverte et parfois contradictoire, de
l'homme dans la réalité, donc dans la littérature. Puisque aussi
bien, pour nous, il n'y a pas de « science de l'homme », il n'est
pas un instant question d'établir une « science critique ».
Une interprétation peut et doit se vouloir rigoureuse; elle
reste, par définition, approximative. Pas plus en critique
qu'en philosophie — et nous y reviendrons — la synthèse
achevée et le livre définitif ne sont possibles.

Aussi cette saisie des aspects multiples d'une œuvre à partir
de la vision centrale qui l'informe doit-elle se garder d'être,
à son tour, « réductrice ». C'est, reconnaissons-le, la perpétuelle
tentation de toute étude systématique, que d'être, par vocation,
impérialiste. Il faut pourtant se rappeler sans cesse qu'une
connaissance nécessairement imparfaite ne peut jamais prétendre être absolue. Rapporter des significations diverses et
dérivées à leur sens humain primitif ne reviendra donc nullement à en nier la spécificité. Il demeure un domaine propre
de la signification esthétique, morale ou politique. Le théâtre
de Corneille doit être étudié aussi comme pur théâtre, comme
mise en œuvre de moyens dramatiques régis par des lois
autonomes : cette approche n'est en rien réductible à la nôtre,
et nous comptons non la supplanter, mais l'utiliser[11]. Pourtant,
ce théâtre, fait pour être joué, l'est également pour être lu,
témoin les nombreuses éditions, revues et corrigées, que l'auteur
a pris soin d'en donner. Son « poème dramatique », considéré
comme drame, peut être examiné comme poème, dont il
conviendrait alors d'analyser les structures formelles, le langage,
le style, la prosodie[12]. Mais toute activité humaine est manifestation historique, où se reflètent les aspirations d'un temps,
d'un pays, d'une classe. Le théâtre de Corneille peut être
encore étudié dans ses rapports avec les divers aspects de
l'histoire — littéraire, politique, sociale[13]. En vertu de nos

propres principes, il existe une multiplicité de points de vue, tous légitimes, sur le même objet. Loin de vouloir les abolir, il s'agit, au contraire, de les fonder.

Nous sommes donc en accord avec les travaux marxistes, lorsqu'ils cherchent à définir une œuvre par son unité expressive et sa cohérence totale, que L. Goldmann relie, à juste titre, à une « vue du monde »; et en désaccord avec eux, sur la définition de cette même « vue » : « une vision du monde, c'est précisément cet ensemble d'aspirations, de sentiments et d'idées qui réunit les membres d'un groupe (et souvent d'une classe sociale) et les oppose aux autres groupes [14] ». Certes, une « vision du monde » est bien aussi cela. Dans la mesure où une communauté humaine vit la condition humaine selon certains rapports (maîtrise, esclavage, propriété, dénuement, etc.), il est évident qu'une vision du monde est *également* conscience de groupe ou de classe. Mais elle n'est pas cela *d'abord*. S'arrêter à cet aspect second, c'est faire comme la psychanalyse classique, qui croit avoir touché le fond de l'homme, lorsqu'elle rencontre la sexualité biologique : c'est ne pas aller assez profond. Des désirs ou des idées ont leur signification propre, avant de former un « ensemble ». Le christianisme, ce n'est pas la chrétienté. Comme Sartre l'a jadis bien montré, au-delà des situations particulières, tout choix, toute attitude signifient une solution toujours possible de la condition humaine, que, dans d'autres circonstances, sous une autre forme, un autre homme, une autre société peuvent reprendre et revivre à leur façon. Toute situation est historique; mais, inversement, toute histoire est transhistorique, parce qu'elle se produit sur le fond inchangeable de l'existence. Cette interprétation régressive, qui, en deçà du sens esthétique, psychologique ou sociologique d'une attitude, remonte jusqu'au mode d'être, aux relations premières avec le monde, avec autrui et avec Dieu, qu'elle implique — telle est pour nous, la voie de la critique moderne.

III. LES LIMITES DE LA CRITIQUE : PROGRÈS ET ÉCHEC

Prenons Gautier au pied de la lettre :

> *Tout passe. — L'art robuste*
> *Seul a l'éternité.*
> *Le buste*
> *Survit à la cité.*
>   (« *L'art* », *Émaux et Camées.*)

L'éternité dont il s'agit n'est pas celle de l'Idée, mais de l'objet. Le buste perdure, non en dehors du temps, à travers. Ce n'est pas une essence immuable, mais un être qui s'inscrit dans un devenir, et que percevront une pluralité ouverte de consciences. Il faut donc redire ici de l'objet humain ce que nous disions à l'instant de l'existence humaine : son statut d'intelligibilité est transhistorique. Loin d'être figée en un éternel présent, l'œuvre d'art se projette vers un avenir indéfini. On parle avec raison d'une œuvre « toujours vivante » : seul, en effet, l'ouvrage médiocre reste enfermé en son moment historique et culturel. « Sur le Racine mort, le Campistron pullule », s'écriait Hugo. C'est, en vérité, l'inverse ; sur le Campistron mort, Racine, littéralement, pullule; il se reproduit avec chaque époque. Son œuvre ne peut plus changer, mais elle se transforme; elle ne peut plus progresser, mais elle peut s'enrichir; elle ne saurait être modifiée, mais, dans son rapport à de nouveaux esprits, dans son contact avec une nouvelle histoire, elle peut être renouvelée. « Tel qu'en lui-même enfin... » Vrai uniquement de la médiocrité. L'œuvre insignifiante a une essence, l'œuvre magistrale une existence, c'est-à-dire une essence en devenir, qui reste pour toujours, et tant qu'il y aura des hommes, en sursis. Les générations successives ne « trahissent » donc point un sens donné une fois pour toutes, et qu'il conviendrait d'exhumer : la critique n'est pas une branche spéciale de l'archéologie. Outre que des sens contraires coexistent dès la naissance de l'œuvre — avec l'histoire, d'*autres* perspectives font, à leur tour, surgir d'*autres* sens du *même* objet.

Ainsi devient possible le progrès de la critique. Son objet, certes, est identique à travers le temps, mais ses outils de pensée, ses instruments intellectuels varient. Comme en science et en philosophie, ils se précisent et s'améliorent. Le Corneille « cartésien » de Lanson, dominant les passions par une connaissance vraie, puis par un acte volontaire, sur le modèle « mobile-délibération-décision », est une interprétation erronée, dans la mesure où les catégories employées sont inadéquates et le système, auquel elles renvoient, caduc. Une bonne partie des discussions sur le rapport de la « passion » et du « devoir » chez le héros cornélien provient de la méconnaissance des actes psychiques véritables, qui définissent l'émotion ou la volition. Malgré tout leur génie, ni Shakespeare ni ses contemporains, ni plus tard Coleridge ou Hazzlitt n'ont pu voir dans le personnage de Hamlet, découvrir dans ses relations avec son père et sa mère ce que nous pouvons y voir et y découvrir aujourd'hui. Nous ne sommes pas plus intelligents que nos

prédécesseurs, mais nous pouvons recourir, pour aiguiser
notre interprétation, à ce que nous savons de plus qu'eux.
Le jugement de la « postérité » n'est préférable que parce qu'il
est, justement, mieux armé.

Si nous reprenons la question que nous posions au début :
« Encore un livre sur Corneille? », nous avons peut-être les
éléments d'une justification. Il ne s'agit pas de « réinventer »
ce théâtre, mais de le regarder avec des yeux neufs. Dans la
mesure où nous réussirons à dégager la cohérence des pièces;
où nous comprendrons mieux la vision du monde qui sous-tend
leur succession; où, enfin, nos propres présupposés, ou, si
l'on veut, préjugés, feront apparaître de nouvelles faces de
cette dramaturgie, notre étude sera *plus vraie* que les précédentes. Mais, bien entendu, il n'est pas question de dire *la*
vérité sur Corneille, au sens où J. Schlumberger voyait dans les
travaux de Lanson l'ouvrage « définitif ». Il n'y a point de
Corneille « ne varietur », puisque, Dieu merci, son œuvre est
vivante et ouverte à un avenir fécondant. Il ne faut laisser ici
aucune équivoque : cet essai sera inévitablement daté, comme
il est inévitablement restreint dans sa perspective. Car — et
c'est pour nous un point essentiel — ce sont les *limites* de la
critique qui en permettent le *progrès*, sans qu'elle puisse jamais
toucher au but. Si la vision doit s'efforcer d'être complète,
elle ne saurait jamais être totale. Son objet n'est à aucun
moment étalé devant elle. Heidegger l'a dit depuis longtemps,
le dévoilement du réel est aussi, et du même coup, dissimulation. Pour chaque face que le regard révèle, il en cache une
autre. Telle est la profondeur insurmontable de l'être, qu'aucune
synthèse perceptive ne nous le livre entier [15].

Cette limitation de perspective est, d'ailleurs, non seulement
spatiale, mais temporelle. Le langage ordinaire dit fort bien
qu'une personne est « bien » ou « mal » placée pour savoir
quelque chose. On est, de même, bien ou mal placé, historiquement, pour apprécier une œuvre. Les moments de l'histoire
ne sont pas plus équivalents que les perspectives de l'espace.
Ce n'est donc pas hasard qu'une intelligence aiguë comme celle
de Voltaire ait été fermée au théâtre de Corneille; ni pure coïncidence que les poètes de la Pléiade, oubliés pendant deux siècles,
soient reparus avec le romantisme. Il y a des sympathies historiques, comme il y a des affinités individuelles. Certaines
périodes communiquent spontanément; d'autres perdent contact
et s'ignorent. L'historicité de la critique fait qu'à l'instant où
elle découvre un horizon, elle en dérobe un autre. Elle permet
de voir, dans la mesure où elle aveugle. C'est en vain qu'on
chercherait une époque commensurable à toutes les époques.

Ainsi, la critique peut offrir une prise de plus en plus serrée, opérer des coupes de plus en plus systématiques, tendre hyperboliquement vers la synthèse achevée : celle-ci demeure, par principe, irréalisable. Tel est l'élan, le but et, si l'on veut, la tragédie de la critique : elle *tente l'impossible*. Elle cherche, à chaque fois, de toutes ses forces, à faire le livre définitif, qui ne le sera jamais. C'est que cette compréhension « globale », ce point de vue « total », dont nous avons fait, avec la plupart des philosophies contemporaines, le but de notre recherche, sont des mythes, dès l'instant où l'on croit pouvoir *réellement* y atteindre et s'y arrêter. Il n'y a pas de point de vue du Moi sur la totalité, ni de la totalité sur le Moi : en un mot, pas de perspective où l'homme puisse jeter, sur les autres et lui-même, le regard de Dieu. Nul moment de l'histoire ne donne à l'homme sa figure ultime : le mouvement de l'existence, individuelle ou collective, n'est pas plus intégralement définissable, que l'objet de la perception intégralement perceptible. Un homme n'est pas plus « la somme de ses actes », que l'histoire une sommation d'événements : si le calcul est possible, il ne l'est pas pour une conscience humaine; et s'il n'y a de conscience qu'humaine, le calcul est impossible. Une critique existentielle, telle que nous la présentons ici, se sépare donc radicalement de la critique existentialiste, sœur de la marxiste, et éprise, comme elle, de Jugements Derniers. La « totalité », vers laquelle nous nous efforçons, finit toujours par nous échapper; la réalité d'une vie ou d'une œuvre déborde toujours nos catégories. C'est pourquoi, admettons-le, toute entreprise critique est, d'avance et sans remède, un échec. Telle la philosophie, la critique, ouverte et dépassable, établit des points de repère et des îlots de certitude, qu'elle s'évertue à constituer en savoir toujours plus complet, mais jamais absolu, et progresse ainsi, de livre en livre et de siècle en siècle, vers son terme inaccessible.

IV. CRITIQUE CORNÉLIENNE

Ce n'est pas sans raison qu'un spécialiste de Corneille pouvait noter récemment : « Trois siècles nous séparent de son temps : ils ont accumulé une bibliographie d'une redoutable abondance et qui comporte peut-être plus de parties mortes que pour aucun autre de nos classiques [16]. » Si la critique cornélienne souffre ainsi d'une faiblesse avouée, ce n'est certes pas faute d'esprits éminents qui se soient passionnés pour elle : de Voltaire à Chateaubriand, de Sainte-Beuve à Péguy, les écrivains s'y intéressent. Plus près de nous, érudits, critiques, essayistes, venus des horizons les plus divers, de Gustave Lanson à Octave Nadal, de Louis Herland à Georges Couton, de Jean Schlumberger à Reinhold Schneider, de Robert Brasillach à Bernard Dort, de Paul Bénichou à Jean Starobinski apportent des vues personnelles et pénétrantes. Pourtant, il n'est guère d'œuvre illustre, et tant de fois commentée, sur laquelle il reste tant à dire.

Si l'introduction qui précède nous aide à mieux comprendre pourquoi, elle n'aura pas été inutile. Les commentateurs de Racine ou de Molière ont lu leurs œuvres complètes : longtemps, ceux de Corneille se sont bornés aux « quatre grandes » tragédies et à une ou deux comédies. Avant *le Cid*, peu de chose; après *le Menteur*, rien. Mutilé des trois quarts, privé des explorations audacieuses qu'il lance en toutes directions, le théâtre de Corneille s'en est trouvé défiguré. La pénétration puissante et têtue d'un Péguy, réduite à s'exercer sur un pan de l'œuvre, se voue à l'erreur, du fait qu'elle omet d'accorder ses découvertes à d'autres aspects, qu'elle méconnaît. Aujourd'hui, le problème est différent. Qu'il s'agisse de travaux universitaires ou d'essais, on s'efforce à la synthèse. On prend le théâtre de Corneille comme un tout, mais on va bientôt chercher, en dehors des pièces, leur sens et leur intérêt réels. On aime à y retrouver, avec L. Herland, la vie de l'auteur; avec G. Couton, les allusions aux détails de l'histoire contemporaine; ou encore, avec P. Bénichou ou B. Dort, le mouvement général de la civilisation nobiliaire. On met au jour une éthique, pour la dissoudre ensuite dans la contingence d'un destin personnel ou d'un moment historique. L'œuvre de Corneille, c'est aussi cela, mais c'est avant tout un univers vivant, en expansion dans cinquante années de théâtre, et qui contient son propre système de valeurs et de références.

J. Schlumberger, qui a tant fait, avec R. Brasillach, pour le renouveau cornélien, en un siècle voué au culte de Racine, est des tout premiers à avoir concentré l'attention sur le texte. Dans un esprit plus systématique, et suivant les principes énoncés plus haut, le présent essai tentera de constituer une stricte *lecture de Corneille*, dont c'est Corneille, du reste, qui a donné la meilleure formule : « ... une pièce de théâtre est fort mal faite quand elle ne porte point toutes ses lumières elle-même, et qu'elle a besoin d'un faux jour qui vienne d'ailleurs [17]. » Notre interprétation essaiera de s'appuyer sur un réseau de citations multiples, dans l'espoir de faire émerger peu à peu un sens global. Notre hypothèse devra faire, en cours de route, boule de neige; amasser, en quelque sorte, ses propres preuves; faire converger, à mesure que nous avancerons, ses justifications. Toute méthode comporte ses risques : celle-ci a certainement les siens, qu'il serait vain de dissimuler. La « lecture critique » ainsi conçue est discontinue; son ensemble de citations est un choix. Puisque tout point de vue est forcément limité, elle promène, au long d'une œuvre, ses œillères; elle y découpe sa perspective. A l'arbitraire dangereux du découpage, nous avons tâché, autant que possible, d'apporter le remède du recoupement. Si, de pièce en pièce, les vers se répondent, les thèmes se font écho, les personnages se prolongent; si un faisceau de citations vient éclairer constamment l'œuvre comme un faisceau de lumière, on pourra dire que nous sollicitons le texte : il faudra, du moins, convenir que le texte s'y prête. L'œuvre apporte sa présence, le critique ses catégories, dont il se sert pour un déchiffrement suivi. C'est bien le regard attentif, jeté d'un certain angle, qui cherche et dessine les arêtes de l'objet; mais la structure qui se révèle n'appartient qu'à l'objet même. La vision, c'est précisément ce concours.

Ajoutons que notre vision s'est beaucoup aidée des vues antérieures. Les réserves théoriques que nous avons pu être amené, ici ou là, à formuler, ne diminuent en rien la dette pratique que nous avons envers les travaux de nos devanciers. Sans eux, sans l'immense labeur collectif d'élucidation cornélienne, il va sans dire que notre entreprise eût été inconcevable et impossible. On ne saurait aller du texte au texte, sans passer par la masse considérable des commentaires qui en illuminent les aspects. Nous avons sans cesse été mis sur la voie : le sentiment de l'ascèse, du sacrifice inhérent à tout acte héroïque, qui l'a mieux exprimé que R. Schneider? La sensibilité, longtemps méconnue, des grands personnages, qui l'a plus fortement soulignée qu'O. Nadal ou L. Herland? La conscience du rôle essentiel que joue, dans ce théâtre du héros, la mentalité aristocratique, nous la devons aux travaux de P. Bénichou et de B. Dort. La dialectique de l'être et du paraître, chez Corneille, se trouve esquissée par J. Rousset et J. Starobinski. Chaque fois qu'il fallait un renseignement précis et sûr, c'est à G. Couton, le meilleur historien de Corneille, que nous nous sommes adressé. Mieux encore, le sentiment d'une vision unitaire qui anime et informe la dramaturgie cornélienne, nous ne l'avons en rien inventé : il est dans l'air. Péguy disait déjà que « les tragédies de Racine sont des sœurs séparées, alignées, qui se ressemblent. Les quatre tragédies de Corneille sont une famille liée [18] ». Cette liaison, restreinte à quatre pièces, s'étend bientôt à d'autres. Malgré des études qui scindent encore l'œuvre mère en « comédies de jeunesse », en « tragédies de la maturité » ou en « drames de la vieillesse », on s'aperçoit graduellement que les différences évidentes s'organisent autour d'une parenté profonde. Curieusement, ce sont les travaux les plus empiriques, les moins suspects d'idéologie, qui en apportent le plus probant témoignage. En Amérique, une école « formaliste » (dont la contribution importante mériterait d'être mieux connue), décidée à examiner l'œuvre de Corneille comme pur théâtre et théoriquement hostile à la « hantise de l'unité » en arrive pourtant, en fait, à montrer la convergence frappante et systématique des moyens d'invention et d'expression [19]. Une enquête semblable, menée en France, aboutit à des conclusions similaires [20]. Plus significativement encore, une étude statistique de l' « imitation de soi chez Corneille », c'est-à-dire des emprunts qu'il se fait constamment à lui-même, se termine sur une prise de conscience nette et lucide : « ... la personnalité profonde de Corneille ne le prédisposait-elle pas à une certaine monotonie formelle? Il est obsédé par certaines situations, certains thèmes; il choisit volontiers des sujets de pièce assez voisins les uns des autres sous leur apparente diversité [21] ». Dans un article postérieur à sa grande étude, O. Nadal indique très exactement le travail qui reste à accomplir : « On n'a pas fait jusqu'ici le juste dénombrement des motifs-clés, ni marqué leurs rapports et leurs parentés internes. On apercevrait l'éblouissante richesse et la sûreté des articulations de tous les thèmes traités depuis *Mélite* jusqu'à *Suréna* [22]. » Cette formule, qu'O. Nadal livre à notre méditation, B. Dort, quelques années plus tard, la met en pratique dans un court essai qui, pour la première fois, s'efforce vers une synthèse où soit embrassée tout entière la « famille liée » des pièces de Corneille [23].

La liaison ainsi découverte et peu à peu affirmée, répétons-le, ne vise aucunement, dans notre esprit, à nier l'inépuisable variété, les étapes successives et parfois contradictoires de la dramaturgie cornélienne. Il est bien vrai qu'empiriquement, celle-ci se présente comme un effort disséminé au long des ans, comme une réponse, souvent directe, à telle ou telle sollicitation de la vie privée ou de la vie publique. Rien ne serait plus faux que de supposer que Corneille ait *conçu* son théâtre, à la manière d'un Brecht, comme développement didactique d'un thème ou d'une thèse; mais il n'en a pas moins *vécu* son œuvre sous le signe d'une certaine obsession, dont chaque pièce porte la marque. Cette obsession nous a paru être la *construction du héros*, que jansénistes ou pessimistes mondains de la seconde moitié du siècle s'emploieront à « démolir ». Qu'il s'agisse de la « gloire » agressive d'Horace, de la vertu magnanime d'Auguste ou des saintes ardeurs de Polyeucte; qu'il soit question des flirts esquissés dans *Mélite* ou des sacrifices matrimoniaux consommés dans *Pulchérie*, c'est la même loi d'existence, la même impulsion, voire compulsion affectives qu'on trouve à l'œuvre. Ainsi se définit une tonalité propre, où se résorbent les influences extérieures, les accidents de composition et les anecdotes biographiques. Un véritable *dialogue* s'institue entre des pièces, parfois séparées par des décades, mais animées par une même hantise, et dont les préoccupations intimes se répondent et se rejoignent, au-delà des circonstances. Cette confrontation perpétuelle de l'attitude héroïque et des contradictions qu'elle engendre et qu'elle s'efforce de surmonter, tel est le libre et vivant principe qui anime, d'un bout à l'autre, ce théâtre. Le dialogue cornélien se présente donc comme une *dialectique du héros*, dont cette étude tentera de marquer et de saisir les étapes.

Des travaux antérieurs ont déjà jeté une vive lumière sur le sens et la nature de l'héroïsme cornélien. Nous ne manquerons pas d'en faire profiter notre recherche. Mais l'héroïsme qu'ils contribuent à définir, c'est cette « vue du monde », dont parlait L. Goldmann — une certaine éthique de groupe ou de classe, à un moment donné de l'histoire. La vision cornélienne devient « vue aristocratique », dans le pur contexte du xviie siècle. Pour nous, si l'attitude du héros cornélien est aussi une attitude historique, elle est d'abord une attitude métaphysique. Le comportement de supériorité absolue à soi et aux autres, ou, selon notre terminologie, le « projet de Maîtrise », s'il s'incarne tout naturellement pour Corneille dans les valeurs de la société où il vit, n'en a pas moins sa structure propre et sa signification intrinsèque, qu'il conviendra de mettre en évidence. Les contradictions historiques manifestent ici une impossibilité plus profonde : l'héroïsme aristocratique échoue en tant qu'entreprise singulière d'une époque et d'une classe, parce qu'il est impossible comme manière humaine d'exister.

Contre la tradition, qui voit dans le théâtre de Corneille l'exemple le plus éclatant du triomphe de l'homme, la réussite officielle de la volonté, il faudra arriver à la conclusion inverse : la reprise en main totale de notre condition naturelle, qui est au cœur du dessein héroïque, et que les personnages de Corneille, de toutes leurs forces, tentent d'accomplir, n'est qu'une chimère. Du coup, le théâtre cornélien en devient une immense et douloureuse tragédie. Il ne s'agit point là d'un simple accident, surmonté par le devenir historique — des malheurs de princes et de reines. Le signe de la tragédie véritable est de ne pas porter de date. Rien n'éclaire mieux le théâtre de Corneille que de le rapprocher des œuvres modernes, qui en transposent les thèmes dans le monde d'aujourd'hui. Le héros cornélien, dans sa démesure farouche, dans sa volonté impénitente de se soumettre les choses et les hommes, ressemble en frère à celui de ce temps. Puisque l'entreprise héroïque peut toujours renaître, à tout moment, sous une forme nouvelle, la tragédie de son échec — et c'est pour nous la vérité grandissante du théâtre de Corneille — est, avant tout et surtout, la nôtre.

Prélude au héros

Les huit pièces que Corneille écrivit avant le triomphe du *Cid* et, en particulier, ses six comédies, ont presque toujours été considérées comme des écrits de jeunesse, une sorte de hors-d'œuvre avant les chefs-d'œuvre. L'auteur lui-même, parlant de ses premiers « poèmes », semble partager cette opinion, à en croire l' « Avertissement au Lecteur » qui figure jusque dans l'édition de 1657 : « ... il y a une si notable différence d'eux à ceux qui les ont suivis, que je ne puis voir cette inégalité sans quelque sorte de confusion ». (Éd. de la Pléiade, t. I, p. 57.) Corneille, devenu plus vétilleux par la fréquentation des règles, plus austère sans doute dans son art comme dans sa vie, paraît éprouver, en se retournant vers son passé littéraire, de la gêne. Il supprime des scènes entières, corrige les vers, polit le style. Une certaine crudité de la facture et des propos visiblement le tracasse. On dirait que le maître artisan répudie le jet originel de sa plume : « Cette pièce, dit-il dans son *Examen* de *Mélite*, fut mon coup d'essai, et elle n'a garde d'être dans les règles, puisque je ne savais pas alors qu'il y en eût. » Si Corneille a ses raisons de se détourner de ses « coups d'essai », qu'il ne considère pas encore comme des coups de maître, nous avons les nôtres, au contraire, pour nous attacher à des œuvres précisément *spontanées*, jaillies d'une sensibilité et d'une imagination encore neuves et que n'ont pas disciplinées le « métier » de l'auteur ni les « bienséances » de la littérature. Contrairement à Racine, dont la première pièce, *la Thébaïde*, reprend un sujet traditionnel et nous montre le jeune écrivain déjà engagé dans la méditation des mythes, la première pièce de Corneille ne doit rien, dans son principe, qu'à lui-même. Vraie ou embellie, l'anecdote rapportée par Fontenelle, pour expliquer la naissance de *Mélite* (et, d'ailleurs, assez bien confirmée par Corneille dans son *Excuse à Ariste* [24]) reste significative : « Un jeune homme mène un de ses amis

chez une jeune fille dont il étoit amoureux : le nouveau venu
s'établit chez la demoiselle sur les ruines de son interlocuteur :
le plaisir que lui fait cette aventure le rend poète; il fait une
comédie, et voilà le grand Corneille. » (*Histoire du Théâtre
François*, *Œuvres*, t. III, p. 78.) Par ailleurs, dans son *Examen*
de *Mélite*, Corneille souligne « la nouveauté de ce genre de
comédie, dont il n'y a point d'exemple en aucune langue... »
Cette nouveauté, cette originalité, dont l'auteur a conscience,
d'où peuvent-elles provenir, sinon d'une élaboration de sa
propre expérience? Nous ne voulons nullement dire par là
qu'il s'agisse nécessairement d'une expérience autobiogra-
phique, encore que ce soit bien souvent le cas pour les premières
œuvres, et qu'en l'occurrence, cette interprétation demeure
possible; ce que nous voulons dire, c'est que *Mélite* est, de toute
évidence, une œuvre d'imagination *personnelle*, qui s'interroge
sur une certaine expérience, révèle certaines préoccupations
intimes, dégage certains thèmes fondamentaux, bref, une
œuvre déjà tout entière organisée autour d'une certaine vision
cornélienne, saisie à sa source même.

La critique des cinquante dernières années semble avoir
compris que les comédies du grand homme n'étaient pas tout
à fait négligeables. Dans toutes les études sur Corneille, on
leur consacre, au moins, un chapitre hâtif. Elles ont même fait
l'objet d'une thèse de doctorat [25]. L'optique générale, cependant,
est faussée, parce qu'on s'est contenté de relever et de para-
phraser les indications de Corneille lui-même, sans chercher à
les interpréter : « style naïf qui faisait une peinture de la
conversation des honnêtes gens ». (*Examen.*) Du coup, Lanson :
« Le cadre, les circonstances, les accessoires de la comédie,
tout est réel... » (*Corneille*, p. 53.) Schlumberger : « Tout est
limpide, sensé et l'observation des caractères devient subtile...
On sent des portraits d'après nature. » (*Plaisir à Corneille*,
pp. 30-32.) A y regarder de près, toutefois, si l'on cherche à
suivre la piste du « réalisme », on aboutit vite à une voie sans
issue. La « Galerie du Palais », la « Place Royale »? Ces quelques
évocations de la topographie mondaine d'alors suffisent-elles
vraiment à ancrer ces pièces dans l'époque? Les scènes char-
mantes où babillent lingère et libraire ne font pas partie
intégrante des ouvrages auxquels elles ont été ajoutées pour
l'effet. Corneille l'avoue : « J'ai donc pris ce titre de *la Galerie
du Palais*, parce que la promesse de ce spectacle extraordinaire
et agréable pour sa naïveté devait exciter vraisemblablement
la curiosité des auditeurs; et ç'a été pour leur plaire plus
d'une fois, que j'ai fait paraître ce même spectacle à la fin
du quatrième acte, où il est entièrement inutile... » (*Examen* de

la Galerie du Palais.) Il ne suffit pas non plus de parler de duel ou de pourpoint pour atteindre au cœur de la réalité contemporaine, ni de glisser quelques allusions aux quartiers et aux monuments de Paris pour faire œuvre profondément parisienne. Si l'on donne au terme « réalisme » l'acception qu'il a prise au xixe siècle, les comédies de Corneille ne sauraient être rangées sous cette rubrique. La description des êtres et des choses, loin de porter l'estampille de l'individuel et du concret, aboutit à créer un espace imaginaire, peuplé d'ombres interchangeables. Bien sûr, Corneille met en scène des « gentilshommes » et prend même soin d'indiquer, dans la préface de *Mélite*, que la nouveauté de sa comédie tenait à « l'humeur enjouée de gens d'une condition au-dessus de ceux qu'on voit dans les comédies de Plaute et de Térence, qui n'étaient que des marchands ». Bien sûr, on peut glaner, çà et là, des détails de mœurs, de langue et d'histoire. Ce serait, pourtant, une erreur fatale de vouloir tirer ces comédies vers le manuel de sociologie. On peut mettre au défi celui qui lirait d'affilée ces six pièces de pouvoir reconnaître les Lysandres des Alcidons, les Chrysantes des Gérastes, de pouvoir dire à quelle pièce appartiennent les Doris et les Philis. Les noms se reprennent, comme les personnages se recoupent : les uns et les autres se brouillent, se confondent en un écheveau d'intrigues, en un tourbillon d'enlèvements et de fausses lettres. Jusqu'à l'avènement d'Alidor, dans *la Place Royale*, aucun personnage qui soit une personne. Les êtres, anonymes sous leurs noms de guerre précieux, sont dépourvus de substance et transparents au regard. Les lieux n'ont d'existence que théâtrale : places publiques où se traitent les affaires du cœur, riches héritières attendant leurs galants sur le pas de leur porte... Sur quoi, de fausses lettres provoquent des affres, auxquelles on ne croit guère, et des folies, qui nous laissent tout à fait incrédules. Aussi Louis Rivaille, parti en quête du « réalisme » qu'on lui avait promis, se trouve-t-il obligé de faire un constat de faillite : « Corneille ne savait pas encore qu'une œuvre littéraire, même destinée au théâtre, ne peut se borner... à peser, à définir ou à classer les activités humaines qu'elle met en jeu, mais doit constamment les replacer parmi toutes les circonstances de la réalité, et qu'une restitution complète de la vie, ou, du moins, son évocation sans cesse fidèle, est la première condition de toute véritable œuvre d'art. » (*Op. cit.*, p. 775.)

Nous laisserons à son auteur la responsabilité de cette opinion. Il est heureux pour nous que Corneille ne se soit pas attaché, ni alors ni plus tard, à ce genre de « réalisme », qui ne donne que des ouvrages de troisième ordre. Un curieux rapprochement, qui, à notre connaissance, n'a jamais été fait, s'impose ici avec les embarras de la critique anglaise, devant les comédies de la Restauration. Nos confrères anglo-saxons ne savent trop qu'en faire : des pièces comme *The Country Wife* de Wycherley (1675), *The Man of Mode* de George Étheredge (1676) ou *The Way of the World* de Congreve (1700) ont toujours été une épine dans la chair de la critique d'outre-Manche. Réalistes ou artificielles, ces œuvres éminemment libertines, où s'annonce la « guerre des sexes » impitoyable, qui sera le thème central du roman français au xviiie siècle? Pour pouvoir goûter ces comédies en toute quiétude morale, Charles Lamb s'évertua à en montrer l'irréalité foncière, le caractère de « rêve », qui leur rendait leur innocence. A quoi Macaulay et les Victoriens ont toujours eu beau jeu de répondre en exhibant les mille et un détails de mœurs, à l'appui de la thèse réaliste... En fait, il s'agit d'une réalité soigneusement délimitée, choisie, émondée, orientée, si bien revue et corrigée selon une certaine perspective, qu'elle est *aussi* artificielle. Mais c'est précisément cette artificialité, dans la mesure où elle révèle les tendances profondes et, si l'on veut, l'idéal implicite de l'époque, qui constitue la partie la plus solide et la plus authentique de ce réalisme.

De même pour les comédies de Corneille. Ce n'est, d'ailleurs, nullement une coïncidence si l'on se trouve, dans les deux cas, en présence d'un théâtre d'inspiration *aristocratique*, qui ne s'attache pas au réel, afin d'en faire le relevé, à la manière de la littérature bourgeoise, mais ne s'y appuie que pour le dépasser. On ne saurait donc trouver, dans les comédies — ni, d'ailleurs, dans les tragédies — cornéliennes « la restitution complète » ou l' « évocation sans cesse fidèle » de la vie, dont parle L. Rivaille : Corneille nous a prévenus que ses personnages n'étaient pas des « marchands » et il ne peut être un seul instant question, dans l'optique aristocratique, de faire l'inventaire du monde. Rivaille a bien senti que, pour Corneille, l'œuvre littéraire consiste essentiellement à « peser, à définir ou à classer les *activités humaines* qu'elle met en jeu ». Ce qui intéresse Corneille, contrairement au critique « bourgeois » ou « marxiste » d'aujourd'hui, ce ne sont pas les conditions historiques et sociales, dans la première moitié du xviie siècle, de la *vie nobiliaire*, mais les thèmes directeurs de l'*existence aristocratique*, pour autant qu'elle déploie les plus hautes possibilités humaines et se présente comme un salut. Mme de La Fayette aussi ne s'occupe que de l'éthique douloureuse de l'âme noble; le pittoresque, il faudra le chercher chez Sorel ou chez Scarron. C'est pourquoi le parler, loin d'être dru ou savoureux, comme celui de Molière (même quand celui-ci fait converser des précieuses), reste toujours, dans les comédies de Corneille, un tissu de points et de contrepoints (même lorsqu'il met en scène des servantes). Si le parler est ainsi conçu par l'esprit, plutôt que vécu dans l'émotion, s'il est parler artificiel, appuyé, on l'a souvent noté, sur l'antithèse et l'hyperbole, c'est qu'il ne s'agit pas d'utiliser le langage pour explorer le monde réel, mais d'utiliser le monde réel pour aboutir à un certain langage. — Lorsque Angélique s'écrie, dans *la Place Royale*,

> *Dure condition de mon malheur extrême!*
> *Si j'aime, on me trahit; je trahis, si l'on m'aime*

(IV, VIII, 1186-87.)

le jeu sur les mots n'est nullement antithèse gratuite; il est fin en soi, dans la mesure où il met l'existence en perspective, où il crée un univers dans lequel les problèmes humains se donnent comme *alternative indépassable* et *choix absolu*. L'irréalisme du langage et de la technique dramatiques sont donc, en fait, les seuls moyens d'accès à la saisie profonde de l'homme, si celui-ci est avant tout, refus de la réalité. Puisque l'ordre aristocratique se trouve, nous le verrons, en concurrence absolue avec l'ordre naturel, le langage de la violence commencera par faire violence au langage. La préciosité et, en tout cas, l'usage qu'en fait Corneille, n'ont pas d'autre origine. Au réalisme bourgeois, qui comprend l'homme à partir des choses qu'il produit ou qui l'environnent, la conscience aristocratique oppose le primat de la pensée sur l'être qu'elle affronte. A la littérature du recensement, Corneille, dès ses premières comédies, oppose une littérature des « activités humaines » et, pour mieux dire, de l'*action*. C'est donc dans une atmosphère artificielle et irréelle de « grande vie », imaginée par un robin de province, à partir d'un événement personnel, que le génie de Corneille va droit aux problèmes essentiels que pose la condition humaine à l'élite de son temps. D'ailleurs, à mesure que son théâtre progresse et qu'il s'interroge sur les avenues de l'héroïsme et l'avenir de l'éthique nobiliaire, les intrigues de Corneille se feront plus embrouillées, les situations plus invraisemblables, les thèmes plus fantastiques. Que l'on ne nous demande pas ici comment la création imaginaire et le rêve éveillé rejoignent et expriment le cœur du réel : c'est le principe et le mystère de l'invention poétique.

II

Au commencement est le *corps*. C'est une constatation qui peut surprendre, étant donné le mythe courant d'un Corneille désincarné. Elle ne s'en impose pas moins avec évidence à qui consulte le texte. Éraste éprouve pour Mélite [26] une passion dévorante, parce que

> *Son œil agit sur moi d'une vertu si forte,*
> *Qu'il ranime soudain mon espérance morte...*
>
> (I, 1, 13-14.)

Son ami Tircis, misogyne endurci et cynique en matière d'amour, succombe instantanément au même charme physique : « En effet ayant *vu* tant et de tels *appas...* » *(ibid.)* Philandre, cherchant ses raisons d'aimer Cloris les trouve ainsi :

> *J'examine ton teint dont l'éclat me surprit,*
> *Les traits de ton visage, et ceux de ton esprit.*
>
> (I, iv, 263-64.)

L'ordre suivi dans la gradation des qualités est révélateur. Il y a la beauté du corps, qui éclate souverainement, *et* il y a les grâces de l'esprit. Il faut s'arrêter un instant sur ce « et ». Il n'introduit nullement, croyons-nous, une nouvelle catégorie de vertus, une autre dimension de l'être. Il ne s'agit pas des attributs intellectuels ou moraux qui distinguent l'esprit du corps, et, au besoin, les opposent, mais, au contraire, des traits mentaux qui ajoutent aux attraits physiques, du brillant de la déduction qui rend irrésistible la séduction, en bref, il ne s'agit que des qualités de l'esprit qui font *corps avec le corps*. Talent de conversation, repartie, intelligence, loin d'entrer en concurrence avec la beauté, la rehaussent. C'est pourquoi Tircis mentionnera d'un même souffle et pêle-mêle

> *une maîtresse,*
> *Belle, honnête, jolie, et dont l'esprit charmant*
> *De son seul entretien peut ravir un amant.*
>
> (III, ii, 776-78.)

Corps et esprit ne font qu'un et concourent au ravissement sensuel [27]. Le monde cornélien est donc bien, dès l'origine, un monde du désir et de la chair, dont la valeur essentielle est la *beauté*.

Une récente et remarquable étude de J. Starobinski [28] interprête la relation humaine fondamentale du théâtre de Corneille comme *éblouissement*. Mélite paraît, Tircis est conquis. Il y a là un effet de présence immédiat et total, qui constituerait une reprise d'un thème précieux et baroque de l'époque, mais magnifié et rejoignant ainsi la magie archaïque de la présence omnipotente. Nous aurions, selon Starobinski, affaire à une « forme laïcisée du saisissement devant le sacré ». Quoi qu'il en soit de l'interprétation ultime, nous reprendrons volontiers cette notion d' « éblouissement ». La « vertu » de l'œil de Mélite, le teint dont l' « éclat » surprend Philandre sont bien une illumination et une fascination en face du corps, par la médiation de la beauté. Ce mouvement irrésistible, à la fois désir et adoration, investit autrui d'un prestige souverain, fût-ce au péril de sa propre dignité :

> *Mais malgré ses dédains, Mélite a tout mon cœur,*
> *Elle a sur tous mes sens une entière puissance...*
>
> (I, 1, 4-5.)

Dès les premiers vers du théâtre de Corneille, une équivalence s'établit entre le « cœur » et les « sens »; une relation se définit, où, par l'intermédiaire de la beauté physique, la personne d'autrui devient objet d'un culte. Devant cet attrait les défenses, longuement préparées, de l'esprit fort cèdent soudain. Tircis a beau prendre soin de se protéger en considérant d'avance le mariage comme une relation positive, fondée sur l'argent — mis en présence de Mélite, il perd la raison tout autant qu'Éraste, dont la « folie » sera un des ornements de la pièce :

> *Que veux-tu que j'en die? Elle a je ne sais quoi*
> *Qui ne peut consentir que l'on demeure à soi.*
>
> (I, III, 215-16.)

Par le choc de la beauté, la source des valeurs se déplace brusquement de soi vers autrui.

L'amant, aliéné ainsi de lui-même, contre son gré, cherchera à se reprendre en s'emparant, à son tour, d'autrui. Il tendra de toutes ses forces à la *possession* de ce « souverain bien », dont il a eu la révélation fulgurante :

> Eraste :   *... Il me faut accorder*
> *Que le souverain bien n'est qu'à la* posséder.   (I, 1, 71-72.)

> Tircis : *Mon bonheur est plus grand qu'on ne peut soupçonner...*
> *Possesseur, autant vaut — De quoi? — D'une maîtresse...*
>
> (III, II, 775-76.)

C'est que, pas un instant, le personnage ne perd conscience de ses exigences propres. Il sait, quel que soit l'éblouissement qui puisse survenir, que son Moi reste la source ultime des valeurs :

Philandre : *Quant à toi, tu te crois de beaucoup plus aimable?*
Cloris : *Sans doute ; et qu'aurais-tu qui me fût comparable?*

(I, ɪv, 301-2.)

Le premier principe de la morale est donc un principe d'équilibre : la possession doit être réciproque, la fascination mutuelle ou nulle.

Tircis : *Un visage jamais ne m'aurait arrêté,*
S'il fallait que l'amour fût tout de mon côté.

(II, ɪv, 513-14.)

Cette règle d'or est précisément celle qui sert à distinguer, en dehors de toute considération « morale » (les personnages faisant tous profession, en matière de procédés amoureux, d'un amoralisme total [29]), les « héros » des autres, ceux qui ont droit à notre sympathie, tels Tircis ou Cloris, ou à notre mépris apitoyé, comme Éraste. Chez l'homme aussi bien que chez la femme, la possession sera don réciproque, garanti, extérieurement, par la beauté et, intérieurement, par la foi :

Ta beauté te répond de ma persévérance,
Et ma foi qui t'en donne une entière assurance.

(I, ɪv, 269-70.)

Il y a même, entre beauté et foi, une liaison interne, et les doutes passagers de l'amant servent à mieux faire ressortir ce qu'on pourrait appeler une éthique de la beauté :

Que tout l'extérieur ne fût que tromperie?
Non, non, il n'en est rien : une telle beauté
Ne fut jamais sujette à la déloyauté.

(III, ɪɪɪ, 896-98.)

Noblesse du dedans et du dehors vont de pair : ce sont deux aspects de la noblesse de l'être. Aussi, au besoin, le don moral est-il équivalent au don physique, et la forme supérieure de la possession est la confiance. Parlant des « faveurs » de sa maîtresse, Tircis jette un défi à Philandre :

Recherche qui voudra ces menus badinages,
Qui n'en sont pas toujours de fort sûrs témoignages ;
Je n'ai que sa parole, et ne veux que sa foi.

(III, ɪɪ, 815-17.)

L'éblouissement initial semble donc devoir déboucher sur l'optimisme d'une reconnaissance et d'une exaltation mutuelles.

Si Corneille a pu définir plus tard la tragédie par le « péril »
du héros et l'unité de la tragédie par l'unité de péril, on peut,
certes, dire que, dès *Mélite*, l'équilibre heureux de la beauté et
du serment, de la possession et du don se révèle infiniment
précaire. L'idéal moral, qui hante la conscience des personnages,
se trouve menacé d'un double péril. Présence du magique dans
le sensible, la beauté n'en est pas moins promise à l'inévitable
détérioration, par laquelle le temps dégrade l'univers de la
matière. Avant que d'être ébloui, Tircis se rendait pleinement
compte de cette faiblesse interne, de cette fragilité essentielle
du beau :

> *Je crois malaisément que tes affections*
> *Sur l'éclat d'un beau teint, qu'on voit si périssable,*
> *Règlent d'une moitié le choix invariable.*

(I, 1, 44-46.)

Demander à l'éminemment variable de fournir la norme de
l'invariable, c'est condamner d'avance le choix amoureux à
l'absurdité. Qu'est-ce qu'un souverain bien qui se décompose?
Et quelle possession y a-t-il de l'éphémère?

> *Une amitié si longue est fort mal assurée*
> *Dessus des fondements de si peu de durée.*

(I, 1, 121-22.)

Dès lors, l'éblouissement de la conscience par la beauté recèle
un piège; promesse de jouissance, il est aussi père de l'erreur.
Éblouissement peut devenir synonyme d'aveuglement :

> *Donc, pour mieux m'éblouir, une âme déloyale*
> *Contrefait la fidèle?*

(IV, 11, 1196-97.)

> *Il suit un faux éclat qui ne peut m'éblouir...*

(IV, 1, 1130.)

Par ailleurs, ce même temps, qui menace de changement la
beauté, introduit aussi l'incertitude dans la foi. L'être qui
s'est promis peut soudain se reprendre : c'est ce que la terminologie amoureuse appelle précisément le « change »[30], dont
Philandre nous donne, malgré tous ses serments, un exemple
brutal (III, 1). De l'amour de Cloris, il passe, sur le vu de
lettres qu'il croit à lui adressées, au service de Mélite. Il ne
lui reste plus qu'à réclamer à présent pour Cloris la liberté
dont il se sert, et que sa propre constance refusait, l'instant
d'avant, à l'aimée :

> *Dites-lui de ma part pour la dernière fois*
> *Qu'elle est en liberté de faire un autre choix;*
> *Que ma fidélité n'entretient plus ma flamme...*

(III, 1, 749-51.)

Mais alors, si le pacte est rompu par décision unilatérale, si un éblouissement plus fort peut, à tout moment, succéder à un autre, la même instabilité fondamentale caractérise une foi et une beauté soumises au temps. L'idéal à peine entrevu, l'équilibre à peine atteint, s'écroulent.

Le secours paraît, pourtant, à point nommé. Un ordre rationnel vient opportunément prêter main-forte contre le désordre passionnel. Une double réponse au double danger s'esquisse; une double stabilité se dessine, qui se rit des ravages du temps. Dès le début, Tircis mentionne une valeur permanente :

> *L'argent dans le ménage a certaine splendeur*
> *Qui donne un teint d'éclat à la même laideur;*
> *Et tu ne peux trouver de si douces caresses*
> *Dont le goût dure autant que celui des richesses.*

(I, 1, 123-26.)

Valeur à la fois sensible en son attrait et, comme Tircis le dit au cours des vers suivants, élue par la raison, donc universelle, l'argent, capable, dans les cas extrêmes, de transformer la laideur en beauté, peut à tout le moins, dans les cas ordinaires, donner à la beauté l'assise durable qui lui manque. On n'a jamais mis en lumière le rôle de l'*argent* dans les comédies de Corneille. C'est sur le même plan qu'Éraste, voulant justifier le « change » de Philandre, met charme amoureux et monétaire :

Eraste : *On pardonne aisément à qui trouve son mieux.*
> *Mais en quoi gît ce mieux? — En esprit, en richesse.*

(II, vi, 630-31.)

Mélite, comme le seront invariablement les autres héroïnes, est riche. Aucun de ses « amants » ne l'oublie un seul instant, pour s'en réjouir ou s'en désoler. Car les attitudes envers l'argent ne sont pas simples. Valeur durable, l'argent crée un ordre, une hiérarchie, où l'argent va précisément à l'argent, et qui, au regard du soupirant moins fortuné, constitue un redoutable obstacle :

Cloris :   *Tu crains que sa richesse*
> *En dépit de tes feux n'obtienne ta maîtresse.*
Tircis : *Tu devines, ma sœur : cela me fait mourir.*

(II, iv, 543-45.)

Il y a même une certaine ambiguïté de la richesse pour le riche : pris comme but, l'argent peut avilir celui qui n'y a pas droit naturellement. Éraste : « Les âmes du commun n'ont pour but que l'argent » (II, v). Mais, d'un autre côté, puisque ce « but » douteux est aussi moyen infaillible, le privilégié serait bien naïf de ne pas en profiter, pour atteindre ses fins. Le même Éraste :

> *Allons sans perdre temps lui payer ma vengeance*
> *Et, la pistole en main, presser sa diligence...*
>
> (II, iii, 469-70.)

De toute façon, l'argent a l'avantage inestimable d'être à la fois valeur et chose, et d'offrir ainsi à la catégorie de la possession, essentielle à l'amour, la prise concrète de l' « avoir ». Du reste, les amants en proie au désir et aveuglés par la seule beauté dussent-ils l'oublier, les *parents* ne se font pas faute de garder cette vérité présente à l'esprit, lorsqu'il s'agit d'assurer à l'amour sa permanence, c'est-à-dire de transformer la passion en mariage. Les biens, à leurs yeux éclairés, sont donc partie intégrante du Bien. Une deuxième puissance vient se dresser contre la désintégration temporelle. Comme l'argent assure la stabilité, les parents assurent l'ordre, contre l'amour, s'il le faut. « Sa mère peut agir de puissance absolue » (II, iv, 559). Dans *Mélite*, la mère ne paraît pas, sinon dans les propos. Mais déjà les rapports de l'ordre moral et de la spontanéité passionnelle posent le problème du salut de l'existence noble. Un conflit s'annonce, qu'un heureux dénouement par un double mariage résout simplement en surface. Dès cette première comédie, on trouve une présentation lucide des thèmes qui, en se compliquant et en s'approfondissant, vont susciter les grands mouvements de la dramaturgie cornélienne.

III

Il faut prendre au sérieux les imprécations de la Nourrice, laissée seule, à la dernière scène de *Mélite*, par tous les couples d'amoureux prêts à voler en justes noces :

> *... Je ferai bien voir à vos yeux empressés*
> *Que vous n'en êtes pas encore où vous pensez.*
>
> (V, vi, 1821-22.)

La couleur rose que le jeune écrivain choisit pour le dénouement de sa première comédie n'est qu'un trompe-l'œil. Loin que tous les périls soient conjurés, à chaque comédie nouvelle, ils renaissent, plus précis, plus menaçants. Les indications à peine appuyées de *Mélite* deviennent, dans les pièces suivantes, des leitmotive. Les comédies de Corneille, à cet égard, c'est la même comédie originelle qui se ressaisit et se redéfinit sans cesse.

La seconde comédie, *la Veuve* (représentée en 1633) [31], nous fait assister à un durcissement des cadres de l'existence aristocratique. Créés pour assurer l'individu dans la possession, ils vont peu à peu prendre possession de l'individu. Dès la première scène de *la Veuve*, l'amour de Philiste envers Clarice, la jeune veuve, ne peut s'abandonner à son mouvement naturel,

> *Puisque inégal de biens et de condition,*
> *Je ne pouvais prétendre à son affection.*
>
> (I, 1, 59-60.)

A quoi font pendant les lamentations de Clarice :

> *Que mon rang me déplaît ! Que mon trop de fortune,*
> *Au lieu de m'obliger, me choque et m'importune !*
>
> (I, vi, 377-78.)

La séparation sociale est ici d'autant plus cruellement ressentie que l'éblouissement amoureux prend conscience encore plus nette et plus pleine de ses lois et de ses exigences propres. C'est par la vertu de sa seule présence, et sans avoir recours aux artifices du langage et aux étapes conventionnelles du Tendre, que Philiste entend conquérir Clarice :

> *Crois que de la façon dont j'ai su me conduire*
> *Mon silence n'est pas en état de me nuire...*
> *Mes soupirs et les siens font un secret langage,*
> *Par où son cœur au mien à tous moments s'engage.*
>
> (I, 1, 65-66, 69-70.)

Plus difficile que les amants de *Mélite*, qui faisaient ouvertement appel à la « foi » d'autrui, Philiste veut être aimé par un pacte muet, par la contagion de sa passion, sans le secours du serment. L'amour devient donc appel direct et nu d'une personne à une autre, au-delà de l'ordre, au besoin, en travers de la hiérarchie. A un amour qui se découvre et s'affirme dans sa *pureté,*

> *Ma flamme est toute pure, et sans rien présumer,*
> *Je ne cherche en aimant que le seul bien d'aimer*
>
> (II, iv, 601-2.)

répond une réciprocité généreuse :

> — *Et celui d'être aimé, sans que tu le prétendes,*
> *Préviendra tes désirs et tes justes demandes.*
>
> (Ibid., 6o3-4.)

Les contraintes extérieures accrues servent à faire éclater davantage la force offensive et irrésistible du sentiment, et, dans un instant d'exaltation, Clarice peut s'écrier :

> *En vain nos inégalités*
> *M'avaient avantagée à mon désavantage.*
> *L'amour confond nos qualités...*
>
> (III, viii, 11o3-5.)

L'illusion lyrique des stances, toutefois, ne recouvre pas la réalité concrète de l'amour. Le personnage de la Veuve, c'est-à-dire d'une femme qui a la libre disposition d'elle-même et peut suivre son inclination, qui, en d'autres termes, est autonome, parce que sa fortune est entre ses mains et ne dépend d'aucune instance supérieure, est un personnage d'exception, un *cas-limite*. Du coup, ses passions ne peuvent connaître d'autres obstacles qu'accidentels — tel l'enlèvement perpétré par le traître Alcidon —, facilement corrigés par les providences du hasard et l'intervention complice du dramaturge. Nous sommes dans le conte de fées. La vérité quotidienne ou, si l'on veut, complète de l'amour est tout autre. Nous la découvrons chez la sœur de Philiste, Doris. Si la personne est liberté, elle est liberté en situation; et si l'une des faces de l'amour s'exprime comme libre élan, l'autre s'insère dans un ordre historique. Aussi Doris, fille de Chrysante et sœur de Philiste, se trouve-t-elle prise dans un double système de valeurs, représenté par sa mère et par son frère, — l'*argent* et l'*honneur*.

Introduits dans *Mélite* comme moyens, pour la subjectivité, de se sauver d'elle-même, ces principes à présent se retrouvent dans *la Veuve* comme fins, qui s'imposent à la subjectivité et se retournent contre elle. Alcidon étant l'ami de Philiste, ce dernier lui a promis sa sœur, Doris, en *gage* de son amitié. Que Doris continue à éprouver de tendres sentiments ou en change; que survienne un nouvel ami, Célidan, qui a des droits encore plus pressants à la reconnaissance de Philiste (il lui a rendu son amante enlevée et, en retour, voudrait épouser Doris), cela ne saurait en rien altérer la résolution première de Philiste de donner, bon gré mal gré, sa sœur à Alcidon. La « foi » s'est ici durcie en « honneur »; elle forme un système contraignant pour tous ceux qui y participent :

Chrysante : *Voulez-vous l'attacher à l'objet de sa haine?*
Philiste :   *Je veux tenir parole à mes meilleurs amis,*
              Et qu'elle tienne aussi ce qu'elle m'a promis.

(III, vii, 1072-74.)

Tout en revendiquant pour son Moi pleine liberté en amour, quitte à violer l'ordre hiérarchique des fortunes, Philiste soumet le Moi de sa sœur à la loi absolue de l'honneur, qui se confond ici avec son propre vouloir :

> — *Elle se contraignait seulement pour vous plaire.*
> — *Elle doit donc encor se contraindre pour moi.*

(III, vii; 1068-69.)

Or, dans le même temps que Philiste disposait de sa sœur au nom de l'honneur, Chrysante destinait sa fille à Florame, au nom de l'argent :

> *Considérez, mon fils, quel heur, quel avantage,*
> *L'affaire qui se traite apporte à votre sœur.*
> *Le bien est en ce siècle une grande douceur :*
> *Étant riche, on est tout...*

(III, vii, 1060-63.)

Du point de vue de l'ordre social, représenté par l'institution de la famille, l'amour est simplement une « affaire » — d'honneur ou d'argent. Le conflit réel est ici entre deux valeurs également respectables, conflit que seule l'ingéniosité du dramaturge tranchera par une de ces solutions privilégiées de la comédie, où le Ciel finit par arranger les choses (« Le favorable Ciel me fait de doux présents ! » V, x). Ce qui importe, c'est que pas un instant mère et fils ne font appel, afin de résoudre leur opposition, au choix spontané de l'intéressée[32]. Gage nobiliaire pour le frère, capital marchand pour la mère, Doris est, dans son être extérieur, *objet d'échange :*

Chrysante : *Juge, en regardant cette belle maîtresse,*
            Si celui qui pour toi l'ôte à son ravisseur
            N'a pas bien mérité l'échange de ta sœur.

(V, viii, 1896-98.)

Or, le fait capital, c'est que Doris accepte pleinement sa condition et consent à sacrifier sa subjectivité à des valeurs objectives, qui la dépassent. Non qu'elle n'en souffre point et que sa détresse ne lui révèle la cruauté indicible de la situation. Dans un monologue d'une totale lucidité, elle en saisit, au contraire, l'oppression et l'horreur :

> *Qu'aux filles comme moi le sort est inhumain !*
> *Que leur condition se trouve déplorable !*

(IV, ix, 1546-47.)

Elle comprend que l' « honneur » fraternel est pur égoïsme, la
« raison » maternelle pur esprit de lucre; elle en met à nu
l'arbitraire :

> *Une mère aveuglée, un frère inexorable...*
> *Chacun me veut forcer à suivre son caprice :*
> *L'un a ses amitiés, l'autre a son avarice.*
>
> (Ibid., 1548; 1551-52.)

Doris se trouve donc, sous prétexte d'être soumise à un ordre
de valeurs transcendant, aliénée et asservie, dans sa spontanéité, à la spontanéité d'autrui. Il n'y a, toutefois, en elle,
aucune révolte. La révolte n'éclatera véritablement que chez
Agnès et avec Molière, entraînant la chute de l'ordre aristocratique et du héros [33]. Chez Doris et avec Corneille, ce « sort
inhumain » est précisément accepté comme une « condition »,
c'est-à-dire comme la situation même de la femme dans la
société et la famille où elle vit. L'appel à la clémence divine,

> *Ciel qui vois ma misère et qui fais les heureux*
> *Prends pitié d'un devoir qui m'est si rigoureux !*
>
> (v. 1569-70.)

souligne qu'il s'agit bien là d'un *devoir*. Le mot est répété deux
fois dans ce court monologue — et mille fois dans le théâtre de
Corneille. Il est entendu que nous sommes ici dans la comédie
et que le Ciel exauce la prière des hommes. Mais Doris n'est pas
pour autant éperdue et démunie. Elle trouve, au plus fort de
la contrainte, le moyen d'y échapper, au plus fort de la servitude, la liberté.

> *Il faut que mes désirs, toujours indifférents,*
> *Aillent sans résistance au gré de mes parents.*
>
> (Ibid., 1565-66.)

Elle va, au début de la pièce, jusqu'à se vanter à sa mère de
son obéissance absolue :

> *... Mon cœur se conserve au point où je le veux,*
> *Toujours libre, et qui garde une amitié sincère*
> *A celui que voudra me prescrire une mère.*
>
> (I, III, 160-

Indifférence, liberté : c'est justement la *liberté d'indifférence*
qui permettra de sauvegarder à la fois l'ordre aristocratique
et l'autonomie de l'individu. Le projet fondamental de l'héroïne
cornélienne est donc consciemment formé dès la deuxième
comédie, et il est double : servir en même temps les valeurs

objectives et subjectives, sociales et morales ; être fidèle au
devoir absolu de la fille ou de la sœur, autant qu'à l'intégrité
de la personne. En d'autres termes, la seule solution pour
maintenir l'équilibre nécessaire entre les exigences de la moralité et de la socialité nobiliaires, c'est de réconcilier commandement et amour en décidant une fois pour toutes d'*aimer par
commandement* [34]. La volonté vise ainsi à récupérer une spontanéité qui peut s'avérer dangereuse, en prenant celle-ci en
charge, dès son jaillissement original. Selon cette perspective,
l'exclamation de la Nourrice : « La raison et l'amour sont ennemis jurés » (II, III, 546) prend un sens très précis dans l'univers
cornélien. Bien sûr, le choix spontané et le choix volontaire ne
doivent pas obligatoirement entrer en conflit. Il existe des
parents conciliants, qui refusent de violenter leurs enfants, ou
faibles, telle Chrysante, dans la pièce, qui attendent de leur
fille un demi-consentement pour disposer d'elle. Il peut y avoir
aussi coïncidence entre les deux choix, et c'est cette coïncidence,
en somme, qui sert de ligne de démarcation entre comédie et
tragédie. Mais cela ne change en rien les données et la solution
du problème fondamental. Le personnage de Chrysante est,
d'ailleurs, à cet égard, intéressant. Dans la même scène (V, VI)
et, pourrait-on dire, dans le même souffle, cette mère, dont nous
connaissons déjà la valorisation exclusive de l'argent, déclare
à Célidan, qui lui demande la main de sa fille :

> ... *Monsieur, croyez-moi, votre offre nous honore...*
> *Je connais votre bien, je sais votre maison*
>
> (v. 1751, 1753.)

et lui *donne* en conséquence sa fille : « Je connais bien ma fille
et je vous réponds d'elle » ; pourtant, au même moment, elle
évoque avec mélancolie sa propre jeunesse gâchée et l'homme
qu'elle avait aimé :

> *On l'éloigna de moi par ce maudit usage*
> *Qui n'a d'égards qu'aux biens pour faire un mariage...*
>
> (v. 1763-64.)

Elle entend donc faire subir à sa fille un traitement dont elle
garde encore l'arrière-goût douloureux : victime et bourreau
d'un ordre qui s'impose d'en haut à la sensibilité souffrante.
La dualité « spontanéité-volonté », qui s'esquisse ici, ne tardera
pas à devenir duel. Ainsi commence le long et dur combat
contre soi-même, qui va vite constituer l'épreuve initiatique
de l'héroïsme.

IV

Je veux que Célidée ait charmé son courage,
L'amour le plus parfait n'est pas un mariage.

(I, 1, 13-14.)

On peut, en reprenant les termes de l'opposition qu'établit Florice, et qui ouvrent *la Galerie du Palais* (1633), dire que cette troisième comédie et la quatrième, *la Suivante*, explorent successivement, l'une le problème de l'amour parfait, l'autre la question du mariage, dans leurs relations mutuelles et contradictoires. Cette alternance ne fait que reproduire et amplifier l'orchestration des thèmes apparus dans les deux premières comédies. *Mélite* mettait l'accent sur les dilemmes de la subjectivité amoureuse, *la Veuve* sur la situation objective de l'amour dans son contexte moral et social. A nouveau, *la Galerie du Palais* va présenter l'effort interne de l'amour pour s'affirmer et s'affirmer; *la Suivante* replacera cet effort dans un cadre sans cesse plus précis et astreignant. Ainsi la succession même des comédies de Corneille esquisse une dialectique de la liberté et de la contrainte, dont il nous faut à présent tâcher de saisir de plus près le mouvement.

Dans *la Galerie du Palais*, tout se passe comme si Corneille voulait étudier l'un des deux termes en sa pureté entière, par l'exclusion de l'autre : il accorde à la liberté l'espace dont elle a besoin pour se définir, en abolissant toute contrainte. Car si les éléments de l'expérience humaine, que l'auteur poursuit sans relâche dans son laboratoire dramatique, sont identiques, si nous avons toujours affaire à des parents, enfants et amoureux aux prises les uns avec les autres, Corneille, selon les lois les plus rigoureuses de l'investigation baconienne, varie la combinaison des données, afin de voir comment le phénomène se transforme. Rompant avec les habitudes traditionnelles des parents, voici que Pleirante, sans abdiquer son autorité, décide de laisser la nature suivre son cours et donne à sa fille Célidée toute latitude d'aimer Lysandre :

Aime, aime ton Lysandre ; et puisque je consens
Et que je t'autorise à ces feux innocents,
Donne-lui hardiment une entière assurance.

(I, 11, 43-45.)

De son côté, la Chrysante de *la Galerie du Palais*, différente en

cela de son homonyme de *la Veuve*, tire de la même expérience
douloureuse du mariage forcé une leçon inverse :

> *Je sais ce que la force est en un mariage.*
> *Il me souvient encor de tous mes déplaisirs*
> *Lorsqu'un premier hymen contraignit mes désirs.*

(V, viii, 1762-64.)

Par conséquent, elle entend épargner à sa fille Hippolyte cette
souffrance :

> *Monsieur, j'aime ma fille avec trop de tendresse*
> *Pour la vouloir contraindre en ses affections...*

(III, vii, 930-31.)

Soudain, et bien qu'avec une nuance de condescendance, la
liberté est permise à l'amour. Il ne nous reste plus qu'à suivre
cette illicite expérience.

Hippolyte aime Lysandre-qui-ne-l'-aime-pas, et l'on aperçoit
la possibilité de ce qui constituera plus tard l'essence de la
tragédie amoureuse chez Racine. Par ailleurs, Lysandre aime
Célidée-qui-l'-aime. De ce côté-là, du moins, on voit mal quelle
faille pourrait s'ouvrir entre deux amants unis par une ardeur
mutuelle et autorisée en haut lieu. Or (et c'est là que Corneille
s'oppose à Racine), c'est précisément et paradoxalement dans
les rapports de *Célidée et de Lysandre,* que va éclater la rupture
et se précipiter le drame. Laissés à eux-mêmes, il y a conflit
intime de la liberté et de l'amour. L' « amour le plus parfait »
se veut un absolu : « un amour qui pour moi devait être sans
bornes », disait déjà Tircis, dans *Mélite.* Le malheur, c'est que
Célidée découvre ces bornes en elle-même, lorsqu'elle en vient
à s'apercevoir que tout choix est à la fois *manifestation et limitation de la liberté.*

Hippolyte :   *... Lysandre, qui t'engage,*
> *Est le plus accompli des hommes de son âge.*

Célidée :   *Je te jure, à mes yeux, l'autre* [35] *l'est bien autant.*
> *Mon cœur a de la peine à demeurer constant.*

(II, vi, 505-8.)

S'agit-il du drame de la sensualité brusquement sollicitée par
un objet plus séduisant? Pas le moins du monde. Comme
Célidée l'avoue immédiatement à Hippolyte,

> *... Pour te découvrir jusqu'au fond de mon âme,*
> *Ce n'est plus que ma foi qui conserve ma flamme.*

(Ibid., 509-10.)

Célidée, engagée dans l'amour, se sent prisonnière d'elle-même, ou, plus exactement, elle trouve sa propre spontanéité prisonnière de son *serment*. Pas un instant, elle n'a cessé d'aimer Lysandre et le laisse échapper dans un cri : « Je connais mon Lysandre... », confirmé par la lucidité intime du monologue de la scène suivante : « Quel étrange combat! Je meurs de le quitter... » (II, VII, 567.) Mais dans un sursaut de sa liberté, elle s'insurge, en fait, contre elle-même. Le serment, sauvegarde de l'amour, se retourne contre l'amour, et le met en question : n'est-elle, Lysandre n'est-il que l'esclave d'une promesse? La pureté amoureuse exigera donc l'*épreuve radicale* de l'amour :

> *... Un dédain éprouvera ses feux...*
> *Ma feinte éprouvera si son amour est vraie.*

(II, VI, 543; II, VII, 577.)

Cette « épreuve », que l'amour impose à l'amour, nous renvoie-t-elle simplement à l'univers des valeurs courtoises? S'agit-il, en quelque sorte, d'un raffinement du sentiment, au nom du sentiment même[36]? Nous sommes, en réalité, aux antipodes des chevaliers et des dames de Chrétien de Troyes. Il n'est pas question d'éprouver autrui par des actes rituels, mais de *se prouver*, aux dépens d'autrui, par un acte gratuit. C'est la gratuité de l'acte, qui en constitue le sens profond, que Lysandre ne comprend pas :

> *Après deux ans passés dans un amour extrême,*
> *Que sans occasion elle vînt à changer,*
> *Je me fusse tenu coupable d'y songer.*

(IV, IV, 1170-72.)

C'est précisément parce que rien dans la situation ni dans le comportement de Lysandre ne justifiait la décision de rompre avec lui, que cette résolution devient, pour Célidée, une mise à l'épreuve *réelle* de sa propre liberté. Dans la vérité de sa douleur, Célidée, restée seule, prend soudain conscience d'une résistance farouche, en elle, aux décrets de son libre arbitre, d'une aliénation fondamentale. Le mouvement de reprise de soi, la reconquête en vue de l'ultime possession, déjà esquissés chez le personnage de Doris, dans *la Veuve*, définissent, à l'aube de la dramaturgie cornélienne, son motif central, — ce que nous appellerons désormais le « projet de Maîtrise » :

> *Prépare-toi, mon cœur, et laisse à mes discours*
> Assez de liberté pour trahir mes amours.

(II, VII, 579-80.)

L'analyse cornélienne est ici d'une sûreté, d'une finesse, d'une cruauté que Marivaux n'a jamais surpassées [37]. Ces comédies, longtemps laissées au rebut, sont d'une richesse et d'une rigueur étonnantes. Rarement la dialectique de la liberté a été explorée avec autant de pénétration et de minutie. Voilà Célidée, au moment où elle affirme avec arrogance sa maîtrise, « Je *voulus* vous aimer, et je ne le *veux* plus » (II, VIII, 604), qui vient buter contre la spontanéité affective :

> *Je vois mieux ce qu'il vaut lorsque je l'abandonne*
> *Et déjà la grandeur de ma perte m'étonne...*
>
> (II, VII, 573-74.)

La maîtrise va donc, de toute nécessité, avoir à s'exercer *contre l'amour*, et cela, *de son propre mouvement*, sans que se manifeste, comme dans la pièce précédente, une contrainte extérieure. Ce n'est pas par hasard que Célidée, laissée libre de son choix, se réclame néanmoins de l'éthique autoritaire : « Vos seuls commandements produiront mon amour » (I, II, 40), de même qu'Hippolyte, laissée libre, elle aussi, par sa mère,

> *... cherche, en déguisant son propre sentiment*
> *La gloire de n'aimer que par commandement.*
>
> (II, III, 463-64.)

Cette contrainte, acceptée par Doris dans la douleur, est à présent revendiquée par ses victimes, réelles ou possibles, qui s'en font une *gloire*. Ce changement de perspective marque une prise de conscience capitale, un moment décisif, celui où la coercition de l'ordre aristocratique s'accepte et s'intériorise. Elle devient violence non plus subie, mais voulue. Dans sa hâte, toutefois, cette maîtrise mal assurée et chancelante se pose comme fin, avant d'avoir vraiment les moyens de s'accomplir. Incapable, en fait, de se détacher de Lysandre à volonté, Célidée attend sa liberté non d'elle-même, mais de Lysandre : il s'agit d'une épreuve *truquée*, puisque sa décision, destinée à lui rendre son indépendance, *dépend* de celle d'un autre, et son vouloir du bon vouloir d'autrui. On ne peut même pas dire que Célidée décide de se jouer à pile ou face, car elle entend gagner à tout coup :

> *Ainsi, quoi qu'il en soit, j'aurai ce que je veux ;*
> *Il me rendra constante, ou me fera volage :*
> *S'il m'aime, il me retient ; s'il change, il me dégage.*
>
> (II, VI, 544-46.)

L'épreuve étant ainsi faussée, nous ne nous étonnerons pas que le résultat en soit peu brillant : prisonnière des sentiments

qu'elle veut combattre, mais sans avoir le courage de faire
le travail elle-même, Célidée est atteinte au vif en voyant
Lysandre répondre à l'infidélité, qu'elle sait supposée, par une
infidélité, qu'elle croit réelle ; prise alors qu'elle pensait prendre,
Célidée, pour se venger, ira jusqu'à s'humilier en s'offrant à
Dorimant, rebut de sa rivale Hippolyte, et qui rebutera Célidée
à son tour... Corneille s'excusera rétrospectivement, dans son
Examen, d'avoir malmené son personnage. C'est qu'il a honte
des premiers pas de l'héroïsme, — de sa Célidée qui « s'emporte
jusqu'à s'offrir elle-même » : « cela va trop avant, et passe trop
la bienséance et la modestie du sexe... » Célidée était, en somme,
sur la bonne voie, mais elle s'est fourvoyée. A sa décharge, il
faut dire qu'elle n'est pas la seule à rester empêtrée dans les
entraves du sentiment. Lysandre, d'abord résolu à demeurer
fidèle en face de l'infidélité (II, ix), puis à répondre à l'infidélité
par l'infidélité (III, v), devient finalement la proie de la jalousie
au moment même où il feint l'indifférence. Aux déchirements
du cœur font écho les hésitations de la tête, tentée tour à tour,
et sans pouvoir choisir, par les sollicitations contraires de la
morale aristocratique : la magnanimité et la vengeance. Comme
il le dit en des termes que l'on attendrait peu chez Corneille,
Lysandre est, littéralement, un naufragé :

> *Confus, désespéré du mépris de mes flammes,*
> *Sans conseil, sans raison, pareil aux matelots*
> *Qu'un naufrage abandonne à la merci des flots,*
> *Je me suis pris à tout, ne sachant où me prendre.*
>
> (V, iv, 1570-73.)

La réconciliation finale se fait donc dans la mauvaise foi, chez
Célidée, qui cherche à blâmer Lysandre des complications sur-
venues (un peu comme Hermione s'en prendra à Oreste, après
la mise à mort de Pyrrhus) ; le « Qui te l'a dit ? » racinien des
victimes de la passion se fait pressentir dans la rouerie de Célidée
vaincue :

> *Ne pouviez-vous juger que c'était une feinte*
> *A dessein d'éprouver quelle était votre atteinte ?*
>
> (V, iv, 1589-90.)

Trop heureux de s'en tirer à si bon compte, Lysandre affirmera
sur-le-champ sa « surprise » et sa « soumission ». Il est bien
évident que ce n'est pas encore cette fois que l'héroïsme sera
atteint, et la contrainte remplacée par la maîtrise. Si la pièce
débutait par la prémisse que « l'amour le plus parfait n'est pas
un mariage », l'autre belle de la comédie, Hippolyte, en tirera

la conclusion, et, délaissant la quête de l' « amour parfait »,
elle ira demander son salut au mariage ; se défiant de ses propres
forces, elle préférera se devoir à une discipline imposée de
l'extérieur et qui, finalement, assure l'ordre, au-dedans comme
au-dehors. Demandée en mariage par Dorimant, qu'elle n'aime
pas, mais qu'elle devrait aimer, et laissée libre de sa décision
par sa mère, Hippolyte ira rappeler elle-même l'impératif
catégorique qui se dérobe :

> *Madame, un mot de vous me mettrait hors de peine.*
> *Ce que vous remettez à mon choix d'accorder,*
> *Vous feriez beaucoup mieux de me le commander.*

(V, VIII, 1770-72.)

V

Si donc *la Galerie du Palais* met l'accent sur les tribulations
de la subjectivité à la conquête de la maîtrise, pour finir sur
un constat de faillite, il est normal que, par un mouvement
inverse, *la Suivante* (1634) voie s'affirmer, avec une force qui
touche à la brutalité [38], les conditions sociales de l'ordre moral,
déjà pressenties dans *la Veuve*. Géraste, gardien des principes,
rappelle à la « suivante » de sa fille Daphnis, Amarante, cette
vérité élémentaire, que les hommages masculins ont pu un
instant lui faire oublier :

> *Où les conditions n'ont point d'égalité,*
> *L'amour ne se fait guère avec sincérité.*

(III, VI, 835-36.)

Envisager l'amour comme simple rapport de consciences, c'est
perdre de vue que les consciences n'existent que situées dans
un monde. Il n'est point de « sincérité » qui puisse transcender
à la fois les données de fait et de droit,— le champ du réel où
elle s'exerce. L'amour rencontre donc, dans son élan vers
l'absolu, non seulement ses limites internes, mais sa limitation
extérieure. Il ne saurait jouer que dans le contexte d'une *classe :*
la classe noble. Rien ne serait plus contraire à l'esprit cornélien
que l'affirmation romantique par laquelle la subjectivité proclame son empire en niant l'ordre du monde. Rien ne pourrait
lui être plus étranger que le cri douloureux, mais triomphant
de Ruy Blas : « Je suis le ver de terre amoureux d'une étoile ! »
Dans l'univers aristocratique de Corneille (ou dans celui de
Mme de La Fayette), le « ver de terre », de toute façon, n'existe

pas —ou à peine [39]. Il faudra attendre Molière pour qu'il manifeste sa verve et son bon sens chez les servantes, et La Bruyère,
pour qu'il montre, dans la grande littérature, sa face terreuse
et inhumaine. On ne s'occupe ici que des « étoiles ». Car il ne
faudrait pas commettre l'erreur de croire qu'avec *la Suivante*,
Corneille pose le problème — purement romantique — de
l'amour entre des êtres séparés par leur classe : les personnages
cornéliens sont tous du même bord, leur drame se situe à l'intérieur d'un même groupe. Tout comme, dans *la Veuve*, Philiste
n'était séparé de Clarice que par la richesse [40], Amarante, la
« suivante » de Daphnis, n'est au-dessous d'elle que par le
manque de bien :

> *Daphnis me le [Florame] ravit, non par son beau visage,*
> *Non par son bel esprit ou ses doux entretiens,*
> *Non que sur moi sa race ait aucun avantage,*
> *Mais par le seul éclat qui sort d'un peu de biens.*

> (V, ix, 1669-72.)

Il est remarquable que, dans cette strophe des stances
d'Amarante, qui servent de conclusion et de moralité à la
pièce, tous les aspects déjà connus de l'amour cornélien soient
très précisément passés en revue : « beauté », « bel esprit »,
pour la présence sensuelle; « race », « biens », pour la face objective des rapports humains. Il est significatif que, des quatre
éléments qui entrent dans la composition de l'amour, le dernier
nommé soit, en fait, le premier par l'importance. Le personnage principal se découvre ici : *l'argent*. Il est vrai que le couple
Daphnis-Florame entend vivre son amour sur le plan de la
pure subjectivité. Daphnis aime Florame pour son charme
immédiat,

> *Florame, il est tout vrai, dès lors que je te vis,*
> *Un battement de cœur me fit de cet avis...*

> (III, viii, 899-900.)

sur l'arrière-fond des qualités nécessaires :

> *Je ne me trompe point, ton mérite et ta race*
> *Auprès des gens d'honneur sont trop dignes de grâce.*

> (Ibid., 897-98.)

De même, Florame, déclarant joliment sa flamme à Daphnis
et dénonçant ses faux respects pour Amarante, dresse, en
somme, un catalogue similaire d'appas :

> *Sans affront je la quitte, et lui préfère une autre*
> *Dont le mérite égal, le rang pareil au vôtre,*

> *L'esprit et les attraits également puissants,*
> *Ne devraient de ma part avoir que de l'encens.*
> *Oui, sa perfection, comme la vôtre extrême,*
> *N'a que vous de pareille : en un mot, c'est... — Moi-même.*

(II, IV, 441-46.)

« Cœur », « mérite », « race », chez Daphnis ; « mérite », « rang »,
« esprit », « attraits », chez Florame : le compte des vertus y
est, à l'exception d'*une*, toutefois, qui est soigneusement
omise : la richesse. Le délicat Florame ne perd pas, pour autant,
la question de vue, et son ami Damon ne nous laisse aucun
doute sur ce point :

> *Sa richesse [de Daphnis] l'attire, et sa beauté le blesse ;*
> *Elle le passe en biens ; il l'égale en noblesse,*
> *Et cherche, ambitieux, par sa possession,*
> *A relever l'éclat de son extraction [41].*

(I, I, 73-76.)

Ambition louable, somme toute, puisqu'elle consiste à mettre
l'argent au service de l' « extraction ». La possession, dont
rêvent les jeunes nobles désargentés, n'est donc pas seulement
amoureuse, mais financière. L'équilibre du subjectif et de
l'objectif, du tendre et du monétaire, n'est pas, malheureusement, chose aisée. Alors que l'amour veut s'éprouver dans
toute sa pureté, comme rapport entre consciences, il répugne à
se trouver compromis dans des relations d'argent. Au moment
où les exigences de la liberté tendent à faire resurgir le dilemme
déjà présenté dans *la Galerie du Palais*, et repris plus tard avec
éclat dans *la Place Royale*,

> *...Et cruelle à moi-même*
> *Parce que j'aime trop, j'ai banni ce que j'aime.*

(II, VI, 501-2.)

le jeune premier n'est guère heureux de découvrir la question
du « bien », comme essentielle en amour. D'où son attitude
ambiguë : tout en convoitant cet argent, Florame veut s'y
sentir *supérieur* par la vaillance, seule source de la « valeur »
aristocratique, et, par conséquent, « mériter » la fortune :

> *Qu'il vienne, ce rival, apprendre, à son malheur,*
> *Que s'il me passe en biens, il me cède en valeur.*
> *Que sa vaine arrogance, en ce duel trompée,*
> *Me fasse mériter Daphnis à coups d'épée...*

(IV, VI, 1179-82.)

La comédie, que les amants se jouent l'un à l'autre et chacun
à soi, loin de supprimer une réalité désagréable, n'aide qu'à
faire mûrir l'abcès.

Si les amants veulent, dans leurs instants passionnels, du moins, ignorer l'argent, l'argent, lui, ne les ignore pas. Il possède une présence, une puissance, une dureté, que l'on ne retrouvera guère sur la scène avant *Turcaret*. On aperçoit, chez le personnage d'Amarante en particulier (et c'est sans doute là le sens profond du drame de la « Suivante »), l'angoisse d'une aristocratie menacée par l'évolution d'une histoire où le rang n'est plus seulement fondé sur le sang, mais, de façon de plus en plus évidente, sur le numéraire :

> *Mes yeux pour l'asservir ont de trop faibles armes ;*
> *Il voudrait pour m'aimer que j'eusse d'autres charmes,*
> *Que l'éclat de mon sang, mieux soutenu de biens,*
> *Ne fût point ravalé par le rang que je tiens.*
>
> (I, viii, 301-4.)

Devant le divorce grandissant entre la naissance et la richesse, les jeunes nobles, Florame, Théante ou Amarante, conscients de leur mérite et de leur race, cherchent désespérément à opposer la puissance de la personne au pouvoir triomphant de l'argent. D'où le défi que Florame et Amarante jettent, chacun à sa manière, au « manque de biens », en décidant de le combattre et de le vaincre sur le terrain de l'amour, c'est-à-dire des relations de *personne à personne*. Lutte inégale, où Florame réussira de justesse, et non sans égratigner son « honneur », et où Amarante succombera, à jamais meurtrie dans sa dignité et dans son être. Car, par la bouche édentée de Géraste, qui poursuit un jeune et frais gibier amoureux, l'argent proclame son omnipotence :

> *Flatte-la de ma part, promets-lui tout de moi ;*
> *Dis-lui que si l'amour d'un vieillard l'importune,*
> *Elle fuit une planche à sa bonne fortune ;*
> *Que l'excès de mes biens, à force de présents,*
> *Répare la vigueur qui manque à mes vieux ans...*
>
> (II, i, 352-56.)

La « fortune » réussit même le miracle, refusé à la beauté et, nous le verrons plus tard avec Don Diègue, à la vaillance, d'échapper au pouvoir destructeur de la *durée*.

C'est pourquoi, fascinés ou écrasés par l'argent, il peut y avoir, chez les personnages, des colères passagères, mais jamais de révolte véritable. Dussent-ils en souffrir, ils acceptent l'argent, dans l'esprit où la Doris de *la Veuve* acceptait l'autorité paternelle, comme soutien de l'ordre et de la permanence. Il est donc intéressant de noter que Géraste, cherchant littéralement à acheter la jeune Florise, et prêt, afin d'obtenir l'autorisation nécessaire de son frère, Florame, à donner en échange à celui-ci sa propre fille (cela malgré l'inclination supposée de cette dernière pour Clarimond), en un mot, ce marché où un vieillard offre sa fille à un frère, troc pour troc, contre sa sœur, loin d'indigner Corneille, a son entière approbation rétrospective, dans son *Examen :* « Géraste n'agit *pas mal* [42] en vieillard amoureux puisqu'il... ne prétend être considérable *que par son bien...* Celui-ci donne assez *libéralement* sa fille à Florame, malgré son peu de fortune, pourvu qu'il en obtienne sa sœur. » C'est que Corneille, en quête d'une éthique de la maîtrise, s'identifie toujours — à l'opposé de Molière — au point de vue de la *puissance,* non du sentiment. Or, dans les comédies, l'argent apparaît, à cet égard, comme une valeur éminemment positive. De même que le courage (quoique, en théorie, à un moindre degré) il sert à établir une hiérarchie des êtres. Géraste aura beau confondre vouloir et caprice, commandement et tyrannie [43]; Florame aura beau forcer sa sœur à épouser un homme qui lui répugne, non pas, comme le Philiste de *la Veuve,* contre son propre intérêt et par point d'honneur, mais dans son propre intérêt et par pur égoïsme [44] : il n'y aura aucune rébellion chez Daphnis, qui, sacrifiée par son père, songe au suicide plutôt qu'à la désobéissance [45]; aucune révolte chez Amarante, abandonnée de Florame et de Théante à cause de sa pauvreté, et qui voit là « le triste état où le ciel m'a réduite » (V, ix, 1691). A la différence des filles sages, qui se contentaient de déplorer leur « mauvais sort », il ne restera plus à Amarante, partagée entre le refus de la révolte, mais aussi de la résignation, qu'à éclater en « imprécations », où la puissance de haine tâche à compenser l'impuissance d'agir, sous le signe déjà cornélien du souhait vengeur :

> *Vieillard, qui de ta fille achètes une femme*
> *Dont peut-être aussitôt tu seras mécontent,*
> *Puisse le ciel, aux soins qui te vont ronger l'âme,*
> *Dénier le repos du tombeau qui t'attend!*
>
> *Puisse le noir chagrin de ton humeur jalouse*
> *Me contraindre moi-même à déplorer ton sort,*
> *Te faire un long trépas, et cette jeune épouse*
> *User toute sa vie à souhaiter ta mort!*
>
> (V, ix, 1693-1700.)

Ces mots, qui terminent la pièce, marquent également la fin, pour Corneille, de ce qu'on pourrait appeler le *cycle de l'exploration.* Les quatre comédies, dont nous avons essayé de marquer le mouvement et l'enchaînement, définissent peu à peu, par touches de plus en plus vigoureuses, et qui deviennent franchement brutales, une *dialectique des rapports de la conscience et du monde*. Du même coup émergent un univers social et sa problématique humaine ; car si le Moi nobiliaire se veut affirmation absolue, au sens étymologique, dégagée de toute condition, il retrouve, dans l'ordre nobiliaire, sa condition et ses limites. Le dilemme de l'ordre nobiliaire sera précisément de réunir et d'harmoniser une pluralité de monades. Aux prises avec la double face subjective et objective du dilemme, Corneille est renvoyé de l'une à l'autre et les éclaire alternativement [46]. Il s'agit à présent d'arrêter ce va-et-vient et de faire entrer les termes contraires dans une synthèse. Tous les thèmes des comédies précédentes vont donc se nouer et se ramasser en un suprême effort, qui sera *la Place Royale*.

VI

La Place Royale (1634) est la première pièce de Corneille qui ait suscité des commentaires suivis. Faute, cependant, de la relier organiquement aux précédentes, on se condamne à ne pouvoir en saisir le sens profond. Alidor n'est nullement un commencement absolu. En lui se résume et se rassemble un certain moment de l'expérience cornélienne ; par lui, une solution tente de s'ébaucher, une synthèse de s'établir. C'est à cet instant précis et décisif que l'esprit aristocratique prend pleinement conscience de lui-même : jusqu'à présent, nous n'avions que de jeunes nobles ; maintenant le noble se veut un *héros*. Alidor, ou la naissance de l'héroïsme. L'importance capitale du personnage et de la pièce est soulignée par le fait que Corneille se livre, dans la dédicace, à une analyse non pas technique, mais philosophique ; qu'il y présente, à ce propos, une *théorie* raisonnée de l'amour [47]. Il y a là une indication précieuse : la nouveauté radicale d'Alidor n'est ni dans sa situation ni dans le projet par lequel il tente de la dépasser, mais dans sa volonté farouche d'élucidation *théorique*, dans son effort pour tirer de l'expérience vécue des personnages antérieurs une expérience réfléchie, une éthique : « Le héros de cette pièce ne traite pas bien les dames, et tâche d'établir des *maximes* qui leur sont trop désavantageuses, pour nommer son protecteur : elles s'imagineraient... que toute sa *morale* serait plutôt un portrait de votre conduite. » *(A Monsieur ***).* Rien de moins « extravagant », à cet égard, que le personnage d'Alidor, malgré l'épithète que l'auteur croit devoir lui décerner,

pour apaiser la gent féminine. Ou, plus exactement, rappelons-
nous que l' « extravagance », comme la folie, ne vient pas ici
d'une absence, mais d'un excès de logique.

Il faut, d'abord, observer qu'Alidor ne paraît qu'à la scène iv
de l'acte I. La scène i, toujours importante du point de vue
thématique, n'oppose pas Alidor à Cléandre, mais Angélique
à Phylis. C'est donc une discussion entre femmes qui donne
le ton de la pièce et en crée l'atmosphère. Nous y trouvons
Phylis, sœur dévouée, en train de plaider devant Angélique
la cause de son frère Doraste. Or, la réponse d'Angélique est
une fin de non-recevoir catégorique, pour la simple raison qu'elle
aime Alidor. On pourrait croire la discussion close : pour
Corneille, elle commence. Par-delà l'occasion de ce débat et
le prétexte du frère, les deux femmes s'affrontent en une querelle plus profonde et plus personnelle. C'est que chacune est
certaine de posséder le véritable *art d'aimer* et prétend le démontrer et l'imposer à l'autre :

> Angélique : *Pour aimer comme il faut, il faut aimer ainsi.*
> Phylis :   *Défais-toi, défais-toi de tes fausses maximes...*
>
> (v. 44, 93.)

A travers deux êtres se heurtent deux philosophies, bien avant
l'entrée en scène d'Alidor, qui se trouve ainsi préparée.

Angélique, annonçant la Camille d'*Horace*, a choisi d'élire
la passion comme suprême valeur, d'ériger l'amour en absolu :

> *Vois-tu, j'aime Alidor, et c'est assez te dire.*
> *Le reste des mortels pourrait m'offrir ses vœux,*
> *Je suis aveugle, sourde, insensible pour eux...*
> *Alidor a mon cœur et l'aura* tout entier.
>
> (v. 34-36, 40.)

Rivé à un être, à l'exclusion des autres, l'amour-passion se
veut don réciproque, unité dans la dualité, et, à la limite, fusion
mystique :

> *Simple, tu ne sais pas ce que c'est que tu blâmes,*
> *Et ce qu'a de douceur l'union de deux âmes...*
>
> (v. 85-86.)

Par là est atteinte cette pérennité de l'humain, ce dépassement de l'éphémère, sans quoi il n'est pas de possession véritable :

> *Tu n'éprouvas jamais de quels contentements*
> *Se nourrissent les feux des* fidèles amants...
> *Qui veut tout retenir laisse* tout échapper.
>
> (v. 87-8, 92.)

A cette valorisation de la passion, qui est aussi culte de l'individualité; à cet art d'aimer, qui fait surgir l'existence absolue du couple (et par où passe sans doute le grand courant de pensée courtois); en un mot, à cette tentation suprême de la conscience aristocratique, qui, depuis *Tristan et Yseult*, cherche dans la passion l'affirmation radicale du Moi, au-delà du monde moral comme du monde social, Phylis oppose cette maxime redoutable : « Qu'au lieu d'un serviteur, c'est *accepter un maître*. » (v. 50). Loin de s'arracher à la détérioration temporelle vers une permanence, l'amour plonge l'être dans les affres de la sensibilité; il établit sans remède, pour la conscience, le règne du temps et de l'espace, de la souffrance et de la mort :

> *Quand on n'en souffre qu'un, qu'on ne pense qu'à lui,*
> *Tous autres entretiens nous donnent de l'ennui ;*
> *Il nous faut de tout point vivre à sa fantaisie,*
> Souffrir *de son humeur; craindre sa jalousie,*
> *Et de peur que le* temps *n'emporte ses ferveurs,*
> *Le combler chaque jour de nouvelles faveurs ;*
> *Notre âme, s'il s'éloigne, est chagrine, abattue ;*
> *Sa* mort *nous désespère et son change nous tue.*
>
> (v. 51-58.)

Dans la mesure où il nous met en la dépendance absolue d'autrui, l'amour supprime notre autonomie; dans la mesure où il supprime notre autonomie, il fait choir le Moi dans les vicissitudes du monde sensible, le laisse en un état de totale déréliction. La liberté de la passion aboutit donc à l'esclavage subjectif; et comme, par ailleurs, cette liberté même est illusoire et oublie ses liens concrets, l'esclavage amoureux devient un douloureux et humiliant servage :

> *On dispose de nous sans prendre notre avis ;*
> *C'est rarement qu'un père à nos goûts s'accommode...*
>
> (v. 60-61)

Le seul salut possible, la seule liberté pratique, c'est d'accepter la dépendance *réelle*, pour la transformer en réelle indépendance; c'est de former le projet de disponibilité affective, de se refuser au règne de l'individuel, de décider d'aimer tout le monde, afin de n'être attaché à personne :

> *L'éloignement d'aucun ne saurait m'affliger,*
> *Mille encore présents m'empêchent d'y songer.*
> *Je n'en crains point la mort, je n'en crains point le change.*
>
> (v. 71-73.)

La mort et le temps sont ainsi conjurés : la passion signifie l'aliénation de la liberté; l'*indifférence* fait surgir la liberté de l'aliénation même.

Cette confrontation de thèses, ou plutôt d'attitudes irréconciliables, ne fait que reprendre et orchestrer les thèmes déjà présentés dans les pièces précédentes, en les amplifiant et en les portant à leur expression la plus lucide. Bien qu'en véritable dramaturge, Corneille donne pareil poids et pareil aloi à ses personnages, et qu'en bon avocat, il fasse plaider le pour et le contre avec la même force, ainsi qu'il fera plus tard encore dans *Horace*, il n'y a aucun doute sur ses sympathies. Les scènes II et III viennent à point nommé illustrer la thèse de Phylis sur l'esclavage passionnel. Le pitoyable Doraste en est réduit à implorer le secours de sa sœur, tandis que, de son côté, Cléandre, amoureux d'Angélique, mais ami d'Alidor qu'elle aime, n'ose se déclarer et souffre, en stances lyriques, de ce déchirement, qu'il conserve assez de clarté d'esprit pour juger :

> Esclave *d'un œil si puissant,*
> *Jusque-là seulement me laisse aller ma* chaîne...
>
> (v. 161-62.)

Mais si le mal est parfaitement diagnostiqué par Phylis, sa solution par l' « indifférence », qu'elle hérite de ses devancières, est-elle le remède ? C'est précisément à cet instant qu'Alidor, amant d'Angélique, entre en scène, grand prêtre d'une libération nouvelle et fulgurante.

Les premières paroles d'Alidor, adressées à son ami Cléandre, font le point de la situation :

> *Te rencontrer dans la place Royale,*
> *Solitaire, et si près de ta* douce prison,
> *Montre bien que Phylis n'est pas à la maison.*
>
> (I, IV, 178-80.)

« Douce prison » : il faut prendre les mots littéralement. L'amour est prison en vertu de sa douceur même. Ce que pressentait Célidée dans *la Galerie du Palais*, ce que Phylis essayait de faire comprendre à Angélique dans la première scène, Alidor le saisit dès l'abord et le résume, avec une lucidité complète. Ce qu'il dit n'est pas nouveau, mais l'expression atteint ici une acuité inégalée. Ce n'est, d'ailleurs, nullement une coïncidence si, en même temps que la pensée se cristallise et se durcit, apparaît pour la première fois, ce style *lapidaire*, qui désormais reparaîtra aux moments de la plus haute conscience de soi, quand la maîtrise de la pensée se reflète dans la maîtrise du langage, c'est-à-dire la violence faite au verbe, dominé, *dompté* dans sa chair sensible, reconquis sur sa spontanéité originelle, tout comme l'affectivité du héros :

Les règles que je suis ont un air tout divers.
Je veux la liberté dans le milieu des fers.
Il ne faut point servir d'objet qui nous possède;
Il ne faut point nourrir d'amour qui ne nous cède:
Je le hais, s'il me force; et quand j'aime, je veux
Que de ma volonté dépendent tous mes vœux,
Que mon feu m'obéisse au lieu de me contraindre,
Que je puisse à mon gré l'enflammer et l'éteindre,
Et toujours en état de disposer de moi,
Donner quand il me plaît et retirer ma foi.

(I, iv, 203-12.)

Ces vers célèbres, et d'une facture admirable, ont été souvent cités, ainsi que l'analyse non moins fameuse de la *Dédicace à Monsieur* *** : « C'est de vous que j'ai appris que l'amour d'un honnête homme doit être toujours volontaire; qu'on ne doit jamais aimer en un point qu'on ne puisse n'aimer pas; que si l'on en vient jusque-là, c'est une tyrannie dont il faut secouer le joug; et qu'enfin la personne aimée nous a beaucoup plus d'obligation de notre amour, alors qu'elle est toujours l'effet de notre choix et de son mérite, que quand elle vient d'une inclination aveugle... » Il s'agit d'un moment capital dans l'œuvre de Corneille : à la fois déclaration de principe et déclaration de guerre. Ce qui frappe, dans ce rapprochement, c'est la *convergence*, ou, si l'on veut, la *connivence* des points de vue d'Alidor et de Corneille. Un même esprit, un même élan animent l'analyse du personnage, dans la pièce, et de l'auteur, dans la critique. C'est là une indication précieuse, encore qu'elle reste à interpréter. Nous écarterons tout de suite la suggestion ingénieuse, proposée par Corneille lui-même et reprise par certains critiques, qu'Alidor, en somme, chercherait, par de mauvais chemins, un noble but, qu'il veut non seulement le « bien de la personne aimée », mais le retour de l'amour à sa source impérieuse et authentique [48]. En réalité, appliquer la *justification* de l'auteur, pris en flagrant délit de sympathie pour un personnage peu recommandable [49] et tâchant d'apaiser le « beau sexe » (et sa propre conscience), à la *compréhension* de son personnage, c'est se laisser abuser.

Loin d'être un Céladon dévoyé, en quête du parfait amour, Alidor ne saurait chercher la perfection de l'amour, pour la bonne raison que celle-ci n'est pas à établir, mais qu'elle est déjà donnée — et que c'est précisément là, comme dans le cas de Célidée et de Lysandre, la source du mal et le point de départ du drame :

Ce n'est qu'en m'aimant trop qu'elle me fait mourir...
Mais, las! elle est parfaite, et sa perfection
N'approche point encore de son affection.

(Ibid., 187, 191-92.)

Intensité d'affection *mutuelle*, de surcroît; ne nous y trompons
pas, si Alidor n'aimait pas profondément Angélique, il ne
sentirait pas sa propre dépendance, il n'y aurait aucun problème :

> *Mes pensers ne sauraient m'entretenir que d'elle;*
> *Je sens de ses regards mes plaisirs se borner...*
>
> (v. 214-15.)

Tout se résume d'un mot (qui rappelle, par sa violence juvénile, l'exclamation de Néron, dans *Britannicus*) : « J'*idolâtre*
Angélique... » (v. 227). Mot du langage galant, certes, mais qui
dit bien ce qu'il veut dire. L'existence d'Alidor, de par la présence de l'amour, et malgré lui, devient *culte* d'Angélique.
Ou la théologie alidorienne, est essentiellement monothéiste :
il n'y a place que pour une seule divinité, — lui-même. La
fameuse guerre des sexes est, en vérité, une guerre de religion.
Là où Angélique parlait d' « union des âmes », Alidor veut
« vivre à soi » (« Je vis dorénavant, puisque je vis à moi » V, VIII,
1507). L'opposition est, ici, de caractère manichéen. S'il y a
lutte à mort de principes, si Alidor reprend l'attitude de Phylis,
en la durcissant à l'extrême, c'est que, à l'égal de Phylis, il a
la conscience aiguë de l'asservissement passionnel, c'est-à-dire
le sentiment tragique du temps :

> *Ne parle point d'un nœud dont le seul nom m'alarme.*
> *J'idolâtre Angélique : elle est belle aujourd'hui,*
> *Mais sa béauté peut-elle autant durer que lui?*
> *Et pour peu qu'elle dure, aucun me peut-il dire*
> *Si je pourrai l'aimer jusqu'à ce qu'elle expire?*
> *Du temps, qui change tout, les révolutions*
> *Ne changent-elles pas nos résolutions?*
>
> (v. 226-32.)

Il y a ici beaucoup plus que les doutes, les hésitations, les
faiblesses d'un amour qui n'ose s'abandonner à lui-même :
le problème n'est qu'accessoirement psychologique; il est
fondamentalement métaphysique. Si, en effet, il s'agit bien
d'un amour qui se refuse à l'amour, ce n'est pas par anémie [50],
mais par lucidité : le principe même de l'abandon à la sensibilité implique un certain choix de vivre dans l'instantané,
ou de chercher l'éternité dans l'instant; et c'est cette philosophie, qui sera celle du poète romantique, du séducteur
kierkegaardien ou du sensualiste gidien, que le cornélien repousse
de toutes ses forces [51].. Il voit dans le projet amoureux le double
péril de la durée — érosion interne du sentiment, corrosion
externe du corps — qui menace, en son cœur, le projet de
permanence, essentiel au mariage (« jusqu'à ce qu'elle expire... »).

Sous l'illusion enchanteresse de l'émotion, la réalité, c'est donc un Moi deux fois violenté : avant l'hymen, « l'amour par force »; après, « l'amour par devoir ». C'étaient déjà les intuitions de Tircis, dans *Mélite*, de Célidée, dans *la Galerie du Palais*, de Phylis, trois scènes auparavant, dans la même pièce. L'originalité d'Alidor n'est donc nullement dans l'exposé du problème, mais dans la solution qu'il y apporte. Là où ses prédécesseurs s'étaient contentés de *sentir* l'opposition, mieux, la contradiction de l'amour et du mariage, Alidor, enfin, la *pense*, ce qui lui permettra d'agir.

Malgré leur découverte, en effet, Tircis et Célidée avaient fini par franchir le saut, comptant sans doute sur le fait que tout s'arrange, dans toute bonne comédie, au dénouement. Il faut cependant noter que l'Hippolyte de *la Galerie du Palais* et la Phylis de *la Place Royale* allaient déjà plus loin dans la recherche d'une solution et demandaient le salut à une acceptation volontaire, voire joyeuse [52] de la contrainte extérieure. En termes philosophiques, supposés par toute attitude humaine, il s'agit là, avant le remède alidorien, d'une première solution *stoïcienne*. Les personnages cornéliens font, à l'instar des Sages du Portique, la séparation radicale des « choses qui dépendent de nous » et des « choses qui ne dépendent pas de nous ». Et puisque, selon l'expression de Descartes, dans le *Discours de la Méthode*, « il n'y a rien qui soit entièrement en notre pouvoir que nos pensées », le Moi du personnage se refuse à s'engager dans le pur non-moi du monde :

> *Le monde est un chaos, et son désordre excède*
> *Tout ce qu'on y voudrait apporter de remède.*
> *N'ayons l'œil, cher ami, que sur nos actions.*
>
> (La Veuve, III, iii, 895-97.)

Le projet stoïque ne vise pas, à l'inverse du projet révolutionnaire, à transformer le monde selon les normes du Moi, mais, par une conversion complète, à trouver dans l'ordre même du monde la source de libération intérieure. A cet égard, la morale de Phylis et des jeunes filles « sages » n'est autre que le « tout ce qui te convient me convient, ô monde! » de Marc-Aurèle, auquel fait écho la troisième maxime cartésienne : « tâcher toujours plutôt à me vaincre que la fortune, et à changer mes désirs que l'ordre du monde. » On pourrait, à première vue, trouver dans la tirade précitée d'Alidor (p. 63) une sorte de manifeste stoïcien. Les « règles » qu'il suit ressemblent étrangement aux règles de la générosité cartésienne, telle que le *Traité des Passions* la définit, comme connaissance de l'homme « qu'il n'y a rien qui véritablement lui appartienne que cette libre

disposition de ses volontés » (art. 153). D'où le fameux parallèle
établi par Lanson entre le généreux cartésien et le héros
cornélien, repris plus tard par le philosophe E. Cassirer, qui
conclut au « stoïcisme » des deux auteurs, différent, toutefois,
de la pure ataraxie sénéquienne et orienté vers l'action [53].
Or, si les instruments intellectuels de Corneille et de Descartes
sont les mêmes; s'ils s'inscrivent, de par leur éducation, dans la
tradition scolastique transmise grâce à l'enseignement jésuite [54],
— faute d'examiner, au-delà, ou plutôt au-deçà de la formulation conceptuelle, la réalité humaine qui la sous-tend, on se
condamne à des rapprochements erronés et à des conclusions
hâtives.

Le parallèle lansonien ne s'applique qu'aux premières
esquisses du héros, à ses enfances. Phylis, dans la scène 1 de
la Place Royale, ou même Corneille dans son Epître Dédicatoire, sont, en un certain sens, « stoïciens » ou « cartésiens ».
Alidor *cesse absolument de l'être*, dans la mesure où, chez lui,
*le projet stoïcien est repris et transformé par le projet aristo-
cratique*. Or, il y a, entre ces deux projets, opposition fondamentale. Le stoïcisme, comme Hegel l'a montré dans la *Phénoménologie de l'Esprit*, est un des moments par où passe la conscience
servile, qui « hors du mouvement de l'être-là, de l'agir comme du
pâtir, se retire toujours dans la *simple essentialité de la pensée* [55]. »
Cette pensée, dont Descartes disait qu'elle est la seule réalité
« qui soit entièrement en notre pouvoir », cette pensée, réfléchie
en elle-même et ignorant l'altérité, représente l'unique royaume
de la liberté possible pour l'Esclave. Et, à cet égard, l'exclamation d'Alidor : « Je veux la liberté *dans le milieu des fers* » est,
à l'origine, le cri typique de l'Esclave. Mais, à y regarder de
plus près, loin d'ignorer le monde et de se refermer sur soi,
c'est par rapport à l'Autre et aux dépens de l'Autre que le Moi
alidorien prétend s'affirmer. Dans son essence, le projet aristocratique de *supériorité* n'est pas, tel le projet stoïcien, supériorité à l'événement, mais implique la présence d'un autrui
humain *à qui* être supérieur. Pour être subtil, le changement
n'en est pas moins décisif. Les déclarations retentissantes
d'Alidor ne prennent leur sens véritable que précédées des
deux vers capitaux, que l'on omet souvent :

> *Comptes-tu mon esprit entre les ordinaires?*
> *Penses-tu qu'il s'arrête aux sentiments vulgaires?*
>
> (v. 201-2.)

Déjà l'Alcidon de *la Veuve* s'écriait :

> *...Apprends que ta sœur n'aura jamais de quoi*
> *Asservir sous ses lois des gens* faits comme moi.

(I, ɪɪ, 99-100.)

Le désir d'un destin hors série — « hors de l'ordre commun », selon l'expression d'Horace — qui va devenir, avec les tragédies, une hantise, est déjà présent ici. Quand Alidor s'exclame :

> *Amour, que ton pouvoir tâche en vain de paraître!*
> *Fuis, petit insolent, je veux être le* maître :
> *Il ne sera pas dit qu'un homme tel que moi,*
> *En dépit qu'il en ait, obéisse à ta loi.*

(IV, ɪ, 941-44.)

sa volonté de « maîtrise » est indissociable de l'orgueil aristocratique Le sens profond de l'héroïsme cornélien, qui s'épanouira, dans les tragédies, en une éthique et une politique nobiliaires, est déjà solidement établi, et avec une insistance toute spéciale, dès les premières œuvres. C'est pourquoi les comédies posant le problème subjectif de l'héroïsme naissant, comme *Mélite* ou *la Galerie du Palais*, sont toujours suivies de pièces qui en éclairent le contexte social et la situation historique, comme *la Veuve* et *la Suivante*. Avec Alidor, et pour la première fois, les deux bouts de la chaîne sont résolument rejoints; le projet héroïque et le projet aristocratique prennent conscience de leur identité et se confondent.

Il y a, en effet, dans l'estime de soi ou « la bonne opinion qu'on a de soi-même », ainsi que Descartes nous en avertit dans son *Traité des Passions* (art. 160), une ambiguïté redoutable, puisqu'elle sert à définir également la générosité et l'orgueil. Or, la « générosité » provient de l'exercice de la volonté en tant que telle, elle est liée à l'affirmation abstraite et universelle d'un Cogito, comme la conscience stoïque réfléchie sur soi et jouissant de soi en tant que pur acte de penser. La « bonne opinion » qu'a de lui le héros cornélien est, au contraire, orgueil de la race, du sang et du rang, orgueil biologique et historique d'un Moi individuel et concret, qui, loin de tendre à l'universalité du « bon sens » et de la « bonne volonté » cartésiens, proclame son irréductible *singularité*. Descartes était le premier à connaître toute l'étendue et la profondeur de cette différence, et il nous en donne la plus rigoureuse analyse : « Mais, quelle que puisse être la cause pour laquelle on s'estime, si elle est autre que la volonté qu'on sent en soi-même d'user toujours bien de son libre arbitre, de laquelle j'ai dit que vient la générosité, elle produit toujours un *orgueil* très blâmable, et qui est si différent de cette vraie générosité qu'il a des effets entièrement contraires; car tous les autres biens, comme l'*esprit*, la *beauté*, les *richesses*, les *honneurs*, etc., ayant coutume d'être d'autant plus estimés qu'ils se trouvent *en moins de personnes*, et même étant pour la plupart de telle nature qu'ils *ne peuvent être communiqués à plusieurs*, cela fait que les orgueilleux tâchent d'abaisser tous les autres hommes... » (*ibid.*, art. 158. Souligné par nous). Tout est dans ce texte admirable : la liste complète des valeurs cornéliennes (« esprit », « beauté », « richesse », « honneur », qui se ramasseront bientôt en un seul mot, la *gloire*) y est saisie dans son irréductible opposition aux valeurs de la générosité stoïque; et Descartes, avec une acuité remarquable, met en évidence la nécessité, pour la conscience orgueilleuse, de se sentir fondée sur son absolue et incommunicable singularité, qui ne peut s'éprouver que comme affrontement et abaissement d'autrui. Universalité-singularité, Descartes-Corneille, c'est le duel du *Cogito bourgeois* et du *Cogito aristocratique* [56].

La solution originale d'Alidor est si peu de tendre à *neutraliser* la présence de l'Autre par l' « indifférence », à la façon de Phylis et des personnages antérieurs, qu'elle consiste, au contraire, à l'*affirmer* avec toute la force possible, pour, ensuite, la *supprimer* radicalement. Alors que tout l'effort des amoureux — Tircis, Lysandre ou Florame — n'allait qu'à posséder l'objet aimé, Alidor refuse catégoriquement la « possession ». « Crains-tu de posséder un objet qui te charme? » demande Cléandre. Certes, et *parce qu'*il le charme. Comprenant déjà parfaitement le péril des « nourritures terrestres », et décidé non pas à les en savourer davantage, tel l'esthète gidien, mais à les repousser dès l'abord, Alidor, en rejetant la possession, s'arrachera d'un seul coup à l'aliénation. L'originalité de la solution ne consistera donc pas à garder l'affectivité humaine au point mort et à maintenir l'âme dans le vide de l'indifférence, comme les personnages précédents, mais à donner à l'amour toute sa puissance, pour que le héros s'affirme *en la surmontant*. Il ne s'agit plus de fuir l'amour, mais « quand j'aime, je veux / Que de ma volonté dépendent tous mes vœux »; c'est dire que si la volonté doit pouvoir se manifester et jouir d'elle-même, il faut bien qu'elle ait affaire à un amour *réel*. Afin qu'il y ait maîtrise véritable, il convient qu'il y ait quelque chose à maîtriser. Dès lors s'amorce, pour la première fois, le mouvement de la dialectique cornélienne de l'héroïsme, où la liberté se trouve enfin, pleine et entière, dans le refus de soi, et l'autonomie dans le sacrifice. C'est par cet acte d'automutilation radicale et absurde (chaque fois que le mouvement héroïque s'esquisse, chez Célidée ou chez Alidor, il n'y a précisément *aucune raison* ou *cause* à ce qui est affleurement soudain et total de la liberté) qu'est assurée enfin l'authenticité de l'existence noble.

Nous y reviendrons à l'occasion des pièces suivantes. Il faut, toutefois, souligner dès à présent que la curieuse violence qu'Alidor s'inflige à lui-même n'est en rien un exercice de volonté « à vide ». On a souvent compris le drame d'Alidor et d'Angélique comme une sorte d'expérience en vase clos; on a dit qu' « ils paraissent dans une aventure d'amour dégagée de tout incident politique, religieux, juridique » et que « dans *la Place Royale*, il n'y a en effet ni famille, ni clan ni État [57] ». C'est, croyons-nous, s'en tenir aux apparences. Car si, selon le vers célèbre d'*Horace*, le sort fait au héros des fortunes « hors de l'ordre commun », ce n'est nullement pour ouvrir toute grande la porte à l'anarchie, mais pour établir un *ordre supérieur*. Constituer le Moi en absolu n'est pas l'installer dans le solipsisme, mais l'insérer dans une harmonie de monades communicantes. Cette dimension sociale de la conscience héroïque n'est pas absente chez Alidor. Ce même homme, qui n'hésitera pas un instant à avoir recours, dans son traitement d'autrui, au mensonge, à la cruauté, à la lâcheté les plus cyniques, montre la plus vétilleuse délicatesse, en matière de mariage; ennemi déloyal et mortel du *sentiment*, pour qui il n'est pas de manœuvre avilissante, le voici soudain du dernier scrupule, lorsqu'il s'agit d'une *institution*. A la suggestion gaillarde de Cléandre, Alidor réagit sur le ton de la vertu offensée :

> — *Peut-être seulement le nom d'époux t'offense,*
> *Et tu voudrais qu'un autre...*
> — *Ami, que me dis-tu?*
> *Connais mieux Angélique et sa haute vertu;*
> *Et sache qu'une fille a beau toucher mon âme,*
> *Je ne la connais plus dès l'heure qu'elle est femme.*

(I, IV, 278-82.)

Son indignation se prolonge encore pendant dix vers. Il n'y a, chez Alidor, rien de Don Juan [58]; cet amant à la vocation de bourreau est une prude, qu'une pensée osée effarouche. C'est là toute la distance qui existe entre lui et, par exemple, un roué de la comédie anglaise de la Restauration, tel Dorimant [59]; et cette distance est celle qui sépare le noble soucieux de maintenir l'ordre nobiliaire dans toute sa vigueur, de celui qui entend profiter des avantages de la noblesse à son déclin. Comme Molière l'a bien vu, Don Juan est l'expression de la *décadence* aristocratique, et son affirmation d'indépendance

se retourne contre ses pairs, sa classe et tout ordre social en
général : d'où son acharnement à bafouer les liens du mariage
et ceux du sang, les règles de la morale et celles du commerce,
le Commandeur et M. Dimanche. Rien de tel chez Alidor,
dont l'indépendance se veut l'alliée d'un ordre, et qui marque
l'adolescence, non la sénilité, de la conscience aristocratique.

Il n'y a donc pas l'ombre d'un doute qu'aux yeux de Corneille,
Alidor est sur le bon chemin. La sympathie de l'auteur pour
son personnage est, nous l'avons vu, manifeste (cf. p. 63) et
Corneille a même peur d'en montrer trop. Pourtant, à un
moment donné, Alidor fait fausse route, il devient « extravagant », au sens étymologique. Que se passe-t-il? Un lecteur
qui ne connaîtrait pas la pièce pourrait conclure de notre
analyse qu'Alidor, voulant recouvrer sa liberté, quitte, par
une décision soudaine et cruelle à tous deux, celle qu'il aime,
s'arrache à elle, *se* sacrifie. Mais, en fait, dans les scènes et les
actes qui suivent, ce n'est pas lui, c'est *elle* qu'il sacrifie. Il
s'agit d'un sacrifice qui se trompe, en quelque sorte, d'adresse,
et ce qui aurait dû être le drame du renoncement devient celui
de la persécution. Au moment décisif, Alidor *triche*. A Cléandre,
qui lui fait entrevoir ses douleurs futures, quand Angélique
l'aura quitté pour un autre, Alidor répond :

> *Dis mieux, que pour rentrer dans mon* indifférence,
> *Je perdrai mon amour avec mon espérance,*
> *Et qu'y trouvant alors sujet d'*aversion,
> *Ma liberté naîtra de ma punition.*
>
> (Ibid., 257-60.)

Nous saisissons ici sur le vif le tour de passe-passe. Au lieu
d'affronter et de maîtriser en lui l'amour, Alidor revient à la
tentation de l' « indifférence », pour assurer sa liberté; mais,
deux lignes plus loin, cette même liberté sera, en fait, le fruit
d'une « aversion » soigneusement cultivée. En d'autres termes,
au lieu de dompter l'émotion, de pouvoir « à son gré enflammer
et éteindre » son « feu », comme il le voulait originellement,
il va capter et utiliser sa propre affectivité, il va tâcher de
la manipuler de l'*extérieur*, afin de retrouver la liberté *intérieure*.
Incapable de quitter Angélique, il lui faudra s'arranger pour
qu'Angélique le quitte; il lui faudra la forcer, alors qu'il devait
se forcer :

> *Mais puisque son amour me donne tant de peine,*
> *Je la veux offenser pour acquérir sa haine...*
> *Ce remède est cruel, mais pourtant nécessaire :*
> *Puisqu'*elle me plaît trop, *il* me faut lui déplaire.
>
> (Ibid., 241-42, 245-46.)

D'une prémisse exacte, Alidor tire, dans ce dernier vers, une conclusion de mauvaise foi, puisqu'il attend *son* salut d'*autrui*. Le projet aristocratique, avons-nous dit, s'oppose fondamentalement au projet stoïque, en ce qu'il réclame et suscite la présence d'un *autre* à qui se montrer supérieur. Mais le triomphe sur autrui n'a de sens que par un triomphe préalable sur soi-même. Si l'on se sert d'une manœuvre pour éviter le combat *réel*, contre soi, il n'y a pas affirmation de puissance, mais d'impuissance, il n'y a pas maîtrise, mais esclavage. Or, Alidor avoue qu'il ne peut surmonter un amour « qui lui donne tant de peine ». Ennemi de la passion qui supprime la liberté, il essaie de faire naître *chez l'autre* la passion qui lui rendra *sa* liberté. Cette tentative est, de toute évidence, vouée à l'échec. Car, sous prétexte de se débarrasser sur l'autre d'un effort douloureux, afin de retrouver l'indépendance, elle aboutit à mettre, en fait, le Moi *dans la dépendance de l'autre*.

Angélique, à qui revient ainsi l'initiative de continuer à aimer ou de haïr, tient Alidor et le possède. Le reste de la pièce en fournit, à travers mille péripéties et pendant quatre actes, la démonstration répétée et éclatante. La « cruauté » du remède, dont Alidor est le premier à se rendre compte, s'avère parfaitement inutile : il aura beau accumuler offense sur offense, humiliation sur humiliation, ne reculant devant aucun moyen de perdre Angélique, y compris son enlèvement, puis son abandon entre les mains d'un rival jaloux, et, finalement, son déshonneur; il aura beau, dans cette étrange « comédie », laisser une femme qui l'aimait perdue, ruinée sans retour : à l'instant où il semble réussir, où Angélique va disparaître et se retirer dans un couvent, le dénouement atteste non pas le détachement et l'indépendance ultimes d'Alidor, mais son moment de dépendance et d'attachement le plus irrécusable. Tout d'abord, il n'a pas cessé d'aimer, il aime davantage :

> *C'en est fait, Angélique, et je ne saurais plus*
> *Rendre contre tes yeux des combats superflus.*
> *De ton* affection *cette preuve dernière*
> *Reprend sur tous mes* sens *une puissance entière.*
>
> (V, iii, 1288-91.)

Au lieu du règne attendu de la volonté, voilà sa sensualité réveillée par le pouvoir du sentiment, les forces irréfléchies de l'être débordant de toutes parts la réflexion. Selon la formule ramassée de Corneille, par la plus humiliante défaite, Alidor « semble ne commencer à l'aimer [Angélique] que quand il lui a donné sujet de le haïr. » *(Examen)*. L'épreuve instituée par Alidor a tourné contre lui et, symboliquement, il s'offre de nouveau à Angélique et *c'est elle* qui le refuse dans l'avant-dernière scène de la pièce. Les stances finales d'Alidor, où il proclame sa satisfaction d'être débarrassé d'elle ne font que mal couvrir son dépit. Mais ce n'est pas tout, et la dépendance d'Alidor est encore plus dégradante, car, en fin de compte, il doit son salut non seulement à la décision d'un autre, mais encore à une garantie *matérielle :*

> *Cependant Angélique enfermant dans un cloître*
> *Ses yeux dont nous craignons la fatale clarté,*
> *Les murs qui garderont ces tyrans de paraître*
> *Serviront de remparts à notre liberté.*
>
> (V, viii, 1518-21.)

On ne saurait mieux dire que le cloître d'Angélique est la prison qui enferme à jamais la liberté d'Alidor.

Ce n'est pas tout, et une analyse systématique ne doit pas oublier, au profit de la relation centrale Alidor-Angélique, le rapport jamais étudié et pourtant capital, entre Alidor et Cléandre. En réalité, la mauvaise foi d'Alidor est beaucoup plus profonde et subtile. A cet égard, et du point de vue de la complexité de ses personnages, Corneille nous a donné avec Alidor une création remarquable, qu'il ne dépassera pas. Rodrigue et la lignée des héros marqueront, au contraire, une simplification, à la mesure même de leur authenticité. Les jeux de la mauvaise foi sont plus retors que les mouvements de la vertu. Alidor est d'une lucidité trop aiguë pour ne pas s'apercevoir de sa sujétion envers Angélique et pour ne pas en souffrir ; il sait que les manœuvres ne peuvent que lui rendre sa liberté de mouvements, non sa liberté intérieure. Or, l'amour, jusque-là caché, de son ami Cléandre pour Angélique, va lui offrir l'occasion, qu'il s'empresse de saisir, de retrouver, *à travers Cléandre*, la possession d'Angélique et, à travers la possession d'Angélique, la possession de soi. Ce n'est donc nullement une coïncidence si, dès la scène iv de l'acte I, où son projet de liberté totale s'affirme, il décide instantanément de donner la femme qu'il aime à son ami :

> *Ami, soupçon à part, et sans plus de réplique,*
> *Si tu veux en ma place être aimé d'Angélique,*
> *Allons tout de ce pas ensemble imaginer*
> *Les moyens de la perdre et de te la donner...*
>
> (v. 293-96.)

Dès lors, l'action rebondit et se redouble, en quelque sorte, ainsi que Corneille l'a bien vu dans son *Examen :* il ne suffit plus qu'Alidor offense Angélique assez vivement pour qu'elle aille s'offrir par dépit à Doraste, ce qui suffirait à satisfaire son dessein premier ; il « veut faire en sorte qu'Angélique sa maîtresse se donne à son ami Cléandre » *(Examen)*. Par contre, il faut rejeter l'opinion de Corneille critique, devenu respectueux des « règles », lorsqu'il déclare que « ces deux desseins, formés ainsi l'un après l'autre, font deux actions, et donnent deux âmes au poème ». Nous retrouverons le problème à propos d'*Horace* : la dualité de l'action, loin d'être un péché envers l'art dramatique, ouvre de nouvelles profondeurs dans le caractère du personnage. C'est le même et unique projet de récupération de sa liberté qu'Alidor forme dans les deux cas, et le second « dessein » tente précisément de suppléer à la carence fondamentale du premier. L'amitié d'Alidor pour Cléandre va donc servir de prétexte à un transfert affectif :

> *A moi ne tiendra pas que la beauté que j'aime*
> *Ne me quitte bientôt pour* un autre moi-même.
>
> (I, iv, 273-74.)

Ce qu'il fait pour Cléandre, il le fait, en-dessous, pour lui. Puisque Cléandre ne tiendra Angélique que de lui, c'est lui qui, à travers Cléandre, possédera Angélique :

> *Je vais faire un ami possesseur de mon bien :*
> *Aussi dans son bonheur je rencontre le mien.*
> *C'est moins pour l'obliger que* pour me satisfaire.
>
> (IV, 1, 895-97.)

Alidor a beau l'avouer avec cynisme, il a beau, en toute lucidité, rechercher les délices distantes et troubles de la possession par personne interposée (préludant ainsi à certaines des obsessions érotiques de l'impuissance, que nous retrouverons chez Massinisse, dans *Sophonisbe* [60]), tout en laissant à l'Autre médiateur les périls de l'affectivité : « Mais songe que l'hymen fait bien des malheureux » (I, iv) ; — là encore, la mauvaise foi est un mauvais calcul, et la liberté se dérobe et se mue en son contraire :

> *Les fruits de mon travail n'être pas pour Cléandre !*
> *A ces conditions mon bonheur me déplaît :*
> *Je ne puis être heureux, si Cléandre ne l'est.*
>
> (III, iv, 686-88.)

Voici donc Alidor chargé d'un nouveau lien, d'une nouvelle aliénation.

> *Ce que je t'ai promis ne peut être à personne :*
> *Il faut que je périsse ou que je te le donne.*
>
> (Ibid., 689-90.)

Cette seconde dépendance aboutit nécessairement au même échec que la première, dans la mesure où elle enchaîne une fois de plus Alidor à la liberté d'un autre. C'est ce que mettra en évidence le fait que Cléandre, ayant enlevé par mégarde Phylis, au lieu d'Angélique, change soudain d'amour, par une saute d'humeur imprévisible :

> *Avez-vous jamais vu dessein plus renversé?*
> *Quand j'ai la force en main, je me trouve forcé ;*
> *Je crois prendre une fille et suis pris par une autre ;*
> *J'ai tout pouvoir sur vous, et me remets au vôtre...*
>
> (V, I, 1228-31.)

Cette déclaration finale de Cléandre à Phylis résume parfaitement la déconfiture d'Alidor. Parti pour exercer un pouvoir souverain sur autrui, il se retrouve, en définitive, dans son double dessein, doublement à la merci des autres.

Ce serait pourtant une erreur de croire que l'échec d'Alidor discrédite en rien son projet initial. Il a entrevu la fin et s'est trompé sur les moyens, se condamnant ainsi à l'asservissement humiliant qui le rebute chez Angélique. Car sa vraie punition, c'est qu'il est *comme elle*. Il ne faut point ici laisser les préjugés sentimentaux de notre époque (quelque justifiés qu'ils soient) fausser notre interprétation. Angélique, qui a parié sur la passion, est, dans le contexte de la pièce et du point de vue cornélien, *coupable :* « le caractère d'Angélique sort de la bienséance, en ce qu'elle est *trop amoureuse* » *(Examen).* Ceci, c'est ce qu'on pourrait appeler sa faute « subjective ». Mais il y a plus, et ce manquement conduit à un péché plus grave : Angélique « se résout trop tôt à se faire enlever par un homme qui lui doit être suspect. Cet enlèvement lui réussit mal; et il a été *bon* de lui donner un mauvais succès... Des fautes de cette nature... pourraient engager un esprit jeune et amoureux à les imiter » *(Examen).* L'amour qui se choisit comme absolu — faute subjective contre l'indépendance du Moi — conduit logiquement au crime contre l'ordre social et la discipline collective. La culpabilité d'Alidor, ainsi que Corneille prend soin de l'indiquer expressément, n'innocente pas pour autant Angélique. Au contraire, les deux culpabilités *se renforcent,* puisque aussi bien tous deux sont coupables du crime de lèse-Moi, attesté, chez l'un et chez l'autre, par la présence du remords. A l'égard de la maîtrise, l'amour d'Angélique est pure démission :

Angélique :   *Use sur tout mon cœur de puissance absolue :*
Puisqu'il est tout à toi, tu peux tout commander.

(III, VI, 822-23.)

Angélique, d'ailleurs, se rend parfaitement compte de sa faute
et de sa nature, comme elle le révèle dans un monologue :

> *Que promets-tu, pauvre aveuglée?*
> *A quoi t'engage ici ta folle passion?*
> *Et de quelle indiscrétion*
> *Ne s'accompagne point ton ardeur déréglée?*
>
> (Ibid., 849-52.)

Reconnaissant que son « ardeur » a violé les « règles », elle
cherche à se disculper par l'éternelle excuse des complices et
des faibles :

> *Son crime est sans excuse, et le mien pardonnable :*
> *Il est deux fois, que dis-je? il est le seul coupable;*
> *Il m'a prescrit la loi, je n'ai fait qu'obéir...*
>
> (IV, viii, 1198-1200.)

A l'avenant, Alidor, sous la rigueur répétée de ses cruautés,
cache mal son vacillement intérieur; il est d'autant plus dur
qu'il se sent plus faible :

> *Quoi, je balance encor, je m'arrête, je doute !*
> *Mes résolutions, qui vous met en déroute?*
>
> (IV, i, 929-30.)

> *Hélas ! qui me prescrit cette brutale loi?...*
> *Ecoute ses soupirs, considère ses larmes...*
>
> (IV, v, 1007, 1013.)

Alidor juge lucidement son effort de « salut par autrui » :

> *Ce trait paraîtra lâche et plein de trahison;*
> *Mais cette lâcheté m'ouvrira ma prison.*
>
> (IV, i, 899-900.)

Il ne se leurre que sur les possibilités pratiques de cette
déchéance volontaire. De part et d'autre, les jeux dégradants
de la mauvaise conscience, qui ne tardent jamais à suivre la
mauvaise foi, sont, du point de vue cornélien, à la fois la
manifestation et la punition du péché. Pour être à cheval
entre deux morales, sans se décider vraiment à choisir, Alidor
comme Angélique tombent dans l'immoralité suprême de la
servitude, non sans avoir, pour la première fois, clairement
indiqué la voie droite et ardue de la Maîtrise.

VII

Il s'agit maintenant de faire le point et de voir exactement en quoi Alidor marque la fin du premier moment dans la dialectique de l'héroïsme. Ici se clôt le cycle des comédies [61] C'est que la formule même de la comédie ne pouvait plus convenir à la pensée de Corneille, et la contenir. En s'approfondissant, celle-ci se nie et se dépasse, elle fait éclater ses cadres, en continuité avec elle-même, — à la fois *conservation* et *suppression*. On a souvent remarqué que les « comédies » de Corneille n'étaient pas très drôles. C'est que, dans l'esprit de l'écrivain, il y a *identité foncière* entre comédie et tragédie, comme il le déclare dans son *Discours du Poëme Dramatique* (Bibliothèque de la Pléiade, t. I, p. 66) : « ... la différence de ces deux espèces de poëmes ne consiste qu'en la dignité des personnages, et des actions qu'ils imitent, et non pas en la façon de les imiter, ni aux choses qui servent à cette imitation. » La forme (« façon de les imiter ») et le fond (« choses qui servent à cette imitation »), le sujet et le style sont les mêmes pour les deux genres. On passe de l'un à l'autre en fonction de la *dignité* des « personnages » et des « actions ». Il faut réfléchir à ce que signifie cette déclaration de principe d'une importance capitale.

Nous notions, dans notre introduction à l'étude des comédies, l'opposition *réalisme-artifice*, sur laquelle elles semblent pivoter, et nous avions essayé d'en dégager le caractère *positif* (cf. pp. 34-37). Toutefois, cette contradiction n'est nullement un équilibre. Elle implique une tension, qui aboutit à un éclatement. D'un côté, en effet, ce théâtre se propose comme un retour à la *réalité quotidienne*. « La comédie n'est qu'un portrait de *nos* actions et de *nos* discours, et la perfection des portraits consiste en la *ressemblance*. Sur cette maxime je tâche de ne mettre en la bouche de mes acteurs que ce que diraient vraisemblablement en leur place ceux qu'ils représentent, et de les faire discourir en honnêtes gens, et non pas en auteurs. » *(Avis au Lecteur de la Veuve)*. D'où l'importance des scènes prises sur le vif, l'accumulation volontaire des allusions contemporaines et des détails pittoresques, la topographie parisienne à la mode, qui firent en partie le succès de ces pièces. Or, nous sommes, au terme de ces brèves analyses, fixés sur les « honnêtes gens », à qui il s'agit de « ressembler ». Dans la préface de *Mélite* (cf. p. 35), Corneille prend soin de nous avertir que nous avons affaire à des personnes au-dessus de la condition des « marchands ». « Nos » discours et « nos » actions, auxquels Corneille s'associe spontanément, ce sont ceux de la seule *classe nobiliaire*, consciente d'elle-même comme d'un ordre sacré. Mais voilà qu'au moment précis où il s'indique ainsi dans sa réalité concrète, quotidienne, l'univers aristocratique est comme frappé d'*irréalité*. Tandis qu'il s'affirme comme solidarité des « Nous », comme totalité de classe, le projet aristocratique, aux prises avec les situations des comédies, fait, au contraire, surgir une irréductible pluralité. Sous la communauté des habitudes et du langage transparaît la lutte mortelle des consciences sœurs. Des groupes clos, refermés sur eux-mêmes, se forment selon un schéma invariable, où le resserrement n'est pas signe de coalescence, mais d'inimitié. Ce ne sont qu'oppositions de père et de fille, de mère et de fils, de frère et de sœur. Les rivaux sont toujours des amis. Les « traîtres » — Éraste dans *Mélite*, Alcidon dans *la Veuve*, Théante dans *la Suivante* — sont des intimes de leurs victimes, Tircis, Philiste ou Florame. Quand, dans *la Galerie du Palais*, Célidée décide de montrer des froideurs à Lysandre, elle flirtera avec l'inséparable compagnon de ce dernier, Dorimant. Dans *la Place Royale*, enfin, nous avons vu par quelle identification suspecte Alidor tentait de garder Angélique, en la donnant à un « autre soi-même ». Parent, ami, intime, alter ego : l'*ennemi* par excellence. Il est trop tôt pour entreprendre l'élucidation de ce phénomène, que nous tenterons à propos d'*Horace*. Nous désirons simplement attirer l'attention sur le caractère confiné, resserré, étouffant de ces intrigues familiales, et, en même temps, sur l'isolement, l'hostilité radicale des êtres ainsi faussement réunis. Contrairement à tout ce que l'on a pu dire de la « fougue » et de la « jeunesse » des comédies cornéliennes, celles-ci nous présentent un monde rétréci, *inviable*, où les tentatives de salut sont, en définitive, des tentatives de fuite. Adolescence de la *conscience* aristocratique, disions-nous en parlant d'Alidor. C'est vrai; à condition d'ajouter, toutefois : éveil d'une conscience dans un *monde* à son déclin [62]. Dans un univers aristocratique, que le décalage profond entre les exigences et les conditions de l'existence nobiliaire fait paraître *artificiel*, l'héroïsme va se constituer comme effort pour retrouver la *réalité* originelle, perdue dans les comédies et remplacée par un simulacre.

C'est que l'existence quotidienne des « honnêtes gens », dans ces comédies, est un cercle vicieux. Le noble, qui ne peut acquérir et prouver sa supériorité que par le combat et la guerre [63], se trouve condamné à utiliser, c'est-à-dire à *usurper* sa noblesse, dans le repos et dans la paix. La domination authen-

tique de soi et d'autrui, vers laquelle tendent en vain les Florame
et les Alidor, provient seulement d'une mise en jeu réelle et
permanente de la vie, elle doit être sans cesse affirmée et
conquise par l'affrontement du danger. Or, l'*aristocrate*, c'est
le noble déchu, le guerrier qui a troqué l'armure pour les
dentelles. Sa supériorité fondée à l'origine sur le risque de
son *existence*, devient une suprématie, à laquelle il a droit *par
essence*. Cette « réification » se manifeste précisément par la
matérialisation du *pouvoir* en *argent*, car l'argent apparaît
comme le substitut concret du courage dans la justification
et le maintien d'une hiérarchie. L'aristocrate, qui s'est affirmé,
étymologiquement, « le meilleur » par sa vaillance, a par là
acquis la possession des biens matériels, qu'administrent à
son usage les vaincus et les serfs. Loin de l'épreuve originelle
et du risque mortel, il ne témoigne plus sa supériorité que par
ses signes extérieurs. La conscience ne se doit plus qu'à la
médiation des choses. Nous comprendrons mieux à présent
l'attitude ambivalente des personnages de Corneille envers
l'argent (et l'importance de ce thème qui revient comme un
leitmotiv dans les comédies) : d'un côté, accompagnement et
épanouissement de la puissance nobiliaire, l'argent définit
un ordre sacré et stable, et notamment, a droit et pouvoir
de légiférer en matière de mariage ; d'un autre côté, dans la
mesure où il peut entrer en concurrence avec sa source légitime,
la « valeur », pour établir le mérite, il y a révolte du noble
contre la possession, qui maintenant l'aliène. D'où ce curieux
défi de l'épée à la richesse, que nous avions trouvé dans la
bouche de Florame (cf. p. 56), et, en amour, ce comportement
ambigu envers la « possession », à la fois désir effréné et méfiance
invincible. L'*épreuve* amoureuse, qu'invente Mélite, que
raffine Célidée et qu'Alidor tente de porter à la limite, n'est
rien d'autre, en matière sentimentale, que l' « épreuve » radicale
de la vie, qui, à l'origine, fonde et justifie la supériorité du
Maître sur l'Esclave [64]. Il s'agit d'inventer l'*amour aristocratique véritable*, possession sans aliénation, don sans abandon,
où l'on sera tout entier amoureux et pourtant tout entier
libre, épris sans être pris, attaché à jamais et autonome.
Or, jusque-là, toutes les réponses proposées par les personnages
des comédies à cette mise en question fondamentale de l'amour
(comme de l'argent) sont de pure mauvaise foi : épreuve arrêtée
à mi-chemin de Tircis et de Célidée ; volonté de trouver la
liberté par la fuite dans l' « indifférence », désir de gagner la
bataille en évitant de la livrer, chez les « filles sages » ; projet
alidorien de se « faire être » libre par autrui et de récupérer
indirectement la « possession » à laquelle on se prétend supé-

rieur [65]. D'où le malaise profond d'une existence dont le projet subjectif se trouve, par rapport à sa situation objective, en perpétuel porte-à-faux.

Regardons d'un peu plus près les fameuses scènes de mœurs introduites dans *la Galerie du Palais*, où « la promesse de ce spectacle extraordinaire et agréable pour sa naïveté, devait exciter vraisemblablement la curiosité des auditeurs... » *(Examen)*. Les indications scéniques portent : « On tire un rideau, et l'on voit le libraire, la lingère et le mercier chacun dans sa boutique. » Écoutons-les :

> La lingère : *Vous avez fort lu presse à ce livre nouveau;*
> *C'est pour vous faire riche.*
> Le libraire :   *On le trouve si beau,*
> *Que c'est pour mon profit le meilleur qui se voie.*
> *Mais vous, que vous vendez de ces toiles de soie!*
>
> (I, IV, 75-78.)

Voici qu'il est à nouveau, et avec insistance, question d'argent, mais cet argent n'est pas une possession, comme il l'est pour les autres personnages, il est la récompense d'une *activité* (« que vous vendez de ces toiles de soie! ») Nous sommes en présence d'un effort authentique d'acquisition, qui représente, pour celui qui l'accomplit, une épreuve radicale, un défi qui peut se solder par l'échec et la perte des moyens de vivre. Ce n'est donc pas une coïncidence si les « boutiques » des commerçants prennent soudain une densité et une réalité, dans l'espace abstrait de la scène, qui fait parfaitement défaut à ces « places de ville », où ont lieu colloques amoureux et apartés. La réalité du *lieu*, ici, tient à la réalité de l'*action*, au sens où la réalité théâtrale vient non pas des décors de carton-pâte, mais de la présence humaine qui les habite. Or, Hippolyte paraît, avec sa suivante Florice, elles veulent acheter de la dentelle : rien ne les satisfait.

> Florice :   *Il vaudrait mieux attendre.*
> Hippolyte :   *Eh bien, nous attendrons!*
> *Dites-nous au plus tard quel jour nous reviendrons.*
>
> (I, VI, 123-24.)

Les deux femmes sont moins des chalandes que des badaudes; n'ayant aucun besoin réel de dentelles, elles n'achètent pas comme les marchands vendent, sérieusement; elles jouent à acheter. En un mot, elles n'ont rien à *faire* là, qu'à « attendre ». Dorimant, qui survient en compagnie de Lysandre, achète, lui, des livres au libraire :

Dorimant :   *Voici quelques auteurs dont j'aime l'industrie.*
             Mettez ces trois à part, mon maître, je vous prie.
             Tantôt un de mes gens vous les viendra payer.
Lysandre :   *Le reste du matin,* où veux-tu l'employer?

                                            (I, vii, 189-92.)

La lecture comme l'achat des livres sont destinés à user le
temps, beaucoup plus qu'à le mettre à l'usage : là encore, les
jeunes nobles n'ont rien à *faire,* au sens strict du terme. Par
contre, Dorimant trouve Hippolyte jolie et la fait suivre par
son laquais [66]. Voilà son emploi enfin trouvé : l'amour; son
occupation : la séduction. Du coup, l'épreuve amoureuse
remplaçant ainsi, pour le noble, l'épreuve militaire, l'agressivité,
inhérente à la contestation d'autrui, se trouve reportée de
son champ naturel à un champ *artificiel,* du champ de bataille
à la ruelle galante [67]. Il s'agira désormais, pour le sexe « fort »,
de s'affirmer par la conquête ou, à défaut, la destruction [68];
pour le sexe « faible », de surmonter d'avance les coups du sort
par la liberté stoïque (et l'on voit très bien pourquoi cette
philosophie de la conscience servile est précisément, dans la
comédie cornélienne, une philosophie de *femme*), ou bien
de circonvenir l'adversaire par la séduction ou la ruse. Qui
ne reconnaît là les démarches de tout combat, de tout rapport
de violence entre les êtres? De même que le féodal, en mettant
sa vie en jeu, se posera comme suzerain et, grâce à sa vaillance,
acquerra la puissance, l'aristocrate, en mettant en jeu sa
personne, obtiendra les biens et, par le mariage, aura accès
à l'argent.

Malheureusement, le risque a perdu son caractère véritable.
L'épreuve de force s'est dégradée en épreuve de charme,
comme le pouvoir en possession. D'où le rôle capital de
l' « éblouissement », mis en évidence par J. Starobinski. Le
corps aristocratique n'est plus que le porteur de significations
physiques *extérieures* : la « beauté » ou la « bonne mine ». Le
corps comme lieu de la morale, c'est-à-dire du péril et du
courage, le corps *agissant* a fait place au corps *passif* du désir.
Il n'est plus question de vaincre, mais de *fasciner.* Or, c'est là,
pour un projet aristocratique resté vivace, une situation fausse.
C'est bien pourquoi l' « éblouissement » a un double sens et
signifie à la fois révélation fulgurante de l'amour et supercherie
du pur paraître. Et c'est pourquoi aussi à la conquête directe
des possessions se substitue l'accès aux biens par le *mariage,*
relation éminemment « femelle », où l'action est remplacée
par la passion, au sens cartésien [69]. L' « honnête homme »
est donc, du point de vue de la morale aristocratique mère,
malhonnête, et ce n'est pas pour rien qu'Alidor est un tricheur.

Ce n'est pas par hasard non plus que nous avons pu noter,
au cours de cette étude, l'étonnante *cruauté* qui jaillit, à chaque
scène, parmi ces êtres en porte à faux; cynisme, brutalités,
mensonges, trahisons, — une violence généralisée et *déréglée*
jette les personnages les uns contre les autres. Férocité non
seulement des tourmenteurs, Florame ou Alidor, mais aussi
des victimes, la Suivante au dépit meurtrier, ou même cette
douce Angélique, qui hurle à son fiancé Doraste :

> *Je fis armes de tout afin de me venger.*
> *Tu t'offris par hasard, je t'acceptai de rage ;*
> *...Oui : fais tous tes efforts ;*
> *Lui seul aura mon cœur, tu n'auras que le corps.*

> (La Place Royale, IV, vii, 1128-29, 1143-44.)

C'est également le drame intime de la princesse de Clèves (aux
prémisses près), mais il y a loin de son digne et pudique « aveu »
à ces lignes fielleuses et vengeresses. On reste stupéfait devant
le commentaire de Péguy : « L'impuissance à la cruauté des
cornéliens est désarmante... Les pauvres bourreaux de Corneille
ne réussissent point à être vraiment cruels... Ils ignorent le
raffinement, qui est toute la cruauté [70]. » Sans doute, comme
bien d'autres, Péguy avait-il seulement lu les trois ou quatre
« grandes tragédies » traditionnelles. Nous verrons, d'ailleurs,
que la cruauté y reste intacte, bien que sous une autre forme.
Si elle paraît nûment et, pourrait-on dire, ingénument, dans
les comédies, ce n'est pas une coïncidence : la cruauté, chez
Alidor comme chez Don Juan, chez le noble de la comédie
anglaise comme chez les personnages de Sade, est invariablement la forme que prend le projet de Maîtrise, quand
l'individu, incapable de se maîtriser, cherche à retrouver,
dans la domination sur autrui, la domination de soi qui lui
manque. La coercition, à l'inverse du combat, se donne un
adversaire désarmé, c'est-à-dire une victime. En ce sens, tout
projet « sadique », dans la mesure où il manifeste l'impuissance au cœur de la volonté de puissance, est un projet aristocratique avorté [71], — le signe d'une *décadence*.

Or, le sursaut d'Alidor, comme tout l'effort de Corneille,
est refus de cet abaissement. Nous avions parlé de la présence
manifeste, dans les comédies, de la réalité quotidienne *et*
d'un sentiment d'irréalité, d'isolement. Il faut dire à présent
que ce sentiment de séparation, de repliement vient justement
de la confrontation d'un Moi, qui se cherche, avec sa situation
fausse. Le monde extérieur a beau être là, — cadre, décor, lieux
publics, coutumes, langage, conversations — les êtres sont
vides de substance; ces ombres interchangeables (jusqu'à

Alidor), ces noms précieux sont à la poursuite de leur incarnation, cent personnages en quête de pesanteur. C'est que ces égoïstes sont, essentiellement, des solitaires. Avec Alidor, le besoin de « vivre à soi » aboutit au solipsisme : l'Autre est nié comme existence spécifique et séparée; c'est un « autre soi-même », qu'on peut s'incorporer et s'annexer à volonté — ou qu'il faut détruire. Or, si le projet aristocratique a besoin de l'existence de l'Autre, il faut donner à cet Autre une existence véritable. Pour être valablement reconnu, il faut également reconnaître. En un mot, pour vivre à soi, il faut d'abord établir des *relations authentiques avec autrui*. Mais, puisque ces relations sont, par définition, impossibles dans le *monde des comédies*, celui-ci se détruit dans ses contradictions, et se dépasse vers le *monde de la tragédie* : Rodrigue prend la relève d'Alidor [72].

Ce n'est donc pas par hasard que Corneille décide d'écrire des tragédies ni pour s'essayer à un autre « genre » littéraire : il quitte la comédie quand la comédie le quitte et quand l' « honnête homme », pour se sauver de l'impasse où il est engagé, doit devenir ou, plus exactement, redevenir un *héros*. L'aristocrate est forcé, s'il veut survivre dans son dessein originel, de retourner précisément à ses origines, de se retremper aux sources vives de son être. Les comédies le montraient amolli, émasculé, au sein d'une société courtoise, condamné à se chercher dans le doute, l'angoisse et la mauvaise foi, — en somme, juste avant le déclin final qui allait faire de lui, chez Racine ou chez Saint-Simon, un courtisan. Il va falloir désormais rouvrir une société close et la remettre, pour la justifier, en communication directe avec l'*histoire*. C'est cette dimension historique qui va conférer à l'honnête homme la fameuse « dignité », dont parlait Corneille, et en quoi consistait toute la différence entre comédie et tragédie (cf. p. 76). Il ne s'agit point de faire simplement monter les personnages en grade, de les faire rois ou princes, pour qu'il y ait tragédie. Car, indique Corneille à propos de la comédie, « les rois même y peuvent entrer, quand leurs actions ne sont point *au-dessus d'elle* ». Et il s'explique clairement : « Lorsqu'on met sur la scène une simple intrigue d'amour entre des rois, et qu'ils ne courent *aucun péril*, ni de *leur vie*, ni de *leur État*, je ne crois pas que, bien que les personnes soient illustres, l'action le soit assez pour s'élever jusqu'à la tragédie. » (*Discours du Poëme Dramatique*, Édition Pléiade, I, p. 67.) Si Corneille cesse d'écrire des comédies, c'est qu'il n'existe aucune issue à sa quête au niveau de la comédie, c'est-à-dire du combat amoureux. Le noble ne peut être lui-même que dans le combat véritable,

où il *risque sa vie*, et cela, comme Corneille le souligne, non par
témérité ou caprice, mais dans un péril « d'État », autrement
dit, *dans un contexte historique*. Il faut donner toute sa force
à ce passage capital de l'autocritique cornélienne : « Sa dignité
[de la tragédie] demande quelque *grand intérêt d'État* [73], ou
quelque passion plus *noble* et plus *mâle* [74] que l'amour, telles
que sont l'ambition ou la vengeance [75], et veut donner à craindre
des malheurs plus grands que la perte d'une maîtresse. » *(Ibid.)*
« Des malheurs plus grands que la perte d'une maîtresse » :
Corneille résume d'un trait de plume magistral l'insuffisance
radicale du thème comique. On a épilogué à perte de vue sur
« Corneille historien », sur l'exactitude de ses tableaux. Des
commentateurs récents (et notamment B. Dort) ont été plus
loin et ont bien vu qu'il n'était nullement question de
n'importe quelle histoire, ni même d'une histoire « leçon de
morale », mais d'une histoire *politiquement* orientée, — et
pas seulement du point de vue des personnages, mais de
l'auteur. Il faut faire un pas de plus et montrer le sens profond
de cette politique et de cette histoire : il s'agit, pour le noble,
de retrouver la situation fondamentale qui l'établit et le justifie
dans sa noblesse, dans son *être-noble*. Telle est, en définitive, la
signification de la fameuse distinction cornélienne du « vrai »,
garanti par l'histoire et supérieur, en matière de tragédie, au
« vraisemblable », qui ne repose que sur la ressemblance psychologique à des modèles médiocres. C'est que l'histoire a une
valeur essentiellement métaphysique : *lieu de la vérité*, pour
l'homme, elle constitue le terrain unique où se joue son existence, et où se décide sa perte ou son salut.

Le héros

La Pérus

Le Cid
ou la conquête d'autrui

I

Il n'est pas indifférent de noter que Corneille a commencé, dans les premières éditions, à appeler sa pièce une *tragicomédie*, soulignant assez par là que *le Cid* ne marque pas une brusque solution de continuité dans son œuvre, mais, au contraire, un passage continu et une transition suivie. De fait, les deux scènes qui ouvrent la pièce sont des scènes de *comédie*, — au sens cornélien, bien entendu [76]. Les personnages de Chimène (I, 1) et de l'Infante (I, 11), qui nous sont présentés avec soin avant que n'éclate le drame, paraissent strictement conformes, au premier abord, aux types des comédies précédentes. Chimène n'est, en somme, que ce que la Doris de *la Veuve* se plaisait à nommer une « jeune fille sage ». Entre deux soupirants, don Sanche et don Rodrigue, elle a déjà choisi en son cœur. Mais elle attend de connaître la décision de son père, pour révéler ses sentiments :

> Elvire : ... *J'ai peint votre cœur dans une* indifférence
> *Qui n'enfle d'aucun d'eux ni détruit l'espérance*
> *Et sans les voir d'un œil trop sévère ou trop doux*
> *Attend l'ordre d'un père à choisir un époux.*
>
> (I, 1, 17-20.)

Nous retrouvons là un thème connu; mais Chimène a de la chance, époux et amant coïncident, choix et commandement ont le même objet, — Rodrigue : « Il vous *commandera* de répondre à sa flamme » (v. 5). Par ailleurs, l'Infante ressent la présence tyrannique de l'amour né des sens et décide d'y résister, par des considérations de rang, qui ne sont pas sans rappeler les lamentations de Clarice dans *la Veuve* :

> *L'amour est un tyran qui n'épargne personne...*
> *La surprise des sens n'abat point mon courage...*

(I, ii, 81, 98.)

Or, la manière dont elle a décidé de vaincre une inclination contraire à l'ordre social, ressemble étrangement aux subterfuges d'Alidor. Elle veut récupérer l'homme qu'elle aime en le « donnant » : « cet amant que je donne... » (v. 83). Elle s'essaie au jeu de l'alter ego, où l'on se retrouve miraculeusement en autrui. *L'Infante :* « Je mis, *au lieu de moi,* Chimène en ses liens / Et j'allumai leurs feux pour éteindre les miens. » (v. 103-104). *Alidor :* « Si tu veux *en ma place* être aimé d'Angélique... » (*P. R.,* I, iv, v. 294). *L'Infante :*

> *Si l'amour vit d'espoir, il périt avec lui :*
> *C'est un feu qui s'éteint faute de nourriture.*

(I, ii, 108-9.)

> *Alidor : Ma passion fût morte avec sa liberté...*
> *Les feux de son hymen auraient éteint ma flamme...*

(III, iv, 675-78.)

Bien entendu, ce même mouvement pour tourner la difficulté, au lieu de la résoudre, aboutit, en fait, à la même dépendance torturante d'autrui :

> *Ne t'étonne donc plus si mon âme gênée*
> *Avec impatience attend leur hyménée :*
> *Tu vois que mon repos en dépend aujourd'hui.*

(Ibid., 105-7.)

Or, à lire les deux premières scènes de plus près, on s'aperçoit que, si les thèmes amoureux évoqués ici sont du répertoire de la comédie, la *situation* de l'amour est radicalement différente : loin de s'enfermer dans sa propre dialectique, il va être replacé, par Chimène comme par l'Infante, dans le contexte d' « un grand intérêt d'État », selon l'expression cornélienne. Rodrigue n'est plus, tel Florame ou Alidor, un individu isolé et considéré exclusivement en lui-même. Il

> *...sort d'une maison si féconde en guerriers,*
> *Qu'ils y prennent naissance au milieu des lauriers.*

(I, i, 31-32.)

Voilà donc la dialectique du sentiment engagée, dès son surgissement, dans un monde historique. Ce qui sépare l'Infante de Rodrigue, ce n'est pas, comme c'était le cas pour Clarice et Philiste dans *la Veuve,* une simple différence de *biens,* dont la distribution pouvait être altérée par décret du caprice indivi-

duel, mais une différence de *rang*, qui met en jeu la structure
inaltérable de la société :

> *Une grande* princesse *à ce point s'oublier*
> *Que d'admettre en son cœur un simple* cavalier!

(I, ɪɪ, 87-88.)

Il serait donc inexact de dire que l'histoire fait irruption dans
la comédie, *à la scène III*, sous forme du défi de don Gomès à
don Diègue : la fameuse scène du défi n'est pas un commencement absolu; elle donne soudain corps aux possibilités de
conflit latentes au cœur de la société aristocratique, que les
femmes ressentent passivement, en quelque sorte, dans leurs
sentiments, et que les hommes manifestent au grand jour,
par leurs actes.

ɪɪ

Des études précédentes ont très bien établi le lien précis qui
rattache les scènes cornéliennes de « bravade » à l'idéal féodal,
d'une part, et, d'autre part, au goût du public contemporain [77]. D'une façon générale, on n'a plus à revenir aujourd'hui
sur le fait que *le Cid* exprime les préoccupations profondes d'une
aristocratie à la recherche de ses origines féodales : grands,
puissance de leurs maisons rivales, duels, que l'on a pu replacer
avec précision dans leur gradation juridique et leur signification sociologique [78]. Les aspects militaires, politiques, sociaux
et moraux de ce retour au passé chevaleresque ont été parfaitement mis en lumière — passé sur lequel la critique moderne
ne se fait aucune illusion : il y a dans la pièce non une image
d'Épinal traditionnelle de la bravoure sans peur et sans
reproche, mais, selon la forte expression de G. Couton, un
véritable « racisme féodal », de caractère international et
nobiliaire, d'où toute trace mystique du « jugement de Dieu »
a été éliminée et qui repose uniquement sur « la cruauté
sereine de la loi du plus fort [79] ». Conformément à la perspective
de cet ouvrage, nous nous attacherons à expliciter la dialectique qui sous-tend, chez Corneille, la réalité historique.
Ce qui est important, dans la fameuse scène (I, ɪɪɪ) qui
oppose le Comte de Gormas à don Diègue, aussi bien que dans
le douloureux monologue de ce dernier (I, ɪv), c'est qu'il ne
s'agit pas d'un défi quelconque entre *n'importe quels* préten-

dants à un même honneur (conflit dont Elvire, dès la première
scène, laissait entrevoir la possibilité abstraite :

> *...sa rare vaillance*
> *Ne peut souffrir qu'on craigne aucune concurrence).*

(v. 45-46.)

Ce qui compte, c'est que, sans rival *aujourd'hui*, le Comte se
voit, contre toute attente, préférer un rival *d'hier ;* l'opposition
est moins celle de deux hommes que celle des « services passés »
et des « services présents ».

> — *Si vous fûtes vaillant, je le suis aujourd'hui...*
> — *Vous êtes aujourd'hui ce qu'autrefois je fus.*

(v. 195, 212.)

Les deux rivaux sont donc d'accord pour reconnaître leur
égalité, voire leur identité fondamentales : leur conflit éclate,
lorsqu'il devient nécessaire d'instituer un ordre de préséance
temporel. Il est, d'ailleurs, aisé de comprendre pourquoi le
problème de la temporalité est le problème central et, pour
ainsi dire, la pierre d'achoppement du projet aristocratique [80].
Si celui-ci vise, en dernier ressort, à la possession complète
de soi, à la reprise en charge totale de l'homme par lui-même
dans l'épreuve héroïque, cette épreuve doit, pour être valable,
être sans cesse renouvelée ; en d'autres termes, puisque l'homme
n'existe que dans le temps, il est, à chaque instant, remis en
question dans son être. Voilà donc, tout comme l' « éblouissement » amoureux était vicié en son essence par la possibilité
du « change », la vertu et la portée de la « vaillance » atteintes
au cœur par le temps. Don Diègue découvre dans l'horreur et
l'humiliation que le passé est tout entier en suspens dans le
présent :

> *N'ai-je donc tant vécu que pour cette infamie ?*
> *Et ne suis-je blanchi dans les travaux guerriers*
> *Que pour voir en un jour flétrir tant de lauriers ?*

(I, iv, 238-240.)

Le Comte lui avait déjà brutalement jeté cette vérité à la face,
à la scène précédente :

> *Et qu'a fait, après tout, ce grand nombre d'années,*
> *Que ne puisse égaler une de mes journées ?*

(v. 193-94.)

Devant la suprématie impitoyable du présent et l'annihilation
de l'être par la durée, le noble vieilli est alors perdu, entraînant

dans la chute et le déshonneur non seulement son passé individuel, mais celui d'une lignée :

> *Achève et prends ma vie après un tel affront,*
> *Le premier dont ma race ait vu rougir son front.*
>
> (v. 227-28.)

On voit les implications terribles de cette déchéance : ce n'est
pas simplement l'héroïsme individuel qui vient buter contre
la réalité périlleuse du temps; c'est la porte ouverte à l'acte,
à l'exploit qui peuvent, d'un coup brutal, supplanter une
« race ». A travers la lignée, c'est la classe, la structure même
de la société aristocratique qui se trouvent menacées, —
menace, évidemment, d'une importance capitale, et qui
resurgira, en ces termes précisément, avec *Don Sanche.* C'est
que la noblesse, comme classe dominante, s'est portée au
pouvoir et justifiée à un *moment* donné de l'histoire, c'est-à-
dire du *temps* collectif. On voit l'abîme qui s'ouvre soudain,
si l'ordre fondé sur la vaillance peut être remis en cause et,
dans une nouvelle épreuve de force, « trahi », comme don Diègue,
par la « vieillesse ennemie »... Lorsque le vieil homme vaincu
s'écrie :

> *Mon bras, qui tant de fois a sauvé cet* empire,
> *Tant de fois affermi le* trône *de son roi...*
>
> (v. 242-43.)

ce n'est pas métaphoriquement, mais littéralement que
don Diègue, sur ses épaules à présent débiles, porte, en plus
du poids de son propre destin, le faix de sa race, de l'empire
et du trône, en un mot, de l'ordre monarchique. Son cri
d'angoisse définit et souligne le sens même de la tragédie
cornélienne.

La réponse ne se fait pas attendre; la solution est donnée,
en quelque sorte, avec le problème : Rodrigue paraît. Plus
exactement, ce sont les termes mêmes du problème qui semblent
indiquer la solution. Le corps, source tragique de décadence,
est aussi source intarissable du salut : ce fils, qui est continuation d'un « sang » (« viens, mon fils, viens, mon sang... » I, v, 266)
opère, par miracle, la synthèse de l'individualité et de la race,
du passé et du présent, rouvrant aussi, du coup, la dimension,
un instant fermée, de l'avenir. Cet « autre », qui est à la fois
« soi-même », ce n'est plus l'alter ego équivoque d'Alidor,
l'alibi de la mauvaise foi, le recours à autrui pour donner au
Moi l'être qui lui manque. Il y a, au vrai sens, reprise en charge
consciente d'une vie par une autre (« Ma jeunesse *revit* en
cette ardeur si prompte » v. 265). Mais si l'hérédité assure

ainsi l'identité (« Venge-*moi*, venge-*toi*... » v. 287), donc la
continuité et le temps vaincu, ce n'est nullement à la manière
d'un héritage. Le « sang » ne se transmet pas comme une
possession, comme l'argent; la filiation authentique doit
nécessairement passer par la médiation d'une *épreuve*, spontanément acceptée ou plutôt proposée par Rodrigue. C'est le
sens de la fameuse réplique :

> — *Rodrigue, as-tu du cœur?*
>   — *Tout autre que mon père*
> L'*éprouverait sur l'heure...*
>
>   (Ibid., v. 261-62.)

Cette épreuve du « cœur » ne peut être que celle du « sang »,
dans la seconde acception du terme, qui approfondit la première :
le sang de la noblesse, de la « race » est celui qui accepte justement de couler. On atteint alors à la vérité centrale du projet
aristocratique, enfin dévoilée et dégagée par don Diègue, et qui
servira de norme à tout l'édifice postérieur de l'héroïsme
cornélien :

> *Va contre un arrogant éprouver ton courage :*
> *Ce n'est que dans le sang qu'on lave un tel outrage.*
> Meurs ou tue.
>
>   (v. 273-275.)

Il nous faut faire ici une pause et réfléchir aux implications de
ce texte capital.

III

Il convient de nous aider des célèbres analyses de Hegel
dans la *Phénoménologie de l'Esprit* et de revenir à la Dialectique
du Maître et de l'Esclave, non parce que Hegel est à la mode et
cité à tort et à travers, mais pour des raisons précises. Hegel
ayant pour la première fois, dans l'histoire de la philosophie,
donné à l'étude systématique des rapports avec autrui une
importance fondamentale et ayant établi très exactement la
dialectique par laquelle surgissent, l'un devant l'autre et l'un
par l'autre, le Maître et l'Esclave, il est normal qu'une analyse
du thème de la « maîtrise », essentiel au théâtre de Corneille,
aille s'alimenter à cette source. Nous avons, d'ailleurs, été
déjà amené à évoquer, implicitement ou explicitement, des
thèmes hégéliens bien connus [81]. Car, selon nous, c'est Hegel,

bien plus que Nietzsche, qui permet, du point de vue philosophique, de comprendre Corneille. C'est pourquoi il nous paraît
bon de résumer ici la partie de la dialectique hégélienne qui
adhère le plus étroitement au mouvement de l'héroïsme
cornélien.

Selon la *Phénoménologie de l'Esprit*, l'homme ne prend
conscience de lui-même que lorsqu'il est capable de dire « moi » ;
c'est dans la mesure où l'homme est Conscience de Soi qu'il
se pose comme homme, par opposition à l'animal, qui ne dépasse
jamais le niveau du Sentiment de Soi. Toutefois, puisque
l'humanité plonge ses racines dans l'animalité, le Moi humain
se révèle originellement par ce rapport au monde qu'est le
Désir. C'est bien le désir animal (de boire, de manger, par
exemple) qui me « rappelle à moi », qui me définit comme moi.
Ce désir des objets naturels ne pose, originellement, qu'un
Moi « naturel », immergé dans la vie immédiate et qui peut
s'apparaître uniquement comme sentiment de soi, non comme
véritable conscience de soi. Pour qu'il y ait avènement de la
conscience et de l'humanité authentiques, il faut que le désir
porte sur un autre désir, qu'il soit, suivant l'expression hégélienne, « désir d'un désir » : ainsi, dans l'amour, le désir humain
ne se distingue du désir animal que si l'un des partenaires ne
désire pas seulement le corps de l'autre, mais le « désir » de
l'autre, s'il veut être « aimé » par l'autre, c'est-à-dire *reconnu* de
lui. Chez l'homme, Moi animal et Moi humain coexistent, mais,
pour qu'il y ait accession au règne véritable de l'humain, il
faut que le désir humain l'emporte sur le désir animal. L'homme
ne peut donc se définir comme homme qu'en se faisant reconnaître par un autre homme.

La première relation des consciences sera donc une *relation
de réciprocité*, où l'une des deux consciences ne pourra s'affirmer
comme telle pour l'autre qu'à la condition d'être reconnue
par elle, et vice versa. Rien à faire pour agir sur l'autre *de
l'intérieur* : il faut qu'il agisse de son libre mouvement. Dans
le surgissement d'un être humain en face d'un autre, « la
première conscience de soi n'a pas l'objet devant soi, comme
cet objet est au début et seulement pour le désir ; maintenant
l'objet est un objet indépendant et étant pour soi ; la conscience
de soi ne peut rien d'elle-même sur lui, s'il ne fait pas en
soi-même ce qu'elle fait en lui [82] », en d'autres termes, si la
seconde conscience ne reconnaît pas spontanément le mouvement par lequel la première conscience veut se faire reconnaître
d'elle. Le rapport de reconnaissance est donc le double mouvement simultané par où chaque conscience voit l'autre faire
la même chose que ce qu'elle fait et fait elle-même ce qu'elle

exige de l'autre. « L'opération unilatérale serait inutile parce que ce qui doit arriver peut seulement se produire par l'opération des deux. » (*op. cit.*, pp. 156-57.) Or, on voit fort bien comment le mouvement vers la reconnaissance réciproque passe dans un mouvement d'*opposition*. Il n'existe qu'un seul moyen, selon Hegel, de prouver à l'autre qu'on est une conscience : c'est de s'élever précisément au-dessus de l'animalité, *en s'élevant au-dessus de la vie*. Car la vie est, pour le désir animal, valeur suprême. Le désir humain ou désir de reconnaissance par autrui devra donc se manifester par le risque volontaire de la vie, l'affrontement délibéré de la mort [83]. Or, puisque, nous venons de le voir, toute reconnaissance est réciproque, il ne peut s'agir que d'un double risque, encouru de part et d'autre, ce qui est la définition même du combat. D'où le mot célèbre par lequel Hegel résume la première étape des relations humaines : « chacun tend donc à la mort de l'autre » (*op. cit.*, p. 159).

De la dialectique de la reconnaissance va naître celle de la domination et de la servitude. Car la mort d'un des deux hommes devenus adversaires ne résout rien : ainsi que l'explique très bien A. Kojève, auquel nous emprunterons le passage suivant, « le survivant, ne pouvant pas être « reconnu » par le mort, ne peut pas se réaliser et se révéler dans son humanité... Pour que la réalité humaine puisse se constituer en tant que réalité « reconnue », il faut que les deux adversaires restent en vie après la lutte. Or, ceci n'est possible qu'à condition qu'ils se comportent différemment dans cette lutte... L'un, sans y être aucunement « prédestiné », doit avoir peur de l'autre, doit céder à l'autre, doit refuser le risque de sa vie en vue de la satisfaction de son désir de « reconnaissance ». Il doit abandonner son désir et satisfaire le désir de l'autre : il doit le « reconnaître » sans être « reconnu » par lui. Or, le reconnaître ainsi, c'est le reconnaître comme son Maître et se reconnaître et se faire reconnaître comme Esclave du Maître. Autrement dit, à son état naissant, l'homme n'est jamais homme tout court. Il est toujours, nécessairement et essentiellement, soit Maître, soit Esclave [84]. » Nous arrêterons ici cet exposé succinct de l'analyse hégélienne; elle éclaire avec exactitude et profondeur les rapports fondamentaux des hommes entre eux, tels qu'ils sont définis dans *le Cid* en particulier — et dans le mouvement de l'héroïsme cornélien en général. Alors que la dialectique hégélienne se poursuit par la mise en relation et l'affrontement du Maître et de l'Esclave, qui débouchent sur la maîtrise finale de l'Esclave, Corneille, en quelque sorte, immobilise la dialectique au moment de la Maîtrise; on peut même dire que son théâtre tout entier constitue *le moment de la Maîtrise en tant que tel*. En ce sens, il n'est nullement paradoxal de dire que Corneille pousse beaucoup plus loin l'exploration du projet de Maîtrise que Hegel, qui envisage plutôt les rapports du Maître et de l'Esclave [85]. Or, il existe une complexe dialectique *interne* du projet de Maîtrise, — du Maître par rapport à lui-même, et des Maîtres entre eux. A cet égard, et dans sa portée philosophique et politique, le théâtre de Corneille n'est rien d'autre que cette double dialectique du Maître ou, si l'on préfère, du Héros.

Nous sommes mieux en mesure à présent de comprendre le surgissement et le sens de l' « héroïsme » cornélien. Dans les comédies, une société de Maîtres, coupée de ses racines existentielles, qui sont risque et lutte à mort [86], devenue inactive et oisive, et, de ce fait, placée dans la dépendance effective d'Esclaves, dont l'activité et le travail *réels* la menacent d'irréalité [87], se remet en question et cherche à retrouver le Moi absolu de la Maîtrise. Avec *le Cid* et le « meurs ou tue » de don Diègue, le noble découvre à nouveau, dans l'affrontement de la mort *inévitablement donnée ou reçue*, sa vérité et sa justification. Meurs ou tue : *commandement*, au sens religieux. Pour un Maître, il n'y a pas d'alternative possible; seul l'Esclave, par crainte de mourir, préfère la vie à la reconnaissance. C'est bien pourquoi, souffleté par le Comte, don Diègue s'écrie : « Achève et prends ma vie après un tel affront... » Le vieux guerrier est prêt sur-le-champ à mourir, mais son adversaire rusé le traite comme s'il était un Esclave et lui refuse la mort, par dérision. C'est dans ce contexte, d'ailleurs, que le « soufflet » est précisément symbole de déshonneur et de déchéance complets, parce que c'est le geste du supérieur envers un être inférieur et passif, enfant ou femme, bref, un *traitement d'Esclave*. Tant qu'il reste en vie et non vengé, c'est donc au sens le plus littéral du terme qu'il faut entendre la douloureuse exclamation de don Diègue, selon laquelle il est « désormais le dernier des humains » (I, IV, 259) [88]. L'humiliation du noble vieilli et dégradé en Esclave, qui ouvre *le Cid*, correspond symboliquement, sur le plan de la tragédie, à la condition avilie de la noblesse, sur laquelle se ferment les comédies. Le sursaut salvateur de Rodrigue ne manifeste donc pas simplement un courage quelconque, mais un courage *de classe*, qui revient à ses origines. Loin d'être ce bond en avant juvénile, que l'on nous décrit d'ordinaire, le geste de Rodrigue, est, en fait, *retour en arrière*, au double sens humain et historique. Ce n'est pas une coïncidence que Corneille situe sa première grande action au cœur des âges féodaux et que, pour retrouver et dégager dans toute sa pureté l'existence aristocratique exemplaire, il ressuscite le mythe médiéval. Théâtre d'histoire, a-t-on dit, à juste titre, du théâtre de Corneille : à condition d'ajouter théâtre de réaction contre l'histoire, théâtre *réactionnaire*. La dureté « féodale » des sentiments et des attitudes, que l'on a fort bien notée, n'est donc en rien un hasard; elle est moralement et politiquement *nécessaire*, dès l'instant où c'est la « lutte à mort des consciences » et le baptême du sang qui refont de l'honnête homme un héros [89].

IV

Avec une rigueur remarquable, le premier acte du *Cid* définit la double dimension de l'éthique aristocratique, — projet individuel, qui fait surgir le Moi dans et par le combat avec l'Autre, et projet intersubjectif, dans la mesure où émerge une pluralité de Moi héroïques, jetés dans la coexistence. Cette coexistence, d'ailleurs, est double : horizontalement, elle réunit les individus dans un même espace (don Diègue, don Gomès, don Sanche, etc.) et les constitue en *classe;* verticalement, elle les relie les uns aux autres dans le temps (don Diègue-Rodrigue, le Comte-Chimène) et les constitue en *race*. Si toute tragédie est, selon le mot qu'affectionne Corneille, présence d'un « péril », le péril, d'entrée de jeu, est double : d'une part, le projet aristocratique individuel menace l'ordre aristocratique, l'élan irré-pressible vers la Maîtrise fait éclater la classe des Maîtres; tel est le sens de la rivalité mortelle qui oppose don Diègue et don Gomès. La quête de supériorité absolue, assouvie sur les champs de bataille au détriment du commun des hommes, pousse, à leur tour, les uns contre les autres, les vainqueurs. La dialectique de la Maîtrise conduit donc les Maîtres à *s'entre-détruire* (ce que constate historiquement l'édit de Richelieu contre le duel). D'autre part, au péril de « classe » correspond ce qu'on pourrait appeler le péril de « race » : s'il est bien vrai que l'affirmation du Moi héroïque est, comme dans le cas de Rodrigue, un acte à la fois unique et inscrit dans une tradition, un commencement absolu et un recommencement, l'essence de la filiation ainsi définie veut que la Maîtrise ne soit *héritée* que pour autant qu'elle est *méritée:* « Montre-toi digne fils d'un père tel que moi » (I, v, 288). La catégorie du « digne de », qui fait son apparition avec l'épreuve initiatique du jeune

Rodrigue, est destinée à devenir le pivot de l'éthique cornélienne. Mais aussitôt, un danger se dessine : « Viens, le fils
dégénère / Qui survit *un moment* à l'honneur de son père »,
s'écrie le Comte (II, ɪɪ, 441-42). A moins d'être *instantanément*
démentie, la dégénérescence du fils reste toujours possible.
Destructeur, nous l'avons vu, du père, le temps peut être aussi
fatal, dans l'autre sens, au fils, et c'est pourquoi, qu'il s'agisse
du duel avec le Comte, du combat contre les Mores, de la passe
d'armes avec don Sanche, les réponses de Rodrigue au défi des
situations sont toujours *immédiates*. Tout entier présent et sans
cesse disponible, l'héroïsme est, en quelque sorte, « toujours
là » — ou il n'est pas. La moindre résistance interne, le moindre
décalage entre l'être et l'agir seraient menace mortelle pour
une Maîtrise, que la liberté doit arracher à la nature. Pour la
classe comme pour la race, dans l'espace et dans le temps
vitaux, s'esquisse une double possibilité de tragédie : désintégration de l'ordre et détérioration du sang, c'est-à-dire une
double instabilité fondamentale.

Rodrigue répondant « sur l'heure » aux instances paternelles,
la tragédie, du moins celle de la déchéance, semble évitée.
La race est sauve et bon sang ne ment pas. Ainsi se maintient,
à travers le temps, une continuité héroïque; ainsi s'établit
même une véritable identité dans la Maîtrise [90]. A y regarder,
toutefois, de plus près, la réponse de Rodrigue est loin d'avoir
la sûreté d'un réflexe : avant de s'écrier : « *Courons* à la vengeance! », pendant une scène entière, Rodrigue « demeure
immobile »... La longue plainte des fameuses Stances (I, vɪ)
apparaît précisément comme ce temps mort redoutable entre
stimulus et réaction, comme cette faille imperceptible entre
l'être et le vouloir, que l'orgueil héroïque tâchait à oublier.
Si, selon l'analyse hégélienne, la Maîtrise se définit par la
conquête du Moi de la Conscience sur le Moi vital, il faut bien
reconnaître que cette analyse est incomplète : le « mouvement
de l'abstraction absolue, mouvement qui consiste à extirper
de soi tout l'être immédiat », toute la dépendance sensible,
dont parlait Hegel [91], ne saurait être en aucun cas réduit à
l'épreuve de force physique, au risque volontaire de la vie.
Le terrain où se livre la bataille de l'homme contre son enlise-
ment dans la nature, tout autant que l'épreuve du combat,
c'est l'épreuve de l'*amour*. Car jamais la spontanéité naturelle
n'est parée de plus d'attraits et n'opère avec plus de force
que dans le surgissement de la *passion*, mouvement total
du corps qui, comme l'avait bien vu Descartes, envahit et
enchaîne l'âme. La lutte à mort la plus difficile des consciences
n'est pas guerrière, mais amoureuse. Ici se fait le raccord

avec l'univers des comédies, où le projet de Maîtrise avait uniquement affaire à l'amour. Le dépassement dialectique du monde comique par le monde tragique est aussi conservation.

Rodrigue, héros complet, s'oppose ici violemment aux simplicités de son père. On a fort bien relevé dans la pièce ce qu'on a appelé le « conflit des générations ». Don Diègue représente la « vieille » génération, précisément dans la mesure où il en reste au stade premier de la Maîtrise : le combat. De même, Roland mourant : « De maintes choses il lui vient souvenance : de tant de terres qu'il a conquises, le vaillant, de douce France, des hommes de son lignage, de Charlemagne, son seigneur, qui l'a nourri » (*Chanson de Roland*, laisse CLXXVI, éd. Bédier, p. 181). A Dieu, il offre « le gant de la main droite ». Guerre, patrie, lignée, monarchie, avec leur contreseing éternel : telles sont les valeurs suprêmes qui subsistent dans le dénuement dernier. Point de pensée pour la belle Aude, qui mourra, esseulée, d'amour. Charlemagne, d'ailleurs, plein de bonnes intentions, avait voulu, au mieux de ses moyens, prévenir cette douleur menaçante : « Je te ferai le *meilleur échange :* ce sera Louis, je ne sais pas mieux te dire. Il est mon fils, c'est lui qui tiendra mes marches. » (*Ibid.*, laisse CCLXVIII, pp. 279-81). A quoi fait écho l'exclamation de don Diègue : « Nous n'avons qu'un honneur, il est tant de maîtresses! » Pour le féodal, seul compte le principe de la Maîtrise; les êtres sont interchangeables, identiques, au meilleur sens du terme, comme don Diègue ressuscité en Rodrigue. Or, l'amour, dans son essence, consiste, pour reprendre l'admirable vers de la *Maison du Berger*, à aimer « ce que jamais on ne verra deux fois »; l'amour est précisément ce qui fait du Moi héroïque un *individu irremplaçable*, repris par la contingence radicale du sensible, au-dessus de laquelle le courage avait prétendu s'élever. Un conflit brutal s'annonce entre deux ordres de valeurs absolument contraires, que l'aristocrate, féodal civilisé, veut réunir. D'où la réaction véhémente de Rodrigue aux conseils de Charlemagne-don Diègue, et le maintien d'une double fidélité :

> *L'infamie est pareille, et suit également*
> *Le guerrier sans courage et le perfide amant.*
> *A ma fidélité ne faites point injure...*
>
> (III, vi, 1063-65.)

Il reste à savoir si Rodrigue pourra réconcilier des termes qui, de Tristan à Alidor, sont demeurés irréconciliables.

La pause douloureuse des Stances est là pour témoigner

que la synthèse n'est pas facile. Le temps mort dans la réaction, la faille entre l'être et le vouloir, dont nous parlions, le mouvement héroïque qui s'arrête soudain, avant de reprendre sa course, c'est tout simplement l'*épaisseur en lui du naturel et du sensible*, sur laquelle Rodrigue vient buter. Nous voici arrivés à un passage qui, depuis trois siècles, a fait couler des océans d'encre. Du conflit intérieur de Rodrigue, il y a plusieurs interprétations successives. La première, dont la formulation, en apparence du moins, remonte à Corneille [92], y voit la traditionnelle opposition de l' « amour » et du « devoir », avec le devoir triomphant, heureusement pour la morale, mais sans rien ôter, cependant, à la beauté de l'amour. Comme le disait, au siècle dernier, de Laprade, « à travers cette lutte merveilleuse entre la passion et le devoir, rien de respectable n'est blessé, il n'y a pas de vaincu » : ainsi tout le monde trouve son compte dans ces *Essais*, bien nommés, *de Critique Idéaliste*. (Cité par R. Le Brun, *op. cit.*, pp. 93-94.) A la fin du XIXe siècle, s'amorce un tournant critique : Brunetière, Lemaître, Faguet découvrent que Corneille n'est plus le poète du « devoir », mais l'apôtre de la « volonté ». Que faire, dans ces conditions, du *Cid?* « Triomphe de l'amour... poème d'amour et de grand amour », répond Lemaître dans ses *Impressions de Théâtre* (t. I, p. 10). Mais alors, que devient la « volonté », puisque, dans le même souffle, on nous dit que le seul but du héros est « d'éprouver sa propre volonté et de se sentir fort »? Du coup, *le Cid* devient un « accident », une heureuse anomalie. Plus récemment, la critique a résolu le problème en le supprimant : il n'y a pas de conflit entre l'amour et le devoir [93], pour la simple raison qu'amour et devoir vont, en fait, dans le même sens, comme Rodrigue le dit lui-même : « J'attire ses mépris en ne me vengeant pas » (v. 324) et le répète plus tard à Chimène : « Un homme sans honneur ne te méritait pas » (v. 888). C'est donc pour rester digne de Chimène et, en fin de compte, par amour pour elle, que Rodrigue tue son père.

Commençons par éliminer cette dernière interprétation. Le malheur, en effet, c'est qu'il existe un conflit *du seul fait que Rodrigue l'atteste:* « Que je sens de rudes combats! » (I, VI, 301). Même le psychanalyste, qui vient nous dire ce qu'il y a « derrière » les sentiments de son malade, ne prétend pas apprendre à celui-ci ce qu'il éprouve. Aussi modeste, le critique doit admettre que Rodrigue sait mieux que lui ce qui se passe en son for intérieur, quitte ensuite à l'interpréter. Ce qui vicie, croyons-nous, la plupart des commentaires, c'est que le commentateur substitue *sa propre conception* du « devoir » ou de l' « amour » aux conceptions de l'amour et du devoir, ou de la morale en général, qui sont celles des *personnages* dans l'œuvre étudiée. La question n'est pas de savoir s'il existe un problème pour « nous », mais pour Rodrigue, et *dans sa perspective*. Or, là-dessus, aucun doute n'est permis. Reprenons, à la lumière des analyses précédentes, la lecture des Stances. Nous avons la chance d'avoir affaire non à un héros romantique, qui de ses sanglots tâche de tirer un chant, mais à un personnage classique, qui vise, dans les affres de la douleur, à la compréhension aiguë de lui-même. Il n'y a donc qu'à se laisser guider par lui. On a voulu voir, dans cette pause lyrique, la pure modulation d'une douleur : « Le combat intérieur de Rodrigue, a-t-on dit, se ramène avant tout à des alternances de mouvements, d'impulsions, de chocs. Une réflexion essaie bien d'organiser et de dominer cette agitation : ce n'est pas elle qui décide... Il semble qu'on ne puisse placer ces Stances au niveau d'une délibération [94]. » Que la douleur soit là, paralysant, obnubilant un moment le mouvement héroïque, cela est certain : « Percé jusques au fond du cœur... » (v. 291). L'esprit s'en laisse envahir : « Et mon âme abattue / Cède au coup qui me tue... » (v. 295-6). Le refrain plaintif « peine-Chimène », le rythme brisé des vers, qui ont perdu l'équanimité de l'alexandrin, en attestent la présence lancinante. Mais on ne saurait pour autant réduire ces cinq strophes à n'être que cris d'angoisse incohérents, Mur des Lamentations chaotiques, où la résolution finale jaillirait d'un dernier soubresaut de l'émotion. Ce serait trahir la *progression* même des Stances; le fil d'une pensée qui s'élève, dans les tourments, à la connaissance; les révélations impitoyables de la lucidité. Ce sentiment d'un éclaircissement graduel, suivi d'une décision pratique, la critique lansonienne en avait fait une « délibération » du type cartésien : examen des mobiles par la « raison », choix, puis exécution des décrets de la « raison » par la « volonté ». On a bien fait de protester contre ce schéma : il n'y a pas de « délibération » de ce genre dans le monologue de Rodrigue, tout simplement parce que la délibération ainsi entendue n'existe pas. Comme Sartre l'a bien montré dans l'*Etre et le Néant* (et sans accepter nécessairement toutes les conséquences qu'il en tire), la « volonté » n'est pas une manifestation privilégiée de la liberté, mais une manifestation de type particulier, parmi d'autres, et qui, pour être comprise, doit être replacée, avec mobiles, motifs et fins, dans le contexte d'une liberté originelle et d'un choix fondamental. Or, « dans la mesure où la volonté est un cas de réflexion, le fait de se placer pour agir sur le plan volontaire réclame pour fondement *une intention plus profonde* [95] ». C'est sur son plan véritable qu'il convient, si on veut l'élucider, de placer le « débat » de Rodrigue. Corneille, à propos du *Cid*, mentionne le combat « du devoir contre l'amour » et Rodrigue nous dit : « Contre mon propre honneur mon amour s'intéresse » (v. 302). Il ne s'agit pas de savoir mieux qu'eux ce qu'ils disent, mais de le comprendre. Il y a bien ici opposition absolue et angoissante de deux *valeurs*, entre lesquelles il faut *choisir :* « Réduit au triste choix ou de trahir ma flamme / Ou de vivre en infâme... » (v. 305-6). Là-dessus, on vient nous conter qu'en réalité, il n'y a pas de conflit ni de choix, puisque l'amour comme l'honneur exigent le duel, et puisqu'il faut affronter le Comte pour rester digne de Chimène aussi bien que de don Diègue. On prend ici la conclusion pour les prémisses, et on oublie ce qu'il a coûté à Rodrigue d'efforts et de douleur pour *en arriver à cet amour-là*. A l'origine, en effet, l' « amour », chez Corneille, est bien autre chose que l'attrait du « mérite » mutuel : nous l'avons vu dès les premières lignes de *Mélite*, il est, dans son essence, *désir*, dans son principe, attirance des *corps* [96]. Il est projet de possession totale de l'être aimé. Il n'en va pas autrement de Rodrigue, et il faut comprendre littéralement son cri désespéré :

Si près de voir mon feu récompensé...

(v. 297.)

Tous mes plaisirs sont morts, ou ma gloire ternie...

(v. 313.)

Obligé de renoncer à la jouissance amoureuse de Chimène, la « perte » de la bien-aimée doit s'entendre, pour Rodrigue, au sens le plus physique. Et c'est cette pensée qui affole une « âme généreuse / Mais ensemble amoureuse... » (v. 315-16.) Plus tard, se justifiant devant Chimène, il avouera l'empire de cette présence sensuelle :

Et ta beauté sans doute emportait la balance,
A moins que d'opposer à tes plus forts appas...

(III, iv, 886-87.)

Suivre le chemin de l'honneur et combattre le Comte selon la loi inexorable du « meurs ou tue », c'est faire un choix radical et sans retour contre la *possession amoureuse*, et c'est, d'ailleurs, à ce niveau que Chimène situe spontanément le drame :

Ton honneur t'est plus cher que je ne te suis chère...
Et te fait renoncer, malgré ta passion,
A l'espoir le plus doux de ma possession.

(V, i, 1509, 1511-12.)

En ce sens, les Stances représentent le pénible enfantement
d'un nouvel amour sur les décombres de l'amour originel.

Nous ne voyons nullement, en l'occurrence, Rodrigue, comme
dans une « délibération » traditionnelle, peser le « pour » et le
« contre », puis, par un effort sur soi, arriver à une décision.
Il n'y a pas de pour ni de contre, pour la bonne raison que
« Des deux côtés [son] mal est infini » (v. 307). Dès le départ,
il s'agit d'une alternative absolue, qui exclut tout moyen
terme. L'admirable progression des Stances n'est donc ni
raisonnement ni pur emportement : c'est une lucide et impitoyable *prise de conscience* [97]. Par là, il faut entendre (comme
en psychanalyse, si l'on veut), la révélation d'une vérité intime
que la conscience se dissimule à elle-même. La douleur que
ressent Rodrigue n'est pas, en effet, un simple état de fait,
une donnée psychologique brute, qui n'aurait pas à être interprétée : elle a, comme tout acte de conscience, un *sens* et un
rôle. Éprouvée d'abord à la manière d'un saisissement paralysant — « Percé jusques au fond du cœur... » — dans la première
strophe, la douleur *permet* à Rodrigue précisément de ne pas
agir tout de suite, de retarder le moment et le mouvement
sacrificateurs : « Je demeure immobile... » Impossible, cependant, de s'en tenir à cette providentielle anesthésie; dès la
seconde strophe, l'effet pétrifiant fait place aux « rudes
combats » :

> *Faut-il laisser un affront impuni?*
> *Faut-il punir le père de Chimène?*
>
> (v. 309-10.)

L'impossibilité de choisir contre l'honneur et contre l'amour
conduit bientôt (strophe 4) à la tentation du suicide :

> *Il vaut mieux courir au trépas...*
>
> (v. 321.)

> *Tout redouble ma peine.*
> *Allons, mon âme; et puisqu'il faut mourir,*
> *Mourons du moins sans offenser Chimène.*
>
> (v. 328-30.)

Si le suicide est, évidemment, une conduite typique de *fuite*,
il faut aller plus loin et voir que la *douleur même* de Rodrigue
sert ici à lui donner le change : en réalité, les « rudes combats »
qu'il ressent ne *proviennent* pas de l'alternative radicale hon-
neur-amour, ils la *créent*. Refusant de contempler en face
l'impossibilité de la possession, Rodrigue, par sa souffrance,
se la donne illusoirement comme une *possibilité:* puisqu'il
hésite, puisqu'il se sent déchiré, c'est qu'il *peut* choisir dans

le sens de l'amour, c'est que la route du bonheur reste, s'il le veut, ouverte. Or, ce qu'il se cachait à lui-même et qui, peu à peu se révèle, c'est l'impossibilité de cette possibilité :

> *Respecter un amour dont mon âme égarée*
> *Voit la perte assurée!*
>
> (v. 335-36.)

Ce que l' « âme égarée » de Rodrigue lui dissimulait, c'est cette vérité qui effrayait tant Alidor : pour posséder, il faut être deux. Or, la réflexion fait surgir, à l'autre bout, Chimène :

> *J'attire en me vengeant sa haine et sa colère,*
> *J'attire ses mépris en ne me vengeant pas.*
>
> (v. 324-25.)

Haine, colère ou mépris : quoi qu'il fasse ou ne fasse pas, les sentiments mêmes de Chimène interdisent à jamais le bonheur; plus exactement, c'est par les sentiments inévitables de Chimène (l'hypothèse qu'elle puisse l'aimer lâche, comme Camille sera prête à faire pour Curiace, étant exclue) que Rodrigue se voit indiquer son propre « devoir ». On comprend donc qu'à la dernière strophe, Rodrigue se sente « tout honteux d'avoir tant balancé » (v. 347) et « s'accuse déjà de trop de négligence » (v. 345), puisque c'est *par la médiation d'autrui* qu'il a été contraint de faire face à sa propre vérité :

> *...sauvons du moins l'honneur*
> *Puisqu'après tout il faut perdre Chimène.*
>
> (v. 339-40.)

En d'autres termes, c'est le choix de Chimène qui rend à Rodrigue tout choix impossible.

Ce qui peu à peu affleure et se fait jour, au cours de cet admirable monologue, et qui représente le tournant décisif de l'héroïsme cornélien, c'est la nécessité du sacrifice de l'*amour en tant que jouissance* au maintien de l'*ordre aristocratique:* derrière l' « honneur » et la « gloire » personnels se profilent la « maison » et l' « Espagne [98] ». Et c'est là toute la différence qui sépare Alidor de Rodrigue. Comme Alidor, Rodrigue ressent l'attrait irrésistible de la chair, l'éblouissement fulgurant de la beauté. Comme Alidor, il éprouve ainsi sa dépendance absolue de l'Autre. Comme Alidor enfin, il commence par utiliser les ruses de la mauvaise foi pour se dissimuler l'inéluctable sacrifice, se maintenant quelques instants dans l'indécision d'un choix douloureux, pour mieux oublier l'absence de choix réelle de qui veut rester un Maître; se faisant indiquer l'inévitable rupture par les sentiments de Chimène, de même

qu'Alidor tentait de susciter cette rupture par les sentiments
d'Angélique. Mais, devant la pénible révélation que, si l'on
veut dominer en soi la Nature, au lieu d'en être dominé, la
véritable possession doit être *refus de la possession*, Alidor,
incapable d'assumer ce refus, tente de le faire assumer à l'Autre
et cherche à faire accomplir à autrui le geste immolateur.
Rodrigue, au contraire, sur fond du projet originel de Maîtrise,
voit peu à peu se découvrir à. lui l'impérieuse nécessité de
commencer le sacrifice *en lui-même* et comprend que le vrai
combat contre autrui se double d'un combat contre soi. La
volonté n'est pas ici surajoutée à la connaissance : elle ne fait
qu'un avec la prise de conscience, elle est, au sens le plus
profond du terme, l'acte de réflexion.

Mais il y a plus. Le sacrifice de la possession amoureuse
n'est pas, pour Rodrigue, le sacrifice de l'amour. Alors qu'Alidor
se croyait « débarrassé » d'Angélique, dès l'instant où elle était
enfermée dans son cloître, Rodrigue comprend que le dialogue
amoureux avec l'Autre continue au-delà de l'union charnelle.
La maîtrise de soi authentique est aux antipodes du solipsisme
alidorien. La grandeur de Rodrigue — et c'est l'avènement
du héros sur le plan de l'amour — n'est pas de refuser sans
plus le Moi de la Vie et du Sentiment, mais de relancer, d'*inventer*
l'amour à un niveau libérateur. Tout comme, à son propre
péril, il se découvrira « guerrier » en affrontant le Comte, il
se trouvera en tant qu'amant *en affrontant Chimène*. Quand
Rodrigue s'écrie :

> *J'attire en me vengeant sa haine et sa colère,*
> *J'attire ses mépris en ne me vengeant pas,*

non seulement il ne commet pas un « paralogisme », ainsi que
le prétend Nadal (*op. cit.*, note 5, p. 351), en concluant : « Tout
redouble ma peine », au lieu de déduire : « mon amour me
pousse à frapper », car le seul point de vue qui l'intéresse ici
est celui de la possession et de la douleur à laquelle il ne peut,
pour l'instant, s'arracher; mais il ouvre, par les termes mêmes
dans lesquels se pose le problème, la voie possible d'un nouvel
amour. Il y a, en effet, une différence complète entre, d'une
part, la « haine » et la « colère », et, d'autre part, le « mépris ».
La haine et la colère sont des émotions qui, loin d'abaisser,
comme le mépris, leur objet, l'élèvent au niveau du sujet,
établissent une *égalité*, parfois même une supériorité, entre
le sujet et l'objet de l'émotion [99]. Dans l'alternative de la
haine et de la colère, l'amant se trouve seulement frustré de
la jouissance : « A mon plus doux espoir l'un me rend infidèle »
(v. 325); dans l'alternative du mépris : « Et l'autre indigne

d'elle... » (v. 326), il tombe, souffleté à travers don Diègue, de la classe des Maîtres à celle des Esclaves, rompant, avec Chimène restée sur les hauteurs, toute possibilité de communication. Une fidélité douloureuse, une réciprocité véritable se dessinent, non dans l'accomplissement, mais dans l'immolation de la chair, non pas malgré la mort du Comte, mais à cause d'elle, non dans le contentement, mais dans la *haine* et la *colère*. De façon significative, ce seront les mots mêmes que Rodrigue reprendra dès le début de son entrevue avec Chimène, et qui lui serviront à la situer :

> *Regarde-le plutôt pour exciter ta* haine,
> *Accroître ta* colère *et retrancher ma peine...*

(III, iv, 861-62.)

L'amour héroïque unit les amants dans l'étreinte et la réciprocité du meurtre. Chez le Maître, la tendresse autant que la vaillance trouve son épreuve authentique dans l'affrontement mortel, réconciliant ainsi deux valeurs qui étaient apparues un moment irréconciliables et faisant rentrer la passion dans l'Ordre.

V

C'est dans cette perspective qu'il faut comprendre, croyons-nous, les relations amoureuses de Rodrigue et de Chimène, longtemps obscurcies par les mythes romantiques. Avant de mettre les deux amants en présence, arrêtons-nous un instant au portrait que Corneille nous donne de Chimène. On connaît assez ce reproche, souvent fait aux héroïnes cornéliennes, d'être totalement dépourvues de cette « féminité » dont Racine aurait le secret, d'être simplement des hommes en travesti. Les commentaires de Sainte-Beuve, dans ses *Portraits littéraires*, sont, à cet égard, typiques : « Ses héroïnes, ses « adorables furies », se ressemblent presque toutes : leur amour est subtil, combiné, alambiqué, et sort plus de la tête que du cœur. On sent que Corneille connaissait peu les femmes. » (T. I, p. 47.) Ce qui laisse entendre que Sainte-Beuve, lui, les connaissait. Nous avons déjà eu l'occasion de voir, à propos des comédies, à quel point Corneille avait conscience de l'existence d'une condition et d'un sentir féminins. Nous allons retrouver, plus nette et pénétrante encore, cette perception concrète.

Pour Chimène aussi bien que pour Rodrigue, et pour tous les cornéliens, d'ailleurs, l'amour est, d'abord désir. Le dilemme de Chimène sera donc celui de Rodrigue : « Honneur impitoyable à mes plus chers désirs... » (II, III, 459.) La nature de ces désirs est encore précisée plus tard : « Et de quoi que nous flatte un désir amoureux... » (III, III, 843.) C'est elle qui parle, nous l'avons vu, de « l'espoir le plus doux de ma possession », et, dans des vers retranchés plus tard par l'auteur, elle s'écriait :

> *Qu'un même jour commence et finisse mon deuil,*
> *Mette en mon lit Rodrigue et mon père au cercueil?*
>
> (V, VII.)
>
> (M. L., III, p. 197.)

Il ne faut pas oublier, habitué que l'on est de nos jours à l'exhibitionnisme littéraire, que la discrétion coutumière du langage, chez Corneille autant que chez Racine, atteste non pas l'absence, mais la présence contenue d'une sensualité puissante. Non seulement Rodrigue et Chimène se ressemblent par la nature intime de leur amour, non seulement ils éprouvent pareil déchirement de l'honneur impitoyable au désir, mais Corneille nous les montre mus par ces « secrètes sympathies », dont il parle dans *Rodogune*, et qui leur inspirent, au même moment, à travers la distance, les mêmes pensées et les mêmes paroles [100] :

Rodrigue : *Mes pareils à deux fois ne se font pas connaître*
> *Et pour des coups d'essai veulent des coups de maître.*
>
> (II, II, 409-10.)

Chimène : *Rodrigue a du courage.*
> L'Infante : *Il a trop de jeunesse.*
Chimène : *Les hommes valeureux le sont du premier coup.*
>
> (II, III, 482-83.)

Ayant des valeurs identiques à celles de Rodrigue, Chimène se trouve en proie à un déchirement identique :

> *Soit qu'il cède ou résiste au feu qui me l'engage,*
> *Mon esprit ne peut qu'être ou honteux ou confus,*
> *De son trop de respect ou d'un juste refus.*
>
> (II, III, 490-92.)

Dans cette situation tragique, elle forme le même projet que Rodrigue dans les Stances :

> — *Après tout, que pensez-vous donc faire?*
> — *Pour conserver ma gloire et finir mon ennui,*
> *Le poursuivre, le perdre, et mourir après lui.*
>
> (III, III, 846-48.)

De la maîtrise « passive » de soi, si l'on peut dire, qui, au début
de la pièce, caractérise la femme noble des comédies, de la
libre contrainte qui « attend l'ordre d'un père à choisir un
époux », Chimène, comme Rodrigue, s'élève, par un effort
douloureux, à la Maîtrise *active* et transforme l'amour en haine
amoureuse.

Dès lors, mettant Rodrigue en présence de Chimène dans
deux « rencontres » célèbres, Corneille atteignait d'emblée les
hauteurs de la pure tragédie, tout en ouvrant à l'héroïsme des
horizons inédits. Ce qui est étonnant, — ou plutôt ce qui s'explique
trop bien par l'empire de la « morale », conjugué avec une
certaine sensiblerie romantique, — c'est qu'on ait, au cours de
générations successives, littéralement désappris à lire *le Cid*,
et qu'on ait substitué un vague et merveilleux « poème d'amour »
ou « miracle de jeunesse » à la brutalité grandiose de ces scènes[101].
S'il s'agissait d'innocents roucoulements au clair de lune, on
ne comprendrait pas le tollé général qui accueillit la création
de la pièce, les horions échangés entre partisans et adversaires,
en un mot, le *scandale* causé en particulier par les deux scènes
de rencontre. Il n'est que de consulter les « Sentiments » hou-
leux de l'Académie sur *le Cid*, pour s'apercevoir de la portée
et de la nature réelles de ces confrontations amoureuses, qui
font crier à Scudéry que *le Cid* est une « instruction au mal »
et à Chapelain qu' « il y a des vérités monstrueuses, qu'il faut
supprimer pour le bien de la société... » (cf. pp. 12 et 13) : il s'agit,
d'ailleurs, de bien autre chose que du caractère insolite de ces
« visites » nocturnes d'un jeune cavalier à sa belle ; là où le bât
blesse vraiment nos académiciens, c'est quand ils trouvent
Chimène « amante trop sensible et fille trop dénaturée », consentant par « la seule violence que lui fait son amour » : « ... la
bienséance des mœurs d'une fille introduite vertueuse n'y est
gardée par le poète, lorsqu'elle se résout à épouser celui qui a
tué son père. » (*Sentiments de l'Académie*, p. 21.) Il est évident
que Corneille a atteint là au vif la sensibilité contemporaine
et il convient de restituer à ces scènes leur valeur de *choc*.
Corneille lui-même nous y invite, par ses scrupules rétrospectifs :
« les deux visites que Rodrigue fait à sa maîtresse ont quelque
chose qui *choque* cette bienséance de la part de celle qui les
souffre... Pour ne déguiser rien, cette offre que fait Rodrigue
de son *épée*, et cette protestation de se laisser tuer par don Sanche, ne me plairoient pas maintenant. » (*Examen* de 1660,
souligné par nous.) Il a fallu attendre les analyses d'O. Nadal
pour restituer enfin leur force et leur vérité premières aux
fameuses « visites de Rodrigue à sa maîtresse » et pour s'apercevoir que Rodrigue « ne cesse de la tourmenter », qu'il y a

« un acharnement de Rodrigue à poursuivre Chimène comme une proie; il la réduit à merci, ne l'abandonne que vaincue et humiliée. Elle ne remonte pas sans honte de cette misère et de cet hallali passionnels. » (*Op. cit.*, pp. 170-71, *passim*) [102].

Il était temps de découvrir que Rodrigue et Chimène ne sont pas Roméo et Juliette, et que la rencontre nocturne du *Cid* n'a rien de la scène shakespearienne du balcon : elle en est même exactement l'inverse, et le lyrisme cornélien débouche non sur le *duo*, mais sur le *duel* des amants [103].

A la scène IV de l'acte III, Rodrigue, ayant tué le Comte, surgit de l'ombre, dans la maison même de la victime, pour faire écho aux derniers mots de Chimène :

> *Eh bien ! sans vous donner la peine de poursuivre,*
> *Assurez-vous l'honneur de m'empêcher de vivre.*
>
> (v. 849-50.)

Et sur ce, avec une insistance et une opiniâtreté étonnantes, à plus de huit reprises, Rodrigue va offrir à Chimène son épée. Cette scène de 1637 a mis le Corneille de 1660 mal à l'aise — et il y a de quoi. Comme dit Nadal, « l'insistance du héros à vouloir mourir éveille un malaise singulier. Cette générosité ne cacherait-elle pas un projet qu'on se refuse à apercevoir, tant il paraît trouble et déconcertant? » (*op. cit.*, p. 170). On s'est souvent demandé ce que Rodrigue cherchait en présentant ainsi son épée à Chimène; il faut répondre tout simplement : à mourir. Car, étant donné la perspective particulière de l'éthique aristocratique et la pleine adhésion de Chimène à celle-ci, dont Rodrigue ne doute pas un instant, il faut réaliser qu'en offrant ainsi à Chimène de le tuer, *il prend le risque réel qu'elle le fasse*. Et c'est précisément ce risque mortel qui distingue ici le défi du chantage. Loin de jouer un jeu truqué, tel le séducteur à la Valmont, Rodrigue jouera un jeu loyal et total, faisant de son mieux pour pousser Chimène à l'acte irrémédiable. Il exhibe à sa vue l'épée, « du sang de [son] père encor toute trempée », il brandit l' « objet odieux »; à Chimène qui s'exclame : « Il est teint de mon sang », Rodrigue indique la seule conclusion qui s'impose : « Plonge-le dans le mien. » La présence sanglante du meurtre s'avérant insuffisante, le meurtrier fera alors une longue apologie de son acte :

> *Car enfin n'attends pas de mon affection*
> *Un lâche repentir d'une bonne action...*
>
> (v. 871-72.)
>
> *Immole avec courage au sang qu'il a perdu*
> *Celui qui met sa gloire à l'avoir répandu...*
>
> (v. 903-4.)

S'il est exact de dire, avec Nadal, que Rodrigue ne cesse ici de « tourmenter » Chimène, il est faux d'ajouter : « de provoquer et de consommer sa ruine morale ». Bien au contraire, il convient de souligner que Rodrigue fait tout son possible pour mener Chimène vers le salut, *en l'aidant à réaliser ses propres valeurs.* Semblable en tout point à son amant par les sentiments et les principes, ainsi que nous avons vu, Chimène se trouve ici dans la même situation :

> *Même soin me regarde, et j'ai, pour m'affliger,*
> *Ma gloire à soutenir et mon père à venger.*
>
> (v. 915-16.)

Elle reprendra donc spontanément l'exemple de Rodrigue :

> *Tu n'as fait le devoir que d'un homme de bien ;*
> *Mais aussi, le faisant, tu m'as appris le mien...*
>
> (v. 911-12.)
>
> *Je suivrai ton exemple.*
>
> (v. 953.)

Aussi répète-t-elle presque mot pour mot la déclaration de guerre de Rodrigue :

> *Car enfin n'attends pas de mon affection*
> *De lâches sentiments pour ta punition...*
>
> (v. 927-28.)

Et elle tire d'elle-même la conclusion qui s'impose :

> *Tu t'es, en m'offensant, montré digne de moi ;*
> *Je me dois, par ta mort, montrer digne de toi.*
>
> (v. 931-32.)

Chimène associe d'emblée mort et mérite, amour et haine: le projet animal de *possession* disparu, le projet humain de *reconnaissance* demeure. Or, ici la reconnaissance réciproque, comme Hegel l'a bien montré et Corneille senti avec une intuition infaillible, débouche sur l'affrontement du combat : c'est par la mort de Rodrigue que Chimène doit se prouver son *égale*, tout comme Rodrigue ne pouvait se prouver l'égal du Comte qu'en le tuant. Demander à Chimène de le tuer, pour Rodrigue, c'est simplement exiger la consommation la plus haute de leur amour [104].

C'est dans cette perspective d'un héroïsme revenu de l'égarement passionnel et rendu à son origine noble qu'il faut comprendre l'affrontement amoureux de Rodrigue et de Chimène. Rodrigue a fait la conversion du Moi vital au Moi humain, du plan du Sentiment à celui de la Conscience, du

mouvement d'affirmation de la Nature au mouvement de
négation. Chimène veut « suivre son exemple », mais elle ne le
peut; chez elle, en quelque sorte, la dialectique héroïque
s'enraye. Elle reste prise, engluée dans la passion. Ainsi
qu'O. Nadal l'a justement noté, « on s'attendait en effet qu'elle
n'eût point à rougir d'aimer encore après l'assassinat de son
père, puisqu'elle trouvait dans l'amour un auxiliaire à sa
vengeance... Or, chez elle la passion ne poursuit pas le même
effort que la vengeance (*op cit.*, p. 175). En théorie, et comme
il serait normal, elle proclame bien haut un glorieux amour :

> *...Je veux que la voix de la plus noire envie*
> *Elève au ciel ma gloire et plaigne mes ennuis,*
> *Sachant que je t'adore et que je te poursuis.*

(III, IV, 970-72.)

Mais, en fait, elle *niera* à toute occasion cet amour, dont l'aveu
ne lui est finalement arraché que par un subterfuge du roi;
et si elle le nie, c'est qu'elle en a *honte*, parce qu'elle sent sa
propre dignité atteinte dans la qualité même de son amour :
là encore, selon l'excellente description de Nadal, c'est « une
fatalité sur elle, une force qui échappe aux puissances de la
volonté... Il envahit toute sa conscience, l'obscurcit, la fait
renoncer à ses pouvoirs et même se la rend complice... Rodrigue
ne peut plus être pour Chimène qu'un objet de désir, dont elle
sent qu'elle devra être éternellement privée. » *(ibid.*, pp. 176-77,
passim). C'est dire très exactement que Chimène n'a pu
réussir à passer par la catharsis que les Stances représentent
pour Rodrigue; restée au stade du désir, incapable de chercher
le contentement au-delà de la perte sensible, au lieu de faire
l'ablation et l'oblation de son amour, elle s'y agrippe; elle ne
peut dépasser le règne du vital :

> *La moitié de ma vie, a mis l'autre au tombeau,*
> *Et m'oblige à venger, après ce coup funeste,*
> *Celle que je n'ai plus sur celle qui me reste.*

(III, III, 800-2.)

Or, telle est justement la définition de l'automutilation héroïque,
où le combat contre autrui est sacrifice de soi, étape et condition
préjudicielles de la Maîtrise. Arrivée au bord même de l'épreuve :
« Je vois ce que je perds quand je vois ce qu'il vaut » (IV,
II, 1164), elle se fige dans la douleur, où Rodrigue ne s'était
« immobilisé » qu'un instant : « Ah! cruels déplaisirs à l'esprit
d'une amante! » *(ibid.*, 1165). Dès lors, les menaces envers
Rodrigue ne sont plus que pitoyables faux-fuyants. Elle qui
s'écriait :

> *Car enfin n'attends pas de mon affection*
> *De lâches sentiments pour ta* punition
>
> (cf. p. 109.)

à peine Rodrigue met-il à sa portée cette « punition », que celle-ci se change aussitôt en désir de « poursuite » légale, qui recule l'échéance :

> *C'est d'un autre que toi qu'il me faut l'obtenir,*
> *Et je dois te poursuivre, et* non pas te punir...
>
> (III, IV, 943-44.)

Toutes les raisons de Chimène se résument, en fait, à une seule : obtenir *par la médiation d'autrui* (« C'est d'un autre que toi » veut ici dire « d'un autre que *moi* qu'il me faut l'obtenir... ») ce que le Maître ne saurait jamais devoir qu'à lui-même. Nous sommes ramenés à la conduite de mauvaise foi typique, où l'appel à autrui se dégrade bientôt en recours aux objets, pour réveiller le courage défaillant :

> *Vous qui rendez la force à mes ressentiments,*
> *Voiles, crêpes, habits, lugubres ornements...*
> *Contre ma passion soutenez bien ma gloire.*
>
> (IV, I, 1135-36, 1138.)

Un tel « soutien » n'est, évidemment, que le dernier et futile espoir de l'*impuissance*. Loin d'être l'héroïne « virile » souvent décrite, Chimène *pleurera* donc à travers toute la pièce, — symbole de la faiblesse honteuse, chez Corneille; elle pleurera

avec l'Infante : *Que tu vas me coûter de pleurs et de soupirs !*

(II, III, 460.)

avec le Roi :　*Sire, la voix me manque à ce récit funeste ;*
　　　　　　Mes pleurs et mes soupirs vous diront mieux le reste.

(II, VIII, 669-70.)

avec Elvire :　*Pleurez, pleurez, mes yeux, et fondez-vous en eau !*

(III, III, 799.)

avec Rodrigue : *Je cherche le silence et la nuit pour pleurer.*

(III, IV, 1000.)

Elle pleurera encore au quatrième acte et au cinquième, faisant même le vœu final de n'être plus que fontaine intarissable de larmes :

> *Qu'en un cloître sacré je pleure incessamment,*
> *Jusqu'au dernier soupir, mon père et mon amant...*
>
> (V, VI, 1739-40.)

Enfin, elle s'évanouira bel et bien à la scène v de l'acte IV. Mais c'est ici qu'il nous faut sonder plus profondément encore cette plaie et souligner le moment où *la faiblesse devient lâcheté, c'est-à-dire crime.*

C'est bien, en effet, Chimène, et non Rodrigue, qui ouvre des perspectives troublantes. Lorsqu'elle parle de « pleurer incessamment » en un « cloître sacré » à l'acte V, elle oublie apparemment la promesse formelle qu'elle avait faite à Rodrigue de ne pas survivre un instant à sa mort, à l'acte III :

> ...Je t'engage ma foi
> De ne respirer pas un moment après toi.
>
> (III, iv, 995-96.)

« Immole avec courage », exhortait Rodrigue : or, Chimène n'a pas le courage non seulement de *tuer*, ce que l'on pourrait porter au compte de la « sensibilité » féminine, mais — et c'est plus grave — de *mourir.* « As-tu du cœur? » demandait don Diègue à Rodrigue; « as-tu peur de mourir? » demandait Rodrigue au Comte. Car tel est bien le fondement originel et imprescriptible de la Maîtrise. Sur ce point, malheureusement, Chimène n'est certes pas la fille de son père. Si, comme elle l'avoue à Elvire, elle se trouve dans une situation fausse, en « poursuivant » Rodrigue :

> Ah ! cruelle pensée !
> Et cruelle poursuite où je me vois forcée !
> Je demande sa tête et crains de l'obtenir
>
> (III, iii, 825-27.)

elle laisse éclater un sentiment qui va bien plus loin que la faiblesse amoureuse :

> Ma mort suivra la sienne, et je le veux punir !
>
> (v. 828.)

Chimène n'aurait-elle tant de répugnance à mettre Rodrigue à mort, que parce qu'elle doit *mourir elle-même aussitôt?* Et mise au pied du mur, n'oublie-t-elle pas, avec une promptitude insolite, sa promesse? Ce ne sont là que des indications, mais inquiétantes, et qui remontent tout droit au cœur de sa faiblesse première : comment s'étonner que, chez elle, la *passion* règne, puisqu'elle n'a pas su faire l'acte de renoncement qui élève la conscience *au-dessus de la vie?* Dès lors, selon une impitoyable dialectique, le Maître choit dans la classe des Esclaves, que domine le Moi animal : c'est bien là le péché fondamental de Chimène, éminemment choquant pour l'éthique aristocratique, et ce que Corneille s'est vu obligé d'appeler, dans son *Examen* le « faux pas », puis la « glissade », enfin, carrément, la « faute » de son personnage, bien que pour tâcher de le défendre, tant bien que mal, en Normand. Et l'on comprend aussi pourquoi, loin d'être la jeune amante en fleur de la critique postérieure, Chimène apparut (contradictoirement, d'ailleurs) au public contemporain comme une *dévoyée* : hors du droit chemin, du point de vue de l'éthique héroïque, lorsqu'elle avoue, dans ses paroles et dans ses actes, l'emprise de la passion; hors du droit chemin aussi, pour une noblesse de salon abâtardie, lorsqu'à la fin, inversement, elle se rachète en épousant Rodrigue. Soit que la conscience aristocratique cherche à se rappeler ou à se dissimuler ses origines, le personnage de Chimène est, de toute façon, scandaleux.

Entre Rodrigue, qui se hisse au niveau de la Maîtrise véritable, et Chimène, qui, littéralement, en déchoit, la confrontation ne peut plus être qu'un affrontement, la rencontre amoureuse qu'une rencontre guerrière, où s'affirme la domination du plus fort, c'est-à-dire du plus courageux. L'entrevue, commencée sous le signe de la *réciprocité*, se termine fatalement sous le signe de la *supériorité absolue* du vainqueur. Puisque le vaincu n'a pas accepté de mourir, il devient l'Esclave. Il est donc exact de constater, avec O. Nadal, qu'il existe « un acharnement de Rodrigue à poursuivre Chimène comme une proie » et qu'il « la réduit à merci, ne l'abandonne que vaincue et humiliée » (cf. p. 108). Mais il nous semble faux de conclure, avec le même critique, que cet acharnement de Rodrigue marque « le triomphe de l'instinct sur la volonté, l'échec de l'éthique aristocratique de la gloire. » (*Op. cit.*, p. 171.) Outre que cet « échec » serait pour le moins curieux chez le personnage-type du héros, destiné à en fixer à jamais les traits altiers, il se trouve que c'est précisément l'inverse qui est vrai, — et que la formule, inapplicable à Rodrigue, s'applique au pied de la lettre à Chimène. Chez le premier, en effet, la conversion du Moi animal au Moi héroïque consacre l'*avènement* de l'éthique aristocratique, qui surmonte enfin la nature, tandis que, chez la seconde, l'empire honteux de la passion, d'ailleurs mis en lumière par Nadal lui-même (cf. p. 110), souligne la *chute* dans l'impuissance. Il ne saurait être question de suivre un instant Chimène ni Nadal, lorsqu'ils se plaignent, à maintes reprises, de la « cruauté » de Rodrigue. Rodrigue ne réclame que ce que Chimène proclame, — sans avoir la force de l'accomplir; et l'obstination de l'amant n'est cruelle que parce qu'elle met à nu la mauvaise foi de l'amante :

> *Ah! cruelle pensée!*
> *Et cruelle poursuite où je me vois forcée!*
> *Je demande sa tête et crains de l'obtenir...*   (v. 825-27.)

Les deux « rencontres » entre Rodrigue et Chimène constitueront tout naturellement une sorte de « jugement de Dieu » sur le plan de l'amour, comme le duel avec le Comte sur celui de la vaillance. Une première fois (III, IV), l'ennemie bien-aimée, mise en demeure d'exécuter sa résolution, sans délai ni subterfuge, se rétracte et avoue son impuissance, c'est-à-dire, du point de vue de la morale aristocratique, son échec :

Chimène : *Va, je ne te hais point. — Tu le dois. — Je ne puis.*

(v. 963.)

Impuissance et échec d'autant plus graves qu'ils ne sont pas seulement subis, mais, pour ainsi dire, *voulus :*

> *Mais malgré la rigueur d'un si cruel devoir,*
> *Mon unique souhait est de ne rien pouvoir.*

(v. 983-84.)

Une progression logique et inexorable conduira donc Chimène de la défaite à la reddition inconditionnelle, lors de la seconde entrevue :

> *Sors vainqueur d'un combat dont Chimène est le prix.*
> *Adieu : ce mot lâché me fait rougir de honte.*

(V, I, 1557-58.)

Le rouge de la honte n'est pas ici pudeur virginale, mais conscience de la déchéance et de l'abandon, au cœur du combat amoureux. Ayant échoué à passer l'épreuve de la Maîtrise, Chimène retombe précisément au niveau où elle (et tous les autres personnages cornéliens) se trouvaient avant l'essor héroïque de Rodrigue : le *niveau de la comédie.* Sanction publique, l'ironie éclate dans les commentaires perspicaces de Léonor :

> *Don Sanche lui suffit et mérite son choix...*

(v. 1619.)

> *Elle aime en ce duel son peu d'expérience...*

(v 1621.)

> *Et sa* facilité *vous doit bien faire voir*
> *Qu'elle cherche un combat qui force son devoir,*

(V, III, 1623-24.)

— commentaires auxquels confirmation sera donnée, par deux fois, aux yeux de la Cour. Chimène, dupée et trahie, en définitive, moins par la ruse des autres que par sa propre duplicité, sera exposée à l'humiliation du *rire*, sur la scène comme dans la salle, au cours de deux scènes de pure comédie où, selon les lois du quiproquo les plus classiques, le Roi la prend au piège de la mort supposée de Rodrigue, et elle-même s'abuse sur le retour de don Sanche (IV, v et V, v) [105].

Par un cheminement inverse, alors que Chimène redescend du niveau tragique au niveau comique, Rodrigue ne cesse de s'élever : la communauté d'attitude entre les amants, au début de la pièce, fait place à une radicale différence d'altitude. Il n'y a aucun « mépris », ainsi qu'il a été suggéré, dans l'ardeur avec laquelle Rodrigue « poursuit » une femme qu'il aime, mais bien plutôt amour impitoyable, qui, au-delà de la possession et du bonheur sensibles, immolés en soi et en autrui, perpétue la reconnaissance dans le combat et s'accouple dans la lutte à mort des corps et des consciences — un *amour de Maître*, enfin, prêt à tuer et à mourir. Si l'on veut, Rodrigue se conquiert sur le père comme sur la fille, complète l'apprentissage de l'héroïsme à leurs dépens, poursuit, avec le Comte et avec Chimène, le même « duel ». Il n'y a point ici cruauté, mais *violence*, ce qui n'est nullement pareil. La « cruauté » (celle d'Alidor, par exemple) est une violence de mauvais aloi, qui dissimule mal une réelle impuissance, par quoi le bourreau se lie irrémédiablement à sa victime et se condamne en même temps qu'elle. La violence authentique, au contraire, est signe et source de force, elle pousse le vainqueur en avant. Elle ne fige pas la conscience dans une contemplation fascinée de la souffrance; elle propulse vers l'action. C'est pourquoi, si l'on regarde de près le comportement de Rodrigue à la suite de chaque « triomphe » sur Chimène, nous ne trouvons chez lui aucune trace de cette morose délectation qui accompagne, chez Alidor, ses « victoires » successives sur Angélique. On a voulu voir une preuve d'insensibilité dans Rodrigue criant : « O miracle d'amour! », là où Chimène soupire : « O comble de misères! » En réalité, chaque conquête, loin de ramener Rodrigue à la jouissance de soi, le fait rebondir, littéralement, comme un tremplin. Ce qui est pour Chimène, empêtrée dans la passion, un « comble de misères » devient pour Rodrigue, passé par la catharsis de l'héroïsme, un « miracle d'amour », dont il tire un nouvel élan sur sa lancée. Car s'il connaît, lui aussi, les affres de la passion et les tentations élégiaques [106], les « mortelles douleurs » où Chimène s'enlise sont, pour Rodrigue, des « regrets superflus », qu'il s'agira, en définitive, de surmonter par l'action. A l'issue de la première rencontre, nous trouvons un Rodrigue désespéré de la perte amoureuse, à qui son « triomphe » n'apporte ni exultation ni consolation. Après la seconde rencontre, la reddition de Chimène ne provoque chez lui nul sursaut d'orgueil, mais mobilise ses forces vives :

> *Est-il quelque ennemi qu'à présent je ne dompte?*
> *Paraissez, Navarrais, Mores et Castillans...*
> *Unissez-vous ensemble, et formez une armée*
> *Pour combattre une main de la sorte animée...*
>
> (V, 1, 1558-59; 1561-62.)

Le mérite de Rodrigue, c'est d'avoir su inventer à temps, pour sauver l'amour, un autre amour, qui, loin d'entrer en conflit avec l'éthique aristocratique, la sert et forge le Moi véritable dans la dureté du combat extérieur et intérieur.

Il faut s'arrêter un instant sur ce point capital et préciser les rapports de la passion et de l'héroïsme. L' « amour héroïque » de Rodrigue n'est pas une espèce d'amour « raffiné » et « sublimé », et rien n'induirait plus en erreur que de l'assimiler au mouvement parallèle, mais distinct, de la préciosité : l'amour précieux, conscient de l'existence fascinante du corps, cherche à la conjurer et à la circonvenir par l'artifice poétique du langage et du comportement, et tente de neutraliser le monde réel par la création d'un univers métaphorique; l'amour héroïque, au contraire, loin d'organiser la fuite vers le pays de Tendre, se situe d'emblée *au cœur du monde,* qu'il accepte totalement pour pouvoir mieux le refuser[107]. Car il n'est possible de s'élever que si une force de gravité puissante, presque irrésistible, tire l'être vers le bas. Cette pesanteur, chez l'homme, c'est la passion. Le témoignage de Corneille est, là-dessus, formel : « Rodrigue et Chimène y ont cette probité sujette aux passions, et ces passions font leur malheur, puisqu'ils ne sont *malheureux qu'autant qu'ils sont passionnés* l'un pour l'autre. Ils tombent dans l'infélicité par cette *faiblesse humaine...* » (*Discours de la Tragédie,* Ed. Pléiade, I, p. 90.) Toutefois, pas plus pour Corneille que pour Descartes, il ne s'agit de se débarrasser des passions, mais de *savoir s'en servir.* La critique des trente dernières années a donc eu raison de réagir contre l'image du héros « raisonnable » et « volontaire à froid », mise à la mode par Lanson. On s'est, par contraste, attaché à souligner l'importance de l'élément passionnel, et l'on a bien fait[108]. Il n'y avait, d'ailleurs, qu'à consulter Corneille lui-même, qui définissait la tragédie par « les grands sujets qui remuent fortement les *passions* et en opposent l'*impétuosité* aux lois du devoir ou aux tendresses du sang. » (*Discours du Poëme Dramatique,* Ed. Pléiade, I, p. 61). Les contemporains ne l'entendaient pas autrement : « Quelle véhémence dans les passions! » s'écriait

Racine, orfèvre en la matière, auquel faisaient écho les commentaires éclairés de Saint-Evremond : « Corneille se fait admirer par l'expression d'une grandeur d'âme héroïque, par la force des passions... » (cf. pp. 12-13). Or, les deux termes, ici, ne se comprennent que l'un par l'autre : sans « force des passions », pas de « grandeur d'âme héroïque », la passion étant précisément là *pour* être dépassée par le mouvement de l'héroïsme. Encore une fois, c'est Corneille lui-même qui décrit parfaitement cette relation dialectique dans son *Examen du Cid*, où il pose comme condition essentielle de la perfection tragique « la haute vertu dans un naturel *sensible à ces passions* qu'elle dompte *sans les affaiblir*, et à qui elle laisse toute leur force *pour* en triompher plus glorieusement... » On ne saurait être plus précis. La passion est, en définitive, une faiblesse nécessaire, car sans faiblesse, pas de force, sans épreuve, pas de vertu. Parant la spontanéité naturelle de tous les prestiges du beau, faisant de l'élan vital la valeur suprême, prenant la conscience aux pièges du corps, la passion est comme un second et dangereux champ de bataille pour qui a réussi à s'élever au-dessus de la vie animale dans l'épreuve du risque mortel. Le guerrier peut être repris et détruit par l'amant. Il s'agit, une seconde fois, et plus difficilement peut-être, d'affirmer, contre le Moi de la Nature, le Moi de la Maîtrise.

On voit assez la remarquable continuité qui caractérise le théâtre de Corneille. Le projet héroïque de Rodrigue reprend très exactement celui d'Alidor (cf. pp. 68-69), mais de face. Rodrigue, c'est Alidor qui ne triche plus, et qui attend sa domination d'autrui de sa domination de soi, et non l'inverse. C'est là que le cheminement parallèle, mais radicalement différent, de Descartes et de Corneille, déjà visible au niveau d'Alidor, se précise. Si le projet de Maîtrise est sans cesse à l'horizon de la pensée, chez l'un comme chez l'autre, ce n'est nullement de la même manière. L'opposition de ce que nous avions appelé le « Cogito bourgeois » et le « Cogito aristocratique » (cf. p. 68) développe ses conséquences. Le philosophe rationaliste, pour qui l'action est, en fin de compte, maniement et utilisation du monde par l'homme, cherchera tout naturellement à « gouverner » les passions qui portent le trouble et la sédition au sein de l'homme même; il voudra rendre le monde intérieur aussi maniable et utilisable que le monde extérieur. Théoriquement, Descartes entend donc établir entre passion et action un *équilibre*, savamment obtenu au prix d'un exercice du vouloir méthodique et quotidien, grâce auquel la liberté de l'homme finit par se récupérer sur la passivité naturelle. Pratiquement, la Maîtrise bourgeoise des passions ressemble à une prudente gérance : « la sagesse est principalement utile en ce point qu'elle enseigne à s'en rendre tellement *maître* et à les *ménager* avec tant d'adresse, que les maux qu'elles causent sont fort supportables, et même qu'on tire de la joie de tous » (*Traité des Passions*, art. 212). L'action aristocratique, au contraire, n'est pas directement dirigée vers le monde. Le noble possède le monde à travers le travail des inférieurs, par sa domination sur eux. Son action vise donc essentiellement à la domination de l'Autre, mais sait que celle-ci passe d'abord par la domination de soi. Si l'on veut que le Moi ne succombe pas au moment de l'épreuve, il faut commencer par donner aux puissances affectives leur chance entière, leur laisser libre cours. Il est vrai de dire, avec P. Bénichou, que la vertu cornélienne « est un mouvement directement jailli de la nature, et qui pourtant la dépasse »; mais on ne saurait ajouter : « une nature supérieure à la simple nature », ni conclure : « le sublime cornélien naît donc d'un mouvement particulier par lequel l'impulsion humaine, sans se nier ni se condamner, s'élève au-dessus de la nécessité [109] ». C'est, au contraire, *en se niant et en se condamnant,* que le Moi naturel peut prendre appui sur la nature pour la dépasser. Seuls le rejet des valeurs vitales et l'immolation du Moi animal peuvent donner accès au Moi de la Maîtrise; seule une liberté *sacrificatrice* peut s'élever au-dessus de la nécessité. Comme le dit Rodrigue :

> *Mon honneur offensé* sur moi-même *se venge.*

(III, vi, 1061 [110].)

Loin d'être, telle la sagesse bourgeoise, une *économie* des passions, la morale aristocratique en fera une radicale *dépense* [111]. Il y aura donc, dans un premier moment, exaltation de la passion et, dans un second moment, non pas aménagement ou compromis, mais *suppression*. Ce qui ne veut point dire que le sentiment soit « étouffé » par un effort de la « volonté » : Rodrigue ne cesse pas un instant d'aimer Chimène, après avoir décidé de la perdre; il l'aime davantage *pour* la perdre, cet amour doit être maintenu dans toute sa puissance et être frappé en même temps d'impuissance, agir à plein sur Rodrigue et ne rien pouvoir sur ses actions. Nous comprenons mieux rétrospectivement ce qu'il y avait à la fois d'authentique et d'inauthentique dans le projet d'Alidor. Lorsque celui-ci s'écriait (cf. p. 63) :

> *...quand j'aime, je veux*
> *Que de ma volonté dépendent tous mes vœux,*
> *Que mon feu m'obéisse, au lieu de me contraindre,*

il exprimait la pure exigence de l'autonomie héroïque. Mais lorsqu'il ajoutait :

> *Que je puisse à mon gré l'enflammer et l'éteindre*
> *Et toujours en état de disposer de moi,*
> *Donner quand il me plaît et retirer ma foi,*

le projet d'autonomie se faisait fuite devant le réel, rêve impur. Même dans l'univers cornélien, « enflammer et éteindre » son feu à son gré, c'est-à-dire, pour l'homme, éliminer toute passivité, toute « passion », où il se reçoit des mains de la nature, pour devenir la source de son être et son propre créateur, est strictement impossible. Si c'était possible, l'épreuve véritable serait escamotée, la Maîtrise serait *donnée*, au lieu d'être douloureusement *conquise*. La pure disponibilité, qui accorderait ou retirerait sa « foi » à sa fantaisie, serait par principe contraire à la *fidélité*, dont Rodrigue, contre la laxité morale de son père, a aperçu la nécessité éthique, — tout comme le projet d' «indifférence » des premières héroïnes de comédie, qui visait à éviter la souffrance, n'était qu'un projet de mauvaise foi. Avec Rodrigue, toutes les solutions antérieures sont à la fois niées et reprises à un degré supérieur, *dépassées*. Désormais, le Moi se récupère en totalité, tout entier passion *et* tout entier puissance. La liberté dont il s'agit n'est nullement liberté d'indifférence : elle est *liberté tragique de l'oblation*, « hybris » par laquelle l'homme violente la Nature à ses risques et périls, — déséquilibre et démesure. Ainsi que le dit don Fernand,

> *...lorsque la valeur ne va point* dans l'excès,
> *Elle ne produit point de si rares succès.*
>
> (IV, III, 1239-40.)

Rejeté et projeté ainsi hors de lui-même, refusant la tentation alidorienne de « vivre à soi », puisque formé par le combat contre soi, le héros ne peut exister qu'en porte à faux perpétuel et subsister que d'excès en excès.

VI

Le mouvement d'ascension, toutefois, n'est pas arrivé à son terme et la gestation du héros n'est pas accomplie : celui-ci ne saurait, en effet, se prouver tout entier sur le terrain de l'amour — et c'est bien pour cela qu'Alidor était, quoi qu'il fît, voué à l'échec. Rodrigue ne deviendra le Maître, le *Cid*, que dans la

mesure où l'histoire fera irruption dans sa vie. En effet, même
après avoir triomphé du Comte et de Chimène, Rodrigue n'est
pas encore sauvé. Vainqueur, il n'a triomphé pourtant qu'*en
apparence*, puisque, nous l'avons vu, son affrontement de la
mort face à Chimène était aussi tentation mal déguisée du
suicide [112], — tentation qu'il avait déjà connue au cours des
Stances et qui, après la première entrevue avec Chimène, va
resurgir :

> *Mes liens sont trop forts pour être ainsi rompus ;*
> *Ma foi m'engage encor si je n'espère plus ;*
> *Et ne pouvant quitter ni posséder Chimène,*
> *Le trépas que je cherche est ma plus douce peine.*

(III, vi, 1067-70.)

Fasciné par la possession pourtant refusée, l'acte héroïque ne
débouche que sur le vide, et il demeure inutile, tant que l'énergie amoureuse n'est pas convertie en énergie historique. Il n'y
aurait donc, en définitive, que deux vaincus dans la rencontre
Rodrigue-Chimène, si don Diègue ne faisait pas intervenir un
nouvel ordre de réalités :

> *Il n'est pas temps encor de chercher le trépas :*
> *Ton prince et ton pays ont besoin de ton bras.*

(Ibid., 1071-72.)

Ainsi que nous l'avions brièvement indiqué (cf. p. 83), c'est la
présence d'un « grand intérêt d'État » qui marque l'avènement
de la tragédie. L'épreuve du duel nobiliaire, complété par le
duel amoureux, n'est, en quelque sorte, que l'épreuve initiatique
du chevalier, promis à un plus haut destin : faire de la pièce
un « poème d'amour » comparable à *Roméo et Juliette* ou même
à l'*Astrée*, c'est oublier son titre. Rodrigue ne devient le Cid
que par l'arrivée des Mores.
    Cette arrivée a mis plus tard Corneille mal à l'aise et, comme
trop souvent, le jugement rétrospectif du pédant trahit
l'intuition primitive du créateur : « Cette arrivée des Mores ne
laisse pas d'avoir ce défaut... qu'ils se présentent d'eux-mêmes,
sans être appelés dans la pièce, directement ni indirectement,
par aucun acteur du premier acte... » *(Examen du Cid.)* Or,
c'est précisément le fait qu' « aucun acteur du premier acte »,
c'est-à-dire aucune nécessité interne de l'intrigue, n'appelait
cette présence étrangère, qui donne tout son sens à l'événement.
La pure dialectique des rapports individuels, la pure logique du
geste héroïque sont, pour ainsi dire, rattrapées et happées par
l'histoire, qui brise soudain le cercle fermé des relations privées.
Si, comme le dit Corneille, « cette arrivée est une surprise »,

c'est que, pour des subjectivités en proie à elles-mêmes et aux autres, un événement historique arrive, par définition, à l'improviste; il vient toujours « du dehors », pour une conscience qui se découvre brusquement dans un monde où, selon l'expression populaire, « il se passe des choses ». D'ailleurs si la venue des Mores est un choc inopiné, qui fera brutalement sortir Rodrigue de sa douleur, il n'en va pas de même des autres personnages. En effet, dès la scène VI de l'acte II, le Roi apprend la nouvelle à ses conseillers et à sa suite :

...on a vu dix vaisseaux
De nos vieux ennemis arborer les drapeaux ;
Vers la bouche du fleuve ils ont osé paraître.

(v. 607-9.)

Il y a donc, en dessous, si l'on peut dire, *continuité historique*. Ce qui est événement que rien n'appelait, pour le Moi privé, était, en réalité, attendu par la conscience connaissante et prévoyante des chefs politiques : il s'agit de *vieux ennemis*, du développement d'une histoire dont le Roi et son conseiller don Arias savent trop bien le sens. Ou plutôt pas assez : les précautions défensives et, en quelque sorte, passives du Roi (« Faites doubler la garde au mur et sur le port » v. 631) s'avèrent tragiquement insuffisantes et le royaume s'écroule soudain :

La cour est en désordre et le peuple en alarmes :
On n'entend que des cris, on ne voit que des larmes...

(III, VI, 1077-78.)

Il est intéressant de noter que les « cris » et les « larmes » représentent toujours, dans la symbolique cornélienne, une attitude *femelle* d'impuissance, à laquelle s'opposera la cohorte de Rodrigue et de ses braves, qui « porte sur le front une *mâle* assurance » (v. 1258)... Il va s'agir, en somme, pour Rodrigue, de jouer à nouveau son rôle de mâle non plus à l'échelle d'une femme, mais d'une collectivité, qui demande à être à la fois sauvée et domptée.

Surpris par l'arrivée des Mores comme il avait été surpris par la querelle de son père et du Comte, Rodrigue n'a pourtant, sur le plan de l'action — et contrairement à ce qui se passe sur le plan de l'amour — aucune solution à inventer : l'événement, inattendu de l'individu, prend sa place prescrite dans le cadre de l'histoire. De même que le code établi de l'éthique aristocratique lui dictait l'appel au Comte, Rodrigue trouve à présent son terrain d'action tout préparé par le contexte féodal :

> *...j'ai trouvé chez moi cinq cents de mes amis,*
> *Qui, sachant mon affront, poussés d'un même zèle,*
> *Se venaient tous offrir à venger ma querelle.*

(III, VI, 1080-82.)

Ce n'est nullement une coïncidence si Rodrigue part ainsi en guerre à la tête de ces amis providentiellement « trouvés » : les événements historiques et les actes individuels s'engrènent directement aux structures fondamentales d'une société. Rodrigue se voit donc soudain *assigner un rôle* qui vient à lui de l'extérieur :

> *Va marcher à leur tête où l'honneur te demande :*
> *C'est toi que* veut pour chef *leur généreuse bande.*

(Ibid., 1085-86.)

Désigné comme « chef » et acceptant spontanément la posture (« Sous moi donc cette troupe s'avance... », v. 1254), reste à savoir *comment* Rodrigue sera chef. Mis en présence d'une histoire qui le déborde dans l'espace comme elle le dépasse dans le temps, le héros se trouve soudain pris et peut-être englouti par cette dimension nouvelle de l'existence, où autrui n'est plus l'Autre, affronté en combat singulier, mais *les autres*, surgis de toutes parts en un pullulement infini. Être « à la tête » peut alors vouloir dire être à l'unisson des hommes et, tel Magnin, dans l'*Espoir* de Malraux, gravir à pas lourds la montagne hostile avec ses compagnons de marche, tout en sentant s'exalter en lui « l'idée fraternelle qu'il se faisait du chef » (p. 464); être à la tête peut aussi signifier l'isolement superbe et douloureux du Rivière de Saint-Exupéry, dans *Vol de Nuit*, sacrifiant l'individu à la vraie grandeur, que seule l'organisation lui confère, et châtiant les hommes pour améliorer le temps... Le problème véritable que pose l'arrivée des Mores n'est donc pas de savoir si Corneille s'est souvenu ici d'un siège de Rouen ou de la bataille de Corbie, mais comment le héros, face à l'agrandissement illimité de l'existence par l'histoire, pourra maintenir son autonomie monadique, en un mot, comment il pourra *survivre*.

Le fameux récit que fait Rodrigue de sa victoire sur les Mores (IV, III) se chargera de nous éclairer. Le ton, le « style » de l'action est donné dès le début, dès le « *Sous moi donc cette troupe s'avance* », qui ouvre la narration :

> *J'en cache les deux tiers, aussitôt qu'arrivés...*

(v. 1263.)

> *Et je feins hardiment d'avoir reçu de vous*
> *L'ordre qu'on me voit suivre et que je donne à tous.*

(v. 1271-72.)

Ce « Je » audacieux, qui assume le commandement de sa propre initiative et l'impose sans discussion, domine de prime abord la scène. On a souvent parlé ici d'épopée et évoqué une geste de Rodrigue, comme il y eut celle de Roland. Rien n'est plus faux que cette comparaison tentante. L'épopée véritable est, dans son principe, action collective, péan d'une race, d'une religion, d'un pays. Les exploits ont beau être individuels, et ceux d'individus de grandeur plus que naturelle, à travers Achille ou Roland, c'est la Grèce ou la France d'une époque qui se retrouve et se chante. Le Moi épique est, en fait, un « nous » déguisé. Le Moi héroïque, au contraire, même lorsqu'il paraît engagé dans une action collective, ne poursuit que des fins individuelles. Le Moi épique est solidaire, le Moi héroïque solitaire. Aussi ne faut-il pas se laisser prendre au « nous » de Rodrigue :

> *Ils abordent sans peur, ils ancrent, ils descendent...*
> Nous *nous levons alors, et* tous en même temps
> *Poussons jusques au ciel mille cris éclatants.*
>
> (v. 1281, 1283-84.)

S'il est vrai que, par la nature de ses armes, la bataille féodale, dès la mêlée commencée, se scinde en une pluralité de combats singuliers, du moins, dans la *Chanson de Roland*, les corps à corps se répondent, les chevaliers se portent au secours les uns des autres, la pulvérulence des duels se dépasse en un élan commun. Par contraste, le combat contre les Mores se résout immédiatement en une série discontinue d'engagements isolés, où chacun reste coupé de tous :

> *O combien d'actions, combien d'exploits célèbres*
> *Sont demeurés sans gloire au milieu des ténèbres,*
> *Où chacun, seul témoin des grands coups qu'il donnait,*
> *Ne pouvait discerner où le sort inclinait...*
>
> (v. 1301-4.)

Bien avant la bataille de Waterloo dans la *Chartreuse de Parme*, la bataille cornélienne est un éparpillement d'actes, qui forment une action historique seulement pour une conscience omnisciente. Or, entre les deux extrêmes stendhalien, d'une part, où la bataille n'est rien que la perspective exiguë qu'y découpe une subjectivité, et, en tant que totalité réelle, est un pur être de raison, et, d'autre part, la confiance de l'épopée médiévale ou, plus près de nous, tolstoïenne, qui regroupe la bataille sous le signe de l'omniprésence divine, Rodrigue invente une route nouvelle, qui substitue le Chef à Dieu :

J'allais de tous côtés encourager les nôtres,
Faire avancer les uns, et soutenir les autres,
Ranger ceux qui venaient, les pousser à leur tour,
Et ne l'ai pu savoir jusques au point du jour.

(v. 1305-8.)

Tête, cœur et bras, stratège, animateur et exemple vivant, présence ubiquitaire qui dirige et soutient, Rodrigue est finalement Celui qui Sait; il est le point de vue supérieur où se rassemble la bataille; il est le Chef : « Ils demandent le chef : je me nomme, ils se rendent. » (v. 1326.) Les autres, foule obscure des soldats, ont seulement comme le « peuple en alarmes[113] », une existence secondaire et périphérique. S'ils sont capables de ruse, de discipline et de courage, ils puisent l'efficace de leurs vertus chez leur chef; ils ne sont que par participation à l'Un. Ceci est, d'ailleurs, vrai dans les deux camps : réduite à elle-même, privée de ses capitaines, la troupe moresque redevient à l'instant troupeau; dès que la force d'attraction morale venue d'en haut cesse de les tirer au-dessus d'eux-mêmes, les soldats reprennent spontanément l'attitude fondamentale de l'Esclave : « L'ardeur de vaincre cède à la *peur de mourir.* » (v. 1312). Fuyant l'épreuve qui fait précisément de l'homme un homme, cette horde servile n'est plus qu'une collection de *choses;* là où il y avait une flotte, il n'y a plus qu'un flottage : « Le flux les apporta; le reflux les emporte... » (v. 1318). Seuls, les deux rois maintiennent la dignité du Moi humain, en bravant jusqu'au dernier moment la mort : ils peuvent, trahis par la fortune, se rendre à Rodrigue; ils sont entre Maîtres, et les vassaux ne se déshonorent pas en reconnaissant un suzerain qui les reconnaît à leur tour. Le combat contre les Mores est, d'un bout à l'autre et de part en part, non point victoire d'une civilisation, d'une religion ou même d'un pays sur un autre (les deux camps, à cet égard, se ressemblent étrangement), mais *pure et unique exaltation du Chef, c'est-à-dire du Maître en tant que guerrier*[114].

On voit donc comment s'affirme la réponse triomphante du héros aux périls de l'histoire : au lieu de se laisser absorber par elle, il la résorbera en lui. L'affrontement d'une multiplicité indéfinie d'Autres n'est qu'un cas particulier de l'épreuve de la Maîtrise, la bataille qu'une *variété et une variante du duel.* Le combat collectif se ramène, en dernier ressort, à un gigantesque combat singulier. Cet agrandissement historique du héros, qui laisse son attitude propre inchangée et sa nature inaltérée, — tel sera le passage de Rodrigue au « Cid », transformation, certes, mais non point métamorphose : *devenir logique de la Maîtrise* sur fond d'histoire aristocratique[115], reconnaissance suprême, si l'on veut, à l'intérieur du contexte nobiliaire, et qui prend la forme d'un titre de noblesse :

> *...deux rois, tes captifs, feront ta récompense.*
> *Ils t'ont* nommé *tous deux leur Cid en ma présence.*
>
> (v. 1221-22.)

Par là, vainqueurs et vaincus, au-delà des divisions nationales, se trouvent réconciliés dans une unité hiérarchique de classe. Mais il ne s'agit en rien d'une synthèse achevée et immobile; le triomphe sur les Mores relance le Cid vers la conquête, comme la victoire sur Chimène rejette Rodrigue vers l'action :

> *Sois désormais le Cid : qu'à ce grand nom tout cède;*
> *Qu'il comble d'épouvante et Grenade et Tolède...*
>
> (v. 1225-26.)

Arrivé à la pleine possession de lui-même, le Moi de la vaillance, ayant surmonté avec succès l'épreuve de l'histoire, et obtenu *contre elle* une victoire *défensive* (on a souvent noté le caractère « défensif » de la victoire sur les Mores, sans bien en saisir le sens profond), va prendre brusquement *l'offensive* et s'attaquer, en quelque sorte, à l'histoire, sur le double terrain où elle le menaçait. Le Moi autarcique de la Maîtrise va soudain entrer en expansion continue dans l'espace et dans le temps. C'est que la victoire sur les Mores ne saurait être localisée, c'est-à-dire neutralisée : dorénavant, « tout cède », — Grenade, Tolède, et, plus tard, bien d'autres, que le souffle a peine à énumérer :

> *Paraissez, Navarrais, Mores et Castillans*
> *Et tout ce que l'Espagne a nourris de vaillants...*
>
> (V, 1, 1559-60.)

C'est, au reste, trop peu que de l'Espagne :

> *Faut-il combattre encor mille et mille rivaux,*
> *Aux deux bouts de la terre étendre mes travaux?*
>
> (V, vii, 1783-84.)

Cette conquête irrésistible de l'espace ne serait rien sans une conquête parallèle du temps. Il ne s'agit pas seulement, pour le héros, de s'assurer la possession spatiale du monde et d'autrui *dans le présent*, mais de la perpétuer *dans l'éternité*, — sans quoi l'exemple initial de don Diègue montre assez la fragilité de l'effort héroïque, qu'un instant suffit à faire basculer tout entier dans le néant. Il faut donc donner, au terme de la pièce, une solution radicale à la tragédie de la temporalité humaine, sous peine de voir s'écrouler l'œuvre de salut patiemment bâtie pendant cinq actes. Le recours à la simple « filiation » (cf. p. 91), déjà frappé de précarité parce que sujet au mal qu'il prétend combattre (pp. 96-97), ne saurait être qu'une réponse provisoire, sous le coup des nécessités de l'action : il n'est qu'un seul et sûr moyen de surmonter le temps, et c'est de s'y soustraire. Or, nous avons vu Rodrigue « nommé » le Cid par les deux rois mores; le « *nom* » du héros devient beaucoup plus qu'un *titre*, consacrant une synthèse historique momentanée : c'est une *essence*, qui l'immortalise [116]. A un certain degré de vaillance, que ni don Diègue ni don Gomès n'avaient atteint, le héros échange ses actes contre un nom, qui a lui-même, tel le nom divin, vertu agissante : « qu'à ce grand nom tout cède... » Souhait que la fin de la pièce verra se réaliser : « A ce seul nom de Cid ils trembleront d'effroi. » (V, VII, 1827). Grâce au Nom, la vie se perpétuera par une survie, la gloire gardera une efficace posthume. Le Moi sera, très exactement, immortel, non dans un « autre monde » imaginaire, mais en celui-ci : « Sa vie a été une suite continuelle de victoires; son corps, porté dans son armée, a gagné des batailles *après sa mort;* et son nom *au bout de six cents ans* vient encore de triompher en France. » (*Dédicace* de Corneille à Mme de Combalet). Et ce n'est pas là simple façon de parler : c'est bien le Cid qui, par le truchement de l'art, gagne sur scène son ultime et décisive bataille.

Ce *dessein d'immortalité*, qui se dévoile ici dans sa plénitude, mais qui, dès l'origine, hantait la conscience cornélienne, est bien ce « projet fondamental » de la philosophie existentialiste, par rapport auquel se comprennent tous les autres et dans lequel tous les autres s'inscrivent. Par là, le héros prend enfin sa dimension totale : au-delà de la Maîtrise d'homme à homme, dans le duel; de conscience à conscience, dans l'amour; de chef à foule et de chef à chef, dans la guerre, se définit le sens ultime du projet héroïque, si exactement formulé par un autre de ses prophètes : « être plus qu'homme, dans un monde d'hommes. Échapper à la condition humaine, vous disais-je. Non pas puissant : tout-puissant... Tout homme rêve d'être dieu [117]. » Si la philosophie hégélienne de la « reconnaissance » nous a permis de suivre la carrière de Rodrigue et d'en marquer les étapes, jusqu'à son «expansion» indéfinie [118], il arrive un moment où il nous faut quitter Hegel : tandis que, chez Hegel, en effet, la divinisation de l'homme ne peut s'accomplir qu'à la fin de l'Histoire, dans l'avènement de l'Esprit absolu, — chez Corneille comme chez Malraux, penseurs, avant tout, de l'existence individuelle, le mouvement de divinisation doit se réaliser « hic et nunc », s'emporter d'un seul coup et maintenant dans l'absolu. Il ne s'agit pas d'un processus dialectique de l'histoire, mais d'une manifestation immédiate de l'existence. Car si le Moi cornélien passe nécessairement par l'histoire, sa suprême affirmation s'y arrache et la nie [119]. Or, la négation de l'histoire, qui la conserve et tout à la fois la dépasse, c'est la *légende*. Puisque, selon la belle expression populaire, « entrer de son vivant dans la légende », c'est précisément atteindre l'intemporalité au cœur du temps, l'universalité à travers l'espace, la transhistoricité au sein de l'histoire, Rodrigue, au-delà de Grenade, de Tolède et des Mores, transformera l'action historique périssable en geste légendaire immortel :

> *Faut-il combattre encor mille et mille rivaux,*
> *Aux deux bouts de la terre étendre mes travaux,*
> *Forcer moi seul un camp, mettre en fuite une armée,*
> *Des héros fabuleux passer la renommée?*
>
> (V, vii, 1783-86.)

Ainsi donc, le projet héroïque débouche ultimement sur une mythologie, c'est-à-dire une théologie incarnée dans une histoire. On a souvent remarqué que Corneille, qui avait gardé, de son modèle espagnol, tous les détails qui lui paraissaient essentiels — duels, batailles, mariage de Chimène — a complètement omis ce qui, chez le Rodrigue de Guillen de Castro (comme chez le Roland de la *Chanson*) avait trait à la religion et à la mystique catholiques, si fortes dans l'original. Il y a bien, en effet, laïcisation systématique du drame, chez Corneille, mais elle n'est qu'apparente. Si le Dieu chrétien a disparu de la scène, celle-ci n'est pas pour autant vide de présence divine : Dieu est là et Dieu, c'est Rodrigue.

VII

Emportée par un mouvement d'ascension irrésistible, il est normal que la pièce finisse bien. C'est ici qu'il convient de dire quelques mots du mariage de Rodrigue et de Chimène, ce mariage qui, dès la création, fit crier les âmes vertueuses au scandale et inspira les fameux *Sentiments de l'Académie* : « L'observateur après cela passe à l'examen des mœurs attribuées à Chimène et les condamne. En quoi nous sommes entièrement de son côté; car au moins ne peut-on nier qu'elle ne soit, contre la bienséance de son sexe, amante trop sensible et fille trop dénaturée. Quelque violence que lui peut faire sa passion, il est certain qu'elle ne devait point se relâcher dans la vengeance de la mort de son père et moins encore se résoudre à épouser celui qui l'avait fait mourir. En ceci il faut avouer que ses mœurs sont du moins scandaleuses, si en effet elles ne sont dépravées... » (pp. 36-37). Il est intéressant de noter à quel point la réaction de la critique bien-pensante de l'époque est hargneuse — et à quel point elle est de mauvaise foi. D'un côté, en effet, on reproche à Chimène de ne pouvoir dominer sa passion : « nous la blâmons seulement de ce que son amour l'emporte sur son devoir » *(ibid.)*, c'est-à-dire qu'on lui reproche l'échec, en elle, de la morale de la Maîtrise. D'un autre côté, on vilipende son mariage, en feignant de croire qu'il représente le prolongement et l'accomplissement de sa passion, — la défaite suprême de l'éthique aristocratique, alors qu'il en constitue le *triomphe* et en marque l'*apogée*. En épousant Rodrigue à la fin de la pièce, Chimène n'achève pas de s'abaisser, elle *se rachète*. C'est, en définitive, la « fille trop dénaturée » qui sauve l' « amante trop sensible », vérité aveuglante pour Guillen de Castro et pour Corneille créateur, sinon critique tardif, mais sans doute pénible à l'excès pour une noblesse de salon, déjà vouée au règne des « bienséances ».

On a dit que, guerrier de la vieille école, don Diègue refusait de comprendre les exigences propres de l'amour : « L'amour n'est qu'un plaisir, l'honneur est un devoir. » (III, VI, 1059). Pourtant, il fait preuve, dans cette même scène, d'une singulière perspicacité en matière amoureuse : non seulement la gloire des armes assurera le pardon de Rodrigue (« Force par ta vaillance / Ce monarque au pardon... » (v. 1093-94), mais c'est le seul moyen de recouvrer l'amour sacrifié :

> *Si tu l'aimes, apprends que revenir vainqueur,*
> *C'est l'unique moyen de regagner son cœur.*
>
> (v. 1095-96.)

Et cet esprit, qui, pour être tout de droit fil, n'en est pas moins pénétrant, lorsqu'il s'agit des principes derniers[120], en trouve d'instinct la raison profonde :

> *Viens, suis-moi, va combattre et montrer à ton roi*
> *Que ce qu'il perd au Comte il le recouvre en toi.*
>
> (Ibid., 1099-1100.)

En un sens, c'est là le théorème fondamental de la morale des Maîtres, que la pièce entière vise à démontrer. Du point de vue du *Roi*, cette vérité est évidente et l'Infante avait déjà prévenu Chimène :

Ce qui fut juste alors ne l'est plus aujourd'hui.
Rodrigue maintenant est notre unique appui...
Tu poursuis en sa mort la ruine publique.

(IV, II, 1175-76, 1182.)

Devenu entre-temps héros national et soutien du régime, Rodrigue, quel que soit son passé, est intouchable. Il bénéficie de ce qu'on pourrait appeler une amnistie politique, de l'aveu même du Roi :

J'excuse ta chaleur à venger ton offense ;
Et l'Etat défendu me parle en ta défense.

(IV, III, 1253-54.)

Mais ce n'est là que l'aspect public et, si l'on peut dire, extérieur, de la question. En réalité, et au sens le plus profond, le crime de Rodrigue est *effacé :* « Les Mores en fuyant ont emporté son crime » (IV, v, 1414). Mieux encore, il n'a pas eu lieu, puisque, finalement, il n'y a eu de mort qu'apparente, et que, si Rodrigue a tué le Comte, il l'a *ressuscité :*

Le roi même est d'accord de cette vérité,
Que ton père en lui seul se voit ressuscité.

(IV, II, 1179-80.)

Il s'agit là, ainsi que l'Infante l'explique à Chimène, d'une « vérité » — le mot est important —, c'est-à-dire d'une évidence absolue à l'intérieur d'un système de valeurs donné. Or, cette évidence, c'est que, du point de vue de la Maîtrise, *le Moi empirique, le Moi du Sentiment ne compte pas* [121]. On doit, si besoin est, le sacrifier en soi comme on doit l'immoler chez l'autre. Le seul Moi qui compte est celui de la vaillance, celui qui naît, dans l'épreuve mortelle, au-delà de la vie. Or, si, en tuant le Comte, Rodrigue a sauvé l'honneur et la vie de son propre père, en vertu de l'identité foncière du « sang », — en écrasant les Mores, il rachète la vie et l'honneur du Comte, de par l'*identité foncière* du « rang ». De ce point de vue supérieur, les vies empiriques s'équivalent. Le Comte, de son propre aveu, était essentiellement une *fonction :*

...ce bras du royaume est le plus ferme appui...
Mon nom sert de rempart à toute la Castille.

(I, III, 196, 198.)

Ce sera exactement dans les mêmes termes qu'on appréciera, à son tour, Rodrigue :

> *Rodrigue maintenant est notre unique appui...*
> *Le soutien de Castille, et la terreur du More.*
>
> (IV, II, 1176, 1178.)

Dans la mesure où Rodrigue remplit le rôle du Comte, il le
ressuscite, l'incarnation particulière étant sans importance.
Chimène, au surplus, admet implicitement cette reprise en
charge du Comte par Rodrigue :

> *Et traites-tu mon père avec tant de rigueur,*
> *Qu'après l'avoir vaincu tu souffres un vainqueur?*
>
> (V, I, 1519-20.)

Le Roi dégagera donc la conclusion qui s'impose, quand il
déclare à Chimène :

> *Ta gloire est dégagée et ton honneur est quitte;*
> *Ton père est satisfait...*
>
> (V, VI, 1766-67.)

Pour que la « satisfaction » du défunt soit complète, après
l'avoir *ressuscité*, il ne reste plus à Rodrigue qu'à le *perpétuer :*
ce ne sera donc pas le plaisir, mais le *devoir* de Chimène qui
l'obligera à épouser le vainqueur, en vertu de la loi aristocratique du meilleur, c'est-à-dire du plus fort :

> *Rodrigue t'a gagnée et tu dois être à lui.*
>
> (V, VII, 1815.)

Il s'agira même d'un *devoir d'État,* sanctionné par un commandement royal, et destiné à mettre fin à une querelle dangereuse
pour le bon ordre du royaume :

> *...ne sois point rebelle à mon commandement*
> *Qui te donne un époux aimé si chèrement.*
>
> (V, VI, 1771-72.)

Ainsi, comme l'avait compris d'avance don Diègue, Rodrigue,
parce qu'il a joué le tout pour le tout, a tout gagné, puisque
dans la société des Maîtres le succès des armes emporte avec lui
la réussite amoureuse. C'est ce qu'indiquera le vocabulaire
même qui résumera la signification finale de la pièce : Rodrigue
a « gagné » Chimène, sa valeur l'a « conquise », elle est « le prix
de sa victoire » (V, VII, 1818). Chimène devra donc surmonter
cette fois les impulsions du Moi sentimental, qui l'avaient
jusque-là dominée; elle devra vaincre la répugnance physique
que produit en elle la vue (III, IV), puis le souvenir (V, VII) du
« sang » paternel. En un mot, elle devra faire violence à la
nature au nom de l'ordre humain. C'est en étant *fille dénaturée*

qu'elle s'affirmera fille véritable de Maître, comme elle eût dû se montrer amante véritable en triomphant de l'amour. Heureusement, en fin de compte, Chimène est sauvée par la vaillance de Rodrigue, qui jette à bas tous les obstacles au bonheur en devenant le Cid. Par un paradoxe qui n'est qu'apparent, c'est au moment où Rodrigue complète son apothéose, qu'il se récupère totalement comme *homme sur la terre*, car la possession amoureuse, qu'il avait abandonnée avec les Stances, est comprise dans la Possession Absolue :

> *Pour posséder Chimène, et pour votre service,*
> *Que peut-on m'ordonner que mon bras n'accomplisse?*

(V, vii, 1833-34.)

Le *mariage* de Chimène (et non pas l'*amour*) accomplira la réconciliation et la synthèse de la « possession » érotique et du « service » nobiliaire, que le début de la tragédie semblait avoir irrémédiablement dissociés.

En conclusion d'une analyse qui n'a pas un instant la prétention d'avoir épuisé l'inépuisable richesse du *Cid*, mais qui s'est efforcée d'en dégager l'orientation et la signification générales, il apparaît que cette pièce représente, à tous égards, un apogée. Prenant conscience de lui-même, le projet aristocratique s'est ici, du premier coup, porté à l'absolu. C'est en ce sens, également, que les « coups d'essai » sont des « coups de maître ». La jeunesse profonde du *Cid* n'est pas dans l'âge des protagonistes, puisque aussi bien il s'agit là, si l'on peut dire, d'une « deuxième jeunesse », après l'étouffante maturité des comédies, qui penchait dangereusement vers le déclin; la vraie vitalité jaillit de la force impétueuse qui accompagne une certitude de soi enfin conquise ou, plus exactement, reconquise. Dès lors, tout comme il se sent immortel, l'Homme-Dieu se sent invulnérable : par là Rodrigue atteint un sommet qu'avait seulement frôlé le Comte, à qui il est non pas strictement égal, mais supérieur. Tandis que Rodrigue criait au Comte, en un défi qui était aussi pressentiment : « Ton bras est invaincu, mais *non pas invincible* », le Cid arrivait, en fin de pièce, à cet état élu *d'invincibilité*, et non pas seulement de victoire : « Vos mains seules ont droit de vaincre un invincible » (V, vii, 1793). Tous les périls qui menaçaient l'héroïsme, et dont le déroulement de la pièce constitue comme une exposition thématique — détérioration du Moi héroïque par le temps, déchirement par l'amour, extermination réciproque des Moi conduisant à la perte de l'État [122] — semblent désormais conjurés; ce qui risquait d'être pure tragédie n'est que tragique surmonté, « tragicomédie ». Et, de fait, commencée au niveau comique,

la pièce se termine en comédie, une fois la « poursuite » de
Chimène désamorcée en une série d'épisodes risibles[123]. Avec
l' « invincibilité » du héros, hautement proclamée, la « volonté
de déité » lance ici son défi le plus enthousiaste. L'épreuve de
force héroïque avec le monde et avec autrui ouvre sur la plénitude du salut : sur la récupération terrestre du Moi, un moment
sacrifié; sur don Diègue vainqueur de la vieillesse et réconcilié
avec le Comte au sein d'une lignée commune; sur Chimène qui
se retrouve dans le mariage, après s'être perdue dans l'amour;
sur Rodrigue, enfin et surtout, qui assure l'avenir infini du
Royaume par son courage, comme par son amour il perpétuera
la race irrésistible des Maîtres.

Horace ou la conquête de soi

I

« Mais vous ne savez pas ce que c'est qu'une femme! » dira Polyeucte à Néarque. Corneille, lui, le savait fort bien et il est important de remarquer qu'*Horace* (1640), à plusieurs années de distance, s'ouvre comme *le Cid* sur une confrontation *entre femmes*, qui occupe les deux premières scènes et prépare, pour ainsi dire, l'arrivée des hommes. Ce n'est point un hasard et il convient de dégager le sens de cette présentation thématique. Contrairement à ce qu'on a pu dire, Corneille ne confond jamais les hommes et les femmes. Bien mieux, il semble accorder à chaque sexe une « nature » propre, différant en cela des penseurs existentialistes modernes (on songe notamment à Simone de Beauvoir). Dans l'*Examen* d'*Horace*, Corneille admet comme allant de soi l'objection faite à son personnage de Camille : « quand elle voit son frère mettre l'épée à la main, la frayeur, *si naturelle au sexe*, lui doit faire prendre la fuite... ». Lui-même, d'ailleurs, se félicite d'avoir montré son habileté dramatique en employant Julie pour raconter le fameux combat des Horaces et des Curiaces, car, dit-il, « il a été à propos... de se servir de l'impatience d'une *femme* qui subit brusquement sa première idée et présume le combat achevé... Un *homme*, qui doit être plus posé et plus judicieux, n'eût pas été propre à donner cette fausse alarme » *(ibid.)*. Théâtre de la liberté, certes, mais d'une liberté en proie à l'incarnation, assaillie par le corps et les sens, aux prises avec une nature, qu'il lui faut vaincre. Théâtre donc — et tout autant — de la « race » et du « sang » : théâtre biologique. Rien de plus faux que les « automates volontaires », dont la critique cornélienne a longtemps fait sa tarte à la crème. Nous avons vu comment, en un sens, Rodrigue apparaissait comme une personnification du principe mâle, Chimène et l'Infante du principe femelle. Il y a une manière d' « exister homme » et d' « exister femme », qui n'est nullement équivalente et qui se réfléchit jusque dans les

qualités de l'âme : la « mâle assurance », que Rodrigue et ses
compagnons portaient sur leur « front », devient un attribut
spirituel ; dès le vers 5, Sabine parlera de l'« *esprit* le plus *mâle* »,
par une métonymie significative. Bien entendu, ces deux modes
d'existence ne sont pas uniquement déterminés par l'appartenance physiologique : ils représentent plutôt des *réponses
différentes de la liberté* à des situations humaines et des conditions sociales différentes. Ne disposant pas d'elle-même, en
vertu des nécessités de l'ordre politique, la femme devra réconcilier passivité et libre arbitre, dans la synthèse, souvent
tentée au cours des comédies, de la « liberté d'indifférence »
(cf. pp. 61, 65). L'homme, au contraire, franc dans ses mouvements, voudra traduire sa liberté intérieure en conquête du
monde. On trouvera donc des traits masculins chez les femmes,
des attitudes féminines chez les hommes. S'il y a bien une
« nature » propre à chaque sexe (et Corneille nous semble ici
d'une remarquable clairvoyance), il faut entendre par là que
l'existence *féminine*, de par ses données physiques et sociales,
tend à mettre l'accent sur ce qu'il y a de « passion », c'est-à-dire
de *passivité* dans l'*existence humaine en général*[124], tout comme
l'existence *masculine* tend à privilégier l'*activité* de la conscience
en tant qu'elle se récupère sur son corps et sur le monde. La
dualité des sexes manifeste ainsi la polarité de l'existence
humaine ; ce qui paraît être, à première vue, pure facticité
biologique, manifeste et propose, en fait, un choix de valeurs.

C'est ce choix qui s'offre, non pas graduellement et par
paliers successifs, comme dans *le Cid*, mais d'emblée, sans
recours et sans transition, dès le début d'*Horace*. On peut dire
qu'il y a durcissement des attitudes. La féminité était vécue
par Chimène et par l'Infante dans une souffrance humiliée et
honteuse, qui cherchait sans répit et sans résultat à se nier et à
« suivre l'exemple » des hommes. Or, cette souffrance de l'être
sensible est, au contraire, volontairement reprise et assumée
comme une *valeur positive* par Sabine, dans les vers qui ouvrent
la pièce :

> *Approuvez ma faiblesse et souffrez ma douleur ;*
> *Elle n'est que trop juste en un si grand malheur...*
>
> (v. 1-2.)

La femme ici revendique, face à l'homme, une morale conforme
à sa propre nature :

> *Si l'on fait moins qu'un homme, on fait plus qu'une femme.*
> *Commander à ses pleurs en cette extrémité,*
> *C'est montrer, pour le sexe, assez de fermeté.*
>
> (Ibid., 12-14.)

Ainsi s'établirait une éthique féminine, où la faiblesse aurait ses droits et où les « pleurs » seraient reconnus, à condition d'être contrôlés. Il y aurait là une exigence morale suffisante. Sabine recherche un équilibre de la fermeté et de la faiblesse sur fond de faiblesse. Le malheur, c'est qu'elle se trouve devant une situation qui ne comporte aucun compromis, donc aucun équilibre possibles, — un cas de « Meurs ou Tue » à l'échelle de l'histoire : née Albaine et mariée à un Romain, Sabine doit faire un choix radical, puisque Albe et Rome sont engagées dans un duel à mort :

> *Mais aujourd'hui qu'il faut que l'une ou l'autre tombe,*
> *Qu'Albe devienne esclave, ou que Rome succombe...*
>
> (v. 79-80.)

Sur le terrain du sentiment, le choix est impossible, bien qu'inévitable :

> *Je crains notre victoire autant que notre perte...*
> *Je ne suis point pour Albe, et ne suis plus pour Rome...*
>
> (v. 32, 88.)

Puisque, toutefois, il faut choisir, et ne pouvant être à la fois fidèle à Rome et à Albe, Sabine décidera d'être *infidèle aux deux*, en se mettant d'avance du parti du plus faible :

> *[Je] serai du parti qu'affligera le sort.*
> *Egale à toutes deux jusques à la victoire,*
> *Je prendrai part aux maux sans en prendre à la gloire;*
> *Et je garde, au milieu de tant d'âpres rigueurs,*
> *Mes larmes aux vaincus et ma haine aux vainqueurs.*
>
> (v. 90-94.)

Le choix délibéré du malheur et de la faiblesse représente une première contre-offensive féminine, depuis la déconfiture d'Angélique, un effort désespéré pour opposer à la morale de l'héroïsme une éthique qui fasse sa part à la nature sensible. Il faut croire, cependant, que la formule à laquelle s'arrête ici Sabine n'est pas satisfaisante, puisqu'elle changera de dessein plusieurs fois au cours de la pièce et puisque, au moment où elle proclame bien haut son attitude, elle en a honte :

> *...ma sœur, entretenez Julie :*
> *J'ai honte de montrer tant de mélancolie...*
>
> (v. 131-32.)

L'arrivée opportune de Camille, tout en relançant la conversation avec Julie, reprend sur des bases nouvelles et pousse jusqu'à ses extrêmes conséquences le féminisme timoré de

Sabine. Il ne s'agit plus cette fois d'équilibrer fermeté et sensibilité, ni de revendiquer les droits de la faiblesse avec mauvaise
conscience. Dès son entrée en scène, Camille a opté, contre
l'équilibre précaire des valeurs, pour une valeur, comme elle le
dit elle-même, « unique » : « Je verrai mon amant, *mon plus
unique bien...* » (I, ii, v. 141.) La valorisation absolue de la
passion, déjà esquissée une première fois chez l'Angélique de
la Place Royale (cf. p. 60), atteint ici son comble. Car la passion
qui, pour Angélique, était « union de deux âmes », jouissance
mutuelle en marge du monde, quitte sa position défensive et
envahit la totalité de l'univers humain :

> *Tout ce que je voyais me semblait Curiace ;*
> *Tout ce qu'on me disait me parlait de ses feux ;*
> *Tout ce que je disais l'assurait de mes vœux...*
>
> (Ibid., 208-10.)

En dehors de l'amant, il n'existe plus rien ; ou, plus exactement,
le reste du monde se déploie et s'oriente par rapport à l'être
aimé. Ainsi, le conflit d'Albe et de Rome n'est plus une gigantesque confrontation historique ou un drame politique, comme
il l'est pour d'autres personnages : pour Camille, il n'a de sens
que du point de vue de Curiace :

> *Soit que Rome y succombe ou qu'Albe ait le dessous,*
> *Cher amant, n'attend plus d'être un jour mon époux...*
>
> (v. 229-30.)

Certes, Camille conserve une teinture de morale aristocratique.
Elle ne conçoit l'amour que licite, établi dans le cadre de l'ordre
social :

> *...il obtint* de mon père
> *Que de ses* chastes feux *je serais le salaire.*
>
> (v. 171-72.)

Et, fille de Maîtres, il lui paraît impossible de prendre pour
époux un nouveau Maître usurpateur ou un Maître tombé au
niveau de l'Esclave :

> *Jamais, jamais ce nom ne sera pour un homme*
> *Qui soit ou le vainqueur, ou l'esclave de Rome.*
>
> (v. 231-32.)

Cependant, il suffit que Curiace paraisse, pour que la présence
de l'amour dissipe les apparences nobles. Le croyant déserteur,
elle contredit aussitôt les principes appris de la morale héroïque
et l'accepte *infâme :*

> *Qu'un autre considère ici ta renommée...*
> *Ce n'est point à Camille à t'en mésestimer.*

> (I, iii, 247, 249.)

Les conséquences d'une telle attitude sont radicales. En se choisissant comme « plus unique bien », l'amour, désarmé et spiritualisé par Rodrigue, retrouve la force brute de la passion. Les valeurs ainsi proclamées du sentiment ne minent plus simplement l'ordre aristocratique, elles le *nient*. L'amour n'est plus lié à l'estime, à la « renommée »; il détruit l'édifice métaphysique du Nom, foule aux pieds les principes de l'Honneur. Bien plus, l'amour s'affirme *dans la mesure même* où il ruine l'éthique de la Maîtrise :

> Plus *ton amour paraît*, plus *elle doit t'aimer;*
> *Et si tu dois beaucoup aux lieux qui t'ont vu naître,*
> Plus *tu quittes pour moi*, plus *tu le fais paraître.*

> (Ibid., 250-52.)

On comprend qu'un tel amour, de nature aussi subversive, fasse reculer Curiace, qui rappelle Camille à l'ordre et cherche à restaurer, entre les valeurs de l'amour-passion et celles de l'héroïsme, l'équilibre qu'avait tenté de maintenir Sabine :

> *Je n'abandonne point l'intérêt de ma ville,*
> *J'aime encor mon honneur en adorant Camille.*

> (I, iii, 263-64.)

Curiace entend maintenir intactes non seulement ses attaches patriotiques, mais ses loyautés nobiliaires :

> *Mais il* [le vieil Horace] *ne m'a point vu, par une trahison,*
> *Indigne de l'honneur d'entrer dans sa maison.*

> (Ibid., 261-62.)

Déchiré dans son être, et à l'opposé de Rodrigue qui, dans la même situation, sacrifiait délibérément le Moi sentimental au Moi héroïque, Curiace, dès son apparition, se présente comme la *contrepartie masculine* de Sabine; si Sabine, avons-nous dit, cherchait un équilibre de la faiblesse et de la fermeté sur fond de faiblesse, Curiace, lui, cherchera un équilibre du courage et de l'amour sur fond de courage :

> *D'Albe avec mon amour j'accordais la querelle :*
> *Je soupirais pour vous en combattant pour elle;*
> *Et s'il fallait encor que l'on en vînt aux coups,*
> *Je combattrais pour elle en soupirant pour vous.*

> (Ibid., 267-70.)

L'exact parallélisme des phrases traduit l'oscillation entre des
fidélités rivales. L'espoir d'une paix soudaine trouve Curiace
dans les affres d'un dilemme moins surmonté que douloureusement vécu.

Enfin, la présentation des personnages, c'est-à-dire la thématique morale de la pièce serait incomplète, si, face au dualisme
de la sensibilité divisée et au monisme indivis de l'amour, face
à Sabine-Curiace, d'une part, et Camille, de l'autre, ne se
dressait la dure silhouette de Julie, « dame romaine ». Et précisément, en Julie, c'est Rome qui confronte trois êtres de sentiment. A Sabine, qui alléguait la condition de femme et donnait
un fondement physiologique à la morale, Julie répond, d'une
façon caractéristique de ce que sera la vraie morale, la morale
« romaine » :

> Sabine : *C'est montrer, pour le sexe, assez de fermeté.*
> Julie :   *C'en est peut-être assez pour une âme commune,*
> *Qui du moindre péril se fait une infortune ;*
> *Mais de cette faiblesse un grand cœur est honteux...*
>
> (I, 1, 14-17.)

Aux yeux de Rome, le corps est nié au profit des « âmes » et
des « cœurs », lesquels s'ordonnent immédiatement selon une
hiérarchie : il y a les « âmes communes » et les « grands cœurs ».
Nous trouvons déjà ici, au niveau de la Rome moyenne [125], un
aperçu et un résumé de ce qu'on pourrait appeler l'acquis
héroïque des pièces précédentes, — valorisation du courage et
décri du sentiment :

> *C'est assez de* constance en un si grand danger
> *Que de le voir, l'attendre, et* ne point s'affliger.
>
> (Ibid., 125-26.)

Évidemment, une telle « vertu » ne représente pas un point
d'arrivée, mais seulement, dans la pièce, un point de départ;
l'héroïsme ne saurait se contenter de « voir » et d' « attendre »
le danger, et bientôt, quittant cette fermeté immobile, il se
remettra, avec Horace, en mouvement. Il est, toutefois, compréhensible qu'il commence, au premier acte, par se tenir sur
la défensive, puisque l'adversaire y est, en somme, à trois contre
un. Avant de poursuivre sa carrière triomphante, l'héroïsme
doit faire face, au début d'*Horace*, à la plus puissante révolte
qu'il ait encore eu à mater et qui va de la rébellion respectueuse
d'une humanité déchirée, jusqu'au renversement de l'Ordre au
nom de l'Unique.

II

« Il passe pour constant que le second acte est un des plus pathétiques qui soient sur la scène », nous dit Corneille dans son *Examen* d'*Horace*. Sans nul doute, il s'agit là d'un des hauts moments de la pièce et de la dramaturgie cornélienne ; et si cet acte est « pathétique », c'est qu'il met, pour la première fois, le héros en face du *malheur*. Il n'y a pas, en effet, de malheur véritable dans *le Cid :* il n'y a a qu'un fâcheux, mais non point fatal accident. Le duel de Rodrigue, qui semble un moment le séparer de la possession de Chimène, œuvre, en réalité, et comme don Diègue l'avait bien compris, pour son contentement ultime. Le Comte mort, les deux amants seront unis par des liens d'une nature qu'ils n'eussent jamais connue de son vivant. Or, la différence entre le malheur et l'accident, même fâcheux ou fatal, c'est que celui-ci peut toujours être surmonté, alors que celui-là est, par définition, irréparable. C'est justement la progression cruelle de l'accidentel au tragique que Corneille a tenu à souligner, en nous présentant le face à face d'Horace et de Curiace en *deux moments*, successifs et distincts.

À la scène 1 de l'acte II, nous apprenons qu'Horace et ses frères ont été désignés du côté de Rome, pour régler la dispute par un combat singulier, au lieu d'un massacre général, tandis que Curiace se croit lui-même hors de jeu. Nous nous trouvons en présence d'une situation *dramatique*, comme au premier acte, où, à travers des tempéraments, s'affrontent des valeurs. Comme au premier acte aussi, mais de façon plus brutale, cet affrontement est celui des valeurs « féminines » et « masculines ». Il n'y a aucun doute que la morale de l' « humanité » révèle, chez Curiace, une attitude essentiellement *féminine*, dès lors qu'il n'a plus à combattre, et l'ambiguïté qui subsistait à l'acte précédent se dissipe. Son déchirement devant l'inéluctable alternative, sa douleur égale, quelle que soit l'issue, s'expriment, comme chez Camille (I, 11), par un « hélas ! » désespéré (v. 389) ; comme chez Sabine, par une indécision fondamentale : « Quels vœux puis-je former et quel bonheur attendre ? » (v. 395) ; comme chez les deux femmes enfin, par la tentation des larmes : « De tous les deux côtés j'ai des pleurs à répandre » (v. 396). Or, nous avons déjà vu le rôle que jouent les « pleurs » dans la symbolique cornélienne (cf. p. 111). Par contraste, Horace est un personnage qui se donne immédiatement comme *masculin*. De même que Rodrigue et ses hommes portaient « sur le front

une mâle assurance », devant l'épreuve, Horace s'écrie presque
mot pour mot : « Mon esprit en conçoit une *mâle assurance* »
(v. 379). Là encore, le principe de la valeur et de la victoire
n'est autre que la Règle d'Or de la Maîtrise :

> *Rome a trop cru de moi ; mais mon âme ravie*
> *Remplira son attente, ou quittera la vie.*
> *Qui veut mourir ou vaincre, est vaincu rarement.*

(v. 383-85.)

Cette mort guerrière, non point subie, mais appelée, rejettera
donc à l'avance la sympathie corruptrice et les valeurs ennemies
de la sensibilité :

> *Pour un cœur généreux ce trépas a des charmes ;*
> *La gloire qui le suit* ne souffre point de larmes.

(v. 399-400.)

Au cours de cette première scène, nous retrouvons, dans
l'opposition d'Horace et de Curiace, le conflit fondamental,
esquissé dès l'aube du théâtre cornélien, mais orchestré ici
avec une force inconnue. Soudain, Flavian paraît et Curiace
apprend que c'est *lui* et ses deux frères qu'Albe a choisis pour
combattants. Ici cesse le drame et commence la tragédie.

Pour comprendre pleinement la célèbre et, cette fois, totale
confrontation d'Horace et de Curiace à la scène III de l'acte II,
et pour mieux saisir le passage du drame à la tragédie, il faut,
croyons-nous, s'aider de certains thèmes théoriques, qui les
éclairent. Corneille, dans son *Discours de la Tragédie*, cite un
texte de la *Poétique* d'Aristote, qu'il considère capital pour
définir la nature de la « pitié tragique » : « Qu'un ennemi tue
ou veuille tuer son ennemi, cela ne produit aucune commisération... Qu'un indifférent tue un indifférent, cela ne touche
guère davantage, d'autant qu'il n'excite *aucun combat dans
l'âme* de celui qui fait l'action; mais quand les choses arrivent
entre des gens que la *naissance ou l'affection* attache aux intérêts l'un de l'autre, comme alors qu'un mari tue ou est prêt
de tuer sa femme, une mère ses enfants, un frère sa sœur;
c'est ce qui convient merveilleusement à la tragédie. » (Ed.
Pléiade, I, p. 95.) Et Corneille d'illustrer ce principe avec des
exemples : « Horace et Curiace ne seraient point à plaindre,
s'ils n'étaient point amis et beaux-frères; ni Rodrigue, s'il
était poursuivi par un autre que par sa maîtresse. » (*Ibid.*)
En conclusion, « la proximité du sang et les liaisons d'amour
ou d'amitié entre le persécutant et le persécuté, le poursuivant
et le poursuivi, celui qui fait souffrir et celui qui souffre » sont

les conditions essentielles de ce que Corneille appelle les « tragédies parfaites » (p. 96).

C'est à la lumière de ces indications précieuses qu'il faut comprendre la confrontation d'Horace et de Curiace, puis celle d'Horace et de Camille, qui lui fait suite. On saisit ici le passage du *Cid* à *Horace*. Dans le premier cas, entre le « poursuivant » et le « poursuivi » il n'y avait que des « liaisons d'amour » et, à la rigueur, entre Rodrigue et le Comte, une vague « liaison d'amitié ». Tragédie encore imparfaite, à laquelle le conflit entre Horace et Curiace ajoutera les liens d'une même *famille*, puisqu'ils sont beaux-frères, et que rendra parfaite la lutte mortelle d'Horace et de Camille, en portant sur scène la plus directe « proximité du sang ». Si la tragédie surgissait « entre des gens que la naissance *ou* l'affection attache aux intérêts l'un de l'autre », elle atteint, du coup, la perfection, lorsque l'attachement vient à la fois de la naissance *et* de l'affection. Tout se passe comme si Rodrigue devait finalement, pour sauver son honneur, se battre contre don Diègue! Et c'est là, sans aucun doute, un progrès. Faute de se placer dans cette perspective, on risque de mal saisir la pièce, — et la grande scène entre Horace et Curiace en particulier. La vue traditionnelle, selon laquelle l' « humanité » profonde de Curiace s'opposerait à la vertu « barbare » d'Horace, perçoit bien qu'il y a conflit entre « humanité » et « vertu », morale du sentiment et éthique de la Maîtrise, mais fausse complètement la signification *cornélienne* de cette scène, en substituant le point de vue de la sensibilité moderne à celui des personnages[126]. Nous ne nous lasserons pas de le redire : une œuvre ne peut être comprise que par rapport à elle-même; le texte est à lui-même son propre contexte; et une critique moderne ne saurait jamais consister à substituer un contenu « moderne » au contenu interne d'une œuvre. A cet égard, il n'est guère de pièce qui ait donné lieu à des contresens d'interprétation aussi flagrants. De même qu'il a fallu attendre les travaux d'O. Nadal pour replacer les rencontres de Rodrigue et de Chimène dans leur perspective d'impitoyable affrontement, c'est seulement avec l'étude de L. Herland, *Horace ou la Naissance de l'Homme* (1952), qu'on a enfin fait d'Horace un homme, et non un fantoche, et qu'on s'est enfin aperçu que, d'Horace et de Curiace, c'est, sans l'ombre d'un doute, Horace qui a le beau rôle[127].

Irrémédiablement *divisé* à la scène 1 de l'acte II, Curiace, qui doit à présent combattre son beau-frère, est *désespéré*, lorsque s'ouvre la scène III. C'est alors qu'il éclate en « imprécations » célèbres :

> *Que désormais le ciel, les enfers et la terre*
> *Unissent leurs fureurs à nous faire la guerre, etc.*

(v. 423 sqq.)

Si l'on s'interroge sur le sens exact de cette sortie violente, il faut se rappeler, au début de la pièce, le récit que fait Camille à Julie de sa propre douleur et de celle de Curiace, à l'annonce de la guerre :

> *Combien nos déplaisirs parurent lors extrêmes !*
> *Combien contre le ciel il vomit de* blasphèmes!
> *Et combien de* ruisseaux *coulèrent de mes yeux !*

(I, ii, 179-81.)

Les « blasphèmes », qui paraissent ainsi être une réaction spontanée et coutumière de Curiace aux coups du sort, Camille les associe tout naturellement à ses propres « ruisseaux » de larmes; ils sont l'équivalent masculin de cette manifestation de la sensibilité féminine : blasphèmes et pleurs sont des conduites typiques d'*impuissance*. L'attitude de Curiace en face de l'épreuve suprême ne fait donc que confirmer ce qu'une première apparition, à l'acte I, nous avait fait pressentir. De même que la passion souffrante de Camille s'attaquait d'emblée aux valeurs aristocratiques et à l' « honneur », l'imprécation n'est pas, chez Curiace, simple explosion de douleur; elle *détourne* sur les dieux, les démons et le sort une colère dont l'objet *réel* apparaît à la fin :

> *Ce qu'ils ont de cruel et d'horrible et d'affreux*
> *L'est bien moins que l'honneur qu'on nous fait à tous deux.*

(v. 429-30.)

L'exécration du Ciel se doublera bientôt de l'*insulte* directe envers l'adversaire. Curiace ne craint pas de traiter son beau-frère de « barbare », il ironise lourdement : « L'occasion est belle, il nous la faut chérir... » (v. 454). Il est le premier, ainsi que L. Herland l'a justement noté, à introduire, dans ce débat d'homme à homme, des injures patriotiques : « Je rends grâces aux dieux de n'être pas Romain... » (v. 481). Au Moi héroïque d'Horace, tout d'émulation et de rude ouverture à autrui, qui prend spontanément dans sa bouche la forme du « nous », Curiace oppose un Moi complaisamment refermé sur lui-même et, somme toute, content de soi :

> *Pour moi, je l'ose dire et vous l'avez pu voir,*
> *Je n'ai point consulté pour suivre mon devoir...*
> *J'ai le cœur aussi bon, mais enfin je suis homme...*

(v. 461-62, 468.)

Si quelqu'un se vante dans cette scène, c'est bien Curiace, et non Horace, qui ne parle point de lui-même. De la complaisance à la pitié de soi, il n'y a qu'un pas, que Curiace franchit sans tarder :

> *Mon cœur s'en effarouche et j'en frémis d'horreur ;*
> *J'ai pitié de moi-même...* [128]
>
> (v. 474-75.)

Imprécations, insultes, attendrissement sur soi, déchirement et vacillation qui rappellent exactement ceux de Sabine : « J'aime ce qu'il me donne et je plains ce qu'il m'ôte... » (v. 479) — force est de reconnaître que l' « humanité » de Curiace, pour être pathétique, n'en relève pas moins d'une *attitude strictement féminine d'impuissance et de passivité*. C'est en toute justice qu'Horace peut associer Curiace à Camille, lorsque celle-ci arrive sur la scène :

> *Et puisque vous trouvez plus de charme à la plainte...*
> *Voici venir ma sœur pour se plaindre avec vous.*
>
> (v. 508, 510.)

Et comme avait fait Camille, il perçoit la même relation de faiblesse entre les « larmes » de l'une et les « imprécations » de l'autre :

> *Vos larmes vont couler, et votre cœur se presse ;*
> *Consumez avec lui toute cette faiblesse,*
> *Querellez ciel et terre, et maudissez le sort...*
>
> (II, iv, 527-29.)

Encore une fois, il ne s'agit nullement de savoir si les sympathies personnelles du critique, qui n'intéressent personne, vont à Camille et à Curiace, plutôt qu'à Horace : il faut comprendre quel tableau de l'homme Corneille a voulu brosser, quelles valeurs il a prétendu proposer à notre quête. Là-dessus, aucun doute : Curiace et la morale de l' « humanité » sont disqualifiés et condamnés dans la perspective de l'éthique héroïque [129].

Horace, au contraire, saisit dès le début la vérité qu'il avait fallu à Rodrigue un long débat avec sa souffrance pour atteindre : la *finalité* du malheur pour la manifestation de la valeur ; la dialectique de l'affirmation première du sentiment, en vue de son dépassement ultime. Tout comme Corneille, dans l'*Examen du Cid*, posait « ces passions... à qui [la vertu] laisse toute leur force *pour* en triompher plus glorieusement », Horace comprend d'instinct que le malheur, qui frappe l'être sensible, n'est pas l'ennemi, mais l'allié du héros :

Le sort qui de l'honneur nous ouvre la barrière
Offre à notre constance une illustre matière;
Il épuise sa force à former un malheur
Pour mieux se mesurer avec notre valeur...

(v. 431-34.)

Or, sans la présence de la sensibilité, il n'y a pas de malheur et, partant, pas d'épreuve héroïque. Imaginer, à l'instar de trop de critiques, Horace « insensible », voir en lui une « brute » et parler, comme Francisque Sarcey, d'un « bouledogue déchaîné qui donne au hasard un furieux coup de croc » (cité par R. Le Brun, *op. cit.*, p. 105), c'est manquer complètement le sens de la pièce. Il est évident qu'Horace *aime* Curiace (et, bien sûr, Camille); la « liaison d'amitié », pour reprendre l'expression de Corneille, est posée dans toute sa force, telle la « liaison d'amour » par Rodrigue, *afin* de pouvoir être niée et dépassée en une amitié supérieure, où des frères se reconnaissent et se prouvent par une lutte à mort. Il n'est pas un instant question, pour Horace, de diminuer le caractère terriblement cruel de la situation : « Notre malheur est grand; il est au plus haut point... » (v. 489). Quand il s'écrie :

[La gloire] de recevoir de tels commandements
Doit étouffer en nous tous autres sentiments,

(v. 493-94.)

il atteste en lui la présence des puissances affectives — et le « doit » révèle assez la douloureuse difficulté de l'entreprise. La sensibilité d'Horace n'est, d'ailleurs, pas seulement implicite : elle parle explicitement. Son amitié pour Curiace représente, selon ses propres mots, un « nœud » (v. 447), un « lien » (v. 497), et l'on sait la force de ces vocables dans le lexique cornélien, depuis Alidor. Il est même prêt, en d'autres circonstances, à donner sa vie pour Curiace, au moment où il va combattre « contre un sang qu'on voudrait racheter de sa vie... » (v. 448). Devant les supplications de son épouse Sabine, nous voyons la vertu du héros « étonnée »; il « soupire », « pâlit » et « s'amollit » :

Tu viens de me réduire en un étrange point.
Aime assez ton mari pour n'en triompher point.

(II, vi, 673-74.)

Plus tard, le choc de l'émotion est encore plus grand sur l'âme d'Horace et lui arrache un aveu qui, pour lui, doit être une torture :

A quel point ma vertu devient-elle réduite!
Rien ne la saurait plus garantir que la fuite.

(IV, vii, 1395-96.)

Voici Horace lui-même dangereusement près de succomber.
Il est trop facile de méconnaître, sous prétexte qu'on ne sympa-
thise pas avec elle, ce qu'a d'ardu, d'exigeant et presque d'impossible une éthique qui a recours au déchirement le plus profond
pour fonder l'homme.

Si donc Horace reprend, dès le début de son premier discours
à Curiace, l'effort héroïque de Rodrigue, et situe le combat qui
l'attend dans la perspective ouverte par *le Cid*, il est juste
d'ajouter qu'Horace continue, là où Rodrigue s'arrête. Et là
où Rodrigue s'arrête, c'est, en quelque sorte, la limite où nous
trouvons Julie. On se souvient qu'à la scène 1 de l'acte I,
celle-ci admonestait Sabine au nom de la « constance » et lui
conseillait, en bref, de concevoir des « vœux dignes d'une
Romaine ». Or, voici Horace, à son tour, qui parle de « constance » et conclut en ordonnant à Camille de « prendre dans
son malheur des sentiments romains » (v. 514). Les expressions
n'ont, toutefois, pas le même sens dans les deux bouches. Chez
Julie, la morale héroïque est celle de ce qu'on pourrait appeler
la « constance au premier degré ». Nous avons déjà pu la caractériser comme un aperçu et un résumé de l'acquis héroïque des
pièces précédentes (cf. p. 138). Malheureusement, un tel héroïsme
du courage « prêt à vaincre ou à mourir » caractérise moins, en
définitive, le Maître que la *classe* des Maîtres, c'est-à-dire
n'importe qui :

> *Combattre un ennemi pour le salut de tous,*
> *Et contre un inconnu s'exposer seul aux coups,*
> *D'une simple vertu c'est l'effet ordinaire :*
> *Mille l'ont déjà fait, mille pourraient le faire.*
>
> (v. 438-41.)

Mais alors se pose un problème angoissant pour la conscience
aristocratique, dont Rodrigue, occupé à porter les conquêtes
en extension, si l'on peut dire, à travers les continents et les
âges, avait omis de sonder les profondeurs : s'étant, par le
courage et le risque de sa vie, élevé dans la classe des Maîtres,
l'aristocrate, qui entend, par définition, être « le meilleur »,
c'est-à-dire supérieur aux autres, se trouve soudain fondu et
confondu dans une communauté. Alors qu'il s'était cru *unique*
par son acte, le voilà ravalé au niveau des autres; alors qu'il
avait pensé accéder, par son intrépidité devant la mort, à la
jouissance du Moi absolu et singulier, que réclamait Alidor,
voici, à présent, qu'il y a « foule » pour mourir :

> *Mourir pour le pays est un si digne sort*
> *Qu'on briguerait en foule une si belle mort.*
>
> (v. 441-42.)

Ce qu'Horace découvre et tente de faire comprendre à Curiace, c'est qu'un Maître véritable ne saurait se contenter d'être « *unus* inter pares », mais qu'il lui faut, sous peine de trahir sa vocation, être « *primus* inter pares ». Il s'agit de se faire reconnaître comme supérieur au sein même de la classe supérieure, de remplacer la « vertu ordinaire » par une vertu extraordinaire, en un mot, d'affirmer une constance *au second degré*. Là où Rodrigue avait cru que la répétition et l'agrandissement indéfinis des exploits suffisent à fonder un héroïsme total, Horace s'aperçoit que l'important, en la matière, n'est pas la *quantité* des actes multiples (« Paraissez, Navarrais, Mores et Castillans... »), mais la *qualité* d'un acte, au besoin, unique. Et c'est ainsi qu'il va être amené à formuler, en cette langue lapidaire qui correspond aux moments de vérité les plus intenses, après le « Meurs ou Tue » de don Diègue, un second axiome complémentaire de l'éthique des Maîtres :

> *Mais vouloir au public immoler ce qu'on aime,*
> *S'attacher au combat contre un autre soi-même,*
> *Attaquer un parti qui prend pour défenseur*
> *Le frère d'une femme et l'amant d'une sœur,*
> *Et rompant tous ces nœuds, s'armer pour la patrie*
> *Contre un sang qu'on voudrait racheter de sa vie,*
> *Une telle vertu n'appartenait qu'à nous.*

(v. 443-49).

Une nouvelle et plus haute « vertu » se propose ainsi à la conscience héroïque, un pic plus élevé à gravir. Or, ce n'est, bien sûr, pas une coïncidence si, au moment où se découvre ce qu'il convient d'appeler le *tragique* de l'héroïsme, on retrouve précisément les termes dont Corneille théoricien se servait pour définir la *tragédie*. Nous serons mieux, cependant, en état de comprendre *pourquoi* l'agression du proche par le proche, ou, comme dit Corneille, « la proximité du sang et les liaisons d'amour ou d'amitié entre le persécutant et le persécuté » sont nécessaires à la « tragédie parfaite ». A la vérité, il y avait là une « perfection » terrible qui se cherchait depuis l'aube du théâtre cornélien. Nous avions déjà noté, à propos des comédies (cf. pp. 77-78), le caractère resserré, clos du monde cornélien, filles aux prises avec leur père, leur mère ou leur frère, amis rivaux de leurs meilleurs amis, *ego* dressé face à l'*alter ego*. Il s'agit à présent d'élucider la nature de ce rapport particulier à autrui, qui parvient, chez Horace, à sa maturité tragique et à sa pleine conscience. Le théâtre de Corneille est bien, dans sa signification profonde, position et exposition du projet aristocratique, dont il esquisse, avec une sûreté étonnante, le développement interne et les étapes nécessaires. Toutefois, dans les comédies comme dans les tragédies, nous avons affaire à un monde aristocratique *constitué*, dont il faut retrouver et assumer les principes constitutifs. Autrement dit, la dialectique de la Maîtrise, chez Corneille, ne s'attache jamais au moment où le Maître naît de sa confrontation avec l'Esclave, mais aux relations ultérieures des Maîtres entre eux, sur fond d'une société des Maîtres *déjà donnée*. Rodrigue ne fonde pas une tradition, il la reprend; de même Horace commence là où Rodrigue s'arrête. Le problème de la « reconnaissance » se pose donc toujours *de l'intérieur*, en quelque sorte : il s'agit de se faire reconnaître comme Maître par *d'autres Maîtres* (tel Rodrigue en face du Comte), et non par des consciences véritablement étrangères — de se faire reconnaître dans le contexte de la même classe, et non par d'autres classes [130]. Le projet de Maîtrise postule l'*identité* foncière des Maîtres, ainsi que les rapports de Rodrigue et du Comte l'avaient démontré (cf. pp. 129-130) : pour un Maître, un autre Maître ne saurait jamais être *absolument Autre*, puisque leur existence surgit d'un même mouvement de supériorité sur l'Esclave. L'Autre, c'est justement cet Esclave. Il ne peut donc être question, entre Maîtres, que d'une altérité de type très particulier, celle de l'Autre = Moi, en un mot, celle de l'*alter ego*. Le thème apparaît de façon constante et instante, depuis Alidor qui veut qu'Angélique le « quitte bientôt pour un autre [soi]-même » jusqu'à Horace qui s'attache au « combat contre un autre soi-même ». Cette séparation dans l'identité va engendrer une dialectique propre de la « reconnaissance », qui désormais ne saurait plus être reconnaissance du supérieur par l'inférieur, mais reconnaissance *entre égaux*. D'où l'insistance, chez tous les personnages du *Cid*, sur les rapports de *réciprocité :* « Montre-toi digne fils d'un père tel que moi » (don Diègue), « Tu t'es, en m'offensant, montré digne de moi; / Je me dois, par ta mort, montrer digne de toi » (Chimène), « le fils dégénère / Qui survit un moment à l'honneur de son père » (le Comte), etc. Tel est aussi le sens de l'exhortation d'Horace à Curiace : « Et si *vous m'égalez*, faites-le mieux paraître » (v. 484), où il n'y a nulle trace de forfanterie, mais simplement la claire conscience des seules relations possibles entre Maîtres.

Seulement, si la « reconnaissance » débouche nécessairement sur l'affrontement, comme *le Cid* l'avait impitoyablement souligné (cf. p. 109), il en découle, pour le projet de Maîtrise, des conséquences graves. Alors que, dans la rencontre du Maître et de l'Esclave, le combat s'arrête de lui-même devant la peur servile de mourir [131], une lutte entre Maîtres ne peut être, par définition, qu'une *lutte à mort*. Il existe donc un triple niveau de la Maîtrise, dont la révélation se fait progressivement et douloureusement. A l'origine, le « Meurs ou Tue » de don Diègue : est Maître celui qui se fait reconnaître de l'autre Maître, en surmontant *en lui* la peur (« Es-tu si las de vivre? — As-tu peur de mourir? ») et en tuant *l'autre*, même s'il l'aime (Rodrigue-le Comte). Puis, sur le nouveau champ de bataille qu'est l'amour, sera Maître celui qui se fera reconnaître de l'autre tout en conservant sa propre autonomie, c'est-à-dire en faisant *en lui* le sacrifice du sentiment et de la jouissance (Rodrigue-Chimène). Il reste enfin à pousser jusqu'au bout la logique de *l'alter ego :* tuer l'autre non point en dépit de l'amour qu'on lui porte, mais *parce qu*'on l'aime. Si l'autre est un « autre moi-même », je ne puis immoler *en Moi* le sensible sans l'immoler aussi *chez l'autre* [132]. Autrement dit, il ne s'agit pas seulement d'immoler son amour, comme fait Rodrigue, mais, comme ne fait pas Chimène et comme va faire à présent Horace, d' « immoler *ce qu'on aime* ». Il faut ici relire Aristote, cité par Corneille *(Discours de la Tragédie)*, à la lumière particulière de l'héroïsme cornélien : « qu'un indifférent tue un indifférent, cela ne touche guère davantage, d'autant qu'il n'excite aucun combat dans l'âme de celui qui fait l'action; mais quand les choses arrivent entre des gens que la naissance ou l'affection attache aux intérêts l'un de l'autre, comme alors qu'un mari tue ou est prêt de tuer sa femme, une mère ses enfants, *un frère sa sœur;* c'est ce qui convient merveilleusement à la tragédie. » (Ed. Pléiade, I, 95). A la tragédie cornélienne, en tout cas, — et c'est pourquoi Corneille cite tout au long ce passage. Qu'un indifférent tue un indifférent, c'est simplement le courage qu'il faut avoir pour accéder à la Maîtrise ordinaire; pour qu'il y ait véritablement « combat dans l'âme de celui qui fait l'action », au-delà du simple combat contre la peur, et que le Moi se récupère absolument sur la nature, il faut que le combat contre l'Autre et le combat contre Soi ne fassent qu'un, — il faut faire la synthèse qu'indique Horace et « s'attacher au combat *contre un autre soi-même* », qui brisera dans un premier temps les liens de l'amitié, avec Curiace; dans un deuxième temps, ceux du sang, avec Camille. Alidor avait déjà aperçu de loin cette vérité douloureuse, lorsqu'il s'était mis en tête de persécuter Angélique parce qu'il l'aimait. Mais c'était, chez lui, un projet de mauvaise foi, dans la mesure où le combat contre l'Autre n'était qu'un prétexte pour éviter le combat contre soi. *Le Cid*, au contraire, mettait le héros sur la voie, dans l'éclair d'une sentence : « Plus l'offenseur est cher et plus grande est l'offense. » Dans une lutte mortelle entre Maîtres, c'est-à-dire entre « alter ego », on s'atteint soi-même dans l'autre et le meurtre est, à la limite, suicide. L'originalité d'Horace, c'est d'avoir compris que la plus haute forme de l'héroïsme et le point où il atteint, en quelque sorte, la perfection, c'est le *fratricide conscient* [133].

Mais, dira-t-on, cette analyse néglige un aspect capital du problème : Horace parle bien d'immoler « ce qu'on aime », mais il précise : « vouloir *au public* immoler ce qu'on aime »; et s'il est prêt à attaquer « le frère d'une femme et l'amant d'une sœur », c'est dans l'élan qui le porte à « s'armer *pour la patrie* ». En inscrivant le duel fraternel d'Horace et de Curiace dans la pure dialectique de la Maîtrise, nous négligeons ce qui paraît être la nouveauté essentielle de la pièce, à savoir l'élargissement de la lutte solitaire des consciences aux dimensions collectives de l'histoire. La confrontation des deux hommes n'a de sens que dans le cadre d'un antagonisme qui les dépasse, celui d'Albe et de Rome. C'est la fameuse fureur « patriotique » d'Horace, qui considère que « mourir pour le pays est un si digne sort » et dont les sentiments, en la matière, confinent au fanatisme :

> *Contre qui que ce soit que mon pays m'emploie,*
> *J'accepte aveuglément cette gloire avec joie...*
>
> (v. 491-92.)

Certains ont même été jusqu'à voir en lui le prototype des jeunesses totalitaires, « un jeune Nazi », ou presque (Brasillach *dixit, op. cit.*, p. 182). Une fois de plus, le sens des mots (« pays », « patrie ») pour Horace a été remplacé par celui qu'il peut avoir pour le critique. Or, si l'on prend la peine d'examiner de près la nature de la guerre entre Albe et Rome, on s'apercevra aisément que, loin d'introduire dans les rapports d'Horace et de Curiace une dimension nouvelle, ce conflit ne fait que *reproduire* exactement, en le magnifiant, le conflit individuel de Maître à Maître [134]. Bien mieux, cet examen nous permettra d'approfondir la dialectique de la Maîtrise. En effet, l'histoire, pas plus ici que dans *le Cid*, n'*infléchit* le mouvement de cette dialectique : elle le *réfléchit*. En d'autres termes, c'est à partir de la confrontation d'Horace et de Curiace qu'on pourra comprendre celle de Rome et d'Albe, et non l'inverse.

Quelle est, en premier lieu, la *cause* du conflit ? Il est intéressant de noter que celui-ci ne provient d'aucune circonstance historique particulière, qui opposerait deux peuples soit accidentellement (comme Sabins et Romains après l'enlèvement des Sabines), soit nécessairement (telle la rivalité politique et économique de Rome et de Carthage, dans le contexte d'un certain monde géographique). Au contraire, le conflit *véritable* est entre Albe et Rome, d'une part, et le reste de l'Italie :

> Nos ennemis communs *attendent avec joie*
> *Qu'un des partis défaits leur donne l'autre en proie...*
>
> (I, III, 295-96.)

Entre deux peuples que tout devrait unir, il n'y a aucun
« casus belli » : la seule raison de ce conflit, qui nous est fournie
par Curiace, est strictement inhérente à la *dialectique interne
de la Maîtrise*, dont on peut même dire qu'elle formule l'une
des lois essentielles :

> La seule ambition de commander aux autres
> *Fait marcher aujourd'hui vos troupes et les nôtres.*
>
> (Ibid., 303-4.)

La cause qui jette Albe contre Rome est celle-là même qui
jetait deux amis, don Diègue et don Gomès, l'un contre l'autre :
le besoin pour un Maître, de se faire reconnaître comme Maître
par l'autre Maître, la nécessité tragique d'affirmer la supériorité
dans l'identité. De même, rien ici ne divise Rome et Albe que
précisément leur identité :

> *Nous ne sommes qu'un sang et qu'un peuple en deux villes.*
>
> (Ibid., 291.)

L'histoire d'Albe et de Rome reflète fidèlement le drame privé
d'Horace et de Curiace; il y a exacte coïncidence du collectif
et de l'individuel — et c'est bien pourquoi, d'ailleurs, ce conflit
d'apparence générale pourra être résolu au mieux par un combat
singulier. A l'échelle historique, l'affrontement de l' « alter »
et de l' « ego » reste un drame de *famille :*

> *...l'hymen nous a joints par tant et tant de nœuds*
> *Qu'il est peu de nos fils qui ne soient vos neveux...*
> *Chacun, jetant les yeux dans un rang ennemi,*
> *Reconnaît un beau-frère, un cousin, un ami.*
>
> (I, III, 289-90, 317-18.)

Cette parenté profonde entre Rome et Albe est soulignée par
le *parallélisme structurel* tout à fait conscient de la pièce, où
personnages albains et romains se répondent avec une symétrie
parfaite, Horace-Curiace, Camille-Sabine, Julie-Flavian. Les
Albains sont des Romains, et vice versa. Là encore, comme
dans le cas d'Horace et de Curiace, le duel des peuples aboutit
au même acte contre nature :

> *Ils s'étonnent comment leurs mains, de sang avides,*
> *Volaient sans y penser à tant de parricides.*
>
> (Ibid., 319-20.)

Lorsque Horace parle de « vouloir au public immoler ce qu'on aime » et de « s'armer pour la patrie », il ne s'arme, en réalité, que pour lui-même, et le drame public se résorbe et se résout dans le drame privé. L'histoire, loin d'être une dimension nouvelle de l'existence, n'en est qu'un aspect élu.

En vérité, si le projet héroïque a besoin, pour se comprendre et se manifester pleinement, de passer par la médiation d'un « grand intérêt d'État »; si, en d'autres termes, un acte ne peut être authentique que dans le champ de l'histoire, où il se prouve et se relie à d'autres actes semblables, pour susciter un système et un ordre des Meilleurs, la signification et l'orientation ultimes de l'héroïsme n'en sont pas moins essentiellement *métaphysiques*. Théâtre d'histoire certes; mais pour autant qu'il s'agit d'histoire *religieuse*. Non pas au sens chrétien ou mystique du terme, mais dans la mesure où chaque action met en jeu la figure entière et le destin total de l'homme, et où chaque geste doit être compris comme symbole de la geste humaine. Ce n'est donc pas un hasard si l'acte privilégié du théâtre cornélien est précisément celui auquel nous sommes arrivés : le « parricide ». Comme la « libido » dans le psychodrame freudien, le « parricide », sous une forme ouverte ou voilée, directe ou symbolique, est au centre de la dramaturgie cornélienne. Rappelons-nous que, dans la langue de l'époque, le mot désigne non seulement le crime contre le « père », mais contre tout être à qui l'on est lié *par nature,* tout crime *dénaturé.* Si nous avons pu définir l'héroïsme comme révolte radicale de l'homme contre son enracinement naturel et comme désir de l'activité consciente de se reprendre complètement sur la passivité primitive de l'être, il suit logiquement que le « parricide », acte *antiphysique* suprême, est aussi l'acte *héroïque* par excellence. Rien n'est aussi révélateur, sur ce point, que l'exhortation adressée par Sabine à Rome, au nom d'Albe :

> *Ingrate, souviens-toi que du sang de ses rois*
> *Tu tiens ton nom, tes murs, et tes premières lois.*
> *Albe est* ton origine : *arrête et considère*
> *Que tu portes le fer* dans le sein de ta mère[135].

> (I, 1, 53-56.)

Placée au début de la pièce, cette supplication l'éclaire, et c'est ici que la dialectique de l'héroïsme, par-delà le «nom», les «murs» et les « lois », c'est-à-dire l'histoire, débouche sur le *drame primordial de l'inceste.*

Il est évident, en effet, qu'à travers ce qu'on pourrait appeler le meurtre « latéral » (« ... un beau-frère, un cousin, un ami », disait Curiace, — plus tard un frère et une sœur), le héros poursuit un meurtre « vertical ». Le fratricide d'Horace est, en réalité, un « parricide », ou, plus exactement un *matricide déguisé*. Ce n'est pas pour rien que Rome, afin d'affirmer sa vocation héroïque, commence par porter le fer « dans le sein de sa mère ». Par un acte dénaturé entre tous, puisqu'il s'attaque au principe même de la filiation et de la mise au monde naturelles, il s'agit, au fond, pour le héros, de se retourner, comme Sabine le dit si bien, contre *l'origine* (« Albe est ton origine... »). C'est que le projet de récupération absolue de soi, la volonté de déité exigent que le héros soit la source et le fondement de son être : l'attribut divin fondamental, sans lequel il n'est pas d'omniscience ni d'omnipotence, c'est l' « aséité ». Seul l'être qui est « par soi », et qui ne tire son existence que de soi, peut jouir de la possession de soi absolue. Or, dans son élan vers la divinité, l'homme-Dieu vient buter contre son « origine », contre son enracinement primitif au sein de l'Être étranger. Alors que le héros tend à s'emporter tout entier vers l'Absolu, voici qu'il se sent aliéné et dépendant au plus profond de lui ; se voulant pure liberté, le voilà, selon les hasards de la naissance, redevable de sa qualité à son « sang » ; se voulant pure autonomie, il est enchaîné à autrui par une spontanéité incontrôlable, qu'il subit sous forme de « passion ». Ce n'est pas une coïncidence si la pitié tragique, selon Aristote, cité par Corneille, est mue « quand les choses arrivent entre des gens que la *naissance* ou l'*affection* attache aux intérêts l'un de l'autre » (cf. p. 140). Car si la commisération naît du spectacle de ce que la critique anglaise appelle « the tragic flaw » — l'imperfection tragique —, cette imperfection, qui conduit le héros à l'échec et manifeste son impuissance, tient toute au *double péché originel de la naissance et de l'affectivité*. Pour le héros qui veut être « par soi », le sang et l'amour sont bien, comme Corneille l'écrit, des « liaisons », c'est-à-dire des *liens* qui enchaînent le Moi à l'Être et à l'Autre. D'où une double révolte de l'héroïsme : contre l' « affection », chez Alidor persécutant Angélique et Rodrigue triomphant de Chimène, ou Horace égorgeant Curiace ; contre la « naissance », alors que Rome se retourne contre sa mère Albe, Horace contre sa sœur Camille, Camille, nous le verrons, contre son père. Dans la mesure où le rapport à l'origine maternelle rejoint et confond les liens de la naissance et ceux de l'affection, le meurtre incestueux, par lequel le Moi coupe ses amarres ontologiques et se retranche définitivement de la Nature, constitue le sacrifice nécessaire et l'oblation rituelle qui s'imposent au héros dans son élan vers le Divin [136].

Par là, le problème de l'aristocratie « au deuxième degré » se trouve résolu :

> *Une telle vertu n'appartenait qu'à nous ;*
> *L'éclat de son grand nom lui fait peu de jaloux,*
> *Et peu d'hommes au cœur l'ont assez imprimée*
> *Pour oser aspirer à tant de renommée.*

(v. 449-52.)

Le véritable héros dépasse ici l'aristocratie « simple », fondée sur une vertu « ordinaire », par quoi le « meilleur des deux » l'emportait sur l'Esclave craintif ou sur l'autre Maître. Une seconde élite de « peu d'hommes », et qui font « peu de jaloux », apparaît, et Horace, loin de vouloir s'en réserver l'exclusivité, convie Curiace à y participer : « Une telle vertu n'appartenait qu'à *nous...* » Par une difficile ascèse, le héros, s'accomplissant avec rigueur et jusqu'en ses dernières fins, attentera lui-même à sa vie, en un demi-suicide qui débarrassera l'homme naturel de la moitié indésirable et passive de son être. « La moitié de ma vie a mis l'autre au tombeau » : ce cri de Chimène constitue la nouvelle définition de l'héroïsme. Une nouvelle race, plus rare et meurtrière, naît donc au sein de l'aristocratie même, une sorte d' « ordre » religieux au cœur de l'ordre politique, qui s'en trouvera bouleversé, — un ordre qui se jette, par le mouvement de tout l'être, « hors de l'ordre commun ». A la morale héroïque « moyenne » de Julie,

> *C'est assez de constance en un si grand danger*
> *Que de le voir, l'attendre, et ne point s'affliger ;*
> *Mais, certes, c'en est trop d'aller jusqu'à la joie*

(I, 1, 125-27.)

s'oppose désormais l'héroïsme extraordinaire d'Horace qui, à la différence de Rodrigue, accablé de douleur par l'épreuve, sera, malgré la douleur, comblé de *joie :*

> *J'accepte aveuglément cette gloire avec joie...*
> *Avec une allégresse aussi pleine et sincère*
> *Que j'épousai la sœur, je combattrai le frère...*

(II, III, 492, 499-500.)

Faire de la joie avec le malheur même : telle est la transmutation ultime qu'opère l'héroïsme. Telle est la seule et véritable conquête de soi. Entre les deux tirades d'Horace, le ton change. Dans la première, l'effort d'élucidation morale, la tension de l'esprit étirent la phrase à l'infini, la surchargent de points-virgules, qui sont comme les paliers successifs d'une dure réflexion. La seconde tirade, au contraire, ramassée en distiques lapidaires, bondissant de maximes en maximes, est tout élan, tout essor. Voir là, comme on l'a fait[137], un raidissement d'Horace pour divertir sa douleur et lui donner le change, mettre en

doute ce mouvement impétueux de « joie » et d' « allégresse »,
c'est manquer le sens de la pièce; c'est ne pas comprendre
l'enthousiasme du guerrier, la « fureur sacrée » du martyr, le
béatifique suicide de saint Polyeucte. Rodrigue avait fait son
devoir : à partir d'Horace, le devoir commence au-delà du
devoir.

III

Il n'y a pas plus de dualité d'action dans *Horace* que dans *la
Place Royale* (cf. p. 73). Il convient de dissiper le malentendu
qui ferait du meurtre de Camille une « action double », fautive
du point de vue dramatique, parce qu'elle détruirait « l'unité
de péril du héros » et introduirait Horace « triomphant, sans
aucun besoin de tuer sa sœur » *(Examen d'Horace)*. Il n'y a ici
aucun « défaut », aucune « imperfection » : une fois de plus, nous
défendrons Corneille créateur contre Corneille critique. De
même que Rodrigue poursuivait avec Chimène le duel commencé avec le Comte, Horace achèvera par le meurtre de Camille
la mise à mort de Curiace. Il s'agit, en réalité, d'un seul mouvement, en deux temps.

Curiace, en effet, n'est pas un adversaire à la taille d'Horace.
Dans la mesure où il revendiquait les droits moraux de la sensibilité et se faisait le porte-parole de valeurs féminines et sentimentales, Curiace était bien un adversaire, qui ne craignait pas
de s'en prendre à l'éthique de la Gloire (« L'obscurité vaut mieux
que tant de renommée... ») et de l'Honneur (cf. p. 142). Mais
cette révolte contre la morale de la Maîtrise n'était, comme ses
imprécations, que *verbale*. L'ordre réel n'était pas un instant
remis en question : « Je vous plains, je me plains; mais *il y faut
aller* » (II, v, 542). Bien mieux, Curiace avait conscience de sa
rébellion comme d'une faute :

> *Je maudis mille fois l'état qu'on fait de moi,*
> *Je hais cette valeur qui fait qu'Albe m'estime;*
> *Ma flamme au désespoir passe jusques au crime,*
> *Elle se prend au ciel et l'ose quereller.*
>
> (Ibid., 538-41.)

S'il refuse de s'élever à l'aristocratie « au second degré », Curiace
demeure solidement établi dans celle du « premier degré »,
dont il ne se départ pas, devant les sollicitations les plus pres-
santes de Camille : « Avant que d'être à vous, je suis à mon

pays » (v. 562). Le cas de Camille est différent. Alourdie de derniers scrupules, retardée par d'ultimes hésitations, sa révolte arrive vite à la pleine conscience :

> *Hélas ! j'étais aveugle en mes vœux aujourd'hui :*
> *J'en ai fait contre toi [Curiace] quand j'en ai fait pour lui [Horace].*
>
> (II, v, 6o5-6.)

C'est bien ce qu'Horace a senti, et les derniers mots de son entrevue avec Curiace sont, de toute évidence, adressés à Camille, qui vient d'arriver sur les lieux :

> *Voici venir ma sœur pour se plaindre avec vous.*
> *Je vais revoir la vôtre, et résoudre son âme*
> *A se bien souvenir qu'elle est toujours ma femme,*
> A vous aimer encor, *si je meurs par vos mains...*
>
> (II, iii, 5io-i3.)

L'avertissement est, d'ailleurs, répété directement, cette fois, et dans les termes les plus explicites :

> *Armez-vous de constance et* montrez-vous ma sœur;
> *Et si par mon trépas il retourne vainqueur*
> *Ne le recevez point en meurtrier d'un frère...*
> *Faites à ma victoire un pareil traitement :*
> *Ne me reprochez point la mort de votre amant...*
> *Querellez ciel et terre, et maudissez le sort,*
> *Mais après le combat, ne* pensez plus au mort.
>
> (II, iv, 5i7-i9, 525-26, 529-3o.)

Il est donc certain que, *dès avant le combat,* Horace prévoit et prépare sa confrontation avec Camille [138]. Avec une remarquable prescience, il comprend que les valeurs du sentiment ne sont pas vécues par sa sœur dans la honte, comme chez Curiace, mais en toute lucidité et la tête haute. Le crime de « faiblesse » (pardonnable et rachetable chez Chimène, parce qu'involontaire, ou chez Curiace, parce que péché d'omission, plutôt que de commission) devient menaçant, dès l'instant qu'il revendique sa légitimité. Il s'agit donc, pour Horace, de couper le mal dans la racine et *chez l' « autre soi-même »,* d'autant plus farouchement qu'il en ressent l'atteinte *en lui.* De son côté, Camille, qui commence par renoncer à faire des « vœux » pour son frère, passe bientôt à l'offensive et déclare Horace l'Ennemi par excellence, l'idole à renverser :

> *Eclatez, mes douleurs...*
> *Pour ce cruel vainqueur, n'ayez point de respects.*
>
> (IV, iv, 1243, 1245.)

Loin de fuir l'adversaire, elle se porte au-devant de lui, elle
entend le provoquer :

> Loin d'éviter ses yeux, *croissez à son aspect ;*
> Offensez *sa victoire,* irritez *sa colère...*
>
> (*Ibid.,* 1246-47.)

L'extraordinaire rencontre entre Horace et Camille n'est donc
nullement une « surprise », amenée pour l'effet, sans préparation suffisante : soigneusement prévue, voire « montée » de part
et d'autre, elle est, au contraire, le couronnement de la pièce,
le sommet de sa progression dramatique et de son mouvement
spirituel, — le suprême et authentique combat, annoncé par
Horace et imparfaitement préfiguré dans son duel avec
Curiace [139]. Il n'y a point, dans ce choc brutal, emportement
soudain, mais *préméditation,* chez les deux véritables adversaires qui « se cherchent [140] ».

C'est donc se tromper du tout au tout que de faire de Camille
une frêle et tendre jeune fille, emportée par la passion, ou, selon
le cliché courant, « la première en date des héroïnes raciniennes [141] ». S'il existe dans la pièce un personnage livré à la
passion dévastatrice, c'est Sabine, et c'est du contraste avec
Sabine que Camille tire toute sa force et sa grandeur. C'est
pourquoi nous nous arrêterons un instant ici à Sabine. Comme
pour l'Infante, une longue tradition critique a voulu voir en
elle un personnage « inutile ». Or, Corneille l'a justement souligné
dans la défense qu'il a entreprise de son personnage, Sabine
« est assez bien inventée, et trouve sa vraisemblance aisée
dans le rapport à l'histoire, qui marque assez d'amitié et
d'*égalité* entre les deux familles... » *(Examen* d'*Horace).* Sabine,
en effet, à la façon de l'Infante, sert à maintenir une « égalité »,
une balance dans l'économie d'une pièce où le parallélisme
structurel joue un rôle capital, et, d'une manière générale, dans
un art où la composition thématique donne son sens au développement dramatique. Écoutons encore Corneille : « elle ne sert
pas davantage à l'action que l'Infante à celle du *Cid,* et ne fait
que *se laisser toucher diversement,* comme elle, à la diversité
des événements. » *(Ibid.)* Nous redirons, avec encore plus de
netteté, ce que nous indiquions de l'Infante : incarnant les
avatars de la passion, l'être de sentiment ne saurait marquer le
cours de l'action. Son « utilité » est celle d'une créature à la
dérive et constitue précisément la condamnation du Moi
naturel, qui, au lieu de dominer « la diversité des événements »,
ne fait que « se laisser toucher ». En ce sens, le personnage de
Sabine est plus profondément lié à la signification centrale du
drame que celui de l'Infante, puisque l'Infante complétait

Chimène, sans apporter d'attitude nouvelle, alors que c'est par contraste avec l'amoralisme sentimental de Sabine que Camille institue une véritable morale du Sentiment. L'analyse de Corneille doit ici être prise au pied de la lettre : la condamnation ultime du Moi passionnel, c'est que *réagissant* simplement aux stimuli extérieurs, il est incapable d'*agir*. Décidée, au début, devant la nécessité de trancher un douloureux dilemme, à choisir les valeurs de la faiblesse et à être pour le vaincu contre le vainqueur (cf. p. 135), Sabine, sous le coup des émotions variées qui la « touchent », refuse ensuite tout choix :

> *Vous êtes ennemis en ce combat fameux,*
> *Vous d'Albe, vous de Rome, et moi de toutes deux.*
>
> (II, vi, 645-46.)

Ce refus de l'engagement devient bientôt désir de fuite permanent, et Sabine passera désormais son temps à vouloir se faire tuer par tout le monde :

> *Non, non, avant ce coup, Sabine aura vécu :*
> *Ma mort le préviendra,* de qui que je l'obtienne.
>
> (II, vi, 654-55.)

Et, en effet, elle envisagera tour à tour d' « arrêter les épées » des combattants, en se jetant entre eux (II, vi), de demander à son époux de « punir sa faiblesse, ou finir ses douleurs », puis, devant le refus de ce dernier, elle songera à se supprimer de sa propre main (II, vii), quitte à prier plus tard le Roi de la mettre à mort, à la place d'Horace (V, iii). Mais là où l'on croit voir d'habitude un acharnement insincère et ridicule, il faut, au contraire, souligner l'effort d'une sincérité impuissante et pathétique. Car Sabine — comme Chimène — est sur le bon chemin et manifeste une bonne volonté indubitable : elle sait ce qu'elle *devrait* faire et condamne, en un moment de lucidité, le déchirement sentimental où elle se trouve :

> *Prenons parti, mon âme, en de telles disgrâces...*
> *Cessons de partager mes inutiles soins...*
>
> (III, i, 711, 713.)

Elle comprend la nécessité de la décision et de l'action, sans pouvoir décider ni agir. Elle connaît les vraies valeurs, et ne peut y accéder :

> *Vain effort de mon âme, impuissante lumière...*
> *Tu n'as frappé mes yeux d'un moment de clarté*
> *Que pour les abîmer dans plus d'obscurité* [142].
>
> (Ibid., 740, 745-46.)

Et l'on est conduit à soupçonner, comme dans le cas de Chimène, que l'impuissance à mettre en pratique les valeurs héroïques, vient, en dernière analyse, de la peur secrète de la *mort*, que Sabine recherche ici de façon bien verbale. Le vieil Horace finira par lui interdire toute échappatoire, en l'empêchant de s'installer dans le confort du déchirement, et lui rappellera qu'on ne saurait opposer Albe et Rome, puisqu'il n'y a là qu'une seule et unique perspective humaine, qui rejette l'esclavage du sentiment :

> *Tous trois [tes frères] désavoueront la douleur qui te touche,*
> *Les larmes de tes yeux, les soupirs de ta bouche,*
> *L'horreur que tu fais voir d'un mari vertueux.*
> *Sabine, sois leur sœur, suis ton devoir comme eux.*
>
> (V, iii, 1643-46.)

Cette injonction d' « être la sœur » de ses frères, nous la trouvons aussi dans la bouche d'Horace s'adressant à Camille : « Montrez-vous ma sœur » (II, iii) et, mot pour mot, dans celle du vieil Horace, après le combat :

> *Faites-vous voir sa sœur et qu'en un même flanc*
> *Le ciel vous a tous deux formés d'un même sang.*
>
> (IV, iii, 1193-94.)

Or, Camille ne rejette pas un instant cette consanguinité; elle l'assume, mais en sens inverse :

> *Oui, je lui ferai voir par d'infaillibles marques*
> *Qu'un véritable amour brave la main des Parques...*
>
> (v. 1195-96.)

Loin de se montrer, telle Sabine, « indigne » de ses frères, Camille saura suivre jusqu'au bout l'exemple fraternel. Au départ, Camille se découvre perdue dans la dépendance, aliénée dans sa liberté, « touchée diversement », elle aussi, en un mot, Esclave :

> *Vit-on jamais une âme en un jour plus atteinte*
> *De joie et de douleur, d'espérance et de crainte,*
> *Asservie en esclave à plus d'événements,*
> *Et le piteux jouet de tant de changements?*
>
> (IV, v, 1207-1210.)

Dans la curieuse scène iv de l'acte III, on assiste même à une compétition entre Camille et Sabine, pour savoir laquelle des deux souffre le plus et a droit en priorité à la plainte :

— *Seule j'ai tout à craindre et rien à souhaiter...*
— *Vous ne connaissez point ni l'amour ni ses traits...*
Ses chaînes sont pour nous aussi fortes que belles.

(v. 894, 917, 927.)

Or, c'est en épousant la passion jusqu'au total sacrifice, au lieu de s'y donner avec mauvaise conscience et à demi, que Camille entendra se débarrasser de son propre esclavage; c'est en constituant une morale héroïque du sentiment, *en tous points semblable à la morale héroïque de la gloire*, et rigoureusement inverse, que le Moi amoureux sera sauvé. La révolte, à peine esquissée chez l'Angélique de *la Place Royale* et sagement contenue chez Sabine et Curiace, va être portée par Camille à l'absolu : pour la première (et la dernière) fois dans le théâtre de Corneille, avant le cri d'adieu de *Suréna*, l'auteur, beau joueur et avocat du diable, laisse parler l'Adversaire avec toute la véhémence et la persuasion dont il est capable.

Il faut noter que ce n'est nullement une simple impulsion qui déclenche les hostilités chez Camille. Ce n'est pas le choc brutal de la disparition d'un fiancé et de deux frères, ni même l'allégresse ouverte de Valère, l'odieux rival de Curiace, qui, en fin de compte, vont la délivrer de toute retenue :

> *Mais ce n'est* rien encore *au prix de ce qui reste :*
> *On demande* ma joie *en un jour si funeste.*

(IV, iv, 1231-32.)

C'est moins la perte de l'être aimé qui va déchaîner Camille, que les exigences triomphantes d'une *éthique* contraire à l'amour :

> *Se plaindre est une honte, et soupirer un crime ;*
> *Leur brutale vertu veut qu'on s'estime heureux...*

(Ibid., 1236-37.)

C'est contre la « joie », qui animait Horace et que prétend à présent imposer le vieil Horace, contre le principe suprême de la Maîtrise, qu'elle s'élève. Car, digne sœur de son frère, toute émotion, toute conduite, pour Camille, prennent une valeur symbolique, se définissent comme des choix existentiels et posent une question de principe. Le heurt de Camille et d'Horace, c'est la lutte à mort, à travers deux êtres, de deux philosophies. Avant d'examiner la rencontre en détail, on constate la parenté profonde de l'élan qui inspire les deux antagonistes, et que Camille entend non pas renier, mais pleinement assumer. C'est en acceptant de mettre son choix de valeurs *à l'épreuve de la mort* (comme Horace et à l'inverse de Sabine)[143],

que Camille fera de la morale du sentiment une morale héroïque.
Elle va réaliser le paradoxe de rentrer dans la classe des Maîtres,
au moment même où elle la rejette, — créant ainsi le problème
central de la pièce. A y regarder de près, c'est par une immense
volition de tout l'être, par un mouvement impérieux (souligné
par la succession d'impératifs), et non sous le coup d'une
quelconque émotion, que Camille, comme Horace, va se jeter
dans la bataille :

> *Dégénérons, mon cœur, d'un si vertueux père,*
> Soyons *indigne sœur d'un si généreux frère, etc.*

(IV, v, 1239 sqq.)

Les valeurs qu'elle retient, en dernière analyse, et le vocabulaire qui les exprime, sont identiques à ceux d'Horace :

> *C'est* gloire *de passer pour un cœur abattu,*
> *Quand la brutalité fait la haute vertu...*
> *Il vient : préparons-nous à montrer* constamment
> *Ce que* doit *une amante à la mort d'un amant.*

(Ibid., 1241-42, 1249-50.)

« Gloire », « constance », « devoir », mais au service de l'amour[144].
Camille, dans sa liberté conquise face à la mort, est donc, à
l'opposé des héroïnes raciniennes, qui sont entraînées malgré
elles, de bout en bout « cornélienne ». Elle est, très exactement,
un *Horace femme*, qui choisit la féminité, comme Horace la
virilité.

La rencontre des deux antagonistes, soigneusement préparée,
constitue sans aucun doute le duel le plus extraordinaire du
théâtre de Corneille. Jamais la lutte à mort des consciences, le
combat mortel du Moi héroïque contre un Autre Soi-Même
n'auront atteint une telle perfection. Le Moi de Camille et celui
d'Horace sont, en effet, doublement identiques : au niveau de la
Vie, par la communauté du sang; au niveau de la Conscience,
par la communauté de la violence et le saut brutal « hors de
l'ordre commun[145] ». Voilà Horace qui revient du combat, porté
par le même essor que celui de Rodrigue dans *le Cid*, par le
même mouvement ascensionnel. A l'éthique de l'héroïsme, il a
sacrifié un ami très cher et un beau-frère; il a détruit la famille
d'une épouse chérie, — sa propre famille. Or, ces appels du
sentiment, qu'il a douloureusement, en lui-même, surmontés et
supprimés, sa sœur les reprend et, en quelque sorte, ressuscite
sa propre faiblesse : meurtri en son âme par une rencontre
fratricide, il se voit soudain souffleté de sa propre souffrance.
Il lui faut donc, pour récupérer totalement une victoire attestée

de tous, mais contestée *là-bas*, dans cette conscience sœur, à la fois inaccessible et jumelle, celle de Camille — *la sienne* —, se faire reconnaître d'elle comme vainqueur. Ce n'est point par forfanterie gratuite de fier-à-bras que, dès le début de la rencontre, Horace va, littéralement, provoquer sa sœur. Parce que le combat de Maître à Maître exige, en son essence, le *défi*, la victoire et la « reconnaissance » qui s'ensuit n'ont de sens que sur fond de *bravade*[146] : « Ma sœur, voici le bras qui venge nos deux frères... Qui nous rend maîtres d'Albe... » (v. 1251, 1253). C'est comme « bras », comme symbole vivant de la Maîtrise, — que prolongent encore les trois épées des Curiaces, portées par Procule, — qu'Horace entend aborder sa sœur. Cette manifestation symbolique est immédiatement suivie d'une affirmation théorique essentielle, d'une déclaration de principes fondamentale (qui reprend celle qu'il avait déjà faite à l'avance (cf. p. 155), en prévision d'une révolte probable) : « Quand la perte est vengée, on n'a plus rien perdu. » (v. 1261). La conclusion du *Cid* avait établi l'équivalence absolue des Moi aristocratiques, fondée sur la négation des Moi empiriques (cf. pp. 129-130). C'est sur ce plan, à la fois de l'émotion personnelle et de la conscience éthique, que se place Camille pour lui répondre, en ressuscitant la valeur adverse de l'Individuel, — l'irremplaçable amant de chair périssable, le « plus unique bien » :

> *Mais qui me vengera de celle d'un amant*
> *Pour me faire oublier sa perte en un moment?*
>
> (v. 1265-66.)

Voilà la possession et la jouissance restaurées comme fins de la conduite morale, le mouvement même des Stances de Rodrigue contredit, la « vengeance » rendue impuissante à perpétuer l'Homme, au-delà des incarnations particulières. C'est tout l'élan cornélien qui se trouve attaqué de front et bafoué, alors qu'il parvient à sa plus difficile victoire.

On voit par là combien cette rencontre de Camille et d'Horace est loin d'être le choc inopiné d'une petite fille égarée par la douleur et d'un soudard ivre de gloire, qu'on nous présente d'ordinaire[147]. Il s'agit, au contraire, d'un affrontement lucide, total, serein, jusque dans la passion; il s'agit d'une lutte manichéenne de Principes, principe mâle contre principe femelle, le « bras » contre le « cœur[148] ». Ce qu'Horace demande à sa sœur n'est rien d'autre que de faire sur elle l'effort qu'il a fait sur lui-même; lorsqu'il dit à Camille : « Tes flammes désormais doivent être étouffées » (v. 1275), il reprend simplement le commandement qu'il se prescrivait tantôt : (la gloire) « Doit étouffer en nous tous autres sentiments ». Et lorsqu'il poursuit :

Bannis-les de ton âme, et songe à mes trophées :
Qu'ils soient dorénavant ton unique entretien...

(v. 1276-77.)

il n'est question, pour lui, que de promouvoir la morale des
« trophées », d'œuvrer « ad majorem Dei gloriam » : le « mes »
n'implique aucun culte complaisant du Moi. Plus exactement,
si culte du Moi il y a, ce n'est pas du Moi égoïste et individuel,
mais du Moi qui définit un Ordre et qui s'identifie spontanément et sans nulle forfanterie à Rome :

— *Recevez donc mes pleurs, c'est ce que je lui dois.*
— *Rome n'en veut point voir après de tels exploits.*

(v. 1257-58.)

Si Horace dit « Rome », au lieu de « Je », c'est que Rome se
dévoile, en fait, à travers sa propre subjectivité, et qu'il le sait.
On ne saurait donc lui reprocher de se sentir une valeur symbolique, ni de se savoir gardien et dépositaire des « intérêts de
Rome ». Car, encore une fois, la Rome dont il est question pour
les deux antagonistes, dressés face à face, n'est rien moins
qu'un groupement humain accidentel, un foyer d'histoire et de
géographie, un « pays », — pas plus qu'Horace n'est un
« patriote », au sens moderne et nationaliste du mot. La Rome
d'Horace, c'est la Cité des Maîtres, comme saint Augustin
parlait de la Cité de Dieu [149]. C'est bien ainsi, d'ailleurs, que
l'entend Camille, et à travers l'exécration de Rome qui va
monter en elle jusqu'à éclater, c'est l'éthique des Maîtres qu'elle
vise, au nom de l'individualité sensible :

Et si tu veux enfin que je t'ouvre mon âme,
Rends-moi mon Curiace, ou laisse agir ma flamme.

(v. 1279-80.)

En ce sens, l' « égoisme », ou valorisation absolue du Moi empirique, est à chercher *du côté de Camille* — et non pas, ainsi qu'on
l'a toujours prétendu à tort, chez Horace. Ceci n'est, au demeurant, nullement une critique de notre part; nous ne désirons en
rien « réhabiliter » Horace et l' « innocenter » aux dépens de
Camille, au nom d'on ne sait quel point de vue moral, qui serait
supérieur aux leurs : nous voulons seulement essayer de les
comprendre l'un par l'autre, et dégager le sens de leur affrontement mortel.

Or, si nous avons affaire non point au heurt de deux sensibi-
lités singulières, mais à un cas philosophiquement pur, en
quelque sorte, de la « lutte à mort des consciences », il faut
comprendre cette scène célèbre non comme une explosion de

rage mutuelle, mais comme un véritable *duel*. Dans ce combat,
les armes d'Horace sont mises, dès l'abord et visuellement, en
évidence : le bras et l'épée. On a cru trouver, en face de lui,
une victime désarmée. Rien n'est plus faux. Camille dispose
d'armes redoutables, et elle saura admirablement s'en servir.
Si Horace a la force pour lui, Camille a la « ruse de Femme »,
dont Vigny parle dans la *Colère de Samson*. L'élan dévastateur,
qui lui avait assuré la victoire sur les Curiaces, porte encore le
héros; il fonce d'un seul bloc en avant :

> *Ma sœur, voici le bras qui venge nos deux frères,*
> *Le bras qui rompt le cours de nos destins contraires,*
> *Qui nous rend maîtres d'Albe; enfin voici le bras*
> *Qui fait seul aujourd'hui le sort de deux États;*
> *Vois ces marques d'honneur, ces témoins de ma gloire,*
> *Et rends ce que tu dois à l'heur de ma victoire.*
>
> (v. 1251-56.)

La phrase s'enfle ici, comme un muscle se gonfle. Horace n'en
est pas moins vulnérable, sans s'en douter, et Camille va placer
une à une ses banderilles, avant la mise à mort ultime. Simplement, cette mise à mort (et c'est là son trait de génie), ce sera
la sienne. Elle conduira donc un combat qu'elle a voulu avec
les moyens dont elle dispose et avec un art consommé. Elle va
même, ironie suprême, n'ayant pas la force de son côté,
reprendre contre Horace la feinte qu'il avait employée contre
les trois Curiaces : se dérober, pour mieux frapper. Elle commence donc sur un ton apparemment contenu, avec une courte
phrase innocente :

> *Recevez donc mes pleurs, c'est ce que je lui dois.*
>
> (v. 1257.)

Le geste d'esquive recèle, en réalité, un coup caché : Camille
sait l'aversion de son frère pour les « pleurs » (cf. p. 143) et le
défi que représente, de sa part, l'emploi du symbole qu'elle
oppose ainsi au « bras ». A la fausse naïveté d'Horace, qui fait
semblant de croire ces larmes destinées à leurs frères, Camille
répond par une ironie bien plus subtile et acérée, qui utilise
les principes mêmes de l'adversaire pour les retourner contre
lui :

> *Puisqu'ils sont satisfaits par le sang épandu,*
> *Je cesserai pour eux de paraître affligée,*
> *Et j'oublierai leur mort que vous avez vengée...*
>
> (v. 1262-64.)

Après la parade, la riposte cinglante :

> *Mais qui me vengera de celle d'un amant,*
> *Pour me faire oublier sa perte en un moment?*
>
> (v. 1265-66.)

Chaque mot porte : inutile de « paraître » affligée pour la perte de frères, que la vengeance peut « faire oublier en un moment »; l' « amant » — mot « tabou », placé en fin de vers comme un défi claironnant — est donc le seul qu'on ait le devoir de pleurer. Corneille, qui n'était pas censé, selon Sainte-Beuve, connaître les femmes, lui prête ici une étonnante cruauté féminine : « Donne-moi donc, barbare, *un cœur comme le tien* » (v. 1278). Feignant de croire Horace insensible, elle prive son combat héroïque de ce qui en faisait la valeur et la grandeur. Il est à noter que, dans cette rencontre d'Horace et de Camille, aussi bien que dans la confrontation d'Horace et de Curiace, ce sont invariablement Curiace et Camille qui ont recours à l'insulte personnelle. Mais alors que celle-ci n'était, chez Curiace, qu'une manifestation d'impuissance (cf. p. 142), l'invective, chez Camille, est *calculée,* elle devient une *arme,* elle touche au vif un adversaire qui se croyait irrésistible, comme Rodrigue était « invincible » :

> *O ciel ! qui vit jamais une pareille rage !*
> *Crois-tu donc que je sois insensible à l'outrage?...*
>
> (v. 1295-96.)

Le « barbare », le « tigre altéré de sang » se trouve ébranlé dans son attitude olympienne. Il va être manœuvré jusqu'à commettre un crime. En ce duel des sexes, où la femme n'a pas la force de son côté, Camille sait *combattre en femme,* c'est-à-dire en tirant tout le parti possible de sa faiblesse. Il y a une progression remarquable dans les coups qu'elle porte : d'abord voilés d'ironie, puis, — à mesure qu'Horace se départ de son élan triomphal, s'éveille à la colère, s'emporte dans la passion, — directement poussés contre lui, comme des bottes. Attaque personnelle :

> *Tu ne revois en moi qu'une amante offensée,*
> *Qui comme une furie attachée à tes pas,*
> *Te veut incessamment reprocher son trépas.*
>
> (v. 1284-86.)

Et, après avoir ravalé l'homme, dénigrement de son inspiration la plus profonde, profanation de son sacré :

> *Rome, l'unique objet de mon ressentiment !*
>
> (v. 1301.)

En mettant enfin cette haine à nu; en prononçant d'irréparables blasphèmes qui appellent le châtiment d'en haut; par cette révolte qui, selon la perspective héroïque, est celle de Satan contre Dieu, Camille accule Horace à l'acte *logiquement* inévitable: «C'est trop, ma patience à la *raison* fait place...» (v. 1319). Logique qu'Horace laissé à lui-même n'eût peut-être pas été capable de suivre jusqu'au bout, si Camille ne l'avait auparavant chauffé au rouge. Car le coup qui perce soudain Camille n'est pas moins mortel pour Horace, et le meurtre héroïque se transforme brutalement en suicide.

Nous avons déjà vu que la confrontation décisive entre frère et sœur était, des deux côtés, voulue et préparée. Nous avons pu entrevoir quelle nécessité intérieure poussait Horace à chercher cette nouvelle et ultime victoire, qui devait couronner et consacrer sa Maîtrise. Reste à comprendre le but poursuivi par Camille, en mettant en œuvre des moyens si périlleux. Or, il est évident que, loin de rencontrer la mort par hasard, Camille, tout comme Sabine, mais mieux qu'elle, cherche *délibérément à se faire tuer*. Ce que la critique semble difficilement apercevoir [150], Sabine le comprend spontanément: ainsi qu'elle le dit à Horace, celui-ci, en tuant sa sœur, a fait, en réalité, son jeu:

> *Que Camille est heureuse! Elle a pu te déplaire;*
> *Elle a reçu de toi* ce qu'elle a prétendu.
> (IV, vii, 1380-81.)

Dans un duel d'hommes, le guerrier qui tombe meurt d'une mort propre, qui honore le vainqueur, sans déshonorer le vaincu. Dans le duel de l'homme et de la femme, le plus fort, dès qu'il emploie la force, s'avilit; le bras qui frappe n'est plus celui d'un héros, mais d'un assassin. Camille le sait et en profite. Pour atteindre Horace, il ne s'agit pas de le supprimer, mais de le dégrader; il faut lui ôter non une vie, qu'il est prêt à sacrifier à tout instant, mais un honneur, qui fait le sens de cette vie:

> *Puissent tant de malheurs accompagner ta vie*
> *Que tu tombes au point de me porter envie...*
> (v. 1291-92.)

Cette déchéance du héros, Camille ne se contente pas de l'appeler de ses vœux, elle entreprend activement de la mener à terme par des actes:

> *Et toi bientôt souiller par quelque lâcheté*
> *Cette gloire si chère à ta brutalité!*
> (v. 1293-94.)

En provoquant Horace jusqu'au point où il ne peut que l'immoler, Camille le force à immoler du même coup la « gloire » qu'il
« souille » à jamais. Assassinée par Horace, elle entraîne son
frère dans le néant. A l'inverse de Sabine, ce que Camille cherche
dans la mort n'est nullement fuite, oubli, délivrance [151]. Il
n'est plus question de « finir » des douleurs, de quémander la
« pitié », d'appeler la mort, apparemment comme une sanction
et, en fait, comme un remède. Bref, avec Camille, il ne s'agit plus
d'euthanasie. La mort que se prépare la sœur d'Horace est une
mort d'homme, recherchée avec des moyens de femme, puisqu'elle
frappe un adversaire et se donne une victoire, au moment même
où semble consommée la défaite. La mort de Camille est une
mort héroïque, dans la mesure où l'héroïsme consiste à mettre
volontairement les valeurs humaines à l'épreuve de la mort :

> *Oui, je lui ferai voir, par d'infaillibles marques,*
> *Qu'un véritable amour brave la main des Parques...*
>
> (IV, IV, 1195-96.)

D'ailleurs, à regarder de près les fameuses imprécations contre
Rome, qui vont susciter la fureur d'Horace et faire jaillir l'épée
fatale du fourreau, on retrouve le même mouvement impérieux
du Moi, la même volonté de Toute-Puissance, le même désir
effréné d'être-Dieu, qui caractérisent l'héroïsme mâle :

> *Que le courroux du ciel allumé par mes vœux*
> *Fasse pleuvoir sur elle un déluge de feux !*
> *Puissé-je...*
> *Voir le dernier Romain à son dernier soupir,*
> *Moi seule en être cause et mourir de plaisir !*
>
> (v. 1313-15, 1317-18.)

A la « joie » d'Horace, courant au combat fratricide, répond
pleinement le « mourir de plaisir » de Camille, invoquant une
destruction matricide. Bien mieux, si nous avons pu définir le
mouvement de l'héroïsme « romain » comme révolte radicale
contre l'Origine, le mouvement intime de la passion n'est pas,
chez Camille, différent. Nous assistons, en effet, en elle, à ce que
Corneille nommait si bien le « combat des passions contre la
nature » (*Discours de la Tragédie*, Ed. Pléiade, I, p. 99), combat
où l'amour s'affirme comme *geste parricide*, non seulement par
les imprécations contre Rome, mais par la rébellion sacrilège
d'une fille, jusque-là parfaitement soumise et respectueuse,
contre son père :

> *Tu blâmes ma douleur, tu l'oses nommer lâche ;*
> *Je l'aime d'autant plus que plus elle te fâche,*
> *Impitoyable père...*
>
> (IV, IV, 1199-1201.)

La morale de la passion, chez l'héroïne, comme celle de l'anti-
passion, chez le héros, vise à la même autonomie absolue du
Moi, qui coupe délibérément ses attaches, bien qu'en sens
inverse, pour être enfin totalement « à soi ».

Camille ne meurt donc point éplorée et désespérée, contrairement à l'imagerie traditionnelle, mais ricanante et triomphante
face à Horace. Seules les « bienséances » obligent Corneille à la
faire fuir en coulisse sur le tard, et à appeler à son secours la
psychologie féminine, Aristote et Horace contre l'instinct premier des acteurs : « la frayeur, si naturelle au sexe, lui doit faire
prendre la fuite, et recevoir le coup derrière le théâtre, comme
je le marque *dans cette impression.* » (*Examen* de 1660.) Du
reste, on sent encore quelque hésitation : « D'ailleurs, si c'est
une règle de ne le point ensanglanter, elle n'est pas du temps
d'Aristote... Horace ne veut pas que nous y hasardions les
événements trop dénaturés. » *(Ibid.).* Les acteurs avaient
spontanément compris que la mort de Camille avait lieu *sur
scène*[152]. Solidement campée en face d'Horace qu'elle domine
de toute sa faiblesse, dirigeant seule le coup qui sera, plus qu'à
elle, fatal à son frère, Camille attend le brutal de pied ferme;
elle ne saurait fuir, à l'instant même où elle dégage enfin sa
liberté de l'esclavage dans lequel sa propre sensibilité l'avait
jusqu'ici tenue, au moment où, par l'affrontement de la mort,
elle s'égale en courage à Horace et l'emporte sur la force virile
par la ruse de Femme. Contre l'homme, qui prétend légiférer
et montrer en tout l'exemple[153], Camille incarne l'effort de la
femme pour fonder un héroïsme féminin. Elle est par là à
Sabine ce qu'Horace est à Curiace : dépassement et accomplissement. En Camille se retrouve et se justifie, dans un élan
suprême, la lignée entière des héroïnes cornéliennes de la passion, qui, n'ayant pas su mourir, n'avaient pas pu vaincre.
Avec la sœur d'Horace, l'amour acquiert, pour la première fois,
et au sens le plus strict, ses lettres de *noblesse* et se révèle comme
l'une des possibilités concrètes qui s'ouvrent à la conscience
aristocratique. Camille, en ce sens, c'est la revanche de Chimène.

IV

On aperçoit aussitôt les conséquences désastreuses qui
s'ensuivent pour le projet héroïque. Si une éthique du Sentiment
pouvait accéder à l'authenticité, jusque-là réservée à la morale
de la Maîtrise, un schisme mortel, une sécession *fratricide* s'ins-

talleraient au cœur de l'héroïsme, soudain retourné contre lui-même et divisé à jamais. Le duel du frère et de la sœur, en ce sens, symbolise le conflit de deux éthiques *jumelles*, nées du même désir de porter l'humain à l'Absolu, parfaitement identiques dans leur but et opposées dans leurs moyens, sans qu'aucun dépassement dialectique paraisse possible. L'héroïsme rencontre ici sa tragédie véritable, que le meurtre de Camille ne résout pas, mais consomme. En fait, il n'y a ni victoire de Camille sur Horace, ni d'Horace sur Camille : il n'y a qu'une destruction mutuelle.

Si, en effet, Camille récupère sa liberté et triomphe dans la mort, il ne s'agit que d'une liberté négative et d'un triomphe illusoire : elle atteint bien, sans nul doute, son frère, mais il ne faut pas oublier qu'à travers lui, c'était *Rome* et l'éthique de la Gloire qu'elle visait. Or, la patrie terrestre de l'Honneur reste hors d'atteinte, et ce que nous avons dit plus haut des imprécations de Curiace (cf p. 142) vaut ici pour les fureurs de Camille : l'explosion verbale ne constitue, en fait, qu'une manifestation d'impuissance, comme, d'ailleurs, Horace le constate :

> *Et ce souhait impie, encore qu'*impuissant,
> *Est un monstre qu'il faut étouffer en naissant.*
>
> (IV, vi, 1333-34.)

Arme efficace contre Horace, qu'il force au meurtre, le « souhait impie » n'est plus, à l'égard de Rome, qu'une menace risible. A la vision apocalyptique d'une Rome anéantie par la conjuration des hommes et du ciel, répond la vision historique et prophétiquement vraie de Sabine, dont le mouvement lyrique d'expansion reprend celui de l'héroïsme rodriguien :

> *Je sais que ton État, encore en sa naissance,*
> *Ne saurait, sans la guerre, affermir sa puissance ;*
> *Je sais qu'il doit s'accroître, et que tes grands destins*
> *Ne le borneront pas chez les peuples latins ;*
> *Que les Dieux t'ont promis l'empire de la terre...*
>
> (I, i, 39-43.)

Promesse *divine*, ainsi que le rappellera aussi le vieil Horace :

> *Un jour, un jour viendra que par toute la terre*
> *Rome se fera craindre à l'égal du tonnerre...*
> *Les Dieux à notre Enée ont promis cette gloire.*
>
> (III, v, 987-88, 991.)

Quant à Horace, il a beau vouloir faire triompher Rome en lui et hors de lui, il n'aboutit qu'à un double échec. Malgré tous ses efforts pour être un pur « Romain », il faut comprendre qu'Horace souffre encore plus d'avoir à tuer sa propre sœur que son beau-frère : sa brutalité n'est que le masque d'une sensibilité exacerbée, prête à s'effondrer. Ce héros à toute épreuve se voit contraint de *s'enfuir*, à l'arrivée de sa femme, de peur de se laisser disloquer par l'émotion (cf. p. 144). Maître de lui-même jusqu'au meurtre de sa sœur (et c'est pourquoi ni avec Curiace ni avec Camille il ne répond à l'insulte par l'insulte), il voit, après le meurtre, sa maîtrise lui échapper. Mais il y a plus : ayant tout sacrifié, y compris le plus aimant de lui-même, à sa « gloire », il est atteint, comme Camille le prévoyait, dans cette gloire, qui constituait sa raison d'être. Le vieil Horace le constate amèrement :

> *Quand la gloire nous enfle, il [le ciel] sait bien comme il faut*
> *Confondre notre orgueil qui s'élève trop haut.*
>
> (V, 1, 1405-6.)

Dans cet univers du « haut » et du « bas » qu'Horace cherche jusqu'au bout à promouvoir :

> *Sèche tes pleurs, Sabine, ou les cache à ma vue...*
> *C'est à toi d'élever tes sentiments aux miens,*
> *Non à moi de descendre à la honte des tiens,*
>
> (IV, vii, 1348, 1353-54.)

Camille a réussi à le faire « tomber » selon son dessein, à le faire choir et déchoir. Tel est le verdict du héraut de l'honneur, leur propre père :

> *Je me tiens plus à plaindre, et je te plains plus qu'elle :*
> *Moi, d'avoir mis au jour un cœur si peu romain ;*
> *Toi, d'avoir par sa mort déshonoré ta main.*
>
> (V, 1, 1412-14.)

Pour Horace qui, dans son entrevue avec Curiace, avait tenté d'ouvrir celui-ci à l'exaltation d'un « grand nom » et aux joies de la « renommée », c'est là, au moment où il accomplit le geste héroïque par excellence, une étrange défaite, puisqu'il tombe, comme Corneille nous en avertit dans son *Examen*, « d'un péril illustre, où il ne peut succomber que glorieusement, en un péril infâme, dont il ne peut sortir sans tache. »

Dès lors, on comprend la nécessité du cinquième acte et le caractère indispensable du « jugement » de Tulle. Il faut, une fois de plus, défendre Corneille contre lui-même et contre les commentateurs qui le suivent trop aisément. Corneille, en effet, déclare dans son *Examen* : « Tout ce cinquième [acte] est encore une des causes du peu de satisfaction que laisse cette tragédie : il est tout en plaidoyers, et ce n'est pas là la place des harangues ni des longs discours... Le cinquième acte doit plus agir que discourir. » Rien ne montre mieux l'absurdité des canons que l'on prétend imposer *a priori* à la matière esthétique. Il faut, en effet, souligner le rôle capital des « plaidoyers » et des « harangues » dans la tragédie cornélienne. Ce rôle ne saurait, d'ailleurs, être « expliqué » par le fait que Corneille était avocat et, partant, amateur de beaux discours : cette particularité de sa profession et de son tempérament permettent de comprendre la *facilité* avec laquelle l'auteur peut utiliser la rhétorique dans ses pièces, mais non le *sens* de cette utilisation, dans le contexte de sa dramaturgie. L'éloquence processive est, d'ordinaire, vertu bourgeoise, qui tente de substituer la persuasion à la force et qui fleurit au stade marchand, plutôt que patricien des civilisations. L'aristocrate est, par nature, rebelle aux codicilles et aux digestes, et refuse de laisser décider du mérite de ses actes selon des lois et des catégories abstraites : le seul mérite vient de l'affrontement personnel; la loi, c'est l'épreuve de force et de courage; l'unique jugement, le « jugement de Dieu ». Richelieu le savait bien, qui eut tant de mal à faire respecter son édit sur le duel. On peut donc s'étonner de la présence et de l'importance, dans ce théâtre éminemment aristocratique, de l'élément *judiciaire*. A y regarder de près, toutefois, les plaidoyers et les harangues, dont parle Corneille, ne sont jamais destinés à *éviter*, comme c'est leur mission coutumière, le heurt direct des individus et à neutraliser les conflits, en les intégrant à des systèmes conceptuels, où ils se résolvent. Dans le théâtre de Corneille, le discours n'est pas un substitut de l'action; il intervient toujours *après coup*, non pour la guider, mais pour la justifier. Don Diègue insulté, Rodrigue tue le Comte : la « poursuite » de Chimène, la « défense » de don Diègue, le « jugement » de don Fernand sont là pour éclairer et établir sans controverse possible le bien-fondé du geste immédiat. Dans la mesure où le théâtre de Corneille représente une prise de conscience du projet aristocratique à un moment où il se sent *menacé*, l'éloquence devient un prolongement nécessaire de l'action, l'instant de sa *justification théorique*, lorsque précisément le geste vengeur de Rodrigue ou d'Horace se trouve *mis en question* [154]. Cependant, la règle selon laquelle « le cinquième acte doit plus agir que discourir » était respectée dans *le Cid*, parce que l'exaltation héroïque, en plein essor, continuait à agir, tandis que les autres persistaient à discourir; et Rodrigue allongeait la liste de ses victoires, tandis qu'on discutait d'anciens griefs. La situation, dans *Horace*, est altérée : parvenu au sommet, le héros se voit soudain arrêté dans sa carrière. Si la pièce se terminait à la mort de Camille, l'issue serait incertaine, le doute possible, le mouvement de l'héroïsme cornélien mis en échec, les assises de la morale et de l'ordre aristocratiques ébranlées. Un jugement suprême (ici comme dans *le Cid*, il s'agira d'un jugement *royal*) s'impose, pour éclaircir la conjoncture, dire le droit, décider des vraies valeurs. Il ne saurait donc être question, en ce cinquième acte, de continuer à « agir », puisque l'action a perdu son efficace. La parole va donc prendre sa relève, et le salut héroïque débouchera spontanément sur l'éloquence sacrée.

Il reste, toutefois, au héros à faire l'apprentissage de la *solitude tragique*. Pour trouver le courage de ses actes, Horace s'identifiait tout naturellement à Rome; pour fonder une aristocratie supérieure, il faisait appel à Curiace et le conviait à se joindre à lui. Au-delà de l' « ordre commun », Horace voulait établir un ordre terrible et ardu, que récompenserait une « renommée » sans égale. Il découvre que la Terre Promise est un désert, et qu'après avoir sacrifié ses beaux-frères, sa sœur et lui-même, il est irrémédiablement seul. C'est l'expérience inverse de celle de Rodrigue, dont la geste se prolonge sur tous les continents et dans tous les âges, en une dilatation infinie. Le début du cinquième acte ouvrira, par une douloureuse confrontation avec le vieil Horace, le calvaire de la solitude. Cette rencontre est décisive, car le vieil Horace est ici le gardien de l'ordre romain, comme don Diègue l'était de l'ordre féodal. Or, nous avions déjà noté la différence et, pour ainsi dire, le décalage qui existaient entre don Diègue et son fils en matière amoureuse (cf. p. 128), mais nous avions aussi constaté que don Diègue était beaucoup plus perspicace qu'on ne voulait bien le reconnaître d'ordinaire : entre son fils et lui, il n'y a qu'une incompréhension passagère, qui ne saurait faire oublier leur pacte profond. La distance qui sépare le vieil Horace de son fils est autrement pénible et périlleuse. Le vieil Horace, en effet, malgré sa toge et ses airs romains, est bien loin de symboliser l'éthique de la Maîtrise dans toute sa pureté et difficulté intimes [155] : c'est, en quelque sorte, un Maître *optimiste*, qui croit à une conciliation possible du Moi sentimental et du Moi héroïque; il laisse les deux Moi coexister en lui, sans apercevoir, comme son fils, la nécessité de sacrifier le premier au second. Arrivant sur les lieux après les scènes violentes où Camille et Curiace affrontent Horace, le vieux guerrier parle à la romaine :

> *Qu'est-ce-ci, mes enfants? écoutez-vous vos flammes,*
> *Et perdez-vous encor le temps avec des femmes?*
>
> (II, VII, 679-80.)

Mais quelle différence entre l'instant où il reste face à face avec

Curiace et celui où Horace ne « connaissait plus » son beau-
frère !

> — *Quel adieu vous dirai-je? et par quel compliment?*
> — *Ah ! n'attendrissez point ici mes sentiments;*
> *Pour vous encourager, ma voix manque de termes;*
> *Mon cœur ne forme point de pensers assez fermes;*
> *Moi-même en cet adieu j'ai les larmes aux yeux.*
>
> (II, viii, 705-9.)

Plus tard, pendant le combat, le voilà parmi les femmes :

> *Loin de blâmer les pleurs que je vous vois répandre,*
> *Je crois faire beaucoup de m'en pouvoir défendre.*
>
> (III, v, 951-52.)

L' « héroïsme » du vieil Horace rappelle étrangement celui de
Julie, plutôt sur la défensive que prêt à l'offensive; c'est précisément l'aristocratie de l'âme « au premier degré », qu'Horace
s'était donné pour mission de dépasser. Même le cri fameux,
que l'on donne traditionnellement comme le modèle de
l'héroïsme cornélien, loin d'en représenter l'apogée, n'en constitue qu'une atténuation :

> — *Que vouliez-vous qu'il fît contre trois? — Qu'il mourût,*
> *Ou qu'un beau désespoir alors le secourût.*
>
> (III, vi, 1021-22.)

L'alternative est ici capitale : le vieil Horace ne dit pas :
« Qu'il mourût », mais « Qu'il mourût, ou... » Il laisse la porte
grande ouverte à une possibilité autre que la mort, à l'accident
imprévu, au miracle. Il se refuse spontanément à envisager la
mort de son fils comme l'inéluctable épreuve de son héroïsme [156].
Plus tard, lorsqu'il croira ce fils coupable, il menacera de faire
justice lui-même :

> *J'atteste des Grands Dieux les suprêmes puissances*
> *Qu'avant ce jour fini, ces mains, ces propres mains*
> *Laveront dans son sang la honte des Romains.*
>
> (III, vi, 1048-50.)

Mais lorsqu'il le saura vraiment coupable, malgré les objurga-
tions d'Horace, il reculera :

> *Il [un père] n'use pas toujours d'une rigueur extrême;*
> *Il épargne ses fils bien souvent pour soi-même;*
> *Sa vieillesse sur eux aime à se soutenir,*
> *Et ne les punit point de peur de se punir.*
>
> (V, 1, 1435-38.)

Ici, père et fils sont aux antipodes l'un de l'autre, puisque c'est l'*autopunition* à travers l'immolation d'autrui qui définit l'éthique véritable. Lorsque le vieil Horace conclut :

> *Je te vois d'un autre œil que tu ne te regardes,*
>
> (Ibid., 1439.)

il ne fait que constater l'abîme qui le sépare de son fils, dont il ne comprend pas le drame intime. Aussi, pour « excuser » Horace, plaidera-t-il auprès du roi les circonstances atténuantes : « Un premier mouvement ne fut jamais un crime » (v. 1648), sans voir que ce qu'il présente comme un « premier mouvement » est le mouvement le plus profond de l'héroïsme. Cette ruse d'avocat attirera sur lui et sur Horace la réponse humiliante :

> *Un premier mouvement qui produit un tel crime*
> *Ne saurait lui servir d'excuse légitime.*
>
> (Ibid., 1735-36.)

Serviteur de l'ordre aristocratique, le vieil Horace en est aussi la victime. Faute d'en avoir sondé les implications dernières, sa philosophie est à courte vue, son éthique insuffisante, sa lucidité en défaut. Dès le début de l'acte V, Horace n'est plus de plain-pied avec son père. Les scènes suivantes transformeront la faille en fossé.

On ne s'étonnera donc pas que, séparé de son père, symbole de la Rome moyenne, Horace se trouve soudain retranché de sa classe par son acte. Contre lui s'ameutent les « gens de bien, les riches, le sénat », dont parlera plus tard Cinna, et qui s'expriment à présent par la bouche de Valère :

> *Souffrez donc, ô grand roi, le plus juste des rois,*
> *Que tous les gens de bien vous parlent par ma voix.*
>
> (V, ii, 1481-82.)

Les « honnêtes gens », qui forment le gros d'une caste nantie et timorée, s'effraient tout naturellement des audaces d'Horace. Coupés qu'ils sont des racines de l'héroïsme, tels les personnages des comédies, le geste meurtrier leur paraît attentatoire à l'ordre établi. D'abord, il leur fait peur :

> *Il a sur nous un droit et de mort et de vie*
> *Et nos jours criminels ne pourront plus durer*
> *Qu'autant qu'à sa clémence il plaira l'endurer.*
>
> (V, ii, 1508-10.)

Chacun se sent visé dans sa faiblesse secrète, qui pourrait attirer sur lui le châtiment de Camille. Ce danger pour la morale est aussi, bien sûr, un péril pour la religion :

> *Pensez-vous que les Dieux, vengeurs des innocents,*
> *D'une main parricide acceptent de l'encens?*

(v. 1521-22.)

La crainte personnelle d'Horace se redouble d'une crainte salutaire des Dieux :

> *Sauvez-nous de sa main, et redoutez les Dieux.*

(v. 1534.)

Le héros voit donc se soulever contre lui la Grande Peur des Bien-Pensants. Le plaidoyer de Valère, à cet égard, est habile et efficace, puisqu'il rappelle au monarque la règle d'or des sociétés stables : morale et religion. Par un paradoxe cruel, la volonté farouche de fonder une nouvelle humanité « hors de l'ordre commun » aboutit aussi sûrement à mettre Horace en défaut avec l'ordre établi que la révolte anarchique de Camille. Au sein d'une aristocratie dégénérée et, si l'on veut, « embourgeoisée », qui place désormais les valeurs de sécurité au-dessus des valeurs héroïques, une solitude totale et identique accueille le saint et le rebelle.

Voici donc Horace resté seul, meurtrier et meurtri, trahi par ses semblables, incompris de ses proches, — non seulement d'une épouse gémissante et médiocre [157], mais de son père même. Il est symptomatique que ses premiers mots, qui seront aussi ses dernières paroles, puisqu'on ne l'entendra plus dans la pièce, soient : « A quoi bon me défendre? » Il ne faut pas se tromper sur le sens de sa soumission apparente à l'unique volonté du roi :

> *Vous savez l'action, vous la venez d'entendre ;*
> *Ce que vous en croyez me doit être une loi.*

(V, ii, 1536-37.)

Soumission, d'ailleurs, accompagnée d'une secrète ironie à l'égard du monarque :

> *Notre sang est son bien, il peut en disposer,*
> *Et c'est à nous de croire, alors qu'il en dispose,*
> *Qu'il ne s'en prive point sans une juste cause.*

(Ibid., 1542-44.)

Cette humilité n'est que l'ultime expression d'un orgueil qui refuse de plaider sa cause devant des médiocres et n'accepte le dialogue qu'avec le Souverain. Le héros ne reconnaît plus que le roi et ne peut plus être reconnu que par lui. Si la loi du Souverain est la loi du nombre, il ne reste plus qu'à disparaître. Nous sommes loin de la reconnaissance universelle qu'arrachait à tous et partout le Cid. C'est comme si le jaillissement d'énergie, le débordement juvénile de vaillance, qui marquaient les scènes de confrontation et de combat, au début de la pièce, s'étaient taris. Une envahissante et amère ironie s'exprime en un renoncement final :

D'autres aiment la vie et je la dois haïr.

(v. 1546.)

Ce serait pourtant une totale erreur de le croire accablé par la souffrance et méditant en chrétien la leçon de la douleur[158] : Horace est un Maître, c'est-à-dire un homme qui ne pose la souffrance que pour s'y opposer. Il n'y a chez lui aucun épuisement de l'être, — pas davantage d'humilité, alors qu'il est, au contraire, raidi dans un hautain orgueil. Il faut simplement comprendre ce qu'il dit, et il ne dit pas qu'il hait la vie, mais qu'il la *doit* haïr, ce qui est tout différent. Il convient de s'interroger sur le sens de cet étrange devoir, puisque aussi bien il constitue le dernier message du héros.

Ce qui frappe ici Horace d'« immobilité », ce n'est pas, comme Rodrigue au début des Stances, la douleur de la perte personnelle : c'est, bien plus gravement, la tragédie même du dépassement héroïque. C'est que le projet alidorien de « vivre à soi », transformé en désir de possession authentique de soi, est l'inverse d'un solipsisme. Le héros ne se veut pas seulement héros, il veut aussi un ordre héroïque; le Moi cornélien aspire à un triomphe éternel, et, comme seul le monde a l'éternité, à un triomphe *objectif*. C'est pourquoi le Moi héroïque de Rodrigue devait, par vocation, être reconnu de *tous*, en un mouvement infini d'expansion, qui impliquait la totalité des hommes comme l'ensemble de l'univers. Seul ce mouvement de création continuée peut conférer aux actions humaines, discontinues et dispersées, immortalité et divinité. Horace le comprend fort bien, lui qu'anime, autant que Rodrigue, le désir de « renommée ». Or, c'est là que se consomme le véritable drame de l'héroïsme, au-delà de la perte et du sacrifice : lorsque le héros s'accomplit en un acte suprême, ce dernier porte le stigmate de la « honte » et *la reconnaissance d'autrui se dérobe soudain*. Le héros se retrouve paria. L'ordre qu'il voulait servir le rejette; il n'est désormais qu'en porte à faux dans sa classe. Rome et Horace ne font pas un, mais deux, et *l'identification spontanée était illusoire*. Le décalage subit de l'acte, tel qu'il apparaît au Moi héroïque et tel qu'il apparaît à autrui, fait surgir une irrémédiable tragédie.

D'abord, la puissance corrosive du temps, que *le Cid* croyait avoir conjurée, manifeste à nouveau sa présence maléfique et destructrice :

> *Sire, c'est rarement qu'il s'offre une matière*
> *A montrer d'un grand cœur la vertu tout entière.*
> *Suivant l'occasion elle agit plus ou moins,*
> *Et paraît forte ou faible aux yeux de ses témoins.*
> *Le peuple, qui voit tout seulement par l'écorce,*
> *S'attache à son effet pour juger de sa force ;*
> *Il veut que ses dehors gardent un même cours,*
> *Qu'ayant fait un miracle, elle en fasse toujours :*
> *Après une action pleine, haute, éclatante,*
> *Tout ce qui brille moins remplit mal son attente ;*
> *Il veut qu'on soit égal en tous temps, en tous lieux...*
>
> (Ibid., 1555-65.)

L'existence temporelle ne peut jamais atteindre à cette égalité absolue avec soi. La tragédie de don Diègue reparaît donc ici *à l'état pur*, sans Rodrigue pour le sauver. Les conquêtes successives de Rodrigue ne constituaient, en effet, qu'une quête unique, celle de l'Acte Suprême, qui ferait passer le héros de la condition humaine au règne de l'Absolu. Or, voici, avec Horace, l'acte accompli, l' « action pleine, haute, éclatante » trouvée. Au-delà, il n'y a précisément plus *rien :*

> *Votre Majesté, Sire, a vu mes trois combats :*
> *Il est bien malaisé qu'un pareil les seconde,*
> *Qu'une autre occasion à celle-ci réponde,*
> *Et que tout mon courage, après de si grands coups,*
> *Parvienne à des succès qui n'aillent au-dessous...*
>
> (Ibid., 1574-78.)

Une lucidité soudaine ruine la possibilité d'un *temps du miracle*, que proposait *le Cid*[159]. La destruction de l'héroïsme par le temps se retrouve ici intacte : comme don Diègue en avait fait la douloureuse expérience, Horace découvre qu'un *instant* suffit à compromettre une *vie :*

> *...Puisque pour mon honneur j'ai déjà trop vécu.*
> *Un homme tel que moi voit sa gloire ternie,*
> *Quand il tombe en péril de quelque ignominie...*
>
> (Ibid., 1582-84.)

Mais, à la différence de ce qui se passait dans *le Cid*, cet instant imprévisible doit désormais être prévu; le malheur accidentel devient une étape nécessaire. Tout comme la beauté, dans les comédies, portait sa propre mort en elle-même, l'héroïsme, dans son effort pour s'arracher à la nature, reste soumis à la loi du cours naturel. L'Absolu de l'acte humain se perd et se dégrade en retombant au temps; la nécessité héroïque, en butte aux hasards de l' « occasion », est reprise tout entière par la contingence. C'est le devenir même de l'héroïsme qui exige d'aller finalement « au-dessous » de soi. Dans la mesure où le héros vit, l'existence implique, pour lui, une inéluctable déchéance.

A la corrosion interne de l'héroïsme par le temps correspond sa mise en échec extérieure dans l'espace. S'il est impossible d'être « égal en tous temps », il est impossible de l'être « en tous lieux ». La « reconnaissance » du héros, sous forme d'éblouissement et de renommée universels; la « gloire », structure nécessaire des rapports du Moi à Autrui, achoppent soudain au refus des « témoins », de ce « peuple », « qui voit tout seulement par l'écorce » et veut que les « dehors gardent un même cours ». Or, ce *peuple*, dont Horace parle avec mépris et que son père qualifie de « stupide [160] », loin de s'attacher aux apparences, n'exige, en réalité, du héros *rien d'autre que ce qu'il exige de sa propre vertu :* « qu'ayant fait un miracle, elle en fasse toujours ». Horace et son découragement devant l'impossibilité humaine de se dépasser sans cesse sont très exactement à l'unisson des demandes populaires. C'est pourquoi le vieil Horace tente de venir au secours d'Horace en niant le peuple et en refermant hermétiquement l'ordre aristocratique sur lui-même :

> *C'est aux rois, c'est aux grands, c'est aux esprits bien faits,*
> *A voir la vertu pleine en ses moindres effets ;*
> *C'est d'eux seuls qu'on reçoit la véritable gloire ;*
> *Eux seuls des vrais héros assurent la mémoire.*
>
> (V, III, 1717-20.)

Il est bien évident que c'est Horace, dans son hostilité angoissée au « peuple », qui voit juste, et son père qui fausse les données fondamentales du problème de la reconnaissance. Nous avons déjà vu, en effet, la nécessité, pour le héros, de s'imposer à *tous* (cf. p. 125), c'est-à-dire pour Rodrigue, de devenir le Cid et, après avoir dompté le Comte, d'étendre à l'infini ses conquêtes. Le héros est en expansion continue ou n'est pas. Le Maître n'est Maître qu'en se faisant reconnaître comme tel *à la fois* par les Esclaves et par les autres Maîtres, par le peuple et par ses pairs. En se limitant à la reconnaissance unilatérale des Maîtres entre eux, ainsi que c'est le cas dans le théâtre de Corneille (cf. p. 147), le projet aristocratique tend à se mutiler et à se détruire, et perd, en dernier ressort, son authenticité. Ce n'est donc nullement un hasard si les exigences d'Horace envers lui-même coïncident avec celles du peuple envers le héros : ce n'est que par le consentement renouvelé de l'Esclave qu'on devient Maître, et qu'on le reste. Sans la « renommée » populaire, pas de héros.

On aperçoit toutes les conséquences qu'Horace découvre à présent. Impossible de refermer la classe des Maîtres sur elle-même, comme voudrait son père et comme il avait, d'ailleurs, tenté personnellement de le faire en fondant une sur-aristocratie. Vainqueur des Curiaces, vainqueur de Camille, vainqueur de soi, voici que la présence du peuple dépouille Horace de sa victoire : au moment où il croit se posséder absolument, des consciences étrangères, l'Autre véritable, et non plus l'Alter Ego, le confrontent et lui arrachent ses propres actes. En termes de philosophie existentialiste, la tragédie d'Horace reflète ici le drame de toute conscience : l'impossibilité d'être pleinement et absolument — d'être-Dieu — se traduit par la double impossibilité *temporelle* de coïncider avec soi, et *spatiale* de se récupérer sur autrui. On ne saurait pas plus échapper au morcellement de la durée qu'à la dispersion dans le monde; pas plus arriver à la possession totale de soi qu'à celle d'autrui. A cet égard, *Horace* explore, trois siècles à l'avance, et malgré les différences évidentes, la même impasse que *Huis Clos*, et pour le héros cornélien autant que pour les personnages sartriens, « l'Enfer, c'est les autres ». C'est la présence irrémédiable et irrécupérable d'*autrui* (pour l'aristo-crate, tout naturellement, le *peuple*), qui fait trébucher le héros dans sa quête de possession absolue de soi, et toutes les conduites auxquelles il a fait appel pour éluder (Alidor) ou surmonter (Rodrigue) cette présence aboutissent, en fin de compte, à un échec. Ainsi, au sommet de sa carrière, le héros rencontre la *solitude tragique absolue :* solitude du héros dans sa classe, solitude de sa classe dans l'humanité, solitude de l'homme à l'intérieur comme à l'extérieur de lui-même. Au moment où il se consomme dans le combat fratricide et le meurtre incestueux, c'est-à-dire où il tente de se *dé-naturer*, l'effort héroïque s'éprouve tout entier repris par l'être-au-monde ou *être naturel*, qu'il fuyait. On comprend mieux pourquoi Horace « doit haïr » la vie : tant qu'il y a de la vie, il n'y a, pour le héros, pas d'espoir. Aussi, esprit d'une lucidité exemplaire, Horace comprend-il que le meurtre de sa sœur, n'étant qu'un demi-suicide, était, en fait, une demi-mesure. Pour sauver sa gloire, pour échapper au temps et à autrui, pour s'immortaliser, il ne reste donc au héros, une fois son acte accompli, qu'à mourir :

> *Si bien que pour laisser une illustre mémoire,*
> *La mort seule aujourd'hui peut conserver ma gloire :*
> *Encor la fallait-il sitôt que j'eus vaincu...*

(V, ii, 1579-81.)

Cette mort, bien entendu, ne saurait être qu'un *suicide*, destiné, jusque dans l'annihilation du Moi, à défier autrui :

> *Permettez, ô grand Roi, que de ce bras vainqueur*
> *Je m'immole à ma gloire, et non pas à ma sœur.*

(v. 1593-94.)

v

    Tels sont les derniers mots d'Horace, dictés non par un abattement soudain, mais par une intuition profonde, qui rassemble en elle tous les éléments épars dans les cheminements antérieurs du héros. A l'image traditionnelle d'un Corneille rhéteur, sûr de lui, apôtre de la volonté sans défaillance, il convient de substituer celle d'un Corneille qui lentement, systématiquement, farouchement, sécrète, élabore, explore le Héros qu'il porte en lui, en éclaire avec une intelligence, une probité, une cruauté exemplaires les possibilités et les impossibilités. Au point où nous en sommes, jamais son « péril », pour parler comme Corneille, n'aura été si grand. Nous avions auparavant conclu à une sorte de « match nul » entre Camille et Horace : serions-nous obligé de conclure maintenant que le match est nul en vertu non d'une force, mais d'une faiblesse égales? Cette perspective troublante et, pour lui, désespérante, c'est la gloire de Corneille — et le signe manifeste de son génie — qu'il ait su et voulu l'ouvrir.
    Voici donc Horace prêt à tirer contre lui-même l'épée qu'il avait tirée contre ses adversaires. C'est à ce moment que le roi Tulle intervient, en une ultime tirade, qui remet les valeurs en place et rétablit la situation. A la conclusion sinistre d'Horace : « D'autres aiment la vie et je la dois haïr » s'oppose le commandement royal : *Vis pour servir l'État.* En face du *héros*, incarnation d'une éthique, se dresse le *roi*, gardien et défenseur d'un système. Comme nous l'avions vu (cf. p. 82), le passage de la comédie à la tragédie consistait, pour Corneille, non dans un changement des thèmes, mais dans l'avènement d'une « dignité » nouvelle des personnages; et la dignité tragique demandait « quelque grand intérêt d'État ». Dans son *Discours de la Tragédie*, Corneille précisait encore : « Dans la tragédie, les affaires publiques sont mêlées d'ordinaire avec les intérêts particuliers des personnes illustres qu'on y fait paraître; il y entre des batailles, des prises de villes, des révolutions d'État... » (Ed. Pléiade, I, p. 117.) Or, nous trouvions bien, dans *le Cid*,

les affaires publiques, les batailles, les prises de villes, voire de royaumes, mais ces événements historiques ne semblaient destinés qu'à servir l'avènement de l'héroïsme, qu'à lui fournir un tremplin. L'exploit féodal utilisait l'histoire comme un simple moyen d'arriver à ses fins propres. A peine rencontrée, l'histoire était transformée en légende. Même au début d'*Horace*, nous avons pu voir que le conflit d'Albe et de Rome ne faisait que transposer, à l'échelle des peuples, les contradictions de la dialectique individuelle. Horace s'identifiait spontanément à Rome, mais Rome était avant tout, à ses yeux, une éthique des rapports humains : lorsqu'il exigeait de Camille, de Curiace ou de Sabine des sentiments « romains », il ne leur demandait nullement une affiliation, mais une attitude. Or, l' « État » de Tulle n'est pas la « Rome » d'Horace. Il s'agit non plus de la Maîtrise comme progrès infini, mais comme équilibre présent; non comme morale, mais comme régime. S'il est vrai que le héros ne se veut pas seulement héros, mais veut aussi un ordre héroïque, en un mot, s'il doit y avoir une *institution* de la Maîtrise, la nature, que la générosité héroïque tentait de sacrifier à sa perfection, s'avère, au contraire, indispensable. Le « rang » ne peut être maintenu que par le concours du « sang ». La paternité et la filiation redeviennent des valeurs sacrées — et c'est pourquoi Rodrigue épousait Chimène. Au cœur même de l'héroïsme, il existe donc une *tension tragique*, un renvoi permanent de la nature à l'anti-nature, une présence du vital, qu'il faut à la fois immoler et conserver. C'est ce que symbolisaient parfaitement le duel de Camille et d'Horace, et leur mutuelle destruction. Or, cette contradiction, insurmontable au niveau des rapports individuels, doit, si le projet aristocratique veut survivre, être pourtant résolue : *le salut sera désormais politique*, ou ne sera pas. Le centre de gravité philosophique va donc se déplacer d'Horace vers Tulle, et le roi va prendre la relève du héros défaillant. La tâche du monarque sera précisément de rendre un *jugement* qui ne consacre pas à jamais la rupture et la division entre Horace et la cohorte de ses adversaires, mais qui opère, entre eux, une *synthèse*.

Alors que, pour Horace, le devoir commençait au-delà du devoir et que l'ordre héroïque surgissait « hors de l'ordre commun », le Roi, lui, se doit de considérer les Maîtres dans leur ensemble : il lui faut maintenir un héroïsme, en quelque sorte, collectif; assurer l'égalité entre les pointes avancées et le gros de l'armée; prévenir le risque d'un schisme. Il n'y aura donc, chez Tulle, aucun mépris de Valère :

> *Valère, c'est assez :*
> *Vos discours par les leurs ne sont pas effacés...*
> *Et toutes vos raisons me sont encor présentes.*
>
> (V, III, 1729-30, 1732.)

A l'égard des « gens de bien », ou de l'héroïsme au repos, c'est-à-dire réconcilié à la nature et à l'ordre du monde, le geste d'Horace est nécessairement criminel, et Tulle en convient :

> *Cette énorme action faite presque à nos yeux*
> *Outrage la nature, et blesse jusqu'aux Dieux.*
>
> (v. 1733-34.)

Or, le même acte, pris par une autre face, possède une vertu singulière, qui transcende le cas d'Horace :

> *Et l'art et le pouvoir d'affermir des couronnes*
> *Sont des dons que le ciel fait à peu de personnes.*
>
> (v. 1751-52.)

Ce qui, d'un côté, « blesse les Dieux » est, d'un autre côté, un « don du ciel ». Le point de vue religieux se neutralise donc lui-même : il se met hors de cause. Les lois divines éliminées, restent les lois humaines :

> *De pareils serviteurs sont les forces des rois,*
> *Et de pareils aussi sont au-dessus des lois.*
>
> (v. 1753-54.)

Les lois humaines se trouvent à leur tour éliminées, face à une nécessité supérieure :

> *Qu'elles se taisent donc ; que Rome dissimule*
> *Ce que dès sa naissance elle vit en Romule.*
>
> (v. 1755-56.)

Il est important de constater qu'à la fin de la pièce, le geste sacrificateur d'Horace n'est pas renié : le parricide envers Albe, par lequel s'était ouverte la carrière héroïque de Rome, se redouble ici d'un meurtre fratricide, *exactement parallèle à celui d'Horace*. A sa « naissance », pris au niveau individuel ou collectif, le projet aristocratique implique le même crime incestueux, la même révolte antiphysique, le même sacrifice de la moitié naturelle de l'homme. Romulus immole Rémus, comme Horace Camille. Mais, lorsqu'on parvient à la maturité d'une société constituée, la prudence politique passera sous silence ce péché originel. L'acte est absous, *à condition d'être oublié*. L'identification spontanée d'Horace à Rome, en définitive, n'était donc pas fausse, mais *incomplète :* parfaitement justifiée, elle s'arrêtait, en quelque sorte, en chemin. Comme

en psychanalyse, on pourrait dire que le danger vient ici d'une
« fixation » du développement héroïque. Il reste au héros une
dernière étape à franchir, sans doute la plus difficile :

> *Vis pour servir l'Etat ; vis, mais aime Valère :*
> *Qu'il ne reste entre vous ni haine ni colère...*
> *Sans aucun sentiment résous-toi de le voir.*

(v. 1763-64, 1766.)

En « aimant Valère », en acceptant de redescendre des cimes
pour côtoyer la médiocrité, en renonçant, ainsi qu'il y conviait
Curiace, à constituer une élite dans l'État, Horace « dissimu-
lera », à son tour, et à l'instar de Rome, l'épreuve originelle.
Accepter de vivre, dans ces conditions, représente pour Horace
un geste plus radical que le suicide, puisqu'il supprime non le
Moi animal, mais le Moi glorieux.

Par ce sacrifice suprême, Horace, toutefois, est enfin sauvé
de lui-même, et l'échec de l'héroïsme, sur le plan individuel,
se rachète par la réussite du système. Les Autres, pris non
comme pluralité infiniment ouverte de personnes, mais comme
totalité organisée, ne sont plus désormais l'Enfer, mais le salut.
Celui-ci apparaît au moment précis où l'éthique, pour se
survivre, doit se dépasser en une politique; où, en termes
dramatiques (et par un renversement significatif), ce n'est
plus Rodrigue qui sauve don Fernand, mais le roi Tulle qui
sauve Horace. Nous parlions, tout à l'heure, de *Huis Clos*.
Ce n'est nullement par hasard que la courbe de la dramaturgie
cornélienne anticipe, trois siècles à l'avance, celle de la pensée
sartrienne. Chez Corneille comme chez Sartre, l'effort radical
pour définir l'homme par la liberté fait bientôt apparaître
les apories de cette liberté, et surgir la double impasse existentielle et morale d'une subjectivité en proie au temps et à autrui.
C'est pourquoi les catégories de la philosophie existentialiste
s'appliquent admirablement à la compréhension d'un théâtre
frère. Nous voyons, dans les comédies de Corneille comme
dans les premières œuvres de Sartre, le Moi chercher littéralement son salut dans la « fuite », et, chez les deux écrivains,
l'exploration littéraire aboutit tout naturellement à dresser
un véritable catalogue des conduites de « mauvaise foi ».
Épuisés les sortilèges des faux-semblants, la conscience naît
enfin à la solitude tragique, dont elle fait peu à peu l'apprentissage dévastateur. La seule possibilité de briser la déréliction
métaphysique, pour l'homme, sera de la transcender vers un
Ordre humain. Horace devra aimer Valère, comme il faudra
bien, en définitive, que Roquentin aime les hommes et que le
Hugo des *Mains Sales* apprenne à « aimer » Georges et Slick,

quand il travaille pour le Parti. Et c'est alors qu'apparaîtra
Tulle, bientôt transmué en Auguste, pour prendre la relève
d'Horace, — comme Hœderer, pour prendre celle d'Oreste. Il
s'agit, bien entendu, de deux *contextes* historiques différents,
et d'Ordres contradictoires, l'un monarchique, l'autre communiste. Mais le *projet* humain est, dans les deux cas, identique :
l'ordre à promouvoir est un *ordre totalitaire*. (Cf. p. 5o2 sqq.)
Ceci n'est pas non plus une coïncidence : incapable de se posséder
en tant qu'absolu subjectif, c'est-à-dire d'être-Dieu au niveau
individuel, le Moi singulier projette de se récupérer dans un
absolu *historique* et d'être-Dieu, à la manière hégélienne ou marxiste, à l'échelle collective et par l'instauration d'un Système [161].
Tel est le sens ultime de cet *État*, dont Tulle annonce, à
la fin d'*Horace*, l'avènement, au terme d'une lutte fratricide
des consciences — comme l'avènement de l'État socialiste,
au terme d'une lutte fratricide des classes.

Il faut, d'ailleurs, noter pour terminer comment, pour
Tulle (et le parallèle avec la morale révolutionnaire n'est ici
que trop évident), la vérité de la Société des Maîtres ne doit
être mise en lumière que pour être mieux « dissimulée » : il
faut, à l'usage des « gens de bien » doubler la politique d'une
mythologie, destinée à parer la violence originelle. La politique
aura donc recours, pour assurer la réconciliation universelle,
aux rites purificateurs de la religion :

> *Mais nous devons aux Dieux demain un sacrifice ;*
> *Et nous aurons le ciel à nos vœux mal propice,*
> *Si les prêtres, avant que de sacrifier,*
> *Ne trouvaient les moyens de le purifier...*
>
> (v. 1771-74.)

Par la propitiation des prêtres, le sang coulé est effacé, et
l'innocence magiquement rendue à Rome. En dirigeant
prévoyant et perspicace, Tulle désire réconcilier non seulement
les vivants entre eux, mais les vivants aux morts, et le présent
au passé. On rendra les honneurs à l'amour sacrifié et désormais
sans danger ; on fera à nouveau « rentrer dans l'ordre », après
Horace, Camille, dont on apaisera les « mânes » :

> *Puisqu'en un même jour l'ardeur d'un même zèle*
> *Achève le destin de son amant et d'elle,*
> *· Je veux qu'un même jour, témoin de leurs deux morts,*
> *En un même tombeau voie enfermer leurs corps.*
>
> (v. 1779-82.)

Sur ces mots qui terminent la pièce, toutes les valeurs se trouvent désormais en place dans un savant équilibre. Entre les
deux éthiques rivales, qui risquaient de diviser le projet aristo-

cratique sans retour, Tulle rend le jugement de Dieu : le Moi
héroïque vivra, et sa solitude tragique, insurmontable sur le
plan de l'être, *servira* sur le plan de l'action. Les énergies
héroïques, dispersées dans l'exploit individuel, seront rassem-
blées et perpétuées non dans l'immortalité d'une âme ou d'un
nom, mais d'un régime. Le Moi naturel périra, mais, loin d'être
rejeté, il *servira*, lui aussi, l'Ordre par sa mort même : le « corps »
des amants, devenu cadavre, sera mis dans un « tombeau »,
qui sera annexé aux monuments de Rome, tandis qu'Horace,
le vieil Horace, Sabine, Valère, les Romains et les Albains font
la paix, sous le sceptre du roi Tulle. Ainsi *Horace* s'achève,
après les sursauts et les tourments de la démesure héroïque,
sur le triomphe et les promesses de l'équilibre royal [162].

Cinna ou la conquête du pouvoir

I

Cinna n'est pas seulement une pièce contemporaine d'*Horace* par la date, mais par l'esprit. Malgré la différence des sujets, il y a identité profonde des thèmes, c'est-à-dire qu'il y a, selon la loi même de la dialectique héroïque, approfondissement et dépassement d'*Horace* par *Cinna*, comme du *Cid* par *Horace*. Or, cette dernière tragédie avait fait surgir l'État, incarné par le roi Tulle, pour reprendre et relancer, au moment suprême, l'effort de l'héroïsme individuel en détresse. Le projet de Maîtrise ne s'ouvre que sur la mort, s'il n'aboutit pas à la constitution d'une société des Maîtres et à l'établissement d'un ordre des Moi. Mais le problème se pose alors de déterminer la nature exacte de cette société et de cet ordre et, si le salut du héros doit être politique, de bien comprendre quelle sera la politique du salut. Question de vie ou de mort, au sens le plus strict, ainsi que l'avait révélé *Horace* avec une tragique grandeur.

A dire vrai, la question était déjà posée « en filigrane » dès *le Cid*, où l'accord final des volontés n'instaurait qu'un équilibre précaire. Une récente étude a cru discerner dans la pièce une affirmation politique très nette, qui dépasserait l'attitude féodale de Don Gomès vers la primauté de la « raison d'État » monarchique, chez tous les autres personnages [163]. Sans être inexacte, cette vue simplifie par trop le problème et supprime, en fait, le *progrès* de la conscience politique dans le théâtre de Corneille et les étapes de son développement. Si *le Cid* offrait *déjà* la solution absolutiste des tragédies ultérieures, on verrait mal pourquoi Corneille se serait cru obligé, à plusieurs reprises, de se justifier d'y avoir malmené la monarchie et d'avoir produit un roi dont l'action « ...ne paraît pas assez vigoureuse, en ce qu'il ne fait pas arrêter le Comte après le soufflet donné, et n'envoie pas des gardes à don Diègue et à son fils. » (*Examen du Cid.*) Corneille tente même d'expliquer historiquement l'impuissance royale : « Sur quoi on peut considérer que

don Fernand étant le premier roi de Castille... il n'était peut-
être pas assez absolu sur les grands seigneurs de son royaume
pour le pouvoir faire. » *(Ibid.)* C'est que *le Cid* nous propose,
en réalité, le tableau d'un ordre idéal, — si l'on veut, le rêve
secret de la conscience aristocratique, où le soutien et le maintien de l'Etat sont assurés par le *héros*, don Diègue dans le
passé, don Gomès au début de la pièce, Rodrigue à la fin.
Ce qui sauve le pays, mis tout entier en péril par l'imprévoyance et l'impéritie du prince, à l'annonce de l'arrivée des
Mores, c'est la décision privée d'un grand seigneur, suivi de
ses « amis », qui se porte au-devant de l'adversaire, par contraste
avec le roi prisonnier d'une attitude purement défensive [164].
L'esprit d'initiative, l'audace, bref, la vitalité sont tous du
côté de la noblesse. Comme le dit Corneille lui-même, c'est
Rodrigue qui fait tout [165] et son désir de s'excuser de sa témérité
souligne encore davantage la carence royale [166]. Le fameux
récit du combat contre les Mores sert au héros à chanter
sa propre gloire et à construire sa propre légende, et ce n'est
que dans un dernier vers maladroit, et d'une réticence significative, qu'il se met « au service » du Roi et de l'État [167]. De sorte
que, si *le Cid* se trouve avoir une conclusion heureuse, à la
fois du point de vue amoureux et politique, si les fins personnelles et collectives semblent se réunir et se confondre [168],
il n'en reste pas moins que le remplacement du Comte par
Rodrigue et leur équivalence fondamentale contiennent une
menace latente pour l'ordre monarchique. A prendre strictement la déclaration de don Diègue à son fils, « que ce qu'il
[le roi] perd au Comte il le recouvre en toi » (III, vi), il s'agit
là d'une succession ambiguë et, pour ainsi dire, à double
tranchant. Car l'affrontement de la mort, qui définit le Maître,
le met non seulement au-dessus de l'adversaire qu'il tue ou
asservit, mais aussi au-delà de toute autorité extérieure et de
toute sanction sociale, ainsi que le Comte le dit si bien :

> *Qui ne craint point la mort ne craint point les menaces.*
> *J'ai le cœur au-dessus des plus fières disgrâces.*
>
> (II, 1, 393-94.)

Rien n'empêche que Rodrigue ne fasse un jour sienne la réponse
du Comte à l'envoyé du Roi :

> — *Vous devez redouter la puissance d'un roi.*
> — *...Que toute sa grandeur s'arme pour mon supplice,*
> *Tout l'État périra s'il faut que je périsse.*
>
> (II, 1, 375, 377-78.)

L'appel au « temps » réconciliateur, sur lequel se termine la pièce, laisse donc subsister un péril capital, conjuré, mais non écarté. Et ce péril est d'autant plus grave qu'il vient à la société des Maîtres du projet de Maîtrise même.

C'est pourquoi nous retrouvons le problème non plus dissimulé par l'optimisme volontaire du *Cid*, mais douloureusement mis à nu par la conscience tragique dans *Horace*. Si tout héroïsme doit passer par la lutte à mort des consciences, voilà la société des héros vouée à s'entre-déchirer et, en fin de compte, à se détruire. La tension entre les visées subjectives et les besoins objectifs de la Maîtrise, que nous avons pu discerner jusque dans les premières comédies, risquent d'aboutir à un éclatement fatal. Le jugement final de Tulle est destiné à fonder et promouvoir cet équilibre nécessaire, à établir une synthèse des contradictions nobiliaires, non pas livrée à la chance historique, mais opérée par un système de gouvernement, dans le cadre d'un État. C'est au moment où l'héroïsme traverse une crise presque funeste que se dessine une solution; plus exactement, du problème insoluble jaillit la solution même. Le progrès réel du *Cid* à *Horace*, c'est, en dernière analyse, l'affermissement du monarque : « Bien que le Roi n'y paraisse qu'au cinquième acte, il y est mieux dans sa dignité que dans *le Cid*, parce qu'il a intérêt pour tout son État dans le reste de la pièce; et, bien qu'il n'y parle point, il ne laisse pas d'y agir comme roi. » *(Examen d'Horace.)* De la défaillance secrète, puis ouverte, du héros naît donc une figure nouvelle, qui grandit dans une demi-obscurité et de qui dépend désormais le salut : cette figure, avec *Cinna*, va surgir en pleine lumière.

II

Les relations du héros et du roi sont, cependant, loin d'être simples. Si, selon l'excellente formule de B. Dort, il y a, avec *Cinna*, passage du « roi-juge » au « roi-héros », unité organique et non plus formelle du Moi héroïque et de l'État en une seule et même personne, ce passage ne se fait pas sans peine et *Cinna*, à cet égard, est l'histoire d'une longue et difficile conquête, que nous nous proposons d'étudier. On ne sort pas, en effet, d'*Horace* pour se trouver de plain-pied dans *Cinna*. Il y a, entre les deux pièces, un décalage, une différence de niveau, qui frappe dès l'abord. Il existe comme une chute de tension initiale, comme une dégradation des âmes, qui nécessitera l'entière mobilisation des énergies en vue de l'ascension finale. L'épreuve mortelle, par laquelle l'héroïsme conquérant du *Cid* était passé avec *Horace*, n'est pas terminée, mais se poursuit et s'aggrave encore dans *Cinna*.

La pièce s'ouvre sur la présentation du couple Émilie-Cinna et, au premier coup d'œil, semble offrir des personnages et une situation typiquement « héroïques ». Nous sommes en présence d'une « passion noble », la vengeance, qui unit les deux amants, dans une même conspiration et dans un même élan, contre l'empereur Auguste, assassin du père d'Émilie. Émilie est mue, comme Chimène, par la vision d'un père mort : à l'évocation de Chimène

> *Sire, mon père est mort ; mes yeux ont vu son sang*
> *Couler à gros bouillons de son généreux flanc...*

correspond exactement celle d'Émilie :

> *Quand je regarde Auguste au milieu de sa gloire...*
> *Que par sa propre main mon père massacré*
> *Du trône où je le vois fait le premier degré ;*
> *Quand vous me présentez cette sanglante image...*
>
> (I, 1, 9, 11-13.)

Comme dans le cas de Chimène, la piété filiale est, avant tout, affirmation d'une continuité de la race des Maîtres, ainsi que le souligne Fulvie :

> *Par un si grand dessein vous vous faites juger*
> *Digne sang de celui que vous voulez venger...*
>
> (I, 11, 59-60.)

Quant à Cinna, le meurtre d'Auguste est le seul acte qui puisse le rendre « digne » d'Émilie, comme Rodrigue devait mériter Chimène par la mort du Comte :

> *Cinna me l'a promis en recevant ma foi,*
> *Et ce seul coup aussi le rend digne de moi.*
>
> (I, 11, 135-36.)

Ce n'est pas tout. Comme dans *Horace*, les fins personnelles poursuivies par le héros se dépassent spontanément vers les intérêts supérieurs de la chose publique, à laquelle elles s'identifient. En œuvrant pour elle-même, Emilie servira Rome :

> *Joignons à la douceur de venger nos parents*
> *La gloire qu'on remporte à punir les tyrans,*
> *Et faisons publier par toute l'Italie :*
> *« La liberté de Rome est l'œuvre d'Emilie. »*
>
> (I, 11, 107-110.)

Pareillement, l'épreuve déchirante de Cinna, qui doit sacrifier son quasi-père et bienfaiteur à Rome, rappelle Horace obligé de sacrifier sa propre sœur. Le parricide rejoint ici le fratricide, pour définir, comme notre analyse d'*Horace* nous l'a montré, l'acte fondamental de l'héroïsme. Les vers prononcés par Cinna pourraient être ceux d'Horace devant ses juges :

> *Demain j'attends la haine ou la faveur des hommes,*
> *Le nom de parricide ou de libérateur...*
>
> (I, III, 250-51.)

Ce schéma essentiel du « combat contre un autre soi-même » se retrouve au niveau non seulement des relations individuelles, mais collectives, — qu'il s'agisse des rapports des conjurés avec Auguste :

> « *Mais souvent il m'appelle auprès de sa personne ;*
> *Maxime est comme moi de ses plus confidents...* »
>
> (I, IV, 294-95.)

ou des rapports des Romains entre eux, qui étaient ceux-là mêmes de Rome et d'Albe, dans *Horace* :

> *...Rome par ses mains déchirait ses entrailles...*
> *Romains contre Romains, parents contre parents...*
>
> (I, III, 178, 187.)

Une dernière catégorie de rapports, ceux de l'homme et de la femme, se conforment enfin à l'archétype cornélien défini jusqu'à présent ; la femme portée par son élan, mais déchirée dans sa sensibilité, craignant pour son amant au moment où elle l'envoie peut-être à la mort :

> *...Je sens refroidir ce bouillant mouvement*
> *Quand il faut pour le suivre exposer mon amant,*
>
> (I, I, 19-20.)

se laisserait probablement aller à un mouvement de faiblesse, si l'homme n'était là pour lui donner aussitôt l'exemple. Cinna montre le droit chemin à Émilie, comme Rodrigue à Chimène :

> Emilie : *Mais que deviendras-tu si l'entreprise est sue?*
> Cinna : *S'il est pour me trahir des esprits assez bas,*
> *Ma vertu pour le moins ne me trahira pas...*
> Emilie : *Oui, va, n'écoute plus ma voix qui te retient.*
>
> (I, IV, 310-12, 323.)

Et comme Chimène, Émilie promet de suivre son amant dans la mort. Le sentiment de la race et de l'État, organiquement

liés à ce que Cinna appelle « un si parfait amour » (I, iv, 344) :
nous voici de nouveau plongés au cœur même de l'univers
héroïque.

A y regarder de plus près, il ne s'agit là, toutefois, que d'un
trompe-l'œil, auquel certains critiques se sont laissé prendre [169].
En réalité, le projet héroïque, chez Émilie comme chez Cinna,
est menacé, *vicié* de l'intérieur. En œuvrant pour elle-même,
avions-nous dit, Émilie servira Rome. A mesure que nous
progresserons dans l'analyse de la pièce, il nous faudra retourner
complètement cette proposition et souligner qu'en prétendant
servir Rome, Émilie n'œuvre, en fait, que pour elle-même.
Dès le premier acte, cependant, sa « piété filiale » est suspecte.
Si l'on veut en juger l'aloi, il suffit de comparer le cri de Rodrigue : « A qui venge son père il n'est rien d'impossible », à la
maxime d'Émilie : « Pour qui venge son père il n'est point de
forfaits [170] » (I, ii, 83). La « voix du sang », c'est-à-dire le sentiment de l'appartenance à la race des Maîtres, doit, chez
Rodrigue, susciter le *courage* nécessaire pour vaincre ou
mourir; en ce sens, il n'est aucune situation que le Maître
ne puisse dépasser, rien ne lui est « impossible ». Chez Émilie,
la morale aristocratique du « meurs ou tue » est remplacée
par l'immoralisme machiavélien du succès. Cette substitution
représente, pour la conscience aristocratique, un grave péril.
Loin de se constituer « au-delà du bien et du mal », ainsi qu'on
l'a répété à tort et à travers, le mouvement même de l'héroïsme
cornélien crée sa propre éthique, exigeante et sévère. Pour
Rodrigue, *tous* les moyens de tuer le Comte ne sont pas bons :
il ne saurait y avoir vengeance que s'il y a épreuve de force,
duel et non assassinat. Chimène poursuivant Rodrigue veut
qu'il lui soit fait « justice ». Et c'est précisément l'immolation
facile et sans danger de Camille par Horace qui déshonore
celui-ci. Or, non seulement tous les moyens sont bons pour
Émilie, mais elle va jusqu'à envisager d'épouser Auguste
et de satisfaire ainsi sa vengeance par une double trahison
envers lui et envers Cinna :

> *Je recevrais de lui la place de Livie*
> *Comme un moyen plus sûr d'attenter à sa vie.*

> (I, ii, 81-82.)

Ce n'est qu'une pensée qui lui traverse l'esprit, bien sûr, mais
elle est révélatrice, chez elle, d'un abaissement dangereux du
tonus moral. La lutte qui va s'engager entre elle et Auguste
est, à cet égard, décisive pour l'avenir de l'éthique aristocratique : il s'agira de savoir, pour arriver à ses fins, quels
sont les moyens possibles, et si la vengeance magnanime doit

l'emporter sur la vengeance machiavélique — le machiavélisme n'étant, au fond, que la dégradation du projet aristocratique de domination en projet plébéien de réussite. De ce point
de vue, la vengeance, chez Émilie, devient péniblement *calcu-
latrice*, elle s'embourgeoise, elle donne des signes inquiétants
d'un curieux *mercantilisme :*

> *Et des mêmes présents qu'il verse dans mes mains*
> *J'achète contre lui les esprits des Romains...*
> *Et c'est vendre son sang que se rendre aux bienfaits...*
>
> (I, ii, 79-80, 84.)
>
> *Aussi bien que la gloire, Emilie est ton prix, etc.*
>
> (I, iii, 276.)

Elle n'hésitera pas, au besoin, nous le verrons, à se livrer avec
Cinna à un véritable chantage. C'est que l'amour cesse d'être
une réciprocité de fins pour devenir un moyen. Alors que
Chimène cherchait à égaler Rodrigue, Émilie *utilise* Cinna.
L'émulation se transforme en marchandage, où elle-même est
la marchandise :

> *Quoique j'aime Cinna, quoique mon cœur l'adore,*
> *S'il veut me posséder, Auguste doit périr :*
> *Sa tête est le seul prix dont il peut m'acquérir.*
>
> (I, ii, 54-56.)

En un mot, l'aristocrate, avec Émilie, penche dangereusement
vers le bas.

Quant à Cinna, on est bien obligé de constater, dès le premier
acte, et sans attendre les développements ultérieurs, que son
héroïsme n'est qu'une façade. Le personnage se trouve littéralement en porte à faux. L'authenticité d'Horace venait de ce
que le projet aristocratique, chez lui, se dépassait spontanément vers une morale, le destin personnel vers un ordre social.
Le drame d'Horace et celui de Rome étaient un seul et même
drame et l'identification du héros à Rome constituait sa
justification. Or, là où Horace agissait, Cinna parle. De sa
conspiration, il fait un magnifique tableau, un chef-d'œuvre de
rhétorique, mais le récit épique que Rodrigue faisait *après* sa
victoire, Cinna le fait *avant*. Comme Auguste le lui rappellera
plus tard sans pitié, il ne s'est jamais prouvé; il tient son
aristocratie tout entière des mains d'un autre, il n'existe, sur
le plan de la Maîtrise, que *par autrui :*

> *Ose me démentir, dis-moi ce que tu vaux,*
> *Conte-moi tes vertus, tes glorieux travaux...*
> *Ma faveur fait ta gloire, et ton pouvoir en vient.*
>
> (V, i, 1523-24, 1527.)

Or, cette conspiration, cette unique entreprise par laquelle il compte enfin affirmer sa « vertu », « rendre Auguste jaloux » et le « faire trembler [171]», voici, à son tour, qu'elle n'est tentée que *pour le compte d'autrui*, par opposition aux autres conjurés :

> ...*Jamais conjurés ne furent mieux d'accord ;*
> *Tous s'y montrent portés avec tant d'allégresse,*
> *Qu'ils semblent,* comme moi, servir une maîtresse.

> (I, III, 148-50.)

L'occasion de s'accomplir comme Maître est irrémédiablement compromise et le « nom de libérateur », auquel il aspire, ne saurait dissimuler sa *servitude* réelle :

> *Heureux* pour vous servir *de perdre ainsi la vie,*
> *Malheureux de mourir* sans vous avoir servie.

> (I, IV, 321-22.)

Dès lors, la « liberté de Rome » n'est plus un motif, mais un *prétexte* d'action, un simple moyen de gagner Émilie. Ceci est apparent dans la manière même dont Cinna *utilise* les conjurés, comme Émilie l'utilise. Bien différent de Rodrigue payant de sa personne parmi ses soldats et participant à la bataille de tout son être, Cinna manie ses hommes *de l'extérieur,* avec une habileté consommée et suspecte ; l'engagement devient « peinture » :

> *J'ajoute à ces* tableaux *la* peinture *effroyable...*
> *Vous dirai-je les noms de ces grands personnages*
> *Dont j'ai* dépeint *les morts pour aigrir les courages...*

> (I, III, 189 ; 205-206.)

Le chef, coupé de l'émotion qu'il inspire sans la partager, *détaché,* en quelque sorte, tourne alors au rhéteur et au démagogue :

> *Mais pourrais-je vous dire à quelle impatience,*
> *A quels frémissements, à-quelle violence,*
> *Ces indignes trépas, quoique mal figurés,*
> *Ont porté les esprits de tous nos conjurés?*
> *Je n'ai point perdu temps, et voyant leur colère...*

> (I, III, 209-13.)

La même détérioration, la même inflexion vers le bas qui, chez Émilie, transformaient la dialectique du mérite en logique du marchandage, réduisent, chez Cinna, les vertus du général aux qualités du tribun. Ainsi, non seulement le divorce réel entre les intérêts de l'individu et ceux de l'État est consommé, mais, ce qui est encore plus grave, parce que moins directement visible, c'est que, sous couleur de faire triompher Rome, ce sont, en fait, les *valeurs anti-romaines* de l'*attachement amoureux* que Cinna entend promouvoir. Il l'avoue, d'ailleurs, avec franchise, voire avec cynisme, au terme du long récit d'une conspiration censée être inspirée par le souci de Rome :

> *Que Rome se déclare ou pour ou contre nous,*
> *Mourant pour vous servir, tout me semblera doux.*

(I, III, 259-60.)

Si le désir de vengeance poussait Émilie vers le machiavélisme, l'esclavage amoureux conduit Cinna à l'escroquerie [172].

III

A l'acte deux, faisant pendant aux faux conjurés de la liberté, nous trouvons Auguste, le Grand Prêtre de la Maîtrise, qui a réalisé le projet de domination dans son universalité et est parvenu à cet « empire absolu », dont la quête est la hantise de la conscience aristocratique. Or, ce « pouvoir souverain », loin d'apporter à Auguste la plénitude d'être, se révèle un manque secret :

> *Cet empire absolu sur la terre et sur l'onde,*
> *Ce pouvoir souverain que j'ai sur tout le monde...*
> *N'est que de ces beautés dont l'éclat éblouit*
> *Et qu'on cesse d'aimer sitôt qu'on en jouit.*

(II, I, 357-58, 363-64.)

L' « éblouissement héroïque », comme l' « éblouissement amoureux » des comédies, risquerait-il, à son tour, de n'être qu'un leurre et ne résisterait-il pas à l'épreuve?

L'ambition déplaît quand elle est assouvie

(Ibid., 365.)

Il faut comprendre cette « lassitude » d'Auguste. Il ne s'agit, en aucun cas, de la confondre avec on ne sait quel « vanitas vanitatum » de l'Ecclésiaste; et il n'est nullement question d'une sorte d'expérience religieuse de l'insuffisance des « biens de ce monde [173] ». Le problème d'Auguste, c'est celui de la *possession*, tel que nous l'avons analysé, dans la perspective de la Maîtrise :

> *J'ai souhaité l'empire et j'y suis parvenu;*
> *Mais en le souhaitant, je ne l'ai pas connu :*
> *Dans sa possession j'ai trouvé pour tous charmes*
> *D'effroyables soucis, d'éternelles alarmes,*
> *Mille ennemis secrets, la mort à tous propos,*
> *Point de plaisir sans trouble et* jamais de repos.

(Ibid., 371-76.)

Auguste, dans la « possession absolue », croyait trouver un « repos ». Il pensait atteindre à un certain moment où le devenir s'abolirait, où le temps éclaterait en éternité. Or, Horace savait déjà que c'est là un projet impossible, qu'après s'être élevé à l'acte absolu, l'homme, à moins d'accepter de mourir et d'échapper ainsi au temps, devait inévitablement retomber au-dessous de lui-même : tel est le sens ultime et tragique de son dernier monologue. C'est cette « retombée » — qu'Horace était prêt à éviter au prix de sa mort — qu'Auguste à présent *désire :* « Et monté sur le faîte, il aspire à descendre... » Ce changement d'attitude envers le même dilemme existentiel est significatif. Là où Horace comprenait l'héroïsme comme miracle perpétuel, c'est-à-dire à la fois comme nécessité et comme impossibilité d'un *mouvement infini*, Auguste cherche une possession, c'est-à-dire, selon ses propres termes, un *repos achevé* [174]. Or, ce « repos héroïque » est une contradiction, puisque l'héroïsme, ainsi qu'Auguste s'en rend compte, consiste à se projeter sans cesse vers de nouvelles conquêtes :

> *...Notre esprit, jusqu'au dernier soupir,*
> *Toujours vers quelque objet pousse quelque désir.*

(Ibid., 367-68.)

Autant le désespoir d'Horace, qui accepte de mourir, est authentique, autant l'insatisfaction d'Auguste est suspecte, comme la piété filiale d'Émilie et le patriotisme de Cinna.

En réalité, le leitmotiv du « repos » ne fait que traduire, chez Auguste, la *fuite devant la mort* — « mille ennemis secrets, la mort à tous propos » —, alors que l'affrontement de la mort est, au contraire, le fondement de toute Maîtrise véritable. La « lassitude », l' « insatisfaction » d'Auguste mettent simplement au jour la fausseté radicale d'une puissance coupée de sa justification, et d'une domination du monde qui ne passe pas *d'abord* par une domination de soi. Ce n'est pas une coïncidence si ce mouvement de découragement, au sens strict de *perte de courage*, en faisant éclater l'impossibilité de *se* posséder par la possession du *monde*, rappelle Auguste à la subjectivité : « Il *se ramène en soi*, n'ayant plus où se prendre » (*ibid.*, v. 369). Et ce sera cette reprise de soi, cette reconquête intérieure, qui rendra Auguste à lui-même, à la fin de la pièce. Mais, pour l'instant, ramené à la subjectivité, il ne l'envisage que comme celle d'*autrui*. Il veut se récupérer non plus par son *pouvoir sur autrui*, qui n'a aucune prise sur la subjectivité de l'autre, mais par l'*amour d'autrui*, qui le lui livrera enfin [175]. Tel est le sens de la demande inattendue que fait l'Empereur à Cinna et Maxime, des « sujets », qui lui échappent pourtant : « Traitez-moi comme *ami*, non comme souverain ». Auguste fait ici, à propos de la possession du monde, l'expérience que fera Maxime à propos d'Émilie :

> *Je veux gagner son cœur plutôt que sa personne*
> *Et ne fais point d'état de sa possession,*
> *Si je n'ai point de part à son affection.*
>
> (III, 1, 774-76.)

C'est bien ce désir d' « affection », c'est-à-dire, de possession réelle des subjectivités, par opposition à la simple possession des personnes comme objets, qui meut à présent Auguste en perte d'autonomie héroïque, et que dénonce avec clairvoyance Émilie :

> *Il peut faire trembler la terre sous ses pas...*
> *Et changer à son gré l'ordre de tout le monde ;*
> *Mais le cœur d'Emilie est hors de son pouvoir.*
>
> (III, iv, 939, 942-43.)

Malheureusement, le projet d'Auguste d'être traité à la fois comme « ami » et comme « souverain », ou plus exactement, de retrouver sa souveraineté par le biais de l'amitié, est contradictoire. On ne peut établir en même temps des relations de supériorité et de réciprocité. Mais comme il veut être ensemble ami et souverain, il hésite devant le sacrifice de l'un des deux termes à l'autre, devant la morale de l'héroïsme et la morale du sentiment, devant l'option radicale qu'avaient faite, en sens inverse, Horace et Camille. Il convoque donc Cinna et Maxime ; il va s'en remettre à eux d'une décision qui n'appartient qu'à lui :

> *Votre avis est ma règle, et par ce seul moyen*
> *Je veux être empereur ou simple citoyen.*
>
> (II, 1, 403-404.)

Nous retrouvons ici la démarche typique du « recours à autrui », par laquelle une liberté tente de se fuir. Dès lors, au lieu d'une retraite, qui consacrerait, en fait, le triomphe total du Moi [176], on n'a plus qu'une reculade, qui en souligne la débâcle. Si l'on préfère, sous le couvert d'une abdication politique, il s'agit, en réalité, d'une *abdication morale*.

IV

Nous constatons donc, au début du drame, un singulier abaissement du niveau héroïque, tel qu'il avait été défini dans *Horace*. Plus exactement, c'est cet *abaissement même* qui constitue le drame de consciences aristocratiques fourvoyées. Avant de se terminer sur une glorieuse remontée, *Cinna* nous offre le tableau d'une vertigineuse descente, et, au point où nous en sommes, les protagonistes sont loin d'avoir touché le fond. Leur chute, au contraire, s'accentue. Et, pour commencer, à la première épreuve, la fausse union de ces conjurés « qui jamais ne furent mieux d'accord » va se briser. Cette rupture apparaîtra évidente, sur le plan *dramatique*, lorsque Maxime, amoureux d'Émilie, trahira la conjuration. Mais il ne s'agit là que d'une manifestation seconde et secondaire : la trahison de Maxime ne fait que refléter et reproduire la *trahison initiale et identique de Cinna*. L'éclatement de la conjuration est, en effet, consommé dès la fameuse scène « politique » (II, 1), où Auguste appelle ses deux confidents en consultation.

On présente, d'ordinaire, le dilemme de Cinna comme un cas de conscience « sentimental » : devant la confiance d'Auguste, qui s'en remet à lui de son destin et de celui de Rome, il serait réduit à trahir la vengeance d'Émilie ou l'amitié d'Auguste. Il serait, en quelque sorte, partagé entre deux loyautés, entre deux amours. Il serait déchiré par cette équivalence affective. Or, il n'en est rien, et l'on n'a pas pris garde qu'en choisissant finalement Émilie contre Auguste, Cinna n'éprouve pas du tout de la *douleur* (comme Curiace divisé entre Camille et Albe, et choisissant Albe), mais, ce qui est bien différent, du *remords :* « Je sens au fond du cœur mille remords cuisants » (III, 11, 803). Fait capital : car le remords, que condamnait Descartes, « vient du doute qu'on a qu'une chose qu'on fait ou qu'on a faite *n'est pas bonne* » (*Traité des Passions*, article 177). Curiace souffre de son choix, il ne s'en repent pas un instant. Cinna, au contraire, se repent parce qu'il a parfaitement conscience d'avoir fait le mauvais choix, d'avoir décidé *contre sa raison même*, en optant pour l'amour :

> ...Continue à le nommer faiblesse,
> Puisqu'il devient si faible auprès d'une maîtresse,
> Qu'il respecte un amour qu'il devrait étouffer.

(III, 111, 869-71.)

Le « service » d'Émilie — la « servitude amoureuse », — qui faisait le seul but de Cinna au début de la pièce, est à présent ressenti par lui comme un asservissement réel :

> *...Mais, hélas! j'idolâtre Émilie;*
> *Un serment exécrable à sa haine me lie.*

(III, ii, 813-14.)

En un mot, Cinna a conscience, et il le dit lui-même avec franchise à plusieurs reprises, de commettre une *lâcheté* :

> *Ami, n'accable plus un esprit malheureux*
> *Qui ne forme qu'en lâche un dessein généreux...*

(III, ii, 851-52.)

Mais il s'agit de comprendre exactement en quoi consiste cette « lâcheté », et là-dessus, l'affranchi de Maxime, Euphorbe, nous éclaire avec une impitoyable pénétration :

> *Craignez tout d'un esprit si plein de lâcheté.*
> *L'intérêt du pays n'est point ce qui l'engage...*
> *Il aimerait César, s'il n'était amoureux.*

(III, i, 745, 746-47.)

Contrairement au contresens flagrant de l'interprétation traditionnelle [177], la lâcheté de Cinna n'est pas, malgré ses sentiments républicains, de contribuer par ses conseils au maintien de la monarchie : *elle consiste, en dépit de ses convictions monarchiques, à agir, par amour, en républicain.*

C'est là, sans aucun doute, le fond du drame intime et inexorable de Cinna : sa souffrance, en conseillant à Auguste de rester empereur, n'est pas d'avoir à *mentir*, c'est, au contraire, de savoir qu'il *dit la vérité* et, pourtant, de la trahir par son esclavage amoureux. Au moment où l'on suppose qu'il dissimule sa pensée, il la révèle. Son « républicanisme » est une attitude de commande, un masque qu'il essaie maladroitement (ou trop adroitement) de mettre sur son visage : d'où le détachement extérieur, que nous avons noté, avec lequel il manie les conjurés, sans réellement participer à la conjuration. C'est qu'en fait, il n'est pas des leurs; il est, de cœur et de conviction, du côté d'Auguste. On ne s'est jamais demandé comment, *surpris* par l'initiative imprévisible de celui-ci (« Malgré notre surprise et mon insuffisance... », II, i, 405), Cinna est capable d'improviser une défense de la monarchie si concertée, si serrée, si *logique*, qu'elle emporte irrésistiblement l'adhésion d'Auguste. Cela serait inconcevable s'il n'exprimait pas subitement une pensée longtemps préparée et mûrie : *sa* pensée. Il est intéressant de comparer, dans la fameuse scène politique,

les deux systèmes d'argumentation de Cinna et de Maxime.
Toutes les raisons avancées par Maxime en faveur de l'abdication d'Auguste ont un caractère purement *individuel* : Auguste
doit se montrer supérieur aux grandeurs et pouvoir se prouver
sa liberté en les quittant :

> *Votre gloire redouble à mépriser l'empire*
> *Et vous serez fameux chez la postérité*
> *Moins pour l'avoir conquis que pour l'avoir quitté.*

(v. 474-76.)

Selon Maxime, il s'agit pour Auguste d'assurer non seulement
sa gloire, mais aussi sa sécurité :

> *On a fait contre vous dix entreprises vaines,*
> *Peut-être que l'onzième est prête d'éclater...*

(v. 490-91.)

A ces considérations, Cinna oppose l' « amour du pays », c'est-
à-dire la nécessité de l'ordre, incompatible avec l'anarchie
de la liberté.

> *Si l'amour du pays doit ici prévaloir,*
> *C'est son bien seulement que vous devez vouloir;*
> *Et cette liberté, qui lui semble si chère,*
> *N'est pour Rome, Seigneur, qu'un bien imaginaire.*

(v. 499-502.)

Or, ce n'est pas uniquement la liberté « démocratique » (et cela
est l'évidence même pour Maxime autant que pour Cinna ou
pour Corneille) qui est impensable et impossible [178]; c'est
la *liberté aristocratique* elle-même, — la seule que Cinna,
d'ailleurs, prétendît défendre aux yeux des conjurés, en dénonçant l'ambition juvénile d'Auguste, « funeste aux *gens de bien*,
aux *riches*, au *sénat* », — qui se trouve ici condamnée, dans la
mesure où elle est impuissante à établir et à maintenir l'ordre :

> *Ainsi la liberté ne peut plus être utile*
> *Qu'à former les fureurs d'une guerre civile,*
> *Lorsque par un désordre à l'univers fatal*
> *L'un ne veut point de maître, et l'autre point d'égal.*

(v. 585-88.)

Ce dernier vers constitue la meilleure définition de l'impasse
de la Maîtrise, telle qu'elle est vécue dans les rapports de
don Diègue et de don Gomès. C'est le problème central,
angoissant, que nous avons vu croître en ampleur du *Cid*
à *Horace*. Tandis que les arguments de Maxime prônent un
acte de renoncement *gratuit*, qui isole Auguste de son contexte

historique et qui dénonce l'abstraction de l'idéologie « républicaine », ceux de Cinna s'inscrivent, au contraire, dans la ligne de pensée des tragédies précédentes, dont il reprend et approfondit le thème majeur :

> *Seigneur, pour sauver Rome, il faut qu'elle s'unisse*
> *En la main d'un bon chef à qui* tout obéisse.
> *Si vous aimez encore à la favoriser,*
> *Otez-lui les moyens de* se plus diviser.

(v. 589-92.)

Telle est la seule solution *concrète* à la lutte à mort des consciences aristocratiques : la monarchie, dont l'importance croît de pièce en pièce, en la présence du souverain.

Il est, d'ailleurs, intéressant de noter qu'il n'est pas un instant question d'une solution toute faite, et que la pensée cornélienne, du moins à son moment d'authenticité, loin d'être, comme la pensée médiévale ou celle des « lumières », essentialiste, est, au sens plein du terme, *existentielle*. Alors que Maxime tente de défendre la république patricienne par un recours à la « nature des choses » et à la fameuse « théorie des climats [179] », Cinna oppose aux conditions naturelles, c'est-à-dire permanentes, de l'ordre, la présence du *devenir historique* et la nécessité du « changement » dans les rapports humains :

> *Mais il n'est pas moins vrai que cet ordre des cieux*
> *Change selon les temps comme selon les lieux.*

(v. 447-48.)

La Cité de Corneille n'est pas celle de Platon ou de Bossuet : ce n'est pas une hiérarchie d'essences, un ordre décrété et tombé d'en haut : il n'y a qu'une *existence* en situation dans l'histoire, et qui se transforme dialectiquement dans le temps. Car c'est *de la dialectique interne de l'héroïsme* que surgit, péniblement et graduellement, la figure envahissante du monarque. Le triomphe de Cinna sur Maxime n'est autre que celui de l'évidence et de la raison, une évidence douloureuse et une raison contraignante, qui se dégagent de façon progressive et irrésistible du mouvement même du théâtre cornélien, et auxquelles Auguste ne peut s'empêcher de donner la préséance sur les considérations d'ordre personnel :

> *Mon repos m'est bien cher, mais Rome est la plus forte ;*
> *Et quelque grand malheur qui m'en puisse arriver,*
> *Je consens à me perdre afin de la sauver.*

(v. 622-24.)

C'est au moment précis où Auguste semble retrouver l'authen-

ticité héroïque, en acceptant de mourir, que la déchéance de
Cinna est consommée. Il ressent d'autant plus son amour
comme un esclavage, que cet amour le lie à des valeurs fausses.
C'est là le sens ultime de la « lâcheté » qu'il reconnaît et dénonce
en lui et, à travers les scrupules de sa conscience morale [180],
ce sont les tourments de sa *conscience politique* qui font sa
tragédie intime.

C'est, d'ailleurs, la raison de la révolte finale de Cinna
et de l'effondrement de ses relations amoureuses avec Émilie,
à la scène IV de l'acte III. Car le choc ultime entre les deux
amants est de nature essentiellement *politique*. Émilie apparaît
comme l'aristocrate qui s'entête et s'aveugle à ne considérer
les problèmes de la Maîtrise que sous l'angle des rapports individuels ; c'est la conscience aristocratique originelle, restée figée
dans l'épreuve initiatique, celle où le Maître, ainsi qu'elle le
dit elle-même, « fuit plus que la mort la honte d'être esclave »
(v. 981). Émilie, en isolant le projet aristocratique de tout
contexte plus vaste, de toute fin organique, bref, en le coupant
de l'histoire, le fait tourner à vide et, finalement, comme nous
l'avons déjà constaté et le constatons de nouveau, le dégrade
en pure recherche machiavélique du succès à tout prix :

> *Je fais gloire pour moi de cette* ignominie :
> *La* perfidie *est noble envers la tyrannie.*
>
> (v. 973-74.)

C'est alors que Cinna démasque cette négation de la morale
soi-disant au nom des valeurs « romaines » : « Vous faites des
vertus *au gré de votre haine* ». Prétendant agir pour Rome,
Émilie n'agit que par *sentiment :* celle qui prétend servir la
cause de la Maîtrise n'est, en fait, que l'esclave d'elle-même.
Or, Cinna sait qu'il faut sortir de l'impasse de la subjectivité
et déboucher sur un ordre : d'où la violence de leur confrontation, où chacun dévoile enfin à l'autre le fond de son attitude.

> — *Je me fais des vertus dignes d'une* Romaine.
> — *Un cœur* vraiment romain...
>   — *Ose tout pour ravir*
> *Une odieuse vie à qui le fait servir :*
> *Il fuit plus que la mort la* honte d'être esclave.
> — C'est l'être avec honneur que de l'être d'Octave.
>
> (v. 978-82.)

Telle est la solution historique au dilemme humain de la
Maîtrise : en tant qu' « esclave d'Octave » (comme un quart
de siècle plus tard le courtisan, en tant qu'esclave de Louis XIV,
l'intuition cornélienne précédant et éclairant ici le mouvement
réel de l'histoire), l'aristocrate qui se saborde assure la perma-

nence de l'État et récupère sa Maîtrise à travers la personne
du Maître suprême :

> *Il abaisse à nos pieds l'orgueil des diadèmes,*
> *Il nous fait souverains sur leurs grandeurs suprêmes ;*
> *Il prend d'eux les tributs dont il nous enrichit,*
> *Et leur impose un joug dont il nous affranchit.*
>
> (v. 985-88.)

Cinna . ? perd pas un instant de vue l'intérêt des « gens de
bien, des riches, du sénat ». Les « tributs » qu'Auguste lève
sur les rois vaincus, il en « enrichit » l'aristocrate qui lui a
délégué sa Maîtrise et qui retrouve ainsi, sous forme de puissance financière, le pouvoir dont il avait semblé se départir.
Esclave d'Octave, l'aristocrate est affranchi d'un « joug » qui
retombe désormais sur les autres. Assuré dans ses privilèges,
il n'a plus besoin de continuellement se prouver, au détriment
de la concorde civile, comme la politique d'Émilie l'y conduit
nécessairement. Le Romain d'Émilie, né, selon ses propres
termes, « pour commander aux rois et pour vivre sans maître »
(v. 1002), c'est très exactement *le dernier avatar de don Gomès.*
    Le sens ultime de la « vengeance » d'Émilie s'en trouve
éclairé rétrospectivement [181]. Sous l'apparence de l'attachement sentimental au père immolé se cache la révolte orgueilleuse
du Maître qui ne veut se tenir que de lui-même, qui veut
être lui-même la source de sa richesse ou de sa puissance :

> *Toute cette faveur ne me rend pas mon père ;*
> *Et de quelque façon que l'on me considère,*
> *Abondante en richesse, ou puissante en crédit,*
> *Je demeure toujours la fille d'un proscrit.*
>
> (I, ii, 69-72.)

On perçoit ici sur le vif la relation de la piété filiale et de l'intérêt politique : son « républicanisme » n'est rien d'autre que son
désir de devoir sa position non à la bonne volonté d'autrui,
mais à la race, c'est-à-dire à la *nature des choses*, dont Maxime
avait déjà fait l'argument principal dans sa théorie du gouvernement. Le républicanisme d'Émilie et de Maxime, c'est une
Maîtrise figée, réifiée, qui ne tient aucun compte du changement et du devenir historiques. Il est vrai que, de son côté,
Cinna va tenter d'immobiliser, à son tour, l'histoire et de justifier la monarchie par l'intervention du « ciel » ; le monarque,
porté à l'être par le mouvement de la dialectique héroïque,
sera aussi monarque « de droit divin » :

> *Le ciel a trop fait voir en de tels attentats*
> *Qu'il hait les assassins et punit les ingrats ;*

> *Et quoi qu'on entreprenne, et quoi qu'on exécute,*
> *Quand il élève un trône, il en venge la chute.*
> Il se met du parti de ceux qu'il fait régner...
>
> (v. 1003-7.)

Comme le reste de la pièce sera là pour en témoigner, le Monarque, c'est, pour ainsi dire, *la coïncidence et l'équilibre, à mi-chemin, d'une essence qui descend, et d'une existence qui monte.*

Entre deux attitudes politiques irréconciliables, aucune entente désormais n'est possible et l'amour n'est plus que haine déguisée, lutte à mort impitoyable des consciences, sans la générosité qui animait les couples des tragédies précédentes. Cinna lui échappant sans retour sur le terrain idéologique et passant ouvertement « de l'autre côté de la barricade », Émilie n'hésitera pas, pour le retenir, à jouer de son esclavage sentimental et ne reculera pas devant le chantage le plus direct et le plus grossier :

> *Vis pour ton cher tyran, tandis que je meurs tienne...*
> *Viens me voir, dans son sang et dans le mien baignée,*
> *De ma seule vertu mourir accompagnée,*
> *Et te dire en mourant d'un esprit satisfait :*
> « *N'accuse point mon sort, c'est toi seul qui l'as fait...* »
>
> (v. 1038, 1041-44.)

Sans chercher à dissimuler, et corroborant, dans sa lucidité, le jugement méprisant d'Émilie (« Mon esprit abusé / A fait choix d'un esclave... » v. 1031-32), comme il avait confirmé celui d'Euphorbe, Cinna accusera une *sujétion* qui le met en contradiction flagrante avec ses convictions et ses valeurs les plus chères :

> *...L'empire inhumain qu'exercent vos beautés*
> *Force jusqu'aux esprits et jusqu'aux volontés.*
> *Vous me faites priser ce qui me déshonore,*
> *Vous me faites haïr ce que mon âme adore...*
>
> (v. 1055-58.)

La seule solution à laquelle s'arrêtera Cinna sera d'accomplir la volonté d'Émilie, de consommer son propre esclavage et de se libérer ensuite en se donnant la mort. Mais cette « solution », loin de briser sa dépendance réelle, la souligne. Ce n'est qu'une conduite de démission et de fuite, qui laisse décider de soi par autrui, parallèle à celle que nous notions chez Auguste. Au « votre avis est ma règle » de ce dernier, correspond mot pour mot la reddition inconditionnelle de Cinna :

> *Je ne puis plus rien que par votre congé :*
> *C'est à vous à régler ce qu'il faut que je fasse.*
>
> (III, iii, 896-97.)

Mais ici Cinna n'a même pas la chance d'Auguste, car c'est
entre les mains d'une personne dont les vues et les valeurs
sont opposées aux siennes, qu'il abdique. Cette désunion
fondamentale — et si contraire à l'union de Camille et de
Curiace au-delà de la mort — éclatera précisément face à la
mort. Lorsque, la conjuration découverte, les deux amants
se croiront destinés à périr, chacun d'eux voudra non pas
sauver l'autre en se sacrifiant, mais effacer l'autre pour garder
toute la « gloire ». Curieuse et atroce rivalité, qui cherche à
faire de l'être aimé un simple complice et comparse :

> — *Si j'ai séduit Cinna, j'en séduirai bien d'autres...*
> — *Que vous m'ayez séduit, et que je souffre encore*
> *D'être déshonoré par celle que j'adore !*
> *Elle n'a conspiré que par mon artifice ;*
> *J'en suis le seul auteur, elle n'est que complice.*
> — *Cinna, qu'oses-tu dire ? Est-ce là me chérir*
> *Que de m'ôter l'honneur quand il me faut mourir ?*
>
> (V, ɪɪ, 1622, 1625-26, 1637-40.)

La cruauté de la réplique de Cinna a rarement été égalée
dans son raccourci brutal : « Mourez, mais en mourant ne souillez
point ma gloire ! » Les efforts d'Émilie à la dernière minute,
pour essayer de sauver la face et présenter un front commun,
ne font, dans leur expression même, qu'accuser la brisure
irrémédiable qu'elle voudrait celer :

> *La gloire et le plaisir, la honte et les tourments,*
> *Tout doit être commun entre de vrais amants...*
>
> (Ibid., 1647-48.)

Mais plus rien ne l'est *en effet*, malgré les pieux mensonges de la
onzième heure. Le lien dur, mais fort, qui unissait Rodrigue à
Chimène, n'est plus qu'une chaîne qui rive Cinna à Émilie.
Il y a là comme une justification rétrospective des craintes
d'Alidor dans *la Place Royale*, et l'amour, au lieu d'être reconnaissance réciproque, est devenu humiliation et dégradation
mutuelles. Émilie et Cinna, dans la dialectique cornélienne de
l'héroïsme, c'est le moment de la descente aux enfers du
couple.

v

Parallèlement, il y a chez Auguste détérioration continue du pouvoir. Resté empereur par la médiation d'autrui et non par pure adhésion intérieure, le complot de ses confidents et la trahison de ses amis le frapperont d'un coup d'autant plus dur qu'il s'était départi, en leur faveur, non seulement de son autorité, mais de son autonomie. Là où il cherchait à « être aimé », c'est-à-dire à fasciner et posséder autrui de l'intérieur, voici qu'il découvre soudain la haine, voici qu'il est rejeté brutalement dans la pure puissance extérieure, qu'il voulait quitter et dont il se découvre à présent *le prisonnier*. Le choc de cette révélation lui montre un instant la voie du salut, indique une reconquête de la subjectivité à entreprendre. Le mouvement de confrontation interne, par lequel l'esprit « se ramène à soi, n'ayant plus où se prendre » (II, 1, 363), déjà esquissé par Auguste, puis nié et supprimé par son recours à autrui, va reparaître avec plus de force : « *Rentre en toi-même*, Octave, et cesse de te plaindre » (IV, 11, 1130). Ce vers seul constitue un « retour à soi », puisque à l'acte II, Auguste continuait à se présenter aux autres et à lui-même comme *Auguste*, et qu'il se retrouve ici, dans un effort de dépouillement, comme *Octave*. Et ce que ce retour à la subjectivité dévoile, c'est la source même de l'héroïsme, qui fait resurgir le meurtre incestueux primitif, le secret originel :

> *Remets dans ton esprit, après tant de carnages,*
> *De tes proscriptions les sanglantes images,*
> *Où toi-même, des tiens devenu le bourreau,*
> *Au sein de ton tuteur enfonças le couteau.*
>
> (IV, 11, 1137-40.)

Le couteau enfoncé au sein de son tuteur, c'est l'épée d'Horace plongée au sein de Camille, c'est Rome qui « porte le fer dans le sein de sa mère » Albe (*Horace*, I, 1) et ce que « dès sa naissance elle vit en Romule » (*ibid.*, V, 111). Mais, remis en présence de l'acte sacral et initiatique, Auguste le rejette et s'empresse de désavouer Octave : « Quoi! tu veux qu'on t'épargne et n'as rien épargné! » (v. 1131). Du point de vue du *sentiment*, dans lequel il s'est réfugié, son propre geste lui apparaît aussi criminel que celui de Cinna : d'où l'impossibilité de trouver une norme, un critère de décision :

> *Punissons l'assassin, proscrivons les complices.*
> *Mais quoi? toujours du sang, et toujours des supplices!*

(v. 1161-62.)

La servitude sentimentale ne connaît qu'une issue, faute de savoir s'élever à la Maîtrise, et comme Cinna, Auguste va connaître la tentation du suicide, qui revient avec l'intensité d'un leitmotiv désespéré :

> *Meurs, et dérobe-lui la gloire de ta chute;*
> *Meurs : tu ferais pour vivre un vain et lâche effort...*
> *Meurs, puisque c'est un* mal *que tu ne peux guérir;*
> *Meurs enfin, puisqu'il faut* ou *tout perdre, ou mourir.*

(v. 1170-71, 1175-76.)

Ces deux vers sont parfaitement explicites : c'est le « meurs ou tue » du *Cid,* vidé de son élan; c'est le héros usé, remis face à face avec le principe inéluctable de l'héroïsme, qui se renie et préfère mourir que tuer. Il s'agit, en effet, d'un dilemme indépassable pour le projet de Maîtrise et d'un « mal inguérissable ». Tombé du monde de l'héroïsme dans celui du sentiment, le pseudo-Maître devient la proie des contradictions permanentes du cœur, et ses « résolutions » successives (punition, démission, rémission) ne sont plus que des *faux-fuyants :*

> *O rigoureux combat d'un cœur irrésolu*
> *Qui* fuit *en même temps tout ce qu'il se propose!*

(v. 1188-89.)

Revenu à lui pour se libérer, Auguste se retrouve, au contraire, *enlisé.*

Il n'a de solution et de salut possibles que dans un changement total de *perspective.* Le problème de la conduite à tenir en face de la conspiration, dont la faiblesse d'Auguste avait fait une question de sentiment :

> *Madame, on me trahit, et la main qui me tue*
> *Rend sous mes déplaisirs ma constance abattue...*

(IV, III, 1193-94.)

sa femme Livie le remet, dès son entrée en scène, dans sa perspective véritable, qui est *historique* et *politique* :

> *Cherchez le plus utile en cette occasion :*
> *Sa peine peut aigrir une* ville animée...

(Ibid., 1212-13.)

Rome est là, avec l'ordre public à maintenir; il faut aller au plus pressé. Or, la violence s'est justement avérée inutile dans le passé :

> *Salvidien à bas a soulevé Lépide ;*
> *Murène a succédé, Cépion l'a suivi...*
> *Après avoir en vain puni leur insolence,*
> *Essayez sur Cinna ce que peut la clémence.*

(v. 1202-3, 1209-10.)

La clémence, qui n'était apparue jusque-là, au milieu des hésitations d'Auguste, que comme une porte de sortie sentimentale, refermée aussitôt qu'ouverte, devient, pour Livie, une *arme* politique, destinée à vaincre Cinna et à consolider les assises du nouvel État monarchique :

> *...Forçons le de voir*
> *Qu'il peut, en faisant grâce affermir son pouvoir,*
> *Et qu'enfin la clémence est la plus belle marque*
> *Qui fasse à l'univers connaître un vrai monarque.*

(v. 1263-66.)

Au cri de faiblesse d'Auguste, à la fin de son monologue, qui demandait un pouvoir facile : « Ou laissez-moi périr, ou laissez-moi régner ! » (IV, 11), Livie oppose la nécessité de régner d'abord sur soi-même :

> *C'est régner sur vous-même, et par un noble choix*
> *Pratiquer la vertu la plus digne des rois.*

(IV, 111, 1243-44.)

La question réelle pour Auguste n'est pas seulement de « régner » ou d' « abdiquer », mais, si son abdication ou son maintien au pouvoir doivent avoir un sens, il faut que ce soit par une libre décision, par un *choix*, qui lui permette de retrouver, au-delà de la possession du monde, la possession de lui-même. La solution de clémence fait donc ici coup double : arme politique destinée à vaincre Cinna, elle constitue en même temps une épreuve éthique par laquelle Auguste se vaincra et, par là, restera digne (ce qui est l'essentiel) de demeurer sur le trône et d'assurer la continuité de l'État monarchique : en définitive, et à bien compter, la clémence fera donc coup *triple*. Cette convergence et union ultimes du politique, de l'éthique et du monarchique est, en dernière analyse, la découverte propre à *Cinna* et le point culminant vers lequel tend toute la pièce — et, dans son ensemble, tout le théâtre de Corneille.

C'est là, toutefois, un sommet qui ne sera pas aisément atteint. La solution préconisée par Livie n'est encore qu'un programme d'action abstrait. Il reste à Auguste à faire l'apprentissage concret de la Maîtrise. Pour cela, une cascade de « révélations » successives, plus douloureuses les unes que les autres et savamment graduées par le génie dramatique de Corneille, va recréer les conditions de la « tragédie parfaite », l'agression du proche par le proche :

> *Quoi? mes plus chers amis ! Quoi? Cinna ! Quoi? Maxime !*
> *Les deux que j'honorais d'une si haute estime !*
>
> (IV, 1, 1081-82.)

Après la trahison des confidents, les remords de Maxime sont une faible consolation pour la duplicité de Cinna :

> *Maxime a vu sa faute, il m'en fait avertir,*
> *Et montre un cœur touché d'un juste repentir;*
> *Mais Cinna !*
>
> (Ibid., 1087-89.)

Abandonné par les êtres qu'il aimait le plus, Auguste refait l'expérience déchirante de la solitude héroïque, qu'avait faite avant lui Horace. La séduction et la fascination d'autrui par l'amour est un rêve, un projet inauthentique pour un empereur, qui doit choisir entre les valeurs de la Maîtrise et celles du Sentiment. Pour un Maître, en effet, le seul rapport véritable à autrui ne saurait être que le *combat* en vue de la domination.

Le premier combat sera celui contre Cinna. Dès l'entrée en scène de ce dernier (V, 1), Auguste s'est ressaisi; d'Octave, il est redevenu Auguste. Sa reprise en main du pouvoir souverain s'accompagne d'un souverain mépris :

> *Observe exactement la loi que je t'impose :*
> *Prête, sans me troubler, l'oreille à mes discours;*
> *D'aucun mot, d'aucun cri n'en interromps le cours;*
> *Tiens ta langue captive...*
>
> (v. 1426-29.)

La victoire sur Cinna sera chose aisée : il suffira de lui faire faire sur lui-même l'opération du retour sur soi, du « rentre en toi-même, Octave... »

> *Apprends à te connaître et descends en toi-même...*
>
> (v. 1517.)

Ce regard intérieur éclairera un néant, tout l'être venant à Cinna de l'extérieur, par la médiation d'Auguste :

> *Ma faveur fait ta gloire et ton pouvoir en vient :*
> *Elle seule t'élève, et seule te soutient;*
> *C'est elle qu'on adore, et non pas ta personne :*
> *Tu n'as crédit ni rang qu'autant qu'elle t'en donne.*
>
> (v. 1527-30.)

Ce passage de l'ontologie aristocratique (autonomie des monades) à l'ontologie monarchique (être par participation à l'Un) définit désormais le destin historique de la noblesse, qu'Émilie repoussait de toutes ses forces et que Cinna avait *déjà* accepté. C'est pourquoi ce combat contre un adversaire vaincu et convaincu d'avance n'est pas à la mesure d'Auguste et ne prouve rien. Avec Cinna, il se paye le luxe d'une supériorité écrasante : ironique d'abord, jouant au chat et à la souris, « prends un siège, Cinna... »; accablant le pseudo-conspirateur sous le poids d'une générosité progressivement et impitoyablement détaillée; puis le mettant soudain face à face avec son propre néant. A vrai dire, Auguste est un peu *trop* maître de lui-même, et cette Maîtrise concertée et préparée d'avance est suspecte. Elle s'avère, d'ailleurs, fragile; au terme d'un tel déploiement de génie rhétorique, il presse Cinna de s'avouer vaincu avec une hâte et une chaleur assez curieuses pour un vainqueur aussi assuré : « Parle, parle, il est temps... » La réponse de Cinna : « Je demeure stupide... » ne lui renvoie rien qu'une fausse victoire sur un adversaire qui n'en est pas un.

C'est l'arrivée d'Émilie, effaçant d'un mot Cinna, qui va mettre enfin Auguste en face de la véritable épreuve, à laquelle il ne s'attendait pas :

> Livie : *Vous ne connaissez pas encor tous les complices :*
> *Votre Emilie en est, Seigneur, et la voici.*
> Cinna : *C'est elle-même, ô Dieux !*
> Auguste : Et toi, ma fille, aussi!
>
> (V, ii, 1562-64.)

C'est littéralement le « Tu quoque, mi fili » de César à Brutus, l'étonnement indicible devant l'acte parricide. La première réaction spontanée d'Auguste, comme sa première démarche préméditée avec Cinna, placera d'emblée le conflit sur le plan *sentimental* : « O ma fille, est-ce là le prix de mes bienfaits? » (v. 1595). Faiblesse capitale de sa part, car Émilie remettra immédiatement Auguste en face d'Octave et rappellera à l'Empereur son propre parricide, qu'il s'était empressé de fuir : le prix de ses bienfaits?

> — *Ceux de mon père en vous firent mêmes effets.*
> — *Songe avec quel amour j'élevai ta jeunesse.*
> — *Il éleva la vôtre avec même tendresse.*
> *Il fut votre tuteur, et vous son assassin;*
> *Et vous m'avez au crime enseigné le chemin...*
>
> (v. 1596-1600.)

Il est à remarquer que, sur ce terrain, Émilie est imbattable, et son argument reste, d'ailleurs, sans réplique. La dialectique de la haine — ou de l'amour — aboutit à une circularité insoluble, à moins que celle-ci ne soit brisée et transcendée par un changement radical de perspective. C'est encore une fois Livie, véritable conscience intellectuelle de ces personnages en proie aux contradictions du sentiment, qui rendra à Émilie l'office déjà rendu à Auguste, à l'acte IV, et replacera le débat mortel dans la seule perspective où il puisse recevoir une solution. En réalité, l'identité du geste parricide, chez Auguste et chez Émilie, n'est qu'apparente, ainsi qu'elle-même le souligne :

> *Le mien d'avec le vôtre en ce seul point diffère,*
> *Que votre ambition s'est immolé mon père,*
> *Et qu'un juste courroux, dont je me sens brûler,*
> *A son sang innocent voulait vous immoler.*
>
> (v. 1601-4.)

Cette différence unique, mais absolue, est celle qui sépare le « courroux » de l'« ambition », — une pure émotion subjective, qui s'épuise dans des rapports individuels, et la visée, à travers le sentiment personnel, d'un ordre objectif à établir. Le courroux tourne à vide ; l'ambition est en prise directe sur l'histoire. Livie va donc reprendre le problème dans les termes mêmes où Émilie l'a posé, mais en dévoilant les vérités qu'Émilie se cache :

> *C'en est trop, Émilie : arrête et considère*
> *Qu'il t'a trop bien payé les bienfaits de ton père :*
> *La mort, dont la mémoire allume ta fureur,*
> *Fut un crime d'Octave, et non de l'Empereur.*
> *Tous les crimes d'État, qu'on fait pour la couronne,*
> *Le ciel nous en absout alors qu'il nous la donne,*
> *Et dans ce sacré rang où sa faveur l'a mis*
> *Le passé devient juste et l'avenir permis.*
>
> (v. 1605-12.)

C'est exactement ce que l'Infante disait à Chimène :

> *Ce qui fut juste alors ne l'est plus aujourd'hui.*
> *Rodrigue maintenant est notre unique appui.*
>
> (Le Cid, IV, II, 1175-76.)

Nous retrouvons le passage de « Rodrigue » au « Cid », amplifié encore, dans celui d'« Octave » à l'« Empereur ». Car il ne s'agit plus d'une prouesse qui débouche sur le salut individuel et qui sert, *par ailleurs*, au soutien de l'État, mais de l'essence et de l'existence de cet *État même*.

Du coup, le projet d'Émilie de venger son père à tout prix, en dehors de tout contexte historique, et, pour atteindre

Octave, d'assassiner Auguste, est littéralement absurde. La
« vengeance » d'Émilie, revendication d'une liberté anarchique,
que Cinna avait déjà dénoncée comme dangereuse à l'ordre et
à l'État, et qu'Émilie prétendait confondre avec une politique
réelle (« O liberté de Rome! O mânes de mon père! » (IV, IV,
v. 1305), est, en fait, *absence de politique.* Non seulement, au
moment suprême où elle affronte Auguste à visage découvert
et où, prête à mourir, elle n'a plus rien à perdre ou à ménager,
il n'est pas un instant question de la « liberté de Rome » et
toute considération politique, de part et d'autre, disparaît;
mais, devant sa propre conjuration, Émilie adopte spontanément le point de vue de l'adversaire :

> *Son trépas [de Cinna] est* trop juste *après son attentat,*
> *Et toute excuse est vaine en un crime d'Etat.*
>
> (V, II, 1583-84.)

Lorsque finalement Livie fait surgir le sens proprement politique du débat, Émilie n'oppose nullement ses vues à celles de
Livie; elle les corrobore, au contraire, en acceptant comme
fondée sa condamnation :

> *Aussi, dans le discours que vous venez d'entendre,*
> *Je parlais pour l'aigrir, et* non pour me défendre.
> *Punissez donc, Seigneur, ces criminels appas...*
>
> (v. 1617-19.)

En cherchant « l'honneur d'un beau trépas » *(ibid.),* Émilie,
soudain en porte à faux vis-à-vis d'elle-même, cherche moins
l'épreuve authentique de la mort, qu'elle ne connaît, comme
plus tôt Auguste, la tentation du suicide et de la fuite. C'est
alors que se produit la dernière péripétie du drame, l'ultime
révélation de la double trahison de Maxime : celui qui, croyait
Auguste, avait livré ses complices par un juste repentir de sa
faute, n'avait agi que par dépit amoureux :

> *De tous vos ennemis, connaissez mieux le pire :*
> *Si vous régnez encor, Seigneur, si vous vivez,*
> *C'est ma jalouse rage à qui vous le devez.*
> *Un vertueux remords n'a point touché mon âme.*
>
> (V, III, 1670-73.)

Son dernier ami déserte Auguste et le voilà maintenant,
humiliation suprême, trahi par le traître même.

Cinna pulvérisé; Maxime ravalé par son propre aveu plus
bas que terre; Émilie butée dans une rage de vengeance
puérile, qu'elle désavoue elle-même implicitement; Livie
lucide, mais impuissante et « en dehors du coup » : situation
désespérée et dégradante, que seul Auguste peut rétablir,

puisqu'il est désormais seul pour décider de tout et de tous. Or, cette décision, Auguste s'efforce, jusqu'au dernier moment, de l'éviter. Nous l'avions quitté, au quatrième acte, en proie au vertige de la démission, fuyant, au sens physique du terme, devant les conseils durs et lucides de Livie, qui s'élançait à sa poursuite (« Il m'échappe, suivons et forçons-le de voir... », IV, III, 1263). Mais même au début du cinquième acte, son ton supérieur et méprisant n'était encore que celui d'une Maîtrise branlante, cachant mal sa dépendance envers Cinna, qu'il charge de prononcer son propre verdict :

> *Je sais ce qui t'est dû, tu vois que je sais tout :*
> *Fais ton arrêt toi-même, et choisis tes supplices.*
>
> (V, 1, 1560-61.)

Ce qui transparaît sous la cruauté de l'ironie, c'est le « votre avis est ma règle » de l'acte II, l'incapacité d'Auguste à prendre lui-même les résolutions douloureuses, celles qui engagent irrémédiablement et taillent dans la chair vive de la sensibilité. Ce n'est point en vertu d'un choix réel, mais « animé » par le défi d'Émilie, et sous le coup de la colère, qu'il parle d'envoyer les amants au supplice :

> *Oui, je vous unirai, couple ingrat et perfide...*
> *Il faut bien satisfaire aux feux dont vous brûlez,*
> *Et que tout l'univers, sachant ce qui m'anime,*
> *S'étonne du supplice aussi bien que du crime.*
>
> (V, II, 1657, 1660-62.)

C'est seulement l'ultime désertion de Maxime qui, portant la douleur d'Auguste à son comble, le dégrise, en quelque sorte, et le replace, au-delà de l'entente avec autrui et des liaisons du sentiment, dans la solitude absolue et originelle :

> *En est-ce assez, ô ciel ! et le sort, pour me nuire,*
> *A-t-il quelqu'un des miens qu'il veuille encor séduire?*
>
> (V, III, 1693-94.)

Auguste refait alors l'expérience radicale de la subjectivité, qu'il n'avait jusqu'ici esquissée que pour l'esquiver. Il « se ramène à soi, n'ayant plus où se prendre », il « rentre en lui-même » : il est seul, comme Horace, inéluctablement, et après avoir épuisé tous les moyens de se fuir, il va chercher celui de se reprendre, d'affirmer, à la face du ciel, envers et contre tous, sa Maîtrise. Et c'est alors qu'éclatent les très beaux et très célèbres vers :

> *Qu'il [le sort] joigne à ses efforts le secours des enfers :*
> *Je suis maître de moi comme de l'univers ;*
> *Je le suis, je veux l'être...*
>
>   (v. 1695-97.)

Il faut comprendre exactement ce cri. On cite souvent ces
vers comme la définition du personnage cornélien, qui n'a qu'à
vouloir pour être : « ce qui distingue le héros cornélien, c'est
l'identification spontanée de l'être et du vouloir », écrit G. Poulet [182]. Formule séduisante, mais fausse. Tout le mouvement
de *Cinna* et, à cet égard, du théâtre cornélien entier, est là
pour prouver juste l'inverse : l'identification de l'être et du
vouloir n'est *jamais* spontanée. La spontanéité ne va jamais
dans le sens de la volonté : le projet héroïque, au contraire, —
d'Alidor à Rodrigue et à Horace, ou, maintenant, à Auguste —
n'est rien d'autre que l'effort de l'homme pour *se récupérer
sur et contre sa nature*. Entre l'être et le vouloir s'interpose
la couche épaisse et opaque d'une sensibilité toujours à nier et à
dominer, si l'homme veut se réaliser en tant qu'homme, dépasser
le stade de l'animalité et de la servitude, en un mot, accéder à
la Maîtrise. Le héros n'*est* jamais ce qu'il veut ; il ne le *devient*
que dans la mesure où il *se fait*, au terme d'un dur, long et
déchirant combat contre autrui et contre soi-même. Il est
donc impossible de comprendre le cri d'Auguste comme une
décision prise « à volonté » et « calculée ». Ne pas voir qu'il
s'agit là d'un ultime raidissement, d'une crispation finale ou,
ainsi qu'Auguste le dit, d'une « dernière victoire », acquise de
justesse au bord du gouffre et de la chute, c'est ne rien comprendre à cette tragédie ni à la tragédie cornélienne en général.
Toute l'habileté technique du dramaturge a été précisément
employée pour produire, chez Auguste, une accumulation de
l'émotion, un paroxysme du sentiment, une frénésie soudaine
de vengeance :

> *O siècles, ô mémoire,*
> *Conservez à jamais ma dernière victoire !*
> *Je triomphe aujourd'hui du plus juste courroux*
> *De qui le souvenir puisse aller jusqu'à vous.*
>
>   (v. 1697-1700.)

Si Auguste voit dans son pardon un geste digne de devenir
« légendaire », si ce geste lui donne un tel sentiment de
« victoire », c'est qu'il lui a fallu, pour l'accomplir, mobiliser
tout ce qui lui restait d'énergie et faire surgir, du sein de sa
détresse, du fond de sa dérive, l'affirmation brusque du Moi.
Celle-ci n'est nullement « identification spontanée de l'être
et du vouloir », mais rupture tragique ; non adhérence, mais

arrachement à soi; violence de l'*instant libre* qui tranche la
continuité empirique de la durée et qui, loin de se manifester
« sur commande », est *miracle* solitaire et indépassable, qui
laisse, en dessous, tout l'être meurtri. Auguste pardonne aux
conjurés, comme Horace tue Curiace, ou Rodrigue le Comte :
dans un même élan douloureux. C'est parce qu'il s'immole
comme être sensible, dans la légitimité de son courroux,
qu'Auguste retrouve soudain la Maîtrise qui le fuyait. Ce n'est
plus la Maîtrise vide du début de la pièce, un « pouvoir absolu
sur la *terre* et sur l'*onde* », c'est-à-dire sur les *choses* et laissant
échapper les *consciences*, la sienne et celle d'autrui; ce n'est
plus un pouvoir réifié et aliéné, venu à Auguste du fond d'un
passé qui lui est devenu étranger et qu'il refuse de reconnaître;
c'est un pouvoir repris à charge, assumé jusque dans ses crimes,
justifié par le mouvement de l'*existence actuelle*. Auparavant
ballotté au gré du sentiment et asservi dans sa subjectivité à
celle des autres, Auguste n'était qu'une façade d'Empereur.
Il est enfin « maître de l'univers » *parce qu'il est de nouveau*
« *maître de lui* ».

Nous pouvons donc renvoyer dos à dos les deux interprétations traditionnelles de la « clémence d'Auguste ». L'une,
que l'on doit à Napoléon, grand amateur de Corneille, est
celle de la « ruse politique » : « ...Une fois, Monvel, en jouant
devant moi, m'a dévoilé le mystère de cette grande conception.
Il prononça le *Soyons amis, Cinna*, d'un ton si habile et si
rusé, que je compris que cette action n'était que la feinte d'un
tyran, et j'ai approuvé comme calcul ce qui me semblait
puéril comme sentiment [183]. » L'erreur de Monvel et de Napoléon
est d'avoir confondu ici le point de vue de *Livie* et celui
d'*Auguste :* ce qui est un programme d'action abstrait, un
« calcul » pour Livie est une douloureuse et pénible conquête de
soi pour son mari [184]. Ce qui, du point de vue d'autrui, est une
clémence est vécu par Auguste comme un *pardon*. Soyons
sûrs, d'ailleurs, que des esprits aussi exigeants que la rebelle
Émilie, toute à sa haine et cédant seulement au dernier moment
à la vertu de l' « exemple [185] », ou que Condé versant, nous
rapporte Voltaire, « des larmes qui n'appartiennent qu'aux
belles âmes », ne se seraient pas laissé prendre à une malice
cousue de fil blanc et à des simagrées napoléoniennes du type
« tragediante-comediante »... Mais l'interprétation inverse,
selon laquelle « Auguste ne donne pas un pardon politique »
(Lanson) et nous ferait assister à « l'effort de la volonté admiré
pour lui-même et indépendamment du but » (Lemaître), ou
encore à une leçon de morale, « le triomphe de l'humanité
sur la Raison d'État » (Adam), est également erronée [186].

Il n'est nullement question pour Auguste de faire devant nous un exercice de haute voltige spirituelle, « indépendamment du but », ce qui n'a littéralement aucun sens dans le contexte de la pièce, ni de faire régner la grandeur d'âme et l'oubli des injures. Si le geste d'Auguste est un « pardon », c'est *aussi* une « clémence » et l'Empereur romain (ou Condé ou Louis XIV) aurait pleinement souscrit à la remarque de Napoléon que « la clémence proprement dite est une si pauvre petite vertu quand elle n'est point *appuyée sur la politique* » (*op. cit., ibid.*). Il faut tenir en main les deux bouts de la chaîne, corriger mutuellement deux erreurs, voir que le « pardon », victoire sur soi-même, n'est en rien un geste gratuit, mais prépare et permet la victoire sur les autres, la « clémence ». Il s'agit, pour Auguste, en retrouvant la source authentique de la Maîtrise, de s'assurer la domination absolue sur autrui. En un mot, il s'agit *à la fois* d'un acte moral et d'un geste politique, d'un passage dialectique du premier au second, — si l'on veut, de *la justification existentielle et du fondement légitime de l'État monarchique.*

Comme dans *le Cid*, comme dans *Horace*, nous assistons ici à un *combat*, au duel héroïque, qui est toujours, dans un double élan, lutte contre soi et contre un autre soi-même :

> *Commençons un* combat *qui montre par l'issue*
> *Qui l'aura mieux de nous ou donnée ou reçue.*
>
> (V, III, 1705-6.)

Auguste ne pardonne pas par charité ou par magnanimité, au sens moderne, mais par « générosité », au sens du XVIIe siècle, c'est-à-dire par orgueil aristocratique, pour prouver, à ses yeux comme à ceux des autres, sa propre supériorité. Bien avant *Cinna*, Corneille avait déjà indiqué dans *Clitandre* le sens et la portée du « geste généreux » :

> *Le généreux orgueil des âmes magnanimes*
> *Par un* noble dédain *sait pardonner les crimes.*
>
> (III, I.)

La « grâce », qui élève Auguste, abaisse d'autant les graciés. La générosité est une arme morale qui élimine son objet; le bienfaiteur *écrase* sa victime sous le poids de son bienfait : il faut prendre Auguste au pied de la lettre, quand il déclare à Cinna :

> *Tu trahis mes bienfaits, je les veux redoubler ;*
> *Je t'en avais comblé, je t'en veux* accabler.
>
> (v. 1707-8.)

Déjà effacés par Émilie, et accablés à présent par la bonté

d'Auguste, qui les fait et les défait à son gré, Cinna et Maxime seront strictement réduits *à néant*. Mais pas à n'importe quel néant : à un *néant civique*. Les chefs de la conjuration, les meneurs de l'opposition deviendront l'un « consul », l'autre « confident » d'Auguste, dont ils seront désormais les créatures. La leçon de morale aboutit à une opération de récupération politique. De même en ce qui concerne Émilie. Mais par un autre chemin. Le « bienfait » en tant que tel ne saurait gagner un esprit hostile, qui en comprend le caractère négateur :

> *Les bienfaits ne sont pas toujours ce que tu penses.*
> *D'une main* odieuse *ils tiennent lieu d'*offenses.
>
> (I, II, 73-74.)

Pour que le bienfait ait de l'efficace, il faut qu'il parte d'une main qui cesse d'être odieuse. Or, pourquoi Auguste cesse-t-il soudain d'être haïssable aux yeux d'Émilie? On a récemment répondu : « parce que des natures généreuses comme elle agissent par élans, obéissent aux évidences qui les illuminent et qu'elle a vu d'un seul et soudain regard, qu'Auguste n'est plus l'assassin de son père, mais un homme purifié, racheté, un homme d'une grandeur et d'une noblesse exceptionnelles [187]. » Il est bien vrai qu'il s'agit là d'une *évidence*, d'un *regard neuf* sur Auguste. Émilie le dit, d'ailleurs, elle-même :

> *Et je me rends, Seigneur, à ces hautes bontés;*
> *Je recouvre la vue auprès de leurs clartés :*
> *Je connais mon forfait, qui me semblait justice.*
>
> (V, III, 1715-17.)

Mais, précisément, une « évidence » n'est pas un « élan »; c'en est même exactement le contraire. L'élan est adhésion sentimentale, mouvement obscur d'une nature vers une autre. L' « évidence » est, selon l'indication d'Émilie, une « connaissance », disons, dans notre vocabulaire, une prise de conscience. Il n'est pas un instant question ici de « purification » ou de « rachat »; le problème ne se pose pas, nous l'avons vu maintes fois, en termes de morale, pour celle qui « faisait gloire de son ignominie », prête à venger son père par tous les moyens, se rendant compte, dès le début, de la générosité d'Auguste et pourtant déterminée à le tuer. Préparée par les admonestations de Livie, l'évidence d'Émilie consiste à s'apercevoir, devant la leçon de Maîtrise d'Auguste, qu'il n'est plus un *tyran*, mais un *empereur*. Émilie ne dit pas (et rien ne dit dans la pièce) qu'Auguste cesse d'être l' « assassin de son père », qu'elle se rende à la magnanimité d'Auguste en tant que fille, c'est-à-dire sur le plan sentimental. Ce que dit Émilie (et ce que tout confirme dans la pièce), c'est qu'elle découvre enfin *la vérité et la nécessité de la monarchie*, trois actes après la démonstration qu'en avait faite Cinna. Le mouvement qui la porte vers Auguste n'est rien d'autre qu'une *prise de conscience politique* :

> Le ciel *a résolu votre* grandeur suprême ;
> *Et pour preuve, Seigneur, je n'en veux que moi-même* :
> *J'ose avec vanité me donner cet éclat,*
> *Puisqu'il change mon cœur, qu'il veut changer* l'État.
>
> (v. 1721-24.)

La « haine » d'Émilie qui s'éteint, c'est un « républicanisme », reconnu faux, qu'elle abjure. Si elle se rend à Auguste, c'est comme « sujette », sous le sceptre du Monarque :

> *Ma haine va mourir, que j'ai crue immortelle;*
> *Elle est morte, et ce cœur devient* sujet fidèle;
> *Et prenant désormais cette haine en horreur,*
> *L'ardeur de vous servir succède à sa fureur.*
>
> (v. 1725-28.)

La conversion d'Émilie à la monarchie lui permet, d'ailleurs, de retrouver sa propre Maîtrise, perdue dans l'emportement de la passion; elle fait mieux ressortir rétrospectivement le caractère « sentimental », donc anti-héroïque et faux, de sa vengeance, dont Livie avait déjà dénoncé l'absurdité, et qui était implicite dès les premiers vers de la pièce :

> Impatients *désirs d'une illustre vengeance...*
> *Enfants* impétueux *de mon ressentiment,*
> *Que ma douleur séduite embrasse* aveuglément...
>
> (I, 1, 1, 3-4.)

En fin de compte, en recouvrant la possession authentique de lui-même, non seulement Auguste réalise à plein, et non plus à vide cette fois, la domination extérieure du monde, qu'il dépasse vers un pouvoir et un ordre légitimes; mais il accomplit en outre, son projet de *possession intérieure des consciences*, qu'il avait tentée d'acquérir, au début de la pièce, par des appels frauduleux :

> *Jamais plus d'assassins ni de conspirateurs :*
> *Vous avez trouvé l'art d'être* maître des cœurs.
>
> (V, III, 1763-64.)

VI

C'est ici qu'on arrête toujours la pièce, sur le triomphe d'Auguste et de la monarchie, sur la réconciliation ultime des libertés anarchiques autour du Trône. Tragédie politique, au sens le plus profond du terme, *Cinna* évite au dernier moment la tragédie, grâce à la politique. Ce serait un moment suprême du théâtre de Corneille, ce que Bernard Dort appelle l'union du Roi et du Héros, l'équilibre organique, et non plus formel, de l'État. On trouverait donc enfin la réponse aux questions posées, de façon de plus en plus ouverte et menaçante, par *le Cid* et par *Horace*, que nous notions au commencement de cette analyse. A y regarder de plus près, la pièce ne se termine pas, toutefois, sur la clémence d'Auguste, mais sur *la prophétie de Livie*. Rien n'est encore conclu, après le geste impérial

> Ce n'est pas tout, *Seigneur : une céleste flamme*
> *D'un rayon prophétique illumine mon âme.*
> *Oyez ce que les Dieux vous font savoir par moi...:*

(v. 1753-55.)

Il est surprenant — et significatif — que l'esprit jusqu'à présent le plus pragmatique et le plus lucide se mettre soudain à vaticiner. C'est que le drame, tout entier joué et gagné sur le plan de l'*existence humaine*, entend déboucher maintenant sur *le sacré*. Il ne suffit pas que la monarchie soit absolue et humainement légitime, en tant que mouvement nécessaire de l'histoire : il faut qu'elle *échappe à l'histoire*, qu'elle soit « de droit divin ». L'intervention finale de Livie complète et, nous allons le voir, altère le sens de la tragédie à laquelle nous venons d'assister. Livie, conscience vivante de la pièce, refuse de rester sur le plan politique; la politique doit se dépasser en théologie. Ce n'est pas assez pour Auguste d'être justifié comme homme, il faut qu'il soit *providentiel*. A peine rangés sous son sceptre, tous les personnages de la pièce le marquent aussitôt d'un sceau divin :

Cinna : [*Le ciel*] *se met du parti de ceux qu'il fait régner.*

(III, v, 1007.)

Livie : *Le sacré rang où sa faveur* [*du ciel*] *l'a mis...*

(V, 11, 1611.)

Emilie : *Le ciel a résolu votre grandeur suprême*, etc.

(V, 111, 1721.)

Rien ne sert d'invoquer ici Richelieu ou d'essayer de comprendre le théâtre de Corneille comme un « reflet » de

l'histoire en train de se faire, où surgira bientôt une monarchie
à la Bossuet. C'est, au contraire, le théâtre de Corneille qui
devance, explicite et éclaire en profondeur le devenir de
l'histoire, dans la mesure où il définit le sens de *tout* projet
monarchique et en explore la dialectique interne. C'est Auguste
qui permet de comprendre Louis XIV, et non l'inverse, car
Louis XIV ne fera que tâcher de *vivre* dans l'histoire le projet
d'Auguste sur la scène [188]. Or, le projet monarchique, en
dernière analyse, est la forme extrême que prend le projet
humain d'être-Dieu. L'avènement de la monarchie véritable
sera indissolublement épiphanie de l'Homme-Dieu [189] :

> [*Rome*] *n'a plus de vœux que pour la* monarchie,
> *Vous prépare déjà des* temples, *des* autels,
> *Et le ciel une place parmi les* immortels.
>
> (v. 1770-72.)

Il n'est de roi que le « Roi-Soleil », et la pièce se termine non
sur la clémence, mais sur l'*apothéose* d'Auguste. Devenu Dieu,
il adopte spontanément l'attitude et le langage de la Divinité;
cela était évident dès l'acte IV :

> *Il n'est crime envers moi qu'un repentir n'efface.*
> *Mais puisqu'il a voulu renoncer à ma grâce...*
>
> (v. 1117-18.)

Le langage politique éclate en langage théologique dans les
ultimes paroles d'Auguste, sur lesquelles se clôt la pièce,
dominée et éclairée par la solitaire omniscience du Père :

> *Qu'on redouble demain les heureux sacrifices...*
> *Et que vos conjurés entendent publier*
> *Qu'Auguste a tout appris et veut tout oublier.*
>
> (v. 1777, 1779-80.)

Cinna et Maxime maintenus à l'être par le pur geste créateur du
Maître, Émilie convertie et illuminée, la lucide Livie muée,
comme le lucide Joad dans *Athalie*, en prophète : il s'agit d'un
drame religieux. La clémence d'Auguste, c'est, en définitive,
le pardon de Dieu.

Cinna représente donc, dans l'œuvre cornélienne, une seconde
synthèse, après l'insuffisance de la synthèse héroïque tentée
dans *le Cid*. La Dialectique du Héros se dépasse et se résout
en une Dialectique du Monarque : le héros, tombé avec Horace,
déchu avec Émilie et Cinna, est sauvé par l'adhésion à la
monarchie, comme le monarque par le retour aux sources de
l'héroïsme. Le héros renvoie au roi, le roi au héros. Cette circularité parfaite semble fonder désormais l'équilibre de l'État.

Or, à peine établie (et établie à grand-peine), cette circularité, cette réciprocité de reconnaissance pacifique, qui met fin à la lutte à mort des Maîtres, se révèle, à son tour, imparfaite. Loin de se refermer sur l'achèvement d'une synthèse *humaine*, la dialectique du monarque s'ouvre et se projette vers une *apothéose*. On pourrait croire, à première vue, qu'il s'agit d'un couronnement, mais il y a là, en réalité, un échec. En effet, Auguste n'entend pas seulement fonder *un* État dans le *présent* et justifier la monarchie par l'histoire (ainsi que fait Cinna à l'acte II); il veut fonder *l'État permanent* et mettre la monarchie hors de l'histoire. Tel est le sens véritable de la « prophétie de Livie » : l'appel au divin n'est rien d'autre qu'une hypothèque déguisée sur l'*avenir* :

> *Après cette action vous n'avez rien à craindre :*
> *On portera le joug désormais sans se plaindre;*
> *Et les plus indomptés, renversant leurs projets,*
> *Mettront toute leur gloire à mourir vos sujets...*

> (v. 1757-60.)

C'est que le Temps, ennemi mortel du héros et destructeur de don Diègue, n'est pas moins destructeur ni ennemi d'Auguste. Sachant, comme Horace — et à la différence de Rodrigue — que le « miracle » n'est pas indéfiniment renouvelable, Auguste, à l'instant même où il remporte sa dernière et suprême victoire, cherche à la mettre à jamais à l'abri du temps : « O siècles, ô mémoire, / Conservez *à jamais* ma dernière victoire! » Mais si la phrase redoutable de Cinna à l'acte II reste vraie, si « l'ordre des cieux / Change selon les temps comme selon les lieux », la monarchie — aussi bien que le monarque — portée à l'être par la dialectique de l'*existence humaine*, est menacée par le devenir de l'histoire, et il faut la sauver de l'histoire et du devenir. Il faut lui donner une *essence*, en faire, selon les paroles mêmes de Livie « une loi *immuable* » : « De votre heureux destin c'est l'immuable loi » (V, III, 1756). A ce prix seulement, l'action humaine, fondée sur le risque et compromise par la temporalité, acquiert la certitude et la sécurité absolues. Il faut donc non seulement couronner Auguste, mais aussi le canoniser et le statufier.

Toutefois, ce « recours au ciel » est une hypothèque que les hommes se donnent à bon compte sur l'avenir ouvert et incertain de l'histoire. Ce n'est qu'un faux-fuyant et l'ultime ressource de la mauvaise foi. A cet égard, la portée de *Cinna* dépasse de loin les circonstances particulières de son époque. Si c'est une grande pièce politique, ce n'est ni comme « reflet » ni comme « témoignage » d'un moment de l'histoire humaine

pour toujours révolu; c'est parce qu'à travers l'histoire du
xviie siècle, comprise à une certaine profondeur, *Cinna* constitue
une exploration et un dévoilement systématiques d'un projet
de salut humain, toujours possible. *Cinna* est une grande
pièce politique, parce que nous y trouvons, en quelque sorte,
des « prolégomènes à tout Étatisme futur ». Car tout ce qui est
dit de l'État monarchique reste vrai de tout État *totalitaire*,
qui prétend récupérer absolument à son profit le mouvement
de l'existence individuelle en lui donnant le « sens de l'Histoire ».
S'il y a un point de vue de la « Vérité » absolue sur l'histoire,
ainsi que le dit Livie avec une clairvoyance étonnante, « le passé
devient juste et l'avenir permis », c'est-à-dire que le présent
est radicalement justifié. A travers Livie et son Trône, au-delà
de son « Qui peut y parvenir ne peut être coupable », c'est le
Hegel du « Die Weltgeschichte ist das Weltgericht » qui se pro-
file. Et, avec lui, le fait érigé, par l'analyse, en droit, l'ordre -
préférable - à - l'injustice des uns, et la fin - qui - justifie -
les - moyens des autres... En voulant donner au mouvement à
jamais tâtonnant et précaire des projets humains à la recherche
d'un avenir, la certitude et la rigidité d'un *destin*, garanti
par la Providence ou l'Histoire; en substituant une Histoire,
qui fait les hommes, aux hommes qui font l'histoire, on aboutit
à justifier, par les traites que tirent sur l'avenir les « prophéties » de Livie (ou de Marx), les crimes d'Auguste (ou de Staline).
En demandant à l'individu d'abdiquer sa liberté pour se récupérer dans l'État, la « raison d'État », monarchique ou autre,
consiste à décréter que l'État a toujours raison. Dès lors, on
glisse sans mal de la terreur à l'arbitraire. Là où Auguste
disait : « le Moi, c'est l'État », Louis XIV finira par dire : « l'État,
c'est moi. » En un sens, on s'aperçoit qu'il y avait une certaine
justification à la révolte anarchique et anachronique d'Émilie,
à son refus de laisser son Moi se résorber dans l'Histoire, de
troquer une Maîtrise, originellement jaillie du mouvement
même de l'existence, contre une essence aristocratique, octroyée
d'en haut, par le Ciel et par le Roi. La « solution » offerte contre
Émilie par les efforts conjugués de Livie, d'Auguste et de
Cinna — et c'est là sans doute la conjuration secrète de la
pièce — n'est en rien une synthèse. Face au problème de la
libre lutte des consciences, elle ne le surmonte pas, elle le
supprime. Loin d'être un progrès dialectique, c'est une tentative radicale pour arracher l'homme à la dialectique. On ne
nous transporte d'admiration devant l' « exemple » du monarque
que pour nous faire le coup de la Monarchie. C'est, ni plus ni
moins, une *mystification*. Et c'est pourquoi, en dépit de ce qui
se répète de critique en critique, *Cinna* n'est pas « une pièce

qui finit bien ». C'est, au contraire, dans toute la force du terme, une tragédie, dont les pièces suivantes développeront les profondeurs. Après l'insuffisance du héros, on devine celle du monarque, plus cruelle encore, puisqu'elle ne laisse plus, après elle, aucun recours. Alors que la Politique devait éliminer la Tragédie, nous assistons à *la Tragédie même de la Politique*. Pour sauver le Monarque des vicissitudes du Temps et de l'Histoire, il va falloir fouiller encore une fois dans l'arsenal, chercher de nouvelles armes. Il va falloir regarder encore plus haut, au-delà d'Auguste : vers Dieu. Après *Cinna* viendra donc tout naturellement le tour de *Polyeucte*.

Polyeucte ou la conquête de Dieu

I

Polyeucte occuperait, selon les interprétations traditionnelles, une place à part dans le théâtre de Corneille : ce serait, avec *Théodore,* la seule tragédie chrétienne d'une dramaturgie profane; ce serait même, pour beaucoup, le chef-d'œuvre du théâtre chrétien de langue française, et l'on aurait, en somme, à choisir sur ce point entre *Polyeucte* et *Athalie.* Or, ce « christianisme » foncier de *Polyeucte* a été longtemps méconnu ou sous-estimé. Beaucoup, au xviie siècle, l'ont mis en cause, quitte, au xviiie siècle, à préférer se débarrasser de ce qu'il pouvait avoir d'inquiétant par des plaisanteries [190]. C'est l'époque où l'on ne voulait trouver d'intérêt qu'au « roman d'amour » de Sévère et de Pauline. *Polyeucte,* comme grand drame religieux, est une découverte, on dirait même une invention des Romantiques, en mal d'une spiritualité de couleur chrétienne. Ainsi, le fameux chapitre du *Génie du Christianisme* donnera, pour plusieurs générations, le ton : « C'est cette passion chrétienne, c'est cette querelle immense entre les amours de la terre et les amours du ciel, que Corneille a peinte [191]... » Il n'y aurait donc ici nul problème : Corneille a fait, de la même plume qui lui servit à traduire l'*Imitation de Jésus-Christ,* œuvre pie ou plus précisément encore, selon Brasillach, œuvre de parfaite orthodoxie catholique, ce dont, de Lamennais à Péguy, d'André Rousseaux à Louis Herland, il ne reste qu'à se réjouir.

Pourtant, dès le début, cette pièce, au propos apparemment si simple, pose de difficiles problèmes. « Ce n'est qu'une pièce de théâtre, disait Corneille dans sa *Dédicace à la Reine Régente* (1643), que je lui présente, mais qui l'entretiendra de Dieu... » Toutefois, cet « entretien » faillit coûter à l'auteur le succès de la pièce, qui déplut si fort, en première lecture, à l'Hôtel de Rambouillet, que Corneille songea, paraît-il, à retirer son manuscrit en cours de répétition. *Se non è vero...* Quoi qu'il

en soit, cette irruption du divin sur la scène avait quelque
chose d'insolite, voire d'illicite, puisque Corneille éprouva le
besoin d'en donner, dans son *Examen* de 1660, une justification
théorique en lui trouvant des précédents respectables chez
Heinsius et chez Grotius, et en établissant une ferme distinction
entre les vies des saints et les récits évangéliques [192]. Simple
épisode d'histoire littéraire, dira-t-on, et qui illustre tout bonne-
ment la difficulté qu'avait un auteur dramatique, au xviie siècle,
à faire passer certains sujets « tabous » à la scène [193]. Cette
remarque, pour exacte qu'elle soit, ne résout en rien la question; elle la pose, au contraire, avec plus d'acuité encore :
pourquoi Corneille se serait mis soudain en tête d'écrire une
« tragédie chrétienne », blessant par là les usages courants et
les opinions prévalentes, dont il se montrait toujours si respectueux? Bien mieux, si la religion risquait de s'en trouver
offensée, le théâtre était encore plus certain de n'y pas trouver
son compte, du fait même, nous apprend Corneille, que le
« martyre » n'était pas, en tant que tel, matière à tragédie,
selon les normes de l'époque : « L'exclusion des personnes tout
à fait vertueuses qui tombent dans le malheur bannit les martyrs de notre théâtre. *Polyeucte* y a réussi contre cette maxime...»
(*Discours de la Tragédie*, éd. Pléiade, I, p. 91). Force est donc
de reconnaître que, du point de vue de Corneille lui-même,
il y a bien ce qu'il convient d'appeler un paradoxe de *Polyeucte :*
si le héros de ce nom est un saint, c'est la théorie fondamentale
de la tragédie qui a tort; et si la théorie de la tragédie n'a pas
tort, c'est Polyeucte qui n'est pas un saint.

Le paradoxe s'approfondit encore, dès que l'on cesse de
considérer la pièce isolément. Si, en effet, l'on fait de cette
tragédie le modèle de l'art chrétien, on voit mal comment une
pièce destinée à célébrer l'avènement de Dieu et son empire
sur l'homme se raccorderait au reste d'une œuvre orientée
vers l'exaltation du Moi et des vertus de l'orgueil. Si tout
l'effort de l'héroïsme cornélien tend à définir les conditions du
salut purement humain de l'homme et la possibilité d'atteindre
l'absolu sans quitter le monde, dans et par l'exercice du libre
arbitre; si l'éthique de la Maîtrise peut être accomplie et
incarnée, en un mouvement d'ascension de plus en plus authentique, par Rodrigue, par Horace, puis par Auguste, c'est-à-
dire par le triomphe successif de l'homme sur la nature, du
héros sur l'homme, du monarque sur le héros, pour culminer
dans l'établissement du Royaume Parfait, on peut se demander
quelle place est réservée au Divin en cet univers exclusif de
Dieu. Entre un théâtre de la liberté et un théâtre de la grâce,
il existe un abîme infranchissable [194], et, pour vouloir faire de

Polyeucte une tragédie de la grâce, on est conduit à le retrancher du reste d'un théâtre de la pure liberté. Une première solution au paradoxe de la pièce, à ce qu'on pourrait appeler son caractère « louche », c'est de la mettre dans une classe à part. C'est ce qui amène A. Adam à écrire : « *Polyeucte* est la tragédie de la grâce. C'est-à-dire que cette pièce fait intervenir une force mystérieuse, surnaturelle, qui échappe aux prises de l'homme, de sa raison, de sa conscience. Une force, par conséquent, qui par nature, fait éclater les cadres habituels de la tragédie cornélienne [195]... » L'inconvénient de cette explication est qu'elle constitue plutôt un refus d'explication et *Polyeucte*, pièce du miracle, devient, en quelque sorte, un miracle en tant que pièce. Nous avons pu voir à quel point les œuvres de Corneille, malgré leur diversité apparente, constituaient, au sens le plus fort, *une* œuvre, un même effort et une même entreprise, sans cesse repris et approfondis. Il serait très étonnant, disons franchement absurde, que l'une des plus belles pièces de ce théâtre, la plus belle, peut-être, fît soudain exception à la règle et fît « éclater les cadres de la tragédie cornélienne », au lieu d'en incarner l'esprit le plus profond. De toute façon, il n'en est rien. Dès le départ, l'inspiration de *Polyeucte* retrouve et rassemble les thèmes cornéliens essentiels. Il n'y a aucune solution de continuité, aucune rupture : loin que *Polyeucte* puisse être, pour les commodités de la critique, séparé du reste des pièces, il s'y rapporte et s'y intègre parfaitement.

Si *Polyeucte* n'est pas l'exception, c'est donc la règle; si c'est une tragédie chrétienne et si celle-ci se relie intimement à l'ensemble de l'œuvre, l'ensemble de l'œuvre est, en bonne logique, chrétien. La divergence entre une éthique humaniste et une éthique religieuse, le divorce entre la morale de la Maîtrise et celle de la Soumission ne sont qu'apparents. Il y a, en réalité, continuité directe et de droit fil : c'est l'interprétation célèbre de Péguy. « Les tragédies de Corneille sont une famille liée »; par conséquent, « le *Cid* et *Horace* représentent deux héroïsmes temporels qui, portés à l'éternel, donnent *Polyeucte* [196]. » Il n'y aurait donc, dans toute la dramaturgie cornélienne, qu'un seul mouvement : « Tout le jeune héroïsme du *Cid*, tout l'héroïsme chrétien, tout l'héroïsme chevaleresque, toute la jeunesse... toute la chevalerie du *Cid* promue dans *Polyeucte* en jeunesse éternelle, en héroïsme et comme en chevalerie de sainteté. » (*Ibid.*, p. 464.) Dès lors, il convient de lire rétrospectivement *le Cid* à la lumière de *Polyeucte*, et, à la suite de Péguy, A. Rousseau nous y invite : « *Polyeucte* dénoue l'œuvre de Corneille vers la vérité qui en est la lumière supérieure et surnaturelle [197]... » Reprenant la question dans son ensemble, L. Herland pourra conclure : « Merveilleusement accordé au christianisme par son double destin, comme aussi par la dualité de sa nature (appétit de grandeur si souvent contrarié en lui par l'humble bon sens du bourgeois),Corneille trouvait dans la foi le moyen de résoudre ses contradictions en les dépassant [198]... » Or, nous avons pu vérifier, à propos d'*Horace* et de *Cinna*, que la « christianisation » de ces pièces constitue une totale erreur. (Cf. pp. 175 et 193.) Dès *le Cid*, nous avons constaté quel fossé profond séparait Rodrigue de Roland, le héros du chevalier. Ce n'est que par un pur jeu de mots, par une confusion du vocabulaire entraînant celle de la pensée, que Péguy a pu assimiler « héroïsme » et « chevalerie », l'inspiration aristocratique et l'inspiration chrétienne. Si, effectivement, il y a eu, au Moyen Age, une chevalerie chrétienne, l'élément nobiliaire et l'élément chrétien se sont depuis longtemps dissociés au temps de Corneille et, comme les études récentes l'ont montré, le mouvement authentique de la renaissance catholique, au XVIIᵉ siècle, s'emploie tout entier à la « démolition du héros [199] ». De fait (et nous reviendrons là-dessus), le projet héroïque est, par nature, *antichrétien*. Si donc *Polyeucte* est bien, comme le voulait Péguy, en continuité avec le reste du théâtre de Corneille, ce n'est pas parce que ce théâtre serait chrétien, mais, au contraire, parce que *Polyeucte* n'est point, malgré les apparences, une pièce chrétienne.

II

Les apparences sont, cependant, très fortes, et cette affirmation semblera, au premier abord, paradoxale. Mais, nous l'avons vu, *Polyeucte* est, par nature, une pièce paradoxale, qu'il convient de poser d'emblée comme telle. Avant de passer à l'analyse détaillée, nous aimerions examiner deux objections de principe, qu'on ne manquera pas de soulever. La première (et la plus naïve) consistera à dire : mais Corneille était chrétien! Personne n'en doute. La moindre biographie du « bonhomme » nous le montre entouré de son oncle Antoine, chanoine; de sa fille Marguerite, dominicaine; de son fils Thomas, abbé; on y trouve un Pierre Corneille occupé à administrer sa paroisse, et contribuant, financièrement autant que personnellement, à la propagation des œuvres pieuses. Son frère, Thomas Corneille, nous déclare, vers 1710, dans son *Dictionnaire*, qu' « il

a toujours eu beaucoup de religion et de piété... L'usage des
sacrements auquel on l'a toujours vu porté lui faisait mener
une vie très régulière et son plus grand soin était d' « édifier
sa famille par ses bons exemples [200] ». Il ne faut, bien sûr, pas
prendre au pied de la lettre cette hagiographie fraternelle et
tardive. Il y avait, chez le soi-disant bonhomme, un monde
de passions violentes. Ses feux d'automne pour « Marquise »,
sa haine invétérée de Racine, une sensualité, que l'on sent
brûler dans sa propre vieillesse comme chez les vieillards de
ses dernières pièces, mettent quelques ombres à cette image
d'Épinal. Il n'en reste pas moins que Corneille a passé des
années à traduire l'*Imitation de Jésus-Christ* et à rédiger l'*Office
de la Vierge*. Bref, il n'y a pas le moindre doute que Corneille
était un excellent chrétien. Tout comme Descartes. Ce qui n'a
nullement empêché Descartes, adorateur, lui aussi, de la Vierge,
et qui s'acquitta d'un vœu envers elle par un pèlerinage, d'avoir
un jour conçu, dans un élan et une vision mystiques, les principes d'une philosophie qui devait sonner, pour plus d'un
siècle, le glas du christianisme. On ne saurait confondre le
cheminement subjectif de l'homme et la signification objective
de l'œuvre. Descartes, profondément catholique, élabore une
philosophie qui veut, avant tout, donner à l'homme les moyens
d'accomplir son propre salut tout seul. Corneille, sincèrement
chrétien, compose une dramaturgie tout entière consacrée à
l'effort de l'homme pour se faire et s'atteindre lui-même dans
l'absolu. De nos jours, c'est chez Camus, athée, qu'il faut chercher l'un des témoins contemporains du sacré. Telle est la réalité
complexe des faits humains, qu'il nous appartient ici de constater, non d'expliquer [201]. Verlaine donnait en alternance, pour
ainsi dire, un recueil de poèmes pieux et un volume de vers
obscènes. Il s'agit de reconnaître les contradictions possibles
du penseur et de la pensée. Le critique, contrairement au bio-
graphe ou à l'historien, n'a à s'inquiéter que de la pensée, de
l'œuvre dans sa signification, non dans sa genèse. Que le héros
cornélien ait été pour Corneille, comme Camille pour Horace,
un « alter ego » démoniaque, et l'acte d'écrire une opération
d'exorcisme; ou que ces créatures d'orgueil aient été l'incarnation de ses aspirations les plus profondes, et l'écriture le
seul moyen, pour ce bourgeois, d'atteindre, à défaut de royauté
réelle, la royauté littéraire; en un mot, que le théâtre ait été,
en ce qui concerne Maître Pierre Corneille, activité d'évasion,
de compensation, de sublimation ou de combat, nous ne le
saurons jamais — et, de notre point de vue, peu importe. Il
s'agit de faire l'analyse de l'œuvre, non la psychanalyse de
l'auteur. Or, l'auteur témoigne tout entier ici pour le christia-

nisme, l'œuvre contre. C'est un fait indépassable, auquel nous
ne pouvons rien changer.

Une seconde objection, qui mérite toute notre attention,
viendra, au contraire, d'une étude précise de l'œuvre même.
Corneille ne déclare-t-il pas péremptoirement, dans sa *Dédicace*,
déjà citée, qu'il nous « entretiendra de Dieu »; la pièce ne baigne-
t-elle pas, d'un bout à l'autre, dans la plus pure atmosphère
chrétienne? Bien plus, n'y découvre-t-on pas, sous le *sentiment*
religieux, une *pensée* rigoureuse et stricte, une orthodoxie
sûre et sans défaut, une remarquable attention au détail
théologique? Car non seulement l'effort par lequel Polyeucte
surmonte sa passion pour Pauline offre l'exemple de ce que
Chateaubriand appelait, d'une belle expression, « cette querelle
immense entre les amours de la terre et les amours du ciel »,
non seulement le mouvement de la pièce vers le martyre final
est bien un invincible mouvement d'enthousiasme mystique [202],
mais encore on trouve, dans *Polyeucte*, une dogmatique d'une
richesse et d'une exactitude incomparables, un catéchisme
complet, au meilleur sens du terme : baptême de Polyeucte,
martyre de Polyeucte et de Néarque, conversion de Pauline
et de Félix. Cela n'est rien : comme Péguy le faisait remarquer,
toute la fin de la tragédie repose sur le dogme de l' « intercession des saints ». La prière de Polyeucte, avant son supplice,
en faveur de Pauline, « c'est déjà, c'est dedans, c'est d'avance
une prière, une intercession rituelle. C'est l'office de
saint Polyeucte. C'est déjà l'Église triomphante. Comme toute
l'Église triomphante prie pour toute l'Église militante. Et
pour l'Église souffrante [203]. » Allons plus loin encore : de même
que *Cinna* contenait une leçon systématique de politique
monarchiste et un véritable traité du pouvoir, n'y a-t-il pas,
dans *Polyeucte*, une étude complète des rapports de Dieu et
de l'homme, une somme moliniste sur la grâce? Dans la querelle qui opposera, en effet, aux Jésuites les Jansénistes, partisans de la grâce « efficace », don gratuit, soudain et irrésistible
de Dieu, Corneille se place résolument, d'avance, dans la
perspective de la théologie moliniste (et l'on a cru retrouver
là, de façon très précise, l'influence de ses professeurs jésuites
au collège de Rouen [204]) : la grâce divine est toujours offerte
à l'homme, mais celui-ci, par son adhésion ou son refus, reste
libre de la *rendre* efficace, et demeure, par conséquent, responsable de son destin [205]. Après le baptême de Polyeucte, s'il
brûle soudain de détruire les idoles du temple, c'est que la
grâce a en lui toute sa force [206]. Appelée par l'intercession de
Néarque sur Polyeucte, elle accompagnera ce dernier jusqu'au
martyre, puis, appelée par son intercession, elle descendra

ensuite sur Pauline et sur Félix. Ne doit-on pas, dès lors, dire,
au sens le plus strict, que la tragédie de *Polyeucte* est tout
entière tragédie de la grâce? D'inspiration parfaitement chrétienne sur le plan théologique comme sur le plan sentimental,
Polyeucte, enfin, est une œuvre de pure « propagande », destinée à « propager » la foi, au sens étymologique, et selon la
perspective de la Contre-Réforme. Œuvre de théologie, *Polyeucte*
est également ouvrage d'édification, qui offre une vision idyllique des débuts du christianisme :

> *Enfin, chez les chrétiens, les mœurs sont innocentes,*
> *Les vices détestés, les vertus florissantes ;*
> *Ils font des vœux pour nous qui les persécutons ;*
> *Et depuis tant de temps que nous les tourmentons,*
> *Les a-t-on vus mutins, les a-t-on vus rebelles?*
> *Nos princes ont-ils eu des sujets plus fidèles?*
> *Furieux dans la guerre, ils souffrent nos bourreaux,*
> *Et, lions au combat, ils meurent en agneaux.*
>
> (IV, vi, 1435-42.)

Dans ces conditions, n'est-ce pas pure gageure, voire franche
insanité, de mettre un instant en question le christianisme de
Polyeucte?

Il faut, évidemment, s'entendre. Il ne suffit point de faire
une pièce ou un roman parfaitement conçus sur la Révolution
française ou russe, pour faire un roman ou une pièce révolutionnaires. Parce que le sujet de *Polyeucte* est chrétien, et traité
avec un art consommé, *de l'intérieur*, en quelque sorte, il ne
s'ensuit nullement que la signification ultime de la pièce soit
chrétienne. Nous irons même plus loin et admettrons volontiers que Corneille, en écrivant son ouvrage, voulait composer
une tragédie sainte et travailler pour la cause de Dieu et de
l'Église, comme plus tard, quand il traduira l'*Imitation*. Toutefois, vouloir et accomplir sont deux; ce qui nous intéresse
ici, ce n'est point ce que Corneille a voulu faire, mais ce qu'il
a fait, — ce que l'intention est devenue sous sa plume. Or,
dès son vivant, des esprits avertis ont fortement mis en doute
le contenu chrétien de l'œuvre : « Y a-t-il rien de plus sec et
de moins agréable que ce qui est saint dans cet ouvrage ? »
demande le prince de Conti, dans son *Traité sur la Comédie*
(1667), qui remarque que les personnages de Corneille ont
« chassé Dieu de leur cœur pour y loger la créature [207]. » De
nos jours, Paul Claudel, orfèvre en la matière, s'est livré, dans
une lettre à R. Brasillach, à une singulière diatribe contre la
pièce : « Je suis étonné de votre affirmation que Corneille est
le plus grand des poètes chrétiens... Mais que faites-vous de
toute son œuvre, qui est la négation même du christianisme,

et où ne pénètre pas un seul rayon de l'Évangile? Car Polyeucte
n'est pas autre chose qu'un fier-à-bras grotesque, et ce n'est
pas avec des tirades et des rodomontades imbéciles qu'on
affronte l'Enfer! Tout le reste n'est qu'orgueil, exagération,
pionnerie, ignorance de la nature humaine, cynisme et mépris
des vérités les plus élémentaires de la morale[208]. » Ce n'est
pas par hasard que Claudel se croit obligé de brandir les « vérités
les plus élémentaires de la morale » et que le « Saint Polyeucte »
de Péguy s'attire ainsi les foudres d'un confrère en religion.
Plus que toute autre pièce de Corneille, et justement en vertu
de son pieux appareil, *Polyeucte* est redoutable et entretient
une dangereuse confusion. C'est qu'en effet, la pièce repose
sur une *fondamentale ambiguïté*, que Péguy a d'ailleurs notée :
« un faîte unique d'*héroïsme dans la sainteté*, mais qui est peut-
être, en un sens aussi, vu de l'autre côté, un faîte de *sainteté
dans l'héroïsme*[209] ». Héroïsme, sainteté : leur confrontation,
leur cohabitation reste équivoque. Dans ce tête-à-tête, ce
face-à-face de l'homme et du divin, du Héros et de Dieu,
l'issue est, pour le moins, douteuse, et l'on se demande qui
des deux dévorera l'autre.

III

Comme *Horace*, *Polyeucte* s'ouvre sur l'opposition de l'*homme*
et de la *femme* :

> Néarque : *Quoi? vous vous arrêtez aux songes d'une* femme!...
> *Et ce cœur tant de fois dans la guerre éprouvé*
> *S'alarme du péril qu'une femme a rêvé!*
> Polyeucte : *Je sais ce qu'est un songe et le peu de croyance*
> *Qu'un* homme *doit donner à son extravagance...*
>
> (I, 1, 1, 3-6.)

Nous avons déjà eu l'occasion, notamment à propos d'*Horace*,
d'analyser la valeur particulière de la symbolique mâle et
femelle dans l'univers cornélien. C'est assez dire que, dès les
premières lignes, la tragédie se situe, exactement comme les
précédentes, dans la perspective du projet de Maîtrise, et dans
le contexte de l'éthique aristocratique. Polyeucte est avant
tout, tel Rodrigue ou Horace, un guerrier, un « cœur tant de
fois dans la guerre éprouvé ». Mais, après *Cinna* et la relève
du héros par le monarque, voici à son tour Polyeucte promu :
« Polyeucte a du nom et sort *du sang des rois*. » (II, 1, 420.)
La première scène de la pièce reprend donc dans toute sa force

le thème cornélien désormais traditionnel, qui dresse résolument l'un contre l'autre, en un combat farouche, le principe mâle de la Maîtrise et le principe femelle du Sentiment. Mais jamais encore Corneille n'avait osé insister avec tant de franchise sur l'envoûtement des sens et de la possession amoureuse. La volupté, que Rodrigue ou Camille ne faisaient que pressentir, Polyeucte en connaît la « douceur infinie » :

> — *Pauline est mariée ! — Oui, depuis quinze jours.*
> *Polyeucte, un seigneur des premiers d'Arménie,*
> *Goûte de son hymen la douceur infinie.*
>
> (II, 1, 416-18.)

Avec une audace que les « bienséances » obligatoires n'arrivent pas à dissimuler, l'auteur prend ici ses personnages au saut du lit :

> *Mais vous ne savez pas ce que c'est qu'une femme :*
> *Vous ignorez quels droits elle a sur toute l'âme,*
> *Quand, après un long temps qu'elle a su nous charmer,*
> *Les flambeaux de l'hymen viennent de s'allumer.*
>
> (I, 1, 9-12.)

Aussi bien, plus tard, lorsque son mari en prison refusera de se laisser ébranler, Pauline lui jettera à la face, avec une impudeur passionnée, la revendication de la joie charnelle contre le bonheur céleste :

> *...ton cœur, insensible à ces tristes appas,*
> *Se figure un bonheur où je ne serai pas !*
> *C'est donc là le dégoût qu'apporte l'hyménée?*
> *Je te suis odieuse après m'être donnée !*
>
> (IV, III, 1249-52.)

C'est là le cri du corps, et c'est bien le règne du corps maintenant épanoui et du désir *enfin satisfait* qui donne le ton à ce début de tragédie.

Or, dans une situation où l'âme romantique (ou l'homme ordinaire) seraient tout à la volupté et au contentement, le personnage cornélien, dans le règne infiniment doux du corps, éprouve une infinie *dépendance*. Polyeucte, pas plus que ses prédécesseurs, n'échappe à l'inéluctable dialectique de la passion, où le possédant devient nécessairement le possédé :

> *...mon cœur, attendri sans être intimidé,*
> *N'ose déplaire aux yeux dont il est possédé.*
>
> (I, 1, 19-20.)

Voici donc le héros engagé par l'amour à commettre un acte que sa raison réprouve, disposé à faire, au nom du sentiment, le contraire de ce qu'il estime devoir faire; en un mot, le voici *aliéné :*

> *Pauline,* sans raison *dans la douleur plongée,*
> *Craint et croit déjà voir ma mort qu'elle a songée ;*
> *Elle oppose ses pleurs au dessein que je fais,*
> *Et tâche à m'empêcher de sortir du palais.*
> *Je* méprise sa crainte, *et je* cède à ses larmes.
>
> (Ibid., 13-17.)

Pauline elle-même admet cette aliénation, et tâche à la justifier au nom des valeurs sentimentales :

> *...Ses présages sont vains,*
> *Je le sais ; mais enfin je vous aime et je crains.*
>
> (I, II, 119-20.)

Au comble, comme Alidor au seuil, de l'amour heureux, Polyeucte éprouve donc une sujétion d'autant plus pernicieuse qu'elle est secrètement consentie, — et qui justifie rétrospectivement les craintes exprimées dans *la Place Royale :* « Adieu, vos pleurs sur moi prennent *trop de puissance.* » (*ibid.*). De même qu'Horace en face de Sabine, Polyeucte adoptera spontanément l'attitude du mâle envers la femelle, c'est-à-dire la partie femelle de son propre être, il *fuira :*

> *Je sens déjà mon cœur prêt à se révolter,*
> *Et ce n'est qu'en fuyant que j'y puis résister.*
>
> (Ibid., 123-24.)

Nous nous trouvons donc, dans le cas de Polyeucte, devant la situation cornélienne fondamentale, où menacée par les puissances affectives, la liberté de la personne est mise en question, et son indépendance entamée, et où apparaissent en conséquence les premiers signes de la dégradation héroïque.

Le problème est strictement identique, dans un contexte féminin, pour Pauline. D'aucuns ont essayé de l'escamoter, voire de le supprimer, sans doute par respect pour la « morale » : « N'en doutons pas, Pauline aime Polyeucte autant qu'elle a aimé Sévère. Sévère, c'est le passé, Polyeucte c'est le présent ; il a tout ce que l'autre avait [210]. » Voilà qui, en effet, arrangerait fort bien les choses : le malheur, c'est que, s'il en était ainsi, il n'y aurait simplement pas de pièce. L'arrivée de Sévère serait dramatiquement inutile et psychologiquement absurde. Il n'est, d'ailleurs, que de consulter le texte. Pauline, beaucoup moins prude que certains commentateurs, est parfaitement explicite sur ce point :

> *Une femme d'honneur peut avouer sans honte ;*
> *Ces surprises des sens que la raison surmonte ;*
> *Ce n'est qu'en ces assauts qu'éclate la vertu,*
> *Et l'on doute d'un cœur qui n'a point combattu.*

(I, iii, 165-68.)

La spontanéité des sens la jette tout entière vers Sévère, même *avant* d'apprendre qu'il est en vie et qu'il arrive; même *après* quinze jours de lit conjugal :

> *Il s'appelait Sévère : excuse les soupirs*
> *Qu'arrache encore un nom trop cher à mes désirs.*

(Ibid., 171-72.)

Telle la princesse de Clèves dans son fameux « aveu » à son mari, Pauline poussera la franchise jusqu'à en informer Polyeucte :

> *Et, pour vous en parler avec une âme ouverte,*
> *Depuis qu'un vrai mérite a pu nous enflammer,*
> *Sa présence toujours a droit de nous charmer.*

(II, iv, 614-16.)

De même que la première scène nous montrait Polyeucte « possédé » par Pauline, Pauline est, à son tour, « possédée » par Sévère : « Il possédait mon cœur, mes désirs, ma pensée... » (I, iii, 197). Or, Sévère, vaillant, était pauvre, donc socialement inacceptable. C'est la situation type des comédies et, comme les héroïnes des comédies, Pauline, refusant toute révolte et toute valorisation de l'amour [211], retrouve, dans l'obéissance inconditionnelle à son père, la liberté perdue en faveur du sentiment :

> *De quelque amant pour moi que mon père eût fait choix...*
> *Quand je vous aurais vu, quand je l'aurais haï,*
> *J'en aurais soupiré, mais j'aurais obéi,*
> *Et sur mes passions ma raison souveraine*
> *Eût blâmé mes soupirs et dissipé ma haine.*

(II, ii, 472, 475-78.)

On se repasse, de génération en génération d'écoliers, ces deux derniers vers comme le modèle de « volonté » cornélienne, sans se douter que cette soi-disant « souveraineté de la raison » est ici un *trompe-l'œil*. Pas un instant la « raison » ne peut « dissiper » la passion : le corps, les sens résistent. Lorsque Pauline déclare à Stratonice qu'après le choix de Polyeucte par son père,

> *Je donnai par devoir à son affection*
> *Tout ce que l'autre avait par inclination,*

(I, iii, 215-16.)

loin qu'il faille la prendre au pied de la lettre, il faut, au contraire
voir qu'elle est *de mauvaise foi*. Elle a besoin de se rassurer et
de se convaincre en *se prouvant* son amour, au lieu de l'*éprouver*:

> *Si tu peux en douter, juge-le par la crainte*
> *Dont en ce triste jour tu me vois l'âme atteinte.*

> (Ibid., 217-18.)

Elle essaie de se donner le change en faisant passer les effets
de l'amitié pour ceux de l'amour. Mais la distinction se rétablit
d'elle-même, quand Félix lui commande de revoir Sévère pour
le sonder et l'amadouer, et la vérité éclate :

> *Il est toujours aimable, et je suis toujours femme ;*
> *Dans le pouvoir sur moi que ses regards ont eu,*
> *Je n'ose m'assurer de toute ma vertu.*

> (I, iv, 346-48.)

L'impitoyable lucidité de Pauline va encore plus loin : plus
forte que la princesse de Clèves, ce n'est pas, au fond, une
« chute » — rendue impensable et impossible par les circonstances — que Pauline redoute : c'est l'épreuve humiliante que
la rencontre avec Sévère constitue non pour sa vertu, mais
pour sa *maîtrise d'elle-même* :

> *Ce n'est pas le succès que mon âme redoute :*
> *Je crains ce dur combat et ces troubles puissants*
> *Que fait déjà chez moi la révolte des sens.*

> (Ibid., 354-56.)

Comme toute bonne cornélienne, Pauline aspire à la Maîtrise
et se berce de l'espoir qu'elle reste libre de faire régner la « raison » non seulement sur ses actions, mais surtout sur ses pensées, sur sa sensibilité. Le transfert volontaire de l' « inclination »
de Sévère à Polyeucte, de ce point de vue, représente le suprême
triomphe d'une conscience sur la nature. Or, ce précaire équilibre risque d'être détruit en un instant par la simple *vue* de
Sévère, par l'éblouissement amoureux. Pour garder l'illusion
de la Maîtrise, le seul recours est la *fuite*, et Pauline voudra
fuir devant Sévère, comme Polyeucte devant Pauline :

> *J'assure mon repos, que troublent ses regards.*
> *La vertu la plus ferme évite les hasards...*

> (II, iv, 611-12.)

Ainsi, chacun de leur côté, chacun avec son véritable parte-
naire, Polyeucte et Pauline, dès le premier acte, sont amenés
à refaire la conquête de soi, compromise par le mouvement
spontané de la nature. Il ne s'agit de rien moins que de passer

à nouveau par l'épreuve fondamentale de la Maîtrise, le « combat contre un autre soi-même » d'Horace, qui est le vrai combat contre soi, et dont Pauline donne, encore une fois, la définition :

> *Mais puisqu'il faut* combattre un ennemi que j'aime,
> *Souffrez que je me puisse* armer contre moi-même...
>
> (Ibid., 357-58.)

IV

Après ce début très « classique », encore que rehaussé d'une poésie sensuelle jusque-là inconnue, la tragédie se présente, fort simplement, comme le double récit du combat de Pauline contre Sévère et de Polyeucte contre Pauline. Il est important de noter que l'action suit précisément cet ordre, et que le « beau roman d'amour » de Pauline et de Sévère, ainsi qu'on disait au xviiie siècle (ce que Faguet, au xxe siècle, traduit par « le drame de l'adultère », *op. cit.*, p. 147-148), occupe la plus grande partie de l'acte II. Pour comprendre le drame intime des deux personnages, il faudra commencer par mettre en évidence quelques vérités, qui seront, pour certains, désagréables. On a, en effet, jugé diversement le « païen favori », dont parlait Voltaire : selon les époques et les humeurs, on en a fait le parangon du parfait amant, ou un soupirant précieux et mièvre. Or, ce qui compte, ce n'est pas ce que Sévère est pour nous, mais pour Pauline ; et pour elle, sans l'ombre d'un doute, il est l'incarnation de tout ce qui, chez la femme aristocratique, peut éveiller le désir. Sévère est, *par opposition à Polyeucte*, l'abrégé des vertus galantes. Car Polyeucte est, nous l'avons vu, épris de sa femme autant qu'on peut l'être, mais tout son effort, lorsque s'ouvre la pièce, va justement à se déprendre. Aussi son attitude envers sa femme est-elle aimante, plutôt qu'amoureuse ; son langage tendre, mais non attendri ; poli, certes, mais point chevaleresque. Il peut même, au contraire, s'accommoder, par instants, d'une certaine brusquerie :

> *Un songe vous fait peur !...*
> *Adieu : vos pleurs sur moi prennent trop de puissance.*
>
> (I, ii, 119, 122.)
>
> *C'est trop verser de pleurs ; il est temps qu'ils tarissent,*
> *Que votre douleur cesse et vos craintes finissent, etc.*
>
> (II, iv, 593 sqq.)

On trouve, chez lui, un certain manque de tact; après le douloureux aveu de Pauline et son pénible triomphe sur une tendresse mal éteinte, il ne craint pas de se réjouir bruyamment :

> *O vertu trop parfaite, et devoir trop sincère,*
> *Que vous devez coûter de regrets à Sévère !*
> *Qu'aux dépens d'un beau feu vous me rendez heureux !*
>
> (Ibid. 621-23. Voir également plus loin, p. 245.)

Lors de la confrontation suprême dans la prison, Polyeucte
prononcera la condamnation sans appel de l'amour des sens,
même légitime, et son effacement devant l'amour divin :

Pauline : *Quittez cette chimère et m'aimez.*
> *— Je vous aime*
> Beaucoup moins que mon Dieu, *mais bien plus que moi-même.*
>
> (IV, III, 1279-80.)

Par contraste, Sévère est l'homme qui fait de l'amour humain
sa divinité [212] :

> *Pourrai-je voir Pauline et rendre à ses beaux yeux*
> *L'hommage souverain que l'on va rendre aux dieux?*
>
> (II, I, 367-68.)

Le culte amoureux de Sévère s'oppose ainsi très exactement
aux mépris de Polyeucte pour la chair :

> *Je n'aurais* adoré *que l'éclat de vos yeux,*
> *J'en aurais fait mes rois, j'en aurais fait mes dieux.*
>
> (IV, V, 1329-30.)

C'est bien pourquoi, ainsi que Pauline le constate avec regret,
Sévère est un « trop parfait amant », dont les sentiments épou-
sent spontanément toutes les nuances du Pays de Tendre.
Flatteur délicat :

> *Faites voir des défauts qui puissent à leur tour*
> *Affaiblir ma douleur avecque mon amour;*
>
> (II, II, 531-32.)

charmeur élégiaque :

> *Je ne veux que la voir, soupirer et mourir;*
>
> (II, I, 436.)

allant du tendre reproche :

> *O trop aimable objet, qui m'avez trop charmé,*
> *Est-ce là comme on aime et m'avez-vous aimé?*
>
> (II, II, 495-96.)

à la soumission respectueuse :

> *Ah ! puisque votre gloire en prononce l'arrêt,*
> *Il faut que ma douleur cède à son intérêt.*
> *Est-il rien que sur moi cette gloire n'obtienne?*
>
> (II, II, 551-53.)

Sévère sait évoquer, chez Pauline, tous les frissons de la gamme affective. Mais cette sensibilité presque féminine s'allie, par un séduisant mélange, à la bravoure la plus manifeste, à la vaillance la plus éclatante. Si Polyeucte, ainsi que nous l'apprend Néarque, a eu jadis l'occasion de prouver son courage à la guerre, Sévère, lui, est l'incarnation même de la valeur guerrière — vertu qui, pour la femme noble qu'est Pauline, est parée, ne l'oublions pas, d'un exceptionnel attrait [213]. Sévère satisfait donc à tout ce qu'il y a de féminité amoureuse en Pauline, et, par opposition à l'affection « de tête » qu'elle porte à Polyeucte, polarise en elle le mouvement spontané du cœur (« Je sens déjà mon cœur qui pour lui s'intéresse », I, IV, 342) et le tumulte des sens (« ... ces troubles puissants / Que fait déjà chez moi la révolte des sens », I, IV, 355-56).

Il ne fait donc aucun doute que, lorsqu'elle rencontre à nouveau Sévère, Pauline n'est pas mise en présence de l'homme qu'elle aimait, mais de l'homme qu'elle aime. On connaît les vers célèbres :

> *Et quoique le dehors soit sans émotion,*
> *Le dedans n'est que trouble et que sédition.*
> *Un je ne sais quel charme encor vers vous m'emporte...*
>
> (II, II, 503-5.)

Pourtant, on n'en a pas assez souligné la force; il ne s'agit pas ici d'une vague résurgence du passé, mais d'un présent à vif, et qui saigne. On n'a pas non plus très bien saisi la remarquable audace de cette scène, où une femme, à peine mariée de quinze jours, confesse, fût-ce pour le surmonter, son amour à son « amant », dans des lieux pleins encore de la présence du mari. Cette liberté prise avec les « bienséances » donne la mesure du désarroi *sensuel* d'une femme chez qui deux semaines de lit conjugal n'ont pu entamer, à plus forte raison, effacer, l'image de l'Autre, parée plus que jamais de tous ses attraits. De ce point de vue, l'entretien de Pauline et de Sévère n'est pas une simple « réédition » de la rencontre de Rodrigue et de Chimène, avec des variantes. Nous avons pu constater que, jusqu'à présent, Corneille ne se répète jamais. S'il existe, dans son théâtre, une unité thématique fondamentale, nous n'avons jamais affaire à des variations dramatiques ou psychologiques sur un même thème, mais à un approfondissement, c'est-à-dire à un *développement dialectique* des possibilités humaines impliquées par une attitude donnée. Ici, les rapports entre Pauline et Sévère sont tels, qu'il ne suffit pas, pour que l'éthique de la Maîtrise sorte indemne de l'épreuve, que certaines actions soient ou ne soient pas accomplies, *indépendamment* des sentiments : Chimène pouvait aimer Rodrigue, du moment qu'elle le poursuivait, et Curiace adorer Camille, dès l'instant qu'il partait se battre. Maintenant, c'est la *présence même de certains sentiments* qui constitue l'épreuve, et, comme disait Pauline, « ce n'est pas le succès que mon âme redoute ». Aimer malgré soi, c'était pour Alidor, célibataire, une humiliation ; pour Pauline, mariée, c'est une honte. La décision volontaire peut avoir prise sur les actions, mais non sur les passions : Pauline peut « obéir » à Félix, mais non « dissiper » amour ou haine. Elle est incapable de « donner par devoir à son affection / Tout ce que l'autre avait par inclination ». Or, la tragédie, c'est qu'ici, *la maîtrise intérieure des sentiments est aussi indispensable à la morale que le contrôle extérieur des actes*. Bien avant son aveu à Hippolyte, Phèdre se consume et dépérit. Son crime, c'est son amour même. Pour Pauline, il y va du salut, d' « étouffer les restes de sa flamme » (II, ii, 498), comme le triomphe sur soi reste, pour Sévère, le but ultime de l'héroïsme, ainsi qu'il le confie à Fabian :

> ...*si mon mauvais sort avait changé le sien,*
> *Je me vaincrais moi-même et ne prétendrais rien,*
>
> (II, i, 383-84.)

lequel, à son tour, confirme cette fin dernière de l'éthique :

> *Oui, je vais l'assurer qu'en ce malheur extrême*
> *Vous êtes assez fort pour vous vaincre vous-même.*
>
> (v. 453-54.)

Les vues courantes voudraient faire de la rencontre entre Pauline et Sévère une sorte de pendant à celle de Rodrigue et de Chimène, où l'on assisterait au dépassement du sentiment par l'héroïsme, mais sans la brutalité féodale du *Cid*, dans une contagion de magnanimité qui, au lieu de faire un vainqueur et un vaincu, ferait, en réalité, deux vainqueurs. Une telle interprétation est irrecevable et ne tient pas compte du problème *spécifique* de la morale héroïque dans *Polyeucte*. Certes, les apparences sont sauves et le comportement des personnages « généreux ». Le mot magique, le « Sésame, ouvre-toi » de la

morale reste la « gloire » : à peine Pauline l'a-t-elle prononcé :
« Je veux guérir des miens [mes maux] : ils souilleraient ma
gloire » (v. 550), Sévère, soldat et serviteur de l'Empereur
Décie, ne peut que faire capituler les droits de la passion devant
les nécessités de l'ordre. Il n'a, d'ailleurs, pas un mot de révolte,
à la différence de Camille [214] : il n'accusera que le « malheur ».
Cependant, au regard de cette « victoire sur soi », qu'appelait
et qu'exigeait, chez Sévère comme chez Pauline, l'éthique
héroïque, il n'y a ici que *deux vaincus.* A peine Pauline aperçue,
la résolution de Sévère s'évanouit; émotion, désir, amertume
éclatent, au point qu'il devra s'en excuser :

> *Ah ! madame, excusez une aveugle douleur,*
> *Qui ne connaît plus rien que l'excès du malheur...*
>
> (II, II, 523-24.)

Loin de se « vaincre » lui-même, comme il voulait et devait le
faire, l'amant trop passionné est rappelé à l'ordre. Par un
étrange et humiliant renversement, c'est ici *la femme qui guide
et élève l'homme,* ce qui, du point de vue cornélien, est exactement le monde renversé. Au reste, le dernier cri de Sévère
révèle, chez lui, la survie impénitente du sentiment, réprimé
de l'extérieur, mais non pas dominé : « O devoir qui me perd
et qui me désespère ! » (v. 570). Quant à Pauline, contrairement
à ce qu'on dit [215], elle ne s'en tire pas mieux. Elle qu'au début
de la pièce, un songe faisait trembler et incitait à des requêtes
déraisonnables, réussit-elle à redonner à la « raison » la « souveraineté » et la mainmise sur son être? Il n'en est rien. Elle n'a
pas triomphé de cette « faiblesse », dont elle n'était que trop
consciente. Car, ne l'oublions pas, chez l'héroïne comme chez
le héros cornéliens, les rapports humains ne sont jamais que
des rapports de *puissance,* sur soi et autrui. Il y a, à cet égard,
lutte entre elle et Polyeucte, ainsi qu'entre Rodrigue et Chimène, pour la *suzeraineté :*

> *Voilà notre pouvoir sur les esprits des hommes...*
> *Tant qu'ils ne sont qu'amants, nous sommes souveraines,*
> *Et jusqu'à la conquête, ils nous traitent de reines;*
> *Mais après l'hyménée ils sont rois à leur tour.*
>
> (I, III, 130, 133-35.)

Sévère, dont l'un des principaux attraits était précisément
la puissance, insiste, non sans ironie, sur ce projet de « royauté »
qui sous-tend le désir amoureux :

> *Ainsi de vos désirs toujours reine absolue,*
> *Les plus grands changements vous trouvent résolue...*
>
> (II, II, 481-82.)

Or, avec cette lucidité qui est, chez Corneille, l'apanage du vrai héros tragique, Pauline reconnaît et entérine son échec :

> *Ma raison, il est vrai, dompte mes sentiments ;*
> *Mais quelque autorité que sur eux elle ait prise,*
> Elle n'y règne pas, *elle les* tyrannise.
>
> (Ibid., 500-02.)

« En tyran, non en roi » : souvenons-nous ici de Pascal (p. 326). Les mots doivent être pris littéralement : dans le domaine de la vie spirituelle autant que de la vie politique, la *tyrannie* est une forme abâtardie et, en définitive, une contrefaçon de la *royauté.* Comme les autres pièces le montreront sur le plan politique (et comme *Cinna* l'avait déjà laissé entendre), le propre de la domination tyrannique, c'est qu'elle marque la faiblesse, et non la force. De là qu'elle est, en réalité, à la merci d'une révolte et toujours sur le point de s'écrouler. Tyran, mais non point reine d'elle-même, Pauline accuse, en fait, sous sa force apparente, une irrémédiable faiblesse : à la scène II de l'acte II comme à la scène IV de l'acte I, après comme avant l'entrevue avec Sévère, ce sera dans la *fuite,* non dans la possession de soi, que Pauline cherchera le salut :

> *Sauvez-vous d'une vue à tous les deux funeste...*
> *C'est le* remède seul *qui peut guérir nos maux.*
>
> (II, II, 546, 548.)

On ne saurait dresser constat de faillite plus convaincant du projet héroïque, qui se nourrit d'affrontement et de combat.

On n'a pas assez insisté sur la parenté profonde qui unit l'héroïne de Corneille et celle de Mme de La Fayette : non seulement, comme la princesse de Clèves, et trente-cinq ans avant elle, Pauline fait un véritable « aveu » à son mari d'un amour coupable ; mais, de même que la princesse, incapable de dominer cet amour, décidait d'en éviter à jamais l'objet, Pauline, pour « assurer son repos », compte sur la séparation et l'absence :

> — *Il* [Sévère] *vient de me quitter assez triste et confus ;*
> *Mais j'ai gagné sur lui qu'il ne me verra plus...*
> *J'assure mon repos, que troublent ses regards.*
> *La vertu la plus ferme évite les hasards :*
> *Qui s'expose au péril veut bien trouver sa perte.*
>
> (II, IV, 607-08, 611-13.)

Maxime combien peu « cornélienne » dans la bouche de celle que l'on donne, d'ordinaire, comme un modèle d'héroïsme ! C'est là, en fait, une confession d'impuissance à se vaincre soi-même, et l'on est bien loin des « adorables furies » dont parle

Sainte-Beuve, qui n'ont qu'à décider pour pouvoir. Nul plus que Pauline — ou Camille ou Chimène — ne connaît, dans toutes ses délices comme dans tout son esclavage, le poids de la chair. Nul plus que le héros n'éprouve durement, tragiquement, la séparation radicale de l'être et du vouloir, et l'impossibilité foncière où est l'homme de substituer le choix de la raison au mouvement spontané de la nature. La « volonté », même cornélienne, est impuissante à récupérer la liberté au niveau de son jaillissement sensible. Il est temps d'en finir une fois pour toutes avec le mythe d'Alidor, qu'on a pris pour l'épitomé de l'héroïsme cornélien, alors qu'il n'en était que la *limite idéale et le terme irréalisable.* Victoire apparente, la rencontre de Pauline et de Sévère est, en réalité, un échec, qui a la même qualité tragique que celui de la princesse de Clèves. Mais si ce pur tragique est la note dernière du roman de Mme de La Fayette en 1678, il ne constitue, en 1643, qu'un prélude : c'est précisément au moment où la Maîtrise s'avère impossible sur le plan humain qu'elle va tenter de se projeter sur le plan divin, et que les saintes fureurs de Polyeucte vont succéder, dans la progression de la pièce, au roman d'amour de Pauline et de Sévère.

v

Il est certain que si, avec *Polyeucte,* Corneille écrit, contre les us du théâtre et les coutumes de la religion, une tragédie « chrétienne », après trois autres tragédies qui sont, par leur inspiration profonde, aux antipodes du christianisme, ce n'est pas un hasard, une soudaine fantaisie ou un désir d'essayer sur le public de nouvelles « formules ». *Horace* reprend et dépasse *le Cid, Cinna* reprend et dépasse *Horace : Polyeucte,* à son tour, continue et porte, pour ainsi dire à l'absolu, le mouvement des pièces précédentes. Péguy avait entièrement raison de souligner cette unité et ce progrès, et tort dans l'interprétation qu'il en donnait. Lui-même, nous l'avons vu, avait conscience d'une certaine ambiguïté fondamentale de la pièce, lorsqu'il parlait de « faîte unique d'héroïsme dans la·sainteté, mais qui est peut-être... un faîte de sainteté dans l'héroïsme. » Il s'agit ici de comprendre pourquoi et comment le mythe chrétien vient s'insérer dans l'univers héroïque. La question : « pourquoi *Polyeucte?* » équivaut exactement à celle-ci : qu'apporte la *sainteté* à l'*héroïsme?* En porte à faux dans les comédies, l'héroïsme prend conscience de lui-même dans *le Cid*, pour se mettre radicalement en question dans *Horace* et ne se sauver qu'*in extremis* dans *Cinna*, en se transcendant vers l'État. Ce faisant, le héros se sauve comme héros, mais non comme individu. Cinna et Auguste sont dépossédés d'eux-mêmes au profit de l'Empire, que l'un sert et l'autre incarne, et ne retrouvent leur propre Ego que par la médiation d'un ordre politique. Cette victoire est donc aussi, d'un certain côté, un échec, puisque le projet de Maîtrise implique, pour la conscience, le désir d'aséité, d'autonomie ontologique, de possession de soi *hic et nunc*, — ce que nous avons appelé la volonté d'être-Dieu. De ce point de vue, *Polyeucte* représente l'effort suprême du héros pour se récupérer *au-delà de l'État* et pour retrouver un *absolu personnel*.

On n'a pas assez souligné, en effet, que *Polyeucte* était non seulement une tragédie religieuse, mais un *drame politique*, qui se joue autour d'une question d'État ou, plus exactement, d'une mise en question de l'État. Le « crime » de Polyeucte n'est nullement un délit privé. Chef de la noblesse arménienne, issu du sang des rois, par son adhésion au christianisme, il renverse l'ordre et la hiérarchie, détruit l'Empire annoncé par Tulle et fondé par Auguste. La révolte contre les dieux est aussi rébellion contre la source légitime du pouvoir et les décrets de Décie : c'est ce qu'expriment fort bien les représentants respectifs de la conscience et de la force publiques, Stratonice :

> *Ce n'est plus cet époux si charmant à vos yeux ;*
> *C'est l'ennemi commun de l'État et des dieux...*
>
> (III, II, 779-80.)

et Félix :

> *Quand le crime d'État se mêle au sacrilège,*
> *Le sang ni l'amitié n'ont plus de privilège.*
>
> (III, III, 925-26.)

Lorsque Pauline rappellera à Polyeucte l'axiome de l'éthique aristocratique, le « Vis pour servir l'État » de Tulle, par quoi l'individu dépouille son autarcie :

> *Vous n'avez pas la vie ainsi qu'un héritage ;*
> *Le jour qui vous la donne en même temps l'engage :*
> *Vous la devez au prince, au public, à l'État,*
>
> (IV, III, 1203-05.)

c'est tout l'acquis des pièces précédentes, toute la dialectique de l'héroïsme qu'ébranle la réponse de Polyeucte :

> *Je dois ma vie au peuple, au prince, à sa couronne;*
> *Mais je la dois bien plus au Dieu qui me la donne.*
> *Si mourir pour son prince est un illustre sort,*
> *Quand on meurt pour son Dieu, quelle sera la mort!*
>
> (Ibid., 211-14.)

Le héros, en mettant Dieu au-dessus de l'État, retrouve volontairement la solitude qui avait menacé d'ensevelir Horace, mais pour s'en faire un tremplin et tenter d'accomplir, une dernière fois, son propre salut, *tout seul*.

Tout seul, dira-t-on : et la grâce? Et l'intercession de Néarque? Et Dieu? Il convient justement d'examiner d'un peu plus près qu'à l'ordinaire de *quel Dieu* il s'agit, et à quelle image de l'homme le Dieu de Polyeucte est fait. La réponse, sur ce point, est d'une clarté étonnante, d'une précision presque naïve :

> *Le Dieu de Polyeucte et le Dieu de Néarque*
> *De la terre et du ciel est l'absolu monarque,*
> *Seul être indépendant, seul maître du destin,*
> *Seul principe éternel et souveraine fin.*
>
> (III, ii, 841-44.)

« Absolu monarque », « seul être indépendant », « seul maître », Dieu, c'est le héros cornélien qui se met soudain à exister, le projet héroïque irréalisable qui se réalise. « Un Auguste infini », a dit joliment B. Dort [216]. C'est-à-dire un Auguste qui pourrait être « par soi », sans la médiation de l'État, un *Maître à l'état pur* :

> *Mais, à vous dire tout, ce seigneur des seigneurs*
> *Veut le premier amour et les premiers honneurs.*
> *Comme rien n'est égal à sa grandeur suprême,*
> *Il ne faut rien aimer qu'après lui, qu'en lui-même...*
>
> (I, i, 71-74.)

Le zèle religieux n'est, au fond, qu'un respect des préséances bien compris, un tribut rendu à l'ordre hiérarchique dans une monarchie universelle. Dans cette métaphysique cornélienne, la preuve de l'existence de Dieu — comme de l'homme — est par la *puissance*. Quand celle-ci fait défaut, on n'a affaire qu'à des entités qui sombrent dans l'inexistence :

> *Vous adorez en vain des monstres impuissants.*
>
> (III, ii, 851.)

Au contraire des païens,

> *Les chrétiens n'ont qu'un Dieu, maître absolu de tout,*
> *De qui le seul vouloir fait tout ce qu'il résout.*
>
> (IV, vi, 1429-30.)

Voilà enfin accompli l'impossible rêve d'Alidor : l'identité de l'être et du vouloir, condition de la Maîtrise authentique. La théologie cornélienne, ce n'est pas Dieu fait homme, ni même l'homme fait Dieu, mais, très exactement, le *héros fait Dieu*. Dès lors, le mouvement vers Dieu ne sera rien d'autre que la reprise, portée cette fois à l'absolu, du mouvement intime de l'héroïsme.

Nous avons pu constater l'échec des conduites de « fuite » chez Polyeucte lui-même, au début, comme chez Pauline et Sévère ensuite. L'insertion du divin va permettre à l'héroïsme de vaincre, là où il avait été défait, et de transformer des victoires précaires en triomphe durable. Loin que nous soyons soudain emportés dans un nouvel univers mystique, la présence du Maître des Maîtres va servir à *consolider l'univers terrestre*, en lui donnant des bases inébranlables. Nous allons donc retrouver, une à une, toutes les démarches familières du héros. Tout d'abord, il va s'agir, pour Polyeucte comme pour Horace, de cesser de « fuir » et de se retourner enfin contre l'adversaire. A la prudence de Néarque, qui, devant l'empire de Pauline, lui avait conseillé : « Fuyez un ennemi qui sait votre défaut » (I, 1, 104), et qui, devant la cérémonie païenne que l'on apprête, conseille encore : « Fuyez donc leurs autels », Polyeucte va opposer le cri du Maître :

> *Je les veux renverser*
> *Et mourir dans leur temple, ou les y terrasser.*
>
> (II, vi, 643-44.)

« Mourir ou terrasser », à quoi fera plus tard écho le cri de Félix : « Adore-les, ou meurs » (V, iii, 1675) : c'est, mot pour mot, le « meurs ou tue » de don Diègue, le principe premier de l'éthique aristocratique. De même, à l'instant du supplice, Polyeucte reprendra textuellement l'affirmation de la liberté triomphante chez Rodrigue : « Je le ferais encor, si j'avais à le faire. » (V, iii, 1671.) Le rapprochement avec *le Cid* est ici flagrant; tandis que, pour Néarque, l'activité religieuse consiste à *vivre* chrétiennement :

> *Par une sainte vie il la faut mériter...*
> *Ménagez votre vie, à Dieu même elle importe.*
> *Vivez pour protéger les chrétiens en ces lieux.*
>
> (II, vi, 663, 670-71.)

elle consiste essentiellement, pour Polyeucte, à savoir *mourir*. La confrontation du christianisme de Polyeucte et de Néarque : « Vous voulez donc mourir? — Vous aimez donc à vivre? » (v. 673) épouse un mouvement identique à la confrontation de

l'héroïsme chez Rodrigue et le Comte : « — Es-tu si las de vivre ?
— As-tu peur de mourir ? » (*Le Cid*, II, 11). Dans les deux cas,
il s'agit, pour le Moi du Maître, de sortir de l'esclavage vital
par le risque volontairement assumé de la mort, comme introduction à la vraie vie. Ce risque, que Rodrigue cherchait dans
le duel et la guerre, Polyeucte va maintenant le demander au
martyre. Rien n'est changé au projet cornélien. Simplement,
la religion fournit un nouveau champ de bataille :

> *Dressons-lui des autels sur des monceaux d'idoles.*
>
> (II, vi, 685.)

Ce combat mortel constitue, tels les combats de Rodrigue, une
épreuve initiatique :

> *Je rends grâces au Dieu que tu m'as fait connaître*
> *De cette occasion qu'il a sitôt fait naître,*
> *Où déjà sa bonté, prête à me couronner,*
> *Daigne éprouver la loi qu'il vient de me donner.*
>
> (Ibid., 649-52.)

A regarder de près, d'ailleurs, les ingrédients du zèle « religieux »
de Polyeucte, on comprend sans peine la déblatération de
Claudel contre les « rodomontades » de ce « fier-à-bras grotesque » :

> *Allons, mon cher Néarque, allons* aux yeux des hommes
> *Braver l'idolâtrie et montrer* qui nous sommes.
>
> (II, vi, 645-46.)

Ostentation, bravade, égolâtrie, tous les motifs héroïques se
retrouvent et se conjuguent pour célébrer le culte orgueilleux
du Moi [217].

Si Polyeucte suit scrupuleusement le principe premier de
l'héroïsme, tel qu'il est posé dans *le Cid*, il en reprend le mouvement, tel qu'il se poursuit dans *Horace*. L'appel du divin,
l'impulsion qui porte l'âme vers le « Seigneur des Seigneurs »
tendent tout naturellement à définir parmi les bons, des meilleurs; parmi les héros (ici les chrétiens) une sur-aristocratie.
Si l'héroïsme d'Horace exigeait une fortune « hors de l'ordre
commun », le martyre sera pour Polyeucte l'occasion de se
donner une destinée hors série :

> *C'est une impiété qui n'eut* jamais d'exemple.
>
> (III, ii, 822.)

Le bris des idoles dans le temple n'aura donc rien d'un élan
spontané, d'un transport de la foi : comme dans le cas de
Camille face à Horace, la provocation, chez Polyeucte, est

préméditée, et les fureurs saintes sont des fureurs savantes.
Il y a une gradation attentive de l'offense :

> *Ils ont fait éclater leur* manque de respect :
> *A chaque occasion de la cérémonie,*
> *L'un et l'autre à l'envi étalait sa manie,*
> *Des mystères sacrés hautement se* moquait,
> *Et traitait* de mépris *les dieux qu'on invoquait...*
> *Mais tous deux s'emportant à* plus d'irrévérence :
> *« Quoi? lui dit Polyeucte en élevant la voix,*
> *Adorez-vous des dieux ou de pierre ou de bois? »*
> *Ici dispensez-moi du récit des* blasphèmes...

> (III, ii, 828-32, 834-37.)

Ce passage subtil du « manque de respect » à la « moquerie »,
puis au « mépris » ouvert, qui culmine enfin en « blasphèmes »,
rappelle exactement le tempo agressif de Camille et la courbe
ascendante de ses imprécations contre son frère et Rome [218].
Toutefois, à la cinglante ironie de Camille, Polyeucte allie les
vertus plus mâles et brutales d'Horace. Qui dit culte du Moi
n'implique, dans la perspective héroïque, nulle complaisance,
mais sacrifice et automutilation pour accéder à la Maîtrise.
Pauline est donc, pour Polyeucte, un « obstacle à son bien »
(IV, ii, 1144), comme Angélique était, pour Alidor, un piège.
Et comme Alidor prétendait « donner » Angélique à Cléandre,
Polyeucte va vouloir donner, avant de mourir, Pauline à Sévère,
pour pouvoir, à l'instant suprême, triompher d'eux et de lui-
même. Pas l'ombre de suavité chez ce « saint ». Il aimerait faire
passer cette surprenante proposition pour de la pitié :

> *Mon amour, par pitié, cherche à vous soulager ;*
> *Il sait quelle douleur dans l'âme vous possède,*
> *Et sait qu'un autre amour en est le seul remède.*

> (V, iii, 1586-88.)

Étrange « pitié », qui traite autrui comme une *chose* qu'on peut
léguer :

> *Possesseur d'un trésor dont je n'étais pas digne,*
> *Souffrez avant ma mort que je vous le* résigne...

> (IV, iv, 1299-1300.)

et qui, pour soulager la « douleur », propose un « remède »
outrageant :

> *Tigre, assassine-moi du moins sans m'outrager...*
> *Que t'ai-je fait, cruel, pour être ainsi traitée?...*

> (Ibid., 1585, 1592.)

Il s'agit, en réalité, d'un effort d'ascèse personnel qui, tel celui d'Horace, sacrifie d'un même élan soi et autrui, et cherche à écraser la sensibilité chez soi et chez l'autre. Selon les propres mots de Pauline, Polyeucte « s'arme » ici contre lui-même, pour combattre et vaincre l' « ennemi qu'il aime » (cf. p. 234), et il retrouve spontanément la « joie », l' « allégresse pleine et sincère », avec lesquelles Horace était prêt à tuer Curiace :

> *Tu me quittes, ingrat, et le fais* avec joie.
>
> (IV, iii, 1247.)

Cette quête avidement joyeuse de la souffrance éclate, d'ailleurs, de façon extraordinaire, dans le cri de Polyeucte à Félix, qui s'offre à protéger les chrétiens :

> — *J'en serai protecteur.* — Non, non, persécutez,
> *Et soyez l'instrument de nos félicités.*
>
> (V, ii, 1533-34.)

A mesure que Polyeucte tranche tout lien humain, tuant en lui, tour à tour, le descendant de roi, le sujet de Rome, le mari, le gendre, en un mot, l'homme, — le héros s'affirme, dans une grandeur lointaine et une solitude exemplaire, accomplissant ainsi le vœu d'Horace et définissant, par-delà l'élite simple, une race plus rare d'élus.

Le « Si vous m'égalez, faites-le mieux paraître » d'Horace trouve donc son écho fidèle dans le « Daignez suivre mes pas » de Polyeucte à Pauline (IV, iii, 1282), puis dans l'exhortation que le Saint étend à tous :

> ...*je vous montre à tous par là comme il faut vivre*
> *Si vous avez le cœur assez bon pour me suivre.*
>
> (V, ii, 1519-20.)

L'affrontement ultime de Polyeucte et de Pauline n'est autre que l'opposition inexpiable des valeurs du Sentiment et des valeurs de la Maîtrise, que nous avons rencontrée dans le duel d'Horace et de Camille, et qui s'exprime en des termes *identiques* :

> — *Regarde au moins ses pleurs, écoute ses soupirs ;*
> *Ne désespère pas une âme qui t'adore.*
> — *Je vous l'ai déjà dit, et vous le dis encore,*
> *Vivez avec Sévère, ou mourez avec moi.*
>
> (V, iii, 1606-09.)

Le fossé entre le héros et les Autres se creuse irrémédiablement, sous forme d'ultimatum :

> *Ne suivez point mes pas ou quittez vos erreurs.*
>
> (Ibid., 1682.)

Et, comme éclatait alors le cri farouche d'Horace : « Albe vous a nommé, je ne vous connais plus », éclate le cri final de Polyeucte :

> *Mais, de quoi que pour vous mon âme m'entretienne,*
> *Je ne vous connais plus si vous n'êtes chrétienne.*
>
> (Ibid., 1611-12.)

La « religion » a ici remplacé le « patriotisme » et Dieu Rome, comme prétexte, ou plutôt comme contexte de l'héroïsme, mais le projet fondamental de Maîtrise, les conduites qui s'y rattachent et les moyens qui le réalisent sont strictement les mêmes, dans cette tragédie chrétienne et dans les tragédies païennes. L'affrontement de la mort, païenne ou chrétienne, débouche directement, en fin de compte, sur une éthique de la Gloire, c'est-à-dire sur la victoire que l'homme arrache à la nature sensible et au temps : tout comme les derniers mots d'Horace étaient :

> *Si bien que pour laisser une* illustre mémoire,
> *Ma mort seule aujourd'hui peut* conserver ma gloire,

ou ceux d'Auguste :

> *O siècles! O mémoire!*
> *Conservez à jamais ma dernière victoire!*

Polyeucte ne disparaîtra que pour être mémorablement et glorieusement « conservé » :

> — *Où le conduisez-vous? — A la mort. —* A la gloire.
> *Chère Pauline, adieu!* Conservez ma mémoire.
>
> (v. 1679-80.)

Les remarques précédentes nous permettent de mieux « situer » le martyre de Polyeucte. Il s'agit, pour lui comme pour les autres héros, d'accéder à la liberté absolue, de détruire, chez l'homme, tout ce qui est esclavage. Or, cette libération n'est atteinte que par le risque permanent de la vie et la disponibilité totale de l'existence :

> *Je ne hais point la vie, et j'en aime l'usage,*
> *Mais sans attachement qui sente l'esclavage,*
> Toujours prêt à la rendre *au Dieu dont je la tiens.*
>
> (V, 11, 1515-17.)

L'amour, quel qu'il soit, de corps, de cœur ou de tête, l'attachement sentimental, même sous la forme la plus pure et émouvante, qu'il prend chez Pauline, doit être combattu, parce qu'il représente, en réalité, une privation de la liberté. L'exemple de Pauline est ici probant pour son mari. Voilà une admirable femme — sans doute la plus belle figure du théâtre cornélien —, en dépit de l'effort qu'elle fait sur elle-même, *triplement dépendante* en son for intérieur : de Sévère, dont la présence, malgré elle, la bouleverse et la hante :

> *Sévère incessamment brouille ma fantaisie,*
>
> (III, 1, 733.)

de son père et de son mari :

> *...qui de vous deux aujourd'hui m'assassine?*
> *Sont-ce tous deux ensemble ou chacun à son tour?*
> *Ne pourrai-je fléchir la nature ou l'amour?*
>
> (V, III, 1580-82.)

C'est pourquoi le cri ultime de l'amour, fût-il parfait, est un cri d'esclave :

> *Fais quelque effort sur toi pour te rendre à Pauline...*
> *Souffre que de toi-même elle obtienne ta vie.*
> *Pour vivre sous tes lois* à jamais asservie.
>
> (Ibid., 1600, 1603-4.)

Dans le martyre, comme Horace dans le combat et dans le meurtre, Polyeucte va chercher la totale liberté qui hante la conscience héroïque. Toutefois, la « liaison d'amour ou d'amitié » n'est pas la seule forme de sujétion, et Pauline n'est pas le seul « obstacle » au bien de Polyeucte : la subjectivité rencontre, sans sortir d'elle-même, son ultime et intime ennemi, — le temps.

Polyeucte, en définitive, c'est la tentative la plus radicale du héros pour vaincre le temps. Et c'est là que s'affirme l'originalité d'une pièce, dont les thèmes et les préoccupations constituent un prolongement des autres œuvres, mais qui va donner une solution neuve aux anciens problèmes. Nous avions déjà entrevu la menace mortelle du temps dans la dégradation de la beauté et de l'héroïsme; nous avions entendu l'exclamation angoissée de don Diègue :

> *N'ai-je donc tant vécu que pour cette infamie?*
> *Et ne suis-je blanchi dans les travaux guerriers*
> *Que pour voir en un jour flétrir tant de lauriers?*
>
> (Cf. p. 90.)

et nous nous rappelons la constatation amère d'Horace devant les exigences impossibles de la vertu :

Qu'ayant fait un miracle, elle en fasse toujours.

(Cf. p. 176.)

De la « renommée » et de la « gloire », le héros s'était fait son arme favorite contre la détérioration temporelle. Mais, du coup, le Moi échoue à se sauver, sans passer par la médiation d'autrui et, en dernier ressort, de l'État. Un tel salut est, au mieux, et comme Horace en fait la douloureuse expérience au cinquième acte, incertain. Or, Polyeucte comprend d'emblée la faiblesse fondamentale de la « vertu »; elle peut accumuler les « victoires », sans jamais atteindre au « triomphe » :

Faut-il tant de fois vaincre avant que triompher?

(V, iii, 1654.)

Et la raison, c'est qu'il n'est point de triomphe possible, tant que l'homme est assujetti à la *durée vitale* :

...une triste vie
Qui tantôt, qui soudain me peut être ravie,
Qui ne me fait jouir que d'un instant qui fuit,
*Et ne peut m'*assurer de celui qui le suit?

(IV, iii, 1195-98.)

C'est cette « assurance » que le héros entend désormais obtenir sans ambiguïté, et les solutions *naturelles*, par la filiation, dans *le Cid*, ou par l'institution humaine d'un État, dans *Horace* et *Cinna*, s'avérant insuffisantes, il va falloir faire appel à une solution *surnaturelle*. Celle-ci n'implique nullement un renoncement à la « grandeur » héroïque, mais, au contraire, a pour but de l'assurer « in aeternum » :

Cette grandeur périt, j'en veux une immortelle,
Un bonheur assuré, sans mesure et sans fin,
Au-dessus de l'envie, au-dessus du destin.

(Ibid., 1192-94.)

Cette dernière indication est essentielle. Jusqu'ici, la carrière du héros prenait la forme d'un « destin »; mais qui dit destin, même illustre et exemplaire, dit limitation d'une liberté qui fait le projet d'être « sans mesure et sans fin ». Or, cette infinitude, que Rodrigue cherchait à maintenir ouverte par une succession d'*actes*, au sein du devenir historique, Polyeucte la veut réaliser dans un *état* de « bonheur assuré », qui soit repos absolu de l'être. Alors que les Stances de Rodrigue, après un court arrêt, où le héros « demeurait immobile », se terminaient sur le déclenchement de ce qu'on pourrait appeler le mouvement perpétuel de l'héroïsme, les Stances de Polyeucte voient le mouvement humain se ralentir, pour se fixer dans une immobilité éternelle :

> *Allez, honneurs, plaisirs, qui me livrez la guerre :*
> *Toute votre félicité*
> *Sujette à l'instabilité*
> *En moins de rien tombe par terre...*
>
> (IV, ii, 1109-12.)

> *...Vos biens ne sont* point inconstants
> *Et l'heureux trépas que j'attends*
> *Ne vous sert que d'un doux passage*
> *Pour nous introduire au partage*
> *Qui nous rend* à jamais contents.
>
> (Ibid., 1150-54.)

Les « saintes douceurs du ciel », promises au héros, viennent donc couronner la quête du « repos » — déjà anxieusement poursuivie par Auguste et momentanément satisfaite dans la coïncidence du geste héroïque et de l'acte politique —, en mettant ce repos, une fois pour toutes, hors d'atteinte de l'accidentel :

> *Ils n'aspirent enfin qu'à des biens passagers,*
> *Que troublent les soucis, que suivent les dangers ;*
> *La mort nous les ravit, la fortune s'en joue ;*
> *Aujourd'hui dans le trône et demain dans la boue...*
>
> (IV, iii, 1185-88.)

Le secours de la religion chrétienne prend donc un sens très précis, qui s'insère spontanément dans la ligne d'évolution de l'héroïsme cornélien : Dieu sera ce que Rodrigue ne pouvait être pour don Diègue, l'État pour Horace et Rome pour Auguste : *une assurance tous risques.* On comprend mieux l'exclamation de Polyeucte :

> *Si mourir pour son prince est un illustre sort,*
> *Quand on meurt pour son Dieu,* quelle sera la mort !
>
> (IV, iii, 1213-14.)

Le martyre, en effet, sera supérieur à la mort guerrière, dans la mesure exacte où le service d'un Dieu « qui rend le centuple aux bonnes actions » (V, ii, 1537), s'avérera plus profitable au héros que celui du Prince :

> *Les bontés de mon Dieu sont bien plus à chérir :*
> *Il m'ôte des périls que j'aurais pu courir.*
> *Et, sans me laisser lieu de tourner en arrière,*
> *Sa faveur me couronne entrant dans la carrière ;*
> *Du premier coup de vent il me conduit au port,*
> *Et, sortant du baptême, il m'envoie à la mort.*
>
> (Ibid., 1225-30.)

La « sainteté » de Polyeucte est donc un égoïsme intelligent,
— comme l'atteste la répétition presque naïve des « je », « me »
et « mon » dans la formulation de cette singulière théologie,
— et son « martyre » un intérêt bien compris. Désormais la
« carrière » du héros, jadis illimitée, sera courte : « du baptême
à la mort ». Puisque la vie est le lieu des périls et la durée vitale,
la dimension ennemie de l'existence humaine, il ne s'agira plus
de *surmonter* la vie, mais simplement de la *supprimer*. Si Dieu
fait donc preuve d'une générosité sans pareille, il faut, de son
côté, que le héros mette le prix : *mourir.*

Néarque : *Mais dans ce temple enfin la mort est assurée.*
Polyeucte : *Mais dans le ciel déjà la palme est préparée.*

(II, vi, 661-62.)

La « palme » de Polyeucte, ce sont les « trophées » d'Horace,
mais avec une garantie éternelle. En mourant pour son Dieu,
Polyeucte meurt donc exclusivement pour lui-même.

VI

Polyeucte a pu longtemps passer pour une tragédie chrétienne,
parce qu'on s'est attaché à la littéralité et à l'orthodoxie
parfaites du langage religieux, sans chercher à comprendre
la pièce dans la perspective d'ensemble du théâtre cornélien.
C'est comme si *la Condition Humaine* était un livre « communiste », du fait que Malraux nous y montre des militants
convaincus jusqu'à la mort. Les communistes ne s'y trompent
pas; pas plus que ne se méprennent sur le sens « chrétien »
de *Polyeucte* bien des gardiens avertis de la foi, des Jansénistes
à Claudel [219]. On trouve, en effet, tous les éléments de la dogmatique, de la mystique et de la propagande chrétiennes, dont
nous avons plus haut dressé la liste succincte. Mais ce qu'il
faut se demander, c'est *dans quel esprit* ils sont utilisés, à quelle
fin ils concourent, quelle signification ils prennent dans le
contexte cornélien. De même qu'il y a un sens « racinien »
d'*Athalie*, où les attributs de Dieu sont choisis et sa présence
manifestée en fonction d'une optique et d'une dramaturgie
raciniennes, il y a un sens *cornélien* de *Polyeucte*, qui récupère
Dieu, pour ainsi dire, au profit de Corneille. L'analyse des
conduites nous a montré à quel point les attitudes « religieuses »
des personnages épousaient, dans leurs moindres nuances, les
démarches ordinaires de l'existence héroïque, qu'elles ne fai-

saient que transposer dans un nouveau langage. Une analyse
similaire des *superstructures théoriques* aboutira à une conclusion identique.

Il est, certes, abondamment parlé, voire disserté, de la grâce,
au cours de la pièce. Il serait même aisé, nous l'avons vu, d'en
tirer une véritable leçon de théologie moliniste. Cependant,
cette « grâce », dont tout le monde *parle*, nous ne la voyons pas
un instant *agir*, c'est-à-dire se manifester de façon évidente
et spécifique. A y regarder de près, rien n'est produit par la
« grâce », qui ne puisse être produit par la « volonté » cornélienne
la plus ordinaire :

> *Ce n'est point une erreur avec le lait sucée,*
> *Que sans l'examiner son âme ait embrassée :*
> *Polyeucte est chrétien parce qu'il l'a voulu.*

> (III, III, 941-43.)

La vérité, ne saurait être transmise par voie naturelle, « sucée
avec le lait », pas plus que le courage passivement transmis
par le « sang ». La connaissance, comme tout autre comportement héroïque, est une *activité*, et fait l'objet d'une décision et
d'un choix, qui, en dernière analyse, sont l'expression absolue
d'un Moi. Cette intuition de Pauline est, d'ailleurs, confirmée
par Polyeucte lui-même, lorsqu'il oublie soudain le catéchisme
nouvellement appris :

> Néarque : *Vous trouverez la mort.*
> Polyeucte : *Je la cherche pour lui. [Dieu]*
> — *Et si ce cœur s'ébranle? — Il sera mon appui.*
> — *Il ne commande point que l'on s'y précipite.*
> — *Plus elle est volontaire et plus elle mérite* [220].

> (II, VI, 655-58.)

Que l' « appui » divin s'offre ou se refuse, le héros, en définitive,
compte surtout sur lui. Il n'a jamais eu besoin des encoura-
gements de la religion pour affronter la mort, puisque l'être -
pour-la-mort caractérise, dans son essence, le projet de Maîtrise.
De même que Dieu n'est que le Maître hypostasié et le Moi
augustien porté à l'absolu, de même sur le plan humain, la
liberté contient *d'avance* tout ce qui est propre à la grâce et
rend celle-ci superflue.

Nous verrons plus loin le sens qu'il faut donner à la fameuse
« intercession des saints », dont Péguy faisait tant de cas. Quant
aux conversions « miraculeuses » de la fin, où l'on a voulu voir
à l'œuvre une force surnaturelle, qui briserait les cadres
habituels de la tragédie cornélienne, il s'agit, du point de vue
dramatique, de manifestations requises par les lois du genre,

et qui n'ont aucune signification exceptionnelle : « ces deux conversions, quoique miraculeuses, sont *si ordinaires* dans les martyres qu'elles ne sortent point de la vraisemblance, parce qu'*elles ne sont pas de ces événements rares et singuliers* qu'on ne peut tirer en exemple... » (*Examen* de 1660). Or, ces « conversions » ne sont pas seulement « ordinaires » dans les martyres, mais aussi dans le théâtre de Corneille. Si l'on examine la conversion de Pauline, on remarque qu'elle suit très exactement le schéma des conversions antérieures, celle d'Émilie en particulier [221]. Car le revirement brusque de la « conversion » est essentiellement *prise de conscience*, au sens précis, que nous avons donné à ce terme, vision et compréhension de soi soudain dégagées des brumes de la mauvaise foi. Comme dans le cas d'Émilie, cette appréhension prend spontanément la forme d'une perception *visuelle* :

> *Mon époux en mourant m'a laissé ses lumières ;*
> *Son sang, dont tes bourreaux viennent de me couvrir,*
> *M'a dessillé les yeux, et me les vient d'ouvrir.*
>
> (V, v, 1724-26.)

Les « lumières » de Polyeucte correspondent exactement aux « clartés », auprès desquelles Émilie recouvrait « la vue ». C'est que Pauline découvre, par la mort de Polyeucte, sa propre vérité : malgré ses résolutions les plus fermes, le projet héroïque ne peut surmonter la spontanéité corporelle et passionnelle, c'est-à-dire la *vie*, tant que précisément l'homme *reste en vie*. C'est donc « en mourant » que Polyeucte lègue à son épouse ses « lumières », comme Auguste en pardonnant. Après Polyeucte, Pauline comprend que le « repos », qu'elle prétendait trouver dans sa vie, en fuyant simplement Sévère, n'existe qu'au-delà de la vie. A ce prix seulement la « raison » sera enfin « souveraine » sur le monde des sens. Dès lors, tout comme Chimène suivait l' « exemple » de Rodrigue, ou Émilie celui d'Auguste, Pauline reprendra, au pied de la lettre, l'exemple de Polyeucte, dont elle voudra être la continuation exacte :

> *Mène, mène-moi voir tes dieux que je déteste ;*
> *Ils n'en ont brisé qu'un*, je briserai le reste.
>
> (V, v, 1735-36.)

Les attitudes, les mots mêmes de Polyeucte se retrouvent :

> *On m'y verra braver tout ce que vous craignez,*
> *Ces foudres impuissants qu'en leurs mains vous peignez.*
>
> (Ibid,, 1737-38.)

Chez elle comme chez lui, le service de Dieu se manifestera
d'abord comme défi à l'ordre civique :

> *Et saintement rebelle aux lois de ma naissance,*
> *Une fois envers toi manquer d'obéissance.*
>
> (Ibid., 1739-40.)

Si la grâce, dans son principe, n'apporte rien de plus que la
liberté, — dans le mécanisme de sa propagation, elle ne fait intervenir rien de plus que la *contagion héroïque,* par laquelle l'homme
montre à la femme les voies de la domination de soi. La « conversion », chez Pauline comme chez Polyeucte, n'est que le terme
ultime et nécessaire du processus de libération, selon les lois de
la dialectique héroïque.

Cela est également vrai de Félix, dont le revirement a paru
plus miraculeux encore. Or, chez Félix, ainsi que chez les autres
personnages, le projet de Maîtrise sous-tend tous les désirs et
toutes les attitudes. Domination politique, au premier chef ;
carrière d'État, à laquelle il se plie entièrement et plie autrui :
Pauline n'épousera pas Sévère, pauvre et insignifiant ; Pauline
devra revoir Sévère, favori de l'Empereur et de la fortune.
L'autorité paternelle est impitoyablement au service de la
volonté de toute-puissance. Devenu gouverneur d'Arménie,
maître absolu d'une vaste province, il finira par envoyer son
gendre à la mort, contre ses propres sentiments, pour maintenir
l'intégrité de l'État et de son propre pouvoir. Mais ce n'est là
qu'un simulacre, une pâle contrefaçon de la Maîtrise. Le pouvoir
de Félix sur les autres comme sur lui-même n'est qu'un leurre.
Il n'est qu'un piètre exécutant, qui tremble devant Décie,
devant Sévère, devant Polyeucte, et contre qui, en fait, le
peuple de Mélitène se dresse unanimement. Au moins, Félix
voudrait bien se dominer :

> *Vous m'importunez trop : bien que j'aie le cœur tendre,*
> *Je n'aime la pitié qu'au prix que j'en veux prendre...*
> *J'en veux être le maître...*
>
> (III, IV, 977-78 ; 981.)

Or, sans aller plus loin que la scène suivante, il confesse à Albin
que son âme est un chaos d'émotions contradictoires :

> *On ne sait pas les maux dont mon cœur est atteint.*
> *De pensers sur pensers mon âme est agitée...*
>
> (III, V, 1004-5.)

Même l'envoi de Polyeucte au supplice, qui eût pu être l'occasion d'un douloureux effort sur soi, n'est qu'un coup de tête
dicté par la violence d'une impulsion :

> *Et certes sans l'horreur de ses derniers blasphèmes,*
> *Qui m'ont rempli soudain de colère et d'effroi,*
> *J'aurais eu de la peine à triompher de moi.*
>
> (V, IV, 1696-98.)

En quelques mots, Sévère le jauge de façon définitive :

> *Père dénaturé, malheureux politique,*
> *Esclave ambitieux d'une peur chimérique...*
>
> (V, VI, 1747-48.)

« Esclave ambitieux » : tel est bien Félix, et la formule le définit très exactement, en tant que père et que politique. Comme dans le cas de Polyeucte et de Pauline, le martyre deviendra tout naturellement pour lui le seul *remède*, le seul moyen de gagner une Maîtrise qui se dérobe à lui. Sa conversion, c'est essentiellement le constat de faillite des moyens de coercition extérieurs, pour établir la toute-puissance — celui-là même qu'Auguste dressait au début de *Cinna :*

> *Ne me reprochez plus que par mes cruautés*
> *Je tâche à conserver mes tristes dignités :*
> *Je dépose à vos pieds l'éclat de leur faux lustre.*
>
> (V, VI, 1765-67.)

En acceptant de se perdre dans une mort inévitable, Félix retrouve d'un seul coup, par un geste qu'il n'a pas eu le loisir de méditer et qui le dépasse, le mouvement sacrificiel et conquérant de l'héroïsme :

> *... par un mouvement que je ne puis entendre,*
> *De ma fureur je passe au zèle de mon gendre.*
>
> (Ibid., 1771-72.)

VII

En définitive, il n'y a pas, dans la pièce, une attitude ou une pensée *chrétiennes*, qui ne se comprennent aussi bien en termes d'*éthique* « glorieuse ». D'où le glissement constant du sens religieux au sens héroïque des conduites, et l'utilisation possible des thèmes chrétiens au profit d'une morale fondamentalement antichrétienne. C'est cette équivoque que dénonçaient certains esprits clairvoyants, dès le vivant de Corneille [222]. En vérité, à la décharge de ce dernier, il faut dire qu'il y a là une ambiguïté *réelle* des rapports de la « sainteté » et de l'« héroïsme »,

dont Corneille a joué savamment, mais qu'il n'a nullement
inventée. C'est que, dans une large mesure, le cheminement de
l'héroïsme aristocratique et de la mystique chrétienne est
parallèle, comme, d'ailleurs, en grande partie, celui du stoïcisme
et du christianisme. Ce n'est pas par hasard qu'il a pu y avoir,
au début du xviie siècle, un « stoïcisme chrétien » fort à la mode,
où, en fait, et à la grande colère de Pascal, le contenu chrétien se trouvait récupéré par l'attitude stoïque. De même, l'attitude héroïque, comme la chrétienne, se définissent par leur
hostilité radicale au monde sensible, par leur refus du charnel : la
dichotomie qui sépare et oppose l' « âme » et le « corps », dans la
pensée chrétienne, est identique à celle qui met aux prises, dans
le théâtre de Corneille, la « raison » et les « sens ». Dans les deux
cas, la spontanéité naturelle entraîne l'homme à sa perte, et c'est
sur elle, contre elle qu'il s'agit de conquérir une humanité supérieure. Le raidissement constant par lequel nous avons vu le
héros tenter de surmonter en lui la nature rappelle exactement
l'exhortation paulinienne à « dépouiller le vieil homme », pour
que l'homme véritable naisse enfin. L'ablation héroïque et
l'oblation chrétienne se rejoignent dans la discipline et le sacrifice communs du corps et de la passion. C'est pourquoi, d'ailleurs,
les exigences de la morale aristocratique et de la morale chrétienne *coïncident* dans les attitudes des personnages cornéliens
envers l' « amour », le « devoir » et les nécessités de l'ordre social.
Les héroïnes de Corneille, en particulier, refusant la tentation
des sens et trouvant leur liberté dans la résignation, sont, bien
avant Pauline, de parfaites chrétiennes. Historiquement, le
projet héroïque est l'une des formes du projet chrétien, mais
détourné de ses origines par la conscience aristocratique. Car le
christianisme est, comme le stoïcisme, une attitude d'*Esclave*,
ainsi que l'a bien vu Hegel (et sans mettre le moins du monde
dans ce mot le mépris que Nietzsche y mettra plus tard) —
attitude par laquelle l'homme asservi retrouve sa liberté dans
la soumission à l'ordre de l'univers, en tant que serviteur d'un
Maître Suprême. Or, le projet aristocratique est juste l'inverse,
selon la belle définition qu'en donne la devise personnelle de
Corneille : « Mihi res, non rebus me submittere conor », — *j'entends me soumettre les choses, non me soumettre aux choses*. La
conscience du Maître humain, qui vise, par définition, à transcender toute servitude, ne pouvait donc, sans la transformer
radicalement, assimiler la pensée chrétienne, — ou stoïcienne, au
sens où de nombreux critiques parlent du « stoïcisme » de
Corneille.

On voit ce que le projet aristocratique avait à gagner de sa
rencontre et de sa conjonction avec l'appareil religieux du chris-

tianisme; et on saisit la nécessité intérieure qui pousse Corneille
à chercher dans le surnaturel le saut hors de la nature, que
l'héroïsme laïque est impuissant à accomplir. De là qu'il n'hésite
pas, pour assurer le salut du héros, à braver les habitudes de
pensée contemporaines. Mais le placage du langage religieux
sur le projet aristocratique ne doit point constituer un écran,
ni dissimuler les divergences fondamentales qu'il recouvre. Si,
en effet, Corneille déclare dans sa *Dédicace* que sa pièce nous
« entretiendra de Dieu », si Dieu est à l'horizon de tous les désirs
et de toutes les pensées que puissent former la conscience chrétienne et la conscience aristocratique, ce n'est nullement de la
même manière : dans un cas, il s'agit d'*être-pour-Dieu ;* dans
l'autre, d'*être-Dieu.* Ce sont deux attitudes qui peuvent un
moment se recouper, mais sans jamais se confondre, puisque,
pour l'homme chrétien, il s'agit de rendre sa place à Dieu ; pour
l'homme aristocratique, de la lui prendre. Car si le Maître, dans
une progression ascendante, qui va de Rodrigue à Horace et
d'Auguste à Polyeucte, peut faire jaillir son salut d'une liberté
souveraine, face à la mort, cette liberté rend, en définitive, la
grâce inutile, comme le pressentait lucidement Descartes :
« ...Le libre arbitre est de soi la chose la plus noble qui puisse
être en nous, d'autant qu'il nous rend, en quelque façon,
pareils à Dieu et semble nous *exempter de lui être sujets*[223]... »
« Eritis sicut dii » : faire concurrence à Dieu, telle est bien
l'ultime fin que se propose la conscience aristocratique. Si elle
reconnaît un Maître des Maîtres sur terre, en la personne du
prince, et au ciel, dans le Monarque divin, ce n'est pas un
instant pour s'y soumettre, mais, au fond, pour *s'y égaler.* Les
rapports de l'homme et de Dieu, dans la théologie cornélienne,
ne sont donc pas des rapports d'Esclave à Maître, mais de Maître
à Maître, qui impliquent une lutte pour la reconnaissance
mutuelle. De même qu'Horace dialoguait solitairement avec le
roi Tulle, par-dessus la foule des hommes, Polyeucte n'a d'autre
interlocuteur possible que Dieu. Ce que Péguy prenait pour un
pieux exemple de l' « intercession des saints » est, pour le héros,
l'occasion d'éprouver sa puissance, dans un tête-à-tête orgueilleux avec le Tout-Puissant :

> *Et c'est là que bientôt, voyant Dieu face à face,*
> *Plus aisément pour vous j'obtiendrai cette grâce.*

(V, ii, 1555-56.)

Le héros n'est donc pas, comme le chrétien, le serviteur, mais
le *rival* de Dieu, le seul que, dans son désir de domination absolue, le héros reconnaisse digne de lui. Le cri final d'Alidor, à

l'idée qu'Angélique restera à jamais enfermée au couvent, dévoile les profondeurs ultimes de sa pensée :

> *Ravi qu'aucun n'en ait ce que j'ai pu prétendre,*
> *Puisqu'elle dit au monde un éternel adieu,*
> *Comme je la donnais sans regret à Cléandre,*
> *Je verrai sans regret qu'elle se donne à Dieu.*

Cléandre et Dieu : les deux « alter ego » d'Alidor, que Polyeucte ne fait ici que suivre. Dieu devient l'Alter Ego suprême, qui sauve le héros des périls du temps profane et garantit à l'acte héroïque l'éternité. L'astreinte cornélienne est donc aux antipodes de l'ascèse chrétienne : elle n'est pas renoncement, mais assouvissement ; dépossession, mais possession ; dévalorisation, mais valorisation absolue du Moi humain.

De même que, par son élan vers le divin, le héros, selon les propres mots de Polyeucte, « s'assure », la collectivité héroïque prendra, elle aussi, en définitive, appui sur Dieu. L'opposition inquiétante qui semblait, au début, devoir faire éclater les cadres politiques, en mettant le service de Dieu au-dessus des lois de l'État, c'est-à-dire le salut individuel au-dessus de l'ordre social, est soigneusement effacée ; la fin de la pièce annonce la réconciliation du Trône et de l'Autel, un instant compromise par une « sainte rébellion ». Tel est le sens de la décision que prend Sévère, de rendre à Félix le pouvoir que celui-ci venait de dépouiller :

> *Gardez votre pouvoir ; reprenez-en la marque ;*
> *Servez bien votre Dieu, servez votre monarque...*

(V, vi, 1803-4.)

Le service du monarque terrestre et du monarque divin doit, en fin de compte, être identique. Si Félix, devenu chrétien, reste gouverneur, et s'il prononce les dernières paroles de la pièce, c'est qu'en lui, l'alliance du salut et de l'ordre a le dernier mot : il n'est plus simplement question que Dieu assure le salut individuel, au niveau de Polyeucte ou de Pauline, mais encore le *salut de l'État*. Il faut donner à celui-ci la stabilité et les assises éternelles, qui lui manquaient dans *Cinna*, où le vieillissement du monarque faisait chanceler la monarchie, comme le vieillissement du chevalier, dans *le Cid*, menaçait de destruction toute vaillance. De ce point de vue, la conversion de Félix n'est nullement équivalente à celles de Polyeucte et de Pauline ; elle les complète et les dépasse, dans la mesure où, au-delà de la conversion privée, elle *fait pressentir la conversion publique de Décie et de l'Empire*, promise par Sévère :

Je perdrai mon crédit envers sa Majesté,
Ou vous verrez finir cette sévérité.
Par cette injuste haine il se fait trop d'outrage.

(V, vi, 1805-7.)

En définitive, sur tous les plans, théologique, éthique ou politique, Dieu n'est là que pour être colonisé par l'homme.

VIII

Il semble donc que Corneille ait atteint, avec *Polyeucte*, le moment absolu de l'*apothéose*, vers lequel tendait tout le mouvement de la dialectique héroïque, mais sans pouvoir le rencontrer dans un contexte profane ; — qu'il ait ainsi opéré la synthèse ultime, qui, sur le point d'être consommée à la fin de chaque tragédie, se dérobait au dernier instant, relançant la pièce achevée, mais non résolue, vers une pièce nouvelle. Avec la transcendance de l'humain vers le divin, qui est en même temps retour aux sources premières de l'Être, et qui donne un fondement éternellement assuré à l'éthique et à la politique, la boucle paraît bouclée : l'avenir débouche sur un inaltérable présent, le devenir destructeur s'arrête. En un mot, la dialectique cornélienne du Héros semble avoir touché à son terme dans le moment de l'Homme-Dieu, comme la dialectique hégélienne de la Conscience se clôt sur l'avènement de l'Esprit Absolu. Qui dit résolution, toutefois, au niveau de l'existence, dit annihilation. L'existence individuelle, à la différence de l'Idée, a toujours *à être*, elle ne saurait, par principe, être jamais *donnée :* elle continue, ou elle sombre dans le néant. C'est bien là l'écueil où vient buter *Polyeucte*. La solution qui sauve l'héroïsme tue le héros. C'est désormais par la *mort effective* (et non plus seulement par le *risque* de la mort) qu'il parvient enfin à la Maîtrise. Si le projet héroïque vise à « être par soi », récupérant ainsi la liberté irréfléchie du Moi naturel par la liberté réfléchie du Moi humain, c'est là, comme Pauline en fait dans la pièce la pénible expérience, un rêve impossible. La seule façon dont Polyeucte réussit, là où Pauline échoue, c'est en mourant. Mais cette mort ne *dépasse* pas, en fait, l'impasse existentielle de la Maîtrise, elle la *supprime ;* au lieu d'être, pour le projet héroïque, une épreuve, elle devient une *échappatoire*, qui perpétue à jamais la « fuite » de Polyeucte devant Pauline, au premier acte :

Pourquoi mettre au hasard ce que la mort assure?
Quand elle ouvre le ciel, peut-elle sembler dure?

(II, vi, 665-66.)

Dorénavant, la mort n'est plus cette confrontation difficile de l'homme avec lui-même, où le Maître domine l'Esclave parce que précisément il domine en lui la *peur :* elle est, selon les mots de Polyeucte, « un heureux trépas », « un doux passage ». Solution, disions-nous; il convient d'ajouter : solution de facilité. Le héros n'est plus capable de contrôler la vie qu'en la niant. Nous sommes bien loin du débordement d'énergie d'un Rodrigue. Il y a, chez Polyeucte, comme une déperdition d'être. La réplique de Polyeucte à Néarque, que nous avions citée en modèle d'attitude héroïque : « *Néarque :* Vous voulez donc mourir? *Polyeucte :* Vous aimez donc à vivre?», ne constitue pas, en réalité, un signe éclatant de force, mais un aveu secret de faiblesse :

Je consens, ou plutôt j'aspire à ma ruine.

(IV, ii, 1139.)

La mort *recherchée pour elle-même* par un « cœur tout chrétien », comme fin et non comme moyen, cet « être-pour-la-mort », auquel semble se résumer le sens de la vie, représente, pour le projet héroïque, qui sous-tend les conduites pseudo-chrétiennes des personnages, un désastreux échec. Nous sommes ici très loin de l'image du héros cornélien « maître de lui comme de l'univers », jeune dieu indomptable, fier-à-bras de la volonté. Au moment où Polyeucte paraît réaliser l'idéal de « gloire » parfaite, en fait, tout s'effondre, et la tragédie se découvre à nu : « monté sur le faîte », et incapable de s'y maintenir par une série de « miracles » renouvelés, le héros, suivant le mot d'Auguste, « aspire à descendre ». D'où, chez Horace ou Auguste, ce désir poignant d'abdiquer au terme de l'effort, de se démettre du fardeau de vivre, de « s'immoler à sa gloire ». *Polyeucte,* à cet égard, constitue la « descente » suprême, la dégradation dernière du projet héroïque, qui, ne pouvant trouver seul son absolu, sollicite l'aide de l'absolu chrétien. S'il est vrai de dire avec B. Dort, et comme nous avons essayé de le montrer nous-même, que « Polyeucte n'invoque Dieu que pour ne dépendre que de soi seul [224] », l'inverse est également vrai : Polyeucte *a besoin* de Dieu pour assurer, en son lieu et place, l'authenticité de l'acte héroïque. Par une double contradiction, au moment où le héros se soumet à Dieu, il en est le secret rival; mais, au moment où il pose son désir d'indépendance absolue, il suppose sa dépendance totale. La cohabitation de l' « héroïsme » et de la « sainteté », dont parlait Péguy, se résout donc par leur destruction mutuelle. Il s'agit là, inutile de le souligner, d'une *démarche typique de la mauvaise foi*. Il ne faut donc pas hésiter à voir dans l'affublement chrétien du projet héroïque un expédient, par lequel le héros tente de réaliser l'impossible. Le procédé n'est pas nouveau. Nous avions déjà découvert cette tentative pour poser le Moi absolument, par la médiation de l' « alter ego », chez Alidor. C'est la même tricherie, poussée à son extrême limite, que reprend ici Polyeucte : la pièce nous « entretiendra de Dieu » pour masquer et combler le manque d'être de l'homme. A cet égard, *Polyeucte* est bien la continuation directe des autres pièces, et c'est dans leur perspective qu'il faut comprendre la tentation vertigineuse de la mort, qu'avaient tour à tour connue Rodrigue, Horace et Auguste, au moment où ils faisaient l'épreuve de leur finitude; mais là où cette tentation représentait, chez eux, la reconnaissance poignante du tragique pur de l'existence, parvenue à la conscience de son indépassable limitation, la mort, pour Polyeucte, qui cherche à trouver *tout fait* dans l'au-delà ce qu'il est incapable de *faire* dans le monde, n'est finalement qu'une forme inférieure de suicide — et son « martyre » qu'une mystification.

Les tentations du héros

La liberté contre la nature

I

Apothéose du héros, *Polyeucte* représente le couronnement d'un effort, l'achèvement d'une quête. C'est, sans nul doute, un sommet : le point culminant vers lequel tendaient implicitement les premières comédies, explicitement les grandes tragédies. L'accession de l'héroïsme à l'Absolu divin constitue, semblerait-il, un moment indépassable de la dialectique existentielle, dont nous avons essayé de suivre les étapes. Or, *Polyeucte* n'est que la douzième pièce de Corneille. Il lui en restera vingt à écrire. Sommes-nous en présence d'un étonnant paradoxe — une œuvre terminée qui se prolonge et se redouble? Tels ses propres personnages, l'auteur, une fois « monté sur le faîte », serait-il maintenant condamné à « descendre »? Pour résumer brutalement les choses, Corneille aurait-il continué d'écrire par incapacité à s'arrêter, par impuissance à s'arracher au public, comme des acteurs vieillis s'accrochent parfois désespérément aux planches? Ayant tout dit dans ses quatre « grandes tragédies », Corneille parlerait désormais pour ne rien dire.

C'est bien, en effet, la conclusion que propose une certaine tradition critique, qui, depuis Voltaire, ne trouve guère que matière à sourire dans les « œuvres de vieillesse ». Ce serait, en quelque sorte, en dépit des deux tiers de son théâtre que Corneille serait Corneille : « L'auteur de *Cinna*... sera connu à jamais de toutes les nations, et le sera même malgré ses dernières pièces. » Voltaire *dixit*, dans ses *Remarques sur Œdipe* (*op. cit.*, v. 32, p. 155). A en croire la même autorité, Corneille, après *Polyeucte*, pécherait à la fois par le fond (« Il semble pourtant que, si Corneille avait voulu choisir des sujets plus dignes du théâtre tragique, il les aurait peut-être traités convenablement; il aurait pu rappeler son génie qui fuyait de lui », *Remarques sur Pulchérie, ibid.*, p. 293) et par la forme (« A l'égard du style, tandis qu'il se perfectionnait tous les jours

en France, Corneille le gâtait de jour en jour », *ibid.*, p. 294).
Sur cette condamnation, universellement reprise [225], rares sont
les personnes cultivées qui, dans leurs lectures, se sont aven-
turées au-delà de *Polyeucte*. Rares aussi les théâtres qui se
risquent à monter les œuvres postérieures à *Polyeucte*, à
l'exception du *Menteur*, de *Nicomède* et, à l'extrême rigueur,
de *Suréna*..

Une réaction récente s'est attachée à rétablir la réputation
de Corneille et à montrer le renouvellement inlassable dont
témoigne le reste de son vaste théâtre. On a mis en lumière
l'évolution d'un écrivain attentif à suivre le changement des
mœurs et du goût, capable de passer de l'âge de Louis XIII à
celui de Louis XIV, et de la tragédie héroïque à la tragédie de
cour, voire au spectacle « à machines ». Aux éclats du défi et
du duel succèdent, en conséquence, les complexités du langage
poli et les subtilités de la menace voilée. Art éminemment
intellectuel, qui varie avec le siècle, et que la contagion de l'art
racinien teinte, sur la fin, d'une émotion poignante. Pour
comprendre et apprécier ces pièces, il faudrait donc leur restituer leur saveur historique perdue, découvrir, sous les apparences théâtrales, le commentaire perpétuel de l'actualité qui
s'y cache. Il conviendrait de savoir discerner que *Don Sanche*
est une délicate apologie des amours de la Reine Mère et de
Mazarin; que *Nicomède* est une ouverture flatteuse à Condé
et *Pertharite* une mise en scène des errances de Charles II
d'Angleterre, chassé par l'usurpateur Cromwell; ou que *Tite
et Bérénice* constitue une contre-offensive destinée à combattre
la littérature infamante de Hollande, en prouvant, par une
allégorie transparente des amours du roi et de Marie Mancini,
que le monarque savait se dominer, quand il le fallait. « A voir
ainsi ces pièces, on leur restitue un relief, un intérêt et même
une émotion que trois siècles leur ont fait perdre [226]. » Il s'agit
là d'une étude nécessaire, et qui a contribué à remettre en
valeur une partie injustement négligée de l'œuvre. L'histoire
littéraire, si précieuse soit-elle, n'est pas, toutefois, la critique.
Celle-ci n'a rien à attendre d'une sorte de « repêchage » historique, qui, lui aussi, équivaut à la pire condamnation, puisqu'il
suppose le sens et la beauté de l'œuvre « perdus » : on ne les
« restitue » jamais de l'extérieur. C'est, au contraire, la présence
continuée de l' « émotion » et la survie de l' « intérêt » qui,
en tant que telles, distinguent les œuvres valables des autres.
L'élucidation historique, comme la restauration picturale ou
architecturale, « restitue » indifféremment — Corneille et Mairet,
Molière et Montfleury. La seule valeur est dans le texte. Ou
les pièces de la maturité et de la vieillesse de Corneille sont

bonnes, ou elles sont mauvaises, et toute l'érudition du monde n'y peut rien changer.

Or, beaucoup de ces pièces, pour peu qu'on se donne la peine de les lire, comme les comédies, sont excellentes; elles se terminent même par un chef-d'œuvre. Corneille n'est pas un confectionneur, un boulevardier du xviie siècle. Écrire, pour lui, ce n'est pas « faire » une pièce, mais une œuvre, en continuité avec d'autres œuvres. Ce n'est donc pas parce que Louis XIV lui octroie deux mille livres ou parce qu'il veut se conserver un public, que Corneille continue à produire; c'est, tout simplement, parce que, même après *Polyeucte*, il lui reste quelque chose à dire. Et s'il a encore à dire, c'est que *Polyeucte*, en réalité, est un pseudo-achèvement, une fin qui n'en est pas une, pour l'entreprise héroïque : non pas une porte ouverte sur l'avenir, mais une fausse sortie, donnant sur une voie sans issue. Il n'est pas temps pour le héros de disparaître; il demande à vivre et à s'accomplir dans le monde, non au ciel. Le moment n'est pas encore venu de faire, comme la princesse de Clèves, retraite, et, d'ailleurs, le moment venu, ce n'est nullement d'une pieuse retraite qu'il s'agira. Après avoir rencontré sur son chemin le vertige de l'absolu intemporel et le mirage du divin, la dialectique de l'héroïsme, à moins d'être seulement celle du suicide, doit s'arracher à la fascination de l'immobilité et du martyre, se remettre en mouvement, passer, selon sa loi propre, en son contraire. C'est exactement ce qui va maintenant se produire : la dramaturgie cornélienne se détournera désormais de la quête immédiate d'éternité, inlassablement poursuivie, sous diverses formes, dans les quatre grandes tragédies, pour se jeter à nouveau à la conquête du temps. Le théâtre de l'apothéose deviendra pleinement, pour la première fois, un théâtre d'Histoire. *La Mort de Pompée* succédera abruptement à *Polyeucte*.

II

C'est ici le lieu, croyons-nous, d'essayer de préciser les rapports de la dramaturgie cornélienne et de l'histoire. « A bien considérer cette pièce, je ne crois pas qu'il y en aye sur le théâtre où l'histoire soit plus conservée et plus falsifiée tout ensemble », déclare l'auteur en son *Examen de Pompée*. Conservation et *falsification* sont, en effet, les deux pôles de l'historicité cornélienne, et il convient de méditer cette précieuse

indication. On a depuis toujours souligné l'importance de
l' « histoire » dans le théâtre de Corneille, que l'on a contrastée
avec la prédominance de la «légende» dans le théâtre de Racine,
— différence qu'illustrerait le penchant du premier pour les
thèmes romains, du second pour les sujets grecs. Mais sur l'utilisation de l'histoire et, justement de l'histoire romaine, par
Corneille, on s'est trop souvent contenté de vues trop simples :
Corneille aurait des « affinités » avec la « vertu » romaine, il
s'intéresserait à l'histoire en « moraliste [227] »; ou encore, l'histoire romaine se chargerait de lui fournir des « situations dramatiques [228] ». Nous ne sommes pas si loin du « clou » où Dumas
père accrochait ses tableaux. Nos propres analyses nous ont
conduit à une tout autre conclusion : le théâtre de Corneille
n'est pas un théâtre qui se greffe *sur* l'histoire; c'est un théâtre
*d'*histoire; non un théâtre qui *utilise* l'histoire, mais qui la
réfléchit. Il faut donc comprendre, quand Corneille déclare que,
dans *la Mort de Pompée*, l'histoire est « conservée » et « falsifiée »
tout ensemble, que ce n'est pas là seulement une excuse de
préfacier pour l'inévitable condensation et altération que subit
la matière historique, si elle veut devenir matière dramatique :
c'est le *statut même* de la signification historique, du « sens de
l'histoire », tels qu'ils se proposent à Corneille. Car Corneille
se croit permis de prendre des libertés avec les faits précisément
parce que l'histoire n'est pas, pour lui, une histoire d'*historien*,
un effort intellectuel pour saisir la réalité humaine comme
enchaînement et succession d'événements particuliers, qu'il
faut mettre dans un rapport à la fois logique et chronologique.
L'histoire cornélienne est une histoire de *philosophe*, à condition
d'entendre par là non une « théorie » ou des « vues », élaborées
en tant qu'hypothèses dans le calme d'un cabinet de travail,
et destinées à être des outils de connaissance, mais, au
contraire, l'instrument d'*une prise de conscience pratique par
l'homme de l'histoire concrète où il se trouve engagé :* de l'histoire
en train de se faire et de le faire, en bref, de l'histoire vécue ou
constituante, par opposition à l'histoire reconstituée. L'histoire
cornélienne n'est pas une matière, dans laquelle le drame puise-
rait, elle est la *matière même* du drame, au sens où la conscience
ne peut faire un objet d'étude pour la psychologie que dans la
mesure où elle porte le psychologue lui-même à l'existence.
C'est cette histoire « première », « naturante », comme Spinoza
distinguait la nature naturante de la nature naturée, cette
histoire saisie à sa source comme dimension de l'existence, que
le théâtre de Corneille s'efforce de mettre en œuvre. Et c'est
pourquoi toute tentative pour comprendre ce théâtre par les
catégories de l'histoire « seconde » et la pure approche de l'histo-

rien, est vouée à l'échec, puisqu'elle manque ici l'essentiel.

Le traitement que Corneille fait subir à l'histoire n'est donc point énigmatique ou capricieux; il est encore moins recherche extérieure du pittoresque et de la « scène à faire », à la façon des romantiques. L'histoire est, au sens plein, *parabole*. G. Couton a très bien dit que, pour Corneille, « l'histoire est une allégorie » (*op. cit.*, p. 278); mais il ne nous paraît pas suffisant de définir cette allégorie comme « tirée de l'histoire et dont le contenu est politique » (*ibid.*, p. 283). L'histoire cornélienne n'est pas un simple répertoire d'allusions contemporaines, sur lesquelles il s'agirait de mettre des noms. Elle présente des situations où apparaissent les figures successives de la condition humaine, à la manière dont la dialectique imaginaire du Maître et de l'Esclave, chez Hegel, permet d'interpréter les phases de l'histoire réelle. La dramaturgie cornélienne « conserve » donc les faits connus, dans la mesure où le drame humain est toujours drame incarné dans un contexte historique; mais aussi elle « falsifie », parce qu'il ne s'agit pas d'exposer des faits singuliers, reliés entre eux par une hypothèse *logique*, comme l'historien, mais de les placer dans une certaine perspective *émotive*, qui leur fasse « rendre », en quelque sorte, leur sens humain, c'est-à-dire universel. C'est dire très exactement que Corneille est un remarquable *créateur de mythes*, comme Platon, Hegel ou Marx, et à la différence de Racine, qui ne fait qu'exploiter pour son compte la mythologie grecque ou chrétienne. Corneille, au contraire, quand il invente Rodrigue, le chevalier, Auguste, le monarque, Polyeucte, le martyr, nous offre le déchiffrement symbolique de l'histoire, telle qu'il la voit et la vit. *Le Cid* fait émerger la noblesse, *Horace* l'État, *Cinna* la monarchie, non comme simples reflets de l'histoire contemporaine sur la scène, mais dans *leur vérité propre*, c'est-à-dire dans leur *essence*. La découverte et la mise en lumière des essences historiques, tel est le propos de Corneille « historien », à condition de bien voir qu'il ne s'agit pas là d'une pure enquête théorique, mais d'une ardente quête du *salut*. D'où une certaine *ambiguïté* dans l'attitude de Corneille envers l'histoire : domaine du temps, lieu du péril, le héros tentera, avec Rodrigue, de la neutraliser et de la récupérer à son profit, sous forme de « légende »; il y aura une certaine hostilité du héros à l'égard de ce foyer pullulant des Autres, qui lui dérobent son « nom » et la pleine possession de lui-même, ainsi qu'en témoignent les dernières paroles d'Horace; et Polyeucte voudra dépasser historicité et altérité par un saut brusque hors du temps et du monde. Mais, même lorsqu'il tente d'échapper à la servitude du sensible, ce n'est jamais en niant simplement l'histoire, c'est en l'accomplissant; l'envolée mystique se termine sur la Sainte et Triple Alliance de Dieu, de Décie et de Polyeucte.

Ainsi donc, quand il essaie d'oublier l'histoire, Corneille ne la quitte pas un instant des yeux. Les pièces en apparence les moins historiques, comme les comédies, constituent, nous l'avons vu, un effort pour *penser* une condition aristocratique déchue, que les tragédies tâcheront à *sauver*. Plus tard, au milieu des spectacles à machine et des pièces galantes, au moment où l'atmosphère semble au plus haut point irréelle et féerique, le problème de Phinée, du Maître qui recule devant la mort et qui a peur, la déchéance toujours possible envers le sang et la race, surgissent inopinément dans *Andromède;* et dans *Agésilas*, les prérogatives du roi face aux revendications du héros posent l'angoissante question de l'équilibre monarchique, au milieu des aimables galanteries. Nous rions des facéties du *Menteur* et de la faconde inépuisable de Dorante, nous nous croyons en plein imbroglio à l'espagnole, quand soudain ces jeux innocents remettent en question les fondements de l'ordre nobiliaire :

> *Et ne savez-vous point avec toute la France*
> *D'où ce titre d'honneur a tiré sa naissance,*
> *Et que la vertu seule a mis en ce haut rang*
> *Ceux qui l'ont jusqu'à moi fait passer dans leur sang?*

(V, III.)

Le *mythe héroïque* ou *aristocratique*, dans la mesure où il se constitue en dialectique, est l'instrument qui définit le sens de l'histoire et en explore les figures possibles, comme la dialectique hégélienne du Maître et de l'Esclave. C'est, du reste, ce qui nous a permis d'utiliser la symbolique hégélienne pour éclairer la symbolique cornélienne : dans les deux cas, il s'agit de comprendre la recherche du salut comme mouvement de l'histoire, et le mouvement de l'histoire comme une *dialectique de la Maîtrise.*

Ce n'est donc nullement simple coïncidence ou goût personnel de l'auteur, si, à une ou deux exceptions près, toutes les tragédies de Corneille sont des tragédies *romaines.* Le théâtre cornélien choisit de s'exprimer par le mythe et l'image exclusifs de Rome, parce qu'il existe une affinité, une parenté essentielles entre le projet aristocratique de Maîtrise et la Cité de la Domination, lancée, par un même élan de ses Césars et de ses Catons, à la conquête historique du monde comme à la conquête métaphysique du Moi. Les révolutionnaires français iront plus tard chercher, dans l'histoire romaine, des mises à mort vengeresses et des leçons de civisme à la Brutus. Ce n'est évidemment point le moment négatif, mais *positif* de l'histoire romaine auquel Corneille s'arrête. Nous avons déjà vu comment, pour Horace, l'éthique romaine n'était autre que le mouvement par lequel l'homme veut se donner un destin « hors de l'ordre commun » et tente de se dépasser en tant qu'être sensible. C'est bien ainsi que l'entendent les adversaires de Rome, ceux du dedans, telle Camille, ou du dehors, tel Ptolémée :

> *Assez et trop longtemps l'arrogance de Rome*
> *A cru qu'être Romain c'était être plus qu'homme.*

(Mort de Pompée, I, 1, 194-95.)

De là un véritable *racisme romain* (qui n'est que la transposition du « racisme aristocratique », entrevu à propos du *Cid*), au nom duquel César mettra sans hésiter son ennemie Cornélie au-dessus de son amante Cléopâtre :

> *Mais qu'on l'honore ici, mais en dame romaine,*
> *C'est-à-dire un peu plus qu'on n'honore la reine.*

(Ibid., III, iv, 1069-70.)

Dans cette perspective, Lélius déclarera de Sophonisbe, en guise d'oraison funèbre :

> *Une telle fierté devait naître romaine*

(Sophonisbe, V, vii, 1812.)

et Flaminius laissera éclater franchement le mépris total de tout ce qui n'est pas romain :

> *Mais on ne voit qu'à Rome une vertu si pure ;*
> *Le reste de la terre est d'une autre nature.*

(Nicomède, II, iii, 679-80.)

Si nous avons pu dire que le théâtre cornélien s'efforçait de dégager certaines « essences » historiques, il semble, de façon plus précise, qu'il tende à poser et définir une sorte de « nature » romaine.

Il faut, toutefois, remarquer qu'une fois de plus, l'attitude de Corneille envers Rome n'est pas univoque, mais, comme envers l'histoire, *ambivalente*. Le cri de Camille : « Rome, l'unique objet de mon ressentiment ! » paraît être l'écho d'une rancœur secrète. Dans *Nicomède*, cette « race supérieure » est présentée sous un jour odieux, comme une force tyrannique, qu'il convient de contrer, et avec Nicomède, c'est le disciple d'Annibal, le principe de l'anti-Rome, qui triomphent. De même, au sein de la douleur et du renoncement, Bérénice,

séparée à jamais de Tite, exulte pourtant, à la pensée d'une
victoire longtemps recherchée et longtemps impossible :

> *Elle [ma gloire] passe aujourd'hui celle du plus grand homme,*
> *Puisqu'enfin je triomphe et dans Rome et de Rome :*
> *J'y vois à mes genoux le peuple et le sénat...*

(Tite et Bérénice, V, v, 1719-21.)

D'un certain point de vue, ainsi que G. Couton l'a justement
fait remarquer, Corneille semble donc avoir retenu, de l'histoire
romaine, l'*oppression des rois* et les divers épisodes de leur
lutte contre Rome, de *Nicomède* à *Attila*. Il faut réfléchir sur
ce point important et tenter d'élucider le sens de cette ambiguïté « romaine », qui reprend, en l'amplifiant, l'ambivalence de
l'attitude cornélienne envers l'histoire.

Si le Romain est l'homme qui se fait « plus qu'homme » et,
partant, le Maître qui règne sur un monde d'Esclaves, — dans
la mesure où les Maîtres forment une société et les Romains
constituent Rome, on passe de l'affirmation solitaire du Moi au
problème de la relation des Moi, c'est-à-dire du domaine de
l'éthique à celui de la politique. C'est alors que l'affrontement
initial des êtres dans le duel à mort pour la domination, source
morale de la Maîtrise, s'avère être la source politique de sa
ruine; sur le plan de la *coexistence* est nié le surgissement même
de l'*existence* aristocratique. Cette contradiction capitale et
angoissante, nous l'avons déjà découverte dans *Le Cid*, — dans
cette lutte pour la reconnaissance qui oppose don Diègue, puis
Rodrigue à leur « alter ego », le Comte. Et nous avons déjà vu,
dans *Cinna*, que la seule solution possible était la prise en charge
du projet de Maîtrise par un Maître suprême, la délégation
de la Toute-puissance entre les mains d'un seul, au nom de
tous. D'entre les héros émerge peu à peu la figure du roi-juge,
puis du monarque, arbitre souverain des antagonismes, qui
rétablit en lui l'unité compromise, réconciliant Rodrigue à
Chimène, Horace à Valère, Cinna à Émilie. Dans *Polyeucte*
même, le Maître divin n'est en rien le concurrent du Maître
terrestre, et la pièce s'achève sur le concordat ultime du
monarque et du martyr. Si le projet héroïque est, sur le plan
de la subjectivité, un échec, du moins se réalise-t-il objectivement par le triomphe d'un Ordre. Mais l'équilibre douloureusement et progressivement atteint à travers *Le Cid*, *Horace* et
Cinna, pour culminer dans la Sainte Alliance du Héros et de
Dieu, reste précaire : pour peu que la personne redevienne un
individu et que la liberté se réveille, voilà le pacte menacé par
un sursaut de l'orgueil. Une scission, mieux, un schisme mortels
paraissent toujours possibles : le héros peut alors faire violence

au roi, comme le roi opprimer le héros. A partir de l'instant où, ayant surmonté la tentation du suicide théologique, la conscience aristocratique vise à reprendre possession du monde et d'autrui, elle se trouve devant une double et perpétuelle menace, que va précisément symboliser la dialectique des rapports entre Rome et les rois.

A vrai dire, le problème est encore plus complexe, car la dialectique *extérieure*, en quelque sorte, des rapports entre le principe héroïque et le principe monarchique, en tant qu'entités distinctes et le plus souvent hostiles, ne fait, à son tour, que transposer la dialectique *interne* qui, dans Rome même, met aux prises les aristocrates, constitués en groupe et représentés par le Sénat, et l'Empereur — ou qui, dans les monarchies, oppose les rois aux princes, c'est-à-dire, en définitive, *la source existentielle de la puissance et la forme politique du pouvoir*. L'antagonisme de Nicomède et de Flaminius, de Sophonisbe et de Lélius, de Bérénice et de Domitie est simplement la face seconde, ou, si l'on préfère, *dramatique*, du conflit primordial et *tragique* qui divise Auguste et Émilie, Cornélie et César, Sertorius et Pompée, Tite ou Pulchérie et Rome. A défaut de pouvoir suivre dans le détail, comme nous avons essayé de le faire pour les quatre grandes tragédies, les vingt pièces restantes de Corneille, nous aimerions tracer, dans les lignes principales, l'évolution et l'issue finale de la dialectique cornélienne de l'héroïsme, maintenant que, retombée du ciel à la terre, elle s'incarne dans les *avatars successifs de Rome*.

III

Ce qu'en un sens on pourrait appeler la seconde période du théâtre de Corneille s'ouvre avec *la Mort de Pompée*, pièce dont la signification est souvent méconnue [229]. Des « saintes douceurs du ciel » et des « adorables idées » de Polyeucte, voilà le héros rappelé, ici-bas, à la réalité première : la guerre, et à sa forme intestine qui en définit le mieux la nature : le parricide.

> *Ses fleuves teints de sang, et rendus plus rapides*
> *Par le débordement de tant de parricides,*
> *Cet horrible débris d'aigles, d'armes, de chars,*
> *Sur les champs empestés confusément épars...*
>
> (I, 1, 5-8.)

Ce n'est pas un hasard si la réapparition de Rome est placée sous le signe de la *guerre civile*, fratricide collectif que la géné-

rosité d'Auguste avait semblé conjurer dans *Cinna*, et que la
magnanimité des beaux-frères ennemis avait détourné sur
eux-mêmes dans *Horace*. La contradiction interne du projet
aristocratique se montre cette fois à nu, brutale et irrémédiable,
débarrassée du maquillage chrétien :

> *Ces montagnes de morts privés d'honneurs suprêmes...*
> *Sont les titres affreux dont le* droit de l'épée,
> *Justifiant César, a condamné Pompée.*

> (Ibid., 9, 13-14.)

César ne saurait se justifier autrement, face à Pompée, que
Rodrigue, face à don Gomès. Qu'il s'agisse d'une seule mort
ou d'une hécatombe, les exigences de la Maîtrise restent identiques. « Meurs ou tue » est la loi fondamentale de l'histoire
aussi bien que de la morale. Le droit des nations comme des
individus n'est autre que le « droit de l'épée ». Seulement, si
le droit ne repose, en définitive, que sur la force, n'importe
quel usage de la force ne donne pas n'importe quel droit. Il
convient de définir un « droit de l'épée », certes, mais *légitime*.
La force de Rodrigue se justifiait, finalement, par sa générosité,
par l'offrande de sa vie, qu'il faisait ensuite à Chimène, par la
mise au service de l'État de sa gloire nouvellement conquise,
par l'effet unificateur d'une vaillance qui venait justement
remplacer celle du Comte et combler le vide laissé par la mort.
Dans un tel contexte, l'effet de la violence n'est pas destructif,
mais *constructif*, parce que l'affirmation absolue de soi est en
même temps don de soi à l'État, c'est-à-dire aux autres. Les
divergences entre Maîtres s'annulent ainsi en une convergence
supérieure. C'est cette convergence qu'incarnait le triomphe
ultime d'Auguste, sacrifiant sa propre subjectivité au nom et
au profit de l'Empire. A ce prix, la lutte à mort des consciences
aristocratiques débouchait sur la paix monarchique.

Tout est remis en question, cependant, dès l'instant où triomphe une force brute, dissociée de la générosité et de la légitimité qui la justifient. On a beaucoup parlé du « machiavélisme » de Corneille, qui refléterait les idées alors à la mode,
dans certains milieux politiques, sur la « raison d'État[230] ».
On s'appuie sur les vers de *Cinna :*

> *Tous les crimes d'État qu'on fait pour la couronne,*
> *Le ciel nous en absout alors qu'il nous la donne,*
> *Et dans le sacré rang où sa faveur l'a mis,*
> *Le passé devient juste et l'avenir permis.*

> (V, 11, 1609-12.)

— vers que l'on rapproche aussitôt des préceptes de Machiavel :

« Un Prince n'a donc qu'à maintenir son État : tous les moyens dont il se sera servi seront toujours trouvés honnêtes et chacun les louera » (*Le Prince*, ch. xviii). Ceci est trop vite dit, et l'on a tort de parler des « oscillations » de Corneille, en matière politique, entre la morale de la générosité et celle du machiavélisme. Si, dans le cas d'Auguste, le « passé devient juste et l'avenir permis », c'est uniquement par la grâce d'un *présent authentique :* c'est parce qu'Auguste a su se dominer qu'il a acquis le droit de dominer. La couronne efface le crime, non pas que *tout* état de fait soit un état de droit, mais, au contraire, parce que le « crime », en se niant et en se dépassant, peut, *dans certains cas,* et au prix d'une ascèse dont nous saisissons toute la difficulté et la grandeur chez Auguste, retrouver et promouvoir les valeurs intrinsèques de la « couronne ». Ainsi la violence qui a porté Auguste au pouvoir *devient* légitime; celle qui a mis Phocas, dans *Héraclius,* sur le trône de l'Empereur Maurice demeure, faute de cette catharsis, une usurpation. Or, dès *la Mort de Pompée,* le problème majeur de l'histoire et de la politique cornéliennes, c'est de dresser, puisque la violence est la loi d'apparition de l'Homme, une violence *légitime* face à une violence *illégitime,* c'est-à-dire une violence qui unifie face à une violence qui divise.

Il existe, en réalité, une différence essentielle entre deux maximes d'apparence dangereusement semblable, celle de Ptolémée :

> ... *le droit de l'épée*
> *Justifiant César, a condamné Pompée*
>
> (I, 1, 13-14.)

et celle de Photin, proposant au même Ptolémée d'assassiner Pompée vaincu :

> *Seigneur, quand par le fer les choses sont vidées,*
> *La justice et le droit sont de vaines idées.*
>
> (Ibid., 49-50.)

Or, la réponse de Corneille est précise, et la ligne de démarcation exacte, qui sépare la force généreuse de la violence injuste : c'est, ainsi que le dit carrément Cléopâtre à son frère Ptolémée, une question de *race :*

> *Je ne le vois que trop,* Photin et ses pareils
> *Vous ont empoisonné de leurs lâches conseils :*
> *Ces âmes que le ciel ne forma que de* boue...
>
> (I, iii, 263-65.)

L'expression, d'une importance décisive, sera textuellement répétée dans *Don Sanche.* Nous vérifions ici ce que notre analyse du problème des fins et des moyens, dans la perspective d'une éthique de la Maîtrise, nous avait laissé entrevoir à propos de *Cinna* : le « machiavélisme » provient de la dégradation du projet aristocratique, lorsqu'il est repris dans un esprit *plébéien*[231]. Pour l'Esclave, que seules fascinent les caractéristiques extérieures du pouvoir, tous les moyens de parvenir sont bons; par là, l' « esclave ambitieux » qu'était Félix manque l'étape essentielle de la dialectique interne de la Maîtrise, la conquête de soi, et croit devenir Maître aisément par la mise à mort de l'Autre, sans risque de sa propre vie. Photin, « âme de boue », sera « mauvais conseiller » dans la mesure où il accusera ses origines plébéiennes, tout comme son successeur direct et frère en machiavélisme, l'esclave affranchi Martian, d'*Othon :*

> *Ainsi que la naissance, ils ont les esprits bas.*
> *En vain on les élève à régir des États :*
> *Un cœur né pour servir sait mal comme on commande.*
>
> (IV, II, 1195-97.)

Au lieu du combat qui définit le plus fort, Photin conseillera l'assassinat du plus faible, comme le plus court chemin vers la domination, et, symboliquement, l'instrument du pouvoir, au lieu d'être l'*épée*, deviendra le *poignard :*

> *Et du même poignard pour César destiné,*
> *Je perce en soupirant son cœur infortuné [celui de Pompée].*
>
> (I, I, 99-100.)

La tragédie du monarque, c'est que, lorsqu'il cesse de s'écouter, c'est-à-dire de suivre les lois intrinsèques du projet monarchique, pour chercher, lui aussi, une solution de facilité, il peut à tout instant déchoir de l'alliance primordiale de la naissance et de la générosité :

> *Les princes ont cela de leur haute naissance :*
> *... Leur générosité soumet tout à leur gloire :*
> *Tout est illustre en eux quand ils daignent se croire ;*
> *Et si le peuple y voit quelques dérèglements,*
> *C'est quand l'avis d'autrui corrompt leurs sentiments*[232].
>
> (II, I, 370, 373-76.)

Le drame central de *la Mort de Pompée*, c'est justement la détérioration du pouvoir qui résulte de la dégradation des âmes, et qu'illustrera de fâcheuse manière la déchéance de Ptolémée. Si l' « avis d'autrui » peut « corrompre les sentiments » des princes, c'est qu'ils se trouvent dans la position d'Auguste au début de *Cinna* et qu'ils ont perdu l'indépendance altière du Moi héroïque. Écouter des conseils devient un moyen de ne

plus avoir à choisir, de « se faire être » par la médiation de
l'Autre. C'est une tentation majeure de la mauvaise foi, que
nous avons déjà rencontrée à maintes reprises. Coupé de l'action
réelle et directe, Ptolémée, tout en se donnant la comédie de
la puissance par le meurtre trop facile de Pompée, est, en fait,
un simple *instrument* entre les mains d'Esclaves avides de
prouver leur ascension et leur ascendant. Tel eût été le sort
d'Auguste, s'il en fût resté à l'acte II. Au dernier moment
seulement, le monarque voudra sauver l'honneur de la monarchie en mourant d'une mort guerrière[233] : mais là encore, on a
la mort qu'on mérite, et jusqu'au bout se trahit la *passivité*
du roi dégénéré, puisque Ptolémée disparaît *noyé*, alors qu'il
tentait de s'enfuir à bord d'une barque. Il retombe dans la
« foule », dans la condition commune, à laquelle le héros, depuis
Horace, sait que sa vocation est d'échapper; au lieu de mourir
dans la superbe solitude de Polyeucte, il s'abîme, avec le troupeau, dans l'océan :

> *Il voit quelques fuyards sauter dans une barque :*
> *Il s'y jette, et les siens, qui suivent leur monarque,*
> *D'un si grand nombre* en foule *accablent ce vaisseau,*
> *Que la mer l'engloutit avec tout son fardeau.*
>
> (V, III, 1653-56.)

Appartiendra-t-il à sa sœur Cléopâtre de rétablir la situation? Elle est, en tout cas, parfaitement consciente du drame,
et tout son effort va à pallier la carence monarchique. Contrairement à la tradition antique et à Shakespeare, Corneille refuse
de voir en elle une des grandes amoureuses de l'histoire : « elle
se servait des avantages de sa beauté pour affermir sa fortune »
(*Examen*). Sa mission est, avant tout, politique :

> *J'ai de l'ambition...*
> *J'en aime la chaleur et la nomme sans cesse*
> *La* seule passion *digne d'une princesse.*
>
> (II, I, 430, 433-34.)

Et l'unique politique, c'est de rétablir le monarque dans la
toute-puissance, mais en sachant que celle-ci n'a de sens que
selon la perspective de la *gloire :*

> *Mais je veux que la gloire anime ses ardeurs,*
> *Qu'elle mène sans honte au faîte des grandeurs ;*
> *Et je la désavoue alors que sa manie*
> *Nous présente le trône avec ignominie.*
>
> (Ibid., 435-38.)

Cependant, le droit chemin, sans la force, ne conduit nulle
part. Cléopâtre ne peut régner que par l'intermédiaire de César

et de son hymen ; elle est réduite à « se servir » des avantages
indirects de la beauté. C'est dire que cette domination par
personne interposée est vouée à l'échec, puisque ce projet
d'indépendance absolue repose sur une dépendance réelle.
Malgré elle, elle se retrouve, en dépit de ses dispositions subjectives, dans la position objective de son frère. La Maîtrise ne
saurait être atteinte par la médiation de l'amour, qui est esclavage : même épris, César donne significativement la préséance
à la Romaine Cornélie. Au fond, d'ailleurs, Cléopâtre savait
que, plutôt qu'un projet, elle nourrissait un *rêve* de domination,
un éphémère simulacre :

> *Achevons cet hymen : s'il se peut achever,*
> *Ne durât-il qu'un jour, ma gloire est sans seconde*
> *D'être du moins un jour la maîtresse du monde.*

(II, 1, 428-30.)

Devant le désastre d'une royauté tombée en quenouille, on
s'attend donc que la Cité des Héros reprenne solidement en
main les rênes du pouvoir et que, Rome ayant triomphé de
l'Égypte et César de Rome, l'heureuse conclusion de la guerre
étrangère et civile restaure, en la personne de César, l'unité
ébranlée de l'État. Pompée n'est plus que tronc décapité,
cendres dans une urne. Cornélie, sa veuve, prétend continuer
la lutte, mais elle n'en a pas les moyens. César, vainqueur,
veut donc asseoir sa domination absolue sur la magnanimité
et reproduire, en quelque sorte, le geste salvateur d'Auguste
dans *Cinna* :

> *Je ne veux que celui [l'honneur] de vaincre et pardonner,*
> *Où mes plus dangereux et plus grands adversaires,*
> *Sitôt qu'ils sont vaincus, ne sont plus que mes frères ;*
> *Et mon ambition ne va qu'à les forcer,*
> *Ayant dompté leur haine, à vivre et m'embrasser.*

(III, 11, 916-20.)

Tandis que l'union de César et de Cléopâtre mettrait fin à la
guerre étrangère, c'est-à-dire à la désunion des héros et des
rois, de l'ordre aristocratique et de l'ordre monarchique, le
pardon de César, tel celui d'Auguste, réconcilierait les héros
divisés entre eux et mettrait un terme à leur lutte fratricide.
Malgré l'apparence optimiste du dénouement, on trouvera
des ombres inquiétantes à ce tableau d'histoire. Et d'abord, si
Chimène avait fini par se rendre à la générosité de Rodrigue,
meurtrier, mais digne successeur de son père, Cornélie va refuser
de se soumettre à César, triomphateur pourtant magnanime.
Alors qu'Émilie avait finalement compris le véritable intérêt

de Rome et « dompté sa haine », Cornélie va brandir la sienne
à vide, au nom d'une pure obstination *sentimentale*, volontairement et artificiellement cultivée, en dépit des intérêts romains :

> *Mais ne présume pas toucher par là mon cœur.*
> *La perte que j'ai faite est trop irréparable ;*
> *La source de ma haine est trop inépuisable :*
> *A l'égal de mes jours je la ferai durer ;*
> *Je veux vivre avec elle, avec elle expirer.*
>
> (V, ᴵᵛ, 1720-25.)

La soi-disant « vertu romaine » de Cornélie, qu'on est convenu
d'admirer, perpétue donc, en fait, non la saine tradition d'Émilie,
mais l'exemple pernicieux de Camille, qui met la « perte »
d'un être cher au-dessus du principe de l'équivalence des
Maîtres. Tout le poids de la pièce vient ainsi retomber sur les
épaules de César, comme il venait, de par la carence fondamentale des autres personnages, retomber sur les épaules d'Auguste.
   Le malheur, c'est que César n'est pas plus Auguste que Cornélie Émilie. L'ennemi à qui l'on pardonne n'est plus un être
vivant qui vous fait face, mais une urne funéraire, que l'on
« baise » en soupirant :

> *O soupir ! ô respect ! Oh ! qu'il est doux de plaindre*
> *Le sort d'un ennemi quand il n'est plus à craindre !*
>
> (V, ɪ, 1537-38.)

Une générosité qui n'a plus aucun effort à faire sur elle-même
devient, à bon droit, suspecte. Or, ces soupçons, un regard
attentif et impitoyable les confirme :

> *... Par un mouvement commun à la nature,*
> *Quelque maligne joie en son cœur s'élevait,*
> *Dont sa gloire indignée à peine le sauvait...*
> *S'il aime sa grandeur, il hait la perfidie ;*
> *Il se juge en autrui, se tâte, s'étudie,*
> *Examine en secret sa joie et ses douleurs,*
> *Les balance, choisit, laisse couler des pleurs...*
>
> (III, ɪ, 774-780.)

Cette description, d'une précision clinique, révèle admirablement chez le héros un processus de déchéance analogue à celui
que nous avons découvert chez le roi. Ce qui triomphe ici de
justesse du mouvement spontané de la nature, ce n'est pas
l'astreinte bienfaisante de la générosité, mais la restriction
appauvrissante du *calcul*. Le machiavélisme prêté à tort par
Napoléon à Auguste s'applique au cas de César : « Cette action
n'était que la feinte d'un tyran, et j'ai approuvé comme calcul, ce qui me semblait puéril comme sentiment » (cf. p. 213).

La maîtrise des émotions, dont fait preuve ici César, ne consiste pas, comme c'était le cas d'Auguste, à décider de son *être*, mais à choisir un *paraître*. Or, cette maîtrise de l'apparence n'est qu'une apparente maîtrise : au lieu que la vraie générosité est rapport de soi à soi et possession de l'homme par lui-même, le « calcul » est assujettissement à autrui : « il se juge en autrui… » C'est bien pourquoi, au moment où César n'a « plus que les Dieux au-dessus de sa tête » (IV, III, 1258), l'esclavage réel reparaît et le maître du monde ne réclame que le droit de « servir » Cléopâtre :

> *S'il était quelque trône où vous pussiez paraître*
> *Plus dignement assise en captivant son maître,*
> *J'irais, j'irais à lui, moins pour le lui ravir,*
> *Que pour lui disputer le droit de vous servir…*
>
> (IV, III, 1261-64.)

César va même encore plus loin :

> *C'était pour acquérir un droit si précieux*
> *Que combattait partout mon bras ambitieux ;*
> *Et dans Pharsale même il a tiré l'épée*
> *Plus pour le conserver que pour vaincre Pompée.*
>
> (Ibid., 1267-70.)

L'exagération du langage précieux ne doit pas dissimuler la contamination réelle du dessein héroïque par le propos amoureux, au point que le nouveau conquérant s'excuse de n'avoir pu assurer la vie sauve à Ptolémée, non point suivant les lois de la magnanimité, mais conformément aux *ordres* de Cléopâtre :

> *Oh ! honte pour César qu'avec tant de puissance,*
> *Tant de soins pour vous rendre entière obéissance,*
> *Il n'ait pu toutefois en ces événements*
> *Obéir au premier de vos commandements !*
>
> (V, V, 1777-80.)

Sous l'empire de Cléopâtre, César se laisse aller au rêve sacrilège de forcer Rome à l'accepter pour reine, dût-il se retourner contre sa patrie au nom de son amour :

> Cléopâtre : *Après tant de combats, je sais qu'un si grand homme*
> *A droit de triompher des caprices de Rome…*
>
> (v. 1305-6.)
>
> César : *Tout miracle est facile où mon amour s'applique.*
> *… Venir, voir et vaincre est même chose en moi.*
>
> (IV, III, 1313, 1336.)

Ce n'est pas par hasard que le « veni, vidi, vici » guerrier est mis, par une sorte de blasphème galant, au service du cœur.

Cléopâtre, qui met donc l'amour au service de l'ambition, et César, qui met l'ambition au service de l'amour, loin d'assurer, par leur union, l'unification bienfaisante des contraires, s'avèrent, en fait, incapables de se rejoindre. Ce qui caractérise *la Mort de Pompée*, c'est son *inachèvement*, au sens où la pièce appelle vainement une synthèse vivante de la royauté impuissante et de la puissance anti-royale, du Roi et du Romain — ainsi que l'union concrète des Romains entre eux. Il va s'agir, en un mot, de couronner César. On dira que c'était déjà fait en la personne d'Auguste. Mais justement, la réconciliation des contraires et l'incarnation de l'État se présentaient, chez Auguste, comme une apothéose, c'est-à-dire comme un arrachement à l'histoire. Par contre, si *la Mort de Pompée* marque, pour le projet héroïque, la retombée de l'intemporel au temporel, le cours de l'histoire, un instant suspendu, est rétabli. Tandis que, dans *Cinna*, la dialectique monarchique se refermait, en quelque sorte, sur un acte absolu, qui en constituait le dénouement, elle se rouvre, avec *la Mort de Pompée* sur un avenir incertain, — ce que traduit, sur le plan dramatique, l'absence de dénouement réel. Cléopâtre sera couronnée, et Pompée révéré à titre posthume : mais l'amour de Cléopâtre et de César? La conquête du monde par César? Le destin de Rome et de l'Égypte? Aucune vision prophétique, comme celle de Sabine ou de Livie, ne vient garantir l'avenir, au-delà du présent tragique. La pièce se termine, tout en restant *irrésolue*. La dégénérescence possible, repoussée par Rodrigue avec indignation, guette à présent le roi comme le héros, de nouveau en proie aux périls de la durée. Ce rétrécissement de l'envergure humaine sert ici d'introduction aux vicissitudes de l'histoire authentique, que le martyre de Polyeucte avait essayé d'escamoter.

IV

C'est au moment où le théâtre de Corneille semble découvrir enfin la totale historicité du projet aristocratique que, brusquement, cette historicité, à peine posée, semble disparaître. A *la Mort de Pompée* succède une série de pièces — *Théodore, Rodogune, Héraclius* —, dont on a bien vu qu'elles forment un groupe, comme ensuite *Don Sanche, Nicomède* et *Pertharite*, avant l'interruption de la carrière dramatique de Corneille et son long silence. G. Couton, dans son étude sur *Corneille et la Fronde*, a fait observer que la trilogie *Théodore-Rodogune-*

Héraclius représentait le baroque du « sang » et de la « monstruosité » dans le théâtre de Corneille, parallèle à la renaissance d'un théâtre de la terreur se complaisant au sadisme, au vampirisme, voire à l'anthropophagie. En revanche, la trilogie *Don Sanche-Nicomède-Pertharite* a essentiellement un intérêt politique et reflète les problèmes contemporains de la Fronde. Ce sont là des indications précieuses, mais qui demandent à être interprétées. Il y a bien une soudaine « monstruosité » qui surgit dans le théâtre de Corneille, mais nullement au hasard ou de façon gratuite : nous devons la comprendre comme *moment de la monstruosité*, par lequel passe la dialectique de l'héroïsme.

Avec *Théodore, Vierge et Martyre* (1645) [234], Corneille se tourne à nouveau vers la « tragédie chrétienne ». Soif du martyre, accès à la béatitude par la mort, conjonction de l'héroïque et du divin, face à la persécution et à la lâcheté des pouvoirs publics, tous les thèmes de *Polyeucte* s'y retrouvent, jusqu'au « caractère de Valens [qui] ressemble trop à celui de Félix dans *Polyeucte* », nous dit Corneille dans son *Examen*. *Théodore* serait donc une seconde mouture de *Polyeucte*, de qualité inférieure cette fois. D'où un échec théâtral que l'auteur, beau joueur, se plaît à reconnaître et qu'il attribue à un vice inhérent du sujet : « ... pour en parler sainement, une vierge et martyre sur un théâtre n'est autre chose qu'un Terme qui n'a ni jambes ni bras, et par conséquent point d'action. » (*ibid.*). Nous laisserons à part la question de la réussite purement littéraire ou scénique de la pièce, dont on a, d'ailleurs, grandement exagéré les défauts : les deux premiers actes, et en particulier le duel verbal de Placide et de Marcelle, aussi bien que l'affrontement de Marcelle et de Théodore, ont une beauté dans la violence et une férocité dans l'expression de la haine rarement égalées par les autres tragédies de Corneille, et que rien ne surpasse dans le théâtre de Racine. Si *Théodore* est analogue par les thèmes à *Polyeucte* et si une bonne partie, au moins, n'y est pas inférieure par le talent, il est intéressant de se demander *en quoi* la présentation sur scène d'une « vierge et martyre » condamne la pièce. On invoquera aussitôt les « bienséances », et l'on aura raison. Mais les bienséances permettaient bien d'autres choses, avec un peu d'habileté, et, comme le note Corneille avec ironie, le sujet avait la caution de saint Ambroise : « Dans cette disgrâce, j'ai de quoi congratuler à la pureté de notre scène, de voir qu'une histoire qui fait le plus bel ornement du second livre des *Vierges* de saint Ambroise, se trouve trop licencieuse pour y être supportée. » *(Examen.)* Il convient de se demander, de façon plus précise, si la présentation cornélienne du sujet n'est pas ici

en cause et si le sens du « martyre » n'est pas soudain faussé,
voire nullifié par l'intrusion de la « virginité ».

Ce que le thème de la virginité fait inopinément, irrésistiblement resurgir, c'est la présence obsédante du *corps*, de ce
corps que Pauline n'avait pu vaincre et dont Polyeucte n'avait
su se débarrasser que par la mort. Cette Théodore, que l'on nous
dit « froide », et qui l'est sans doute littérairement, n'est rien
moins, physiologiquement, que frigide : devant le beau Didyme,
elle retrouve le drame fondamental de l'héroïne cornélienne en
proie aux sens.

> ... *Par mes propres sens je crains d'être surprise :*
> *J'en crains une révolte, et que, las d'obéir,*
> *Comme je les trahis, ils ne m'osent trahir.*
>
> (II, ii, 400-2.)

Unissant en elle la question angoissée de Pauline et la réponse
négative qu'y fait Polyeucte, Théodore se prépare, dès le début
de la pièce, à mourir, et entend utiliser, pour assurer sa propre
victoire, la menace même de l'adversaire :

> *Triomphant de ma vie, il fera ma victoire,*
> *Mais si grande, si haute, et si pleine d'appas,*
> *Qu'à ce prix j'aimerai les plus cruels trépas.*
>
> (II, iv, 576-78.)

Mais ce « triomphe », comme celui de Polyeucte, n'est possible
que dans un « autre monde » : alors que la conscience aristocratique découvre sans équivoque, après *la Mort de Pompée*,
que son destin réel se joue dans l'histoire et ne peut s'accomplir
que dans ce monde, le triomphe dans le monde des Idées
devient un dérisoire « triomphe en idée » :

> *De cette illusion soyez persuadée :*
> *Périssant à mes yeux, triomphez en idée ;*
> *Goûtez d'un autre monde à loisir les appas,*
> *Et devenez heureuse où je ne serai pas.*
>
> (II, iv, 579-82.)

L'ironie cinglante de Marcelle, sans prise sur la conscience
chrétienne, porte à plein contre la conscience héroïque. Dès
l'instant qu'il lui faut vivre et s'affirmer dans le monde, le
héros retrouve avec embarras son corps, qu'il s'était, faute de
pouvoir le vaincre, empressé d'anéantir. C'est cet inéluctable
enracinement dans le sensible, cet asservissement du mental
au naturel que, depuis Alidor, chaque personnage s'employait
à combattre, et que va symboliser ici, avec une audace dramatique et une sûreté d'intuition incomparables, le thème de la
virginité prostituée.

Condamnée à vivre, princesse destinée au bordel par la diabolique intelligence de sa rivale Marcelle, Théodore éprouve dans l'horreur la dimension de l'existence corporelle :

> *Cette indigne fierté ne serait pas punie*
> *A ne vous ôter rien de plus cher que la vie :*
> *Il faut qu'on leur immole, après de tels mépris,*
> *Ce que chez votre sexe on met à plus haut prix.*

(III, I, 735-38.)

Cette audace de pensée étonnante, décelable sous les réticences du style noble, n'a aucunement échappé aux contemporains. Ainsi que le remarque Corneille dans son *Examen*, il faut « imputer ce mauvais succès à l'idée de la prostitution, qu'on n'a pu souffrir, *bien qu'on sût assez qu'elle n'aurait point d'effet.* » Là n'est pas la question : le scandale, que toutes les précautions verbales ne peuvent dissimuler, c'est que le corps soit *prostituable ;* que la conscience incorporelle soit impliquée tout entière dans son corps; que, par son corps, en son corps, elle offre soudain prise à l'adversaire. La virginité prostituable, c'est le héros devenu, malgré son courage et sa préparation à la mort, radicalement *vulnérable*, dans la mesure où il est existence physique. Voici donc Théodore acculée à quémander de Placide les moyens indirects, puis directs, d'échapper à la prise infamante de Marcelle, révélant ainsi la signification *réelle* du « martyre », avec une évidence encore plus brutale que dans *Polyeucte :* une pieuse forme de délivrance.

> *Immolez cette part trop indigne de vous ;*
> *Sauvez-la de sa perte; ou si quelque tendresse*
> *A ce bras généreux imprime sa faiblesse,*
> *Si du sang d'une fille il craint de se rougir,*
> *Armez, armez le mien, et le laissez agir.*

(III, III, 906-10.)

Aveu d'une importance capitale et redoutable : on ne peut « sauver » le corps, la « part trop indigne » de l'homme, de sa « perte » que précisément *par sa perte.* Tant qu'il y a de la vie, il n'y a pas, pour le héros, d'espoir. Dès lors, la seule issue au drame de Théodore, vierge et martyre, c'est le suicide déguisé en martyre, qui conservera la virginité [235]. L'utilisation des thèmes chrétiens par l'éthique héroïque se donne enfin pleinement pour ce qu'elle était déjà, de façon plus discrète, dans *Polyeucte :* une sainte échappatoire. Il s'agit là d'une attitude essentiellement *passive*, donc en termes de symbolique cornélienne, *féminine*. Le caractère « femelle » de toute existence corporelle (si bien analysé par Sartre dans *la Nausée*) se mani-

feste avec le plus de force dans le thème de la « virginité »,
qui, en dépit d'une prétendue maîtrise de soi, peut être à tout
instant « possédée » par autrui. En ce sens — et c'est bien là
le scandale profond de la pièce — Théodore, c'est Polyeucte
mis à nu.

Cependant, si le projet héroïque découvre, dans une horreur
transie, l'asservissement charnel du Moi sous sa forme la plus
avilissante, il va être aussi tenté de le mettre à profit. Si, en
effet, le Moi est toujours vulnérable par son corps, c'est le cas
également de l'Autre. La conscience aristocratique va donc tout
naturellement chercher à obtenir la *domination d'autrui par
celle de son corps*. Elle va vouloir dépasser la tragédie de l'incarnation en s'en servant. Nous avions déjà rencontré, à propos
des comédies, cette présence feutrée de la cruauté, comme
dégradation du projet aristocratique, lorsqu'il vise à la domination d'autrui, sans passer par la domination de soi (cf. p. 81).
Si le thème reparaît ici dans toute sa force et, en quelque
sorte, dans toute sa maturité, ce n'est nullement une coïncidence : la cruauté d'Alidor apparaissait au moment où le projet
héroïque échouait dans le contexte des comédies; la cruauté
savante de Marcelle et de Valens, dans *Théodore ;* de Cléopâtre
comme de sa rivale, dans *Rodogune ;* de Phocas, dans *Héraclius,*
se manifeste, elle aussi, à l'instant précis où, dans le monde des
tragédies, le projet aristocratique échoue à s'accomplir par la
voie mystique et retrouve, avec *la Mort de Pompée,* l'opposition
radicale des consciences et la division mortelle des héros et des
rois. Enraciné malgré lui dans un monde naturel par son corps,
le projet héroïque va donc se retourner contre le corps, comme
lieu de son esclavage, il va très exactement se définir comme
antiphysique. C'est là, bien sûr, l'attitude de Rodrigue, d'Horace
ou d'Auguste, mais fondamentalement altérée et dégradée.
Marcelle refuse désormais d'entendre l'appel salutaire de
Placide :

> *Et par le noble effort d'un généreux emploi*
> *Triomphez de vous-même aussi bien que de moi.*

(III, v, 1013-14.)

Marcelle, rejetant le « noble effort », c'est-à-dire l'effort qui
définit le noble, préférera vaincre Placide non en triomphant
d'abord d'elle-même, mais exclusivement de lui, et cela, non
pas dans l'affrontement direct des êtres, mais à travers
Théodore et la prise indirecte que celle-ci offre *par son corps*.
De ce point de vue, Théodore et Marcelle sont bien moins opposées que *complémentaires :* la *fuite* de Théodore devant le corps
appelle l'*utilisation* de celui-ci par Marcelle. Les deux femmes

forment le *couple du bourreau et de la victime*, dont la dialectique
se substitue à présent à celle du Maître et de l'Esclave.

Le martyre de la virginité, entre les mains expertes de Marcelle et de Valens, inaugure donc, sous les froideurs du style
et le règne des bienséances, la dialectique des rapports de domination par la torture, rendue plus tard célèbre par le fameux
Marquis. Le projet sadique, en effet, prend conscience de lui-
même et s'épanouit chez la Marcelle de *Théodore*, sans attendre
le Néron de *Britannicus*. Bien mieux, à côté du cri de Néron :
« Je me fais de sa peine une image charmante », Marcelle
s'exprime avec une force autrement brutale, une complaisance au crime autrement détaillée :

> *Que ne puis-je aussi bien immoler à Flavie*
> *Tous les chrétiens ensemble, et toute la Syrie!*
> *Ou que ne peut ma haine avec un plein loisir*
> *Animer les bourreaux qu'elle saurait choisir,*
> *Repaître mes douleurs d'une mort dure et lente,*
> *Vous la rendre à la fois et cruelle et traînante,*
> *Et parmi les tourments soutenir votre sort,*
> *Pour vous faire sentir chaque jour une mort!*
>
> (V, vi, 1691-98.)

Ces desseins se sont, d'ailleurs, pleinement mis à exécution :

> *Cependant, triomphante entre ces deux mourants,*
> *Marcelle les contemple à ses pieds expirants,*
> *Jouit de sa vengeance, et d'un regard avide*
> *En cherche les douceurs jusqu'au cœur de Placide;*
> *Et tantôt se repaît de leurs derniers soupirs,*
> *Tantôt goûte à pleins yeux ses mortels déplaisirs,*
> *Y mesure sa joie, et trouve plus charmante*
> *La douleur de l'amant que la mort de l'amante.*
>
> (V, viii, 1817-24.)

Plus « charmante » la douleur que la mort : c'est, en somme,
la définition du sadisme qui nous est ici donnée non par Racine,
mais par Corneille. L'imagination pré-sadienne de Marcelle
s'égare même dans des fantaisies nécrophiles :

> *L'amour va rarement jusque dans un tombeau*
> *S'unir au reste affreux de l'objet le plus beau,*
>
> (I, iii, 261-62.)

tout comme sa fin volontaire laisse un relent de vampirisme :

> *Elle tombe, et tombant elle choisit sa place,*
> *D'où son œil semble encore à longs traits se soûler*
> *Du sang des malheureux qu'elle vient d'immoler.*
>
> (V, viii, 1840-42.)

Au sadisme impuissant du bourreau, finalement acculé au
suicide, correspond, avec une sûreté d'intuition étonnante, le
masochisme également impuissant de la victime, qui tente à
son tour d'atteindre le bourreau à travers la destruction de
son propre corps : ainsi la pièce s'achève sur les derniers mots
de Placide, qui vient de se poignarder, à son père Valens :

> *Je te punis pourtant : c'est* ton sang *que je verse ;*
> *Si tu m'aimes encor, c'est ton sein que je perce ;*
> *Et c'est* pour te punir *que je viens en ces lieux,*
> *Pour le moins en mourant te blesser par les yeux...*

(V, ix, 1871-74.)

Il convient donc de renverser exactement la remarque de Péguy,
selon laquelle « l'impuissance à la cruauté des cornéliens est
désarmante... Ils ignorent le raffinement, qui est toute la
cruauté » (cf. p. 81). Ce bon esprit avait trop borné sa lecture de
Corneille aux « quatre grandes pièces ». On trouve, dans *Théodore*, une sorte de bréviaire de la haine, et, en matière de cruauté,
Racine peut prendre ici des leçons de Corneille.

L'important, toutefois, c'est que Corneille ne se contente
pas, à l'instar de certains contemporains, de faire du Grand-
Guignol et d'accumuler des horreurs raffinées : comme dans le
cas des tragédies de l'horreur élisabéthaines, Corneille a su
donner à ces atrocités leur *sens véritable*, en les replaçant dans
la dialectique du projet héroïque. La détérioration de la violence en viol, de la domination en prostitution, traduit le même
échec, la même incapacité à atteindre la Maîtrise, que le « crime
d'État » prôné par Photin, dans *la Mort de Pompée*. Le machiavélisme, c'est la transposition et l'équivalent, sur le plan politique, du « sadisme », sur le plan existentiel. Il s'agit là de deux
faces complémentaires de la même dégradation. Dans cette
perspective, la « monstruosité », qui se faisait déjà pressentir
à certains traits des comédies et qui se donne à présent libre
cours, n'est rien d'autre que la forme abâtardie que prend maintenant la lutte cornélienne de la liberté contre la nature. Incapable de dompter en lui la spontanéité, le héros, désespérant
de changer la nature humaine pour le mieux, va tenter de la
changer pour le pire, et, faute de pouvoir se dominer, il va
décider de se pervertir.

Nous serons mieux armés à présent pour comprendre le sens de *Rodogune* (1644), pièce par excellence de la « monstruosité », et l'une des rares qui se joue ou se lise encore, à part les quatre « grandes », — mais sans que la critique sache trop qu'en faire. D'un côté, en effet, nous avons le témoignage célèbre et formel de Corneille, selon lequel *Rodogune* est son œuvre préférée : « On m'a souvent fait une question à la cour : quel était celui de mes poèmes que j'estimais le plus ; et j'ai trouvé tous ceux qui me l'ont faite si prévenus en faveur de *Cinna* ou du *Cid*, que je n'ai jamais osé déclarer toute la tendresse que j'ai toujours eue pour celui-ci, à qui j'aurais volontiers donné mon suffrage... » *(Examen)*. Par ailleurs, Corneille ne dissimule pas un instant le caractère inquiétant des personnages : Cléopâtre est « une seconde Médée » *(Avertissement*, Éd. Pléiade, t. II, p. 85), capable d'une « action si noire et dénaturée » *(Discours de la Tragédie*, ibid., t. I, p. 91) ; elle est « très méchante ; il n'y a point de parricide qui lui fasse horreur, pourvu qu'il la puisse conserver sur un trône qu'elle préfère à toutes choses, tant son attachement à la domination est violent. » *(Discours du Poëme Dramatique*, ibid., t. I, p. 73.) De toute évidence, Corneille lui-même s'est trouvé *embarrassé* de cette préférence spontanée pour une œuvre aussi inquiétante : « Cette préférence est peut-être en moi un effet de ces inclinations aveugles qu'ont beaucoup de pères pour quelques-uns de leurs enfants plus que pour les autres... » *(Examen)*. Cette explication par l'inexplicable n'est, bien sûr, pas satisfaisante, puisque aussi bien une « inclination aveugle » est une inclination qui s'aveugle. La lucidité coutumière de Corneille le pousse donc à éclairer ce qu'il tient, dans une certaine mesure, à se cacher à lui-même. Il finit donc par se trouver deux justifications pour son étrange penchant. La première serait proprement *dramatique :* « Cette tragédie me semble être un peu plus à moi que celles qui l'ont précédée, à cause des incidents surprenants qui sont purement de mon invention, et n'avaient jamais été vus au théâtre... et peut-être enfin y a-t-il un peu de vrai mérite qui fait que cette inclination n'est pas tout à fait injuste. » *(Examen.)* La seconde raison serait d'ordre *moral :* « tous ses crimes sont accompagnés d'une grandeur d'âme qui a quelque chose de si haut, qu'en même temps qu'on déteste ses actions, on admire la source dont elles partent. » *(Discours du Poëme Dramatique*, Éd. Pléiade, I, p. 73). Ces justifications ne semblent guère avoir convaincu les critiques : sur le plan dramatique, en effet, depuis Voltaire, et à de rares exceptions près, on déplore les invraisemblances accumulées dans cette tragédie « implexe », dans cette incroyable intrigue conçue tout entière en vue de la « scène à faire » du Vᵉ acte. Sur le plan moral, quelle peut bien être la « grandeur d'âme » d'une mère infanticide par ambition? Comment, malgré l'étrange apologie de l'auteur, ne pas « détester » non seulement les « actions », mais aussi leur « source »? Du xviiᵉ au xixᵉ siècle, les commentateurs se sont donc, en général, récrié d'horreur. Saint-Évremond, habile casuiste, a essayé de désarmer la vertu outragée en prétendant que Corneille n'avait voulu, après tout, que faire un tableau d'histoire [236]. A la fin du xixᵉ siècle, on eut d'autres moyens d'excuser le « bonhomme » : le héros cornélien est, en réalité, un héros nietzschéen qui se situe « au-delà du bien et du mal », et pour Corneille comme pour Nietzsche, la dépense d'énergie vitale constituerait l'unique base de la morale [237]. Mais, ce « héros nietzschéen », comment le rattacher à la longue tradition des « héros vertueux »? Comment conserver l'unité du thème et de l'inspiration héroïques entre Cléopâtre et Auguste, Rodogune et Pauline? Quelle commune mesure entre l' « amoralisme » à la Nietzsche [238] et la morale aristocratique sévère, voire impitoyable des autres pièces? *Rodogune* semble donc offrir non seulement un imbroglio pour les spectateurs, mais une énigme pour la critique, sans compter qu'elle fut un embarras pour son auteur.

En réalité, nous venons de le voir à propos de *Théodore*, l'apparition de la « monstruosité » dans le théâtre de Corneille n'est ni une mode ni une aberration, c'est un moment dialectique, qui s'articule au reste de l'œuvre. La « grandeur d'âme » de Cléopâtre ne la projette nullement « au-delà du bien et du mal », dans une espèce de *no man's land* éthique, mais représente un effort de la conscience aristocratique pour s'accomplir selon la perspective du projet de Maîtrise. Le cri célèbre de Cléopâtre : « Sors de mon cœur, nature... » (IV, vii, 1491) est le cri désespéré d'une volonté qui se veut maîtresse de soi et d'autrui, et qui se sent écrasée, en elle et autour d'elle, par le poids du monde. Car jamais la *nature* n'a été aussi pesante que dans *Rodogune*, et son règne aussi humiliant. Jamais non plus l'impuissance et la damnation de l'homme « naturel » aussi manifestes. Deux personnages ont choisi, pour notre enseignement, de placer leur conduite sous le signe de l'alliance fondamentale entre la nature et l'affectivité, ont repris l'étendard moral de Camille, en quelque sorte, mais sans intention agressive, sans « héroïsme » déguisé, dans un contexte purement « humain » :

> *... Contre l'effort d'un si puissant courroux,*
> **La nature et l'amour voudront parler pour nous.**

(III, vi, 1129-30.)

Cet espoir fondamental d'Antiochus dictera la réprimande adressée à Séleucus, lorsque celui-ci s'emportera violemment contre leur mère Cléopâtre ; il deviendra même un véritable principe moral, le respect de l'ordre naturel :

> *Gardons plus de respect aux* droits de la nature.

(II, iv, 687.)

Le mot « nature » revient, d'ailleurs, comme un leitmotiv à travers la pièce. Là-dessus, par cette erreur méthodologique, que nous ne cesserons de dénoncer et qui consiste à substituer ses propres critères moraux à ceux qu'une œuvre nous propose, on s'est extasié sur ce couple admirable des « frères amis », dont l'innocence compenserait la noirceur de leur mère Cléopâtre. « J'aime que dans cette tragédie où les bons sentiments disparaissent dans la mère, ils se retrouvent dans les deux frères et que l'amour fraternel vienne nous dédommager de l'oubli de la tendresse maternelle [239]. » Voici donc Corneille racheté et la vertu sauvée. Malheureusement, la sympathie de Corneille va expressément à la mère, non aux fils ; et si Antiochus et Séleucus sont les deux personnages « humains » de la pièce, n'oublions pas que cette « humanité », dans la mesure où elle place l'homme sous le signe de l'esclavage naturel, a toujours été présentée, depuis Curiace, comme l'ennemie de l'éthique véritable. Pour Corneille, on ne fait pas de morale avec les « bons sentiments ».

C'est, au demeurant, de façon plus précise que *Rodogune* rappelle ici *Horace*. Séleucus et Antiochus se trouvent, comme les personnages d'*Horace*, devant le déchirement du vrai *dilemme*, ou plutôt d'une cascade de dilemmes, qui multiplie d'autant l'épreuve : à l'acte I, les deux frères aimant tous deux Rodogune et Rodogune étant promise à celui des deux qui deviendra roi, il leur faudra donc sacrifier ou l'amour ou l'amitié ; à l'acte II, Cléopâtre leur révélant qu'elle donnera le trône à celui des deux qui tuera Rodogune, il leur faut sacrifier ou le trône ou l'amour ; à l'acte III, Rodogune déclarant qu'elle épousera celui des deux qui tuera Cléopâtre, il leur faut sacrifier ou l'amour sensuel ou l'amour maternel. A chaque fois, le choix est impossible, et pourtant il faut choisir. Or, l'héroïsme authentique consiste, en l'occurrence, à choisir toujours le plus difficile, c'est-à-dire à choisir invariablement contre la nature. En s'agrippant, au contraire, aux valeurs naturelles, les deux frères, tels Sabine ou Curiace, se trouvent réduits à une *passivité*, dont les symptômes nous sont familiers :

Antiochus : *Je frémis, je chancelle, et mon cœur abattu*
    Suit tantôt sa douleur et tantôt sa vertu.

(III, v, 1077-78.)

Séleucus évoque même le thème central de l'effort héroïque :

Pour moi, je sens les miens [mes maux] avec plus de faiblesse :
Plus leur cause m'est chère, et plus l'effet m'en blesse.

(II, iv, 699-700.)

C'est bien le « Plus l'offenseur est cher et plus grande est l'offense » de don Diègue, mais ici Séleucus ne prend conscience de l'épreuve décisive que pour la fuir. Le « pacte d'amitié » entre Antiochus et Séleucus n'est rien d'autre qu'une tentative pour éviter le « combat contre un autre soi-même », qui fait précisément le héros [240]. Le « respect », sans cesse invoqué, de la « nature », révèle simplement le manque du courage, chez les deux frères, de s'opposer l'un à l'autre, — et l'un et l'autre à leur mère. Déchus du plan supérieur de l'héroïsme, ils prennent refuge dans une « nature », dont ils attendent surtout une *solution toute faite*. A chaque dilemme inopinément surgi, au lieu d'un choix déchirant, ils attendront, à l'acte I, la révélation de leur véritable ordre de naissance par Cléopâtre; à l'acte II, la sélection d'un mari par Rodogune. S'en remettant du choix d'eux-mêmes à la nature, ils compteront aussi sur la nature pour fléchir autrui et arranger les choses :

Je conserve pourtant encore un peu d'espoir :
Elle est mère et le sang a beaucoup de pouvoir.

(II, iv, 725-26.)

Bien entendu, ce recours à la nature, au nom des valeurs du sentiment, traduisant un esclavage réel, conduit à un aveu final d'*impuissance :*

Antiochus : *Mais ma confusion m'impose le silence...*
Séleucus :   *Non que pour m'en venger j'ose entreprendre rien...*

(II, iv, 701, 716.)

Puisqu'ils attendaient leur destin *de l'extérieur*, c'est donc *de l'extérieur* que leur sort sera décidé : Séleucus sera assassiné et Antiochus ne devra la vie qu'à une coupe empoisonnée qui se trompe de destinataire. Le célèbre « suspense » dramatique du Vᵉ acte, où, pendant toute une scène, le poison change de mains, sans qu'on sache qui le boira en fin de compte, n'est en rien un procédé gratuit, un « truc » professionnel pour captiver à bon marché le public : que la vie du héros dépende désormais d'une *chose* et des caprices du *hasard*, au lieu de ne se devoir tout entière qu'aux libres décisions de la conscience, c'est à la fois *le symbole et la sanction de la déchéance héroïque*. En ce sens, c'est avec raison que la tragédie tend vers cette fameuse scène, car elle y culmine et s'y consomme. Voilà désormais Antiochus intronisé par erreur, alors qu'Auguste ne devenait vraiment monarque que par une contention de tout l'être... Aussi est-ce Rodogune qui, en fait, et à travers Antiochus, montera sur le trône. Les deux frères, par un curieux changement, incarnent l'attitude typiquement *féminine* de faiblesse et de passivité, tandis que les femmes, Rodogune et Cléopâtre vont, en s'efforçant d'être maîtresses de la situation et d'elles-mêmes, représenter l'attitude et les valeurs *masculines*.

Il se produit ici un renversement des rôles d'une importance capitale, une véritable *inversion des sexes*, qui va dominer tout le reste de ce théâtre. On a bien noté que, dans les « pièces de la vieillesse », les femmes tendent à avoir l'initiative, à « donner l'exemple » aux hommes, à moins écouter leur cœur que leur devoir et leur « gloire ». Mais on n'a pas suffisamment réfléchi à la signification de cette métamorphose, dans un théâtre où Alidor avait traditionnellement eu le pas sur Angélique, Rodrigue sur Chimène, Horace sur Camille, où Auguste avait été un « exemple » vivant pour Émilie et Polyeucte pour Pauline. A cet égard, *Rodogune* constitue, comme *la Mort de Pompée* sur un autre plan, une coupure radicale. Encore quelque temps à égalité avec les hommes (après leur avoir été toujours inférieures) dans *Héraclius, Don Sanche, Nicomède* et *Pertharite*, les femmes prendront la succession des hommes pour le maintien de l'éthique héroïque, Dircé face à Thésée (*Œdipe*), Viriate face à Sertorius (*Sertorius*), Sophonisbe devant Massinisse et Syphax (*Sophonisbe*), Plautine devant Othon (*Othon*), Ildione contre Attila (*Attila*), Bérénice contre Tite (*Tite et Bérénice*), Pulchérie contre Léon (*Pulchérie*). Si les femmes deviennent ainsi les hommes véritables et si l'héroïsme, délaissé des hommes, ne s'obtient qu'au prix d'une inversion, cette inversion ne fait que mettre à nu le caractère « contre nature » de l'héroïsme, longtemps contenu dans les limites de la « bienséance ». Était jusqu'ici héros celui qui savait *dominer* en lui la nature. Devient à présent héros celui qui sait la *violer*. A défaut d'une Maîtrise qui lui échappe, le projet aristocratique passera dans la transgression. Nous retrouvons, porté sur le plan sexuel, le mouvement de dégradation entrevu

dans *Théodore*, avec l'apparition du complexe sadique.
Rodrigue et Horace vivaient leur désir de dépasser la nature
dans le contexte de la nature. Leur liberté, pour se manifester,
devait prendre appui sur son enracinement. Il leur fallait
éprouver l'amour dans toute sa force, l'amitié dans tout son
appel, *pour* pouvoir les nier et les surmonter. C'était donc *comme
hommes* que Rodrigue et Horace cherchaient à réaliser leur
libre existence, *comme femmes* que Camille ou Pauline entendaient faire leur salut. C'était au sein d'une certaine condition,
d'un certain ordre, n'hésitons pas à dire d'une certaine hiérarchie naturels que l'existence humaine devenait héroïque;
c'était à l'intérieur de la nature que la conscience produisait la
liberté. Le début d'*Horace* et de *Polyeucte* (cf. pp. 133-134 et 229)
insistait péremptoirement sur ce point. A présent, la *perversion*,
en s'efforçant de se faire passer pour la *suppression* de la nature,
devient un commode faux-fuyant. (On peut, si l'on veut,
rapprocher cette démarche de l'homosexualité qui est, chez
les personnages des romans de Sartre par exemple, une attitude fausse, par laquelle la liberté cherche à prouver la
négativité antiphysique de la conscience; ou encore l'on se
souviendra d'une tentative comme celle de S. de Beauvoir,
dans le *Deuxième Sexe*, qui tend à supprimer toute « nature »
masculine ou féminine, de sorte que la condition humaine se
caractériserait simplement par certains rapports de la liberté
et du monde, ou des libertés entre elles, fondamentalement
inchangés par le mode d'incarnation.) Le cri de Cléopâtre :
« Sors de mon cœur, nature... » ne fait que reprendre, sur ce
point, celui de Lady Macbeth :

> *Come, come, you spirits*
> *That tend on mortal thoughts,* unsex *me here;*
> *And fill me, from the crown to the toe, top-full*
> *Of direst cruelty* [241] *!*
>
> (Macbeth, I, v.)

Dans les deux cas, nous avons affaire à une conduite de mauvaise foi de la liberté féminine, qui croit se vivre comme *absolue*,
alors qu'elle essaie, en fait, de se vivre comme *masculine*. Mais
toute conduite de mauvaise foi se solde nécessairement par
un échec et, dans le domaine qui nous préoccupe, si Antiochus
et Séleucus échouent à se sauver en adoptant une attitude
féminine, Cléopâtre ne réussira pas mieux en jouant la mascu-
linité.

Antiochus se définissait essentiellement comme « femelle »
par son recul horrifié devant la nécessité première de l'héroïsme
cornélien : « sans un parricide il n'est point de bonheur. » (III,

v, 1074). Il faut se demander pourquoi ce « parricide » qui,
pour Horace et pour Rome, constituait un acte initiatique,
devient soudain, chez Cléopâtre, purement *criminel*. On a
accoutumé de voir en Cléopâtre le modèle de l'ambition politique poussée à son paroxysme monstrueux : « La reine Cléopâtre... personnifie la passion du pouvoir jusqu'à la rage et
jusqu'au crime. Pour conserver le trône, elle fait poignarder
un fils et veut empoisonner l'autre [242]. » En réalité, la question
est plus complexe. Il est bien vrai que la passion du *trône* est
l'unique désir de Cléopâtre :

> *Je fis beaucoup alors et ferais encor plus*
> *S'il était quelque voie, infâme ou légitime,*
> *Que m'enseignât la gloire, ou que m'ouvrît le crime,*
> *Qui me pût conserver un bien que j'ai chéri*
> *Jusqu'à verser pour lui tout le sang d'un mari.*
>
> (II, II, 470-74.)

Le drame, c'est que sa condition de femme lui interdit d'occuper
ce trône à elle seule. Lorsqu'à la suite de circonstances particulières, il lui est arrivé de rester seule maîtresse absolue, ce
n'est là qu'une simple exception, qui confirme la règle monarchique : Cléopâtre ne peut régner que *par personne interposée*,
— d'abord, Nicanor, puis, après la mort supposée de ce dernier,
son frère Antiochus, et maintenant l'un ou l'autre de ses propres
fils. Tendue tout entière vers le règne, Cléopâtre est condamnée
à l'interrègne. A chaque fois, la raison en est la même : nécessité
de faire face à un péril *militaire*, que, par principe, elle est
incapable de conjurer en tant que femme :

> *Le peuple épouvanté, qui déjà dans son âme*
> *Ne suivait qu'à regret les ordres d'une femme,*
> *Voulut forcer la reine à choisir un époux...*
>
> (I, I, 47-49.)

Cléopâtre, au demeurant, a pleinement conscience de la limitation que lui impose sa féminité :

> *Toi qui connais ce peuple, et sais qu'aux champs de Mars*
> *Lâchement d'une femme il suit les étendards...*
>
> (II, II, 489-90.)

C'est donc comme femme, ici comme mère, que, sachant seule
le secret du droit d'aînesse qui doit départager les deux frères,
elle va vouloir établir sa domination :

> *Ne saurais-tu juger que si je nomme un Roi,*
> *C'est pour le commander, et combattre pour moi?*

> *J'en ai le choix en mains avec le droit d'aînesse;*
> *Et puisqu'il faut en faire une aide à ma faiblesse,*
> *Que la guerre sans lui ne peut se rallumer,*
> *J'userai bien du droit que j'ai de le nommer.*
>
> (II, ii, 493-98.)

Dire qu'au moment où Cléopâtre vise au pouvoir *absolu*, elle ne peut l'obtenir que par la *médiation* d'autrui, c'est une autre façon de dire qu'elle veut, en fait, régner comme *homme*, mais qu'elle ne peut y parvenir que comme *femme*. Dès lors, sa volonté farouche de « faire sortir la nature » de son cœur ne vient pas de l' « ambition politique » en général, mais prend un sens très particulier : il s'agit de supprimer *tous les intermédiaires masculins*, mari ou fils, qui la séparent du pouvoir absolu.

La logique de la situation semble donc ramener Cléopâtre au parricide héroïque, dont Antiochus se détournait avec horreur. Pourtant, ce n'est là qu'une apparence. Alors que le fratricide d'Horace est, si l'on ose dire, authentique, l'infanticide de Cléopâtre est criminel. C'est que Cléopâtre, pour justifier à ses propres yeux sa passion dévorante du trône, se joue la comédie de la « grandeur » :

> *Allons chercher le temps d'immoler mes victimes,*
> *Et de me rendre heureuse à force de grands crimes.*
>
> (IV, vii, 1495-96.)

Cette « grandeur », elle la conçoit surtout sous forme d'éclat et, en somme, de tintamarre :

> *Trône, à t'abandonner je ne puis consentir:*
> *Par un coup de tonnerre il vaut mieux en sortir;*
> *... Tombe sur moi le ciel, pourvu que je me venge!*
>
> (V, i, 1529-30, 1532.)

Or, si le crime d'Horace était excusable, c'est que, d'une part, il représentait un douloureux triomphe sur une nature acceptée et dépassée à la fois; pas un instant il ne cherche à « faire sortir la nature » de son cœur. Il ne hait pas Curiace ou Camille, au moment où il les tue, — il les aime, et c'est à ce prix que le « combat contre un autre soi-même » est une victoire intérieure. D'autre part, le parricide, chez Horace ou chez Auguste, est récupérable par l'ordre social, dans la mesure où il se transcende vers le bien de tous et le service de l'État, seul critère ultime de l'authenticité héroïque. A cet égard, n'oublions pas que le personnage principal de *Rodogune*, d'abord invisible, puis visible sur la scène, c'est le *trône*, par rapport auquel les personnages se définissent et autour duquel ils gravitent, littéralement, au Vᵉ acte. Ce n'est pas par hasard que Corneille, d'ordinaire avare d'indications matérielles, se livre, avec un luxe de détails, à un véritable relevé topographique : « Ici Antiochus s'assied dans un fauteuil, Rodogune à sa gauche, en même rang, et Cléopâtre, à sa droite, mais en un rang inférieur, et qui marque quelque inégalité. Oronte s'assied aussi à la gauche de Rodogune, avec la même différence » (V, III). Or, de ce trône, qui est la mesure de toutes choses, Cléopâtre est doublement indigne et doublement éloignée, malgré sa simulation de la grandeur extérieure.

On a dit que le génie de Corneille a su trouver ce qui doit rendre éternellement exécrable la fureur politique : elle tue la maternité. Le malheur, c'est précisément qu'elle ne la *tue* point, et que la maternité soit déjà morte, chez Cléopâtre, non de sa mort héroïque, mais, si l'on peut dire, de sa mort naturelle. En dépit d'un « retour de vertu » rhétorique, qui dure l'espace de trois vers [243], il est bien évident que Cléopâtre n'éprouve aucun sentiment, aucun amour pour ses fils; là encore, elle voudrait se faire croire qu'elle va commettre un « grand crime », une de ces « entreprises contre des proches » qui, selon Corneille, créent le héros tragique. Mais, de ce point de vue, le cri de Cléopâtre : « Sors de mon cœur, nature... » est une *parodie* de l'effort héroïque, car la « nature » est déjà sortie, et il n'y a aucun effort à faire. En réalité, elle n'aime pas, elle déteste ses fils, ainsi qu'elle le laisse échapper en un éclair de franchise, au moment de faire empoisonner Antiochus :

> Reste du sang ingrat *d'un époux infidèle*,
> Héritier *d'une flamme envers moi criminelle*,
> *Aime mon ennemie, et péris comme lui.*
>
> (V, i, 1515-17.)

La haine qu'elle portait à son mari passe dans le sentiment qu'elle éprouve pour ses fils. En décidant de les faire mettre à mort, elle ne triomphe donc nullement en elle d'un mouvement spontané de la sensibilité, elle *l'assouvit*. Pareillement, la passion « politique », à laquelle tout sentiment naturel est censé être sacrifié, est, chez Cléopâtre, suspecte. Le projet monarchique, en effet, est une fin à lui-même, qui doit se garder pure de toute contamination par une émotion étrangère. A l'origine, le principe de la séparation absolue du trône et du cœur est posé sans ambiguïté :

> Sans violence aucune
> J'aurais vu Nicanor épouser Rodogune,
> Si content de lui plaire et de me dédaigner,
> Il eût vécu chez elle en me laissant régner.
>
> (II, ii, 463-66.)

Or, si l'on considère attentivement ce désir du « trône », il s'avère être surtout un « délice du cœur »; on s'aperçoit bien vite qu'il s'agit d'un *plaisir* qui, selon la loi de l'ambivalence psychologique, est, aussitôt contrarié, *haine*, mieux encore, où la haine est la forme supérieure de la jouissance :

> *Délices de mon cœur, il faut que je te quitte :*
> *On m'y force, il le faut ; mais on verra quel fruit*
> *En recevra bientôt celle qui m'y réduit.*
> *L'amour que j'ai pour toi tourne en haine pour elle.*

(Ibid., 476-79.)

Loin que Rodogune soit, en réalité, la *cause* de l'abdication de Cléopâtre et qu'elle « force » celle-ci à quitter le pouvoir, la princesse parthe agit elle-même par l'*effet* d'une condition féminine identique, qui oblige les deux femmes à passer par la dépendance de l'homme. Dès lors, le rapport entre l'amour du pouvoir et la haine de Rodogune, dans l'esprit de Cléopâtre, révèle son sens ultime :

> *Autant que l'un fut grand, l'autre sera cruelle ;*
> *Et puisqu'en te perdant, j'ai sur qui m'en venger*
> *Ma perte est supportable et mon mal est léger.*

(Ibid., 480-82.)

Par une dialectique de la mauvaise foi que Corneille, comme toujours, analyse avec une remarquable lucidité, l'impuissance réelle de Cléopâtre, forcée de se démettre du trône, cherche une manifestation symbolique de toute-puissance dans la « vengeance », chargée de rendre « supportable » une perte insupportable et « léger » un mal mortel. A la limite, cette « fixation » sur la vengeance devient folie autodestructrice, plus encore que destructrice de son objet :

> *Tombe sur moi le ciel, pourvu que je me venge !*

(V, 1, 1532.)

Dans ces conditions, la vengeance qui, chez Rodrigue, constituait un acte de responsabilité personnelle et politique, dépourvu de tout attrait sentimental — voire douloureux et odieux à la sensibilité —, était un signe de courage et de force; entre les mains de Cléopâtre, alors qu'elle devient évasion par le délire, elle n'est plus qu'une marque de faiblesse. Toutefois, il ne s'agit pas de n'importe quelle faiblesse, mais d'une *faiblesse de femme*, qui manifeste précisément la condition féminine qu'elle cherche à fuir. Car la « haine » de Cléopâtre pour Rodogune, qui se donne complaisamment pour *amour du trône*, est, en fait, *jalousie de femme*, et pas seulement de reine. Alors qu'elle était supposée, dans son souci exclusif du pouvoir, n'avoir conçu aucune jalousie de l'infidélité de Nicanor (premier mari de Cléopâtre et amant de Rodogune en cette histoire compliquée), la haine qui passe du père aux fils, dans les vers que nous citions plus haut, est, avant tout, ressentiment de femme à femme :

> *Reste du sang ingrat d'un* époux infidèle,
> *Héritier d'une* flamme envers moi criminelle,
> *Aime mon ennemi, et péris comme lui.*
>
> (V, 1, 1515-17.)

De sorte qu'au moment où Cléopâtre s'écrie :

> *Je ne veux point pour* fils *l'*époux de Rodogune,
>
> (Ibid., 1512.)

tandis qu'elle croit avoir triomphé de la nature *comme mère*, elle ne fait que trahir son asservissement à la nature *comme femme*. Le sentiment n'est nullement « sorti de son cœur », ainsi qu'elle le prétendait : il y règne, sous une forme déguisée, et, en définitive, l'échec de Cléopâtre, c'est qu'elle *n'a pas réussi à se* « *dénaturer* ». La négation du sexe, comme négation de la nature, est illusoire : la nature persiste et subsiste, sousjacente à la liberté.

Dès lors, les conséquences sont désastreuses pour le projet monarchique. Faussant les relations de la liberté et de la nature, et leur combat réel, dans la mesure où, au lieu de *transcender* sa féminité, elle cherche à l'*escamoter*, Cléopâtre reste l'esclave de la nature, au grand détriment du trône. La passion de Cléopâtre est une *passion politique impure*, qui entend simplement utiliser le trône comme *moyen* de nier la condition féminine. La vraie passion politique se donne le trône comme *fin*. Elle surgit, d'ailleurs, avec Rodogune, seul personnage qui, sous le couvert d'Antiochus, régnera, et qui soit, en effet, digne de régner, parce que pas un instant elle ne permet au projet monarchique de se contaminer au contact du sentiment. Ce n'est pas qu'elle soit insensible aux charmes de l'amour; on lui doit, au contraire, l'une des expressions les plus précises et les mieux senties de la passion amoureuse dans le théâtre de Corneille :

> *Il est des nœuds secrets, il est des sympathies*
> *Dont par le doux rapport les âmes assorties*
> *S'attachent l'une à l'autre et se laissent piquer*
> *Par ce je ne sais quoi qu'on ne peut expliquer.*
> *C'est par là que l'un d'eux obtient la préférence.*
>
> (I, v, 359-63.)

Il n'est pas question, cependant, de laisser se substituer ce choix spontané aux nécessités conscientes de l'ordre politique. Ainsi qu'Antiochus s'en rend parfaitement compte,

> *Elle doit épouser non pas vous, non pas moi,*
> *Mais de moi, mais de vous,* quiconque sera roi.
>
> (I, III, 157-58.)

Rodogune le confirme sans équivoque :

> *De celui que je crains si je suis le partage,*
> *Je saurai l'accepter avec même visage;*
> *L'hymen me le rendra précieux à son tour*
> *Et le devoir fera ce qu'aurait fait l'amour.*
>
> (I, v, 375-78.)

Rodogune maintient donc intacte en elle la force de l'inclination naturelle, et, en même temps, la tension tragique par laquelle, comme dans le cas de Pauline, il s'agit de la surmonter. En face des deux frères, prêts à trahir sans vergogne le trône pour l'amour, avec une insistance curieuse et révélatrice [244], et par contraste avec Cléopâtre, pour qui le trône cesse d'être une fin en soi et devient un simple moyen utilisé par l'émotion, Rodogune est seule à parler le langage légitime du monarque :

> *Le destin des États est arbitre du leur,*
> *Et l'ordre des traités règle tout dans leur cœur.*
>
> (III, IV, 933-34.)

Ce n'est pas qu'elle se maintienne toujours elle-même à la hauteur humaine qu'elle sait si bien définir. Accouplée par le destin à des adversaires indignes, elle a recours, pour se défendre, à des procédés de mauvais aloi; elle se laisse aller à tabler sur les émotions de ses soupirants, à poursuivre, dans la manipulation de la haine, le même jeu que Cléopâtre :

> *C'est à vous de choisir mon amour ou ma haine.*
> *J'aime les fils du Roi, je hais ceux de la Reine:*
> *Réglez-vous là-dessus...*
>
> (III, IV, 1023-25.)

Chaque rivale demandera donc la tête de l'autre, en un chantage à la mort, aux antipodes de l'affrontement à mains franches du combat héroïque [245]. Du moins Rodogune a-t-elle conscience d'une déchéance :

> *... C'est malgré moi qu'à moi-même rendue*
> *J'écoute une chaleur* qui m'était défendue.
>
> (Ibid., 1015-16.)

Mais cette déchéance n'est que passagère et superficielle, car à aucun moment les intérêts du Moi ne se dissocient de ceux du Trône, pour se poser en absolu.

Comme nous le disions plus haut, la phase de la « monstruosité » ne constitue nullement une rupture, par rapport au moment dialectique qui se dessine avec *la Mort de Pompée*. Rejeté, après l'impasse de *Polyeucte*, dans le monde et dans l'histoire, le héros doit, si l'ordre aristocratique veut survivre, se transcender vers le monarque. Sur son chemin, il retrouve la lutte avec la nature, car, sans domination de la nature, il n'est ni héroïsme ni monarchie. Renonçant à se posséder en tant qu'incarnée dans une nature, la liberté va tenter de résoudre le problème en se *dé-naturant*. *Théodore* et *Rodogune* offrent donc, à cet égard, un catalogue impressionnant d'aberrations : sadisme, masochisme, nécrophilie, inversion, infanticide. Mais il ne s'agit là, en aucun cas, d'une enquête à arrière-fond uniquement métaphysique, comme le sera celle de Racine — ou celle de Sade. Ces perversions s'inscrivent dans la dialectique de l'héroïsme, sur le chemin de l'indispensable intronisation du Héros-Roi. Les drames cornéliens de la monstruosité restent, fondamentalement, des *drames politiques*. Sous les crimes de Marcelle comme sous les forfaits de Cléopâtre, c'est la quête inlassable et désespérée du Monarque qui se poursuit.

L'attitude de Corneille envers sa pièce et ses personnages en devient, croyons-nous, plus claire. La « grandeur d'âme » de Cléopâtre, « qui a quelque chose de si haut, qu'en même temps qu'on déteste ses actions, on admire la source dont elles partent » n'est en rien le déploiement d'énergie d'une magnifique *bête* de proie, que certains ont cru y reconnaître, mais, au contraire, l'effort éminemment *humain* d'une femme pour vivre la monarchie absolue [246]. Si elle se fourvoie dans le crime, son intention n'en est pas moins louable et légitime, et c'est en cela que la « source » de ses actions est admirable, et qu'il faudra, patiemment, inlassablement, continuer à chercher dans cette direction. En même temps, on comprend pourquoi, sur le plan dramatique, Corneille avoue sa faiblesse pour une pièce « un peu plus à moi que celles qui l'ont précédée, à cause des incidents surprenants qui sont purement de mon invention. » Si Cléopâtre est engagée dans une lutte à mort de la liberté contre la nature, Corneille, de son côté, s'est toujours efforcé de faire parvenir à la *libre existence théâtrale* une dramaturgie à laquelle les « règles » des pédants prétendaient donner, une fois pour toutes, une *essence esthétique*. Il y a ici coïncidence entre le projet littéraire de l'auteur et le projet humain du personnage, symboliques l'un de l'autre. On peut donc dire que Corneille vit la « surprise » de ses complexes inventions comme lutte de la liberté du dramaturge contre une « nature » dramatique, à la fois acceptée et refusée. Si *Rodogune* lui paraît rétrospectivement plus « à lui » que les pièces précédentes, c'est que la « monstruosité », en s'installant sur la scène, en fait enfin éclater les cadres. Pour Corneille, le théâtre de la liberté coïncide enfin avec la libération du théâtre [247].

VI

On a depuis toujours enterré *Héraclius* (1646), avec l'épitaphe : « Imbroglio invraisemblable ». Corneille n'avouait-il pas lui-même dans son *Examen :* « J'ai vu de fort bons esprits, et des personnes des plus qualifiées de la cour, se plaindre de ce que sa représentation fatiguait autant l'esprit qu'une étude sérieuse. » La critique n'a jamais été tentée d'aller soulever la pierre tombale, si bien qu'*Héraclius* est aujourd'hui une pièce pratiquement enterrée. Il est bien vrai qu'avec *Rodogune* déjà, puis, de façon encore plus évidente, avec *Héraclius*, Corneille se jette à plaisir dans un fourmillement, un enchevêtrement d'intrigues presque inextricables. Mais s'il transforme effectivement ses tragédies en *labyrinthes*, il convient de se demander pourquoi. Le recours à l'évolution du « goût » du public ou de l'auteur est une explication superficielle, qui demande à être elle-même expliquée. Plus précisément, il s'agit de comprendre pourquoi le moment psychologique de la *monstruosité* correspond, dans l'œuvre cornélienne, au moment dramatique de la *complexité*. Le règne de l'imbroglio *en tant que tel* a une signification qui doit être élucidée.

A examiner la structure des « grandes tragédies », on s'aperçoit qu'elles sont compliquées, certes, mais qu'elles ne sont jamais complexes, ou, selon l'expression du XVIIe siècle, « implexes ». Les événements du *Cid* sont nombreux, les données d'*Horace* multiples, la succession des démarches dans *Cinna* ou *Polyeucte* embrouillée, mais événements, données, démarches s'ordonnent spontanément suivant la perspective d'un choix absolu. Il n'y a jamais qu'une situation, et c'est l'alternative en forme de dilemme. Nous avons affaire, fondamentalement, à une dramaturgie simple, voire sommaire. Les épisodes se présentent comme des variations sur un thème

unique : la conquête ou plutôt la reconquête du Moi sur la
nature, pour arriver à la Maîtrise de soi et d'autrui. La nature,
c'est la spontanéité irréfléchie du vital, — élans du cœur, sur-
prises des sens, « sympathies » dont parle Rodogune, et qui
sont précisément, comme elle le dit, des « nœuds secrets »
par lesquels l'homme se trouve asservi, puisqu'il se découvre
avoir choisi préalablement à tout choix. Pour la conscience
qui veut être-Dieu, la nature est donc vécue comme densité
du corps, comme *pesanteur*. Ainsi que nous l'avions noté à
propos d'*Horace* et de *Cinna*, l'éthique aristocratique se définit
volontiers par rapport à cette pesanteur, en tant que morale
du « haut » et du « bas », de l'ascension et de la descente. Mais
il y a aussi, dès l'origine, un autre sens du naturel. Celui-ci
constitue, pour l'existence humaine, une impureté originelle,
qu'il faudra purifier. La nature n'est pas seulement poids à
soulever, mais *matière à raffiner*. Or, le raffinement du langage,
qui s'exprime par le recours à la préciosité, ne fait que traduire l'effort radical de la conscience pour purifier son être,
pour *se purifier de l'Être*. A cet égard, l'étude de l'imagerie
cornélienne est significative : les métaphores lumineuses règnent
à peu près exclusivement [248]. L'amour-éblouissement des
comédies, c'est, avant tout, le désir de vivre son corps comme
lumière, c'est-à-dire à la fois comme être et non-être matériel.
La « flamme » amoureuse dévore l'enveloppe charnelle, elle
est transformation de la chair par le feu, brûlement ontologique. Parlant de l'amour coupé de son assouvissement,
l'Infante du *Cid* le décrivait comme « un *feu* qui s'éteint, faute
de *nourriture* » (v. 109). Dans ces conditions, il n'est pas étonnant que l'expérience de l'incarnation, comme inverse de la
sublimation pyrique, soit une retombée ou plutôt une replongée,
et que le contact avec le vital et l'émotionnel soit vécu par la
conscience sous le signe du *mou*, pour employer les catégories
de la psychanalyse existentielle :

> *O ma femme! — O ma sœur! — Courage ils s'amollissent.*
>
> (Horace, II, vi, 663.)
>
> *Une larme d'un fils peut amollir sa haine.*
>
> (Rodogune, II, iv, 728, etc.)

L'univers charnel est, d'ailleurs, toujours symbolisé par le
« sang » dans son principe masculin, par les « pleurs » dans son
principe féminin. Il est donc invariablement *fluide;* il se présente comme dissolution permanente de l'être dans le devenir,
éternel passage, incessante coulée. Le corps est spontanément
ressenti par le héros à la fois comme lieu et symbole de la tem-

poralité, par où l'existence s'échappe en une tragique hémorragie. Transformer un corps naturellement fluide en corps lumineux, tel est le rêve de la conscience héroïque. Aussi, à un deuxième niveau, la nature, qui apparaissait *pesante*, devient-elle essentiellement *louche*.

C'est avec cette dimension « louche » de l'incarnation que le héros se trouve désormais aux prises, et ce qui surgit avec *Héraclius* est, pour continuer à employer le vocabulaire sartrien, ce qu'on pourrait appeler le drame de la *viscosité naturelle*. La conscience héroïque, qui se veut existence radicalement libre, ne se trouve plus, comme par le passé, affrontée à une nature qu'elle ne peut surmonter sans, par là même, forcément la *connaître* et lui donner une certaine transparence : « Voilà *quelle je suis* et *quelle je veux être* », s'écrie Sophonisbe dans la tragédie du même nom (II, iv, 695). Identification ultime de l'être et du vouloir, la possession de soi implique la connaissance de soi, comme chez Dieu. Or, voici que la conscience est maintenant investie par une obscurité foncière, par une nature impénétrable et qui colle à elle, si l'on peut dire, *par-dessous*, sans qu'il lui soit possible de la renier ou de la rejeter. L'enchevêtrement de l'intrigue, l'embrouillamini des situations visent à restituer à la condition humaine, à travers la *complexité dramatique*, qui brouille les traces et confond les pistes, le sens de l'*opacité originelle*, que les tragédies simplificatrices du choix avaient perdu. Autrement dit, jusqu'à présent, le héros se définissait par la conscience de la *mort ;* il s'aperçoit maintenant qu'il a une *naissance*. « Héraclius, fils de l'Empereur Maurice, cru Martian, fils de Phocas, amant d'Eudoxe. Martian, fils de Phocas, cru Léonce, fils de Léontine, amant de Pulchérie. » Il y a là, rien qu'à consulter le « générique » que Corneille met en tête de sa pièce, de quoi se perdre. *Héraclius* est justement la tragédie du héros qui, devant sa condition naturelle, s'y perd et se perd.

Rodrigue n'était nullement un commencement absolu de vaillance : porté à l'existence par toute une « maison », il est, avant tout, *fils de don Diègue*, et si celui-ci se sauve, en fin de compte, par la paternité, Rodrigue ne se connaît comme héros que par l'intermédiaire d'une filiation :

> — *Connais-tu bien* don Diègue? — *Oui.*
> — *... Cette ardeur que dans les yeux je porte,*
> *Sais-tu que c'est* son sang, *le sais-tu ?...*
>
> (Le Cid, II, ii, 398, 401-2.)

Nous avons essayé de mettre en relief, dans notre analyse du

Cid et d'*Horace*, l'importance capitale de la filiation pour la survie temporelle du projet héroïque et de l'ordre aristocratique. Or, Corneille mêle soudain les tracés généalogiques et interrompt cette descendance linéaire. Ne sachant plus de qui il est le fils, le héros se trouve soudain être « le fils de personne ». Loin que cette mise entre parenthèses momentanée de la naissance fasse surgir une liberté nue, comme on aurait pu s'y attendre, ce que ce curieux équivalent dramatique de la « réduction phénoménologique » fait apparaître, c'est, au contraire, l'irrémédiable *opacité* d'une existence vouée à la nature :

> *La nature tremblante, incertaine, étonnée,*
> *D'un nuage confus couvre sa destinée.*
>
> (IV, iii, 1367-68.)

Devant nous, en effet : Phocas, un tyran; Martian, son fils; Héraclius, fils de l'empereur légitime, que Phocas a tué. Mais, par suite d'une supposition d'enfants due au loyalisme monarchique de Léontine, Phocas ne sait plus qui est le fils qu'il doit couronner et l'ennemi qu'il doit abattre. Léontine, qui seule connaît le secret de ces naissances, jette au tyran son défi fameux :

> *Devine, si tu peux, et choisis, si tu l'oses.*
>
> (IV, iv, 1408.)

Le choix, qui dans les tragédies précédentes, ne dépendait que de la décision d'une libre subjectivité, est soudain rendu impossible en vertu de circonstances purement extérieures. L'existence héroïque, rendue à sa facticité primitive, se découvre aliénée. C'est alors que s'établit une étonnante confrontation entre trois êtres, non dans cette *lumière*, qu'appelle la pure existence du héros, mais dans la *nuit* de l'origine. C'est le duel héroïque qui se poursuit, mais à tâtons, entre un don Gomès, un don Diègue et un Rodrigue aveugles. Cette nuit extérieure devient, d'ailleurs, une nuit *intérieure*, qui dissimule l'homme à lui-même et que Phocas cherche désespérément à percer :

> *L'assassin sous cette* ombre *échappe à ma rigueur,*
> *Et présent à mes yeux*, il se cache en mon cœur.
>
> (IV, iii, 1369-70.)

Désemparé, avec une volonté inutile qui ne sait plus où se prendre, Phocas tente bien de trouver le remède dans le mal, et, de même qu'Antiochus comptait sur la « nature » pour fléchir sa mère Cléopâtre, il essaie de demander à l'impulsion affective la clé de la ténèbre naturelle :

> *Que veux-tu donc, nature, et que prétends-tu faire?*
> *Si je n'ai plus de fils, puis-je encore être père?*
> *De quoi parle à mon cœur ton murmure imparfait?*
> *Ne me dis rien du tout ou parle tout à fait.*
>
> (Ibid., 1375-78.)

Or, la nature — qui est suffisamment présente en Phocas pour l'empêcher de consentir à sacrifier, en un inconnu, un fils, et pour le réduire à l'impuissance — n'apporte aucune réponse :

> *... l'amour paternel ne sert qu'à me confondre.*
>
> (Ibid., 1372.)

Pareillement, Héraclius est en proie à une interrogation aussi anxieuse et aussi vaine :

> *Je crains tout, je fuis tout; et dans cette aventure,*
> *Des deux côtés en vain j'écoute la nature.*
>
> (V, II, 1591-92.)

Et cependant cette nature impénétrable, incertaine, subsiste comme une sourde présence qui hante le héros; elle n'est pas muette, elle lui parle, mais sa « voix » n'est ici qu'un « murmure », faible et « imparfait », ainsi que disait Phocas [249]. Martian, qui se croit Héraclius, donc fils de l'empereur Maurice, hésite pourtant à frapper celui qu'il croit le meurtrier de son (faux) père, et qui se trouve être son (vrai) père. Léontine le constate non sans amertume :

> *Sur le point de frapper, je vois avec regret*
> *Que la nature y forme un obstacle secret.*
>
> (II, VII, 753-54.)

Trop faible pour servir de guide à la conscience, trop forte pour permettre à celle-ci une existence désentravée, la condition naturelle se présente essentiellement comme *ambiguë*. Et c'est cette ambiguïté du statut ontologique de l'homme, que l'auteur, dans la construction de la pièce, est obligé d'exprimer par la complexité dramatique. Sous-jacent à la liberté, il y a une sorte de substrat naturel des actes libres. Dès lors, la génération se présente sous forme d'*hérédité*, c'est-à- dire non plus de filiation activement reprise et, pour ainsi dire, méritée, comme dans *le Cid*, mais passivement subie, à la façon d'un destin. Cet enracinement dans la nature devient, pour le héros, l'équivalent du *péché originel*, ainsi que le souligne Léontine à propos de Martian :

> *Dans le fils d'un tyran l'odieuse naissance*
> *Mérite que l'erreur arrache l'innocence,*

> *Et que de quelque éclat qu'il se soit revêtu,*
> Un crime qu'il ignore en souille la vertu.

(II, iii, 573-76.)

L'intéressé lui-même semble confirmer cette présence en lui d'un « mauvais sang », puisqu'à l'instant où il se croit pourtant Héraclius, il constate un certain avilissement :

> *... Pour moi qui, caché sous une autre aventure,*
> *D'une âme plus commune ai pris quelque teinture.*

(III, i, 851-52.)

N'en concluons surtout pas que Corneille est sur le chemin de Racine : le sang de Phocas ne coule point dans les veines de Martian comme le sang d'Agrippine dans celles de Néron. Léontine, qui avait introduit dans ce théâtre la théorie de l'hérédité coupable, admet que cette dernière peut être, avec l'éducation appropriée, surmontée :

> *C'est du fils de tyran que j'ai fait ce héros ;*
> *Tout ce qu'il a reçu d'heureuse nourriture*
> Dompte ce mauvais sang qu'il eut de la nature.

(IV, iv, 1434-36.)

Chez Racine, le règne de la nature n'est pas ambigu : il scelle à jamais le sort de l'homme, dont il condamne sans retour la liberté à n'être qu'une illusion. Chez Corneille, la nature n'écrase pas l'homme comme un « fatum », elle surgit comme sa facticité et réintroduit une opacité vitale que la liberté-pour-la-mort du héros semblait avoir pour de bon dissipée. Cette nuit primitive de l'enracinement se présente spontanément, sur le plan dramatique, comme *énigme de la naissance*. Sur ce point, à vrai dire, *Héraclius* ne fait que reprendre et développer un thème déjà fortement indiqué dans *Rodogune :* c'était le secret de la naissance d'Antiochus et de Séleucus, seul connu de Cléopâtre, qui devait décider, de l'extérieur et d'avance, leur vie de rois et d'amants ainsi transformée en destin.

Or, ce n'est nullement une coïncidence si, dans ces deux tragédies, le thème de la *naissance dérobée* apparaît en liaison directe avec celui de l'*inceste latent*. Nous avions déjà noté à propos des comédies, le caractère dominant et étouffant du resserrement familial de l'intrigue (pp. 77-78) ; au sujet d'*Horace*, nous avions été amené à préciser ces remarques et à étudier le rôle capital de la « proximité du sang » entre « celui qui fait souffrir et celui qui souffre » (p. 140 sqq.). Selon l'analyse de Corneille lui-même, nous retrouvons dans *Rodogune* ces conditions de la « tragédie parfaite » : « Le malheur d'Antiochus toucherait

beaucoup moins, si un autre que sa mère lui demandait le
sang de sa maîtresse, ou qu'un autre que sa maîtresse lui
demandât celui de sa mère; ou si, après la mort de son frère...
il avait à se défier d'autres que de sa mère et de sa maîtresse. »
(*Discours de la Tragédie*, Ed. Pléiade, I, p. 95.) L'originalité
de *Rodogune* et, plus encore, d'*Héraclius*, c'est que le drame
du parricide héroïque ne débouche plus, comme dans *Horace*,
sur la tragédie de l'inceste symbolique, mais sur les horreurs
de l'inceste *réel* [250]. Dans *Rodogune*, les deux frères aiment
la femme de leur propre père. A dire vrai, Corneille prend
bien soin d'indiquer dans son *Examen* que Rodogune n'en était
que la « fiancée »; ce faisant, il souligne encore davantage, si
besoin était, l'importance du thème incestueux : « Cette fiction
m'était absolument nécessaire, afin qu'il fût tué avant que
de l'avoir épousée... tant cette affection incestueuse répugne
à nos mœurs! » De plus, nous avons déjà vu que la haine de
Cléopâtre pour ses fils et son « dénaturement » doivent se
comprendre sur fond de transfert affectif du père aux fils. *Héraclius*, loin de laisser dans l'ombre cet attachement qui « répugne
aux mœurs », va, au contraire, le mettre en pleine lumière,
jetant bas, pour la première fois, le masque du symbolisme.

Transposant, en quelque sorte, dans la crudité du réel les
données allégoriques d'*Horace*, la complexité même de l'intrigue
ne va nullement au hasard, mais sert à faire paraître, dans leur
liaison directe et dramatique, le thème du parricide et celui de
l'inceste : l'obscurité naturelle qui rend possible, pour un père,
le risque de tuer son fils rend aussi possible, pour un frère, le
risque d'aimer sa sœur.

> *Toi que de Pulchérie elle [Léontine] a fait amoureux,*
> *Juge sous les deux noms ton dessein et tes feux.*
> *Elle a rendu pour toi l'un et l'autre funeste,*
> *Martian parricide, Héraclius inceste...*
>
> (IV, III, 1349-52.)

Or, si Pulchérie, dès l'instant où elle croit reconnaître en son
amant un frère, paraît changer la nature de ses sentiments à
volonté :

> *Je ne vois plus d'amant où je rencontre un frère,*
> (III, I, 839.)

il subsiste, malgré elle, une certaine équivoque, voire un certain trouble, comme l'atteste le soin précipité qu'elle a de se
donner un autre amant :

> *Mais on pourrait nommer cette fermeté d'âme*
> *Un reste mal éteint d'incestueuse flamme.*
>
> (Ibid., 871-72.)

Quant à Martian, la séquelle d'une flamme « mal éteinte » l'égare jusques à des pensers sacrilèges :

> *Ah ! s'il m'était permis de ne me pas connaître !*
>
> (Ibid., 824.)

Cette situation sera, d'ailleurs, reprise dans *Œdipe*, où Thésée, amoureux de Dircé, se croira un moment son frère, et l'expression du trouble incestueux prendra une force et une hardiesse accrue, en une scène d'une étonnante audace :

> — *Cet amour mal éteint sied mal au cœur d'un frère...*
> — *Laissez-lui conserver ses ardeurs empressées*
> *Qui vous faisaient l'objet de toutes mes pensées.*
> *J'ai mêmes yeux encore, et vous mêmes appas :*
> *Si mon sort est douteux, mon souhait ne l'est pas.*
> *Mon cœur n'écoute point ce que le sang veut dire.*
> *C'est d'amour qu'il gémit, c'est d'amour qu'il soupire...*
>
> (Œdipe, IV, 1, 1229, 1233-38.)

Bien sûr, l'inceste, pas plus que le parricide, ne sera consommé, puisqu'il ne s'agit ici que d'inceste « psychologique ». Mais, chez Phèdre aussi, l'inceste est dans le sentiment, non dans le sang, qu'elle n'a point en commun avec Hippolyte. De même que la « nature » mettait, au geste meurtrier de Martian contre son père, un « obstacle secret », elle sauve secrètement Thésée ou Héraclius, puisqu'en fait, ils ne *sont* pas les frères des femmes qu'ils aiment, tout en *croyant* l'être. Ni radicalement libre, ni radicalement condamnée : la condition humaine participe désormais d'une indépassable ambiguïté. En passant du plan symbolique au plan réel, l'inceste se fait équivoque, tout comme le parricide perd la franchise qu'il avait avec Horace ou Cléopâtre.

Avec la facticité de la naissance, le projet héroïque bute soudain sur l'insertion de la conscience *dans* un corps, de l'homme *dans* le monde. Expérience inverse de l'*ex*-istence, le retour de la conscience vers la naissance est une expérience de l'absorption, de l'engloutissement. A moins d'être reprise activement par la prouesse et d'être transcendée en mérite, la naissance est donc, pour le héros, aliénation fondamentale, parce qu'arrachement à la superbe autonomie du Moi. La Nature ennemie est l'origine par où celui-ci s'échappe à lui-même, le fond d'être indifférencié où la personne se confond. Fusion et confusion ontologiques : tel est bien, en fin de compte, le sens tragique de l'inceste, contre lequel le héros s'insurge [251]. Au niveau de l'expérience cybélienne de la nature, le Moi, que la lutte à mort des consciences avait suscité, disparaît. Il n'y a plus de Maîtres, plus d' « alter ego » : la notion même de l'Alter et de l'Ego s'évanouit. Privé de Soi, le frère peut désormais aimer la sœur, la sœur le frère. Rien ne vient avertir la conscience menacée d'un destin incestueux; la nature là-dessus reste équivoque, comme elle l'était dans les rapports entre Phocas, Màrtian et Héraclius. L'inceste, c'est ici la retombée absolue dans la nature-*mère*. Toutefois, il faut noter que l'inceste cornélien est toujours *horizontal*, de frère à sœur, jamais vertical, d'enfants à parents. Bien mieux, lorsqu'il traite d'*Œdipe*, il est significatif que le thème incestueux traditionnel des relations de la mère et du fils devienne avant tout, entre les mains de Corneille, drame amoureux du *frère et de la sœur*, de Dircé et de Thésée. Ce remplacement inattendu du « complexe d'Œdipe » par un « complexe de Thésée » doit retenir notre attention. C'est que, dans un univers *religieux*, l'inceste vertical figure spontanément les rapports de l'homme et du Principe géniteur; dans la perspective *aristocratique* de la lutte à mort des consciences humaines, en revanche, le risque de perte du Moi est essentiellement *latéral*. Si le mur de l'autonomie tombe, la forteresse du Je devient la proie des Autres. C'est surtout par ce biais que l'aliénation naturelle est haïssable, et c'est pourquoi elle est plutôt vécue sous le signe de la fraternité que de la paternité [252]. Ce n'est pas par hasard que, dès les comédies, les frères s'affirmaient les vrais possesseurs et, au besoin, bourreaux de leurs sœurs, ou qu'Horace s'en prenait précisément à Camille, après avoir tué son quasi-frère Curiace. Mouvements simultanés, le parricide et l'inceste traduisent la même horreur fondamentale de ce que Claude Vigée appelle si bien « l'attraction qu'exerce notre être profond sur notre conscience à l'état naïf [253] ». Chez Corneille, l'acte héroïque par excellence ne prendra pas la forme du sacrifice parental d'Abraham, mais du fratricide conscient d'Horace.

Cependant — et c'est là la tragique évolution de ce théâtre — le mouvement même de la liberté pour se dénaturer est, pour ainsi dire, récupéré d'avance par la nature. Crime contre nature (« ...l'obstacle éternel / Qu'oppose la nature à ce nœud criminel », *Héraclius*, II, ii, 443-44), l'inceste est, d'un autre côté, *compris dans la nature*, dont il est une des manifestations. Se laisser aller à la spontanéité, c'est risquer de tomber malgré soi dans l'inceste. Il s'agit là d'une découverte capitale, qui animera plus tard les fureurs vengeresses de Sade contre une nature où se trouve d'avance incluse l'anti-nature, où l'homme ne peut rien faire ni inventer pour affirmer son règne propre. Nous comprenons mieux rétrospectivement l'impuissance du héros à secouer son origine viscérale. Pesante et louche, la nature n'est ni poids

absolu ni opacité totale, mais c'est la glu où se prend une liberté
partie pour être radicale. Le *mystère* de l'incarnation devient
sur scène l'*énigme* de la « naissance secrète ». La lucidité, possession suprême de soi par soi, s'avère dorénavant impuissante à
assurer l'unité du Moi, puisque la conscience n'est plus que
jaillissement d'une « lumière » *sur fond d'ombre :*

> *Je suis Héraclius, Léonce et Martian ;*
> *Je sors d'un empereur, d'un tribun, d'un tyran.*
> *De tous trois ce désordre en un jour me fait naître,*
> Pour me faire mourir enfin sans me connaître.

> (V, v, 1817-20.)

On en arrive à une situation impossible où le héros ne peut rien
contre la nature et, en même temps, ne peut rien sans elle.
Coupée de sa filiation charnelle, de son enracinement et de son
nom héréditaire, la liberté semble ne plus être qu'un vain mot :

> *Ah ! vous fûtes toujours l'illustre Pulchérie,*
> En fille d'Empereur dès le berceau nourrie;
> *Et ce grand nom sans peine a pu vous enseigner*
> *Comment dessus vous-même il vous fallait régner.*

> (III, 1, 847-5o.)

Héraclius marque bien le terme d'une exploration, la fin du
moment dialectique qui s'amorce avec *Théodore* et *Rodogune*.
Nous avions dit que, sous les crimes de Marcelle et de Cléopâtre,
la quête désespérée du Monarque continuait, et que les drames
de la « monstruosité » restaient essentiellement des drames politiques. Ceci demeure vrai d'*Héraclius*. Le problème du trône
est à l'horizon de tous les problèmes, de toutes les entreprises
individuelles :

> *Quiconque pour l'empire eut la gloire de naître*
> *Renonce à cet honneur s'il peut souffrir un maître :*
> Hors le trône ou la mort, *il doit tout dédaigner ;*
> *C'est un lâche, s'il n'ose ou se perdre ou régner* [254].

> (III, 11, 943-46.)

La tragédie métaphysique de l'incarnation n'a pas cessé de
garder une dimension *politique*. Il n'est pas seulement question
de « naître », mais de « naître pour l'empire ». Il ne s'agit pas
simplement de « mourir ou de tuer », comme dans *le Cid ;* il
faut « ou se perdre ou *régner* ». La dialectique de la Maîtrise,
parvenue à sa maturité, n'est pas pur exercice d'une vaillance,
mais établissement d'un ordre historique. Le drame de l'incertitude, qui obscurcit la naissance d'Héraclius et de Martian, est,
finalement, le drame de la *légitimité ;* et le problème angoissant

de la filiation naturelle prend toute son importance dans la perspective de la succession monarchique. Il faut, comme Corneille le déclare avec une insistance étonnante, par la bouche de *tous* les personnages de la pièce et par la répétition du *même* vers, « montrer Héraclius au peuple qui l'attend [255] ». Après l'échec de l'héroïsme comme projet subjectif dans *Polyeucte* et la prise de conscience historique de *la Mort de Pompée*, la « monstruosité » s'offrait au monarque comme l'ultime tentation de salut *solitaire*. Mais l'attentat antiphysique échoue aussi sous sa forme monstrueuse. Sadisme, masochisme, inversion, inceste, infanticide ou parricide attestent, chacun à leur manière, l'impuissance de la liberté à se récupérer sur la nature. Une fois de plus, la dialectique de l'héroïsme va donc passer, par une contradiction nécessaire, du domaine de la subjectivité, où elle est irréalisable, dans le champ de l'histoire, où elle va de nouveau se présenter comme un ordre absolu à établir.

La nature contre la liberté

I

Don Sanche (1650) marque un tournant décisif dans l'évolution du théâtre de Corneille et, symboliquement, dans le cours du siècle : c'est le glas de la première moitié « héroïque », et de ses rêves. Non que la pièce rompe en rien avec les données des pièces précédentes : nous y retrouvons les problèmes que nous venons d'analyser, posés dramatiquement en termes identiques [256], — une naissance secrète et l'existence mutilée du héros coupé de son nom. A dire vrai, il y a bien une différence capitale. Pour la première fois depuis *le Cid*, l'action ne se passe plus dans un contexte « romain », mais dans l'Espagne médiévale de l'Aragon et de la Castille, une Espagne dont les mœurs et les soucis rappellent étrangement ceux de l'aristocratie française en ce milieu du XVIIe siècle. Ce retour soudain aux sources non pas allégoriques, mais, en quelque sorte, historiques de l'inspiration cornélienne est, en soi, significatif. C'est, en effet, par un retour à l'histoire que le projet aristocratique des comédies, empêtré dans ses contradictions et aliéné de ses origines, avait pu passer, avec l'avènement des tragédies, à son véritable accomplissement. Tout se passe comme si, après l'échec de la sainteté aussi bien que de la monstruosité à réaliser pleinement l'idéal héroïque, Corneille revenait une seconde fois à la méditation directe d'une histoire, dont les travaux de G. Couton ont parfaitement montré à quel point elle était, jusque dans les détails, fidèlement contemporaine [257]. Cependant, dans notre perspective, l'important n'est pas que *Don Sanche* constitue une apologie déguisée des amours de Mazarin et de la Reine Mère et s'inscrive ainsi dans le tumulte politique de l'époque. Que la présence et la pression de l'histoire réelle investissent de toutes parts l'œuvre cornélienne, c'est là un fait incontestable. Mais l'histoire objective n'a ici de signification que dans la mesure où elle s'intègre à l'œuvre dramatique, et non l'inverse. Ce n'est pas la Fronde, comme phénomène historique, qui résorbe le théâtre de Corneille, c'est le théâtre de Corneille, comme œuvre d'art, qui assimile la Fronde. Il s'agit donc de découvrir dans *Don Sanche* l'histoire assimilée, reprise par l'effort de création littéraire, et intégrée, en tant que moment, à l'ensemble d'une œuvre. Lorsque nous parlons, à propos de *Don Sanche*, d'un « retour à l'histoire », il n'est donc nullement question de ce que cette histoire signifie pour l'historien [258], mais pour les personnages de la pièce et de leur point de vue. Une fois de plus, après *le Cid*, nous nous apercevrons qu'elle est vécue comme un « pèlerinage aux sources », où l'héroïsme, pour tenter de se perpétuer et se survivre, vient se retremper.

Phocas posait, dès les premiers vers d'*Héraclius*, le problème de la naissance en termes politiques :

> *Surtout qui, comme moi, d'une obscure naissance*
> *Monte par la révolte à la toute-puissance,*
> *Qui de simple soldat à l'empire élevé*
> *Ne l'a que par le crime acquis et conservé...*
>
> (I, 1, 9-12.)

Mais, dans *Héraclius*, le sens politique était recouvert et en partie obscurci par l'angoisse métaphysique, et ne se manifestait qu'en « filigrane », comme une signification seconde, qui éclatait seulement dans toute sa force à la fin. Avec *Don Sanche*, par contre, le problème de la naissance est mis, dès le début, dans la stricte perspective de l'ordre aristocratique; et il se manifeste par un scandale : Carlos, aventurier valeureux, certes, mais issu de sa seule vaillance roturière, est aimé d'une reine :

> *De l'inconnu Carlos l'éclatante valeur*
> *Aux mérites du Comte a fermé votre cœur.*
> *Tout est illustre en lui, moi-même je l'avoue;*
> *Mais son sang, que le ciel n'a formé que de boue* [259]
> *Et dont il cache exprès la source obstinément...*
>
> (I, 1, 43-47.)

Le cas est beaucoup plus grave. Phocas posait simplement le problème de l'usurpation du pouvoir légitime par la force brute; il s'agissait, en somme, d'un malheur fortuit. A présent, voici une vaillance sortie de la « boue » et qui manifeste sa toute-puissance non dans le crime, tels Photin ou Phocas, mais dans la *gloire*. Il n'y a plus là accident fâcheux, mais menace mortelle, dès l'instant qu'un parvenu peut se présenter non plus comme tyran, mais comme *héros*. *Don Sanche*, c'est la tragédie de l'usurpation légitime, où l'usurpateur peut prétendre *remplacer* l'aristocrate à bon droit. D'où le caractère symbolique de l'altercation qui a lieu entre Carlos et don Manrique à la cour, quand, selon les indications de Corneille, « Carlos y voyant une place vide, s'y veut seoir, et don Manrique l'en empêche » (I, III) :

> — *Tout beau, tout beau, Carlos ! D'où vous vient cette audace ?*
> *Et quel titre en ce rang a pu vous établir ?*
> — *J'ai vu la* place vide *et cru la* bien remplir.
> — *Un soldat bien remplir une place de Comte !*
>
> (Ibid., 190-93.)

Cette exclamation de don Manrique résume parfaitement le caractère scandaleux de cette proposition. On connaît la fière réponse de Carlos :

> *Seigneur, ce que je suis ne me fait point de honte...*
> *On m'appelle soldat, je fais gloire de l'être.*
>
> (Ibid., 194, 209.)

Mais surgit alors un danger terrible : fils de personne, c'est-à-dire de lui-même, le héros plébéien représente, en un sens, la seule incarnation authentique de l'idéal héroïque, — l'autonomie et l'aséité absolues du Moi, le mouvement par lequel la liberté devient sa propre origine et se fait exister, sans passer par la médiation de la race et de l'enracinement :

> *Se pare qui voudra du nom de ses aïeux :*
> *Moi, je ne veux porter que* moi-même *en tous lieux ;*
> *Je ne veux rien devoir à ceux qui m'ont fait naître...*
> *Seigneur, pour mes parents je nomme mes exploits ;*
> *Ma valeur est ma race, et* mon bras est mon père.
>
> (I, III, 247-49, 252-53.)

Si le « bras » du héros est son « père », la nécessité de la génération se trouve supprimée au profit d'un acte proprement divin d'*autogénération*. Le héros plébéien est donc le seul à pouvoir pleinement réaliser, et pour la première fois, l'être-Dieu de l'homme :

> ...A l'exemple du ciel j'ai fait beaucoup de rien.
>
> (V, v, 1656.)

Héraclius qui prendrait soudain appui sur son délaissement même, qui se ferait de son absence d'origine un tremplin, pour ne se tenir que de soi : voilà enfin la réponse à l'angoissante question de l'appartenance naturelle, que posaient les pièces du cycle précédent. Mais on voit à quel prix impossible ce salut est obtenu : *le cornélien ne se sauve comme héros qu'à condition de se saborder comme aristocrate.*

J. Starobinski a très bien noté la contradiction profonde qui apparaît ici entre ce qu'il appelle la « psychologie cornélienne », selon laquelle l'existence de la volonté précède l'essence glorieuse, et l' « idéologie nobiliaire », suivant laquelle « le courage n'est pas un surgissement originel de la volonté libre, mais la preuve d'une continuité ancestrale qui se transmet par le sang [260] ». Starobinski voit dans cette contradiction le conflit de l'idéologie féodale et des aspirations bourgeoises. Nous ne croyons pas, pour notre part, qu'il y ait là opposition de deux forces historiques *extérieures* l'une à l'autre. Il s'agit d'un moment de la dialectique *interne* de l'héroïsme — celui où le héros, dans sa confrontation à la naissance et à la facticité, commencée avec *Rodogune* et *Héraclius,* se retrouve face à face avec soi dans le dénuement absolu de son être, dépouillé de son origine et de son nom. Lorsque don Manrique s'écrie : « Un soldat bien remplir une place de Comte! », il oublie qu'un « comte » n'est précisément, dans le principe, qu'un *soldat,* et que la constitution d'une classe de Maîtres n'est pas une donnée biologique, mais existentielle, c'est-à-dire la production, au cours de l'histoire, d'une classe de Maîtres à partir du courage et de l'acceptation de la mort. Don Manrique contesté par Carlos, ce n'est nullement l'aristocrate contesté de l'extérieur par le plébéien, mais de l'intérieur, par lui-même, dans son surgissement originel [261]. Le problème de *Don Sanche* n'est en rien celui du conflit de l'aristocratie et de la bourgeoisie montante. Car le bourgeois, c'est l'Esclave qui s'assure peu à peu une puissance concrète par le travail qu'il fait ou qu'il fait faire. L'aristocrate établit sa domination d'un seul coup (et c'est pourquoi les « coups d'essai » de Rodrigue doivent être obligatoirement des « coups de maître »), selon la loi du « Meurs ou Tue ». Il s'agit, dans les deux cas, de prises radicalement différentes sur le monde. Carlos, comme don Manrique, n'en connaît qu'une : son épée. Il est donc bien vrai que *Don Sanche* fait apparaître une violente contradiction, mais c'est une contradiction interne.

Il est donc difficile de concevoir erreur plus étrange que de parler, comme on l'a souvent fait, du « républicanisme » de *Don Sanche.* Les déclarations agressives du « fils de pêcheur » ne sont que des bravades destinées à dissimuler un profond désarroi; un comportement de mauvaise foi à l'usage exclusif d'autrui. Quand il reste seul avec lui-même, Carlos adopte spontanément les valeurs aristocratiques :

> *Honteuse obscurité,* qui seule me fais craindre!
> Injurieux destin, *qui seul me rends à plaindre!*

> *Plus on m'en fait sortir, plus je crains d'y rentrer*
> *Et crois ne t'avoir fui que pour te rencontrer.*
> *Ton cruel souvenir sans fin me persécute...*
> *Je n'ai plus rien à toi : la guerre a consumé*
> *Tout cet* indigne sang *dont tu m'avais formé.*

(II, III, 613-17, 623-24.)

Le comportement de Carlos, mis en présence de celui qu'il croit être son père, est significatif :

> *Lui [Carlos] qui le reconnaît frémit de sa* disgrâce,
> *Puis laissant la nature à ses pleins mouvements,*
> *Répond avec tendresse à ses embrassements.*

(V, IV, 1574-76.)

La succession des sentiments est ici le meilleur commentaire et montre bien quel est, en Carlos, le mouvement spontané et le mouvement réfléchi. D'ailleurs, il parlera lui-même, plus loin dans la scène, de « la gloire qui m'en reste après cette *disgrâce* ». S'adressant aux Comtes à la fin de la pièce, Carlos devenu don Sanche admettra rétrospectivement : « Votre dédain fut juste... » (V, VII, 1821.) On ne saurait mieux dire. Dans toute la pièce, Carlos se hait de n'être pas un aristocrate de naissance. Loin de jeter des revendications roturières à la face de la noblesse, tout son effort guerrier n'est, comme il l'indique, qu'une *fuite* par rapport à ses origines supposées, un désir éperdu de changer de nom :

> *Je lui cachais en vain ma race et mon pays ;*
> *En vain sous un faux nom je me faisais connaître,*
> *Pour lui faire oublier ce qu'elle m'a fait naître...*

(IV, V, 1372-74.)

bref, une tentative désespérée pour s'intégrer à l'ordre aristocratique, dont il entend, par sa propre ontogenèse, reproduire la phylogenèse. C'est uniquement parce que les grands d'Espagne lui refusent l'accès de leur classe (les grands parmi lesquels, ne l'oublions pas, il voulait spontanément s'asseoir), que Carlos entre en conflit avec eux. Ce que certains ont pris pour une fanfare républicaine n'est qu'un effort maladroit pour masquer *sa propre humiliation* en humiliant ses rivaux :

> *Sanche, fils d'un pêcheur, et non d'un imposteur,*
> *De deux comtes jadis fut le libérateur ;*
> *Sanche, fils d'un pêcheur, mettait naguère en peine*
> *Deux illustres rivaux sur le choix d'une reine...*

(V, V, 1643-46.)

Lorsqu'elle se produit, la découverte publique de son origine est, pour Carlos, une catastrophe :

> *Eh bien ! Madame, enfin on connaît ma naissance :*
> *J'ai prévu ce malheur et l'aurais évité,*
> *Si vos commandements ne m'eussent arrêté.*
> *Ils m'ont livré, Madame, à ce moment funeste.*

(V, v, 1605-8.)

Carlos accepte, sans un instant d'hésitation, de prendre sur lui-même le point de vue de don Manrique et justifie parfaitement l'intuition de ce dernier :

> *Carlos est généreux, il connaît sa naissance ;*
> *Qu'il se juge en secret sur cette connaissance...*

(III, iv, 993-94.)

C'est bien ainsi que se juge Carlos ; et c'est pourquoi, loin d'être un précurseur de Ruy Blas et de jouer les « vers de terre amoureux d'une étoile », l'idée qu'une reine puisse s'abaisser à l'aimer tuerait instantanément son amour :

> *Je vous aime, Madame, et vous estime en reine...*
> *Si votre âme, sensible à ces* indignes *feux,*
> *Se pouvait oublier jusqu'à souffrir mes vœux ;*
> *Si par quelque malheur que je ne puis comprendre,*
> *Du trône jusqu'à moi je la voyais descendre,*
> *Commençant aussitôt à vous* moins estimer,
> *Je cesserais sans doute aussi de vous aimer.*

(II, ii, 529, 531-36.)

Telle eût été, n'en doutons pas, la réaction de Rodrigue envers l'Infante, si celle-ci avait été assez imprudente pour se déclarer. Ainsi cette vaillance « née de rien », loin d'être révolutionnaire, est d'une stricte orthodoxie nobiliaire ; elle ne vise pas à contester l'ordre aristocratique, mais à s'y intégrer et à s'y dissoudre. Elle ne présente, en réalité, aucun danger politique immédiat. C'est ce que Doña Isabelle, monarque avisé, comprendra aussitôt : Carlos est éminemment « récupérable ».

> *Eh bien ! seyez-vous donc, marquis de Santillane,*
> *Comte de Pennafiel, gouverneur de Burgos.*
> *Don Manrique, est-ce assez pour faire seoir Carlos ?*

(I, iii, 262-64.)

C'est assez non seulement pour le faire asseoir, mais pour le rendre aussi inoffensif que plus tard Colbert ou Louvois.

Si le danger politique est conjuré sans difficulté dans l'immédiat, il n'en demeure pas moins menaçant *à longue échéance,* dans la mesure où il n'est qu'une face d'un péril plus profond. Les possibilités inquiétantes du héros non seulement « fils de pêcheur », mais surtout fils de ses œuvres, n'échappent à aucun de ces personnages perspicaces et intéressés. La vaillance de l' « inconnu Carlos » est ressentie à l'unanimité comme une *injustice cosmique,* — par les deux reines Elvire et Isabelle :

> — *Que le ciel est injuste ! — Il l'est et nous fait voir*
> *Par cet injuste effet son absolu pouvoir,*
> *Qui du sang le plus vil tire une âme si belle,*
> *Et forme une vertu qui n'a lustre que d'elle,*
>
> (V, iv, 1563-66.)

par les ennemis mêmes de Carlos, don Manrique :

> *Tant de valeur mérite une source plus belle*
>
> (V, v, 1626.)

ou don Lope :

> *Non le fils d'un pêcheur ne parle point ainsi...*
> *Je le soutiens, Carlos, vous n'êtes point son fils :*
> *La justice du ciel ne peut l'avoir permis.*
> *Les tendresses du sang vous font une imposture,*
> *Et je démens pour vous la voix de la nature.*
>
> (Ibid., 1660, 1663-66.)

Voici donc la « nature » qui reparaît soudain, dans son ambiguïté redoutable. Après avoir en vain interrogé sa « voix », comme Héraclius, pour se connaître, Carlos se découvre une fois de plus déchiré entre l'élan de sa liberté et les limites de sa condition naturelle :

> *Je ne puis regarder sceptre ni diadème,*
> *Qu'ils n'emportent mon âme au delà d'elle-même :*
> *Inutiles élans d'un vol impétueux...*
> *Et qu'un coup d'œil sur moi rabat soudain à terre.*
>
> (IV, iii, 1289-91, 1294.)

Or, si le souhait fondamental de la *conscience* aristocratique est exaucé, si la liberté peut, d'un coup d'aile, s'arracher à cette « terre » où elle est prise, si la vaillance peut se délester enfin de toute nature, c'est l'*ordre* aristocratique qui s'écroule, sa stabilité qui éclate. Du rang des Esclaves peut, à tout moment, surgir un Maître. Pour une aristocratie « arrivée » historiquement, le problème de la Maîtrise ne doit plus se poser qu'*au passé ;* plus exactement, il n'a pas à être posé, puisque précisément il a été *résolu.* Cette contradiction ne fait qu'exprimer de nouveau la tragédie du projet aristocratique tout entier aux prises avec le problème du *temps.* Le drame de l'héroïsme détruit par la durée, vécu comme destin individuel par don Diègue, s'étend désormais à toute une classe. Il ne suffit plus d'intégrer une vaillance neuve, momentanément docile et consentante, à l'ordre des Maîtres; il faut désarmer à jamais sa menace latente. Au terme de la longue lutte du projet aristocratique pour s'arracher à la nature, cette indépendance devient soudain dangereuse. Car la nature est nécessaire pour emprisonner la vaillance et lui assigner un *lieu historique immuable*. Un véritable « renversement des alliances » se produit donc ici entre l'héroïsme et la nature.

De même que la filiation biologique avait été la réponse du Moi à la corrosion temporelle, dans *le Cid*, le *sang* et la *race*, non plus au niveau individuel, mais collectif, seront de nouveau la solution. Carlos, vaillance insolite, n'était, en définitive, que don Sanche qui s'ignorait. Il n'y a plus qu'un faux problème : l'héroïsme n'*était* possible que sur fond de *nature noble*. La nature, ennemie mortelle du héros jusqu'alors, devient plus que son alliée : son *support* indispensable, qui le sauve de lui-même. Si, coupés de leur naissance et de leur nom, Héraclius et don Sanche paraissaient être des libertés désemparées et désancrées, ils ne ressentaient pas moins, en eux, la présence ambiguë et sourde d'une nature. Profitant de cette ambiguïté, le héros, après avoir vainement cherché à se récupérer sur la nature, va tenter à présent de se faire justifier par elle. Forme individuelle associée à une matière indestructible, le « courage » de l'être noble échappe désormais aux vicissitudes de l'histoire :

> ... *le vrai sang des rois, sous le sort abattu,*
> *Peut cacher sa naissance et non pas sa vertu.*

> (IV, III, 1315-16.)

Une réponse victorieuse est alors trouvée au défi du temps, sans qu'il soit besoin de l'aller quérir dans l'autre monde : la « vertu » du noble est inscrite dans son être. Toutefois, on s'aperçoit aisément du coût de l'opération : le péril est conjuré, mais au prix fort. Car la filiation, activement reprise et méritée du *Cid*, se transforme en pure hérédité passive, la prouesse en privilège. En acceptant de se reposer sur la sécurité d'un substrat naturel et de s'en remettre à la garantie du « sang », l'héroïsme renie son aspiration la plus profonde à être-par-soi et trahit son projet fondamental. La Maîtrise, qui était libre production, dans l'épreuve, d'une *existence aristocratique*, devient maintenant la manifestation d'une *essence nobiliaire*. La dégradation de l'existence en essence, qui réifie le projet héroïque et aliène radicalement le héros, est consommée avec *Don Sanche*. Le noble cède enfin à la tentation qui, à vrai dire, l'obsédait depuis *Cinna*[262].

Les conséquences ne sont pas longues à se faire sentir. Le héros qui, comme Rodrigue, Horace ou Auguste, cherchait à *se faire* dans une épreuve douloureuse, entend désormais se *recevoir* *tout fait* des mains de la nature. Dès lors, le projet aristocratique cesse d'être vécu sur le mode tragique; il ne peut plus donner lieu qu'à une *comédie* de l'héroïsme. Ce n'est pas par hasard que nous nous retrouvons soudain à notre point de départ, en compagnie d'Alidor et de Cléandre, dans l'univers de *la Place Royale* et de *l'Illusion Comique*. En d'autres termes, ce n'est point une coïncidence si le « pèlerinage aux sources » nous ramène, par-delà *le Cid*, au monde des premières comédies, — si *Don Sanche* est, selon la propre terminologie de Corneille, une « comédie héroïque ». Ainsi que nous l'avons vu au début de cette étude, il y a comédie quand le *projet* aristocratique, coupé de sa justification et de l'affrontement réel de la mort, se fige en *monde* nobiliaire, où il se vit comme « déjà donné », c'est-à-dire comme chose. Or, dans *Don Sanche*, — et Corneille prend bien soin de l'indiquer dans sa lettre-préface à M. de Zuylichem — « notre aventurier Carlos n'y court aucun risque ». Sa vaillance, dont il est si souvent question, n'est pas à prouver, mais éprouvée; pas « devant » lui, mais « derrière » lui. A l'instar de don Manrique ou de don Lope, Carlos se vit donc littéralement *au passé*, au lieu d'être, comme Rodrigue, ouverture permanente sur un accomplissement à venir. Une fois la « nature » de l'individu découverte par le secret extérieur de sa naissance, il prendra automatiquement sa place dans la hiérarchie des essences. Seulement, si la « comédie héroïque » n'est plus qu'un héroïsme qui se donne la comédie, les conduites du héros ne sauraient être que des comportements de mauvaise foi[263]. A cet égard, dans une scène étonnante, don Manrique, un grand d'Espagne, après avoir, au début, traité l' « aventurier » Carlos avec un souverain mépris, en arrive à le supplier, à la fin, de ne pas démentir les rumeurs qui font de lui un roi, au nom du maintien de l'ordre :

> *Tant de valeur mérite une source plus belle.*
> *Aidez ainsi que nous* ce peuple à s'abuser;
> *Il aime son* erreur, *daignez l'autoriser...*
> *Et de notre pitié soutenez l'*artifice.
>
> (V, v, 1626-28, 1630.)

La supériorité des Maîtres sur les Esclaves, des aristocrates sur le peuple doit être assurée, dès lors que l'existence se dégrade en essence, non par le courage, mais par le mensonge. Paralysé par sa passivité ontologique, le héros n'est plus à présent un *sujet* qui se manifeste, mais un *objet* qui « se montre ». Déjà revenait, dans *Héraclius*, le leitmotiv de l'angoisse politique : « Montrons Héraclius au peuple qui l'attend. » La conclusion de *Don Sanche* y fait écho :

> *Souffrez qu'à l'Aragon il daigne se montrer.*
>
> (V, vii, 1823.)

La conscience tentant de se vivre désormais sur le mode de la chose, le *trône*, support visible du monarque, dans *Rodogune*, en devient, à partir de *Don Sanche*, le remplaçant.

II

Ayant ainsi exploré les diverses avenues ouvertes à l'instauration monarchique, Corneille se trouve ramené au problème décisif de la division des Maîtres entre eux, à l'opposition fatale des héros et des rois — problème que *la Mort de Pompée* avait défini, sans être à même de le résoudre. Que *Nicomède* et *Pertharite* forment, avec *Don Sanche*, la trilogie des « pièces de la Fronde » et que ces pièces soient essentiellement d'inspiration politique ; que le théâtre de Corneille se pose *alors* des questions que l'histoire contemporaine avait *alors* à régler, ce n'est, certes, pas une coïncidence. Mais, inversement, ce n'est pas non plus un hasard, si l'histoire contemporaine avait à résoudre précisément les problèmes que se posait le théâtre de Corneille. Dans la mesure où histoire et littérature sont portées par le mouvement commun de l'activité humaine, il est normal que leurs dialectiques se recoupent et se rejoignent, non pas en termes de dépendance univoque, où une « superstructure » refléterait une « infrastructure », mais dans un rapport de symbolisme réciproque, où art et histoire se signifient mutuellement et reproduisent, à deux niveaux différents, la dialectique du vécu. Sans l'ombre d'un doute, ainsi que les travaux récents de G. Couton l'ont établi, Nicomède, c'est Condé ; Pertharite, c'est Charles II errant, après avoir été renversé et chassé par Cromwell. Mais il est aussi vrai de dire que Condé voulant être à la fois maître incontesté, tout en restant sujet fidèle, c'est Nicomède ; Charles II et la tragédie du roi vaincu, c'est Pertharite, comme Auguste était, presque un demi-siècle avant Louis XIV, le Moi du monarque aux prises avec la monarchie. Les pièces « de la Fronde », lorsque la Fronde éclate, n'arrivent nullement *de l'extérieur* dans le théâtre de Corneille, telle une aile Louis XIII ajoutée à un château Renaissance. La Fronde s'inscrit aussitôt, et *de façon intelligible*, dans une œuvre préparée à l'accueillir et à la comprendre, parce que son mouvement intime coïncide avec celui de l'événement, qu'il éclaire en profondeur. Tout comme l'histoire, selon le mot de Marx, la dramaturgie cornélienne ne se pose jamais que des problèmes qu'elle peut (ou croit pouvoir) résoudre.

Armé de nouveaux moyens, Corneille reprend donc le problème fondamental auquel, depuis *Le Cid*, achoppait la dialectique héroïque, et qui est d'assurer un ordre des Maîtres, que le projet de Maîtrise même conteste et met en péril. Si « l'homme est un loup pour l'homme », Corneille retrouve, avec *Nicomède* (1651), le problème angoissant de Hobbes, dans la mesure où le héros veut être un « Maître pour le Maître ». Déjà la vaillance de don Gomès menaçait l'autorité de don Fernand. Mais Rodrigue, et à présent Nicomède, malgré leur apparente soumission, n'en constituent pas moins des menaces ; ces héros respectueux posent une question cruelle à leurs rois respectifs, qu'ils *éclipsent*. Prusias ne se fait là-dessus aucune illusion et définit lucidement sa situation par rapport à Nicomède, impatient du pouvoir royal :

> *Il n'en veut plus dépendre, et croit que ses conquêtes*
> *Au-dessus de son bras ne laissent point de têtes ;*
> *Qu'il est lui seul sa règle, et que sans se trahir*
> Des héros tels que lui ne sauraient obéir.
>
> (II, 1, 375-79.)

Il ne s'agit point d'un soupçon mal fondé, simplement attisé dans cette scène par la perfidie du « mauvais conseiller », le capitaine des gardes Araspe : c'est bien un danger réel. A l'instant même où il proclame son obéissance, Nicomède la nie en lui donnant des conditions :

> *J'obéirai, Seigneur, et plus tôt qu'on ne pense ;*
> *Mais je demande un prix de mon obéissance.*
>
> (II, II, 515-16.)

Il n'y a, chez Nicomède, aucune innocence politique, et il est parfaitement conscient de toutes ses possibilités :

> *Soulever votre peuple, et jeter votre armée*
> *Dedans les intérêts d'une reine opprimée ;*
> *Venir, le bras levé, la tirer de vos mains...*
> *C'est ce que* pourrait faire *un homme tel que moi*
> *S'il pouvait se résoudre à vous manquer de foi.*
>
> (IV, II, 1247-49, 1253-54.)

La contradiction fatale de l'univers héroïque, héritée en droite ligne de *la Mort de Pompée* et, par-delà, des grandes tragédies, reste donc inchangée, sous son double aspect : opposition mortelle de deux races de Maîtres, les Romains et les Rois; et, à l'intérieur du camp royal, désunion du Roi et du Héros, du pouvoir et de la puissance, avec, chez le héros, la tentation, franchement exprimée par Nicomède, de la révolte, et, du côté du sceptre, la tentation, non moins présente, du machiavélisme. A la menace de subversion violente de l'État, de la part de Nicomède, correspond la menace de sa corruption interne par les « mauvais conseils » d'Araspe, qui reprennent ceux de Photin [264] :

> *Aussitôt qu'un sujet s'est rendu trop puissant,*
> *Encor qu'il soit sans crime, il n'est pas innocent :*
> *On n'attend point alors qu'il s'ose tout permettre...*

> (II, 1, 433-35.)

Pourtant, la perspective dangereuse de guerre extérieure comme de désagrégation intime, sans que rien *change,* se trouve soudain *altérée* par la substitution, consommée dans *Don Sanche,* d'une essence nobiliaire à une existence aristocratique.

Le drame, dans *la Mort de Pompée,* venait, en effet, de ce que ni Cléopâtre ni Ptolémée n'arrivaient à être véritablement rois, tandis que ni Cornélie ni César n'étaient pleinement des héros. Désormais Flaminius *est* un héros, comme Nicomède *est* un prince ou Laodice une princesse. Ils n'ont pas à se conquérir sur la nature, en tant que rois ou que héros; ils *ont* une nature de héros et de rois. Le déchirement est impossible, la conquête de soi n'a plus de sens chez des personnages qui sont déjà ce qu'ils entendent être. Le monarque n'est pas une chair souffrante, un cœur meurtri, à la façon d'Auguste; ainsi que Nicomède le rappelle à Prusias, le monarque, c'est simplement un trône :

> *Un véritable roi n'est ni mari ni père ;*
> *Il regarde son trône, et rien de plus. Régnez.*

> (IV, 111, 1320-21.)

Nicomède semble bien un instant faillir à cette règle, quand il paraît préférer Laodice au trône. Mais ce n'est justement qu'une apparence :

> *Me voyez-vous pour l'autre y renoncer moi-même?*
> *Que cédé-je à mon frère en cédant vos États?...*
> *Et ce vieux droit d'aînesse est souvent si puissant,*
> *Que pour remplir un trône, il rappelle un absent.*

> (IV, 111, 1348-49, 1357-58.)

Dans un univers où le « droit d'aînesse » suffit à donner substance au monarque « absent » et à « remplir un trône », chacun
reçoit une essence, et une place fixe dans la hiérarchie des
essences. C'est en vain qu'entraîné par sa rivalité amoureuse
avec son frère Attale, Nicomède décide momentanément de
dépouiller sa nature, de jouer à n'être pas lui-même :

> ... *J'avais mis bas, avec le nom d'aîné*
> *L'avantage du trône où je suis destiné...*
>
> (v. 1005-6.)

Attale a beau jeu de lui répliquer :

> *Vous vous défaites bien de quelques droits d'aînesse ;*
> *Mais vous défaites-vous du cœur de la princesse,*
> *De toutes les vertus qui vous en font aimer,*
> *Des hautes qualités qui savent tout charmer,*
> *De trois sceptres conquis, du gain de six batailles...*
> *Souffrez Rome et le Roi dedans l'autre balance :*
> *Le peu qu'ils ont gagné vous fait assez juger*
> *Qu'ils n'y mettront jamais qu'un contrepoids léger.*
>
> (III, VI, 1015-19, 1028-30.)

Si, de l'aveu même de Nicomède, Attale se défend ici en homme
d'esprit, il faut néanmoins prendre au pied de la lettre les
métaphores qu'il emploie. Nicomède a un certain *poids d'être*,
auquel aucun des actes ni des appuis d'Attale ne saurait faire
contrepoids. Nicomède est une somme de « droits », de « vertus »,
de « qualités », de « sceptres » et de « batailles ». Les exploits que
Rodrigue, Horace, Auguste ou Polyeucte accomplissaient *en
cours de tragédie* ont maintenant disparu de la scène : dorénavant, prouesses de Nicomède, victoires de Sertorius ou d'Othon,
conquêtes d'Attila, de Tite ou de Suréna sont toujours données
comme *déjà acquises*, comme *passées*. Les héros de la première
génération devaient *se faire* péniblement devant nous ; ceux de
la seconde sont *tout faits*, quand la pièce commence. D'où une
altération radicale de la temporalité cornélienne : le présent,
qui se définissait comme ouverture sur un *avenir illimité*, se
comprend, à partir de maintenant, comme référence à un
passé clos. L'amour même n'est plus attirance spontanée,
instant amoureux ; chez une reine, il est, par définition, et comme
la gloire, projet « au passé » :

> *Je suis reine, Seigneur...*
> *C'est pour exécuter les ordres de mon père ;*
> *Il m'a donnée à vous, et nul autre que moi*
> *N'a droit de l'en dédire, et me choisir un roi.*
>
> (I, I, 57, 60-62.)

Dans cette nouvelle situation ontologique, les personnages n'ont plus *à être*; ils n'ont qu'à se *laisser être*, pour s'accomplir. Aussi faut-il prendre littéralement ce qui, chez le conseiller du roi, Araspe, est ironie réitérée :

> ... *la haute* vertu *du prince Nicomède*
> *Pour ce qu'on en peut craindre est un puissant remède...*
> *Mais, Seigneur, pour le Prince, il a trop de* vertu...
> *Le Prince est* vertueux...
>
> (II, 1, 367-68, 441, 400.)

Entre la subversion et le maintien de l'État, entre le pouvoir légal sans la puissance et la puissance réelle sans le pouvoir, il n'existe, en effet, qu'un seul écran protecteur : la « vertu » de Nicomède. Au héros « glorieux » et au héros « monstrueux » succède à présent le héros « vertueux » — et conscient de l'être. Le reste de la pièce se passe à relever en quelque sorte, le défi ironique d'Araspe, et la « vertu » revient sans cesse dans la bouche de Nicomède, comme la « nature » dans celle des personnages de *Rodogune* ou d'*Héraclius :*

> *Si j'avais jusqu'ici vécu comme ce frère*
> *Avec une vertu qui fût imaginaire...*
> *Et l'admiration de tant d'hommes parfaits...*
> *N'est pas grande vertu si l'on ne les imite...*
>
> (II, III, etc., 639-40, 642, 644.)

D'ailleurs, lorsque l'ennemie mortelle de Nicomède, Arsinoé, met bas les armes, c'est cette « vertu » qu'elle entérine en bonne et due forme, et à laquelle elle rend son « cœur » :

> *Contre tant de vertu je ne puis le défendre;*
> *Il est impatient lui-même de se rendre.*
>
> (V, IX, 1811-12.)

Or, de la « gloire » à la « vertu », il y a, sous le glissement en apparence anodin des termes, un changement radical : si la gloire était le couronnement d'une pénible conquête de soi, la vertu, par contre, se comporte à la façon d'une cause qui produit des effets [265], ou d'une forme aristotélicienne qui s'actualise; elle est devenue, en somme, un phénomène naturel. Nicomède, libéré de ses gardes par l'intervention de son frère Attale, n'y *découvre* pas l'acte d'un courage individuel, il y *reconnaît* la manifestation d'un « sang » royal :

> *Ah ! laissez-moi toujours à cette digne marque*
> *Reconnaître en mon sang un vrai sang de monarque.*
>
> (V, IX, 1832-34.)

Une essence vertueuse précède désormais et garantit l'existence héroïque, et la vertu est dans le héros comme la « vertu dormitive » est dans l'opium, selon les savants du *Malade Imaginaire*. Puisque, retranché au sein de sa nature vertueuse, ce héros monolithique échappe au déchirement du combat intérieur comme à la prise de l'infortune, à la tragédie traditionnelle de la *pitié* succède la tragédie nouvelle de l'*admiration*. Corneille était conscient de la portée de cette innovation : « Voici une pièce d'une constitution assez extraordinaire... La tendresse et les passions, qui doivent être l'âme des tragédies, n'ont aucune part en celle-ci : la grandeur du courage y règne seule... et ne veut point d'autre appui que celui de sa *vertu*... » *(Au Lecteur.)* Il est bien évident qu'on ne saurait plus ressentir de « pitié », à partir du moment où l'on cesse de participer au tumulte d'une existence, pour constater le rayonnement d'une essence. Tout comme Héraclius ou don Sanche, Nicomède est, en effet, un héros-objet, un *héros-qui-se-montre*. Regardé, il se distingue immédiatement de l'Autre :

> *Seigneur, nous n'avons pas si grande ressemblance*
> *Qu'il faille de bons yeux pour y voir différence...*
>
> (IV, III, 1355-56.)

Regardant, en même temps que regardé, il agit à la manière d'une Gorgone, il *méduse* :

> *Tout est calme, Seigneur : un moment de ma vue*
> *A soudain apaisé la populace émue.*
>
> (V, IX, 1779-80.)

On peut donc absolument compter sur sa vertu, et Laodice sait *d'avance* que Nicomède, maître de la situation, ne peut pas songer à se venger :

> *Vous devez le connaître ; et puisqu'il a ma foi,*
> *Vous devez présumer qu'il est digne de moi.*
>
> (V, VIII, 1773-74.)

De même, Prusias et Araspe auraient dû *savoir* que Nicomède ne serait jamais un rebelle. Une métaphysique rassurante vient dissiper à temps les craintes de la politique monarchiste. Dans une tragédie où les « alarmes » sont sans fondement et où l'héroïsme plane, en quelque sorte, au-dessus du malheur et des hasards de l'histoire [266], il ne se passe, en vérité, strictement rien. La tragédie de la « pitié » était tragédie du *mouvement* héroïque ; la tragédie de l' « admiration » est tragédie de l'*immobilité* [267].

Nous saisirons mieux à présent pourquoi Nicomède est,

ainsi qu'on l'a souvent noté sans bien l'expliquer, un héros *ironique*. Rodrigue, Auguste, Polyeucte pouvaient être, au besoin, violents, insolents, agressifs avec leurs adversaires, Cléopâtre ou Marcelle cyniques et sarcastiques avec leurs victimes; mais le héros, cherchant à se prouver, était *lié*, par un véritable corps à corps, à autrui. La parole était alors une arme, comme l'épée. L'ironie, au contraire, implique une certaine *distance* du sujet à l'objet de l'ironie. Si, comme le dit si bien le langage courant, on traite autrui « de haut », avec une « ironie supérieure », c'est que l'ironie implique précisément une *position intrinsèque de supériorité*. Nicomède sait que rien ne peut l'atteindre, par définition. Il ne *brave* donc pas Flaminius (comme Rodrigue le Comte ou Polyeucte Félix), il le *nargue* :

> *Vous avez dans son cœur [de Laodice] fait de si grands progrès,*
> *Et vos discours pour elle ont de si grands attraits,*
> *Que sans de grands efforts je n'y pourrai détruire*
> *Ce que votre harangue y voulait introduire.*
>
> (III, iii, 933-36.)

L'ironie, par opposition à la bravade, qui se mesure à l'autre, est la forme de contestation d'autrui de celui qui, par nature, surplombe et domine. Ainsi, chez Nicomède, l'amabilité même, s'exerçant toujours du haut vers le bas, prend la forme de la condescendance :

> *C'est n'avoir pas perdu tout votre temps à Rome,*
> *Que vous savoir ainsi défendre en galant homme :*
> *Vous avez de l'esprit, si vous n'avez du cœur.*
>
> (III, vi, 1031-33.)

Sa manière d'obéir est, en fait, une façon de commander :

> *J'obéirai, Seigneur, sans répliques frivoles,*
> *A vos intentions, et non à vos paroles.*
>
> (IV, iii, 1335-36.)

Les respects qu'il prodigue à son père se transforment instantanément en autant d'humiliations :

> *Et dussent vos Romains en être encor jaloux,*
> *Je ferai bien pour moi ce que j'ai fait pour vous.*
>
> (Ibid., 1361-62.)

Toute tentative pour mettre Nicomède au défi devient aussitôt une transgression, que sanctionne une ironie, — laquelle, tombant de haut sur le coupable, et lestée d'un poids d'être absolu, est, par définition, non pas acérée, mais *écrasante*.

« Je ne veux point dissimuler que cette pièce est une de celles pour qui j'ai le plus d'amitié », déclare Corneille dans son *Examen*. On voit pourquoi : la perspective menaçante de la guerre extérieure comme de la guerre civile, — que rien, dans la morale cornélienne, ne pouvait arrêter, puisqu'elles naissaient du mouvement même de la contestation héroïque, — trouve enfin une solution, dès l'instant que les rivaux se reconnaissent une *nature de Maîtres*. Au lieu d'avoir à s'éprouver entre eux par la lutte à mort, les Maîtres, reconnus *d'avance*, peuvent s'équilibrer et s'entendre. A l'hostilité implacable de Rome et des Rois peut succéder le partage du pouvoir, ainsi que l'admet Nicomède lui-même :

> *Non que je veuille à Rome imputer quelque crime :*
> *Du grand art de régner elle suit la maxime ;*
> *Et son ambassadeur ne fait que son devoir,*
> *Quand il veut entre nous partager le pouvoir.*
>
> (V, ix, 1787-90.)

L'amitié de Rome est possible :

> *Nous vous la demandons hors de la servitude.*
>
> (Ibid., 1843.)

A l'intérieur du camp royal, le tumulte s'apaise ; le vainqueur se révèle un fidèle sujet, dont le seul désir est de remettre le roi, déchu par l'émeute, sur le trône :

> *... Rebelle ? — C'est un nom que je n'aurai jamais.*
>
> (Ibid., 1782.)

Nous avons déjà vu la marâtre Arsinoé finir par « rendre son cœur ». Ainsi se réalise l'accord ultime de l'éthique aristocratique et de l'absolutisme monarchiste, la réconciliation de la raison nobiliaire et de la raison d'État, et celle des États entre eux. Accord et réconciliation sont possibles, autour de la vertu, à condition qu'elle reçoive l'hommage d'une reconnaissance sans réserve. Par là, en renonçant à se prouver comme mouvement, pour s'approuver comme qualité, le projet héroïque rencontre enfin la paix et le « repos », qu'il cherchait désespérément depuis Auguste :

> *Je viens en bon sujet vous rendre le repos.*
>
> (V, ix, 1785.)

La tentation de *Nicomède* (et de Corneille), c'est donc un repos qui viendrait de lui-même, sans être le prix d'une ascèse, — une solution inscrite d'avance dans l'ordre des choses, pourvu qu'on veuille l'y découvrir,

III

On a voulu voir dans *Pertharite* (1652) un signe avant-coureur d'*Andromaque*, selon une ressemblance superficielle signalée par Voltaire [268]. Pas plus que dans le cas de Camille, il ne faut se laisser prendre à des apparences soi-disant « raciniennes », au côté « Eduige-qui-aime-Grimoald-qui-aime-Rodelinde-qui-aime-Pertharite » de l'intrigue. A la question de Voltaire : « Serait-il possible que ce *Pertharite* fût en quelque façon le père de la tragédie pathétique, élégante et forte d'*Andromaque?* », la réponse est, sans l'ombre d'un doute : non. Car si l'armature extérieure de l'anecdote passe jusqu'à un certain point d'une pièce à l'autre, l'édifice dramatique qu'elle soutient est, dans les deux cas, radicalement différent. En réalité, *Pertharite* prend très exactement la suite de *Don Sanche* et de *Nicomède*, dont il offre, d'une certaine manière, une continuation et une synthèse. *Don Sanche* posait l'angoissant problème du « héros parvenu » et de la générosité sans la naissance; *Pertharite* va poser le problème parallèle de l' « usurpateur vertueux » et de la magnanimité sans le droit.

La donnée originelle est simple. C'est Rodelinde, femme du roi détrôné Pertharite et ennemie de l'usurpateur Grimoald, qui décerne à ce dernier son brevet de parfait monarque :

> *Il est vaillant, il règne, et comme il faut régner.*
>
> (I, ii, 165.)

Elle n'hésite pas, au demeurant, à le lui déclarer à sa face :

> *Je dis que la vertu règne dans ta personne;*
> *Avec eux je te loue, et je doute avec eux*
> *Si sous leur vrai monarque ils seraient plus heureux.*
>
> (II, v, 636-38.)

Mais justement, pas plus que les exploits de Carlos ne permettaient au « soldat » de prendre la place du « comte », le « bonheur des sujets » n'est en rien le critère de la légitimité monarchique. Comme le confirmera Dircé dans *Œdipe :* « Le peuple est trop heureux quand il meurt pour ses rois. » (II, i, 464.) De même donc que la vaillance de Carlos, la vertu de Grimoald est un scandale. L'usurpateur doit, par définition, être, tel le Phocas d'*Héraclius*, un « tyran ». C'est la vertu même de Grimoald qui le rend haïssable aux yeux de Rodelinde ;

> *Mais toutes ses vertus me le font dédaigner.*
> *Je hais dans sa valeur l'effort qui le couronne;*
> *Je hais dans sa bonté les cœurs qu'elle lui donne;*
> *Je hais dans sa prudence un grand peuple charmé;*
> *Je hais dans sa justice un tyran trop aimé.*
>
> (I, II, 166-70.)

Valeur, bonté, prudence, justice ne justifient pas le monarque, c'est, au contraire, le monarque qui les justifie. Les mérites de Grimoald, sa détermination farouche de régner selon les maximes de la vertu, son refus du machiavélisme, clairement exprimé :

> *Je hais l'art de régner qui se permet des crimes...*
> *Le pouvoir absolu n'a rien de redoutable*
> *Dont à sa conscience un roi ne soit comptable*
>
> (II, III, 564, 567-68.)

— il n'y a rien là que d'illusoire et d'inutile, voire de dangereux, sans une *nature royale* qui fonde et supporte les qualités morales, comme la substance fonde et supporte les qualités sensibles. C'est pourquoi, au cœur de la plénitude vertueuse de Grimoald, il existe néanmoins une sorte de vide, que son amour pour Rodelinde s'efforce de combler, ainsi qu'Eduige le révèle avec la clairvoyance de la jalousie :

> *Dis que sans cet hymen ta puissance t'échappe,*
> *Qu'un vieil amour des rois la détruit et la sape ;*
> *Dis qu'un tyran qui règne en pays ennemi*
> *N'y saurait voir son trône autrement affermi.*
>
> (I, IV, 359-62.)

En offrant à Rodelinde de la remettre, elle et son fils, sur le trône, à condition qu'elle l'épouse, Grimoald veut sceller l'alliance de la vertu et du sang, c'est-à-dire réconcilier le pouvoir et la nature.

Or, comme Rodelinde, bonne cornélienne, le rappelle d'entrée de jeu à Grimoald, cette réconciliation ne peut s'effectuer par la médiation du *sentiment :*

> *On publierait de toi que les yeux d'une femme*
> *Plus que ta propre gloire auraient touché ton âme,*
> *On dirait qu'un héros si grand, si renommé*
> *Ne serait qu'un tyran s'il n'avait point aimé.*
>
> (II, V, 671-74.)

Aucun *lien sensible* ne saurait fonder le projet monarchique, qui se veut puissance absolue et autonome, et qui ne peut s'allier à rien d'autre qu'à lui-même. Une vertu qui ne serait que l'effet de l'amour serait la négation de la vertu. C'est ce principe fondamental que Rodelinde va, pour ainsi dire, démontrer à Grimoald sous nos yeux. Rodelinde, en effet, qui se veut reine, comme Grimoald se veut roi, se trouve, au début de la pièce, elle aussi, asservie à la nature par l'amour maternel, comme Grimoald par l'amour sensuel. Ce dernier sera donc amené à jouer de cette dépendance et à menacer le fils de mort, si la mère ne lui cède pas :

> *Son sort est en vos mains : aimer ou dédaigner*
> *Va le faire périr ou le faire régner.*
>
> (III, 1, 761-62.)

Voilà Rodelinde acculée au même dilemme que Grimoald. Mais tandis que celui-ci était prêt à sacrifier, en définitive, sa gloire à sa passion :

> *Donnez-moi cette honte et je la tiens à gloire...*
> *Et souffrez qu'on impute à ce bras trop heureux*
> *Que votre seul amour l'a rendu généreux.*
>
> (II, v, 675, 677-78.)

Rodelinde va lui donner l'exemple de la Maîtrise, en sacrifiant sa maternité à sa vengeance. Pour pouvoir enfin atteindre Grimoald au cœur même de son projet monarchique, c'est elle qui va demander la mise à mort de son fils :

> *Je veux donc d'un tyran un acte tyrannique...*
> *Qu'il renonce à jamais aux glorieuses marques*
> *Qui le mettaient au rang des plus dignes monarques ;*
> *Et pour le voir méchant, lâche, impie, inhumain,*
> *Je veux voir ce fils même immolé de sa main.*
>
> (III, III, 892, 895-98.)

Rendu enfin par cet « acte tyrannique » à sa nature de « tyran », Grimoald fera cesser l'insupportable scandale de sa vertu. Certains critiques, effrayés sans doute par tant de tranquille horreur, ont suggéré qu'il s'agissait simplement là, de la part de Rodelinde, d'un faux sentiment, destiné à retourner la situation au détriment de Grimoald [269]. Il s'agit bien, si l'on veut, de « chantage », à condition d'y voir un chantage *réel*, prêt à exécuter la menace qu'il utilise. Ne pas voir que Rodelinde n'hésiterait pas un instant à laisser sacrifier son fils, c'est la prendre pour Andromaque et enlever tout son sens à la pièce de Corneille. L'héroïsme affirmé au prix de l'infanticide relie directement le personnage de Rodelinde au stade antérieur de la « monstruosité » et du dénaturement. Rodelinde est, sans l'ombre d'un doute, de la lignée de Rodogune, et, au besoin, de Cléopâtre :

> *Pour remplir ce grand nom, as-tu besoin d'un* maître
> *Et faut-il qu'une mère, aux dépens de son sang*
> *T'apprenne à mériter cet effroyable rang?*
>
> (III, iii, 912-14.)

Au-delà des fureurs de Cléopâtre, il faut, d'ailleurs, remonter jusqu'à celles de Camille : on retrouve, chez Rodelinde, le même mouvement de l'héroïsme féminin, qui, ne pouvant *abattre* l'ennemi, cherche à le faire *déchoir*, quitte à payer cette victoire d'un double suicide [270] :

Camille :   *...Et toi bientôt souiller par quelque lâcheté*
          Cette gloire si chère à ta brutalité!

          (Horace, IV, v, 1293-94.)

Rodelinde : *Et consens à ce prix que ton amour m'obtienne,*
          Puisqu'il souille ta gloire aussi bien que la mienne.

          (III, iii, 923-24.)

Toutefois, la dialectique cornélienne a déjà dépassé ce stade. De même que le défi de Camille se soldait finalement par un échec, la tentative de Rodelinde reste une entreprise avortée. Brisant, par cet infanticide, les fers de l'esclavage passionnel (lequel, au contraire, se révèle insurmontable dans *Andromaque*), Rodelinde retourne effectivement la situation, mais elle ne la rétablit pas. Si Grimoald était laissé libre de répondre à ce défi, Rodelinde l'entraînerait dans une double chute, comme Camille Horace, mais *sans la transcendance souhaitée vers un Etat monarchique* désormais ruiné. Ce n'est pas par hasard qu'à ce moment précis apparaît le mari cru mort, Pertharite — et, avec lui, la solution.

Si Grimoald pose le problème de l'usurpateur vertueux, Pertharite offre le scandale inverse et complémentaire du *roi vaincu*. De toute évidence, l'existence même d'un « monarque vaincu » est une contradiction dans les termes, puisque aussi bien le Maître est celui qui « tue ou meurt » et n'accepte de vivre qu'à condition de vaincre. Que Pertharite ait donc survécu à la défaite constitue en soi un péché mortel. Ce thème, qui recevra dans *Sophonisbe* son traitement le plus éclatant, est déjà fortement indiqué ici. De l'aveu de Pertharite lui-même,

> *Sitôt qu'un roi vaincu tombe aux mains du vainqueur,*
> *Il a trop mérité la dernière rigueur.*
> *Ma mort pour Grimoald ne peut avoir de crime :*
> *Le soin de s'affermir lui rend tout légitime.*
>
> (IV, v, 1477-80.)

Or, Pertharite forfait à la morale du trône par une double

trahison : non seulement, une première fois, en acceptant de
vivre sans le trône, mais une seconde, en renonçant au trône
par amour :

> *Rendez-moi Rodelinde, et gardez ma couronne,*
> *Que pour sa liberté sans regret j'abandonne.*
>
> (V, v, 1827-28.)

Le public contemporain avait fort bien senti l'énormité du
crime et Corneille attribue à ce scandale l'insuccès de sa pièce :
« Ce qui l'a fait avorter au théâtre a été l'événement extraordinaire *qui me l'avait fait choisir.* On n'y a pu supporter qu'un
roi dépouillé de son royaume... en cède à son vainqueur les
droits inutiles, afin de retirer sa femme prisonnière de ses mains. »
(Examen.) Si Corneille a délibérément choisi le sujet de sa
pièce à cause de ce thème, c'est que, fidèle à sa méthode, il
pousse une situation à l'extrême, pour en faire jaillir le sens
dernier. L'important ici, le « c. q. f. d. » de la pièce, c'est que,
malgré la faillite de Pertharite comme *existence royale,* il
demeure indestructiblement en lui une *nature de roi* :

> *Mais cesse désormais de traiter d'imposture*
> *Les traits que sur mon front* imprime la nature.
>
> (V, v, 1775-76.)

Cette vérité première est précisément celle qui va servir
à confondre Grimoald. Comme dans les tragédies précédentes,
la découverte d'une « nature » (secret de naissance ou, ici,
de reconnaissance) fait surgir un univers hiérarchisé, où
chaque être se définit par la place qui lui est réservée d'avance.
Incarnation de l'essence monarchique, le monarque n'a qu'à
« se montrer » :

> *Un roi, quoique vaincu, garde son caractère :*
> *Aux fidèles sujets sa vue est toujours chère ;*
> *Au moment qu'il* paraît, *les plus grands conquérants,*
> *Pour vertueux qu'ils soient, ne sont que des tyrans.*
>
> (V, ii, 1591-94.)

Voici donc résolu, une fois pour toutes, le problème angoissant du roi vaincu : l'essence royale est désormais au-dessus
de l'existence dans laquelle elle se révèle, mais — et c'est là la
nouveauté radicale de la pièce — *à laquelle elle n'est point liée.*
L'essence monarchique de don Sanche se justifiait encore *a
posteriori,* en quelque sorte, par l'existence valeureuse de
Carlos ; elle devient, chez Pertharite, *valeur a priori,* indépendante de sa manifestation dans le temps et dans l'histoire.
Les plus grands conquérants « pour vertueux qu'ils soient, ne

sont que des tyrans » : dorénavant, ce n'est plus la vertu qui
fonde la royauté, c'est la royauté qui légitime la vertu. La
preuve, c'est qu'à la « nature » du monarque correspond une
« nature » de sujets, qui se révèle spontanément, lorsque le roi
paraît :

> *Et dans le fond des cœurs sa présence fait naître*
> *Un mouvement secret qui les rend à leur maître.*

(V, ii, 1595-96.)

Pertharite, en somme, c'est la solution de *Nicomède* appliquée
au problème de *Don Sanche*. Il ne s'agit plus, comme cherche
imprudemment à le faire Rodelinde, de détruire la nature;
cette démarche, tentante à l'origine, est, au stade où nous
sommes parvenus, périlleuse. Il convient, au contraire, de
prendre appui sur la nature et de produire le monarque-en-soi.
La restitution finale du trône à Pertharite n'est donc pas, chez
Grimoald, située sur le plan de la générosité, mais sur celui
de la *vérité*. Grimoald a moins un bon cœur que, selon l'expression de Nicomède, « de bons yeux » :

> *Milan, revois ton prince, et reprends ton vrai maître,*
> *Qu'en vain pour t'aveugler, j'ai voulu méconnaître...*

(V, v, 1823-24.)

Comme *Don Sanche* et *Nicomède*, *Pertharite* — couronnant
ainsi, au sens strict du terme, la trilogie de la Fronde —
s'achève sur l'optimisme de la réconciliation. Les trois pièces
se terminent heureusement non seulement sur le plan politique, mais sur le plan métaphysique (les deux étant toujours
étroitement liés chez Corneille). Pertharite, au fond de sa
déchéance, comme Nicomède au faîte de la victoire, quel que
soit le succès de leur existence, sont sauvés — et, avec eux,
le projet aristocratique tout entier — en tant qu'essences.
Par là se trouve de nouveau réalisé le rêve secret qui hante
Corneille, et auquel il n'a renoncé, depuis *Polyeucte*, qu'en
apparence : soustraire les valeurs héroïques aux vicissitudes
du devenir et porter le Moi humain à l'absolu en l'arrachant à
la temporalité. Ce que Polyeucte cherchait *au-delà* de la vie,
dans les « saintes douceurs du ciel », est à présent trouvé *en
deçà*, dans une immuable nature. La dialectique du héros s'est
acheminée, si l'on veut, du salut platonicien par l'Idée au
salut aristotélicien par la substance. La seconde solution est
supérieure à la première, dans la mesure où, au lieu de nier
le temporel au nom de l'éternel, elle tâche à découvrir l'absolu
au cœur du sensible et de l'histoire.

Le déclin du héros

Entre *Pertharite* (1652) et *Œdipe* (1659), il y a un long
silence. On a cherché, cela va sans dire, les causes du silence
de Corneille, comme les raisons de la retraite de Racine. Ce
qui compte, ici, c'est de comprendre comment se présente,
quand elle surgit à nouveau, la tragédie cornélienne; c'est de
faire le point et d'essayer de voir, en quelque sorte, *où en est*
le héros. Qu'est-il devenu, pendant que Corneille consacrait
ses jours et ses années à l'*Imitation de Jésus-Christ*, pendant
que les tumultes de la Fronde venaient incarner soudain les
dilemmes de son théâtre et faire couler dans l'histoire le sang
interdit sur la scène? Il peut paraître, au premier abord, surprenant que, parmi les trois sujets proposés par Fouquet, à
ce que nous raconte Corneille dans son *Examen*, le poète ait
été choisir celui d'*Œdipe*, pour lequel rien, semblait-il, ne le
prédisposait. Il est même bon de constater, en relisant le *Discours sur la Tragédie*, à quel point Corneille était fermé à la
nature propre du tragique grec : « Aristote en donne pour
exemples Œdipe et Thyeste, en quoi véritablement *je ne com-
prends point sa pensée*. Le premier me semble ne faire aucune
faute, bien qu'il tue son père, parce qu'il ne le connaît pas
et qu'il ne fait que disputer le chemin en homme de cœur
contre un inconnu qui l'attaque avec avantage. Néanmoins,
comme la signification du mot grec ἁμάρτημα peut s'étendre
à une simple erreur de méconnaissance, telle qu'était la sienne,
admettons-le avec ce philosophe, bien que je ne puisse voir
quelle passion il nous donne à purger... » (Ed. Pléiade, t. I,
p. 98). On ne saurait être plus explicite ni plus franc : la tragédie grecque par excellence échappe totalement à Corneille.

La « faute » d'Œdipe, dont Racine nourrira son théâtre et
qui donnera tous ses fruits sur le sol chrétien de *Phèdre*, Corneille ne voit pas (ou ne veut pas voir) que c'est justement
cet orgueil humain, cette aspiration démiurgique de l'homme.

Œdipe roi, pour Sophocle, c'est en effet le drame d'Œdipe qui
s'est pris pour un roi : « Moi, Œdipe au nom que nul n'ignore... »
(Prologue, *Les Belles Lettres*, p. 72). Et le roi sophocléen, c'est
le défi ouvert de l'homme aux dieux, que symbolise l'énigme
résolue du Sphinx : « Ce n'était pourtant pas le premier venu
qui pouvait résoudre l'énigme : il fallait là l'art d'un devin.
Cet art, tu ne m'as pas montré que tu l'eusses appris ni des
oiseaux ni d'un dieu! Et cependant, j'arrive, moi, Œdipe,
ignorant de tout, et c'est moi, moi seul, qui lui ferme la bouche,
sans rien connaître des présages, par ma seule présence d'esprit.
Et voilà l'homme qu'aujourd'hui tu prétends expulser de
Thèbes! » (p. 86). La tragédie d'Œdipe, c'est, dans un orgueil
digne de Prométhée, de s'être séparé des Dieux, comme le
chœur ne se fait pas faute de le rappeler (Ode II, strophe 1).
Œdipe, au moment de l'agonie finale, a cependant, non seulement les Dieux au-dessus de sa tête, mais sous ses pieds, le
poids invincible d'une nature : « ... quel chancre malfaisant
vous nourrissiez en moi! J'apparais aujourd'hui ce que je suis
en fait : un criminel issu de criminels... » (p. 123). En vérité,
il serait plus exact de dire, non pas que Corneille était fermé à
la tragédie œdipienne, mais qu'il la comprenait *trop bien*. Le
sujet offre, en effet, un raccourci ou plutôt un concentré de
tous les thèmes que nous avons rencontrés successivement :
le projet héroïque miné, en dessous, par la présence d'une
nature; l'impossibilité, pour la conscience royale, de se débarrasser de son hérédité ontologique, de s'accomplir contre
l'origine, au moment même où elle s'y accouple; le parricide
rendu inutile d'avance par l'inceste; l'action future, récupérée
par le passé, et l'homme, coupé de lui-même par le secret de
sa naissance. Avec *Œdipe*, après ce long silence, Corneille se
retrouve donc, plus que jamais et malgré les apparences, en
face de soi. Œdipe lui tend sa propre image dans un miroir où
il refuse de se reconnaître. D'où à la fois une attirance et un
refus. Il va s'agir, pour Corneille, de refaire *Œdipe roi*, mais en
sens inverse; de reprendre les données du problème, qui sont
les siennes, mais de retourner la solution.

Pour commencer, il peut paraître curieux, quand on lit
cette pièce oubliée et passionnante, de voir que le drame *religieux* de Sophocle est devenu avant tout, sous la plume de
Corneille, un drame dynastique, c'est-à-dire *politique* :

> — *Vous voyez que d'Æmon il a pris la querelle,*
>   *Qu'il l'estime, chérit.* — Politique nouvelle.
> — *Mais comment pour Thésée en viendrez-vous à bout?*
>   *Il le méprise, hait.* — Politique partout.
>
> (II, 11, 529-32.)

Le problème, pour Œdipe, usurpateur ici d'un trône auquel il n'est point destiné par naissance, est de se débarrasser de l'héritière légitime, Dircé, fille du premier lit de la reine Jocaste (invention significative de Corneille), en la mariant au prince Thésée. Telle est la question primordiale, à laquelle les éléments traditionnels de la légende œdipienne ne servent que de toile de fond. Corneille était arrivé, avec *Don Sanche*, *Nicomède* et *Pertharite*, à résoudre l'opposition de l'héroïsme et de la nature par la découverte et l'affirmation d'une « nature héroïque », d'un être-roi inscrit dans l'ordre des choses. Or, la tragédie profonde de l'Œdipe grec, c'est que la chute de l'*homme* entraîne avec elle celle du *monarque*, comme le soulignent les dernières paroles du coryphée chez Sophocle : « Regardez, habitants de Thèbes, ma patrie. Le voilà, cet Œdipe, cet expert en énigmes fameuses, qui était devenu le premier des humains. Personne dans sa ville ne pouvait contempler son destin sans envie. Aujourd'hui, dans quel flot d'effrayante misère est-il précipité! C'est donc ce dernier jour qu'il faut, pour un mortel, toujours considérer » (pp. 127-28). La théologie grecque de l'ἁμάρτημα, poussée à son ultime conséquence, fait choir le monarque de son trône, — de même qu'une théologie chrétienne revenue à sa rigueur originelle, chez les Jansénistes. C'est tout le territoire conquis dans ses dernières pièces qui, pour Corneille, se trouve de nouveau disputé. Dans un esprit de bravade digne de ses propres personnages, l'auteur va passer à la contre-attaque sur le terrain de l'adversaire.

Ce n'est donc nullement un hasard si Corneille introduit dans la tragédie de la fatalité la fameuse tirade de Thésée sur la « liberté de l'homme » (III, v, 1149-70), aux accents si nettement *molinistes*, ainsi qu'on l'a souvent noté. Le molinisme, dans ses conséquences politiques, est, en effet, la seule porte de sortie officielle du christianisme sur la possibilité de maintenir, malgré le péché originel, l'exercice d'une volonté humaine juste et absolue, en l'occurrence, celle du Monarque, que met en cause l'intransigeance théologique du jansénisme [271]. Si le drame œdipien de la prédestination se transforme, de façon inattendue, en panégyrique cornélien du libre arbitre, c'est qu'il faut conserver intact le monarque. A cette fin, Corneille introduira dans la légende une distinction radicalement étrangère à l'universalisme religieux : il dédoublera, en quelque sorte, le personnage d'Œdipe, en lui adjoignant celui de Dircé. Séparant le *faux* monarque du *vrai*, la colère des Dieux frappera l'*usurpateur*, non le roi. Grâce à ce tour de passe-passe dramatique et métaphysique, la perspective de la tragédie grecque change du tout au tout. Sophocle nous présentait une victime;

Corneille va nous rassurer en nous offrant un coupable. A l'origine d'*Œdipe* comme de *Pertharite*, il y a une usurpation, que Dircé ne craint pas de jeter à la face de son beau-père :

> *Vous régnez en ma place, et les dieux l'ont souffert :*
> *Je dis plus, ils vous ont saisi de ma couronne.*
>
> (II, i, 468-69.)

Œdipe, bien entendu, continue à proclamer, comme dans la tragédie grecque, son innocence :

> *Mon souvenir n'est plein que d'exploits généreux ;*
> *Cependant je me trouve inceste et parricide...*
>
> (V, v, 1820-21.)

Mais ce n'est là qu'aveuglement et mauvaise foi : son forfait n'est plus quelque crime *involontaire* envers la divinité, mais un crime *volontaire* contre une reine : il a « tout ôté » à Dircé, en lui ôtant le trône [272] et c'est en tant que *tyran* qu'il sera puni par les Dieux :

> *Il faut qu'il soit tyran de toute la famille,*
> *Qu'il porte sa fureur jusqu'aux âmes sans corps...*
> *Et les Dieux des enfers*, justement *irrités,*
> *Puniront l'attentat de ses impiétés.*
>
> (II, ii, 554-55, 559-60.)

Dès lors, il se produit un changement d'optique capital; les tourments d'Œdipe sont mérités, ainsi que le lui rappelle Dircé, avant qu'il parte consulter Tirésias :

> *Aller savoir de lui ce que vous méritez.*
>
> (II, i, 508.)

Pourtant, la culpabilité d'Œdipe a une source plus profonde, plus lointaine, plus *cachée :* comme dans la tragédie grecque, le secret de sa naissance lui *dérobe*, jusqu'à la fin de la pièce, cette faute originelle. A l'origine, en effet, de l'usurpation d'Œdipe, il y a le *meurtre de Laïus*. Il est significatif que Dircé, se croyant un moment désignée par l'oracle comme victime expiatoire, consente aussitôt à mourir. Ce n'est nullement pour sauver de la peste, qui le ravage, son peuple, vil troupeau zélateur d'un tyran :

> *...Je meurs plus pour moi*
> *Que pour ces malheureux qui se sont fait un roi* [273].
>
> (III, ii, 903-4.)

D'ailleurs, selon la maxime de Dircé,

> *Le peuple est trop heureux quand il meurt pour ses rois.*
>
> (II, i, 464.)

Attitude bien différente de celle du roi, dans la tragédie de
Sophocle, qui est de participation universelle au mal : « Votre
douleur, à vous, n'a qu'un objet : pour chacun lui-même et nul
autre. Mon cœur à moi gémit sur Thèbes et sur toi et sur moi
tout ensemble » (p. 74). Si Dircé accepte spontanément de
mourir, c'est donc pour une tout autre raison : même sans le
vouloir, par sa seule naissance, elle a causé le voyage de son
père Laïus à Delphes et, par là, sa mort, — la *mort d'un roi :*

> — *Ainsi j'en fus la cause. — Oui, mais trop innocente...*
> — *Mégare, tu sais mal ce que l'on doit aux rois.*
> *Un sang si précieux ne se saurait répandre,*
> *Qu'à l'innocente cause on n'ait droit de s'en prendre ;*
> *Et de quelque façon que finisse leur sort,*
> *On n'est point innocent quand on cause leur mort.*
> *C'est un crime impuni qui demande un supplice...*
>
> (II, III, 655, 658-63.)

Selon cette perspective, Thésée répond donc directement à la
question que posait Corneille dans son *Discours sur la Tragédie*
(Ed. Pléiade, I, p. 89), à savoir comment Œdipe peut être
coupable, alors qu'il « ne fait que disputer le chemin en homme
de cœur contre un inconnu qui l'attaque avec avantage » :

> *Le crime n'est pas grand s'il fut seul contre trois.*
> *Mais jamais sans forfait on ne s'en prend aux rois ;*
> *Et fussent-ils cachés sous un habit champêtre,*
> *Leur propre majesté les doit faire connaître.*
> *L'assassin de Laïus est digne du trépas,*
> *Bien que seul contre trois, il ne le connût pas.*
>
> (IV, II, 1347-52.)

En d'autres termes, le crime que commet Œdipe est celui
qu'évite Grimoald : celui-ci sait reconnaître la nature royale,
quand elle « se montre », fût-elle « cachée sous un habit cham-
pêtre »; celui-là ne l'a pas su. Telle est bien la « faute » d'Œdipe
dans la version cornélienne, transgression impardonnable contre
la hiérarchie sacrée des êtres, qui sape la politique de salut
monarchiste, définie dans les pièces précédentes. Œdipe, coupable, devra être puni.

Toutefois, si, ayant tué un roi, il est coupable, étant fils de
ce même roi, il doit participer, dans une certaine mesure, de
la « nature monarchique »; il doit différer en cela du soldat
Phocas, porté par le crime à l'empire, dans *Héraclius*, et qui
apporte avec lui l'âme d'un Esclave sur le trône. C'est pourquoi
Œdipe, coupable envers le principe monarchique, saura néanmoins mourir en *héros*. Loin d'élever vers le Ciel son interrogation déchirante, mais finalement résignée, à la manière du

personnage de Sophocle, l'Œdipe cornélien ne se tourne pas *vers* les Dieux, mais *contre* les Dieux, pour mieux affirmer le règne de l'homme. Il se souvient de la maxime première de la Maîtrise, que Dircé lui avait jetée à la face :

> *Qui ne craint point la mort ne craint point les tyrans.*
>
> (II, 1, 500.)

A défaut de pouvoir vivre en roi, il saura, retrouvant sa liberté aliénée, mourir en héros, suscitant l'admiration de son ennemie même :

> *Parmi de tels malheurs que sa constance est rare !*
> *Il ne s'emporte point contre un sort si barbare ;*
> *La surprenante horreur de cet accablement*
> *Ne coûte à sa grande âme aucun égarement ;*
> *Et sa haute vertu, toujours inébranlable,*
> *Le soutient au-dessus de tout ce qui l'accable.*
>
> (V, VIII, 1881-86.)

Le geste final d'Œdipe, chez Corneille, n'est donc pas l'auto-punition consentie de l'homme accablé par le destin, et qui se sent cependant responsable — sens ultime du tragique grec ou chrétien, pour la conscience malheureuse de l'Œdipe sophocléen ou de la Phèdre racinienne. La mutilation d'Œdipe n'est autre, ici, que l'effort par lequel non seulement le héros se met *au-dessus* du destin :

> *Ce revers serait dur pour quelque âme commune ;*
> *Mais je me fis toujours maître de ma fortune.*
>
> (V, II, 1717-18.)

mais, plus encore, par lequel, tel Alidor, il *défie* Dieu :

> *Prévenons, a-t-il dit, l'injustice des Dieux ;*
> *Commençons à mourir avant qu'ils nous l'ordonnent...*
> *Ne voyons plus le ciel après sa cruauté.*
> *Pour nous* venger de lui *dédaignons sa clarté.*
>
> (V, IX, 1988-89, 1991-92.)

Tentation d'Horace et de Polyeucte, le suicide reste la porte de sortie héroïque. Par son suicide, Œdipe « prévient » le sort, « se venge » des Dieux injustes et se récupère dans l'absolu de sa mort. En un sens, la tragédie traditionnelle du sacrilège puni devient celle du sacrilège triomphant. La réconciliation finale, qui fait cesser la peste, n'est pas ici celle de l'homme et des Dieux, mais d'Œdipe et de Laïus, du héros et du roi. Bien mieux, selon les propres paroles de Thésée qui terminent la pièce et servent d'oraison funèbre, la « haute vertu » toujours

« inébranlable » d'Œdipe est la manifestation même de la nature royale et du « sang » de Laïus :

> *A force de malheurs le ciel fait assez voir*
> *Que le* sang de Laïus *a rempli son devoir.*

(V, IX, 2003-4.)

Une fois de plus s'opère sous nos yeux la mystérieuse alliance de la nature et de la liberté, la descente d'une essence supérieure dans une existence humaine. D'une leçon d'humilité, Corneille sait tirer une justification de l'orgueil. En substituant le crime de lèse-majesté au péché originel, l'héroïsme cornélien récupère à son profit le tragique grec dans *Œdipe*, comme auparavant le tragique chrétien dans *Polyeucte*. Le monarque sera sauvé de la nature humaine par la nature royale, l'inceste et le parricide surmontés par le suicide, le trône à jamais affermi, contre les Dieux et contre les hommes, par l'union sacrée des héros et des rois [274].

II

Pièce originale par la transformation radicale qu'elle fait subir à la légende, *Œdipe* ne présente pourtant aucune nouveauté de pensée : la nature reste à la fois ce qui perd et ce qui sauve le héros, l'intrusion d'une hérédité dégradante dans une vie valeureuse et la présence rédemptrice d'un sang royal. Cette contradiction demeure à l'état d'ambiguïté irrésolue [275]. Tout se passe comme si, après sept ans de silence, Corneille faisait l'inventaire de la formule à laquelle l'avait conduit sa carrière dramatique passée; plus précisément, comme s'il tenait à consolider à jamais cette formule — acquise dans *Don Sanche, Nicomède* et *Pertharite* par un contact avec l'expérience trouble de l'histoire —, en lui conférant la pureté et l'immutabilité du légendaire. Toutefois, l'effort pour arracher la condition humaine à ses limites et pour donner à l'existence tourmentée de l'homme la sécurité d'une essence est vain, dès que le héros renonce à mourir et veut vivre. Au terme d'une longue étape, après des tentatives contraires pour nier la nature par la liberté et pour résorber la liberté dans la nature, *Œdipe* marque une dernière pause, un dernier espoir. De ce point de vue, *Œdipe*, comme *Polyeucte*, est un sommet, sinon au sens littéraire, du moins dans la progression dialectique. Le Moi, divinisé ou substantifié, passe dans les deux cas à l'absolu.

Mais, dès qu'il s'agit de vivre, le projet héroïque se retourne à nouveau sur lui-même et contre lui-même. Tout comme *Polyeucte* est suivi de *la Mort de Pompée*, *Œdipe* sera suivi de *Sertorius*. Le rêve d'éternité, de pérennité, grec ou chrétien, retrouve à chaque fois, au réveil, la Cité des Maîtres en proie à la division et Rome à la guerre civile. Le héros va une fois de plus retomber aux griffes déchirantes de l'histoire, qui ne se desserreront plus jusqu'à la fin.

Sertorius (1662) renoue très exactement, par-delà plus de dix pièces et près de vingt années, avec *la Mort de Pompée*. Car la situation de Sertorius, général romain, amant et allié de la reine Viriate, combattant sur le sol d'Espagne l'envahissante dictature de Sylla, c'eût été littéralement celle de Pompée, si, au lieu d'avoir été mis à mort sur les conseils de Photin, il eût vécu et régné en Égypte avec l'appui de Cléopâtre, en résistant à César. Ce changement, ou, si l'on veut, cette amélioration des données initiales montre bien que, s'il est question, de toute évidence, de repartir d'une situation analogue, le point de départ n'est pas pour autant identique. C'est comme si nous nous trouvions devant un thème musical qui, du mode mineur, serait passé au majeur. La tentation corruptrice du machiavélisme plébéien, représentée par Photin, est ici écartée : il s'agit de donner libre cours à la *nature aristocratique*, telle qu'elle a été définie et affirmée dans les dernières pièces, et dont on attend cette fois la solution. Une même partie de cartes, en quelque sorte, reprise avec une main différente : les valets ont été éliminés au profit des rois. Voici donc de nouveau les Maîtres aux prises, Sertorius, Pompée, Perpenna, Aristie, Viriate. Des ambitions rivales, des chocs d'individus et de pays, des contradictions de l'histoire vécue, sortira-t-il enfin la paix, c'est-à-dire l'ordre souverain de l'État, en quoi se réconcilient les antagonismes? La lueur entrevue à la fin d'*Horace* et de *Cinna* deviendra-t-elle flamme éclairante et réchauffante? La discipline, que le jeu des libertés avait été incapable d'assurer, pourra-t-elle enfin reposer sur un ordre naturel? Telle est la question, de vie ou de mort, que pose *Sertorius*, et qui marque un moment décisif dans l'évolution du théâtre cornélien.

L'espoir, que les trois pièces de la Fronde développent et qu'*Œdipe* porte à la limite sur le sol de la légende, va maintenant être soumis à l'épreuve souveraine de l'histoire réelle et romaine, lieu privilégié de l'action héroïque. A défaut de paix, *Sertorius* s'ouvre, du moins, par une trêve. Et cette trêve, qui remplace momentanément le combat des armées par l'entrevue des chefs, tente de se dépasser vers un « accord » :

> *Parlons pourtant d'accord. Je ne sais qu'une voie*
> *Qui puisse avec honneur nous donner cette joie.*
> *Unissons-nous ensemble, et le tyran est bas :*
> *Rome à ce grand dessein ouvrira tous ses bras.*

(III, 1, 937-40.)

Ce que propose Sertorius à Pompée, au cours de la célèbre scène
« politique » de leur rencontre, c'est, en somme, un accord personnel, une réconciliation « par en haut »[276], qui, rayonnant
vers le bas, assurerait la réconciliation des Romains entre eux
et referait de Rome la Cité une et indivisible des Maîtres. Cette
reconnaissance au sommet remplace, dans une tragédie qui
se veut optimiste, la triste nécessité du duel fratricide des
Horaces et des Curiaces, destiné à résoudre le même problème
dans un contexte alors différent. Le seul obstacle à l'harmonie
préétablie des Moi héroïques, c'est, pour Sertorius, la « tyrannie »
de Sylla, comme celle d'Auguste l'était pour Émilie :

> *Est-ce être tout Romain qu'être chef d'une guerre*
> *Qui veut tenir aux fers les maîtres de la terre?...*
> *Ils étaient plus que rois, ils sont moindres qu'esclaves.*

(III, 1, 833-34, 838.)

Ce n'est malheureusement pas une coïncidence si Sertorius est
amené à poser le problème de la liberté héroïque en termes du
Maître et de l'Esclave. La liberté magistrale n'est nullement,
par nature, reconnaissance réciproque des consciences; elle ne
peut s'accomplir que dans la reconnaissance d'un Maître par
un Esclave ou, à un second degré, d'un Maître suprême par le
Maître. Or, ce que Sertorius veut oublier, Pompée le lui rappelle
aussitôt :

> *Moi qui commande ailleurs, puis-je servir sous vous?*

(III, 1, 947.)

Viriate sera, d'ailleurs, encore plus explicite sur la nature de
la liberté « romaine » :

> *La liberté n'est rien quand tout le monde est libre ;*
> *Mais il est beau de l'être et voir tout l'univers*
> *Soupirer sous le joug et gémir dans les fers.*

(IV, II, 1334-36.)

La liberté aristocratique ne saurait se réaliser que dans un
rapport de domination. Il est bien vrai que Pompée a accepté
d'être le second de Sylla, mais Sertorius lui-même comprend
que ce n'est pas là abandon, mais simple délai :

> *Vous aidez aux Romains à faire essai d'un maître*
> *Sous ce flatteur espoir qu'un jour vous pourrez l'être.*

(III, 1, 881-82.)

C'est alors que pour rompre le cercle vicieux du Maître et de l'Esclave, Sertorius fera l'offre, sans précédent dans le théâtre de Corneille, de se démettre de son autorité pour servir de second à Pompée. Générosité illusoire, hélas! ainsi que Pompée lui fera remarquer aussitôt :

> *De pareils lieutenants n'ont des chefs qu'en idée :*
> *Le nom retient pour eux l'autorité cédée.*

(III, 1, 953-54.)

L'impasse de la liberté-pour-la-domination ne peut être résolue qu'à condition de poser le problème de l'héroïsme non plus en termes d'*existence*, mais d'*essence*. C'est cette leçon des pièces précédentes que Sertorius va essayer d'appliquer ici. Tel est le sens de sa fameuse tirade, terminée par le célèbre cri. La Rome véritable ne se définit pas comme une réalité géographique :

> *Je n'appelle plus Rome un enclos de murailles...*

(III, 1, 929.)

ni comme une réalité historique :

> *Avec les faux Romains elle a fait plein divorce...*

(Ibid., 934.)

Rome est une entité, une ~~essence~~ qu'actualise et incarne le Moi du héros :

> *Rome n'est plus dans Rome, elle est toute où je suis* [277].

(Ibid., 936.)

Si Pompée, rompant avec Sylla, c'est-à-dire avec les apories de la « praxis » magistrale, acceptait de se rallier à Sertorius, alors, à l'affrontement insoluble se substituerait la reconnaissance réciproque. Dans la mesure où chaque héros reconnaîtrait la nature héroïque de l'autre comme *allant de soi*, la contestation serait remplacée par la constatation, la trêve par la paix, le désordre par une hiérarchie des êtres, où chacun trouverait spontanément son lieu naturel, autour du pivot immuable de l'univers, Rome :

> *Ainsi nous ferons voir l'amour de la patrie,*
> *Pour qui vont les grands cœurs jusqu'à l'idolâtrie ;*
> *Et nous épargnerons ces flots de sang romain*
> *Que versent tous les ans votre bras et ma main.*

(Ibid., 941-44.)

Or, l'entrevue se conclut par un échec et la trêve par une séparation finale. De même que le quasi-suicide de Polyeucte entérinait la faillite du ·« héros-Dieu », le désaccord de Sertorius et de Pompée marque le naufrage de la « nature-héroïque ». La paix ne peut s'acheter par un refus de la lutte; l'harmonie humaine ne saurait reposer sur un ordre naturel. Le Maître qui ne refait pas l'apprentissage douloureux de la Maîtrise, voit son statut soudain menacé et s'écroule, pour ainsi dire, de l'intérieur. La preuve va nous en être administrée par le double exemple de Pompée et de Sertorius. Pompée, dans son refus de paix, pose la fidélité comme limite de la liberté :

> *Le plus juste parti, difficile à connaître,*
> *Nous laisse en liberté de nous choisir un maître;*
> *Mais quand ce choix est fait, on ne s'en dédit plus.*

> (III, 1, 853-55.)

En réalité, sous couleur de sauvegarder son serment à Sylla, Pompée n'est qu'un lâche, qui veut tout obtenir sans rien sacrifier, et qui prétend agir en espérant un résultat contraire à son action :

> *Je lui [à Sylla] prête mon bras, sans engager mon âme;*
> *Je m'abandonne au cours de sa félicité,*
> *Tandis que tous mes vœux sont pour la liberté.*

> (Ibid., 862-64.)

Cette duplicité se retrouve dans l'attitude de Pompée envers sa première femme, Aristie, qu'il a répudiée sur l'ordre de Sylla, et qu'il voudrait voir se garder pour lui, sans que lui se garde pour elle :

> *Mais enfin je vous aime, et ne puis davantage...*
> *Plaignez-vous, haïssez, mais ne vous donnez pas.*
> *Demeurez en état d'être toujours ma femme.*

> (III, 11, 1034, 1036-37.)

Incapable de contrainte sur lui-même, Pompée attend finalement le salut d'une victoire militaire, c'est-à-dire d'une victoire sur autrui et non sur soi. Si bien que lorsqu'il reparaîtra, après la mort de Sertorius, au cinquième acte, pour venir s'offrir à Aristie, son cri de triomphe :

> *Je suis maître, je parle, allez, obéissez*
> (V, vi, 1868.)

n'a plus qu'une valeur parodique, chez cet homme qui n'est, en fait, qu'un Esclave. Molière n'aura plus qu'à cueillir ce vers et à le mettre dans la bouche d'Arnolphe [278].

Aux tergiversations de l'héroïsme abâtardi, chez Pompée, correspondent exactement les atermoiements de Sertorius, qui n'ose pas plus épouser Viriate que son rival reprendre Aristie :

> *Mais porter dès l'abord les choses à l'extrême,*
> *Madame, et sans besoin faire des mécontents !*
>
> (IV, ii, 1386-87.)

Le recul devant la décision « extrême », la peur du défi, c'est le héros qui se saborde. Après avoir proclamé devant Pompée que « Rome n'est plus dans Rome, elle est toute où je suis », voici à présent que, devant Viriate, il n'est plus question de s'installer et de faire souche en Espagne avec elle :

> *Mais nos Romains, Madame, aiment tous leur patrie ;*
> *Et de tous leurs travaux l'unique et doux espoir,*
> *C'est de vaincre bientôt assez pour la revoir.*
>
> (IV, ii, 1358-60.)

Ainsi, après tout, Rome est bien dans Rome. C'est plutôt Sertorius qui a cessé d'être, au sens véritable, romain. Car si, comme Horace l'avait montré et Ptolémée compris, être romain, c'était être « *plus qu'homme* » (*Mort de Pompée*, I, i, 194), le cri de Sertorius, destiné à excuser sa faiblesse, l'accuse, en fait, sans remède :

> *Ah ! pour être Romain, je n'en suis pas moins homme !*
>
> (IV, i, 1194.)

La présence et la toute-puissance du Moi sentimental affleurent, sous le vernis du Moi héroïque. Les vers suivants révèlent, d'ailleurs, à la lumière de l'impitoyable lucidité cornélienne, toute l'étendue du désastre :

> *J'aime, et peut-être plus qu'on a jamais aimé...*
> *J'ai cru pouvoir me vaincre, et toute mon adresse*
> *Dans mes plus grands efforts m'a fait voir ma faiblesse.*
>
> (IV, i, 1195, 1197-98.)

En ce cruel aveu d'impuissance, nous retrouvons intact l'obstacle majeur, à la fois pierre d'achoppement et pierre de touche du projet héroïque, d'Alidor à Chimène, de Cinna à Pauline. La persistance, chez l'homme, d'une *nature-animale* ruine définitivement le rêve d'une *nature-héroïque* et condamne sans appel une ontologie et une politique fondées sur une chimère.

Cependant, le problème n'est plus tout à fait identique à celui qui se posait dans l'univers cornélien traditionnel. Nous n'avons pas simplement affaire à la redécouverte par le héros de l'esclavage sensuel, en général, mais à un cas d'espèce, qui va devenir une obsession jusqu'à *Suréna* :

> *Malgré mon âge et moi, mon cœur s'est enflammé.*
>
> (IV, II, 1196.)

Avec Sertorius surgit le problème angoissant de l' « âge », que don Diègue avait ressenti le premier dans son inexorable âpreté. Il n'est plus question ici d'un fléchissement momentané de la conscience, qu'une relance volontaire pourrait toujours dépasser. A cet égard, Pompée pouvait encore être sauvé. Ce n'est pas l'avilissement remédiable de la volonté, mais l'*irréparable usure de l'être* qui s'accuse chez Sertorius. Il se produit chez lui une véritable érosion : avec une précision brutale dans le détail physique, assez rare sous la plume de Corneille, on nous rappelle ses « cheveux gris (IV, II, v. 1263), qui couronnent « d'un front ridé les replis jaunissants » (II, I, 399). Déchu, par la malédiction du corps, de son statut d' « essence », le héros, en retrouvant les vicissitudes de l'histoire, redevient la proie du temps. La menace de l' « âge » pour le projet héroïque (encore extérieure, chez don Diègue, dans la mesure où elle venait à lui par autrui et par un rapport, somme toute, fortuit avec une vaillance neuve) s'intériorise et se vit dans le silence de la solitude honteuse :

> *...A mon âge il sied si mal d'aimer,*
> *Que je le cache même à qui m'a su charmer.*
>
> (I, II, 179-80.)

L'inimitié du temps est, au surplus, plus cruelle, plus raffinée, si l'on peut dire, dans le cas de Sertorius que dans le cas de don Diègue, puisqu'elle semble s'attaquer uniquement au Moi de la vaillance et laisser *intact* le Moi du sentiment. Or, tandis que décroissent les forces héroïques, la violence des instincts est inchangée. Cet amour, vécu dans le désarroi de la volonté et la débâcle de la nature, à la fois suscité et trahi par elle, devient fatalement un amour *impuissant;* l'amour de vieillard se transforme en passion de vieux, qui tremble, hésite, rougit, recule devant la femme, lorsqu'elle s'offre :

> *C'est m'offrir, et ce mot peut blesser les oreilles...*
>
> (II, II, 521.)

Si la lâcheté de Pompée temporise avec le pouvoir, incapable qu'il est de s'y soumettre ou de s'en démettre, celle de Sertorius tergiverse avec l'amour, sans pouvoir le tuer ni oser l'assouvir.

La discorde des héros, qui éclatait au début de *la Mort de Pompée*, semblait se terminer sur une concorde. Faute d'une assise véritable de la Maîtrise, l'accord initial de *Sertorius* aboutit à un désaccord final. Symboliquement, l'*assassinat* du héros (sanction, chez la victime, d'une défaite et signe d'une dégénérescence, chez le meurtrier), qui ouvrait *la Mort de Pompée*, conclut à présent *Sertorius*. Le meurtre n'est pas supprimé, mais déplacé, en quelque sorte, et ce déplacement même atteste la disparition d'un espoir et met, sur l'univers héroïque, le sceau du déclin. De façon significative, ce n'est plus d'un Esclave, hissé par sa cautèle au pouvoir — comme c'était le cas de Photin, dans *la Mort de Pompée* —, que part le coup mortel au héros, mais d'un Maître descendu, sous l'empire de l'amour, à l'esclavage. Curieusement, c'est aussi le *temps* qui, chez Perpenna, lieutenant et rival amoureux, puis assassin de Sertorius, détruit le projet héroïque, mais par un processus inverse : au lieu de saper l'être par le vieillissement de la *durée*, il se ramasse dans la tentation vertigineuse et délétère de l'*instant*.

> Menacez mes forfaits et proscrivez ma tête :
> De ces mêmes forfaits vous serez la conquête,
> Et n'eût tout mon bonheur que deux jours à durer,
> Vous n'avez dès demain qu'à vous y préparer.

> (V, iv, 1797-800.)

C'est le « Tombe sur moi le ciel, pourvu que je me venge! » de Cléopâtre, dans *Rodogune*. A défaut de pouvoir se posséder dans la plénitude de l'éternel, le héros se laisse attirer par l'intensité de l'éphémère. Le projet héroïque finit ainsi par la décrépitude ou le crime, et la subjectivité est une fois de plus victime de la temporalité. Nous disions, au début, que *Sertorius* renouait très exactement avec *la Mort de Pompée;* il nous faut ajouter maintenant que la fin de l'un reproduit fidèlement celle de l'autre. Dans les derniers vers des deux pièces, le héros vainqueur, non par son mérite, mais par la voie d'un meurtre sinon prémédité, du moins providentiel, tente d'apaiser les mânes du héros assassiné et lui rend les honneurs funèbres. Pompée « dresse un tombeau » à Sertorius (*Sertorius*, V, viii, 1919), là où César « élevait un autel » à Pompée (*Mort de Pompée* (V, v, 1811). Il s'agit, toutefois, d'un parallélisme, non d'une identité. La circularité de la cérémonie ne dénote point ici cycle héroïque, mais cercle vicieux. Car le geste *rituel* qui, dans *la Mort de Pompée*, couronnait symboliquement César et prétendait assurer la continuité de la Maîtrise au-delà de la division des Maîtres, n'est plus ici qu'un geste *vide* :

disparue l'essence héroïque qui réunissait les héros, ceux-ci, rendus à l'insurmontable dialectique de l'existence, meurent non plus irréconciliés, mais irréconciliables.

III

En remettant l'essence monarchique dans le circuit de l'existence, *Sophonisbe* (1663) reprend et amplifie le constat de faillite de *Sertorius*, au niveau non des héros, mais des rois. Le problème ici est bien celui d'une temporalité où rien, dans le passé, ne vient porter à l'être et garantir le présent, à plus forte raison l'avenir :

> — *La guerre est journalière, et sa vicissitude*
> *Laisse* tout l'avenir dedans l'incertitude.
> — Le passé le prépare, *et le soldat vainqueur*
> *Porte aux nouveaux combats plus de force et de cœur.*

> (I, III, 187-90.)

Cet échange de répliques entre Sophonisbe et sa rivale Éryxe pose admirablement la question angoissante d'une supériorité humaine sans cesse remise en cause par la présence du temps et le mouvement de l'histoire, et qui voudrait pouvoir compter sur l'efficace du passé, c'est-à-dire d'une continuité naturelle, pour assurer sa permanence. Le problème se fait plus pressant encore, quand on passe du plan de l'héroïsme simple à celui de la monarchie, et des rapports entre consciences individuelles à l'ordre objectif de l'État. Ce n'est donc nullement par hasard qu'Éryxe, apologiste du passé, entend maintenir une solidarité, voire une *solidité* royales, en cherchant à assister Massinisse, alors que celui-ci vient de l'abandonner pour Sophonisbe :

> Ce grand titre de roi, *que seul je considère,*
> *Étend sur moi l'affront qu'en vous ils vont lui faire...*
> *Vous allez hautement montrer notre faiblesse,*
> *Dévoiler notre honte et faire voir à tous*
> Quels *fantômes d'État on fait régner en nous.*

> (III, II, 897-98, 902-4.)

Le « titre de roi », vidé de sa substance monarchique, n'est plus qu'un « fantôme d'État », s'il ne s'avère point dans l'épreuve. La tragédie de *Sophonisbe* ne fait rien d'autre que « montrer » une « faiblesse » et « dévoiler » une « honte », qu'Éryxe voudrait en vain dérober à l'œil d'autrui et que Sophonisbe va tenter d'effacer avec son sang.

Dans cette pièce méconnue et, à bien des égards, très belle (nous ne craignons pas, pour notre part, d'y voir un des chefs-d'œuvre de Corneille), quatre monarques, Syphax, Massinisse, Sophonisbe et Éryxe, vont soudain choir de la condition d'essences à celle de créatures, et vont se trouver obligés de revivre intégralement et intègrement leur « titre » hérité de « rois ». Or, le projet royal, manifestation extrême et suprême du projet héroïque, se fonde originellement, comme ce dernier, sur le principe fondamental du « Meurs ou Tue ». Le roi, c'est, en quelque sorte, le Maître à l'état pur. C'est ce que rappelle, avant la bataille que Syphax doit livrer aux Romains, le véritable pacte par lequel Syphax et sa femme Sophonisbe se lient :

> — *Qui sera votre appui, si le sort des batailles*
> *Vous rend un corps sans âme au pied de nos murailles?*
> — *...J'aime mieux, Seigneur, pour vous tirer de peine,*
> *Vous dire que je sais vivre et mourir en reine.*
> — *N'en parlons plus, Madame. Adieu : pensez à moi;*
> *Et je saurai, pour vous, vaincre ou mourir en roi.*

> (I, IV, 379-80, 383-86.)

Or, Syphax, vaincu, ne meurt pas plus que Pertharite. Mais, à la différence de Pertharite, il ne lui suffira point de « se montrer » pour être reconnu. Sophonisbe est là pour lui rappeler qu'être roi n'est pas un *état,* mais une *condition ;* et qu'il y a des conditions, par conséquent, pour être roi :

> *D'aujourd'hui,*
> *Puisqu'il porte des fers, je ne suis plus à lui.*

> (III, IV, 971-72.)

Elle va donc renier et abandonner Syphax vaincu et vivant; bien mieux, elle va épouser son ancien rival Massinisse, autrefois rejeté par elle, maintenant allié des Romains et vainqueur :

> *Je suis à Massinisse et le peuple en ces lieux*
> *Vient de voir notre hymen à la face des Dieux.*

> (III, VI, 1019-20.)

Là-dessus, Syphax de crier à l' « insulte », à la « lâcheté », à la « gloire trahie », à la « déloyauté », au « crime si noir » *(ibid.).* On trouve jusqu'à nos jours l'écho de cette protestation dans la critique : « Cette femme impitoyable foule aux pieds le sentiment, l'honneur, la fidélité... La fanatique Sophonisbe représente dans la tragédie cornélienne... non pas tout à fait une exception, mais un cas extrême, et qui effraie [279]. » La réalité est tout autre : c'est Syphax qui, par sa lâcheté, viole l'honneur et la fidélité monarchiques; c'est lui qui constitue la triste « exception » à ce qui était la règle de Rodrigue ou d'Horace. Ainsi que Sophonisbe le rappelle à Syphax :

> *Un roi né pour la gloire, et digne de son sort,*
> *A la honte des fers sait préférer la mort...*
>
> (III, vi, 1039-40.)

Elle se trouve donc parfaitement déliée à son égard :

> *Votre exemple est ma loi, vous vivez, et je vi ;*
> *Et si vous fussiez mort, je vous aurais suivi...*
> *Je vis pour vous punir de trop aimer à vivre.*
>
> (Ibid., 1091-92.)

Sa nature royale n'a pas pu préserver Syphax de cet irrémissible péché. Une reine, dont, selon sa propre expression, « toute la passion est pour la liberté », ne saurait unir son destin à celui qui est devenu Esclave [280] :

> *Ne m'attachez point tant au destin d'un époux,*
> *Seigneur ; les lois de Rome et celles de Carthage*
> *Vous diront que l'hymen se rompt par l'esclavage.*
>
> (III, vi, 1048-50.)

D'ailleurs, cet esclavage était apparent avant la bataille, et du propre aveu de Syphax, sous forme d'asservissement à la nature et, plus particulièrement, de « décrépitude amoureuse », déjà rencontrée chez Sertorius :

> *Que c'est un imbécile et sévère esclavage*
> *Que celui d'un époux sur le penchant de l'âge* [281]...
>
> (IV, ii, 1193-94.)

Dès lors, retrouvant la véritable vocation de reine, perdue chez la Rodelinde de *Pertharite* qui, par égarement sentimental, restait attachée à un époux déchu [282], Sophonisbe, dont la seule passion est pour le trône, va se tourner vers l'homme qu'elle avait jadis aimé et refusé, par honneur de reine, mais qui peut à présent servir.

Malheureusement, dans ce drame à quatre, le second monarque ne vaut guère mieux que le premier. Massinisse va offrir, sous une autre forme, la même servilité que Syphax. Incapable de sacrifier en lui la nature, comme Sophonisbe avait su faire précisément à son endroit, il répond en frère déchu au cri de Sertorius :

> *Ah ! pour être Romain, je n'en suis pas moins homme !*

par son interrogation douloureuse devant le Romain Lélius :

> *Les héros des Romains ne sont-ils jamais hommes ?*
>
> (IV, iii, 1345.)

Ce veule écho de sa postérité abâtardie montre assez, s'il était
besoin, comment il fallait interpréter les appels de Curiace à
l' « humanité » contre les « sentiments romains » d'Horace.
Cette pseudo-humanité n'est que le cri de faiblesse de l'asservissement. On verra donc le « roi » Massinisse abandonner
Éryxe et déshonorer la parole royale; épouser Sophonisbe,
dans un accès brutal de passion; puis, rebuté par les Romains,
s'abaisser à supplier Lélius, telle une femme :

> *Mes pleurs et mes soupirs vous fléchiront-ils mieux?*
> *Et faut-il à genoux vous parler comme aux Dieux?*

> (IV, iii, 1331-32.)

Cette nature *femelle*, avilissement de Curiace, est aussi avachissement d'Attale : car si, chez le frère de Nicomède, la soumission à Rome était admiration devant des « vertus » difficiles,
auxquelles il parvenait à s'élever lui-même à la fin, la servilité
de Massinisse envers Rome n'est que *fascination de la puissance
sur l'impuissant*. Non seulement du point de vue éthique ou
politique, mais sous son aspect le plus immédiat, comme
virilité. L'impuissance amoureuse, qui se comprenait douloureusement chez Sertorius, vaincu par l'âge, devient, chez
Massinisse, dans la force de la jeunesse, une forme curieuse
de perversion érotique, un « égarement » des sens, dont le
théâtre cornélien, qui, contrairement à sa légende, n'en est
pas à une audace près, nous offre ici un remarquable exemple.
Trop peu mâle pour oser posséder Sophonisbe contre l'ordre
de Rome, Massinisse va transférer la possession au .mâle
romain, qui lui fournira la jouissance passive du voyeur par
personne interposée [283] :

> — *Allons, allons, Madame, essayer aujourd'hui*
> *Sur le grand Scipion ce qu'il a craint pour lui.*
> *Il vient d'entrer au camp; venez-y par vos charmes*
> *Appuyer mes soupirs et secourir mes larmes;*
> *Et que ces mêmes yeux qui m'ont fait tout oser,*
> *Si j'en suis criminel servent à m'excuser.*
> *Puissent-ils, et sur l'heure, avoir là tant de force,*
> *Que pour prendre ma place il m'ordonne un divorce,*
> *Qu'il veuille conserver mon bien en me l'ôtant!*
> *J'en mourrai de douleur, mais je mourrai* content.
> — *Le trouble de vos sens, dont vous n'êtes plus maître,*
> *Vous a fait oublier, Seigneur, à me connaître.*

> (IV, v, 1419-30.)

L'égarement en reste ici au stade du « souhait », comme l'inceste
fraternel n'est qu'effleuré et l'inversion suggérée. Mais, comme
toujours, dans ce théâtre des bienséances, la pathologie du

sentiment ne fait que révéler, sous un jour plus cru, la dégénérescence du projet héroïque, repris et résorbé par l'impulsion
d'une nature ambiguë.

Or, par une opposition éclatante aux ravages du désordre
sensuel, déchaîné chez les hommes, s'affirme la maîtrise absolue
de soi chez les femmes. Nous sommes loin du temps où Pauline
devait se « tyranniser » pour régner sur elle. Déjà, dans *Sertorius*,
Viriate, détachée des appétits du corps, pouvait ne chercher
dans l'hymen que des satisfactions de tête :

> *Ce ne sont pas les sens que mon amour consulte ;*
> *Il hait des passions l'impétueux tumulte...*
> *J'aime en Sertorius ce grand art de la guerre.*

(II, 1, 401-2, 405.)

De même que, dans certaine littérature socialiste, l'héroïne
modèle est amoureuse d'un tracteur, l'héroïne cornélienne
des dernières pièces est éprise d'un trône. On a souvent noté
ce phénomène, baptisé « évolution de l'amour » dans les tragédies
de Corneille, — ce qui ne nous avance guère. Or, nous avons
déjà rencontré, bien avant les tragédies de la vieillesse, le
phénomène de l' « inversion des sexes », dans les drames de la
« monstruosité »; et nous y avions découvert, à propos du
personnage de Cléopâtre, dans *Rodogune*, l'effort de la liberté
féminine pour se vivre comme absolue, c'est-à-dire, en fait,
comme masculine. Nous avions également montré comment
cette tentative de « dénaturement » devait aboutir à un échec[284].
Cette inversion, moins marquée pendant la période « essentialiste » (bien que visible chez le couple Pertharite-Rodelinde
ou Thésée-Dircé), redevient, avec le retour à l'existence temporelle et historique, un des thèmes majeurs, une des obsessions
centrales de la dernière période du théâtre cornélien. Corneille
lui-même était conscient de ce curieux phénomène : « J'aime
mieux qu'on me reproche d'avoir fait mes femmes trop
héroïques... que de m'entendre louer d'avoir efféminé mes
héros. » *(Avertissement de Sophonisbe)*. En réalité, ainsi que
nous avons pu le constater déjà dans *Rodogune*, et que nous le
vérifions à nouveau dans *Sertorius* et dans *Sophonisbe* — et
ceci est vrai d'*Othon*, de *Tite et Bérénice* ou de *Pulchérie* —, si
Corneille *masculinise* ses héroïnes, il ne manque pas d'*efféminer
aussi* ses héros. C'est qu'il s'agit là d'un comportement parallèle
et identique, par lequel, devant la présence, sous-jacente à la
liberté, d'une nature irréductible, le personnage va choisir
précisément la conduite qui, *en le condamnant d'avance à
l'impuissance, pourra d'avance l'absoudre de son échec.*

L'inversion des sexes ne diminue pas, mais, au contraire,

accentue la dépendance naturelle de la liberté. Féminisés,
devenus tout sentiment et tout tendresse, Antiochus et Séleucus
« ne peuvent pas » se tourner contre leur mère ou Rodogune,
et évitent ainsi le choix rédempteur. Pareillement, s'étant
fait femme, soupirant et pleurant, Massinisse n'a plus besoin
de se révolter contre Rome, « ce n'est pas de sa faute »; il
enverra donc à Sophonisbe le fameux poison :

> *Et c'est tout ce que peut un déplorable roi*
> *Pour dégager sa foi.*
>
> (V, ii, 1597-98.)

Inversement, en se donnant des buts et un comportement
masculins, en se fixant exclusivement sur la possession du
« trône », qui est pourtant l'apanage de la force mâle, bref,
en se condamnant à ne pouvoir atteindre la Maîtrise que *par
la médiation des hommes*, les femmes déplacent le véritable
champ de bataille de l'héroïsme féminin : celui de Pauline,
qui est acceptation et transcendance simultanées de la condition féminine, victoire *intérieure*. Ce faisant, la femme se lave
de la défaite, en évitant le seul combat qui soit le sien. A
regarder de près la profession de foi de Viriate, qui ne « consulte
pas ses sens » et « hait des passions l'impétueux tumulte », il
n'y faut point voir un signe de force plus qu'humaine, mais de
faiblesse secrète. Cette « haine » n'est, en réalité, qu'une *fuite*.
La domination, qu'il faudrait commencer par exercer sur
soi dans l'affrontement d'un amour *réel*, Sertorius la lui procu-
rera toute faite par « ce grand art de la guerre », sous la forme
réifiée du « trône ». Une fois Sertorius assassiné, *justifiée pour
toujours envers elle-même*, Viriate n'aura plus qu'à se réfugier
dans l'inaction et la passivité totales :

> *Je renonce à la guerre ainsi qu'à l'hyménée...*
> *C'est tout ce que je puis, Seigneur, après ma perte.*
>
> (Sertorius, V, vii, 1893, 1890.)

Sophonisbe, toutefois, n'est point Viriate, et le problème
est ici plus complexe. Tout d'abord, loin d'avoir fui le «combat
contre soi » et contre l' « autre soi-même », Sophonisbe a su
éprouver son amour et, quand il le fallait, sacrifier Massinisse
à Carthage :

> *Je l'aimai; mais ce feu, dont je fus la maîtresse,*
> *Ne met point dans mon cœur de honteuse tendresse :*
> *Toute ma passion est pour ma liberté.*
>
> (III, vi, 1105-7.)

Liberté ici implique astreinte, non caprice. L'identification

spontanée de l'héroïne à Carthage : « O ma gloire! O Carthage! »
(V, 1, 1533), rappelle exactement celle d'Horace à Rome.
Il n'est pas plus question chez Sophonisbe que chez Horace
de « patriotisme », au sens moderne du mot, et ce serait une
totale erreur de voir dans ces pièces une manifestation d'un
quelconque « nationalisme ». Rome comme Carthage n'est que
la patrie temporelle de l'héroïsme, le lieu de la domination,
l'effort pour incarner le projet de Maîtrise dans l'histoire. La
lutte de Carthage et de Rome, tout comme celle d'Albe et de
Rome dans *Horace*, n'est que lutte à mort de deux « alter ego »,
de deux moitiés identiques, de deux sœurs. Albe *est* Rome, et
Rome *est* Carthage. Leurs lois et l'esprit de leurs lois sont
les mêmes :

> *Les lois de Rome et de Carthage*
> *Vous diront que l'hymen se rompt par l'esclavage.*
>
> (III, vi, 1849-50.)

Il est, d'ailleurs, probant que le Romain Lélius soit le seul à
parler le langage de Sophonisbe, incomprise de Syphax et de
Massinisse :

> *Il [le monarque] repousse l'amour comme un lâche attentat,*
> *Dès qu'il veut prévaloir sur la raison d'État.*
>
> (IV, iii, 1375-76.)

Cette parenté est reconnue de Lélius même dans les derniers
vers de la pièce :

> *Une telle fierté devait naître romaine.*
>
> (V, vii, 1812.)

Seulement, si Horace est homme, Sophonisbe est femme.
Là où, pour s'accomplir absolument, c'est-à-dire réaliser en lui
l'union du Moi et de Rome, Horace n'avait à compter que sur
son « bras » et ne dépendait que de lui-même, Sophonisbe ne
peut atteindre à la Maîtrise et se maintenir libre et souveraine
que par l'intermédiaire de Syphax ou Massinisse. Son projet
monarchique, coupé des moyens réels de la puissance, l'assu-
jettit, en fait, à autrui, et la dégradation de ses deux époux
successifs fait d'elle une « esclave d'esclaves ».
Héroïne authentique aliénée par sa condition féminine,
Sophonisbe éprouve cruellement sa contradiction. A la différence de Viriate, elle saura, cependant, briser ce cercle par le
recours au salut de la mort :

> *L'esclavage aux grands cœurs n'est point à redouter ;*
> *Alors qu'on sait mourir, on sait tout éviter.*
>
> (II, v, 721-22.)

Sophonisbe, en sachant mourir pour vaincre, tiendra la parole
donnée à Syphax et rendra au projet monarchique la dignité
qu'il avait perdue. Ainsi que l'admet le Romain Lépide,
Sophonisbe vaincue triomphe :

> *Elle meurt à mes yeux, mais elle meurt sans trouble,*
> *Et soutient en mourant la pompe d'un courroux*
> *Qui semble moins mourir que* triompher de nous.
>
> (V, vii, 1800-2.)

L'être-pour-la-mort, retrouvé avec Œdipe, met la liberté
au-dessus de tout destin :

> *Raffermis-toi, mon âme, et prends des sentiments*
> *A te mettre au-dessus de tous événements.*
>
> (V, i, 1563-64.)

Toutefois, si le suicide sauve, en effet, l'héroïne comme être
libre, il ne faut pas oublier qu'autant que libre, Sophonisbe
se veut *reine* et *carthaginoise*, c'est-à-dire incarnation d'une
liberté héroïque dans une domination historique. C'est là,
chez elle, un projet fondamental, qui se révèle dans sa plénitude
au moment de mourir :

> *Et n'étant plus qu'à moi, je meurs* toute à Carthage,
> *Digne sang d'un tel père, et digne de régner,*
> *Si la rigueur du sort eût voulu m'épargner !*
>
> (V, vii, 1792-94.)

Mais, comme elle le dit fort bien, le sort ne l'a pas épargnée.
« Alors qu'on sait mourir, on sait tout éviter », disait-elle, au
début de la pièce. Mais elle condamnait aussitôt l'insuffisance
de ce salut stoïcien et négatif :

> *Mais comme enfin la vie est bonne à quelque chose,*
> *Ma patrie elle-même à ce trépas s'oppose.*
>
> (II, v, 723-24.)

Si la vie « est bonne à quelque chose », si l'on doit « vivre pour
servir l'État », ainsi que le roi Tulle le rappelait à Horace
et que Sophonisbe en témoigne ici, la mort solitaire n'est qu'une
solution en trompe-l'œil, puisqu'elle souligne une défaite et
consacre une inefficacité. Éthique d'esclave qui fuit ses chaînes,
le stoïcisme n'est pas une morale de roi. « Au-dessus de tous
événements », certes, en tant que personne, Sophonisbe
n'échappe nullement à « la rigueur du sort » en tant que reine.
Sauvée comme héroïne, elle est condamnée comme monarque.
  Le projet monarchique ne saurait donc impunément changer
de sexe. Après la volatilisation de l'essence héroïque dans

Sertorius, nous assistons à la déperdition de la substance
royale dans *Sophonisbe*. Aucun caractère inné ne désigne plus
Syphax ni Massinisse comme rois, pour les sauver. L'authenticité de l'existence, retrouvée par Sophonisbe, ne sert qu'à
l'engager et la mettre en péril tout entière. L'amour du trône,
réfugié chez les femmes, ne fait que révéler son impuissance,
lorsque, même scellé par le risque et la perte de la vie, plus
rien ne vient le garantir du dehors. Tandis que Sophonisbe
disparaît dans une mort inutile, sa rivale et consœur en monarchie, Éryxe, après avoir attendu son sort de Massinisse, puis
de Sophonisbe, le recevra à présent des Romains. Une vague
solution, une pâle synthèse paraissent à l'horizon, lorsque le
rideau tombe : Massinisse, défait, humilié, repenti, reviendra
à Éryxe, qui devra mettre en pratique sa propre maxime :

> *L'hymen des rois doit être au-dessus de l'amour*

> (V, vi, 1718.)

et accepter un roi déchu, par raison d'État :

> Lélius : *Allons voir Scipion, allons voir Massinisse ;*
>   *Souffrez qu'en sa faveur le temps vous adoucisse...*
> Éryxe : *En l'état où je suis, je fais ce qu'on m'ordonne ;*
>   *Mais ne disposez point, Seigneur, de ma personne ;*
>   *Et si de ce héros les désirs inconstants...*
> Lélius : *Madame, encore un coup, laissons-en faire au temps.*

> (V, vii, 1815-16, 1819-22.)

Cette fin de Sophonisbe rappelle curieusement la fin du *Cid*,
où l'on confiait aussi au « temps » le soin de faire aboutir un
mariage difficile et d'opérer la synthèse des libertés momentanément divisées. Mais le temps qui devait, dans *Le Cid*,
œuvrer pour l'héroïsme et dilater à l'infini ses conquêtes, fait
ici le travail de la lâcheté et de la dégradation. Il s'agira de
réconcilier une Éryxe et un Massinisse avilis, sous l'œil protecteur et méprisant de Rome. Surgi à nouveau avec le règne
retrouvé de la temporalité et de l'existence, le processus de
l'histoire semble faire, dans *Sophonisbe*, le procès de la
monarchie.

IV

A propos d'*Othon* (1664), Corneille déclare dans son avertissement *Au Lecteur :* « Si mes amis ne me trompent, cette pièce

égale ou passe la meilleure des miennes. » De prime face, il faudrait croire que ces amis avaient pour le moins le goût curieux, car depuis lors la critique a fait le silence absolu sur cette œuvre. Ce sont pourtant ces « amis » qui avaient raison : sans être égal ou supérieur aux grandes tragédies, cela va sans dire, *Othon* joue sans nul doute, dans le théâtre de Corneille, le rôle du chef-d'œuvre méconnu. Aussi nous arrêterons-nous un peu plus longtemps à cette pièce. Elle est, d'ordinaire, reléguée, avec *Héraclius*, parmi les embrouillaminis du « bonhomme », lequel avoue, en effet : « ... je puis dire qu'on n'a point encore vu de pièce où il se propose tant de mariages pour n'en conclure aucun. Ce sont des intrigues de cabinet qui se détruisent les unes les autres » *(ibid.).* Il est bien vrai que ce qui frappe le plus, c'est l'étonnante complexité de l'intrigue : Othon aime Plautine, fille de Vinius, conseiller de l'Empereur Galba ; Camille, nièce et seule héritière de Galba selon le sang, aime Othon ; les autres conseillers de l'Empereur n'aiment qu'eux-mêmes et se haïssent les uns les autres. A partir de là, nous assistons à des virevoltes matrimoniales qui tiennent de la haute virtuosité : disons (en simplifiant grandement) qu'Othon, pour sauver Vinius, Plautine (qu'il aime) et lui-même de la colère de son rival Pison, — qui deviendrait empereur, grâce aux manœuvres de l'affranchi Martian, en épousant Camille, — décide de prendre les devants et d'accéder pour son compte à l'Empire en épousant Camille (qu'il n'aime pas). Seulement, Galba ayant fait choix dudit Pison pour successeur, Camille doit du coup, si elle veut épouser Othon (qu'elle aime), renoncer au trône. Comme on le pense bien, c'est alors Othon qui renonce à Camille et revient à Plautine, cependant que Plautine, entre-temps, est promise successivement par Galba à Pison, puis à Martian. Heureusement, la mort opportune de Galba et de Pison élimine un certain nombre de candidats au mariage, et l'on s'attendrait à ce qu'Othon couronné s'empresse d'épouser Plautine, — mais, comme l'indique plus haut Corneille, « il se propose tant de mariages pour n'en conclure aucun ».

Or, il est difficile d'accuser Corneille de sénilité. Jamais son métier n'a été aussi solide, son habileté dramatique aussi éblouissante, son vers aussi percutant. A aucun moment l'écrivain n'a été davantage en possession de ses moyens. Il s'agit de se demander à quelle fin. Un tel déploiement de virtuosité n'est pas gratuit, comme nous avons pu vérifier à propos d'*Héraclius :* il a un sens. On a fait un admirable recensement des procédés techniques du théâtre cornélien [285], mais, si précieuse que soit la dissection anatomique, elle n'a de signification ultime que par l'organisation physiologique. La structure traduit, dans les deux cas, la fonction. Devant *Othon* comme devant *Héraclius*, il ne s'agit pas seulement de démonter un imbroglio, mais d'en comprendre la raison.

A cette cascade de mariages, on a cru trouver, là comme ailleurs, une explication fort simple dans l'histoire. On a souligné que « les dernières œuvres de Corneille, à partir de *Sertorius*, ont en effet ce trait commun d'être des tragédies de l'amour et du mariage, mais de mariages politiques et d'amours dominées par la Raison d'État [286] ». Ou encore, selon une autre formule, « l'art de gouverner est devenu l'art de marier [287] ». Corneille ferait allusion aux mœurs contemporaines, à la nécessité de s'attacher à un ministre, à un parti ; de sceller les alliances politiques par des alliances matrimoniales. Il n'est pas besoin d'aller loin pour trouver la Grande Mademoiselle, aimée de Lauzun, Mme de Nemours, recherchée par le roi d'Angleterre, et bien d'autres sacrifiées à la raison d'État, à commencer par Marie Mancini, abandonnée du jeune Louis XIV (et dont l'exemple a sans doute inspiré le *Tite et Bérénice* de Corneille et la *Bérénice* de Racine). Nous redirons ici ce que nous avons dit à propos des pièces de la Fronde (cf. pp. 312-13). Si le théâtre de Corneille est une méditation de l'histoire contemporaine, ce n'est pas à titre de reflet, mais de réflexion, où l'imaginaire artistique ne saurait se traduire terme à terme par le réel historique. C'est le sens de l'histoire qui est ici *théâtral*, dans la mesure où il s'inscrit et s'incorpore dans une pièce. Expliquer par les « intrigues de cour » de l'époque les « intrigues de cabinet », dont parle Corneille, est impossible : ces dernières ne sont que de théâtre. Il n'y a aucune commune mesure entre les cabales graveleuses et louches, que nous décrivent les mémoires de Retz et de Saint-Simon, et le véritable ballet à voltes et virevoltes gracieuses, que nous offre la stylisation cornélienne. D'ailleurs, ces rapprochements « historiques », si l'on ne se contente pas de leur valeur faciale, se contredisent souvent. D'un côté, en isolant quelques vers pris hors de contexte (II, IV, 613-621), on suppute qu'au fond, *Othon*, c'est la façon dont Corneille fait sa cour au Louis XIV gaillard du début, en montrant que la volupté peut aller de pair avec la politique [288]. Mais, d'un autre côté, on s'aperçoit que « le vrai défaut d'*Othon*... c'est que cette tragédie n'offre pas une grande figure, c'est qu'aucun de ses personnages ne domine l'action... [289] », bref, qu'*Othon* n'est pas un héros « agissant », mais « agi [290] ». On doute fort, dans ces circonstances, que Louis XIV eût aimé se reconnaître à ce « portrait », et que Corneille ait été assez maladroit pour lui faire ainsi sa cour. Le sens d'*Othon*, une fois de plus, n'est point ailleurs que dans *Othon*.

Il est bien vrai que, dans les cinq dernières pièces de Corneille, avant *Suréna*, d'*Othon* à *Pulchérie*, le seul et unique sujet est la liaison du mariage et de la politique, à l'échelon princier. En fait, il n'y a point là de changement véritable : depuis *Rodogune*, le thème central est toujours le sort du trône; la réalité cornélienne reste identique, — ce qui varie, c'est l'éclairage. Tandis que, dans les tragédies de la période précédente, la question du trône se posait en termes de *naissance*, elle se règle, à partir d'*Othon*, en termes de *mariage*. L'évolution est significative. Dans la mesure où les pièces de la Fronde tentaient de fonder l'ordre politique sur une « nature » et de soustraire les vertus nobiliaires aux vicissitudes de l'existence, en les enracinant dans l'être, la réification du projet héroïque en faisait surgir, du même coup, la radicale facticité. Le héros, pour s'affirmer, se trouvait renvoyé non à ses actes, mais à son « sang », c'est-à-dire à sa naissance, dont le mystère faisait l'énigme de la pièce. Séparé de son nom, tel Héraclius, le héros errait dans les ténèbres, et la complexité de l'intrigue visait à restituer, sur le plan dramatique, cette opacité originelle. La tragédie devenait problème de *connaissance*, « drame policier », dirait Ionesco[291]. Lorsque Léontine criait à Phocas, en lui donnant à choisir une victime : « Devine si tu peux, et choisis, si tu l'oses », l'angoisse de Phocas, coupé de son fils, est de même nature que celle d'Héraclius, coupé de son nom : la solution est là, à portée de la main, inscrite dans les choses sous forme de filiation; il faut seulement la connaître. *Héraclius* et *Don Sanche* offraient une ontologie optimiste, où l'ambiguïté de l'existence incarnée trouvait sa résolution philosophique et théâtrale dans un dénouement qui rendait le héros à lui-même. Le Moi pouvait se posséder à nouveau dans sa plénitude retrouvée. L'écho s'en fait encore entendre chez Sophonisbe (« Voilà quelle je suis et quelle je veux être ») (II, IV, 695), qui proclame farouchement la triple identité de l'être, du connaître et du vouloir. Mais si *Sertorius* remet les héros, et *Sophonisbe* les rois, dans le circuit hasardeux de l'existence, le problème de la réalité héroïque ne peut plus se poser dialectiquement (et, par conséquent, dramatiquement) dans les mêmes termes.

On se trouve alors en face d'un double problème. D'un côté, dès l'instant où la substantialité de la nature aristocratique ou royale est compromise, il devient impossible de *se connaître* — au sens où Rodrigue disait : « Mes pareils à deux fois ne se font point connaître » — en sachant simplement *qui on est*. D'un autre côté, si l'on n'*est* que ce que l'on *fait*, on risque de

retomber à ce danger mortel d'une vaillance « née de rien »,
c'est-à-dire du peuple, que *Don Sanche* avait laissé entrevoir.
Il faut à tout prix éliminer la possibilité qu'un soldat veuille
s'asseoir dans un fauteuil de comte ou, pis encore, sur un trône
de roi. Si force est donc d'en revenir à l'épreuve de l'existence,
pour définir le héros agissant, la nature de cette action ne saurait plus être, comme au temps des grandes tragédies, une
vaillance guerrière, grosse à présent de périls. Il faudra trouver
désormais une justification qui se situe à la lisière de l'être et
du faire, une « praxis » qui participe à la fois de la liberté et
de la nature : le *mariage* — différent en cela de la naissance,
qui est pure facticité, — acte par lequel une conscience affronte
dans la lutte amoureuse une autre conscience et, en même
temps, inscrit dans la nature, par la procréation, un ordre
social, fournit le lieu nouveau du combat héroïque [292]. Il n'est
pas question de se procurer du plaisir, au hasard des inclinations, mais de perpétuer une race, selon les impératifs d'une
politique. Par là se retrouve l'élément de contestation de soi
et d'autrui, par quoi se définit nécessairement toute épreuve
authentique. Les comédies de jeunesse étaient déjà tout
entières bâties sur l'opposition de la spontanéité amoureuse et
des exigences familiales, qui mettait la liberté à l'essai dans
l'acceptation volontaire de la contrainte. Cette contradiction
fondamentale, que le mariage (annoncé, mais non consommé)
de Rodrigue et de Chimène semblait avoir un instant surmontée,
reparaît vite et s'accentue encore, lorsqu'on passe de l'existence
aristocratique à l'existence monarchique, en vertu de la règle
que pose Éryxe dans *Sophonisbe* : « L'hymen des rois doit être
au-dessus de l'amour » (V, vi, 1718.) Sophonisbe a épousé
Syphax, qu'elle n'aimait pas, tandis qu'en fin de pièce, Éryxe
s'apprête à épouser Massinisse, qu'elle méprise. Le mariage
princier (avec l'épreuve de force morale et politique qu'il
implique) est dorénavant le champ de bataille qui s'impose au
héros déclinant.

On peut se demander alors en quoi exactement consisterait
la victoire. Il semble qu'au début, les personnages d'*Othon*
rêvent de cette réconciliation des exigences amoureuses et
aristocratiques, qu'annonçait le mariage promis à la fin du
Cid. Il devrait y avoir passage possible d'un ordre à l'autre.
Lorsque Albin, ami d'Othon, lui demande, à propos de l'amour
supposé de ce dernier pour Plautine :

Ainsi tout votre amour n'est qu'une politique?...

(I, i, 65.)

Othon répond :

> *... Mais cette politique est devenue amour.*
>
> (Ibid., 68.)

Par un même optimisme, la princesse Camille entend épouser non Pison, que la politique de l'empereur Galba lui désigne, mais « d'autres héros »

> *Et qui sauraient mêler, sans vous faire rougir,*
> *L'art de gagner les cœurs au grand art de régir.*
>
> (III, III, 915-16.)

Ainsi peut-on à la limite définir un mariage idéal, où s'uniraient le « mérite » et le « sang », où se rejoindraient le faire et l'être, où collaboreraient l'essence et l'existence :

> *Qu'elle [Rome] en veuille la race, ou cherche le mérite,*
> *Notre union aura des voix de tous côtés,*
> *Puisque j'en ai le* sang, *et vous les* qualités.
>
> (Camille à Othon, III, v, 1050-52.)

L'ordre des Maîtres n'a pas, en effet, renoncé complètement aux avantages de l'innéité. Galba justifie son choix de Pison pour successeur et pour gendre, non par ses actions passées, mais par ses prouesses futures, garanties par son « sang » :

> *... C'est le sang de Crassus,*
> *C'est celui de Pompée, il en a les vertus,*
> *Et ces fameux héros dont il suivra la trace*
> *Joindront de si grands noms aux grands noms de ma race.*
>
> (III, III, 883-86.)

La vertu du sang noble qui, jadis, telle l'existence de Dieu, faisait l'objet d'une *preuve* ontologique, n'est plus à présent que l'objet d'un *pari*, dont Camille souligne aussitôt tout ce qu'il a d'optimiste :

> *Mais Pison n'eut jamais de charge ni d'armée;*
> *Et comme il a vécu jusqu'ici sans emploi,*
> *On ne sait ce qu'il vaut que sur sa bonne foi.*
> *Je veux croire, en faveur des héros de sa race,*
> *Qu'il en a les vertus, qu'il en suivra la trace,*
> *Qu'il en égalera les plus illustres noms;*
> *Mais j'en croirais bien mieux de grandes actions.*
>
> (Ibid., 958-64.)

Non que Camille conteste chez Pison la vertu de la race :

> *Je sais quel est Pison et quelle est sa noblesse...*
>
> (Ibid., 893.)

vertu qu'elle revendique, d'ailleurs, nous l'avons vu, pour son propre compte. Simplement, la « noblesse » de Pison ne suffit plus à dire ce qu'il *est* et à déduire ses actes futurs de son essence, comme les conséquences d'un théorème. L'essence noble est là; mais elle a besoin d'être ratifiée par l'action, comme le mariage parfait d'Othon et de Camille serait celui qui unirait la « race » et le « mérite ». Dans les pièces du cycle précédent, les actes du héros manifestaient sa nature, par un rapport d'émanation, — obscurci ou brouillé par accident, mais toujours possible à rétablir. Désormais, avec la dépréciation, mais non la disparition, d'une essence *métaphysiquement compromise*, mais *politiquement nécessaire*, l'existence héroïque va renvoyer, pour son déchiffrement, à l'essence héroïque, mais cette essence, à son tour, renvoie, pour sa confirmation, à l'existence. La réalité héroïque n'est plus une « nature » connaissable; elle se situe maintenant à la jonction instable d'un mouvement de renvoi perpétuel, à la limite imprécise d'un incessant va-et-vient. On sait « quels sont » Othon, Plautine, Camille, et « quels ils veulent être ». On connaît leur pedigree, leur situation familiale, sociale, historique; le tableau de leur vie s'offre à nous sous un jour cru, sans cette zone de ténèbres, où Héraclius et Carlos venaient se perdre. Pourtant, Héraclius et Carlos se trouvent; Othon, Plautine, Camille continuent, le rideau baissé, à se chercher éperdument. L'obscurité, la complexité de l'intrigue prennent donc un sens tout à fait différent dans *Héraclius* et dans *Othon*. Dans le premier cas, l'illusion n'est que privation momentanée de connaissance — comme l'erreur chez Spinoza —, *dissipée* au dénouement, quand le héros « se montre » et que brille une vérité « index sui ». Dans le second cas, l'épreuve n'apporte aucune preuve; nous assistons à la tragédie, autrement poignante, d'une confusion *indissipable*. Dans les pièces de la Fronde, à travers les apparences, le héros remontait jusqu'à son être; avec *Othon*, l'être du héros n'est plus que jeu d'apparences. Alors qu'il vivait auparavant le *drame de l'ambiguïté*, le personnage est condamné dorénavant à la *tragédie de l'équivoque*. C'est pourquoi l'on va passer soudain, à la scène, d'un univers de monades leibniziennes à un monde de fantômes pirandelliens.

Galba et Camille vont donc perdre leur pari. Si, comme on l'a bien remarqué, la pièce n'offre pas de « héros », c'est moins pour une raison morale que métaphysique : le héros se volatilise. Ces essences en quête d'existence; ces existences qui s'efforcent vers leur essence; la conscience noble qui fait comme si elle était supportée par une nature noble, et comme si l'amour pouvait s'allier au mariage; la spontanéité qui prétend collaborer avec la politique : à partir de ces prémisses, *Othon* devient

l'impitoyable tragédie du *comme si*. En ce sens, c'est *Othon*
(et non, selon la suggestion de B. Dort, *Héraclius*) qui constitue
l'Illusion Tragique. C'est au moment précis où la tragédie se
centre sur le thème charnel du mariage, que le héros se désin-
carne; à l'instant où il prétend inscrire sa lignée dans l'être,
qu'il se dissipe en pur paraître. Il ne s'agit pas là d'un accident,
mais d'un nouveau mouvement de l'existence héroïque, que
nous devons à présent examiner [293].

Il semble que nous nous trouvions, au début, devant une
situation cornélienne type. La démarche héroïque, pour se
transporter de la lice au lit, n'en reste pas moins pur affrontement. La réconciliation, espérée chacun de leur côté par Othon
et par Camille, de l' « amour » et du « mariage », s'avère impossible; la fragile tentative de synthèse s'écroule, dès le premier
choc avec le réel. Tandis que Vinius rappelle à Othon la règle
d'or de l'éthique :

> *Seigneur, un grand courage, à quelque point qu'il aime,*
> *Sait toujours au besoin se posséder soi-même*
>
> (I, ii, 189-90.)

Galba remémore Camille du divorce qui existe entre les raisons
du cœur et la raison d'État :

> *Votre main est à vous, mais l'empire est à moi.*
>
> (III, iii, 996.)

Mis en demeure de choisir, la première réaction d'Othon et de
Camille sera d'*opter pour l'amour*. A Vinius qui lui remet en
l'esprit les exigences du trône :

> *Seigneur, quand pour l'empire on s'est vu désigner,*
> *Il faut, quoi qu'il arrive, ou périr ou régner*
>
> (I, ii, 235-36.)

Othon réplique :

> *Vous voulez que je règne, et je ne sais qu'aimer.*
>
> (Ibid., 244.)

De même, devant l'alternative : ou Pison avec l'empire, ou
Othon sans, Camille fait choix d'Othon, ainsi que Galba
l'annonce lui-même à ce dernier :

> *Son cœur de telle force à votre hymen aspire,*
> *Que pour mieux être à vous, il renonce à l'empire.*
>
> (III, iv, 1013-14.)

Loin que la tragédie se définisse, pourtant, comme dans le cas de la Camille d'*Horace*, par cette option, celle-ci n'est, nous nous en apercevons bientôt, qu'*apparente*. Candidats au trône, Othon, pas plus que Camille, n'acceptent de sacrifier le pouvoir à l'amour. Malgré des protestations véhémentes, mais brèves, Othon se laissera convaincre sans trop de mal (et sans avoir besoin d'épancher sa douleur en Stances, comme Rodrigue) qu'il vaut mieux abandonner l'amour au profit du sceptre. Vinius, puis Plautine, qu'il aime, auront tôt fait de décider Othon à rechercher la main de Camille, qu'il n'aime pas. Ce sera même l'occasion, pour Plautine, d'esquisser une *nouvelle définition de la Maîtrise*. Au stade *actif* de la Maîtrise, la victoire de Rodrigue sur lui-même se traduisait par ses actions : la vérité de son triomphe sur la passion, c'était la mort du Comte, tout comme la vérité du triomphe de la passion, chez la Camille d'*Horace*, c'était son suicide. Au stade *passif*, il s'agira simplement de maintenir intacte en soi l'essence de Maître, *indépendamment des actes :*

> *Au péril qui nous presse immolez le dehors...*
>
> (I, IV, 351.)

Une dualité nouvelle du « dedans » et du « dehors » vient remplacer, dans cette perspective, l'identité fondamentale de l'être et du paraître dans les grandes tragédies :

> *Et que de votre cœur vos yeux indépendants*
> *Triomphent comme moi des troubles du dedans.*
>
> (Ibid., 355-56.)

Le « triomphe » sur soi ne consiste plus désormais à dominer, mais à dissimuler la réalité du « trouble » émotif. Il n'est plus question de prouver la victoire sur le « cœur » par le geste brutal du « bras », à la façon d'Horace, mais de mettre, entre les sentiments et les actes, l'*écran* des « yeux ». L'éthique héroïque change ainsi subrepticement d'orientation :

> *Faites à vos désirs pareille violence,*
> Retenez-en l'*éclat*, sauvez-en l'*apparence.*
>
> (Ibid., 349-50.)

Il se découvre, opportunément, un « for intérieur », où il n'est plus besoin de combattre le sentiment, mais où on peut le cultiver à loisir, à condition de ne pas le montrer :

> *Je ne vous défends point une douleur muette,*
> *Pourvu que votre front n'en soit point l'interprète...*
>
> (Ibid., 353-54.)

Alors que la « gloire » était toute, pour Rodrigue ou Polyeucte, dans sa *manifestation* aux yeux de tous, elle devient *occultation* prudente à l'intérieur de chacun :

> *J'ai même déplaisir, comme j'ai même flamme ;*
> *J'ai même désespoir, mais je sais les cacher...*
>
> (Ibid., 346-47.)

Loin que le faire définisse l'être de l'homme, la nouvelle philosophie héroïque se fonde sur une séparation radicale de l'intention et de l'action :

> *Adieu, donnez la main, mais gardez-moi le cœur...*
>
> (Ibid., 364.)

Cessant de se poser comme identification ultime de l'être et du vouloir, au détriment de la sensibilité, l'héroïsme s'exerce, dans *Othon*, à dissocier initialement l'être et le paraître, pour la sauvegarde du sentiment [294].

Si donc Othon entend conserver son amour, malgré les apparences, en s'emparant du trône, Camille, de son côté, en semblant choisir l'amour, compte bien ne rien perdre du pouvoir. Vu de plus près, son « sacrifice » de la couronne n'est que poudre aux yeux de Galba :

> *Il semble que pour vous je renonce à l'empire*
> *Et qu'un amour aveugle ait su me le prescrire.*
> *Je vous aime, il est vrai ; mais si l'empire est doux,*
> *Je crois m'en assurer quand je me donne à vous.*
>
> (III, v, 1041-44.)

Une fois à Othon, et grâce à Othon, Camille s'apprête, après la mort de Galba vieillissant, à arracher le sceptre à son « héritier présomptif », Pison. La Maîtrise du paraître, c'est-à-dire la *science du mensonge*, réconciliera passion et puissance en une seconde synthèse, qui en surmontera cette fois la contradiction, autrement que par des vœux optimistes. Tout comme Plautine, Camille suppose un noyau subjectif inaccessible, un « secret du cœur », par où se définit l'homme profond :

> *Qui veut également tout ce qu'on lui propose,*
> *Dans le secret du cœur souvent veut autre chose ;*
> *Et maître de son âme, il n'a point d'autre foi*
> *Qu'en celle qu'en soi-même il ne donne qu'à soi.*
>
> (V, i, 1517-20.)

Ainsi tout est simple ; l'autonomie absolue du héros est maintenue, par des moyens nouveaux. Le but de la Maîtrise spirituelle se résume à la conquête des apparences — au prix d'une solitude encore plus grande que celle d'Horace, puisque le héros ne sera plus désormais *incompris*, mais *inconnu* d'autrui. Il se possédera non dans le triomphe éclatant de la « gloire », mais dans le repli obscur sur soi; il se repaîtra solitairement de lui-même. La volonté de déité subsiste et l'homme rêve toujours d'être Dieu : non plus, toutefois, le Dieu présent, mais le Dieu *caché*. ·

Le malheur, c'est que le triomphe de l'apparence n'est qu'une apparence de triomphe, et celui qui s'en croit le maître en est, en fait, l'esclave. À cet égard, *Othon* ouvre une nouvelle et remarquable phase dans la dialectique cornélienne du héros. La virtuosité du dramaturge, qui ne s'exerce plus à dissimuler les personnages à eux-mêmes par l'opacité de l'intrigue, comme au temps d'*Héraclius*, mais, au contraire, les produit dans la transparence parfaite, va confiner ici au prodige. Ce ne sera plus l'énigme dans les ténèbres, mais le mystère en pleine lumière. A la façon d'un Pirandello, il va falloir tenter l'impossible tâche de saisir une vérité dans le reflet incessant qui renvoie de l'être au paraître. Auprès de cette « Illusion Tragique », les jeux de l'*Illusion Comique* sont enfantins. Il *semble*, en effet, établi qu'Othon aime Plautine et Camille Othon, mais que, pour les besoins de la politique, Othon *paraît* sacrifier l'amour à l'empire et Camille l'empire à l'amour. Mais ce ne sont là, précisément, qu'*apparences :* le semblant risque fort d'être faux-semblant. Et si l'amour, pour commencer, n'était que simulacre d'amour? La situation peut se lire en sens inverse. Au moment où Othon « paraît » sacrifier l'amour, sur l'ordre de Plautine, qui sait si l'apparence n'est pas ici *vérité*, si la véritable sacrifiée n'est pas ici Camille, comme le croit Plautine, mais Plautine, comme le croit Camille? Nous apprenons, en effet, au cours de la pièce, qu'un des traits caractéristiques d'Othon est justement son *art de feindre :*

> *Il sait trop ménager ses vertus et ses vices.*
> *Il était sous Néron de toutes ses délices ;*
> *Et la Lusitanie a vu ce même Othon*
> *Gouverner en César et juger en Caton.*
>
> (II, ɪv, 605-8.)

Comme dans tous les cas de dédoublement de la personnalité, il est loisible de se demander quelle est la vraie : Caton ou César? Or, on apprend de sa propre bouche que son « amour » pour Plautine n'était, à l'origine, qu'une mesure de « sûreté » :

> *... Demeuré seul de toute cette cour,*
> *A moins d'un protecteur j'aurais bientôt mon tour.*
> *Je choisis Vinius dans cette défiance ;*
> *Pour plus de sûreté j'en cherchai l'alliance.*
>
> (I, ɪ, 55-58.)

« Mais cette politique est *devenue* amour », nous assure
Othon *(ibid.).* Et si son amour, au contraire, était *resté* politique? Lorsque Albin lui suggère le premier la possibilité d'accéder à l'empire en épousant Camille, sa protestation de fidélité
est *trop* réfléchie, il donne, comme si le sujet lui était familier,
trop de raisons (dont certaines fort éloignées du domaine sentimental) :

> *La beauté de l'objet, la honte de changer,*
> *Le succès incertain, l'infaillible danger,*
> *Tout fait à tes projets d'invincibles obstacles.*
>
> (I, 1, 99-101.)

Il semble penser ici beaucoup moins à la fille qu'au père :

> *Quand mon cœur se pourrait soustraire à ce que j'aime*
> *Et que pour moi Camille aurait tant de bonté...*
> *Aucun de nos tyrans n'est encor las d' l'être;*
> *Et ce serait tous trois les attirer sur moi,*
> *Qu'aspirer sans leur ordre à recevoir sa foi.*
> *Surtout de Vinius le sensible courage*
> *Ferait tout pour me perdre après un tel outrage...*
>
> (Ibid., 82-83, 86-90.)

Lorsque c'est *Vinius* en personne qui lui demande de « changer »,
à la scène suivante, il obtempère, nous l'avons vu, sans difficulté excessive. Plus tard, lorsque Othon refusera Camille,
déshéritée du trône par Galba, faut-il croire qu'il agisse par
l'ordre *supposé* de Plautine, comme il le prétend, ou par l'amour
réel de l'empire, ainsi que Camille le fait remarquer :

> *Je ne sais quel amour je vous ai pu donner,*
> *Seigneur, mais sur l'empire il aime à raisonner :*
> *Je l'y trouve assez fort, et même d'une force*
> *A montrer qu'il connaît tout ce qu'il a d'amorce,*
> *Et qu'à ce qu'il me dit touchant un si grand choix,*
> *Il a daigné penser un peu plus d'une fois.*
>
> (III, v, 1131-36.)

— Par opposition, Camille se donne facilement le beau rôle
de la pure amoureuse :

> *Vous n'aimez que l'empire, et je n'aimais que vous.*
>
> (Ibid., 1144.)

Et derechef :

> *Je l'avais préféré, cet ingrat, à l'empire...*
>
> (IV, v, 1441.)

Mais elle-même nous a dit que pas un instant elle n'avait, *en réalité*, songé à abandonner l'empire, que ce n'était là qu'une apparence. Son « amour », comme celui d'Othon, n'est-il pas, lui aussi, comédie de l'amour? Si elle eût épousé Pison, celui-ci, après tout, ne manque-t-il pas de « mérite » pour se maintenir sur le trône face à l'armée, dont Othon (comme la conclusion du drame le prouvera) a les faveurs? Lorsque Camille déclarait à Othon :

> *Notre union aura des voix de tous côtés,*
> *Puisque j'en ai le sang, et vous les qualités,*
>
> (III, v, 1051-52.)

était-ce, comme elle voulait le donner à croire, l'amour qui utilisait la politique en faisant un empereur, ou bien la politique qui se servait de l'amour, en mettant ses « vertus » à son service :

> *L'héritier de Galba sera considérable :*
> *On aimera ce titre en un si digne époux,*
> *Et l'empire est à moi, si l'on me voit à vous.*
>
> (Ibid., 1054-56.)

Lors donc que Camille parle à plusieurs reprises de son amour « aveugle » :

> *Pour Plautine ou pour moi je vois du stratagème,*
> *Et m'obstine avec joie à m'aveugler moi-même,*
>
> (III, 1, 833-34,)

ou quand elle fait le tableau complaisant de sa mauvaise foi amoureuse :

> *Hélas! que cet amour croit tôt ce qu'il souhaite!...*
> *Il veut croire, et ne croit que parce qu'il le veut,*
>
> (Ibid., 829, 832.)

le travail de la mauvaise foi consiste-t-il à *croire qu'Othon l'aime*, comme elle le dit, ou justement à *croire qu'elle aime Othon*, comme sa conduite le laisse supposer?

Ne nous hâtons point de conclure que l'amour d'Othon et de Camille est faux, leur ambition seule vraie. Ce serait simplifier et déformer le problème. Nous ne sommes plus au temps où le mensonge n'est qu'un écran de la vérité, où, au-dessous des ténèbres, nous attend une lumière. Dans le monde de l'apparence, le sentiment ne peut plus être qu'*apparence de sentiment*. Le rapport précaire entre essence cachée et existence révélatrice, réalité secrète et comportement extérieur, for intérieur et visage découvert, n'est pas univoque, mais équivoque. Là où le héros cherchait confirmation de son être, il se perd en pur paraître, en reflets qui se confondent dans le regard. La morale des « yeux » indépendants du « cœur », proposée par Plautine et appliquée par tous, se retourne finalement contre elle-même et, au lieu d'assurer la Maîtrise, elle condamne à l'impuissance. Alors que Plautine, autant qu'Héraclius, exige de *se connaître* :

> *Connais-toi, si tu peux, ou connais-moi,*
>
> (V, v, 1713.)

Flavie lui répond par avance qu'il n'est rien au-delà ou en dehors de ce que rencontre le regard : « J'ai *tout vu...* » (II, 1, 377.) Camille se vantera de même d'embrasser le réel d'un coup d'œil :

> *Vous avez de l'esprit, mais j'ai les yeux perçants...*
> *Faut-il vous dire encor que j'ai des yeux ouverts...*
>
> (II, v, 731, 740.)

Lacus, toutefois, appréciera, dès la scène suivante, cette prétention :

> *Plus elle m'en fait voir, plus je vois sa faiblesse.*
>
> (II, vi, 754.)

Alors, en effet, qu'on a radicalement coupé l'être du paraître, le regard ne peut saisir qu'un simulacre; le règne de l'œil est, en fait, celui du trompe-l'œil. Est-il si sûr que Camille, selon le jugement hâtif de Flavie, « prenait plaisir à se laisser tromper » (II, 1, 420)? A s'aveugler, en se persuadant qu'Othon l'aimait? La mauvaise foi utilise seulement et, en quelque sorte, parfait la duplicité du réel, elle ne la crée point. Il n'existe *aucun critère* pour distinguer le langage d'Othon faisant une cour *vraie*, d'Othon faisant une cour *fausse* à Camille :

> *C'est la gêne où réduit celles de votre sorte*
> *La scrupuleuse loi du respect qu'on leur porte:*
> *Il arrête les vœux, captive les désirs,*
> *Abaisse les regards, étouffe les soupirs,*
> *Dans le milieu du cœur enchaîne la tendresse ;*
> *Et tel est en aimant le sort d'une princesse,*
> *Que quelque amour qu'elle ait et qu'elle ait pu donner,*
> *Il faut qu'elle devine, et force à deviner...*
>
> (III, 1, 813-20.)

La dissimulation d'Othon vient naturellement se couler dans le moule creux de la semblance. Les contraires passent les uns

dans les autres, les apparences se confondent dans une équivalence redoutable :

> — *Et sa réponse enfin? — Elle a paru civile;*
> *Mais la civilité n'est qu'amour en Camille,*
> *Comme en Othon l'amour n'est que civilité.*
>
> (II, 1, 425-27.)

Il est impossible d'arrêter le jeu de l'ambiguïté, de crier
« pouce ». C'est en vain qu'excédée, Camille s'écrie :

> *Croyez-moi, mettez bas l'artifice,*
>
> (II, v, 722.)

c'est en vain que tous les personnages s'invitent mutuellement
à jeter le masque :

Plautine :   ... *Et sans dissimuler,*
> *Dis de quelle manière il a su lui parler.*
>
> (II, 1, 395-96.)

Lacus :   *Quel énigme est-ce-ci, Madame?*
> (II, III, 561.)

Galba :   *Parlez donc, et sans feinte, Othon vous plairait-il?*
> (III, III, 940.)

Le masque est le visage; l'artifice, le cœur de la réalité.
Artifice, les « vices » d'Othon :

> *Et sa haute vertu par d'illustres effets*
> *Y dissipa soudain ces vices contrefaits.*
>
> (III, III, 955-56.)

Artifice, la « vertu » de Pison :

> *Si dans un long exil il a paru sans vice,*
> *La vertu des bannis n'est souvent qu'artifice.*
>
> (Ibid., 965-66.)

Dans la confrontation de Galba et de Camille rejetant Pison
(III, III), de Camille et d'Othon refusant Camille (III, v), les
personnages déploient une prodigieuse fécondité à inventer
sur-le-champ des raisons qui paraissent vraies pour justifier
des sentiments qui semblent faux. Dès lors, la question naïve
de Galba :

> *Othon, est-il bien vrai que vous aimiez Camille?*
>
> (III, IV, 997.)

ne saurait recevoir de réponse. Impossible de faire le départ
du sentiment réel et du sentiment imaginaire, du comportement

vrai et du faux. Dans un tel univers, la seule sincérité possible
est celle qui se révèle à la qualité de l'artifice : Camille, plus
perspicace que sa rivale Plautine, découvre l'attachement
unique d'Othon pour l'empire à la perfection de ses dénéga-
tions (cf. p. 370). Aussi Galba se résigne-t-il, en fin de compte,
à accepter l'adresse comme substitut valable de la véracité :

> *Ce long raisonnement dans sa délicatesse*
> *A vos tendres respects mêle beaucoup d'adresse.*
> *Si le refus n'est juste, il est doux et civil.*
>
> (III, III, 937-39.)

La fausseté désormais est le seul et, si l'on ose dire, le vrai
révélateur de l'âme.

La tragédie d'Othon est donc celle d'une réalité *éclatée,* où
gestes, sentiments, pensées, ont toujours une double face et sont
tendrement unis à leurs contraires. Quand Othon paraît aimer,
il n'agit que par ambition. Lorsqu'il montre de l'ambition, ce
n'est peut-être qu'un déguisement de l'amour. Si Camille
insiste avec complaisance sur sa crédulité à penser qu'Othon
l'aime, c'est sans doute pour se dissimuler qu'elle n'aime pas
tellement Othon. Aucun personnage n'échappe à cette
équivoque fondamentale. Au moment où la « noble » Plautine
elle-même semble prête à abandonner son amant pour le
couronner, ce qui semble sacrifice de l'amour est satisfaction
déguisée d'amour-propre :

> *Je le force moi-même à se montrer volage ;*
> *Et regardant son change ainsi que mon ouvrage,*
> *J'y prends un intérêt qui n'a rien de jaloux.*
>
> (II, I, 389-91.)

Le renoncement devient une forme plus subtile de la puissance.
Le plus grave, c'est que cette dualité, cette duplicité essentielles
ne restent pas confinées au sens des conduites individuelles;
elles gagnent bientôt le sens même de l'histoire. Si le réel est à
double face, les politiques s'arrangent toujours pour faire
coup double :

> Vinius : *Non, tout ce que j'ai dit n'est qu'un rapport sincère.*
> *Je crois te voir régner avec ce cher Othon ;*
> *Mais n'espère pas moins du côté de Pison.*
>
> (IV, III, 1286-88.)

C'est même, dans la pièce, Vinius qui atteint volontairement
à une sorte d'état de grâce de l'ambiguïté parfaite. Les gestes
qui, de sa part, préparent la *subversion* de Galba, paraissent
(et *sont*) des gestes d'absolue *soumission :*

> *Vinius par son zèle est trop justifié.*
> *Voyez ce qu'en un jour il m'a sacrifié :*
> *Il m'offre Othon pour vous, qu'il souhaitait pour gendre ;*
> *Je le rends à sa fille, il aime à la reprendre ;*
> *Je la veux pour Pison, mon vouloir est suivi ;*
> *Je vous mets en sa place, et l'en trouve ravi ;*
> *Son ami se révolte, il presse ma colère ;*
> *Il donne à Martian Plautine à ma prière :*
> *Et je soupçonnerais un crime dans les vœux*
> *D'un homme qui s'attache à tout ce que je veux?*

(V, 1, 1507-16.)

C'est à ce moment que la tragédie de l'apparence dépasse celle de la subjectivité perdue, et s'attaque à la seule réalité qui parût jusqu'ici fournir un point de repère absolu des pensées et des actes : la réalité du *trône* et la vérité du *pouvoir*.

Dans les tragédies de Corneille, l'exploration de la condition humaine n'est pas une fin par elle-même. La vision cornélienne s'insère spontanément dans une Histoire. Si l'histoire corné-lienne est métaphysique, la métaphysique cornélienne est historique. La Maîtrise absolue n'est pas un exercice de derviche et n'a de sens que prolongée en Monarchie absolue. Le « trône » reste donc à l'horizon d'*Othon* comme de toutes les pièces précédentes, et le jeu des apparences ne devient vraiment tragique, que replacé dans son contexte politique. La rencontre avec le pirandellisme n'est que momentanée : si les personnages d'*Othon* sont des ombres de personnages en quête de leur réalité, si l'univers héroïque se désancre et chavire soudain dans l'irréel, si, en un mot, *Othon* est le *Bateau Ivre* de Corneille, ce n'est pas parce qu'il manquerait brusquement un *critère* d'authenticité humaine, une pierre de touche du vrai. Le critère, la pierre de touche subsistent : simplement les person-nages y ont, en quelque sorte, forfait. Ce n'est pas la norme qui manque; ce sont eux qui manquent à la norme. Nous avons vu, à propos de *l'Illusion Comique*, que la fausseté du projet aristocratique apparaît sous la forme de « théâtralité », où l'être et le paraître se confondent et où le théâtral devient inextricablement le réel, *à un moment précis* (cf. note 89) : lorsque le pseudo-Maître, coupé de la Maîtrise véritable, n'est que le fantôme de lui-même. Le « Meurs ou Tue » de don Diègue, en rendant le héros à l'authenticité, reconquiert son être sur son paraître. Nous assistons ici au mouvement inverse. Si Matamore, disions-nous, c'était Rodrigue sans l'affrontement de la mort, Othon, sans cet affrontement, redevient Matamore. L'Illusion Tragique, c'est que la tragédie n'est plus qu'illusion. L'édifice héroïque se défait. Le jeu mortel par où l'être se dissipe dans le paraître ne représente

nullement, pour Corneille, l'objet d'une étude esthétique, d'une
recherche scénique ni même d'une angoisse philosophique :
c'est un *moment* dans la dialectique cornélienne du Maître et de
l'Esclave, celui où le Maître de l'apparence n'est qu'une apparence de Maître. Nous pouvons maintenant comprendre
pourquoi. Puisque le risque volontaire de la vie peut seul constituer la *réalité* héroïque et dissiper la « comédie » que la conscience
se donne à elle-même et à autrui, lui seul peut constituer la
norme de *vérité* humaine, de sincérité absolue, — celle-là même
qu'en fait, propose Othon :

> *Et si pour obéir*
> *J'ai paru mal aimer, j'ai semblé vous trahir,*
> *Ma main, par ce même ordre à vos yeux enhardie,*
> *Lavera dans mon sang ma fausse perfidie.*
>
> (IV, 1, 1179-82.)

La règle qui permet de distinguer la réalité de l'apparence,
sur le plan psychologique, s'applique aussi au domaine politique :

> *N'enviez pas, Madame, à mon sort inhumain*
> *La gloire de finir du moins en vrai Romain,*
> *Après qu'il vous a plu de me rendre incapable*
> *Des douceurs de mourir en amant véritable.*
>
> (Ibid., 1183-86.)

Or, si le risque de la mort est l'unique critère du vrai et du
faux, non seulement Othon, malgré toutes ses rodomontades,
ne meurt point, mais, comme Matamore précisément, il se
dérobe à la mort. Et non seulement il se dérobe à la mort, mais
il en *fuit* rigoureusement tout risque. Dès la scène 1 de l'acte I,
nous avons pu constater que sa première pensée avait été
pour « l'infaillible danger », qu'eût entraîné le « change » de
Plautine à Camille. Ainsi que celle-ci le fait remarquer, il est
étrangement révélateur qu'Othon donne le risque de mort
comme *excuse* pour ne pas l'épouser :

> *Et c'est là ce grand cœur qu'on croyait intrépide !*
> *Le péril, comme un autre, à mes yeux l'intimide !*
> *Et pour monter au trône, et pour me posséder,*
> *Son espoir le plus beau n'ose rien hasarder !*
>
> (III, v, 1089-92.)

Le malheur est que ces paroles ironiques conviennent trop bien
à la conduite *constante* d'Othon. Le « ou », qui était, chez le
vieil Horace du cri célèbre :

> *Que vouliez-vous qu'il fît contre trois ? — Qu'il mourût,*
> *Ou qu'un beau désespoir alors le secourût !*

porte de sortie entrebâillée sur l'optimisme (cf. p. 172), devient, chez Othon, qui ne parle sans cesse de mourir que pour vivre, portail béant ouvert sur la lâcheté :

> *Ah ! courons à la mort ;*
> *Ou si pour l'éviter il nous faut faire effort...*
>
> (IV, 1, 1199-1200.)
>
> *Périssons, périssons, Madame, l'un pour l'autre...*
> *Ou si pour conserver en vous tout ce que j'aime...*
>
> (Ibid., 1237, 1241.)

En toute occasion, depuis le temps où la « vertu » d'Othon consistait à « contrefaire le vice » pour échapper aux fureurs de Néron, jusqu'à celui où il recherchera l'alliance de Vinius « pour plus de sûreté » (cf. p. 369), la seule tâche qu'Othon s'assigne, la seule valeur qui éclaire *toutes* ses actions, c'est *l'amour de la vie à tout prix*, même quémandée d'un rival :

> *Pison n'est point cruel et nous laissera vivre.*
>
> (I, II, 230.)

Confondu par Camille, Othon ne songe pas au déshonneur, mais au danger :

> *Que je vois d'appareils, Albin, pour ma ruine !*
>
> (III, V, 1149.)

Tel est, en fin de compte, le secret du *vrai* Othon.

Il est, d'ailleurs, en bonne compagnie; cette clé ouvre aussi les autres âmes. L'abaissement du tonus héroïque est *général*. Tout un chacun met désormais la vie au-dessus de l'honneur. C'est Plautine, qui s'écrie :

> *Il faut vivre, et l'amour nous y doit obliger...*
>
> (I, IV, 899.)

C'est Vinius, qui demande à Othon la « honte du change » pour sauver le trio :

> *Je sais qu'à son hymen tout votre cœur aspire ;*
> *Mais elle, vous, et moi, nous allons tous périr ;*
> *Et votre change seul nous peut tous secourir.*
>
> (I, II, 126-28.)

Dans ce nouveau monde héroïque, on ne meurt pas plus pour l'amour que pour l'honneur, comme Vinius le fait ironiquement observer à Othon :

> *Popée avait pour vous du moins autant d'appas ;*
> *Et quand on vous l'ôta vous n'en mourûtes pas.*

>   (Ibid., 191-92.)

Du coup, dans cet avachissement universel, le mouvement même de la conquête de soi est oublié; on glisse à la délectation facile, à la jouissance complaisante du Moi sensible :

Camille : Je m'aime un peu moi-même, *et n'ai pas grande envie*
          De vous sacrifier le repos de ma vie.

>   (II, v, 737-38.)

Albiane : *Bien que nous devions tout aux puissances suprêmes,*
          Madame, nous devons quelque chose à nous-mêmes.

>   (III, 1, 789-90.)

Nous assistons, en quelque sorte, chez les Maîtres, à la contre-offensive du Moi animal. La dureté d'Horace, refusant de « s'amollir », tourne, dans *Othon*, à la flaccidité généralisée. Le règne du paraître a, en fin de compte, un sens et un rôle précis : c'est l'*alibi* de la conscience qui cherche, dans la complexité de ses propres structures, un refuge contre les nécessités d'une épreuve de force réelle.

Ce manquement au principe fondamental de la Maîtrise n'a pas simplement des conséquences éthiques, mais politiques. Si l'Esclave est, par définition, celui qui préfère avant tout la *vie*, rien ne vient plus distinguer, dans ces conditions, l'Esclave du Maître. La confusion métaphysique gagne le domaine historique. Si l'on supprime le critère de la mort, il n'y a plus de vrai ou de faux héros. La conséquence est immédiate : on voit s'épanouir dans *Othon*, sous le sceptre débile de Galba, le règne, entr'aperçu à ses débuts dans *la Mort de Pompée*, de l'Esclave affranchi. Ce nouveau type humain, apparu d'abord sous les traits de Photin, arrive à maturité sous ceux de Martian. Les premières paroles d'Othon, dans la pièce, soulignent l'importance capitale de la montée des anciens Esclaves, devant l'absence morale, devenue l'absentéisme politique des Maîtres :

> *Quand le monarque agit par sa propre conduite,*
> *Mes pareils sans péril se rangent à sa suite :*
> *Le mérite et le sang nous y font discerner.*
> *Mais quand le potentat se laisse gouverner...*
> *Ces lâches ennemis de tous les gens de cœur*
> *Cherchent à nous pousser avec toute rigueur...*[295]

>   (I, 1, 21-24, 27-28.)

Il y avait jusqu'ici, en effet, une sorte de pacte implicite, qui liait le héros et le roi. Sous sa forme idéale, cette version corné-lienne du « Contrat Social », telle qu'elle s'exprimait dans

Cinna, invitait l'aristocrate à se démettre de son être politique particulier, pour le retrouver, à la fois incarné et magnifié, en la personne du Souverain. Si, en fait, cette harmonie était rompue par la discorde des monades, qui préféraient exister par elles-mêmes plutôt que par participation à l'Un, la division des héros et des rois restait une affaire de famille. On était entre soi, — en proie à l' « autre soi-même ». D'ailleurs, l'existence monarchique, dans la dramaturgie cornélienne, réfléchit toujours la qualité de l'existence aristocratique. Au héros conquérant correspond le monarque qui se conquiert : à Rodrigue et à Horace, Auguste; au héros-chose correspond le monarque-substance : à Nicomède, Pertharite; à la retombée dans l'existence de Sertorius fait pendant celle de Sophonisbe. Dès l'instant où l'être du héros se volatilise, la présence monarchique se vide : avec le héros de l'illusion, on a la monarchie illusoire. C'est bien pourquoi, par un parallélisme structurel (dont nous avons déjà vu, dans *Horace*, l'importance. Cf. p. 150), aux mariages d'Othon, *qui ne peuvent se conclure*, correspond, en la personne de Galba, le premier des monarques cornéliens *sans descendance*, et incapable de se donner, par le sang ou par le choix, un successeur [296]. Ce n'est donc pas par hasard que, devant la *stérilité* monarchique et aristocratique, la volonté de puissance de l'Esclave affranchi se manifeste par le désir de Martian d'*épouser* Plautine. Le héros, qui voulait jouer la partie héroïque au niveau du mariage, se trouve menacé sur son propre terrain. Parvenu au faîte du pouvoir, Martian, comme Rodrigue, veut se perpétuer par la race : la filiation est la dernière forme de l'ambition satisfaite, qui entend durer. C'est donc naïvement que Plautine, outragée, jette à Martian sa naissance à la face :

> *Je m'étonne de voir qu'il ne vous souvient plus*
> *Que l'heureux Martian fut l'esclave Icélus...*
>
> (II, ii, 491-92.)

Celui-ci a beau jeu de rétorquer :

> *C'est le crime du sort qui m'enfle le courage;*
> *Lorsqu'en dépit de lui je suis ce que je suis,*
> *On voit ce que je vaux, voyant ce que je puis.*
>
> (Ibid., 494-96.)

Seul désormais, l'Esclave mesure *sa valeur à sa puissance*, selon le critère même de la Maîtrise. Seul, il tient sa position, à la différence des « pareils » d'Othon, non de son « sang », mais de l'affrontement d'autrui. C'est pourquoi, au sein de cet univers politique, dont la substance interne s'est perdue dans

l'hémorragie du paraître, seul l'Esclave, *affranchi* de son esclavage, est *réel;* seul, comme le dit admirablement Martian,
il « est ce qu'il est », parce qu'il est ce qu'il se fait. Résolu à
enfermer les rapports de Maîtrise dans les relations entre
Maîtres, Corneille voit, en quelque sorte, sa propre dialectique
lui échapper, se nier et passer soudain dans le mouvement
suivant, par quoi s'annonce la *Maîtrise de l'Esclave*, selon
le schéma hégélien[297].

Il s'agit là, toutefois, d'un mouvement qui s'amorce et qui
s'esquisse, sans un instant se compléter. Dans la pièce, le rapport
du Maître, en train de devenir Esclave, et de l'Esclave, en train
de devenir Maître, est arrêté, suspendu au moment dialectique
du *passage*. D'où un équilibre et une équivalence ambigus.
Loin d'être parvenu au stade où l'Esclave renverse le Maître
par la violence, *Othon* nous les montre qui se rencontrent à
égalité pour la première fois. Car si, du point de vue psychologique, chez le héros réduit à son paraître, rien ne vient plus
distinguer le sentiment vrai du faux, rien non plus ne vient
séparer, sur le plan politique, la vraie et la fausse Maîtrise.
Dès l'instant où Vinius et Othon ne considèrent plus le trône
que comme moyen de préserver leur vie et d'assurer leur
plaisir :

> Eh bien ! si cet amour a sur vous tant de force,
> Régnez : qui fait des lois peut bien faire un divorce.
> Du trône on considère enfin ses vrais amis,
> Et quand vous pourrez tout, tout vous sera permis...

> (I, ii, 249-52.)

ils n'installent plus, en fait, sur le trône qu'un Esclave déguisé.
Quand l'aristocrate préfère la vie à l'honneur, il perd littéralement son identité, il devient *indiscernable de l'Esclave*. Impossible de distinguer le mépris du peuple chez Dircé et chez
Lacus[298], l'usage noble et ignoble du machiavélisme d'État[299].
L'Esclave renvoie au Maître ses maximes et son image. Mais,
inversement, si le Maître est un Esclave déguisé, l'Esclave
soi-disant affranchi n'est qu'un Maître emprunté. Épreuve,
certes, la réussite de Martian n'est pourtant pas épreuve
authentique. Alors que la vraie Maîtrise ne se devait qu'au
courage personnel et s'incarnait dans le « bras » d'Horace,
le pouvoir de l'Esclave n'est dû ici qu'à la manipulation caute-
leuse du « grand maître », dont il a, symboliquement, « l'oreille » :

> Madame, en quelque rang que vous ayez pu naître,
> C'est beaucoup que d'avoir l'oreille du grand maître.

> (II, ii, 513-14.)

Si la vertu d'Othon était « vice contrefait », la puissance de Martian est pouvoir simulé. Othon renvoie à Galba, qui renvoie à Martian, qui renvoie à Galba, qui renvoie à Othon, pour le principe d'une autorité qui n'est que mirage de l'impuissance universelle. A ce moment, l'Esclave, faussement affranchi, loin de pousser à bout ses possibilités propres, n'aspire qu'à *ressembler au Maître* et à se confondre avec lui (d'où le désir de Martian d'épouser Plautine). Il y arrive, d'ailleurs, trop bien, au détriment de l'un comme de l'autre. L'égalité devient une sinistre identité, où le seul indice différentiel est la vertu d'une « naissance », à laquelle ceux qui l'invoquent ne croient même plus [300]. Pour clore dignement cette tragédie de la réalité perdue, Othon hésitant, poussé par Vinius (lequel s'apprête, le cas échéant, à adorer Pison), est porté au pouvoir par le double jeu du traître Atticus (« Qui promet de trahir peut manquer de parole », V, v, 1734) et le caprice de la soldatesque, arrêté un instant sur lui. Cette caricature de héros assiéra donc sur le trône un simulacre d'empereur [301]. Cette tragédie de la fausseté se terminera, comme il convient, par un faux couronnement. Dans cette pièce extraordinaire de l'équivoque et de la double face, Othon, pour le plus grand dam de l'ordre monarchique, est, en définitive, l'*alter ego* fraternel de son rival en pouvoir et amour, Martian, — tout comme Martian rêve, pour comble de succès, d'être en tout le sosie d'Othon.

v

> *Après l' « Agésilas »,*
> *Hélas !*
> *Mais après l' « Attila »,*
> *Holà !*

Quelle que soit l'interprétation qu'on en donne, et que le fameux « holà » soit d'indignation ou d'admiration, la fatale épigramme de Boileau accouple à jamais les deux pièces. A juste titre, du reste : malgré les différences de facture et les disparates de style, sous les oripeaux de la tragédie galante en vers libres ou le drapé de la tragédie noble en alexandrins, c'est bien le même sujet, le seul et unique thème, venus en droite ligne d'*Othon*, qui se poursuivent et se développent [302]. Ce serait, selon nous, une grave erreur de croire qu'*Attila* (1667) nous ramène à la période des grands « monstres ». Rien de moins fracassant, en effet, que l'irruption du « fléau de Dieu » sur la

scène cornélienne. Le « monstre sacré », à l'envi des Lysander
et des Cotys de la précédente pastorale, ne se montre à l'œuvre
que dans les jeux matrimoniaux. Ses seuls ravages sont ceux
qu'il ne réussit pas à exercer dans les cœurs. Car, ici comme
dans *Othon*, le mariage d'Attila ne se conclut point. D'aucuns,
tel Stendhal, ont pensé trouver le portrait d'un « tigre »[303],
une orgie de puissance d'un « sur-héros », d'un « anti-
Auguste »[304], qui se met pour la première fois au-dessus des
rois et de Rome. C'est faire à l'Attila cornélien trop d'honneur.
Le « tigre » y a tout au plus des allures de chat, et le sur-héros
n'est qu'un sous-monarque.

Corneille nous prévient, d'ailleurs, lui-même : « Il était
plus homme de tête que de main, tâchait de diviser ses ennemis,
ravageait les peuples indéfendus, pour donner de la terreur
aux autres... » *(Au Lecteur).* Loin d'être le guerrier féroce,
sous les pas duquel l'herbe ne pousse plus, l'Attila cornélien
entend réussir par la ruse :

> Octar : *Et pour juste qu'il soit, est-il si fort à craindre*
> *Que le grand Attila s'abaisse à se contraindre?*
> Attila : *Non; mais la noble ardeur d'envahir tant d'États*
> *Doit combattre* de tête *encor plus que* de bras,
> *Entre ses ennemis* rompre l'intelligence,
> *Y jeter du désordre et de la défiance,*
> *Et* ne rien hasarder *qu'on n'ait de toutes parts,*
> *Autant qu'il est possible, enchaîné les hasards.*
>
> (I, 1, 37-44.)

Cet Attila, calculateur et cauteleux, qui se refuse au risque,
qui combat « de tête » et non « de bras », et qui entend « diviser
pour régner », ce n'est pas Attila, ce n'est pas le conquérant
brutal et grandiose, le Tamerlan de Marlowe, traîné sur son
char à travers l'Asie par des rois captifs, — c'est *Louis XI*,
dont on retrouve ici littéralement les maximes et la politique,
face à Charles le Téméraire :

> *Je me vis en déroute avec toutes mes forces.*
> *J'ai su les rétablir, et cherche à me venger;*
> *Mais je cherche à le faire avec moins de danger*[305].
>
> (Ibid., 54-56.)

Attila commence donc par répudier la *réalité* de l'héroïsme,
pour s'en tenir, comme les personnages d'*Othon*, aux *apparences*
du pouvoir. La politique n'est plus, à la façon d'Auguste ou
de Tulle, insertion vigoureuse d'une éthique dans l'histoire :
à la quête du triomphe, elle substitue la simple recherche du
succès. A ce stade, où les fins aristocratiques se laissent définitivement gagner aux moyens de l'Esclavage[306], l'affrontement

d'autrui devient manipulation habile et sans risques. Le *mariage* offre désormais, comme dans *Othon*, le champ clos où la domination n'a plus à être arrachée de haute lutte, mais peut être héritée, toute faite, sous forme de « droits » :

> *Ildione n'apporte ici que sa personne :*
> *Sa dot ne peut s'étendre aux droits d'une couronne ;*
> *Ses Francs n'admettent point de femme à dominer ;*
> *Mais les droits d'Honorie ont de quoi tout donner.*
> *Attachez-les, Seigneur, à vous, à votre race.*
>
> (I, ii, 257-61.)

Ildione, sœur du roi de France, Mérouée, ou Honorie, sœur de l'empereur romain Valentinian : la seule action d'éclat qui s'offre aux énergies d'Attila, c'est de choisir entre deux femmes.

Or, cette décision, pâle substitut de la prouesse, Attila n'est même pas capable de la prendre. Car, d'une résolution, qui devait n'avoir rien que de *politique*, il fait un débat *sentimental*, en y mêlant son amour pour Ildione. A la rigueur, il eût pu y avoir là matière à un débat héroïque à la Rodrigue, où la raison d'État, remplaçant l'honneur, eût pu trancher dans le vif de la passion. Mais, par une curieuse régression, Attila, dans la pièce, n'est pas Rodrigue ; c'est *Alidor*, porté par les vicissitudes de l'histoire à l'empire, et dont tous les complexes sont soudain ressuscités :

> *L'amour chez Attila n'est pas un bon suffrage ;*
> *Ce qu'on m'en donnerait m'en tiendrait lieu d'outrage,*
> *Et tout exprès ailleurs je porterais ma foi,*
> *De peur qu'on eût par là trop de pouvoir sur moi.*
>
> (I, ii, 117-20.)

Au lieu de se vaincre, Attila va tenter d'utiliser toutes les recettes d'Alidor pour se fuir, ainsi que le constate amèrement Honorie :

> *Peut-être il ne la fuit que de peur de se rendre ;*
> *Et s'il ne me fuit pas, il sait mieux s'en défendre.*
> *Oui, sans doute, il la craint, et toute sa fierté*
> *Ménage, pour choisir, un peu de liberté.*
>
> (II, i, 437-40.)

Attila passera, avec Ardaric, par toutes les tentatives et les affres d'Alidor avec Cléandre :

> *Mais voir en d'autres bras l'objet de tous mes vœux !*
> *Vouloir qu'à mes yeux même un autre le possède !*
>
> (III, i, 788-89.)

Attila, c'est Louis XI, disions-nous; pas même, car il n'est pas
capable de cette domination de soi, qui, dans la lutte couverte
autant que dans le combat ouvert, est nécessaire à une victoire
véritable :

> *Moi qui veux pouvoir tout, sitôt que je vous voi,*
> *Malgré tout cet orgueil, je ne puis rien sur moi.*
>
> (III, ɪɪ, 819-20.)

Dès lors, l'importance du mariage, en tant que décision politique, est négligée, au profit des soubresauts du cœur. Dans un
premier temps, Attila cherchera à se donner une apparence de
liberté, en demandant à Ildione, comme Alidor à Angélique,
de prendre en charge la rupture [307] :

> *Tout ce qu'a cet empire [d'Honorie] ou de grand ou de doux,*
> *Je veux mettre ma gloire à le tenir de vous.*
> Faites-moi l'accepter...
>
> (III, ɪɪ, 871-73.)

Trompeuse assurance d'une fausse liberté :

> *Je veux, je tâche* en vain *d'éviter par* la fuite
> *Ce charme dominant qui marche à votre suite...*
>
> (Ibid., 821-22.)

Au premier choc de la jalousie, Attila fera volte-face et décidera
d'épouser Ildione (IV, v), trop content de se débarrasser de la
résolution qu'il n'avait jamais réellement *prise* de se marier
sans amour à Honorie. Ayant choisi le lit pour champ de
bataille, Attila ne peut même pas se servir de l'hymen comme
d'une arme.

Du coup, la cruauté d'Attila est suspecte : il s'en repaît,
il s'y délecte trop visiblement :

> *Quoi? Vous pourriez m'aimer, Madame, à votre tour?*
> *Qui sème tant d'horreur fait naître peu d'amour.*
> *Qu'aimeriez-vous en moi? Je suis cruel, barbare:*
> *Je n'ai que ma fierté, que ma fureur de rare:*
> *On me craint, on me hait; on me nomme en tout lieu*
> *La terreur des mortels et le fléau de Dieu.*
>
> (III, ɪɪ, 879-84.)

Cette cruauté, dont il fait un complaisant étalage, Attila en
attend qu'elle le constitue en *héros* du mal : chez la Marcelle de
Théodore ou la Cléopâtre de *Rodogune*, la cruauté représentait
une sorte d'accomplissement pervers, par lequel le héros se
retranchait du monde naturel. Or, ici, la cruauté d'Attila
s'exerce à rebours de toute inspiration héroïque. Les tourments

qu'il inflige aux rois, ses victimes, et le chantage à la mort qu'il leur réserve (tuez-vous l'un l'autre, si vous voulez épouser l'élue de votre cœur) ne révèle plus aucune « grandeur d'âme » dans le crime, mais une *pitoyable faiblesse* : sous prétexte de jouer avec ses vassaux Valamir et Ardaric au chat et à la souris (IV, ɪv, et scènes suivantes), la cruauté d'Attila, comme celle d'Auguste jouant avec Cinna (cf. p. 208), sert d'*alibi à son indécision*. Il s'en remet à la lâcheté des autres de résoudre ce que laisse pendant la sienne. Née d'un mouvement de jalousie, la cruauté, chez Attila, n'est plus une grande passion, mais une conduite mesquine. Dictée par l'empire des sens, elle n'est plus une manifestation dénaturée de la liberté, mais un signe d'asservissement naturel. La dissimulation d'Attila n'est même plus destinée, comme celle de Plautine, à suppléer, en tant que science du paraître, un équivalent de Maîtrise; ce n'est qu'un voile jeté sur la débâcle intérieure :

> *Vous me faites pitié de si mal vous connaître,*
> *Que d'avoir tant d'amour, et le faire paraître...*
> *Et si de tout le cœur on ne peut l'arracher,*
> *Il faut s'en rendre maître, ou du moins le cacher.*

> (III, ɪv, 1045-46, 1051-52.)

Alors que Marcelle ou Cléopâtre étaient aussi intrépides qu'elles étaient impitoyables, et que le courage, chez elles, était la justification de la dureté, la ruse, chez Attila, va de pair avec la *crainte* :

> *Le grand chef des Romains, l'illustre Aétius,*
> *Le seul que je craignais, Octar, il ne vit plus.*

> (III, ɪ, 739-40.)

Aétius n'est malheureusement point, dans cette pièce, « le seul » que redoute Attila : Ildione, qu'il fuit; les deux rois, pourtant inoffensifs, qu'il fait désarmer; Octar, son propre lieutenant, qu'il évite au moindre soupçon. La tyrannie n'est pas ici franche ou naïve, comme chez le Phocas d'*Héraclius;* elle est, avant tout, timorée et soupçonneuse, elle s'efforce d'éviter tout « hasard ». Ce potentat, devant lequel le monde tremble, tremble devant tout le monde. Ainsi qu'Honoric le lui déclare à sa face :

> *Parle de tes fureurs et de leur noir ouvrage:*
> *Il s'y mêle peut-être une ombre de courage...*

> (III, ɪv, 1061-62.)

N'ayant qu'une ombre de courage, le « roi des rois », malgré la comédie qu'il se donne, n'est, en fait, qu'une ombre de souverain.

Ses adversaires, il faut le dire, sont à sa mesure. Si Attila est une mouture appauvrie de Cléopâtre, les rois vassaux, Valamir et Ardaric, offrent une pâle version d'Antiochus et de Séleucus. N'ayant de barbare que leur nom, ces deux princes sont tout mollesse. Sommé par Honorie, non plus d'immoler, tels les frères de *Rodogune*, une mère, mais un tyran, Valamir se récuse aussitôt :

> *N'est-ce que par le sang qu'on peut vous obtenir ?*
>
> (II, ii, 464.)

Honorie lui proposant alors de l'enlever et de « braver le plus fier des humains », Valamir, encore une fois, se dérobe :

> *Il n'en est pas besoin, Madame, il vous respecte...*
>
> (Ibid, 477.)

D'où la méprisante objurgation d'Honorie, qui vient l'écraser :

> *Régnez comme Attila, je vous préfère à lui ;*
> *Mais point d'époux qui n'ose en dédaigner l'appui,*
> *Point d'époux qui m'abaisse au rang de ses sujettes.*
> *Enfin, je veux un roi : regardez si vous l'êtes...*
>
> (Ibid., 487-90.)

Ardaric, de son côté, amoureux d'Ildione, a, du moins, le courage d'affronter la mort :

> *Il est beau de périr pour éviter un crime.*
> *Quand on meurt pour sa gloire, on revit dans l'estime.*
> *Et triompher ainsi du plus rigoureux sort,*
> *C'est s'immortaliser par une illustre mort.*
>
> (IV, vi, 1409-12.)

Mais cette « immortalité » que confère une « illustre mort » a beau s'inspirer des fières paroles d'Horace à Curiace : les mots sont vidés de leur sens, si la mort n'est plus action de combattant, mais geste *inutile* de victime, comme Ildione le lui rappelle :

> *Cette immortalité qui triomphe en idée*
> *Veut être, pour charmer, de plus loin regardée...*
>
> (Ibid., 1413-14.)

Prince de pastorale égaré dans la tragédie, Ardaric ne peut, selon le schéma trop connu de l'inversion des sexes, que se laisser guider par Ildione, avec la docilité de l'impuissance :

> *J'y vais ; mais en l'état qu'est son sort et le mien,*
> Nous nous plaindrons *ensemble* et ne résoudrons rien.
>
> (Ibid., 1435-36.)

Il n'est pas jusqu'aux militaires qui ne manquent d'un courage, en somme, professionnel. Le lieutenant d'Attila, Octar, amoureux de la suivante d'Honorie, Flavie, et gagné par elle à la cause de sa maîtresse, au dernier moment se récuse, non pour des raisons de fidélité, mais, « sans rougir », par simple *peur* :

> Octar : *Pour peu que je vous quitte il y va de ma vie,*
> *Et s'il peut découvrir que j'adore Flavie...*
> Honorie : *Il le saura de moi, si tu ne veux agir,*
> *Infâme, qui t'en peux excuser* sans rougir :
> *Si tu veux vivre encor,* va chercher du courage.
>
> (V, v, 1713-17.)

Couronnant le désastre, l'Empire Romain, à l'horizon de la tragédie, n'est plus que le fantôme de lui-même :

> *L'empire, je l'avoue, est encor quelque chose;*
> *Mais nous ne sommes plus au temps de Théodose...*
> *Ses deux fils n'ont rempli les trônes des deux Romes*
> *Que d'idoles pompeux, que d'ombres au lieu d'hommes.*
>
> (I, ii, 189-90, 193-94.)

Le pouvoir monarchique, chez les Romains comme chez les Rois, est une immense carence. Un mot cruel d'Ardaric résume bien la situation :

> *Le débris de l'empire a de belles ruines :*
> *S'il n'a plus de héros*, il a des héroïnes.
>
> (Ibid., 253-54.)

Symptôme cornélien par excellence des maladies de la volonté, les femmes « viriles » vont être obligées de prendre la relève des hommes « efféminés » et défaillants.

L'intrigue même de la pièce en fait reposer le poids sur les épaules des deux rivales, Honorie et Ildione, puisque, en définitive, la décision d'Attila dépend de celle des deux rois, et que celle des deux rois dépend de celle des deux reines :

> Ardaric : *Allons des deux côtés chacun faire un effort.*
> Valamir : *Allons, et du succès laissons-en faire au sort.*
>
> (I, iii, 359-60.)

Aux héros « agis » s'opposent donc les héroïnes « agissantes », gardiennes de la tradition. Contre la sensiblerie de Valamir, la Romaine Honorie maintient, nous l'avons vu, la morale du trône et ses exigences, de même que la Franque Ildione rappelle à Ardaric, qui la sollicite de trahir sa parole en faveur de l'amour, les lois de l'éthique héroïque :

> Ardaric : *Cette foi que peut-être on est près de vous rendre,*
> *Si vous aviez du cœur, vous sauriez la reprendre.*

Ildione : *J'en ai s'il faut me vaincre, autant qu'on peut avoir,*
   Et n'en aurai jamais pour vaincre mon devoir.

(II, vi, 601-4.)

Cependant, il est impossible au principe féminin d'incarner le principe de Maîtrise authentique. Emprisonnées dans leur condition qui les affecte d'un inévitable quotient de passivité, les femmes ne peuvent réellement « donner l'exemple », dans le monde de la puissance guerrière. Leur courage ne saurait être que celui d'un « fier esclavage »; — c'est-à-dire celui de la victime impuissante —, de l'aveu même d'Ildione :

> *Mais l'esclavage fier d'une haute naissance,*
> *Où toute autre peut tout, me tient dans l'impuissance ;*
> *Et victime d'État, je dois sans reculer*
> *Attendre aveuglément qu'on me daigne immoler.*

(II, vi, 609-12.)

La seule possibilité d'action qui reste devient le *mariage homicide*, dont rêve par moments Ildione et dont rêvait déjà Émilie (cf. p. 190), fantasme qu'engendre, chez les héroïnes cornéliennes, un véritable « complexe de Judith » :

> *Et comme j'aurai lors sa vie entre mes mains,*
> *Il a lieu de me craindre autant que je vous plains.*
> *Assez d'autres tyrans ont péri par leur femme...*

(Ibid, 699-701.)

Il ne s'agit là, toutefois, que d'une chimère caressée pour compenser « en idée » une inefficacité réelle, — contraire, au surplus, à l'inspiration héroïque, qui se veut combat à mains nues et non meurtre couvert :

> *... Les grands cœurs parlent avec franchise,*

(III, iv, 1069.)

rappelait Honorie à Attila. Quant à Honorie, si elle « brave » à plusieurs reprises le tyran et lui jette ses quatre vérités à la face :

> *Nos fiertés pour cela ne se ressemblent pas.*
> *La mienne est de princesse, et la vôtre d'esclave...*

(III, iv, 988-89.)

il n'en reste pas moins vrai que l'invective — arme contrôlée par la volonté, mise en œuvre d'une certaine *prise* émotionnelle sur autrui en vue d'une fin, chez la Camille d'*Horace* — n'est plus, chez Honorie, qu'explosion inutile de rage, déplorée ensuite :

Que n'ai-je donc mieux tu que j'aimais Valamir!
Mais quand on est bravée et qu'on perd ce qu'on aime,
Flavie, est-on si tôt maîtresse de soi-même?

(IV, II, 1148-50.)

Les reines, malgré leur bonne volonté, sont incapables de suppléer les rois absents.

L'histoire d'*Attila* offre donc, comme il se doit, le spectacle d'un *désert* qui pousse sous les pas du héros. Mais, par un renversement tragique, ce n'est pas parmi les conquis, c'est parmi les *conquérants* que ce désert se trouve. Rois et reines, Romains et barbares, Attila enfin : tout est simulation pitoyable de la puissance, non plus limitée, comme dans *Othon*, à la cour romaine, mais étendue aux confins de l'univers. La réalité héroïque s'est soudain perdue tout entière non seulement dans l'apparence, mais dans le *rêve*. En vain Honorie tente-t-elle de sauver, comme au temps de *Pertharite*, une « essence » monarchique de la débâcle des existences, et de soustraire ainsi Valamir à l'ironie d'Attila :

Un véritable roi qu'opprime un sort contraire,
Tout opprimé qu'il est garde son caractère;
Ce nom lui reste entier sous les plus dures lois :
Il est dans les fers même égal aux plus grands rois...

(IV, III, 1221-24.)

Attila a beau jeu de répondre en ricanant :

Même splendeur de sang, même titre nous pare;
Mais de quelques degrés le pouvoir nous sépare.

(III, IV, 1005-6.)

Pour sauvegarder l'habitat terrestre de la société nobiliaire, il n'est plus de recours que le *ciel*. Jamais il n'aura tant « donné », que dans cette pièce. Afin d'assurer sa victoire sur Ildione, Honorie invoquera les décrets divins :

Je sais ce que le ciel m'a faite au-dessus d'elle,
Et suis plus glorieuse encor qu'elle n'est belle.

(III, IV, 981-82.)

Au moment où Ardaric et Valamir sont à quia, Valamir trouve sa consolation dans une « prophétie » de ses « devins » :

Le ciel en a donné des arrêts immuables...
Je me vois comme vous aux portes du trépas;
Mais j'espère, après tout, ce que je n'entends pas.

(V, I, 1474, 1483-84.)

La « prophétie », qui, dans *Horace* ou *Cinna*, magnifiait l'action, en lui ouvrant la dimension de l'avenir, justifie à présent l'*inaction* complète. Il ne reste plus aux héroïnes qu'à faire chorus et à demander au ciel d'aider ceux qui ne s'aident pas :

Ildione : *Le ciel n'est pas toujours aux méchants si propice :*
   Après tant d'indulgence, il a de la justice.
(IV, vi, 1429-30.)

Honorie : *Lorsque par les tyrans il punit les mortels,*
   Il réserve sa foudre à ces grands criminels...
(V, iii, 1583-84.)

« Sganarelle, le Ciel! » disait dom Juan vers la même époque. Tant de foi mérite sa récompense : le Ciel fera monter un peu trop vivement le sang à la tête du « fléau de Dieu », lequel, sous le coup de la passion colérique, au moment où tout est perdu, mourra fort à point d'un *saignement de nez*. Ce trait final a, dans le contexte de la tragédie cornélienne, un sens particulier. Alors qu'Honorie agite encore les reliques d'une « nature » aristocratique, on assiste précisément à son *épuisement :*

  Mais ce retour si prompt de sa plus noire audace
  N'est qu'un dernier effort de la nature lasse,
  Qui prête à succomber sous la mort qui l'atteint,
  Jette un plus vif éclat, et tout d'un coup s'éteint.
(V, vi, 1749-52.)

La « nature » héroïque ne sombre pas même dans l'impuissance, mais dans le ridicule. Jamais l'existence humaine, livrée aux caprices de sa physiologie, n'aura paru si dérisoire, qu'au moment de sa plus folle théomanie. Jamais autant qu'à l'instant où elle se veut

  Arbitre des succès et maître des destins,
(I, ii, 164.)

elle n'aura eu besoin, pour se sauver de justesse, d'un « Deus ex machina », qui eût fait honte dans *Polyeucte.*

Le ciel peut, à la rigueur, tirer les individus d'affaire; il ne suffit pas à changer le cours de l'histoire. Dans *Attila* comme dans *Othon*, derrière la tragédie de l'homme, se joue la tragédie du trône. La déperdition du pouvoir s'accentue encore. Dans *Othon*, en effet, la vertu de la « race » demeurait perpétuellement en suspens; elle était doublement mise en question par la dissolution de l'être héroïque en paraître et par la montée des Esclaves. *Attila* progresse dans la Descente aux Enfers monarchique. « ... Le fils dégénère/Qui survit un moment à l'honneur

de son père », s'écriait le Comte dans *le Cid* (II, ɪɪ, 441-
42.) Nous assistons ici, pour la première fois, et dans toute
son horreur, à la *dégénérescence du fils :*

> *Mais nous ne sommes plus au temps de Théodose...*
> *Ses deux fils n'ont rempli les trônes des deux Romes*
> *Que d'idoles pompeux, que d'ombres au lieu d'hommes...*

(I, ɪɪ, 190, 193-94.)

Devant la détérioration de la « race » et le trou béant laissé
par la disparition de la nature héroïque, la filiation, sur laquelle
misait don Diègue, ne peut plus assurer la permanence. Seule
demeure l'*institution :* au temps d'Auguste, c'était l'empereur
qui faisait l'empire; désormais, l'empire fait l'empereur :

> *Et comme dans sa race il ne revit pas bien,*
> *L'empire est quelque chose et l'Empereur n'est rien.*

(Ibid., 191-92.)

Solitaire, toutefois, telles les saintes colonnes dans le désert
syrien, le Trône attend en vain son stylite. Car il n'est pas
un seul personnage de la pièce qui puisse prétendre s'y hisser.
A cet égard, le fameux « portrait » de Louis XIV sous les traits
du frère d'Ildione et roi des Francs, Mérouée, est révélateur :

> *Je l'ai vu dans la paix, je l'ai vu dans la guerre*
> *Porter partout un front de maître de la terre.*
> *J'ai vu plus d'une fois de fières nations*
> *Désarmer son courroux par leurs soumissions.*
> *J'ai vu tous les plaisirs de son âme héroïque*
> *N'avoir rien que d'auguste et que de magnifique...*

(II, v, 557-62.)

Emporté par son zèle, Octar a contemplé, en ces temps méro-
vingiens, d'étranges spectacles :

> *Je l'ai vu, tout couvert de poudre et de fumée,*
> *Donner le grand exemple à toute son armée,*
> *Semer par ses périls l'effroi de toutes parts,*
> *Bouleverser les murs d'un seul de ses regards...*

(Ibid., 569-72.)

Quant au jeune dauphin :

> *... Dans son premier lustre il est déjà soldat...*
> *D'un gros de cavaliers il se met à la tête...*

(Ibid., 580, 582.)

L'allusion est, bien sûr, plus qu'évidente, — elle est gênante.
L'important, cependant, n'est pas que Corneille, au cours de

sa carrière, n'en soit pas à une flatterie près. Ce qui est plus
intéressant, c'est que, pour flatter, il se souvient instinctivement
des expressions mêmes qui servaient, dans *le Cid*, à décrire la
vaillance du Comte ou le combat de Rodrigue. Mais l'exaltation lyrique, qui, dans *le Cid*, jaillissait du mouvement propre
de la scène, n'est ici qu'une pièce rapportée. Le morceau épique,
entièrement *surajouté* et venu de l'extérieur, souligne davantage, si besoin était, la carence interne de l'héroïsme, réduit à
importer ses héros du dehors. Le seul vrai monarque est, en
fait, *celui qui n'existe pas.* Impossible, en effet, de faire jouer
à Louis XIV le rôle du monarque introuvable d'*Attila*, et de
faire déboucher le pessimisme *théâtral* sur un optimisme *réel*.
Loin que le recours à la réalité extérieure puisse jamais contribuer à fortifier la réalité théâtrale, c'est l'inverse qui se produit :
c'est le réel, qui, en devenant soudain « théâtral », est frappé
d'irréalité. Personne ne croit un instant au dénouement de
Tartuffe. En voulant faire jouer à Louis XIV le rôle de Rodrigue,
Corneille souligne lui-même la supercherie. L'allégorie devient
une mystification qui, d'ailleurs, ne trompe personne. Les
solutions vraies, au théâtre, sont celles qui existent sur la scène.
C'est donc en pure perte que Valamir s'écrie :

> *Un grand destin commence, un grand destin s'achève ;*
> *L'empire est prêt à choir, et la France s'élève...*
>
> (I, ii, 141-42.

Le mouvement dramatique ne nous montre ici qu'une immense
chute. Lorsque, sauvé malgré lui, Ardaric déclare, au terme d'un
dénouement providentiel :

> *Allons donner tous deux les ordres nécessaires,*
> Remplir ce trône vide...
>
> (V, vii, 1782-83.)

le Trône, comme toute institution sans les hommes, *reste vide.*

vi

Ce « trône vide » d'*Attila*, *Tite et Bérénice* (1670) va s'efforcer
de le remplir. On connaît assez le mystère historique par lequel
Corneille et Racine donnèrent, à huit jours de distance,
deux pièces sur le même sujet. Que l'on accepte ou rejette le
fameux « concours » que Madame aurait institué entre les poètes
en leur fournissant à chacun le sujet [308], une chose reste cer-

taine : jamais les deux frères ennemis de la dramaturgie ne sont plus éloignés qu'au moment où, accidentellement ou sciemment, ils se rejoignent. Rien ne montre mieux la distance qui les sépare que ce rapprochement. Chacun d'eux traite une matière commune à sa manière propre. Rarement le commentateur est à pareille fête. Toutefois, sans nous interdire des comparaisons à la fois inévitables et fécondes, la seule interprétation possible de Corneille est, une fois de plus, par Corneille, et non en fonction de Racine. Si nous acceptons la comparaison, nous refusons, si tentant soit-il, le parallèle.

Il était difficile d'aller, dans la dégradation monarchique, plus loin qu'*Othon* et plus bas qu'*Attila*. Avec *Tite et Bérénice*, Corneille amorce un effort de redressement, qui, bien loin de s'inspirer des modes de la sensibilité nouvelle, représentée par Racine ou par Quinault, renoue directement avec le passé héroïque des premières tragédies et retrouve le mouvement salvateur de *Cinna*. Le geste d'Auguste était ultime sursaut qui arrachait à elles-mêmes des existences en perdition, les arrêtait sur la pente et les relançait au service du Moi et de l'État impériaux, vers un destin de gloire, garanti par les Dieux. Nous découvrons, dans *Tite et Bérénice*, un mouvement identique, un effort pour appliquer, à des problèmes nouveaux, une solution déjà éprouvée. Aussi Corneille rassemble-t-il, au début de la pièce, les morceaux brisés de l'univers héroïque : le héros (Domitian), l'héroïne (Domitie), le monarque (Tite) et la reine (Bérénice). Il commence, en quelque sorte, par faire l'inventaire de son matériel humain. Le drame de Tite et Bérénice s'ouvre donc, pendant tout l'acte I, sur celui de Domitian et Domitie, qui lui sert à la fois d'horizon et de miroir, dans la mesure où le roi unifie et magnifie en lui les tensions du héros.

Le cas de Domitie reprend et pose dans toute son acuité le problème éternel de l'héroïsme. La division du cœur et du devoir familial, au temps des tragédies « aristocratiques », est devenue, à l'ère des tragédies « monarchiques », celle de l'amour et des nécessités d'État. Le but reste semblable : reconquête du Moi spontané par le Moi volontaire, récupération de la nature par la liberté. Domitie, éprise de Domitian, frère cadet de Tite, décide d'épouser un Empereur qu'elle n'aime pas, plutôt qu'un sujet qu'elle aime :

> *Toi qui vois tout mon cœur, juge de son martyre :*
> *L'ambition l'entraîne et l'amour le déchire.*
>
> (I, 1, 147-48.)

Il n'est donc pas question d'un « change » amoureux, comme

dans les premières comédies; Domitie ne cesse pas d'aimer
Domitian :

> *Non qu'il ne fût toujours maître de ma tendresse,*
> *Mais je la regardais ainsi qu'une faiblesse,*
> *Comme un honteux effet d'un amour éperdu*
> *Qui me volait un rang que je me croyais dû.*

(Ibid., 131-34.)

Nous retrouvons, selon la pure tradition cornélienne, un choix
conscient entre des valeurs fondamentales opposées, ainsi que
Domitie le déclare à la face de son amant abandonné :

> *Ce n'est pas mon dessein qu'il m'en coûte l'empire ;*
> *Et je n'ai point une âme à se laisser charmer*
> *Du ridicule honneur de savoir bien aimer.*

(I, II, 220-22.)

Tout comme Émilie se vouait à la revanche, quoi qu'il en pût
coûter au sentiment, Domitie se consacre à l'empire, quelles
que soient les souffrances de l'amour. A l'instar d'Émilie, il
y aura, chez Domitie, une « furie », dont la monomanie ambi-
tieuse, comme chez l'autre l'idée fixe vengeresse, se déchaînera
au cours de la pièce, au grand désarroi de Tite :

> *L'impérieux esprit ! Conçois-tu, Flavian,*
> *Où pourraient ses fureurs porter Domitian...*

(V, III, 1589-90.)

Pour Domitie, toutefois, aussi bien que pour Émilie, la « fureur »,
à y regarder de près, n'est qu'une contrefaçon de l'héroïsme.
   L'ambition monarchique de Domitie ressemble, en effet,
comme une sœur au « républicanisme » d'Émilie. Mais, cette
fois, les autres personnages ne sont point dupes. L'amant même
de Domitie la perce à jour :

> *Et c'est du nom romain la gloire qui vous touche,*
> *Madame? Et vous l'avez au cœur comme à la bouche?*
> *Ah ! que le nom de Rome est un nom précieux*
> *Alors qu'en la servant on se sert encor mieux...*

(IV, III, 1207-10.)

Championne, à la suite de Plautine, de la nouvelle éthique du
« paraître » :

> *A l'amour vraiment noble il suffit du dehors;*
> *Il veut bien du dedans ignorer les ressorts :*
> *Il n'a d'yeux que pour voir ce qui s'offre à la vue,*
> *Tout le reste est pour eux une terre inconnue...*

(V, II, 1557-60.)

Domitie, malheureusement, place la passion politique sur le
même plan que la passion amoureuse. Elle ne considère que
l'*apparence :*

> *En naissant, je trouvai l'empire en ma famille...*
> *De l'éclat des grandeurs par là préoccupée,*
> *Je vis d'un œil jaloux Octavie et Poppée...*
>
> (I, 1, 79, 83-84.)

La gloire devient ici pure gloriole. Au lieu de s'abreuver aux
sources altières de l'orgueil, la soif du pouvoir jaillit tout
entière de la *vanité :*

> *Néron m'eut pour parente, et Corbulon pour fille ;*
> *Et le bruit qu'en tous lieux fit sa haute valeur,*
> *Autant que ma naissance enfla mon jeune cœur.* (Ibid., 80-82.)

L'empire qui, chez Auguste, exigeait la mortification du Moi
et sa mise au service de l'État, n'est plus, pour Domitie, qu'un
moyen de satisfaire des appétits qui mettent, en fait, l'État
dans la sujétion du Moi sensible. Avec une remarquable luci-
cité, Domitie diagnostique elle-même sa passion du trône
comme un véritable *traumatisme infantile,* qui échappe à toute
prise de la raison et reste étrangère à toute valeur proprement
politique :

> *La passion du trône est seule toujours belle,*
> *Seule à qui l'âme doive une ardeur immortelle.*
> *J'ignorais de l'amour quel est le doux poison,*
> *Quand elle s'empara de toute ma raison.*
> *Comme elle est la première, elle est la dominante.*
>
> (I, 11, 223-27.)

Née sous de tels auspices, la « passion du trône », se substituant
véritablement aux rapports d'amour par une ambivalence
perverse [309], est vécue sous le signe de l'Éros destructeur :

> *Et Néron, des mortels et l'horreur et l'effroi,*
> *M'eût paru grand héros, s'il m'eût offert sa foi.*
>
> (I, 1, 85-86.)

Contrarié, cet instinct primitif et dévoyé, renversant les bar-
rières de la « raison », tourne au délire, et la fureur originelle,
par un phénomène très rare dans le théâtre cornélien, perdant
le contrôle verbal d'elle-même, tombe dans l'incohérence :

> *Je m'emporte et mes sens interdits*
> *Impriment leur désordre en tout ce que je dis...*

> *Mon aveugle fureur s'égare à tout propos.*
> *Allons penser à tout avec plus de repos.*

> (II, vii, 701-2, 705-6.)

De son zénith, chez Auguste, la « passion du trône » passe, chez Domitie, à son nadir.

Domitian est aussi pâle, face à Domitie, que Cinna devant Émilie, et encore plus lâche. Non seulement il sait qu'il s'abandonne tout entier au « poison des sens », mais, à la différence de Cinna qui s'en repent, Domitian s'en repaît :

> *Mais celle d'un amant n'est pas comme une autre âme :*
> *Il ne voit, il n'entend, il ne croit que sa flamme...*
> *Et la raison pour lui n'est pas toujours raison.*

> (I, iii, 339-40, 342.)

Refermant l'amour en un monde clos, qui ne « voit », « n'entend » et ne « croit » que soi, Domitian transforme l'autarcie héroïque en autisme. La passion impériale — comme elle était, pour Domitie, au service de la vanité — est prostituée ici au désir. Sans avoir besoin d'un Vinius pour lui souffler ces conseils, Domitian déclare sans ambage à Tite :

> *Ne vous contraignez plus, ne gênez plus votre âme,*
> *Satisfaites en maître une si belle flamme...*

> (II, ii, 539-40.)

La Maîtrise n'est plus astreinte et ascèse; elle inaugure le règne du laisser-aller passionnel. Le Ciel devient même caution du désir amoureux :

> *Et ce don fut l'effet d'une force imprévue,*
> *De cet ordre du ciel qui verse en nos esprits*
> *Les principes secrets de prendre et d'être pris.*

> (Ibid., 548-5o.)

Le « don » n'est, d'ailleurs, qu'une formule galante : la seule réalité de l'amour, c'est de « prendre » ou d' « être pris ». Le corps, dans cet univers vieillissant, reparaît avec tout son prestige. Possédé par ses sens, le héros est dépossédé de soi, sous l'œil narquois du confident Albin :

> *De sa possession l'aimable et chère idée*
> *Tient vos sens enchantés et votre âme obsédée...*

> (I, iii, 287-88.)

Pris, Domitian n'a d'autre ressource, pour se retrouver, que de *prendre*. C'est à quoi il va s'employer, sans vergogne, dans toute la pièce : méprisé, bafoué, insulté[310] par celle qu'il aime, il va néanmoins la poursuivre, sans se laisser rebuter, cherchant à piéger Domitie en jouant du retour de Bérénice, ou s'abaissant à la quémander, avec une insistance plaintive et jamais lasse, de Tite, de Bérénice, d'elle-même, de tout un chacun : « Prenez quelque pitié d'un amant déplorable... » (III, II, 815.) Après avoir fait appel à la pitié, il n'hésite pas, d'ailleurs, à avoir recours au chantage, en courtisant Bérénice. C'est au renoncement final de celle-ci que Domitian devra de recouvrer Domitie, trop heureux d'hériter des « refus » de son frère Tite. Chacun à sa manière, forte ou faible, sur son propre mode, majeur ou mineur, Domitie et Domitian, aux noms symboliquement similaires, attestent, après la détérioration de l'aristocrate en courtisan, la dégradation tardive du courtisan en carnassier.

Si l'on passe à présent des bas lieux de l'héroïsme aux hauts lieux de la monarchie, on trouvera un Tite aussi indécis que l'Auguste des quatre premiers actes de *Cinna* : les deux monarques se font aussi sûrement pendant que les quatre héros. Alors que, dans la *Bérénice* de Racine, comme il convient au poète de la fatalité, la résolution de Titus est prise *dès le début*, et que la tragédie, pour les personnages, consiste à tenter d'éviter l'inévitable, pendant toute la pièce de Corneille, au contraire, la décision *reste à prendre* et, selon le schéma de *Cinna*, ne sera prise qu'au dernier moment. Tel Auguste, Tite jouit de « cet empire absolu sur la terre et sur l'onde », que tous les personnages de la pièce célèbrent à l'envi, — de la suivante de Domitie :

> *A présent il est maître...*
> *Maître de l'univers, a-t-il un maître à craindre?*
>
> (I, I, 21, 40.)

à la reine Bérénice :

> *Il est libre, il est maître, il veut tout ce qu'il fait.*
>
> (III, IV, 893.)

Tite, toutefois, n'a aucune illusion sur la qualité de sa Maîtrise; au cri d'Auguste : « Je suis maître de moi comme de l'univers », fait écho sa confession dérisoire :

> *Maître de l'univers* sans l'être de moi-même,
> *Je suis le seul rebelle à ce pouvoir suprême...*
>
> (II, I, 407-8.)

Alors qu'Auguste parvenait à réunir, dans un instant de liberté totale, l'être et le vouloir, Tite s'exerce à dissocier, en se reposant sur l'habitude, l'être du paraître :

> *Je souffrais Domitie, et d'assidus efforts*
> *M'avaient, malgré l'amour, fait maître du dehors.*
> *La contrainte semblait tourner en habitude...*
>
> (III, v, 949-51.)

Le retour inopiné de Bérénice fera éclater cette façade de Maîtrise, et la nécessité de choisir entre Bérénice, qu'il aime, et Rome, qui hait les reines, l'obligera, comme Auguste, à « se ramener à soi ». A partir de là, le drame des deux empereurs est radicalement différent. Celui d'Auguste est le drame de l'empereur qui fait l'empire; celui de Tite, selon la dialectique tragique mise à jour dans *Attila*, le drame de l'empire qui fait l'empereur.

La démarche spontanée de l'indignation, chez Bérénice, séparée de son amant, est d'en appeler aussitôt à la puissance de l'empereur :

> *Que faites-vous, Seigneur, du pouvoir absolu?*
> *N'êtes-vous dans ce trône, où tant de monde aspire,*
> *Que pour assujettir l'Empereur à l'empire?*
>
> (III, v, 990-92.)

Valamir avait, malheureusement, répondu d'avance dans *Attila :*

> *L'empire est quelque chose et l'Empereur n'est rien.*
>
> (I, ii, 192.)

Alors qu'Auguste était siège unique de la toute-puissance, et que sa tragédie venait du conflit entre sa force publique et sa faiblesse privée, la tragédie de Tite est conjonction de deux faiblesses. Non seulement, ainsi qu'il l'admet de bonne grâce, il n'est pas maître de lui-même, mais il n'est pas un instant, malgré les apparences, maître de l'univers. Le « pouvoir absolu », vers lequel Bérénice tourne son espoir, est un souvenir et un mythe, dans un empire où le pouvoir réel se partage entre les esclaves affranchis et les ministres ambitieux, appuyés sur la soldatesque. Tite confirme ouvertement l'équivalence ambiguë de la Maîtrise et de l'Esclavage, que nous avions décelée dans *Othon :*

> *Et soit de Rome esclave et maître qui voudra!*
>
> (III, v, 1034.)

Équilibre précaire, que Bérénice fait vite pencher vers l'Esclavage :

> *Vous en êtes l'esclave* encor plus *que le maître.*
>
> (Ibid,, 996.)

C'est dans cette lumière qu'il convient de comprendre la réponse que Tite fait à la même question que celle de Bérénice, posée cette fois par Domitian :

> — ... *N'avez-vous pas un absolu pouvoir*
> *Seigneur? — Oui; mais j'en suis* comptable à tout le monde;
> *Comme dépositaire, il faut que je réponde.*
> *Un monarque a souvent des lois à s'imposer;*
> *Et qui veut pouvoir tout ne doit pas tout oser.*
>
> (IV, v, 1338-42.)

Cette « modération » soudaine du monarque, qui, à un pouvoir *absolu*, oppose la réalité d'un pouvoir *médiatisé* par autrui et dont autrui est la source, n'est, du point de vue cornélien, que signe flagrant de sa démission. Le monarque ne se transforme pas impunément de « roi de France » en « roi des Français », d'empereur de Rome en empereur des Romains. Modération, du point de vue du pouvoir absolu, équivaut ici à dégradation, lorsque cette modération n'est pas le résultat d'un choix intérieur, mais d'une pression extérieure, lorsqu'elle n'est pas imposée par soi, mais par les autres. Les monarques cornéliens de la belle époque n'envoyaient pas dire ce qu'ils pensaient des « lois » qu'on prétendait leur opposer :

> *Quand ces devoirs communs ont d'importunes lois,*
> *La majesté du trône en dispense les rois:*
> *Leur gloire est au-dessus des règles ordinaires,*
> *Et cet honneur n'est beau que pour les cœurs vulgaires.*
>
> (Pertharite, IV, v, 1473 76.)

Et le même Pertharite de rappeler que le vrai monarque n'est pas « comptable à tout le monde », comme Tite, mais seulement à « sa conscience » :

> *Le pouvoir absolu n'a rien de redoutable*
> *Dont à sa conscience un roi ne soit comptable.*
>
> (Ibid., II, iii, 567-68.)

Les *scrupules moraux* de Tite, dans le contexte cornélien, ne sont rien d'autre que l'indice de la dispersion du pouvoir, c'est-à-dire de sa *faillite politique*[311]. Lorsqu'il cesse de poser au souverain avec son frère, pour s'ouvrir à son confident, Tite est, d'ailleurs, le premier à le reconnaître :

> *Cette toute-puissance est* bien imaginaire
> *Qui s'asservit soi-même à la peur de déplaire...*
>
> (V, i, 1455-56.)

Le dehors débonnaire du monarque en masque la faiblesse profonde, qui ne « peut rien », précisément parce qu'elle « n'ose pas tout ». Tite se trouve donc ici dans la situation inverse d'Auguste : ce n'est pas, chez lui, l'*excès*, mais le *manque* de pouvoir qui crée le dégoût de la souveraineté.

Il est trop aisé, en effet, de voir ce que Tite *voudrait pouvoir* faire. A la suite de Curiace, de Sertorius (par un symptôme qui, dans l'univers cornélien, ne trompe pas), il en appelle au droit d'être « homme » contre les exigences de l'idéal « romain » :

> *De quoi s'enorgueillit un souverain de Rome,*
> *Si par respect pour elle il doit cesser d'être homme...*
>
> (V, 1, 1451-52.)

Alors qu'Auguste, même dans ses moments de faiblesse, avant la reconquête de soi, se décidait à rester sur le trône, à l'acte II, par amour de Rome; alors que le Titus de Racine est, même dans les affres de la passion, chef conscient de ses responsabilités :

> *Depuis huit jours je règne, et jusques à ce jour,*
> *Qu'ai-je fait pour l'honneur? J'ai tout fait pour l'amour...*
> *D'un temps si précieux quel compte puis-je rendre?*
>
> (Bérénice, IV, IV, 1029-31.)

et défenseur d'un ordre politique, dont l'aversion pour les reines fait partie des traditions profondes :

> *Maintiendrai-je des lois que je ne puis garder?*
>
> (Ibid., IV, v, 1146.)

le Tite de Corneille n'a pas un instant des réactions de souverain. Cette longue tradition, devant laquelle Titus, en tant que telle, s'inclinait, Tite n'y voit que « caprice », « aveugle injustice » :

> *Tel est le triste sort de ce rang souverain,*
> *Qui ne dispense pas d'avoir un cœur romain;*
> *Ou plutôt des Romains tel est le dur caprice*
> *A suivre obstinément une aveugle injustice...*
>
> (III, v, 997-1000.)

C'est pourquoi, en réalité, sinon en apparence, dès sa *première* rencontre avec Bérénice, *le choix de Tite est fait;* à l'opposé du Titus racinien, il est prêt à abandonner l'empire pour l'amour :

Eh bien ! Madame, il faut renoncer à ce titre,
Qui de toute la terre en vain me fait l'arbitre.
Allons dans vos Etats m'en donner un plus doux...

(III, v, 1027-29.)

Ne nous hâtons pas de conclure que s'il agit ainsi, c'est simplement par faiblesse morale ; c'est bien plutôt par *intelligence politique* : ayant compris la parfaite « vanité » d'un titre qui ne correspond plus au pouvoir réel, il ne voit aucune raison de s'y sacrifier. Sachant que sa puissance vient des autres, il laissera indifféremment faire aux autres, — une première fois quand il exilera Bérénice :

On ménagea ce prince avec tant de prudence,
Qu'en dépit de son cœur, que charmaient tant d'appas,
Il l'obligea lui-même à revoir ses Etats;

(I, i, 124-26.)

ou, une deuxième fois, quand il s'en remettra à la même Bérénice de sa décision :

Que faire donc, Madame?

(III, v, 1043.)

ou, dans les scènes finales, quand il attendra «enfin» les «ordres» de Bérénice :

Ordonnez donc enfin ce qu'il faut que je fasse;

(V, iv, 1647.)

ou ceux du Sénat :

Qu'ose-t-il m'ordonner?

(V, v, 1667.)

Tite, en définitive, c'est Auguste qui a cessé de croire à la monarchie.

C'est alors que paraît Bérénice. Notons, toutefois, qu'elle ne paraît pas au début de l'acte I, comme chez Racine : elle entre en scène à la fin de l'acte II, presque aussi tard que Tartuffe. Bérénice n'est pas située d'emblée, comme sa sœur racinienne, au cœur du drame : sa venue a un violent effet de *surprise*, que Tite souligne à deux reprises :

O Dieux ! est-ce, Madame, aux reines de surprendre?
Quel accueil, quels honneurs peuvent-elles attendre,

> *Quand leur surprise envie au souverain pouvoir*
> *Celui de donner ordre à les bien recevoir?*
>
> (II, v, 619-22.)

Il est visible que personne n'attendait Bérénice. Elle va même déranger l'équilibre précaire atteint par les autres personnages. Tite s'était fait à l'idée de la perdre :

> *Votre absence et le temps m'avaient fait quelque grâce ;*
> *J'en craignais un peu moins les malheurs où je passe.*
>
> (III, v, 947-48.)

Domitie s'était faite à l'idée de perdre Domitian. Domitian, enfin, allait être confondu, dans son effort pour mettre l'amour à la traverse des desseins monarchiques. La tragédie de Corneille eût alors été drame à trois, clos sur lui-même, comme chez Racine :

> *Entre le prince et moi ne regardez que vous*
>
> (II, iii, 570.)

dit Tite à Domitie; telle est la situation, jusqu'à l'arrivée de Bérénice. Le quatrième personnage, survenu de l'*extérieur*, apporte une dimension nouvelle, qui va briser le « triangle », c'est-à-dire le cercle vicieux de la passion. Bérénice joue ici un rôle parallèle à celui de Livie, porteuse de lumière, qui vient soudain séparer Auguste, Cinna et Émilie, insolublement aux prises, et résout leur conflit en le mettant dans sa véritable perspective. De même, et dès le début, Bérénice va redonner leur vrai sens aux jeux de l'amour et de la politique, brouillés chez Domitie par manque de foi en l'amour, chez Tite par manque de foi en la politique. Une interprétation précise du personnage de Bérénice commencera par se demander *pourquoi* celle-ci revient soudain à Rome pour le couronnement de Tite.

Une première réponse s'offre spontanément à l'esprit : par amour, et pour tenter d'arracher Tite, qu'elle aime, à l'hymen de Domitie. Mais justement, ce que Domitie, dans son aveuglement, est toute prête à interpréter comme une « histoire de femmes » est, en réalité, une affaire de *reines*. Dès la première exclamation de Tite, ses rapports avec Bérénice sont placés sous le signe de la royauté et du protocole :

> *O Dieux ! est-ce, Madame, aux reines de surprendre?*
> *Quel accueil, quels honneurs peuvent-elles attendre?...*
>
> (II, v, 619-20.)

C'est bien aussi sous ce signe que Bérénice place aussitôt sa venue :

> *... Sans ordre et sans aveu je me suis rappelée,*
> *Pour être la première à mettre à vos genoux*
> *Le sceptre qu'à présent je ne tiens que de vous...*

(Ibid., 628-30.)

Comme Tite le dit si bien, c'est pour le « voir possesseur de l'empire » (II, v, 636) que Bérénice a quitté ses États. Il ne faudrait pas être trop prompt à écarter comme prétexte ce qui est, en fait, une raison. Encore une fois, l'erreur, ici, serait de comprendre Corneille par contiguïté avec Racine. Car si la Bérénice racinienne est, autant que Phèdre, « Vénus tout entière à sa proie attachée »; si, dès l'abord, elle rejette, entre Titus et elle, toute relation de roi à reine :

> *Ah! Titus! (car enfin l'amour fuit la contrainte*
> *De tous ces noms que suit le respect et la crainte),*

(II, iv, 571-72.)

si l'amour, chez elle, est fait du mépris du trône :

> *Depuis quand croyez-vous que ma grandeur me touche?*
> *Un soupir, un regard, un mot de votre bouche,*
> *Voilà l'ambition d'un cœur comme le mien...*

(Ibid., 575-77.)

c'est tout le contraire, peut-on dire, qui se passe chez son homonyme cornélien. Non que la Bérénice de Corneille passe simplement outre, telle Domitie, à la réalité de l'amour. Mais, pour elle, l'amour est de nouveau, comme dans les grandes tragédies, le lieu d'une *épreuve de force*. C'est qu'à l'origine, l'amour de Tite et Bérénice n'est pas rapport de cœur à cœur, mais de *souverain à souverain*, ainsi que Bérénice le rappelle à sa rivale Domitie :

> *Il peut se souvenir, dans ce grade sublime,*
> *Qu'il soumit votre Rome en détruisant Solyme,*
> *Qu'en ce siège pour lui je hasardai mon rang,*
> *Prodiguai mes trésors, et mes peuples leur sang,*
> *Et que s'il me fait part de sa toute-puissance,*
> *Ce sera moins un don qu'une reconnaissance.*

(III, iii, 859-64.)

Or, cette assistance, qui constitue, primitivement, une preuve d'amour, comme femme, est aussi, par un autre biais, une *faute*, comme reine. A la différence de la Bérénice de Racine, celle de Corneille ne souffre pas injustement, mais *justement*, dans la mesure même où elle reconnaît que la passion lui fit trahir ses devoirs de souveraine :

> *Sans lui, sans l'espérance à mon amour offerte,*
> *J'aurais servi Solyme, ou péri dans sa perte ;*
> *Et quand Rome s'efforce à m'arracher son cœur,*
> *Elle sert le courroux d'un Dieu* juste vengeur.
>
> (IV, I, 1087-90.)

Il ne fait pas l'ombre d'un doute que ce que Bérénice vient chercher à Rome, quatre jours avant l'hymen de Tite et Domitie, c'est-à-dire avant la perte définitive d'un pouvoir dont elle a été l'instrument principal, c'est sa *revanche* et son rachat de reine[312].

Bérénice ne saurait, en effet, supporter de laisser sombrer son dévouement criminel dans l'inutilité, c'est-à-dire de devenir une *victime :*

> *Vous plairez-vous à voir qu'en triomphe menée,*
> *Je serve de victime à ce grand hyménée?...*
>
> (III, v, 935-36.)

Son véritable calvaire n'est pas de perdre Tite, c'est qu'une autre l'ait ; c'est qu'une autre usurpe un cœur et un sceptre qui lui appartiennent de droit, et surtout (c'est là le fond du problème) une autre à qui elle ne puisse se sentir supérieure :

> *N'achevez point, c'est là ce qui me tue.*
> *Et je pourrais souffrir votre hymen à ma vue,*
> *Si vous aviez choisi quelque objet sans éclat...*
> *Seigneur, faites-moi grâce : épousez Sulpitie,*
> *Ou Camille, ou Sabine, et non pas Domitie.*
>
> (III, v, 955-57, 971-72.)

Il n'est pas un instant question de considérer Tite-homme, sans s'inquiéter de Tite-empereur. Ce qui est dissociable chez Racine ne l'est pas chez Corneille. La jalousie, la passion sont politiques, puisqu'elles impliquent des rapports entre personnes politiquement situées. Bérénice n'est pas venue *reprendre* Tite en femme, mais *triompher de lui* en reine. L'amour redevient ce qu'il était au temps de Rodrigue et de Chimène : contestation, duel des amants, mouvement ascendant par lequel chacun tente de se hausser au-dessus de l'autre. Lorsque Tite, dès leur premier tête-à-tête, s'offre sans l'empire, alors que la Bérénice racinienne l'eût serré dans ses bras, la Bérénice de Corneille le rejette, en lui rappelant les réalités du pouvoir :

> *Il n'est plus temps : ce nom, si sujet à l'envie,*
> *Ne se quitte jamais, Seigneur, qu'avec la vie.*
>
> (III, v, 1035-36.)

Au moment même où Tite s'écrie :

> *Non, Madame ; et dût-il m'en coûter trône et vie,*
> *Vous ne me verrez point épouser Domitie,*

(Ibid., 1047-48.)

Bérénice se retire (indication scénique de Corneille). S'il est vrai que, dès cet instant elle ne songe qu'à se retirer, elle n'entend point le faire sur un triomphe apparent, dû à un sursaut d'émotion, mais sur un triomphe réel et total.

Ce triomphe, longuement mûri, Bérénice en révèle à son confident Philon le moyen sûr :

> *Mais pour y parvenir s'il faut trop hasarder,*
> *Je veux donner le bien que je n'ose garder...*

(IV, 1, 1125-26.)

Il ne s'agit pas un instant d'un « don » charitable, d'un sacrifice de soi au bonheur d'autrui. Le « don », comme l'entend Bérénice, — loin d'être une manifestation de générosité du genre Cyrano-donnant-Roxane-à-Christian, dans la pièce de Rostand, ou même du type, déjà plus suspect, Polyeucte-confiant-Pauline-à-Sévère (cf. p. 245) — est une façon radicale d'assurer la *destruction* d'autrui :

> *Je veux du moins, je veux ôter à ma rivale*
> *Ce miracle vivant, cette âme sans égale :*
> *Qu'en dépit des Romains, leur digne souverain,*
> *S'il prend une moitié, la prenne de ma main ;*
> *Et pour tout dire enfin, je veux que Bérénice*
> *Ait une créature en leur impératrice.*

(IV, 1, 1127-32.)

Ainsi Bérénice médite un triple triomphe : sur Domitie, qu'elle humilie ; sur Tite, dont la « main » est prise en charge ; enfin et surtout sur Rome, dont la future « impératrice » sera la « créature » d'une reine étrangère et méprisée, digne revanche de celle qui jadis trahit Solyme en détresse. Contrairement à la Bérénice racinienne, pour qui le renoncement est un calvaire, dont chaque acte de la pièce marque une des stations, la renonciation finale, pour l'héroïne cornélienne, est une *victoire*, mise en œuvre étape par étape, selon les plans de la volonté. Il est symptomatique qu'au dernier acte, quand Tite abdique une seconde fois entre ses mains, Bérénice ne lui demande pas des satisfactions d'amour, mais de politique :

Tite :   *Ordonnez donc enfin ce qu'il faut que je fasse.*
Bérénice : *S'il faut partir demain, je ne veux qu'une grâce :*
> *Que ce soit vous, Seigneur, qui le veuillez pour moi,*
> *Et non votre sénat qui m'en fasse la loi.*

(V, IV, 1647-50.)

Bien mieux, la décision de Bérénice est déjà clairement annoncée dans la dernière réplique de la scène :

> *Et dût-il [le sénat] vous porter à tout ce que je veux,*
> *Je ne l'ai point choisi pour juge de mes vœux.*
>
> (Ibid., 1657-58.)

Lorsque le sénat, à la scène suivante, — par une invention
significative, de la part de Corneille — se prononcera *pour* le
mariage de Tite et Bérénice, ce sera le moment tant attendu de
refuser, afin d'affirmer, sur tous et sur toutes, une éclatante
supériorité :

> *Puisqu'enfin je triomphe et dans Rome et de Rome :*
> *J'y vois à mes genoux le peuple et le sénat ;*
> *Plus j'y craignais de honte, et plus j'y prends d'éclat ;*
> *J'y tremblais sous sa haine, et la laisse impuissante ;*
> *J'y rentrais exilée, et j'en sors triomphante.*
>
> (V, v, 1720-24.)

Il s'agissait donc, à propos de l'amour, comme pour Auguste,
de l'amitié, d'une épreuve de force, destinée à assurer un
triomphe total sur autrui, à condition de *triompher totalement de
soi :*

> Tite :   *L'amour peut-il se faire une si dure loi ?*
> Bérénice : *La raison me la fait malgré vous, malgré moi.*
>
> (Ibid., 1725-26.)

Le fameux « invitus invitam dimisit » de Suétone prend ici une
résonance toute cornélienne : le « malgré vous malgré moi »
n'est pas ici le sceau d'une défaite, mais la garantie d'une
authentique victoire.

Du coup, le geste impérieux de Bérénice ouvre les mêmes
possibilités de salut que le rétablissement final d'Auguste.
L'acte héroïque se dépasse vers un avenir illimité. De même
qu'Auguste prenait à témoin la postérité subjuguée : « O
siècles ! O mémoire ! », non seulement Bérénice tire sa « gloire »
de danger, rachetant ainsi sa faiblesse passée (et ce sera, à
l'annonce de la décision favorable du sénat, sa première pensée) :

> *Grâces au juste ciel, ma gloire en sûreté*
> *N'a plus à redouter aucune indignité.*
>
> (V, v, 1677-78.)

mais elle assure la « mémoire » de Tite et son propre « nom »,
puisque l'hymen d'une reine eût fait

> *Haïr votre mémoire et détester mon nom.*
>
> (Ibid., 1706.)

Auguste demandait aux âges futurs de « conserver à jamais sa dernière victoire »; Bérénice demandera aux hommes un amour éternel :

On nous aime : faisons qu'on nous aime à jamais.

(Ibid., 1702.)

Dans cette perspective glorieuse, la réconciliation de Bérénice avec sa rivale, comme celle d'Auguste avec les conjurés, sera abaissement définitif de Domitie et suprême exaltation de Bérénice :

Allons, Seigneur : ma gloire en croîtra de moitié,
Si je puis remporter chez moi son amitié.

(Ibid., 1769-70.)

Ainsi se trouve, une fois de plus, arrêtée la course aux abîmes de la république des héros, sauvés, une fois de plus, par l'intervention et l'exemple d'une âme royale.

Tite et Bérénice, venant après *Othon* et *Attila,* représente, dans la détérioration du monde héroïque, un coup de frein brutal. Au sein d'un univers moral et politique où le Maître était devenu indiscernable de l'Esclave, se trouve de nouveau affirmée péremptoirement la singularité absolue de l'individualité noble, contre les sarcasmes que lui adresse, dans la pièce même, le curieux personnage d'Albin. On n'a pas assez souligné l'importance (et la nouveauté) de ce « confident de Domitian », qui ne joue aucun rôle précis, mais dont l'humeur philosophante constitue un commentaire perpétuel des faits et gestes des autres personnages. A deux reprises, Albin régale son maître — et les spectateurs — de deux longues tirades, un long discours sur l'amour-propre :

L'amour-propre est la source en nous de tous les autres.

(I, III, 279 sqq.)

et une leçon sur les ressorts de la jalousie féminine :

Elles regardent tout comme leur propre bien,
Et ne peuvent souffrir qu'il leur échappe rien.

(IV, IV, 1285-86 sqq.)

Rien de plus anodin, en apparence, que ces exercices de pédagogue. Or, si on les considère de près, on s'aperçoit qu'ils contiennent des poisons mortels. On a pu relever, dans le discours sur l' «amour-propre», un écho évident de La Roche-foucauld. Mais justement les *Maximes* ont pout but essentiel de réduire, dans leur *généralité* même, l'exception humaine à la règle ; de replacer au sein de lois psychologiques universelles les mouvements d'une existence qui se croyait unique ; de démolir, enfin, le Moi volontaire, en y montrant le jeu d'instincts inconscients. Au moment donc où Domitie et Bérénice veulent s'assurer une position de supériorité absolue, l'ironique regard d'Albin les ravale à une nature humaine *commune :*

> Seigneur, *telle est l'humeur de* la plupart des femmes.
>
> (IV, ɪv, 1283.)

La connaissance de cette causalité psychique permet d'en faire jouer à son profit tous les *ressorts :*

> Demandez Bérénice afin d'obtenir l'autre.
> Vous l'avez déjà vu sensible à de tels coups ;
> Et c'est un grand ressort qu'un peu d'amour jaloux.
>
> (Ibid., 1320-22.)

Le refus *inattendu* pour lui de Bérénice (et qui correspond à la *surprise* de son arrivée), dans lequel va s'incarner sa liberté, déjoue cette philosophie de la manipulation cynique d'autrui, selon les règles d'une psychologie banale :

> ... Je serais à vous, si j'aimais comme une autre.
>
> (V, ᴠ, 1732.)

Contre Albin (et contre les systèmes de pensée, jansénistes ou autres, qui s'efforçaient vers cette époque de « démolir » le héros [313]), un ordre humain « hors de l'ordre commun » surgit à nouveau du sacrifice de Bérénice, comme une aristocratie nouvelle surgissait, au-dessus de l'humanité médiocre, par le sacrifice d'Horace.

Par-delà le geste salvateur du monarque, c'est, en effet, au geste sacrificiel du héros qu'entend revenir Bérénice. Par-delà Auguste, qu'elle imite, c'est l'inspiration d'Horace qui l'anime. Elle prétend faire la synthèse, en un ultime élan, du roi et du héros. Si l'on examine les raisons pour lesquelles elle refuse de mettre à profit la complaisance du sénat, on retrouve, comme chez Horace, la conscience tragique de l'impossibilité de vivre au niveau héroïque. Bérénice sait trop bien la déchéance fatale de l'existence, en proie au pouvoir corrosif du temps et face au regard destructeur d'autrui (cf. pp. 175 et suivantes). A la constatation amère d'Horace :

> *Votre Majesté, Sire, a vu mes trois combats :*
> *Il est bien malaisé qu'un pareil les seconde,*
> *Qu'une autre occasion à celle-ci réponde...*
>
> (Horace, V, II, 1574-76.)

correspond exactement le pressentiment de Bérénice :

> *Ne me renvoyez pas, mais laissez-moi partir.*
> *Ma gloire ne peut croître et peut se démentir.*
> *Elle passe aujourd'hui celle du plus grand homme...*
>
> (V, v, 1717-19.)

Au refus de vivre d'Horace :

> *D'autres aiment la vie et je la dois haïr,*
>
> (Ibid., 1546.)

fait pendant le rejet, chez Bérénice, de l'engagement vital :

> *Nous pourrions vivre heureux, mais avec moins de gloire.*
>
> (Ibid., 1728.)

Il y a, toutefois, entre elle et lui, une différence, à vrai dire, essentielle : Horace conclut qu'il faut *mourir*, Bérénice, qu'il faut *partir*. Là où, pour sauver l'exigence héroïque dans sa pureté, Horace envisageait (et Polyeucte pratiquait) le sacrifice suprême de la vie, Bérénice se contente d'un sacrifice *symbolique*. La solution héroïque n'est plus désormais la mort, mais la retraite. Il faudrait méditer ce changement.

Pour comprendre la réalité spirituelle de Bérénice, par-delà la filiation cornélienne, qui l'apparente à Auguste ou à Horace, il convient, croyons-nous, de la rapprocher d'une autre héroïne contemporaine du refus : la princesse de Clèves. Bérénice se trouve, en effet, en face de Tite, comme la princesse en face de Nemours : le consentement du sénat, comme la mort de M. de Clèves, lève tout obstacle *extérieur* à la passion. Mais c'est en soi que la passion porte son propre et invincible obstacle, ainsi qu'Alidor le savait déjà : ouverture à autrui, elle est perte de soi; le don du cœur scelle l'abandon de l'autonomie; l'inéluctable dialectique de la possession enchaîne le possédant au possédé. L'analyse que Claude Vigée fait du refus de la princesse de Clèves vaut pour Bérénice : « Par le refus de se donner à son amant en ce monde, de l'épouser en accord avec la véritable condition humaine — tout en lui proposant un mariage spirituel indissoluble — la Princesse effectue une transposition du désir charnel dans le domaine du rêve, de l'irréel et de l'insaisissable, où ni perte ni infidélité ne sont possibles [314]. » Il y a là comme un commentaire littéral de la tragédie corné-

lienne. L'apparition de l'amour « platonique » chez Plautine
(cf. note 294, p. 556), sa reprise chez Domitie, pour qui l'amour
« noble » se suffit « du dehors » et qui considère tout le reste
« une terre inconnue » (cf. p. 394), arrivent à leur pleine conscience et expression chez Bérénice ; l'attitude devient *maxime :*

> *Votre cœur est à moi, j'y règne ;* c'est assez.
>
> (V, v, 1714)

Si l'on veut, la préciosité, au terme de sa carrière, livre ici son
secret, que Molière avait parfaitement compris :

> *Un refus généreux de tant de déférence*
> *Contre tous ces périls nous met* en assurance.
>
> (Ibid., 1707-8.)

Car ce « noble refus », selon l'expression même de Bérénice,
n'est, au fond, qu'une *assurance contre la vie,* contre le risque
qui lie le Moi à l'Autre par une spontanéité érotique, liée elle-
même au temps [315]. En vidant l'amour de son assouvissement
terrestre, on pourra faire le saut dont rêvait Rodrigue, passer
du plan de l'existence périssable à celui de la légende immortelle :

> *Du levant au couchant, du More jusqu'au Scythe,*
> *Les peuples vanteront et Bérénice et Tite ;*
> *Et l'histoire à l'envi forcera l'avenir*
> *D'en garder à jamais l'illustre souvenir.*
>
> (V, v, 1755-58.)

Dans cette quête du salut par le renoncement, version laïque
du rejet du monde chrétien, Corneille va plus loin que
M\ :sup:`me` de La Fayette. Tardis que chez Nemours, « des années
entières s'étant passées, le temps et l'absence ralentirent sa
douleur et éteignirent sa passion [316] », laissant espérer par là
une guérison du cœur et une renaissance possible de la passion
dans des circonstances cette fois heureuses, Tite, chez Corneille,
fait cause commune avec Bérénice. Le délaissement, qui est
imposé à Nemours, il le *choisit :*

> *Un si noble refus n'enrichira personne.*
> *J'en jure par l'espoir qui nous fut le plus doux.*
> *Tout est à vous, Madame, et ne sera qu'à vous...*
>
> (V, v, 1744-46.)

Passant outre aux objections de Bérénice elle-même :

> *Vous vous devez des fils, et des Césars à Rome,*
>
> (Ibid., 1751.)

Tite transformera le désert sentimental en *stérilité réelle :*

> *Pour revivre en des fils nous n'en mourons pas moins,*
> *Et vous mettez ma gloire au-dessus de ces soins.*

(Ibid., 1753-54.)

Désormais (et c'est là le fond de la tragédie), pour une « gloire » qui ne consiste plus à surmonter la vie, mais à se couper d'elle, *le refus de la nature devient refus de se perpétuer par la nature,* de contribuer, par l'engagement amoureux, à la continuation du monde haï[317].

Seulement, cette tentative de la dernière heure pour ressusciter l'élan du Cid, le sacrifice d'Horace et la générosité d'Auguste, voire pour accéder au monde des Idées, où Polyeucte voulait mettre à jamais le héros à l'abri du temps, est frauduleuse. Car le droit de mépriser la vie, ces grands héros le prenaient *en la risquant.* Or, dans toute la pièce, malgré la dépréciation de la vie, jusqu'à son extinction finale, le héros *s'agrippe* à l'existence terrestre qu'il dénigre. La conduite qu'il tient dément les propos qu'il affiche. Au plus fort du malheur, Tite ne songe pas un moment à la voie royale du suicide, qu'envisage, au contraire, de suivre le Titus, beaucoup plus « cornélien », de Racine. La seule résolution que Tite sache prendre, c'est de n'en prendre aucune :

> *— Quel fruit espérez-vous de tout cet entretien?*
> *— L'en aimer davantage, et ne résoudre rien..*

(V, 1, 1425-26.)

Cet empereur songe deux fois à quitter l'empire, pas une fois à quitter la vie. Bien plus, une des raisons que Tite donne à Domitian pour que celui-ci n'épouse point Domitie, c'est sa sûreté personnelle, à laquelle la « furie » pourrait attenter (IV, v, 1370 sq.; V, III, 1589 sq.). Ce monarque, qui a cessé de croire en la monarchie, n'a pas même le prétexte politique de Bérénice pour se couvrir :

> *La plus illustre ardeur de périr l'un pour l'autre*
> *N'a rien de glorieux pour mon rang et le vôtre.*

(III, v, 1011-12.)

Horace niait la vie, au moment où il l'accomplissait, tout comme Rodrigue ou Polyeucte immolaient la passion, quand elle était la force vive de leur être. Cette renonciation douloureuse, Tite la remplace par un refus souffreteux, qui maintient une existence exsangue, une vie fatiguée, vidée de tout élan, ne valant même plus la peine d'être supprimée par la violence, tant elle chemine, de son propre cours, à l'extinction :

> *La vie est peu de chose; et tôt ou tard, qu'importe*
> *Qu'un traître me l'arrache, ou que l'âge l'emporte?*
> *Nous mourons à toute heure; et dans le plus doux sort*
> *Chaque instant de la vie est un pas vers la mort.*
>
> (V, 1, 1483-86.)

Pour mourir, en somme, il n'y a qu'à se laisser vivre. Le mépris de la vie est commodément fait de son acceptation. Du coup, au suicide métaphysique qui mettait l'homme au-dessus de son destin, Tite va substituer le *suicide biologique*, qui se supprime simplement par le refus de se risquer *chez les descendants.*

Le comportement de Tite, si aisément à l'unisson de Bérénice, éclaire, en retour, chez celle-ci, la « morale de la retraite », qui préside également au dénouement de *la Princesse de Clèves* — ou même du *Misanthrope*, en quête d'un « désert » où fuir autrui. « Après la mort de M. de Clèves, observe Claude Vigée (*op. cit.*, pp. 189-90), elle [la princesse] met dans le « repos », le refus de tout contact avec le monde et la vie réels, l'espoir de persévérer dans son propre être. Le repos assurera sa liberté et sa permanence, fût-ce dans l'abandon de ce qu'elle aime. Mais elle s'aime elle-même plus que la vie terrestre ou que Nemours... » Tel est bien, dans *Tite et Bérénice* également, le sens de ce refus d'autrui et du bonheur : une ultime tentative pour réaliser le rêve alidorien de « vivre à soi ». A l'inverse de la haine chrétienne de l'ici-bas, qui se retranche des attaches humaines pour mieux se dépasser vers la Transcendance divine, la haine aristocratique du monde, qui s'exprime alors dans le théâtre et dans le roman, est un suprême effort pour cantonner l'homme dans l'immanence de son Moi solitaire et imprenable. En ce sens, *Tite et Bérénice*, tout autant que *Bérénice*, est bien une tragédie de l'amour. Mais ce qui, chez Racine, est tragédie de *l'amour d'autrui*, devient, chez Corneille, tragédie de *l'amour de soi*. Quand Tite s'exclame :

> *Madame, en ce refus un tel amour éclate...*
>
> (V, v, 1739.)

l'amour qui, en effet, éclate n'est pas l'amour de Bérénice pour Tite, mais de Bérénice pour elle-même. En fin de compte, loin d'être un commentaire marginal ou une digression déplacée, comme un coup d'œil superficiel eût pu le laisser croire, le discours d'Albin sur l' « amour-propre » représente, dans le théâtre de Corneille, une ultime prise de conscience [318] :

> *L'amour-propre est la source en nous de tous les autres.*
> *C'en est le sentiment qui forme tous les nôtres...*

> *Vous-même, qui brûlez d'une ardeur si fidèle,*
> *Aimez-vous Domitie, ou vos plaisirs en elle?*
> *Et quand vous aspirez à des liens si doux,*
> *Est-ce pour l'amour d'elle ou pour l'amour de vous?*

> (I, III, 279-80, 283-86.)

A cette question, Albin apporte une réponse qui résume tout le reste de la pièce — et peut-être du théâtre cornélien :

> *Et vous n'aimez que vous, quand vous croyez l'aimer.*

> (Ibid., 294.)

Mais cette constatation qui, dans l'esprit de La Rochefoucauld, se proposait de démasquer à jamais l'imposture de l'héroïsme, le Moi aristocratique tardif va s'efforcer d'y chercher le salut. Coupant les ponts entre lui et autrui, « se retirant » du monde, transformant l'épaisseur trouble de la vie en pureté transparente d'un éternel souvenir, il va tenter, ni plus ni moins, de s'épouser lui-même dans la solitude de Narcisse, — à l'opposé des noces cosmiques où l'homme se perd chez Blake, chez Hugo, chez Claudel, chez Camus [319]. C'est pourquoi mariage et procréation ne sont plus, comme au temps de la première préciosité, répugnants, mais *inutiles*. La possession véritable est la dépossession absolue, qui désarme et détruit auparavant son objet [320]. Le vivre est négation de la joie de vivre. Le corps des amants, auquel le roi Tulle, dans *Horace*, offrait, *après la mort*, la paix d'une sépulture glorieuse, va descendre à présent *vivant* dans le réconfort glacé du tombeau.

Ce faisant, c'est aussi la monarchie qu'on enterre. Car, à la différence de la princesse de Clèves et de Nemours, Tite et Bérénice ne sont pas de simples particuliers : leur drame privé a une dimension publique. Bérénice, nous l'avons vu, n'entend pas seulement assurer son « repos », comme la princesse, mais sa *victoire*. Son absence et son départ, elle les veut continuation de sa présence. Elle n'entend pas simplement s'assurer contre le monde et contre autrui, elle prétend les dominer. A travers Tite, c'est Domitie, c'est le sénat, c'est Rome tout entière qu'elle vise :

> *J'y rentrais exilée, et j'en sors triomphante.*

> (V, V, 1724.)

Abdiquant comme femme, elle choisit de régner, par personne interposée, en asseyant sur le trône une « impératrice » qui soit sa « créature », Par là, elle reste prisonnière du monde qu'elle s'apprête à quitter. Le pouvoir du « Dieu caché », sensible peut-être à l'âme, perd toute efficace, appliqué au règne. Le

Moi héroïque, qui se mesurait jadis avec autrui dans un impitoyable corps à corps, inscrivait ses décrets dans le champ de
l'histoire. Ce nouveau « décrochage » du héros le réduit à
l'impuissance : ce pouvoir négatif n'est plus qu'un pouvoir
symbolique. La retraite (comme c'est aussi le cas, de nos
jours, pour l'Oreste des *Mouches*) condamne *l'acte à n'être qu'un
geste*. De ce point de vue, si *Tite et Bérénice* semble vouloir
suivre la courbe des grandes tragédies, ce n'est qu'illusion,
parodie. Alors que son pardon donnait de nouveau à Auguste la
prise effective sur le réel qui lui manquait, le départ de Bérénice
lui fait, au contraire, *lâcher prise*. Car si elle était venue, en
reine, chercher au couronnement de Tite l'occasion d'une
épreuve de force et d'une revanche politique; si elle voulait
affirmer, à travers sa puissance sur lui, sa propre puissance,
elle laisse derrière elle un trône vacant. Tite esseulé, ombre
d'empereur, conclut la pièce et son rôle en se démettant
d'avance de l'empire entre les mains de son frère, « après sa
mort », c'est-à-dire pendant une vie qui n'est qu'un pur cheminement vers son terme :

> *Prince, après mon trépas, soyez sûr de l'empire;*
> *Prenez-y part en frère, attendant que j'expire.*
>
> (V, v, 1759-60.)

Bien mieux, tandis que Bérénice repart avec une « gloire »
éclatante, mais vide, c'est sa rivale Domitie qui, de l'aveu
même de Tite, se verra réellement couronnée :

> *Allons voir Domitie, et la fléchir pour vous.*
> *Le premier rang dans Rome est pour elle assez doux;*
> *Et je vais lui jurer qu'à moins que je périsse,*
> *Elle seule y tiendra celui d'impératrice.*
>
> (Ibid., 1761-64.)

Le rêve de Bérénice d'avoir en l'impératrice sa « créature » est
illusoire, tout comme est fictif, d'ailleurs, pour Domitie, ce
sceptre, dont elle n'apprécie que la pompe extérieure et l'éclat.
L'ironique commentaire d'Albin sur les femmes :

> *Elles veulent qu'ailleurs par leur ordre il soupire*
> *Et qu'un don de leur part marque un reste d'empire.*
>
> (IV, iv, 1291-92)

peut servir, non seulement sur le plan de l'amour, mais sur
celui de la politique, de digne conclusion à la pièce. Le « don »
destructeur, comme manifestation de puissance, est un « reste
d'empire » dérisoire, qui ne détruit finalement que soi. La perte
de Solyme crie toujours vengeance.

VII

Après *Tite et Bérénice*, le théâtre de Corneille demeure l'art d'accommoder les restes : après les «restes d'empire» de Bérénice, *Pulchérie* (1672) s'essaie à mettre sur le trône de Théodose les « restes de son sang » :

> *Quand du grand Théodose on aura pris le rang,*
> *Il y faudra placer les restes de son sang.*
>
> (I, 1, 115-16.)

La situation, dans les deux pièces, est identique : un trône qui réclame une impératrice, et le conflit de l'amour et du pouvoir, qu'arbitre, une fois de plus, la décision du sénat :

> *L'empire est à donner, et le sénat s'assemble*
> *Pour choisir une tête à ce grand corps qui tremble...*
>
> (Ibid., 25-26.)

Les données, toutefois, sont inversées : ce n'est plus le principe mâle, investi du sceptre, qui se cherche une compagne; c'est la femme, héritière de l'empire, qui doit se donner un mari. De la Pulchérie historique, grande pourfendeuse d'hérétiques et « gardienne de la foi », Corneille n'a retenu que le thème, déjà exploré dans *Rodogune*, des contradictions du pouvoir féminin, incapable de s'exercer sans la médiation de l'homme : « Dès l'âge de quinze ans, elle empiéta le gouvernement sur son frère, dont elle avait reconnu la faiblesse... Après la mort de ce prince, ne pouvant retenir l'autorité souveraine en sa personne, ni se résoudre à la quitter, elle proposa son mariage à Martian... » *(Au lecteur)*. Pas plus que le drame amoureux de Bérénice, celui de Pulchérie n'est donc compréhensible, si on l'isole de son contexte politique. La tragédie précédente, s'achevant sur l'irrémédiable séparation de Tite et Bérénice, semblait accomplir à l'avance la prédiction du Samson de Vigny :

> *Les deux sexes mourront chacun de son côté.*

Mais, du coup, la puissance s'échappant de ces mains désunies, seul restait sur le trône un fantôme d'empereur, tandis que quittait Rome une ombre d'impératrice. Cette « retraite » triomphante de Bérénice, Pulchérie la voit pour ce qu'elle est : une défaite, — qu'elle n'envisage pour elle-même qu'en cas d'échec :

> *... Le trône ou la retraite au sang de Théodose;*
> *Et si par le succès mes desseins sont trahis,*
> *Je m'exile en Judée auprès d'Athénaïs.*

(I, 1, 42-44.)

Pulchérie n'entend pas, pour le vain plaisir de se mettre au-dessus de Rome (ou plutôt ici de Constantinople) par le refus, se priver du pouvoir temporel :

> *Mais à moins que ce rang, plus d'amour, point d'époux.*

(Ibid., 40.)

L'originalité profonde de Pulchérie, au cours de la pièce, va être de pratiquer le renoncement au service du gouvernement.

Avant que la mort de son frère n'ouvrît la succession à l'empire, Pulchérie aimait Léon, Léon Pulchéric. En conséquence, Léon a tout naturellement proposer au sénat, au lieu de choisir un nouvel empereur, de maintenir sur le trône fraternel Pulchérie, laissant à celle-ci le soin de se trouver elle-même un mari. Et ce mari, ce sera, bien sûr, Léon. Point d'ambition ici, mais simple calcul de l'amour, car Léon, chez Pulchérie, n'en veut qu'à la personne. Or, Pulchérie sait bien qu'un abîme sépare la personne privée et la personne publique; le drame de l'inévitable division commence par se jouer en elle-même :

> *Je suis impératrice, et j'étais Pulchérie.*

(III, 1, 754.)

Contrairement à l'attente naïve de Léon, elle va donc tout mettre en œuvre pour ne point *prendre* un époux, mais se le *faire donner :* après avoir essayé de provoquer l'élection de Léon comme empereur, pour se trouver ainsi justifiée de l'épouser (acte I), elle voudra, à l'inverse de Bérénice, le tenir des mains du sénat (acte III). Celui-ci, impitoyable dans sa déférence, lui laisse l'entière responsabilité du choix, au désespoir de Pulchérie :

> *Que ne m'en fait-il donc une obligeante loi?*
> *Ce n'est pas le choisir que s'en remettre à moi...*

(III, 1, 731-32.)

Mise au pied du mur, elle se voit donc contrainte de porter enfin sur Léon un jugement non plus amoureux, mais politique. Là se précipite la tragédie.

La sœur de Léon, Irène, en lui donnant le conseil de laisser faire à Pulchérie, au lieu de chercher à briguer l'empire lui-même, avait basé un mauvais avis sur une juste appréciation :

> *N'agissez point pour vous ; il s'en offre trop d'autres*
> *De qui les actions brillent plus que les vôtres...*
> *Vous les passez peut-être en grandeur de courage ;*
> *Mais il vous a manqué l'occasion et l'âge...*

(I, iii, 217-18, 221-22.)

Léon est, à première vue, une sorte de Rodrigue malchanceux, à qui le destin a dénié l' « occasion » de transformer ses « coups d'essai » en « coups de maître » :

> *Pour surprenant que soit l'essai de son courage,*
> *Les vertus d'empereur ne sont point de son âge :*
> *Il est jeune, et chez eux, c'est un si grand défaut,*
> *Que ce mot prononcé détruit tout ce qu'il vaut.*

(III, i, 797-800.)

Mais, en définitive, ce qu'on reproche à Léon, ce n'est pas le manque d'un courage dont il a déjà donné des preuves, ni même son impéritie, sur un plan pratique. Du défaut d' « occasion » et d' « âge », c'est, sans conteste, le second qui le décrie. Dans ce monde héroïque à son couchant, où Pulchérie est elle-même sur le retour, et où son premier ministre, Martian, est un vieillard, c'est la *jeunesse* de Léon qui constitue sa *tare*. Le fait que Léon ait un *avenir*, au lieu d'un passé, le rend, par principe, suspect. La politique hardie, qui jadis misait sur Rodrigue, se refuse désormais au pari de l'espoir :

> *Vos vertus n'ont point eu toute leur étendue ;*
> *Et le monde ébloui par des noms trop fameux,*
> *N'ose espérer de vous ce qu'il présume d'eux.*

(III, iii, 974-76.)

Quoi qu'il puisse dire ou faire, Léon est donc condamné par le péché originel de sa jeunesse. Il aura beau se débattre, crier à l'aide, avec la spontanéité touchante de l'amour blessé :

> *Seigneur, parlez pour moi ; parlez pour moi, Madame :*
> *Vous pouvez tout sur elle, et lisez dans son âme.*
> *Peignez-lui bien mes feux, retracez-lui les siens...*

(II, iv, 669-71.)

Il aura beau attester la pureté de son amour :

> *Que je vous céderais ce grand titre aisément,*
> *Si vous pouviez sans lui me rendre heureux amant !*
> *Car enfin mon amour n'en veut qu'à sa personne...*

(Ibid., 687-89.)

C'est dans la mesure où il se prévaut de son amour qu'il *attente* à la nouvelle dignité de Pulchérie :

> *De ce trône, ennemi de mes plus doux souhaits,*
> *Je regarde l'amour comme un de mes sujets.*
> *Je veux que le respect qu'il doit à ma couronne*
> *Repousse l'attentat qu'il fait sur ma personne...*
>
> (III, 1, 755-58.)

Léon, tout entier à la passion, n'a pas compris que celle-ci est, par définition, dans l'univers héroïque, un attentat, puisqu'elle pénètre par effraction à l'intérieur d'un Moi qui se voudrait forteresse imprenable. A cet égard, l'avant-dernière des pièces de Corneille reprend, avec une inlassable constance, le thème originel des premières comédies. Lorsque Pulchérie s'écrie, se retournant contre son amour :

> *Je veux qu'il m'obéisse, au lieu de me trahir ;*
> *Je veux qu'il donne à tous l'exemple d'obéir...*
>
> (III, 1, 759-60,)

elle retrouve spontanément les vœux et les termes mêmes d'Alidor. Pourtant, les mots recouvrent une réalité, dans les deux cas, bien différente. Au début, loin de nier la force des attaches sensuelles, le héros l'affirme, afin de mieux la surmonter. Loin d'ignorer la présence envoûtante du corps, il se plaît à la subir et à l'exalter, il la porte au rouge, pour s'y montrer ensuite supérieur. Pulchérie, au contraire, à la suite de la «nouvelle vague» précieuse — Plautine, Domitie, Bérénice —, s'installe, dès les premiers vers de la pièce, en un *amour désincarné* :

> *Je vous aime, Léon, et n'en fais point mystère :*
> *Des feux tels que les miens n'ont rien qu'il faille taire.*
> *Je vous aime, et non point de cette folle ardeur*
> *Que les yeux éblouis font maîtresse du cœur,*
> *Non d'un amour conçu par les sens en tumulte...*
>
> (I, 1, 1-5.)

Tel était bien, du temps des comédies et des premières tragédies, le cheminement de la passion : l' «éblouissement» passait des yeux au corps, lui communiquant, selon l'expression de Pauline,

> *...ces troubles puissants*
> *Que fait déjà chez moi la révolte des sens.*
>
> (*Polyeucte*, I, IV, 355-56.)

Pulchérie, elle, se situe d'emblée au-delà de la sphère charnelle :

> *Ma passion pour vous, généreuse et solide,*
> *A la vertu pour âme, et la raison pour guide,*
> *La gloire pour objet...*
>
> (I, 1, 9-11.)

Animé par la « vertu », guidé par la « raison », tendu vers la
« gloire », l'amour passe, pour ainsi dire, *à côté de la personne.*
Il est amour de tout, sauf de quelqu'un. Digne héritière de
Bérénice, Pulchérie établit la passion dans le royaume de
l'*absence.* Mais plus forte que Bérénice, obligée de chercher
l'absence dans le départ, Pulchérie l'inscrit désormais au cœur
même de la présence. Aimant tout en Léon, excepté Léon, ce
dernier, pour elle, n'est littéralement *pas là.* Il ne saurait
« éblouir » un regard amoureux, qui traverse sa transparence,
ni déchaîner les sens, puisque le *vrai* Léon n'est pas de ce
monde. Un recours opportun à la métaphysique platonicienne
achèvera de placer l'amour sur son orbite céleste :

> *Et ne savez-vous pas qu'il est des hyménées*
> *Que font sans nous au ciel les belles destinées?*
>
> (V, VI, 1709-10.)

L'amour idéal est celui qui s'accomplit sans les amants, et le
royaume des Idées, où Polyeucte comptait trouver asile après
la mort, devient le refuge de l'héroïne dans cette vie. Pour
plus de sûreté, elle fera « don », suivant une tradition maintenant bien établie, de Léon récalcitrant, puis subjugué, à Justine, qu'il n'aime pas, achevant ainsi de le rendre inoffensif.

Pulchérie, toutefois, ne s'arrête pas en si bon chemin. Ceci
n'est qu'un prélude. Elle tient en réserve une solution plus
originale au problème cornélien de l'amour. Si Pulchérie,
comme Bérénice, est consciente qu'une

> *âme bien née*
> *Ne confond pas toujours l'amour et l'hyménée,*
>
> (I, 1, 77-78.)

et si, toujours comme Bérénice, elle est d'abord tentée par le
pur et simple renoncement de la retraite solitaire :

> *J'aime; et si ce grand choix ne peut tomber sur vous,*
> *Aucun autre du moins, quelque ordre qu'on m'en donne,*
> *Ne se verra jamais maître de ma personne,*
>
> (III, III, 1020-22.)

elle se ravise bientôt. Restée *femme,* malgré tous ses efforts
pour se désincarner, elle ne peut régner, tel Tite, par elle-
même. Les nécessités politiques viennent soudain la replacer
dans l'asservissement à sa condition naturelle, dont elle se

croyait définitivement sortie, ainsi qu'elle en fait l'amère constatation :

> *Sexe, ton sort en moi ne peut se démentir :*
> *Pour être souveraine, il faut m'assujettir,*
> *En montant sur le trône entrer dans l'esclavage...*

(V, ii, 1475-77.)

Si, par une ascèse libératrice, Pulchérie a pu se débarrasser de son sexe *pour elle-même*, elle n'y reste pas moins enchaînée *pour autrui*. Elle se trouve de nouveau ravie à sa subjectivité épurée par la présence dévorante des Autres :

> Léon :   *...Ce même amour pour moi tiendrait lieu de mérite.*
> Pulchérie : *Oui; mais le tiendra-t-il auprès de l'univers,*
> *Qui sur un si grand choix tient* tous ses yeux ouverts.

(III, iii, 946-48.)

Regard impitoyable, autrui est aussi, par la voix du sénat, exigence implacable, sous les dehors du respect :

> *Et son respect vous prie une seconde fois*
> *De lui donner vous seule un maître à votre choix.*

(V, ii, 1467-68.)

Replongée de force dans une servitude naturelle — qu'il n'y a aucun moyen de fuir en partant —, Pulchérie va triompher par une invention, qui fait le nœud de la pièce :

> *Je ne veux plus d'époux, mais il m'en faut une ombre...*

(V, iii, 1345.)

Pour s'assurer une « ombre d'époux », Pulchérie ira, avec un sûr instinct, se choisir un époux *parmi les ombres*. Déjà, se trouvant dans l'impossibilité de posséder, elle aussi, bien que pour d'autres raisons, le même Léon, qu'elle aimait en secret, un autre personnage, Justine, avait trouvé un moyen radicalement nouveau de se satisfaire, en substituant le contentement du *rêve* à la disette du réel :

> *C'est ce que m'inspirait l'aimable rêverie*
> *Dont jusqu'à ce grand jour ma flamme s'est nourrie;*
> *Mon cœur, qui ne voulait désespérer de rien,*
> *S'en faisait à toute heure un charmant entretien* [321].

(II, i, 517-20.)

Platonicienne résolue, un peu à la façon d'Edgar Poe, sachant que les « belles hyménées » se font au « ciel », Pulchérie, elle,

verrait plutôt rôder l'amour parmi les ombres du *tombeau*
que de la rêverie :

> *Rien n'en détachera mon cœur que le trépas ;*
> *Encore après ma mort n'en répondrais-je pas ;*
> *Et si dans le tombeau le ciel permet qu'on aime,*
> *Dans le fond du tombeau je l'aimerai de même.*

(III, 11, 851-54.)

Or, au bord, sinon au fond du tombeau, Martian, — « vieux
sénateur, ministre d'État sous Théodose le Jeune », nous dit
Corneille, — ressuscitant Sertorius, était amoureux, dans le
secret et dans la honte, de son impératrice. Le voilà même,
dès le couronnement supposé de Léon, prêt à mourir :

> *Dès cet heureux moment qu'il sera votre époux,*
> *J'abandonne Byzance et prends congé de vous,*
> *Pour aller, dans le calme et dans la solitude,*
> *De la mort qui m'attend faire l'heureuse étude.*

(III, 1, 811-14.)

Cet amant caduc et chenu [322], arraché à temps de sa nécropole,
fournira *l'époux d'outre-tombe,* vers lequel Pulchérie inclinait
depuis le début.

Moins que jamais, il ne faudrait, ici, être victime des apparences. Si Pulchérie pouvait, là où Chimène et Pauline avaient
échoué, se désincarner si aisément et s'attacher sans effort à
un pur amour de « gloire », c'est que cette étonnante réussite
n'était pas due à une contention volontaire, mais à une disposition particulière de la sensibilité. Alors qu'elle *paraît* aimer
Léon et s'en persuade, d'ailleurs, avec la meilleure mauvaise
foi du monde, Pulchérie nous livre, en fait, *dès ses premiers
mots à Léon,* le secret de ses goûts spontanés :

> *Mon aïeul Théodose, Arcadius mon père,*
> *Cet empire quinze ans gouverné par un frère,*
> *L'habitude à régner, et l'horreur d'en déchoir,*
> *Voulaient dans un mari trouver même pouvoir.*

(I, 1, 13-16.)

Déjà la Domitie de *Tite et Bérénice,* frappée dans la plus tendre
enfance par l'éclat de la puissance, avait offert l'exemple d'une
ambition devenue instinct dominant et dévoyé. (cf. p. 395) Avec
une intuition remarquable, Corneille vieillissant situe la source
première des grandes poussées affectives dans les chocs initiaux
de l'enfance. Dès le début, il est clair que Pulchérie fait une
« fixation » sur l'« aïeul », le « père », le « frère », qui se trouve
liée, pour elle, aux seules conditions possibles de la puissance.
Si l'*inceste* latent joue, nous l'avons vu, un rôle essentiel dans

la formation de la sensibilité cornélienne et traduit le désir
profond de l'Ego héroïque qui se refuse à sortir de *soi* pour
aimer *ailleurs*, nous avons aussi vu que l'appel incestueux avait
toujours, pour concomitant logique, le geste parricide (cf. p. 309).
La même loi s'applique ici : ce que Pulchérie aime chez l'aïeul,
le père, le frère, c'est leur *mort*, c'est-à-dire leur *impuissance*,
qui la laisse seule héritière légitime de leur pouvoir. Ce que la
femme aime de l'homme, c'est sa présence sous forme de disparition. Ainsi se trouve réalisé le vœu secret du Moi féminin :

> *J'aimerais à régner avec l'*indépendance
> *Que des vrais souverains s'assure la prudence ;*
> *Je voudrais que le ciel inspirât au sénat*
> *De me laisser moi seule à gouverner l'État,*
> *De m'épargner ce maître, et vois d'un œil d'envie*
> *Toujours Sémiramis et toujours Zénobie...*
> *Mais mon cœur de leur sort n'en est pas moins jaloux ;*
> *C'était régner enfin, et régner sans époux.*
>
> (V, 1, 1445-50, 1455-56.)

Rejoignant et comblant le vœu profond de sa sensibilité
infantile, Martian, « tout vieil et tout cassé » (V, IV, 1586),
incarnera exactement l'archétype du père-mort et du frère-
impuissant :

> *Un mari qui content d'être au-dessus des rois,*
> *Me donne ses clartés, et dispense mes lois ;*
> *Qui n'étant en effet que mon premier ministre,*
> *Pare ce que sous moi l'on craindrait de sinistre...*
>
> (V, III, 1547-50.)

Si le thème de l' « amant âgé », apparu avec Sertorius, reparaît
dans sa plénitude, c'est, toutefois, avec un sens différent : alors
que Viriate aimait Sertorius *malgré* ses rides, en vertu de son
pouvoir, Pulchérie choisira Martian *à cause* de sa caducité et
à proportion de sa faiblesse.

Le problème politique, que pose la jeunesse de Léon, n'est
donc pas, en définitive, la raison, mais le *prétexte* de sa disgrâce.
En fait, lorsque tous attendent la décision du sénat et que
Pulchérie devrait *espérer* un vote favorable à Léon, elle le
redoute :

> *Justine, plus j'y pense, et plus je m'inquiète :*
> *Je crains de n'avoir plus une amour si parfaite,*
> *Et que si de Léon on me fait un époux,*
> *Un bien si désiré ne me soit plus si doux.*
>
> (V, 1, 1437-40.)

C'est que Pulchérie ne souhaite pas plus s'attacher à Léon, que la princesse de Clèves dépendre de Nemours. S'unir, ce n'est plus « vivre à soi », mais vivre à l'autre, perdre sa Maîtrise :

> *... Mais je tremble à penser que je serais sa femme,*
> *Et qu'on n'épouse point l'amant le plus chéri,*
> *Qu'on ne se fasse un maître aussitôt qu'un mari.*
>
> (Ibid., 1442-44.)

On voit mieux pourquoi la « jeunesse » de Léon constitue son vice rédhibitoire : l'impétuosité même de son ardeur amoureuse compromet l'autonomie glacée de Pulchérie, brise le mur dont elle prétend s'entourer, abaisse sa superbe altitude :

> *Je ne veux rien savoir,*
> *Et je n'apporte ici ni respect ni devoir.*
> *L'impétueuse ardeur d'une rage inquiète*
> *N'y vient que mériter la mort que je souhaite...*
>
> (V, vi, 1627-30.)

Cette spontanéité juvénile risque d'entraîner Pulchérie dans le gouffre des noces à deux, elle pour qui le dépérissement et le décès du Moi résultent infailliblement du contentement érotique

> *... qui ne concevant que d'aveugles désirs*
> *Languit dans les faveurs, et meurt dans les plaisirs.*
>
> (I, 1, 7-8.)

Les seuls rapports humains dont rêve Pulchérie sont ceux qui sont sans prise ; l'unique hymen, celui qui laisse *intacte* l'héroïne, dans son esprit et dans sa chair :

> *... Martian reçoit et ma main et ma foi,*
> *Pour me conserver toute, et tout l'empire à moi.*
>
> (V, vi, 1671-72.)

Si, jadis, la tragédie de *Théodore* (cf. p. 283) avait montré dans une virginité attaquable le symbole de l'asservissement au corps, Pulchérie, en rendant sa virginité *inattaquable*, s'arrache, dès ici-bas, à l'aliénation corporelle :

> *Sachez...*
> *Que sous l'illusion de ce faux hyménée,*
> *Je fais vœu de mourir telle que je suis née...*
> *Et que tout le pouvoir que cette foi lui donne*
> *Ne le fera jamais maître de ma personne.*
>
> (V, vi, 1667, 1669-70, 1673-74.)

Ce qu'elle donne, avec une rouerie naïve, ou un désarmant cynisme, comme une preuve d'amour pour Léon :

> *Est-ce tenir parole? et reconnaissez-vous*
> *A quel point je vous sers quand j'en fais mon époux?*
>
> (Ibid., 1675-76)

ne fait qu'attester un amour exclusif de soi.

Pulchérie, en conséquence, c'est *le Cid* à l'envers. La vieillesse y vient au secours de l'héroïsme, contre la jeunesse. Don Diègue [323] amoureux vient prendre la relève d'un Rodrigue incapable de donner sa mesure. C'est comme si, brusquement, le cours de la temporalité s'inversait. En réalité, la haine du sensible prend, chez le héros à son déclin, cette dernière forme pervertie, par quoi se manifeste jusqu'au bout le refus fondamental de la vie. Mais, tandis que l'optimisme du *Cid* faisait jaillir de la vie même l'élan qui la niait, et envoyait Rodrigue porter plus loin et plus haut la valeur conquérante de son père; tandis même que, plus tard, le soin d'assurer la continuité héroïque était confié à une essence supérieure, incarnée dans une « nature », la superbe solitude du Moi se refuse maintenant — comme Tite, dans la pièce précédente, nous l'avait laissé entrevoir — à la compromission biologique. L'amour, de même qu'il rejette l'acte charnel, renie l'acte géniteur. L'absence de postérité, qui était malédiction pour Galba :

> *Quand la mort de mes fils désola ma famille,*
> *Ma nièce, mon amour vous prit dès lors pour fille...*
>
> (Othon, III, iii, 845-46,)

devient à présent, comme dans *Tite et Bérénice*, et avec plus de force encore, la seule conduite *logique* du héros :

> *Non qu'en m'offrant à vous je réponde à vos feux*
> *Jusques à souhaiter des fils et des neveux:*
> *Mon aïeul, dont partout les hauts faits retentissent,*
> *Voudra bien qu'avec moi ses descendants finissent,*
> *Que j'en sois la dernière, et ferme dignement*
> *D'un si grand empereur l'auguste monument.*
>
> (V, iii, 1527-32.)

La « dignité » héroïque, qui consistait jadis à être *le premier*, exige qu'on soit maintenant *le dernier*. A la gloire ouverte succède la gloire close. Ce n'est pas pour rien, du reste, que Pulchérie n' « ose espérer » de Léon des exploits impériaux. A cette méfiance envers la jeunesse, il existe des raisons précises :

> *Qu'on ne prétende plus que ma gloire s'expose*
> *A laisser des Césars du sang de Théodose.*
> *Qu'ai-je affaire de race à me déshonorer,*
> *Moi qui n'ai que trop vu ce sang dégénérer...*
>
> (Ibid., 1533-36.)

La « dégénérescence du sang », à peine considérée dans *le Cid* que violemment rejetée, et reparue dans *Attila* comme une menace tragique, devient ici un fait accompli et accepté. La virginité stérile est désormais l'unique salut, non seulement personnel, mais *politique*, de l'aristocrate en mal de gloire.

Pulchérie se termine donc sur le règne retrouvé de la femme. Si le sang, en effet, dégénère, ce n'est pas au hasard, et notre dernière citation était incomplète :

> *Moi qui n'ai que trop vu ce sang dégénérer,*
> *Et que s'il est fécond en illustres princesses,*
> *Dans les princes qu'il forme il n'a que des faiblesses...*

> (Ibid., 1536-38.)

Ainsi se consomme tardivement la revanche de Chimène sur Rodrigue, de Camille sur Horace, d'Émilie sur Auguste. Le principe mâle, qui « donnait l'exemple », est anéanti. De ce point de vue, *Pulchérie* porte à son point de perfection l'inversion des sexes cornélienne, qui était apparue avec les tragédies de la « monstruosité ». Le dénaturement, auquel Cléopâtre elle-même n'était pas arrivée, semble ici atteint. Toute une lignée d'héroïnes reçoit son couronnement. Il faut sans doute admirer une persévérance inlassable et digne, en somme, d'un meilleur sort. La nature ennemie, tant de fois et par tous les moyens combattue, referme pourtant sa prise impitoyable sur l'héroïne qui s'en croit libérée. Décidée à exister sur le bord extrême de cette tombe — où Polyeucte et Théodore avaient couru se jeter —, suffisamment en marge de la vie pour en desserrer l'étreinte et pour pouvoir, en quelque sorte, passer à tout moment de l'autre côté, Pulchérie n'en demeure pas moins, comme toutes ses sœurs, vulnérable. Leur talon d'Achille demeure toujours politique. Car, autant et plus que Bérénice, Pulchérie entend régner. Il s'agit de se sauver *pour le trône*, de dépasser la féminité vers la toute-puissance. Or, ce n'est nullement par hasard que les dernières tragédies de Corneille se passent dans la Rome de la décadence, à l'heure de son agonie. Le trône vide d'*Othon* n'est pas davantage occupé par Tite ; l'empire, devenu ruine et débris dans *Attila*, est toujours, dès la première scène de *Pulchérie*, un « grand corps qui tremble »

> *Et dont les Huns, les Goths, les Vandales, les Francs,*
> *Bouleversent la masse et déchirent les flancs.*

> (I, 1, 27-28.)

Non seulement il est démembré de l'extérieur, mais déchiré de l'intérieur. D'un côté, nous assistons jusqu'au bout à la lutte de Rome et des rois devenus *barbares ;* de l'autre, l'appa-

rence d'un sénat uni dans la docilité recouvre la réalité de la
discorde civile, plus aiguë que jamais. Sur l'empire brisé, le
féodal tente déjà d'assurer son règne fragmentaire, comme le
rival de Léon, Aspar, en témoigne par ses paroles et ses actes :

> *Cependant nous voyons six généraux d'armée*
> *Dont au commandement l'âme est accoutumée ;*
> *Voudront-ils recevoir un ordre souverain*
> *De qui l'a jusqu'ici toujours pris de leur main?*

(II, ıı, 557-6o.)

Choisissant une « ombre d'époux », Pulchérie n'aura, du même
coup, « voulu qu'un fantôme à l'empire » (III, ı, 8o6). La nul-
lité, qu'elle redoute chez Léon, elle l'installe, en fait, avec Martian. Celui-ci, lorsque Aspar avait invoqué, par ironie, la possibilité qu'il fût lui-même élu empereur, avait déjà jugé le cas et
condamné d'avance la tentative de Pulchérie :

> *Moi, Seigneur, dans un âge où la tombe m'attend!*
> *Un maître pour deux jours n'est pas ce qu'on prétend...*
> *Et ma mort que par là vous verriez avancée,*
> *Rendrait à tant d'égaux leur* première *pensée,*
> *Et ferait une triste et prompte occasion*
> *De rejeter l'Etat dans la division.*

(II, ıı, 571-72, 577-8o.)

Au crépuscule de ce théâtre, la dernière pensée du héros reste
sa « première pensée », qu'Aspar se charge d'exprimer tout
haut :

> *Seigneur, il est bien dur de se voir sous un maître*
> *Dont on le fut toujours, et dont on devrait l'être.*

(Ibid., 561-62.)

Tandis que se trame ouvertement la révolte des « égaux »,
Aspar reste, par-delà plus de vingt pièces, la réplique de
don Gomès. La mort trop prévisible du « ministre-empereur »
s'apprête à rejeter l'État dans une « division », dont il n'était
jamais, à vrai dire, sorti. L'histoire cornélienne est circulaire,
et la fin nous ramène au commencement. C'est en vain qu'installant au pouvoir la vierge solitude de Pulchérie, sous le signe
du tombeau promis d'un jour à l'autre à Martian, et sous
l'égide future de Léon, dont on n' « osait rien espérer », la
pièce se termine, comme *le Cid*, par un appel au temps :

> *Le temps fait tout, Seigneur.*

(V, vı, 1739.)

Le travail du devenir est ici, bien plus encore que dans *Sopho-*

nisbe (cf. p. 359), inverse. Le temps de la virginité n'est plus celui de la filiation. Sans futur, point d'efficace. Sans postérité, point d'empire. Sans réconciliation ultime avec la nature, point de salut. Alors que Rodrigue pensait ouvrir à l'héroïsme aristocratique un avenir illimité, ou Polyeucte une éternité immobile et embaumée, Pulchérie ne peut plus conserver à l'engeance éteinte de Théodose qu'une gloire morte, qui s'abîme dans le passé.

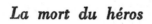

La mort du héros

Suréna

I

Suréna (1674) demeure, dans le théâtre de Corneille, une
pièce à part — et, sans nul doute, l'une des plus belles. Cette
dernière tragédie est aussi la seule, parmi les œuvres de vieillesse, qu'on se plaise parfois à exhumer. Le secret de cet intérêt
est bien simple : Corneille se serait laissé gagner aux charmes
de la sensibilité « racinienne », qui remplace alors, sur la scène
française, la grandeur d'âme surannée. Succédant à l'aridité
« cérébrale » des ouvrages précédents, *Suréna* tomberait, au
terme de cette dramaturgie, comme la manne de l'émotion dans
le désert du sublime. D'après Lemaître et Lanson [324], Racine
exercerait enfin une salutaire influence sur Corneille vieillissant. Ulcéré de ses échecs antérieurs, voulant prouver qu'il
pouvait, lui aussi, faire couler les larmes et décidé à vaincre
sur le terrain même de l'adversaire, Corneille serait parti
chercher, avec *Suréna* [325], la revanche de *Tite et Bérénice*. Nous
ne dirons pas le contraire. Une œuvre s'insère dans une vie
et dans un temps, avant de prendre place dans l'ensemble d'une
œuvre. Il est probable que Corneille a écrit *Suréna* à l'occasion
de sa rivalité avec Racine, comme il écrivit *Nicomède* en pensant à Condé et *Tite et Bérénice* en songeant à Louis XIV.
Pourtant, *Suréna*, quelles que soient les allusions possibles [326],
une fois la pièce terminée, ne peut plus se comprendre que
comme *Suréna*, et Corneille que par lui-même. Si, en effet,
l'affleurement nouveau de la sensibilité est le trait dominant
de la pièce, et si cette sensibilité surgit parallèlement à celle
de Racine, elle est, dans sa source comme dans son expression,
uniquement cornélienne. Corneille se montre soudain « sensible » : c'est à sa manière, dans son propre contexte. Avec
certains ingrédients, si l'on y tient absolument, « raciniens »,
il fait ici œuvre purement cornélienne, de même que Racine,
dans *Bérénice*, faisait, avec des éléments cornéliens, œuvre
racinienne. Interpréter un dramaturge par l'autre, quand leur

vision du monde est aussi radicalement opposée, n'est pas
moins absurde dans le cas d'Eurydice que de Camille, de
Suréna que d'*Horace* (cf. p. 156). S'il s'agit bien, à chaque fois,
de « passion », la passion d'Eurydice ne ressemble pas plus à
celle d'Hermione ou de Roxane, que la « raison » de Descartes
à celle de Pascal. L'amour qui va, à la fin de ce théâtre, consu-
mer Suréna s'allume dans l'univers héroïque de la libre existence, comme la flamme dévorante de Phèdre dans le monde
mystique du péché.

Beaucoup plus que le théâtre de Racine, c'est *la Princesse
de Clèves* que *Suréna*, à la suite de *Tite et Bérénice* et de *Pulchérie*, évoque et annonce. Non par un rapprochement fortuit,
ou, au contraire, par une « influence » de Corneille sur
Mme de La Fayette, mais tout simplement parce que nous
assistons, chez l'un comme chez l'autre, à un ultime effort
pour sauver la conscience aristocratique dans l'écroulement
de son monde et la débâcle de ses valeurs. Aussi les deux œuvres
vont-elles présenter, de la même façon, des sentiments *réels*
chez des personnages *idéalisés*. Ce n'est point par hasard que
la présentation des personnages est faite en termes similaires :
tout comme le duc de Nemours était « l'homme du monde le
mieux fait et le plus beau » et que « ce qui le mettait au-dessus
des autres était une valeur incomparable, et un agrément dans
son esprit, dans son visage et dans ses actions que l'on n'a
jamais vu qu'à lui seul » (*op. cit.*, p. 243), « ... Suréna était le
plus noble, le plus riche, le mieux fait, et le plus vaillant des
Parthes. Avec ces qualités, il ne pouvait manquer d'être un
des premiers hommes de son siècle » (*Au Lecteur*). De même
que Mlle de Chartres est une « beauté parfaite » (*ibid.*, p. 247),
et que le prince de Clèves « voyait bien par son air, et par tout
ce qui était à sa suite, qu'elle devait être d'une grande qualité »
(p. 249), Pacorus voit chez Eurydice l'alliance exquise de la
grâce et de l'esprit :

> *J'épouse une princesse en qui les doux accords*
> *Des grâces de l'esprit avec celles du corps*
> *Forment le plus brillant et plus noble assemblage*
> *Qui puisse orner une âme et parer un visage.*

(II, 1, 367-70.)

Nous retrouvons ici cette convergence parfaite des perfections
du corps et de l'esprit, qui concourait, au temps des comédies,
(cf. p. 38) au ravissement sensuel du Beau. On dira que c'est
là un lieu commun de la littérature galante, et c'est vrai.
Ce qui compte, c'est de voir comment ce lieu commun devient
l'âme de deux chefs-d'œuvre. De ce point de vue, il y a une

profonde évolution des comédies de Corneille à sa dernière pièce, ou de la « préciosité » commençante à la préciosité finissante. Ce sur quoi Corneille et Mme de La Fayette insistent surtout, en définitive, c'est sur l'alliance de l'esprit et du corps dans la *qualité :* l' « assemblage » est « brillant », parce qu'il est « noble ». L'homme « le mieux fait » est aussi « le plus noble » et « le plus riche ». L'exaltation de la beauté, chez Nemours ou Suréna, s'accompagne d'une très forte prise de conscience *politique :* « ... il semblait que la nature eût pris plaisir à placer ce qu'elle donne de plus beau dans les plus grandes princesses et dans les plus grands princes » (Mme de La Fayette, *op. cit.*, p. 242). L'aristocrate se proclame réceptacle des vertus, chef-d'œuvre spécial de la nature. Comme dans *Tite et Bérénice*, Corneille tente d'enrayer de nouveau le mouvement de « dégénérescence du sang », que ses dernières pièces avaient vu s'accélérer. Par un brusque renversement, on passe des déliquescences d'*Othon* à un univers de pureté absolue, des latrines de l'histoire au ciel poétique de la légende. Cette poésie, toute de nostalgie et de désespoir secret, représente un ultime sursaut de la conscience aristocratique pour s'arracher au devenir qui la condamne; pour s'établir, une fois de plus, une dernière fois, dans une « nature » toute belle et toute parfaite; pour s'élever, d'un coup, au-dessus des contingences humaines. Ce n'est pas par hasard que *la Princesse de Clèves* et *Suréna*, avec leurs héros quintessenciés, s'ouvrent un peu dans une atmosphère de « conte de fées », qui fait contraste absolu avec l'univers immédiatement opaque et étouffant de Racine. Le héros se tourne, avant de s'éteindre, avec mélancolie, vers une pureté originelle qui a déjà cessé d'être de ce monde. La poésie profonde et émouvante que la littérature héroïque atteint soudain dans son dernier éclat, elle l'achète de sa mort.

II

Dans la splendeur de la Cour, l'être humain devient tout *lumière* (cf. p. 302). « La magnificence et la galanterie n'ont jamais paru en France avec tant d'*éclat* que dans les dernières années du règne de Henri second » (*P. de Cl.*, p. 241). Aux premiers mots de *La Princesse de Clèves* correspondent exactement les premiers vers de *Suréna :*

> La Reine et la princesse en quittent le séjour,
> Pour rendre en ces beaux lieux tout son lustre à la cour.

> *Le Roi les mande exprès, le prince n'attend qu'elles ;*
> *Et jamais ces climats n'ont vu pompes si belles.*
>
> (I, 1, 7-10.)

Non pas collectivité, mais collection de monades étrangères les unes aux autres, les courtisans gravitent harmonieusement autour du Roi-Soleil et brillent dans leur vide sidéral. Telle est la pureté de cette humanité désormais stellaire. Alors se réalise pleinement le fantasme précieux, venu des profondeurs d'une longue histoire chrétienne et courtoise : dans ce monde de l'apparence éblouissante, l'amour subsiste de sa seule flamme, tout corps, tous sens abolis. L'amour qui n'est point union charnelle des êtres, mais commerce spirituel des consciences. Suivant et couronnant une vieille tradition, la passion, chez Mme de La Fayette comme chez Corneille, consacrera la séparation absolue des amants. Le véritable amour se vit dans l' « orient désert », que fuyait éperdument la Bérénice racinienne; il se noue et s'accomplit sous le signe de l'absence. « Il ne m'a jamais vue en particulier; je ne l'ai jamais souffert, ni écouté... » (*P. de Cl.*, p. 375). De même, l'amour de Suréna et d'Eurydice est, par essence, amour *muet*, que seul peut exprimer le regard et auquel la parole sera, comme dans *la Princesse de Clèves*, fatale :

> *...tout son entretien*
> *Sembla m'offrir son cœur, et demander le mien.*
> *Il l'obtint ; et mes yeux, que charmait sa présence,*
> *Soudain avec les siens en firent confidence.*
> *Ces muets truchements surent lui révéler*
> *Ce que je me forçais à lui dissimuler...*
>
> (I, 1, 47-52.)

Dans le roman comme dans la tragédie, la seule manifestation permise à la passion, c'est la *réticence :*

> *Et comme tout son cœur me demeura soumis,*
> *Notre adieu ne fut point un adieu d'ennemis.*
>
> (Ibid., 79-80.)

Au-delà, il y a, purement et simplement, *transgression :* non point, comme jadis, dans le monde chrétien, de la loi divine, mais, dans ce monde désacralisé, des valeurs humaines, plus précisément de l'ordre établi. La spontanéité passionnelle est, dans son principe, dangereuse pour l'éthique aristocratique, qui se veut maîtrise et dépassement de la Vie. L'éveil du désir ouvre une brèche irrémédiable dans l'autonomie héroïque; l'attirance charnelle transforme les rapports humains, en arrachant le Moi à lui-même pour le jeter vers l'Autre. C'est là cette menace mortelle que comprenait si bien Alidor, à l'aube de la dramaturgie cornélienne, et qu'il s'efforçait, par tous les moyens, de pallier. A son couchant, le drame devient tragédie; le coup de foudre de la passion éclate dans un monde humain qui n'a plus la force de la combattre. La transgression passionnelle tourne vite non seulement au malheur des destins individuels, mais à la catastrophe d'un univers incapable de la contenir.

Nous avons essayé de montrer ailleurs le sens précis que prend le surgissement inopiné de la passion dans le contexte de *la Princesse de Clèves :* « Si le coup de foudre est un commencement absolu, il n'est pas pour autant absurde et privé de sens. C'est une expression spontanée de la personne totale. « M. de Nemours fut tellement surpris de sa *beauté* que, lorsqu'il fut proche d'elle, et qu'elle lui fit la *révérence*, il ne put s'empêcher de donner des marques de son admiration. Quand ils commencèrent à *danser*, il s'éleva dans la salle un murmure de louanges » (p. 262). Au cours de la rencontre entre Nemours et la princesse, la plasticité du corps vivant est l'incarnation même des valeurs de beauté et de grâce. Ce n'est nullement une coïncidence si l'amour surgit au moment où la princesse fait la révérence ou quand ils dansent tous les deux [327]... » Comme Mme de La Fayette l'a bien vu, à la naissance du désir, il y a unisson immédiat des corps, préfigurant l'union des âmes, perte du Moi qui se retrouve sous forme d'*accord* à autrui. C'est précisément ce qui se passe dans *Suréna*. Brusquement, deux êtres séparés, perdus dans deux patries, égarés dans deux politiques différentes, se reconnaissent. En vertu d'un « accord imprévu », contre toute attente, portés irrésistiblement l'un vers l'autre par une raison que la raison d'État ne connaît pas, l'ambassadeur du roi victorieux et la fille du roi vaincu, destinée au lit du plus fort, s'unissent soudain :

> *Ses vœux y rencontraient d'aussi* tendres désirs :
> *Un accord imprévu confondait nos soupirs,*
> *Et d'un mot échappé la douceur hasardée*
> *Trouvait l'âme en tous deux toute persuadée.*
>
> (I, 1, 55-58.)

A l'inverse de toute une lignée de reines, Viriate, Sophonisbe, Bérénice, Pulchérie, pour qui le trône, en définitive, est la seule fin, et l'amour un obstacle, par une brusque transmutation des valeurs, Eurydice abandonnerait avec joie le trône pour l'amour. Elle rendrait volontiers Pacorus, à qui elle est promise par traité, à son ancienne amante Palmis :

> *Rétablissez vos lois sur les plus grandes têtes :*
> *J'en serai peu jalouse, et préfère à cent rois*
> *La douceur de ma flamme et l'éclat de mon choix.*
> *La main de Suréna vaut mieux qu'un diadème.*
>
> (I, ii, 230-33.)

Loin que la passion soit éprouvée, à la façon d'Alidor — ou des personnages de Racine — comme violence faite à l'âme, elle est ressentie comme « douceur » dans toute la pièce [328], voire comme « pureté » :

> *Plein d'un amour si pur et si fort que le nôtre...*
>
> (I, iii, 285.)

Pour la première fois dans le théâtre de Corneille, l'amour n'est plus une machine de guerre dressée pour la conquête de l'Autre, utilisée à battre en brèche les remparts d'un Moi rival — Rodrigue parti à l'assaut de Chimène autant que des Mores, Camille prenant sa passion envers Curiace comme massue pour assommer Horace, Rodogune exploitant le faible d'Antiochus afin d'abattre Cléopâtre. L'amour n'est plus négation, mais affirmation révérente de l'Autre. Né à la cour d'Artabase sous le signe de la parfaite communion, il se poursuit maintenant à la cour d'Orode, sous forme d'absolue réciprocité. Par un double mouvement, qui n'apparaît contradictoire que dans la perspective autistique du Moi cornélien traditionnel, l'amour devient à la fois ce qui pose l'individualité et la supprime. De même que, pour Eurydice, « la main de Suréna vaut mieux qu'un diadème », Eurydice est, pour Suréna, l'*unique réalité :*

> *Aveugle pour Mandane, aveugle pour toute autre,*
> *Comme je n'ai plus d'yeux vers elles à tourner,*
> *Je n'ai plus ni de cœur ni de main à donner.*
>
> (I, iii, 286-88.)

Ce qui frappe ici, c'est l'extraordinaire continuité de ce théâtre, son unité profonde, sous les variations des périodes et la diversité des styles. Avec *Suréna*, des digues, patiemment, péniblement construites pendant plusieurs décades, crèvent soudain. Les eaux-mères de la passion, dormantes, mais sans cesse présentes, débordent; leur crue submerge l'univers héroïque. Des thèmes, longtemps refoulés, reparaissent avec une force décuplée par l'attente. Rien d'emprunté du dehors, rien d' « imité » de Racine, comme si le génie pouvait jamais être un démarquage que dans l'imagination des commentateurs. C'est une source purement cornélienne qui jaillit à nouveau. Tout de même que Curiace était pour Camille son « plus unique bien », l'amour charnel, surgissant du tombeau où Tulle avait pensé l'ensevelir, ressuscite l'individu sensible, en son inestimable, irremplaçable particularité. C'est Pacorus, épris d'Euridyce sans retour, qui ne conçoit d'amour « heureux » que dans une *singularité absolue*, dont il ressent la nostalgie poignante :

> *Et qu'aura cet amour d'heureux, de singulier,*
> *Qu'à son trop de vertu je devrai tout entier?*
>
> (II, 1, 427-28.)

Mais, en même temps qu'il singularise, l'amour fait communiquer. Il fait tomber le mur des prisons solitaires, où des âmes isolées se repaissent de leur néant glorieux. Rien ne définit mieux l'amour de Suréna et d'Eurydice que la conscience jalouse et lucide qu'en prend le prince Pacorus, dédaigné dans sa personne et accepté en vertu d'un contrat :

> *Si vous n'aviez du cœur fait ailleurs l'heureux don,*
> *Vous auriez moins de gêne à me dire que non...*
>
> (II, 11, 515-16.)

Au moment où il reconnaît l'Autre comme singularité absolue d'une présence sensible, le Moi, loin de chercher à le « posséder », à le « dominer », — c'est-à-dire à le supprimer, selon le schéma de la dialectique héroïque —, *se supprime. Fusion de la dualité dans l'unité :* telle est la nouvelle forme de reconnaissance, de renaissance spirituelle, telle est la nouvelle réciprocité, inutilement recherchée sur le plan de la lutte des consciences, et spontanément donnée à la sensibilité naturelle, pourvu qu'elle accepte de se déprendre de soi. Aussi, pour la première fois [329] dans le théâtre de Corneille, deux singuliers forment-ils un pluriel, et *Je* devient *Nous :*

> *Plein d'un amour si pur et si fort que le nôtre...*
>
> (I, III, 285.)

> *Souffrons-nous moins tous deux pour soupirer ensemble?*
>
> (I, III, 245.)

> *Je m'étais répondu de vaincre mes souhaits*
> *Sans songer qu'un amour comme le nôtre extrême...*
>
> (V, 11, 1553-54.)

Le héros, renversant les valeurs de la Maîtrise, accepte de dépendre d'autrui, pour le meilleur et pour le pire, dans la communauté d'un destin indivis. Là est l'innovation radicale : pas un instant, Camille et Curiace ne formaient *couple;* séparés par leur patrie, leur famille, leur morale, leur conception même

de l'amour, Camille et Curiace, loin de se confondre, se confron-
taient. Chacun essayant d'amener l'autre à son point de vue,
ils mouraient en des lieux différents, pour des raisons différentes, d'une mort différente. Seul le sépulcre, symboliquement,
finissait par les réunir. Au contraire, la vie, pour Suréna, c'est
Eurydice, pour Eurydice, Suréna.

Mais il ne s'agit pas non plus d'une pure réciprocité des
consciences. Si l'amour est, en son principe et selon l'expression
d'Eurydice, « tendre désir » (I, 1, 55), s'il valorise l'attirance
corporelle, il renonce à être cet amour de tête à la Pulchérie,
qui, ayant la « vertu pour âme et la raison pour guide », « lan-
guit dans les faveurs, et meurt dans les plaisirs ». (*Pulchérie*,
I, 1, 7-8). Eurydice ne se contente pas, comme Bérénice avec
Tite, ou Pulchérie avec Léon, des joies de l'amour absent;
elle se déplaît en la compagnie d'Ormène, qui ne peut lui rendre
concrète, palpable, la personne de Suréna :

> *Il suffit qu'avec toi j'amuse mon ennui.*
> *Toutefois tu n'as rien à me dire de lui.*
> *Tu ne sais ce qu'il fait, tu ne sais ce qu'il pense.*

> (I, 1, 135-37.)

Loin d'être rapport lumineux de consciences épurées et de
s'accomplir sur le plan de la vie volontaire, l'amour demande
désormais à se vivre dans le trouble de l'*émotion* :

> *Une sœur est plus propre à cette confiance :*
> *Elle sait s'il m'accuse, ou s'il plaint mon malheur,*
> *S'il partage ma peine, ou rit de ma douleur,*
> *Si du vol qu'on lui fait il m'estime complice,*
> *S'il me garde son cœur, ou s'il me rend justice.*

> (Ibid., 138-42.)

C'est bien pourquoi, dans *Suréna* (comme dans *la Princesse
de Clèves*, d'ailleurs), l'importance capitale de la vie émotionnelle est soulignée par l'attention passionnée que les personnages
attachent à ses moindres *signes* : dans un monde où la parole
est interdite, le corps, que les héros des pièces précédentes
s'efforçaient de contrôler, parle; regards, gestes, rougeurs
sont l'amour, ainsi que Pacorus le sait trop bien. Aussi épie-t-il,
par-dessous les mots, les conduites, les attitudes, les lapsus :

> *Madame, ce qu'on fait sans honte et sans remords*
> *Ne coûte rien à dire, il n'y faut point d'efforts;*
> *Et sans que la rougeur au visage vous monte...*

> (II, 11, 519-21.)

Aussi scrute-t-il les moindres nuances du comportement :

Inquiète, rêveuse, insensible aux douceurs
Que par un plein succès l'amour verse en nos cœurs...

(II, 1, 419-20.)

Annoncée par ce « cantique des cantiques », que sont certains passages de *Psyché* [330], une nouvelle forme d'amour, ou plutôt, un ancien visage de l'amour, que Corneille, tout entier à la construction d'un amour héroïque, avait tenté de dissimuler, surgit des profondeurs naturelles. Un amour qui balaie tous les efforts, d'Alidor à Pauline, de Sophonisbe à Pulchérie, pour substituer le règne de la conscience à l'ordre de la nature. Oui, admirable continuité de ce théâtre, où les contradictions du début font éclater les chimères de la fin, où, au-delà de Camille, la dévotion amoureuse d'Angélique, ressuscitée, convainc soudain d'inanité le glorieux sacrifice de Bérénice et la hautaine solitude de Pulchérie. Du coup, la « lumière » du commencement s'épaissit; l'« éclat » de la Cour s'éteint; le monde de la raréfaction poétique, de la pureté légendaire, de la perfection féerique, sur quoi se levait le rideau de *Suréna* et s'ouvrait la première page de *la Princesse de Clèves*, font une chute brusque et mortelle dans le réel. Par une impitoyable logique qui fait l'essence de la tragédie, c'est au moment où le héros, subjugué, se laisse gagner à la générosité de l'instinct, envahir par la « douceur » de la passion, qu'il se découvre condamné totalement et sans appel.

III

C'est ici que *Suréna* et *la Princesse de Clèves* se séparent, et que Corneille commence, en quelque sorte, là où Mme de La Fayette s'arrête. Dans les deux cas, la passion se découvre condamnée, mais, chez Mme de La Fayette, comme mauvaise, chez Corneille, comme bonne. Plus exactement, à la différence de la passion honteuse et secrète de la princesse de Clèves, qui ne cherche qu'à se fuir et à s'oublier, l'amour de Suréna et d'Eurydice est vécu, par une contradiction déchirante et insurmontable, à la fois comme bon *et* coupable. Alors que l'héroïne du roman, approfondissant, aggravant, par une exploitation systématique, son statut originel de solitude, cherche le salut au royaume de l'Exil; alors que Mme de Clèves s'installe dans une fuite perpétuelle, qui traite le scandale de l'amour par l'étouffement, — dans *Suréna*, la passion, d'emblée, prend conscience d'elle-même [331] et s'accepte comme

« heureux don » de soi à autrui. La structure même des œuvres en révèle la différence d'esprit : tandis que la rencontre de Mme de Clèves et de Nemours n'avait lieu qu'*à la fin* et que l'amour n'arrivait à la parole, que pour rentrer à jamais dans le silence, c'est *au début* de *Suréna* que les amants sont totalement face à face et se trouvent aussi spontanément qu'ils se cherchent. Ce qui est, chez Mme de La Fayette, point d'arrivée, devient, chez Corneille, point de départ; ce qui est, chez la première, roman de la séparation, devient, chez le second, tragédie de la confrontation.

Car la confrontation amoureuse est *tragique*, quand elle eût pu et dû être source de bonheur. La communion sans réserve des êtres, la joie de la pure présence, au lieu de définir un nouveau salut, se referment sur une nuit plus épaisse que jamais dans le théâtre de Corneille. *Suréna* se situe, à cet égard, aussi loin des tragédies de Racine que du roman de Mme de La Fayette — plus loin encore. Si la princesse et Nemours s'éprennent l'un de l'autre en dansant, dans l'harmonie de leur corps, ou Eurydice et Suréna en se regardant au miroir mutuel de la parfaite beauté, le corps racinien, que ce soit chez Hippolyte ou chez Phèdre, est vécu dans le malaise et dans la honte : « Je le vis, je rougis, je pâlis à sa vue », s'écriera bientôt Phèdre, résumant d'un vers les troubles émois de Néron face à Junie dénudée, ou les fureurs érotiques de Roxane humant Bajazet. Aucune commune mesure entre les univers des deux dramaturges, qui sont exactement l'inverse l'un de l'autre : tandis que la tragédie de l'homme racinien est celle d'une bonne volonté perdue dans un corps mauvais, la tragédie de Suréna et d'Eurydice est celle de la conscience désemparée, découvrant soudain son corps comme source du bien.

L'expérience cornélienne est ici parallèle, en son sens profond, à celle d'Agnès dans *l'Ecole des Femmes*, et il est à tout le moins symbolique de voir Corneille et Molière se rencontrer pour célébrer cet hymne au corps qu'est *Psyché*. Comme nous avons essayé de l'établir ailleurs, le projet moliéresque renverse, en son principe, le projet héroïque; dans *l'Ecole des Femmes*, en particulier, « le corps et les sens se rebellent contre la discipline intérieure et le refoulement de la nature, qui sont la base de l'éthique du Maître. A l'affirmation de Pauline : « Et sur mes sens ma raison souveraine... » répond la question d'Agnès : « Le moyen de chasser ce qui fait du plaisir? » Il s'agit là d'une radicale transmutation des valeurs, qui attaque à sa racine la théologie de l'héroïsme et du christianisme, ici confondus : « Un péché? Et la raison, de grâce [332]? » Nous nous permettrons de citer également ce que nous avons écrit, sur ce point, dans notre étude sur *la Princesse de Clèves*, et qui s'applique littéralement à *Suréna : «* Car le fond du problème, c'est un choix de valeurs, un choix déchirant entre les valeurs délibérément choisies d'un code aristocratique et les valeurs spontanément élues de la passion. Tout le drame est dans ce conflit. En effet, les progrès de l'amour ne sauraient être considérés comme une « passion fatale » que du point de vue de certaines valeurs morales (fidélité dans le mariage, souveraineté du jugement volontaire, etc.), qui se trouvent mises en question et ébranlées dans leur fondement. Mais, deux décades auparavant, Molière avait, au contraire, montré, dans les progrès mêmes de l'amour sensuel, un processus de *libération,* comme en témoigne le personnage d'Agnès de *l'Ecole des Femmes.* A ce moment précis, une solution possible eût été de passer à l'attitude de Molière. C'est la nature qui nous enseigne à être enfin nous-mêmes :

> *Il le faut avouer, l'amour est un grand maître ;*
> *Ce qu'on ne fut jamais, il nous enseigne à l'être...*

Si la nature est irrésistible, c'est qu'elle est bonne [333]. »

Or, pour des raisons différentes, cette vérité n'est pas plus recevable dans le théâtre de Corneille que dans le roman de Mme de La Fayette. Ce qui était, chez celle-ci, refus de l'engagement amoureux, qui détruit l'indépendance et le repos de la personne *privée,* prend, chez Corneille, une dimension *publique.* Le théâtre cornélien n'est pas un théâtre de boudoir ou d'alcôve. L'amour de Suréna et d'Eurydice intervient, symboliquement, au milieu d'une *ambassade,* et traverse des desseins dynastiques. Le jaillissement de la passion, ainsi que le personnage de Camille l'avait laissé pressentir, transgresse l'ordre non seulement moral, mais *politique.* Alors que Suréna devait être tout à sa mission de négociateur, qui achète la paix au prix d'une reine pour son roi, l'amour vient inopinément « se mêler » à l'entreprise :

> *L'amour s'en mêla même...*

(I, 1, 47.)

Bientôt, par un dangereux renversement, la mission politique n'est plus que l'apparence, la passion devient la réalité :

> *L'amour, sous les dehors de la civilité,*
> *Profita quelque temps des longueurs du traité.*
> *On ne soupçonna rien des soins d'un si grand homme.*

(Ibid., 67-69.)

Ce qui condamne Suréna amoureux, c'est d'être général et ambassadeur, Eurydice d'être reine. La « transmutation des valeurs », qui est possible chez Molière et dans le personnage d'Agnès, c'est-à-dire chez une « fille de rien », qu'on découvre, au dénouement, être au plus fille de bourgeois, est impossible dans le contexte *aristocratique*, voire royal, où libérer la passion équivaut à détruire l'ordre. La « libération » moliéresque ne touche qu'aux structures morales, non politiques. Agnès, enfant perdue, éprise d'Horace, fils de famille : comédie; Suréna, capitaine et homme public, épris d'Eurydice, reine : tragédie. C'est le scandale de Carlos, amoureux de doña Isabelle, dans *don Sanche*, mais sans issue romanesque et sans naissance secrète. Suréna n'est pas fils de roi. La spontanéité du cœur transgresse la hiérarchie des êtres, l'existence passionnelle renverse les essences politiques. Dans une société fondée sur des rapports de *supériorité*, Éros *égalise;* à la morale du « haut » et du « bas », il oppose le terrain commun; à la reconnaissance verticale, la reconnaissance horizontale.

La contradiction, déchirante et insurmontable, de la passion, dans *Suréna,* c'était, disions-nous, de se vivre à la fois comme bonne et comme coupable. Nous pouvons maintenant ajouter : bonne, humainement, coupable, politiquement. Ce conflit brutal de la vérité métaphysique et de la nécessité historique, qui jadis ne faisaient qu'un, telle est, en définitive, le sens de la tragédie. Si l'ordre aristocratique ne découle plus de la nature authentique des rapports humains, il faut choisir entre l'ordre et l'authenticité; il faut laisser la *libération* passionnelle se constituer comme *insurrection.* C'est ce que le héros, à aucun prix, ne saurait permettre. Entre la fidélité à la passion et la loyauté envers le régime, il demeure *écartelé,* car il ne peut renoncer ni à l'amour, au nom de l'ordre, comme Suréna le crie à la face du roi Pacorus :

> *Sans faire un nouveau crime, oserai-je vous dire*
> *Que l'empire des cœurs n'est pas de votre empire,*
> *Et que l'amour, jaloux de son autorité,*
> *Ne reconnaît ni roi ni souveraineté?*
>
> (IV, ɪv, 1309-12.)

ni à l'ordre, au nom de l'amour, comme le dit sa sœur Palmis à Eurydice :

> *Il souffre sans murmure; et j'ai beau vous blâmer,*
> *Lui-même il vous défend, vous excuse sans cesse.*
> *« Elle est fille, et de plus, dit-il, une princesse:*
> *Je sais les droits d'un père, et connais ceux d'un roi;*
> *Je sais de ses devoirs l'indispensable loi... »*
>
> (I, ɪɪ, 184-88.)

Là où, de toute évidence, un choix s'impose, celui d'Horace ou celui de Camille, Suréna refuse d'opter. Si le drame de notre temps est celui de l' « homme révolté », la tragédie de Suréna est celle du *héros respectueux*, et qui périt de son respect [334].

D'où l'ambiance, le ton si particulier de la pièce, qui marquent déjà le premier acte, et qui ont pu évoquer l'atmosphère « racinienne ». Contrairement à ce qui se passe d'habitude dans les pièces de Corneille, où le dénouement intervient comme bond suprême, au terme d'une course d'obstacles, ou comme mot final d'une énigme, la tragédie est ici consommée *dès le début*, dès la contradiction où se fige, sans pouvoir progresser, l'héroïsme. Ce n'est pas au moment de l'hallali habituel du cinquième acte, mais dès la scène III de l'acte I, que Suréna s'exclame :

> *Quel bonheur peut dépendre ici d'un misérable*
> *Qu'après tant de faveurs son amour même accable?*
> *Puis-je encor quelque chose en l'état où je suis?*
>
> (v. 273-75.)

Le héros est, dès l'abord, « accablé » par un amour dont il ne sait que faire, éclairé et, à la fois, détruit, par cette vérité soudaine que lui livre la passion : si l'amour est *présence* absolue à l'Autre, l'unique temps de la passion est le *présent* [335]. Les premières paroles que Suréna prononce dans la pièce accusent l'opposition radicale du temps héroïque et du temps passionnel :

> *Madame, l'heure approche, et demain votre foi*
> *Vous fait de m'oublier une éternelle loi :*
> *Je n'ai plus que ce jour, que ce moment de vie.*
>
> (I, III, 251-53.)

Alors que Rodrigue entendait ouvrir le présent sur l'avenir illimité de la vaillance et de la lignée; ou Horace, Auguste, Polyeucte, faire basculer l'instant libre dans l'éternel, — l' « éternité », vers laquelle tend le projet héroïque [336], est maintenant refusée, pour la jouissance désespérée de l'instant vital. La tentation de consommer une vie dans un moment fulgurant, déjà curieusement présente chez le Perpenna de *Sertorius*, — qui était justement un anti-héros, — reparaît ici, cette fois, chez le héros lui-même :

> *Et le moindre moment d'un bonheur souhaité*
> *Vaut mieux qu'une si froide et vaine éternité.*
>
> (I, III, 311-12.)

Sachant qu'il n'y a de vraie valeur que dans l'exaltation de

la vie individuelle et sensible, et sachant celle-ci à jamais
condamnée par le système de la Maîtrise, en un refus d'une
extraordinaire et hautaine beauté, le héros s'enferme orgueil-
leusement dans son Moi terrestre et vulnérable :

> *Que tout meure avec moi, Madame : que m'importe*
> *Qui foule après ma mort la terre qui me porte?*
> *Sentiront-ils percer par un éclat nouveau,*
> *Ces illustres aïeux, la nuit de leur tombeau?*
> *Respireront-ils l'air où les feront revivre*
> *Ces neveux qui peut-être auront peine à les suivre,*
> *Peut-être ne feront que les déshonorer,*
> *Et n'en auront le sang que pour dégénérer?*
> *Quand nous avons perdu le jour qui nous éclaire,*
> *Cette sorte de vie est bien imaginaire,*
> *Et le moindre moment d'un bonheur souhaité*
> *Vaut mieux qu'une si froide et vaine éternité.*

(I, III, 3o1-12.)

Par cet admirable passage, par ces paroles amères qui
condamnent race, sang, postérité, au nom de la vie réelle,
opposée à la vie « imaginaire » de la gloire et des au-delà humain
ou divin, le héros prend à jamais congé de l'héroïsme. Si les
thèmes de la stérilité volontaire et de la dégénérescence du
sang étaient déjà apparus dans les pièces précédentes, ils
prennent ici une résonance nouvelle : tandis que Pulchérie ou
Tite, en rejetant toute progéniture, pensent *accomplir* l'idéal
héroïque du dépassement de la vie, par les seuls moyens qui
leur restent (et c'est aussi le sens de la « retraite » finale de la
princesse de Clèves), c'est, au contraire, pour *récuser* cet idéal,
au nom même de la vie, que Suréna va refuser de prolonger
dans une race une existence condamnée. C'est bien pourquoi il se
trouve volontairement démuni de l'arme jadis souveraine du
héros : le suicide. Si, pour Polyeucte, au-delà du martyre, il y
avait les « saintes douceurs du ciel », pour Suréna, dans le
fond du tombeau, il y a la nuit. Impossible aussi de sacrifier
la vie à la gloire humaine, telle Sophonisbe, puisque la première
est le bien réel, la seconde le bien imaginaire. Mais comme
la gloire, récusée sur le plan éthique, reste intacte sur le plan
politique, impossible, finalement, de se révolter, au nom de la
vie, contre la gloire. La solution unique, pour le héros respectueux, mais lucide, sera de *vivre dans l'acceptation de sa condamnation*, de *la* vivre, goutte à goutte, jusqu'au bout, de savourer
négativement chaque instant d'une passion à la fois bonne et
coupable. Son salut sera l'*extinction lente* et la *souffrance volontaire*. On a souvent cité le fameux vers d'Eurydice : « Toujours
aimer, toujours souffrir, toujours mourir », mais hors de

contexte. Ce n'est pas un simple cri de désespoir d'une sensibilité aux abois, c'est, au contraire, une recherche spontanée de la souffrance pour elle-même :

> *Vivez, Seigneur, vivez afin que je languisse,*
> *Qu'à vos feux ma langueur rende longtemps justice.*
> *Le trépas à vos yeux me semblerait trop doux*
> *Et je n'ai pas encore assez souffert pour vous.*
> *Je veux qu'un noir chagrin à pas lents me consume,*
> *Qu'il me fasse à longs traits goûter son amertume;*
> *Je veux, sans que la mort puisse me secourir,*
> *Toujours aimer, toujours souffrir, toujours mourir.*
>
> (I, iii, 261-68.)

Si cette obstination à « souffrir » est un comportement délibéré, c'est que la souffrance est la seule preuve d'amour possible, dans un monde où le héros est condamné à payer son incapacité à choisir pour l'héroïsme ou contre. Plus exactement, cette souffrance trop savamment cultivée, grinçante sous le poli des phrases, est la seule forme licite que prenne la *révolte*, pour ces deux aristocrates coupés de leurs racines éthiques. La « souffrance » d'Eurydice, dont l'agressivité rentrée se tourne alors contre elle-même, est *l'équivalent des « imprécations »* *de Camille, vécues dans la paralysie générale*. Le culte de la souffrance devient l'alibi *féminin* du désarroi, une manifestation typique de « puissance dans l'impuissance », qui cherche, en cette épreuve — que fuient précisément la princesse de Clèves ou les personnages raciniens — l'ultime affirmation du Moi, sa victoire à la Pyrrhus, où il se grandit de sa défaite même et se nourrit de sa propre agonie. Le malheur, c'est que cette *réaction* de femme devienne la seule *action* possible de l'homme, et que le cri final de Suréna, sur quoi se termine péniblement le premier acte, reprenne textuellement les paroles d'Eurydice, en accusant leur sens secret :

> Où dois-je recourir
> *O ciel ! s'il faut toujours aimer, souffrir, mourir?*
>
> (I, iii, 347-48.)

IV

Tandis qu'Eurydice et Suréna se réfugient dans la douleur, l'absolu de la passion, où ils prétendent s'enfermer, est envahi par l'histoire; il devient soudain la proie des Autres. Le deuxième acte n'est pas autre chose que l'irruption d'autrui

dans le royaume solitaire de l'amour. Là où les personnages
se croyaient *deux*, ils se découvrent brusquement *quatre* :
« Seigneur, quand vous voudrez, il [le ciel] fera quatre heureux »
(II, III, 692). Cette nouvelle dimension du drame lui donne
une nouvelle signification. Car si le drame était joué dès
le début, pour un amour qui renonçait d'avance à vivre et
à mourir, cette mort vivante demeurait, cependant, un salut,
dans la mesure où elle offrait aux amants une fin honorable,
un noble congé. C'est là aussi ce que voulait Mme de La Fayette,
dont les personnages s'éteignaient avec discrétion et dignité.
La scène d'adieu à Nemours se passait dans le calme et sans
éclat ; le mari jaloux mourait à temps pour éviter l'explosion
menaçante, le scandale possible. A défaut de maîtrise intérieure,
les personnages gardaient cette belle sérénité de l'apparence,
dont les dernières pièces de Corneille avaient également fait le
but de la morale. Les choses ne se passeront pas aussi bien
dans *Suréna*, où le problème de la passion est lié à un projet
politique, où l'ordre éthique est inséparable de l'ordre social,
où Eurydice, qu'aime avec succès Suréna, est aimée sans
retour de Pacorus, — comme Mme de Clèves, amoureuse de
Nemours, était en vain adorée de M. de Clèves. La différence,
toutefois, c'est que Pacorus est prince et fils de roi. En s'enga-
geant dans la voie sans issue de M. de Clèves, mais sans savoir
se contrôler comme lui, Pacorus, au-delà de sa personne,
engage la monarchie. La mort solitaire des amants devient
l'agonie d'un régime.

Au début, le drame de Pacorus reproduit exactement celui
de M. de Clèves. Si la spontanéité naturelle peut être source de
salut, elle peut aussi — et c'est là qu'Alidor avait raison de s'en
défier — ouvrir tout droit sur l'enfer : l'élan charnel vers autrui
se fait dans le risque absolu. Le don de soi implique une
confiance sans garantie, un saut dans les ténèbres, que peut
sanctionner la mort[337]. La source de toute félicité peut se muer
à tout instant en fontaine empoisonnée. La vraie tragédie de
la passion n'est pas, comme le croyaient Racine et les jansénistes, qu'elle est *déterminée*, mais qu'elle est *libre*. L'appel de
corps à corps, au contraire de ce que supposait l'automate cartésien, est, en réalité, comportement signifiant et révélateur
de notre être, au même titre que nos pensées les plus conscientes.
L'élection érotique est choix aussi libre que toute décision
volontaire. La vraie dialectique de la passion, ainsi que
Mme de Clèves l'avait bien compris, est donc celle de la liberté.
Si c'est par la passion que l'Autre se livre, c'est par la passion
aussi qu'il échappe. S'il peut y avoir *don*, il ne peut jamais,
à aucun moment, y avoir *possession* ; et si c'est, à travers le

don, le désir de possession qui constitue l'aspiration secrète
de la conscience, le plus sage, c'est, comme la princesse, de
renoncer à l'amour. Proust l'a admirablement montré et
Sartre démontré : la dialectique des rapports humains devient
infernale, dès qu'une liberté cherche à posséder une liberté
comme « chose ». C'est l'expérience de cette déchirante impossibilité que font M. de Clèves [338] et, ici, Pacorus. Inutile de
vouloir atteindre, à travers le corps-objet, la subjectivité
d'autrui, qui l'habite; de vouloir récupérer la spontanéité
par la possession physique :

> *Qu'aurait-il de charmant, cet amour, s'il ne donne*
> *Que ce qu'un triste hymen ne refuse à personne* [339]*...?*
>
> (II, 1, 429-30.)

Le corps, pris sans se donner, transforme le temple de joie en
lieu de supplice :

> *Pour faire aimer ses lois, l'hymen ne doit en faire*
> *Qu'afin d'autoriser la pudeur à se taire.*
> *Il faut, pour rendre heureux, qu'il donne sans gêner,*
> *Et prête un doux prétexte à qui veut tout donner.*
>
> (II, 1, 433-36.)

Cette présence torturante du corps *libre*, que M. de Clèves
éprouve après son mariage [340], Pacorus la ressent avant. Il ne
peut même pas goûter, dans les premiers temps de l'hymen,
cette brève tranquillité de l'éphémère mari :

> *Que sera-ce, grands Dieux ! si toute ma tendresse*
> *Rencontre un souvenir plus cher à ma princesse,*
> *Si le cœur pris ailleurs ne s'en arrache pas,*
> *Si pour un autre objet il soupire en mes bras?*
> *Il faut, il faut enfin m'éclaircir avec elle.*
>
> (Ibid., 437-41.)

C'est à ce moment que *la Princesse de Clèves* et *Suréna*
passent de la tragédie de l'amour au drame de l' « éclaircissement » : la recherche haletante du « rival heureux » aboutit
à transformer les relations d'hyménée en enquête de police.
Mais là où M. de Clèves, en gentilhomme, se contente de
demander : « Et qui est-il, Madame, cet homme heureux qui
vous donne cette crainte? » Pacorus procède à un interroga-
toire précis :

> *Eh bien ! Madame, eh bien ! sachons, quoi qu'il en coûte,*
> *Quel est ce grand rival qu'il faut que je redoute.*
> *Dites, est-ce un héros? est-ce un prince? est-ce un roi?*
>
> (II, 11, 537-39.)

L'amour d'Eurydice pose, en effet, au dauphin une humiliante question de hiérarchie; l'amour commet un crime de lèse-majesté, dans la mesure où il se donne comme *limite* brutale du pouvoir absolu :

Pacorus :   *Ainsi donc ce traité qu'ont fait les deux couronnes...*
Eurydice :   *S'il a pu l'une à l'autre engager nos personnes,*
              Au seul don de la main son droit est limité,
              Et mon cœur avec vous n'a point fait de traité [341].

(Ibid., 5o1-4.)

Le problème devient donc brusquement, brutalement différent pour Pacorus et M. de Clèves. Tandis que ce dernier, bien que mal aimé, n'est pas un instant contesté en tant que mari, Pacorus, dans le refus de l'amour, se trouve mis en cause comme monarque. Il refait l'expérience désespérante d'Auguste, au début de *Cinna :* le vide d'une maîtrise extérieure des choses, qui ne donne pas accès à la maîtrise intérieure des consciences, à commencer par la sienne (cf. pp. 193 sqq). Pacorus se fait renvoyer l'image de son pouvoir par le corps inerte de l'amante, comme Auguste par son vain « empire sur la terre et sur l'onde ». L'un achoppe à l'amour, l'autre à l'amitié. C'est la légitimité, l'efficacité de la puissance impériale qui se trouve, dans les deux cas, remise en question. Ce qui va différer du tout au tout, c'est la réponse.

Si Pacorus se laisse prendre au piège, en exigeant, au-delà de la soumission, l'amour : « Mais ce n'est pas m'aimer, ce n'est qu'être soumise... » (v. 410); si, pleinement conscient (cf. p. 437) que l'amour est fusion spontanée, et néanmoins obstiné à en rechercher le contrôle volontaire, il se lie irrémédiablement au Moi de l'Autre, il pense avoir, comme roi, *les moyens* de sortir par décret de cette dialectique infernale, qui fait du possesseur le possédé. Du coup, il délaisse la règle d'or de la vraie liberté, qu'Aristie formulait si nettement dans *Sertorius :*

Suivant qu'on m'aime ou hait, j'aime ou hais à mon tour,
Et ma gloire soutient ma haine et mon amour,

(III, ii, 995-96.)

et s'engage sur la voie fatale qui prétend appliquer la contrainte du pouvoir au règne du cœur. Réduit aux moyens extérieurs de la Maîtrise, le roi n'est plus qu'un tyran — et l'amant qu'un tortionnaire. Ainsi s'opère la transition de la souffrance qui ennoblit, chez Suréna, à la douleur qui dégrade, chez Pacorus. Les tentations assoupies depuis *la Mort de Pompée, Théodore* et *Rodogune,* la cruauté comme substitut de la

vaillance, connaissent un réveil brutal. Au royaume des
« douceurs » de l'amour, Pacorus, en vertu de la prérogative
royale, va essayer de pénétrer par effraction. Alors que
M. de Clèves mourait simplement de douleur, en homme du
monde, sans s'abaisser à l'usage de la violence : « Refusez-moi
toutes les fois que je vous demanderai de pareilles choses;
mais ne vous offensez pourtant pas si je vous les demande »
(*op. cit.*, p. 336), Pacorus, pour obtenir le nom de son rival
secret, va employer le chantage avec Palmis :

> *Il est, pour m'arrêter sous un si digne empire,*
> *Un office à me rendre, un secret à me dire...*
> *Vous êtes avec elle en trop d'intelligence*
> *Pour n'en avoir pas eu toute la confidence...*

> (II, iii, 633-34, 637-38.)

— puis la menace, avec Eurydice :

> *Ainsi ce confident... Vous m'entendez, Madame,*
> *Et je vois dans les yeux ce qui se passe en l'âme.*

> (IV, iii, 1177-78.)

Le Néron du « J'entendrai des regards que vous croirez muets »
a fait, en Pacorus, un disciple. Comme Corneille l'avait diagnostiqué depuis longtemps, le Maître, esclave de la passion, prend
peu à peu des manières serviles. Pacorus perd bientôt jusqu'à
la *politesse*, ultime refuge de l'aristocrate en détresse, dont les
personnages de Mme de La Fayette ne se départaient jamais :

> *Madame, au nom des Dieux, ne venez pas vous plaindre :*
> *On me donne sans vous assez de gens à craindre...*

> (II, iii, 585-86.)

Il lui faudra, tel Félix dans *Polyeucte*, mais sans conversion ni
miracle à la fin, descendre dans l'enfer lucide de la déchéance :

> *Mais elle approche. Allez, laissez-moi seul agir :*
> *J'aurais peur devant vous d'avoir trop à rougir.*

> (II, i, 451-52.)

Déchéance, du reste, inutile; Molière l'avait déjà montré chez
Arnolphe :

> *O fâcheux examen d'un mystère fatal,*
> *Où l'examinateur souffre seul tout le mal !*

> (École des Femmes, II, v, 565-66.)

Le bourreau, dans ces cas-là, commence par être sa première
victime. Il se donne en pâture, comme Pacorus en fait la triste
expérience, au moment où il prétend dominer :

> *Ah! si vous connaissiez ce que pour vous je sens!...*
>
> (II, ii, 471.)
>
> *Je vous fais trop jouir des troubles de mon âme...*
>
> (II, iii, 690.)

La victime sera, d'ailleurs, impitoyable, et se fera bourreau à son tour, non pas malgré elle, comme Agnès ou Mme de Clèves, mais sciemment. Car si l'interrogation jalouse aboutit aussi, dans *Suréna*, à une scène d' « aveu », c'est dans un esprit tout différent de celui qui anime la princesse de Mme de La Fayette : il n'est point destiné à *aider* maladroitement, mais à *tourmenter* adroitement. L' « aveu » d'Eurydice, refusé, puis consenti en une progression savante,

> *Et je ne comprends point avec quelle prudence*
> *Vous voulez qu'avec vous j'en fasse confidence,*
> *Vous qui près d'un hymen accepté par devoir*
> *Devriez sur ce point craindre de trop savoir*
>
> (II, ii, 529-32.)

est enfin décoché comme une flèche empoisonnée :

> Pacorus : *Il est donc en ces lieux, Madame?*
> Eurydice :   *Il y peut être,*
> *Seigneur, si déguisé qu'on ne le peut connaître.*
> *Peut-être en domestique est-il auprès de moi ;*
> *Peut-être s'est-il mis de la maison du Roi ;*
> *Peut-être chez vous-même il s'est réduit à feindre.*
> *Craignez-le chez tous ceux que vous ne daignez craindre,*
> *Dans tous les inconnus que vous aurez à voir...*
>
> (II, ii, 573-79.)

Il n'y a pas là seulement devinette mortelle, comme de Léontine à Phocas : Eurydice connaît exactement le défaut de la cuirasse, et c'est là qu'elle frappe avec art. Du trône, qu'il prétend affirmer dans sa force plénière, voici Pacorus jeté soudain dans la foule, ravalé, du sommet de la puissance, à avoir, pour rival, non le « héros », le « prince », le « roi », dont il s'enquérait, mais, ceux qu'il « dédaigne », des « inconnus », littéralement, *n'importe qui*. Le travail de la lucidité achève ici celui du tourment, car Pacorus est le premier à savoir l'*égalité* des hommes devant la passion :

> *Car il vient quelquefois du milieu des provinces*
> *Des sujets en nos cours qui valent bien des princes.*
>
> (II, i, 397-98.)

La dernière épreuve de force du monarque donne rétrospectivement raison à Bénérice et à Pulchérie : en introduisant la passion au cœur du projet monarchique, là où elles avaient

prudemment fait le vide, Pacorus engage un combat perdu
d'avance.

V

L'acte III et l'acte IV offrent une curieuse série de *dédoublements.* Tandis qu'il suffisait jadis, pour incarner la rencontre
et le conflit du projet amoureux et du projet politique, d'*un
seul* personnage (Cinna, par exemple), il faut à présent adjoindre
Orode à Pacorus, le père au fils, afin d'obtenir une totalité
monarchique. Il faudra ajouter Palmis, la sœur, à Eurydice,
l'amante, pour révéler la double face de l'amour. Le Moi
appauvri semble désormais incapable de réunir en lui les
contraires. Le dédoublement marque le stade ultime de la
décomposition du héros. Pendant que Suréna et Eurydice
s'unissent l'espace d'un regard, le reste de l'univers aristocratique se divise. Les contradictions s'extériorisent, deviennent
palpables, au point qu'il faille les représenter visiblement sur
la scène. Le pur point de vue d'État, qui eût dû être *aussi*
celui de Pacorus, incombe donc, dans la pièce, à Orode : il
va poser le problème de Suréna en termes monarchiques,
comme Livie mettait les angoisses personnelles d'Auguste
dans une perspective politique. Or, si Pacorus fait, sur le
terrain privé, régresser le monarque en deçà de l'acquis moral
d'Alidor, Orode, de son côté, ressuscite, par-delà Auguste et
Tulle, les apories politiques du *Cid.* Le danger profond, c'était
qu'aucun pacte ne pouvait éliminer les périls de la liberté :
le héros, qui se donnait au roi, pouvait toujours se reprendre, et
don Gomès lancer un défi à son souverain autant et plus qu'à
don Diègue. Si, d'ailleurs, en poussant les choses à la limite, le
héros peut faire violence au roi et le détrôner (ce sera le sujet
de *Pertharite*), inversement, le roi peut opprimer le héros (et
ce sera *Nicomède*). Sur ce point capital, *Suréna* présente,
de prime abord, un tableau idyllique, de la part du héros
respectueux. Voici, sur le tard, l'impossible réconciliation
opérée, l'unité politique restaurée par la scrupuleuse soumission
de Suréna, qui renie les révoltes récentes d'Aspar. Or, dès le
début, Suréna se trouve *condamné d'avance*, sur le plan politique
aussi bien que sur le plan passionnel. A la tragédie du dédoublement, chez les autres personnages, va correspondre, chez
Suréna, la tragédie du *redoublement*, car sa condamnation est,
en fait, une *double sentence.*

En effet, par un paradoxe sans précédent dans le théâtre cornélien, c'est le *respect*, c'est le *dévouement* mêmes de Suréna qui font sa culpabilité aux yeux du roi :

> *Un service au-dessus de toute récompense*
> *A force d'obliger tient presque lieu d'offense.*

> (III, 1, 705-6.)

Dans la mesure où ses vertus contribuent à la gloire excessive du héros, loin de « servir l'État », comme au temps d'*Horace*, elles deviennent des crimes :

> *Le plus zélé déplaît, le plus utile gêne,*
> *Et l'excès de son poids fait pencher vers la haine.*

> (Ibid., 709-10.)

Par une détérioration pathologique de la situation, ce ne sont même plus les actes du héros qui peuvent être dangereux, c'est sa seule *vue* qui est insupportable :

> *Qu'un monarque est heureux quand parmi ses sujets*
> *Ses yeux n'ont point à voir de plus nobles objets,*
> *Qu'au-dessus de sa gloire il n'y connaît personne,*
> *Et qu'il est le plus digne enfin de sa couronne!*

> (Ibid., 723-26.)

Le héros est désormais *de trop dans l'univers héroïque*[342]. Il serait aisé — et faux — de dénoncer simplement là une aberration de la part d'Orode. Le roi, en l'occurrence, ne fait pas preuve de jalousie, mais de clairvoyance, ou plutôt sa jalousie est, ici, clairvoyance, et lui ouvre les yeux. De même que, sur le plan amoureux, Pacorus découvrait avec dépit « des sujets en nos cours qui valent bien des princes » (v. 398), sur le plan politique, Orode s'aperçoit avec angoisse qu'un roi, qui n'est pas *aussi*, comme Auguste, un héros, conteste la source légitime de son pouvoir. Il devient, dans son propre royaume, l'*usurpateur*, quand il n'est pas « le plus digne de sa couronne ». Or, malheureusement, de sa couronne, le roi Orode est loin d'être le plus digne. Comme dans le cas de don Fernand, dont le royaume, mis en péril par son imprévoyance, n'avait été sauvé que par l'initiative de Rodrigue, Orode a fait un faux calcul, en attaquant Artabase : « L'événement, Sillace, a trompé mon attente » (III, 1, 749), — faux calcul dont seules l'habileté et la vaillance de Suréna ont pu conjurer les conséquences fatales :

> *Suréna de l'exil lui seul m'a rappelé ;*
> *Il m'a rendu lui seul ce qu'on m'avait volé,*
> *Mon sceptre...*

> (Ibid., 711-13.)

Le résultat se fait inévitablement sentir. Alors qu'Auguste agissait *immédiatement* sur ses sujets, les dominant, à la fin de la pièce, par son ascendant personnel, le pouvoir d'Orode, qui, par définition, se doit d'être absolu, n'existe que *par la médiation d'un autre* :

> *Je me fais un malheur d'être trop absolu,*
> *Je tiens toute l'Asie et l'Europe en alarmes,*
> *Sans que rien s'en impute à l'effort de mes armes;*
> *Et quand tous mes voisins tremblent pour leurs États,*
> *Je ne les fais trembler que par un autre bras.*
>
> (Ibid., 768-72.)

De même que le vrai roi, dans *le Cid*, est Rodrigue, le véritable monarque, ici, est Suréna :

> *Lui partager mon trône? Il serait tout à lui*
> *S'il n'avait mieux aimé en être que l'appui.*
>
> (Ibid., 715-16.)

Mais, tandis que, roi pusillanime, don Fernand acceptait son rôle de prête-nom, Orode, monarque exigeant, sait que son autorité doit être *absolue ou nulle*. Il ne peut que souscrire à la remarque de Sillace :

> *Il faut, il faut le perdre, ou vous en assurer.*
> *Il n'est point de milieu.*
>
> (Ibid., 736-37.)

Voilà donc le monarque acculé, non plus par les « vils conseils » d'un mauvais ministre, mais *par la dialectique même du pouvoir monarchique*, à surmonter la peur par les moyens dégradants du machiavélisme servile :

> *J'en tremble enfin moi-même, et pour remède unique* [343],
> *Je n'y vois qu'une basse et dure politique...*
>
> (Ibid., 773-74.)

Il faudra donc que Suréna épouse la fille d'Orode, Mandane, c'est-à-dire, en fait, le trône, — ou qu'il disparaisse.

Suréna, arrivant sur ces entrefaites, va, il faut le dire, faciliter la besogne à Orode. Son refus, sous les dehors de l'humilité et de la politesse trop parfaites :

> *Quand je vous ai servi, j'ai reçu mon salaire,*
> *Seigneur, et n'ai rien fait qu'un sujet n'ait dû faire...*
>
> (III, 11, 789-90.)

est suspect. Sa déférence, poussée à l'extrême, dénonce sa propre fausseté, dont Orode n'est point dupe :

Je n'examine point si ce respect déguise.

(Ibid., 881.)

Car la vraie tragédie n'est pas qu'Orode soit, à l'instar de
Marcelle ou de Cléopâtre, un « monstre » qui ait tort, mais un
sage qui *a raison* de redouter Suréna. Au moment où celui-ci
proteste qu'il n'est pas d'un rang assez élevé pour aspirer à la
main de Mandane, il s'écrie que « pour la mériter, je cours me
faire roi » (III, ii, 868). Ce loyal sujet n'en est pas moins
conscient d'être, à volonté, un « faiseur de roi », et il ne se
prive pas de le rappeler à son souverain :

> *S'il n'est rien d'impossible à la valeur d'un homme*
> *Qui rétablit son maître et triomphe de Rome,*
> *Sur quels rois aisément ne pourrais-je emporter,*
> *En faveur de Mandane, un sceptre à la doter?*

(Ibid., 869-72.)

Ce n'est donc pas Orode qui invente, mais Suréna qui souligne
qu'il « ne lui est rien d'impossible »; ce n'est pas l'imagination
d'Orode, mais la bouche de Suréna qui nous remémore que le
pouvoir absolu du roi tient au bon vouloir du héros. La seule
garantie d'Orode, c'est — comme autrefois la « vertu » de
Nicomède — le « respect » de Suréna. Or, ce dernier, avec les
meilleures intentions du monde, ne craint pas de faire entendre
par deux fois, pour appuyer sa cause, le « murmure » de la
rébellion aux oreilles sensibles d'Orode :

> *Si vous ne le savez, tout le camp en murmure ;*
> *Ce n'est qu'avec dépit que le peuple l'endure...*

(III, ii, 837-38.)

> *[Eurydice]... cherche à reculer les effets d'un traité*
> *Qui fait tant murmurer votre peuple irrité.*

(Ibid., 935-36.)

On n'est pas surpris qu'il s'attire une réplique difficilement
contestable du monarque :

> *Est-ce au peuple, est-ce à vous, Suréna, de me dire*
> *Pour lui donner des rois quel sang je dois élire?*

(Ibid., 937-38.)

Il arrive même un moment, ainsi que Pacorus le rappellera à
Suréna, au cours d'une entrevue décisive, où il n'est plus
possible de tenir *séparés* l' « empire des cœurs », selon l'expression de Suréna (IV, iv, 1310), et celui de l'autorité, de maintenir un secteur privé à l'intérieur du domaine public :

> *Un sujet qui se voit le rival de son maître,*
> *Quelque étude qu'il perde à ne le point paraître*

> *Ne pousse aucun soupir sans faire un attentat;*
> *Et d'un crime d'amour, il en fait un d'État.*

(IV, ɪv, 1329-32.)

La définition de l'héroïsme, c'est précisément d'amener le sentiment sous le *contrôle absolu* de la raison de famille ou d'État. Suréna dérobe à la juridiction du souverain un domaine qui lui appartient. Quelles que puissent être ses intentions *subjectives*, Suréna se trouve donc être *objectivement*, pour Orode comme pour Pacorus, en état de rébellion.

Il ne s'agit donc pas ici d'un drame fortuit, qui opposerait des rois « méchants » au héros « parfait »; d'un accident psychologique, qui serait l' « ingratitude » d'Orode, face à l'inébranlable « respect » de Suréna. Au terme de son théâtre, avec une remarquable clairvoyance, Corneille montre, chez un roi et chez un héros, *tous deux de bonne volonté* [344], l'opposition des personnes comme manifestant les *contradictions de l'histoire*. La tragédie, c'est que le monarque, qui cherche à sauver jusqu'au bout un serviteur indispensable, et que le sujet, qui refuse jusqu'au bout de se révolter contre son maître légitime, entrent en conflit *malgré eux*, portés par une contradiction qui les dépasse. La tragédie, en d'autres termes, c'est qu'Orode, qui a raison, devienne un assassin, et que Suréna, le plus respectueux des sujets, soit un dangereux rebelle, — qu'il faille, en dépit d'eux-mêmes, que l'un tue et l'autre meure. De là cette espèce de nécessité avec laquelle l'action se déroule, malgré les intentions des personnages, et qui rappelle extérieurement les voies implacables de la tragédie racinienne. Car cette nécessité, qui tient soudain les libertés en échec, n'a rien d'un déterminisme théologique, qui s'exercerait sur les sentiments et conduirait inévitablement l'homme au terme prédestiné de sa carrière. La nécessité, ici, est simplement celle d'une *situation historique*, qui laisse intacte les subjectivités. Corneille sait trop bien que le pur déterminisme est un mythe en histoire, et que celle-ci requiert, pour s'accomplir, l'adhésion des hommes. Avec une remarquable intuition, qui va bien au-delà de la théodicée racinienne, Corneille nous montre donc, à chaque étape de l'inexorable processus de destruction, non le « sang » de Néron, la « Vénus » de Phèdre ou le Dieu d'Athalie, mais le libre choix humain. Suréna, en effet, — et c'est là un côté essentiel du drame — *peut*, d'un mot, arrêter la machine infernale : il n'a qu'à épouser Mandane. Pacorus *peut* — comme Tite, encore récemment, était prêt à renoncer à Bérénice, en faveur de Domitian — abandonner Eurydice à Suréna. Eurydice, enfin, *peut* épouser Pacorus et ainsi sauver son amant. A la rigueur même, Orode *peut* jouer les Augustes et tenter de rétablir sa suprématie à coup de « magnanimité ». Après tout, dans l'étiolement des dernières pièces, Bérénice et Pulchérie savaient encore sacrifier l'amour à l'empire, le sentiment à la puissance. Si les moyens s'étaient singulièrement affaiblis ou pervertis, ils restaient au service de fins authentiques. Or, les catastrophes se précipitent, lorsque les hommes se retirent. Là où Racine montre l'impossibilité du choix, Corneille en souligne la nécessité. Si l'implacable machine à broyer les hommes, qu'est le mouvement de l'histoire, se déclenche, c'est que les hommes ont soudain abdiqué.

VI

La défaillance des volontés recouvre, en fait, la perversion des valeurs. Il n'est pas un personnage de la tragédie qui ne soit en porte à faux avec lui-même. Par contraste avec le caractère aigu, avec les options tranchantes de l'univers cornélien habituel, *Suréna* est, par excellence, la pièce du *flou* :

> *Ne me l'avouez point: en cette conjoncture,*
> *Le soupçon m'est plus doux que la vérité sûre;*
> *L'obscurité m'en plaît, et j'aime à n'écouter*
> *Que ce qui laisse encor liberté d'en douter.*
>
> (V, 1, 1381-84.)

Ces propos d'Orode, qui cherche jusqu'au bout à éviter une décision inévitable, s'appliquent à tous les personnages. L' « obscurité », contre laquelle se débattait Héraclius, sert à présent de refuge commode. De tous ces êtres brisés en deux, aucun n'arrive à se trouver lui-même. Suréna, de ses deux refus, est incapable de tirer une affirmation, — infidèle à un amour qu'il dissimule comme à une couronne qu'il trahit [345]. Son amante non plus n'échappe pas à cette équivoque, à cette aboulie générale. Elle ne peut décider si elle est reine ou si elle est femme, et elle s'essaie, tour à tour et sans succès, à des attitudes contradictoires. Condamnée par le pacte royal à épouser Pacorus, elle tente le geste sacrificateur de Bérénice ou de Pulchérie, le « don » volontaire de l'aimé comme suprême manifestation de l'amour :

> *Il faut qu'un autre hymen me mette en assurance...*
> *Je veux que vous aimiez afin de m'obéir;*

> *Je veux que ce grand choix soit mon dernier ouvrage,*
> *Qu'il tienne lieu vers moi d'un éternel hommage...*
>
> (I, III, 321-24.)

Mais, aussitôt qu'elle est mise par Suréna en demeure de s'exécuter, la déchirante comédie éclate :

> — *A qui me donnez-vous ? — Moi ? que ne puis-je, hélas !*
> *Vous ôter à Mandane, et ne vous donner pas !*
>
> (Ibid., 343-44.)

De même, à l'instant où elle semble affirmer son obéissance au principe du mariage politique, le ton de *défi*, sur lequel elle proclame son adhésion, constitue, en fait, une répudiation :

> *C'est sans vous le devoir que je fais mon possible*
> *A le rendre pour vous plus tendre et plus sensible :*
> *Je ne sais si le temps l'y pourra disposer ;*
> *Mais, qu'il le puisse ou non, vous pouvez m'épouser.*
>
> (II, II, 505-8.)

Il ne lui resterait, en toute logique, qu'à prendre conscience de son choix réel et à passer tout entière dans le camp de la passion. C'est bien ce qu'elle paraît, un moment, décidée à faire :

> *Mais puisque vous m'avez arraché mon secret,*
> *Il n'est ni roi ni père, il n'est prière, empire,*
> *Qu'au péril de cent morts mon cœur n'ose dédire.*
>
> (Ibid., 560-62.)

Elle menacera même, marchant sur les traces de Camille, de se lancer dans la rébellion ouverte :

> *Un pas hors du devoir peut nous mener bien loin.*
> *Après ce premier pas, ce pas seul qui nous gêne,*
> *L'amour rompt aisément le reste de sa chaîne...*
>
> (IV, III, 1260-62.)

Mais, une fois de plus, il ne s'agit que d'une comédie de la révolte. Incapable de s'insurger contre les valeurs de la Maîtrise ou de les suivre, elle demande simplement un *atermoiement* :

> *Seigneur, je me vaincrai, j'y tâche, je l'espère ;*
> *J'ose dire encore plus, je m'en fais une loi ;*
> *Mais je veux que le temps en dépende de moi.*
>
> (V, I, 1462-64.)

Obligée de choisir, elle choisit, elle aussi, de ne pas choisir. Quant à Pacorus, il est encore plus infidèle au projet monar-

chique que Suréna ou Eurydice au projet héroïque. Pacorus,
en effet, excipe, contre son rival inconnu, puis connu, de ses
droits royaux. Son mariage avec Eurydice ayant été conclu
par traité, il se retranche derrière le bien public, lorsqu'il
poursuit de sa colère un sujet qui va

> *Jusqu'à servir d'obstacle au bonheur général.*
>
> (IV, ıv, 1335.)

C'est un thème qui lui tient à cœur et qu'il réitère volontiers,
à l'usage d'Eurydice :

> *Mais d'un sujet au roi, c'est crime qu'un mystère.*
> *Qui connaît un obstacle au bonheur de l'État,*
> *Tant qu'il le tient caché commet un attentat.*
>
> (IV, ııı, 1174-76.)

Toutefois, cette raison, irréfutable si elle eût été vraie, n'est,
de l'aveu même de Pacorus à Palmis, qu'un prétexte trompeur :

> *Non, Madame, souffrez que je vous désabuse ;*
> *Je ne mérite point l'honneur de cette excuse :*
> *Ma légèreté seule a fait ce nouveau choix ;*
> *Nulles raisons d'État ne m'en ont fait de lois...*
>
> (II, ııı, 613-16.)

Par une véritable escroquerie, Pacorus utilise le privilège royal
pour satisfaire une passion contraire à l'esprit de la royauté,
que définit vigoureusement son père Orode :

> *Il nous faut un hymen pour nous donner des princes*
> *Qui soient l'appui du sceptre et l'espoir des provinces...*
> *La politique seule est ce qui nous émeut ;*
> *On la suit, et l'amour s'y mêle comme il peut...*
>
> (III, ııı, 1029-30, 1035-36.)

Non seulement, comme nous le disions, le principe monarchique
se décompose et se dédouble : ses deux moitiés se contredisent.
Plus la conscience souveraine affirme ses maximes chez Orode :

> *C'est faiblesse d'aimer qui ne vous aime pas,*
>
> (III, ııı, 988.)

plus elle les dément chez Pacorus. Plus l'idéal royal est exigeant
chez le père, plus il est avili par le fils.

Dans ces conditions, les volontés, sollicitées par des valeurs
contraires, se laissent aller au fil des passions qu'elles rejettent.
A tour de rôle, chacun vient s'incliner devant une spontanéité
qu'il réprouve, sans avoir la force ni surtout le désir de la
dominer :

Pacorus : *Ah! vous ne m'aimez plus.*
Palmis :   *Je voudrais le pouvoir;*
            Mais pour ne plus aimer que sert de le vouloir?

(II, III, 659-60.)

Suréna : *Comme si je pouvais sur une âme enflammée*
          Ce qu'on me voit pouvoir sur tout un corps d'armée,
          Et qu'un cœur ne fût pas plus pénible à tourner
          Que les Romains à vaincre, ou qu'un sceptre à donner.

(IV, IV, 1305-8.)

Eurydice : *Seigneur; je me vaincrai, j'y tâche, je l'espère...*

(V, I, 1462.)

Nous sommes loin du raidissement triomphal d'un Auguste. Ce n'est pas la force brutale, l'impulsion irrésistible de la passion, comme chez Racine, qui emporte l'univers cornélien vers sa chute : il périt plutôt de flottement moral, de veulerie, de libre arbitre soudain pris entre les deux seaux de l'âne de Buridan. A la limite, il sombre dans l'indistinct, l'équivoque, l'inarticulé. Ce théâtre de la parole éloquente, de la rhétorique rédemptrice finit dans un étrange silence. Eurydice, alors qu'il faut parler, ne *dit rien*. Sa dernière entrevue avec Suréna est, à cet égard, unique dans l'œuvre de Corneille. Si le tragique de la situation reste toujours celui du dilemme :

          Seigneur, le roi condamne
      Ma main à Pacorus, ou la vôtre à Mandane;
      Le refus n'en saurait demeurer impuni:
      Il lui faut l'une ou l'autre, ou vous êtes banni...

(V, II, 1505-8.)

le tragique humain, en revanche, n'est plus celui du choix impossible qui se fait, mais celui du choix nécessaire qui ne se fait pas. Comme ils étaient, au début, face à face dans le silence, Suréna et Eurydice se retrouvent, au terme de leur confrontation, seul à seule dans la paralysie. L'élégie, qui éclate alors de la douleur longtemps contenue :

Eurydice : *Que le ciel n'a-t-il mis en ma main et la vôtre,*
            Ou de n'être à personne, ou d'être l'un à l'autre!
Suréna   : *Fallait-il que l'amour vît l'inégalité*
            Vous abandonner toute aux rigueurs d'un traité!

(V, II, 1541-44.)

rappelle bien la plainte alternée de Rodrigue et de Chimène, au cours de leur entrevue nocturne; mais elle en est, en réalité, l'inverse, puisqu'elle naît non des rigueurs de l'action, mais des affres de l'inaction. Pas un moment les amants n'envisagent un salut positif, par l'acceptation ou la révolte, à la Pauline

ou à la Camille. La passion honteuse s'enlise dans la passivité.
A l'éthique de l'ultimatum succède la morale de la tergiver-
sation :

Eurydice : *Et l'unique bonheur que j'y puis espérer,*
　　　　 C'est de toujours promettre et toujours différer.

(V, II, 1559-60.)

Selon l'attitude définie dans leur première rencontre, jusqu'au
bout les âmes éprises s'enchantent l'une de l'autre, dans la
jouissance de l'ultime instant :

Eurydice : *Et je puis, en dépit de tout ce qui me tue,*
　　　　 Quelques moments encor jouir de votre vue.

(Ibid., 1581-82.)

Mais la « souffrance volontaire » n'est même plus, comme nous
le disions, l'alibi, elle est à présent l'aveu total de l'impuissance.
　　Seulement, à y regarder de près, le plus grave, c'est que
l'impuissance n'est plus désormais vécue dans le désespoir,
mais *recherchée comme un salut.* Tous les autres personnages
des autres pièces, acculés à l'impuissance, s'efforçaient de se la
dissimuler : le héros maintenant s'y réfugie, s'y donne corps et
âme. Cette vérité pénible surgit de la longue et douloureuse
scène entre Eurydice et Palmis, où la sœur de Suréna vient
demander à l'amante de sauver son frère, en épousant Pacorus.
Déjà sollicitée dans le même sens par sa suivante Ormène :

　　　　 Oui, votre intelligence à demi découverte
　　　　 Met votre Suréna sur le bord de sa perte

(IV, I, 1057-58.)

Eurydice avait essayé de fermer les yeux :

　　　　 On n'oserait, Ormène ; on n'oserait.

(Ibid., 1061.)

Elle recommence, devant les instances de Palmis, la même
simagrée :

　　　　 — Je tremble pour mon frère. — A quel propos trembler?
　　　　 Un roi qui me doit tout voudrait-il l'accabler?

(IV, II, 1079-80.)

La froideur visible d'Eurydice donne alors lieu à une véritable
rivalité d'amour entre l'amante et la sœur indignée, qui rappelle
curieusement celle de Hamlet et de Laërtes sur la tombe
d'Ophélie :

> *Aurait-on jamais cru qu'on pût voir quelque jour*
> *Les nœuds du sang plus forts que les nœuds de l'amour?*
>
> (Ibid., 1107-8.)

La mauvaise foi évidente d'Eurydice provoque finalement la question troublante et terrible de Palmis :

> *Ainsi donc vous voulez que ce héros périsse?*
>
> (v. 1137.)

à laquelle Eurydice tente bien en vain de continuer à se dérober :

> *Pourrait-on en venir jusqu'à cette injustice?*
>
> (v. 1138.)

Le tragique secret d'Eurydice paraît soudain à nu. Tout comme Suréna se dissimule qu'il est un rebelle, Eurydice cherche à se cacher qu'*elle souhaite la mort de Suréna :*

> *C'est avoir trop parlé; mais dût se perdre tout,*
> *Je me tiendrai parole et j'irai jusqu'au bout.*
>
> (IV, II, 1135-36

Le vœu meurtrier, à demi exprimé, à demi confessé par le choix de l'attentisme *à tout prix*, finit par éclater au grand jour, quitte à faire suivre aussitôt le meurtre par la punition du suicide :

> *Oui, s'il en faut parler avec une âme ouverte,*
> *Je pense voir déjà l'appareil de sa perte,*
> *De ce héros si cher; et ce mortel ennui*
> *N'ose plus aspirer qu'à mourir avec lui.*
>
> (Ibid., 1121-24.)

De même que nous assistions, chez Orode et Pacorus, à un dédoublement de la personnalité royale, nous trouvons, chez Palmis et Eurydice, une dissociation pathologique de l'érotisme et de la tendresse, jadis unis en Pauline :

Eurydice : *Pour la sœur d'un héros, c'est être bien timide.*
Palmis   : *L'amante a-t-elle droit d'être plus intrépide?*
Eurydice : *L'amante d'un héros aime à lui ressembler,*
         Et voit ainsi que lui ses périls sans trembler.
Palmis   : *Vous vous flattez, Madame : elle a de la tendresse*
         Que leur idée étonne, et leur image blesse...

> (IV, II, 1089-94.)

Car si la tendresse consiste à se soucier d'autrui avant que de soi, l'amour d'Eurydice, tout en reconnaissant de plein droit l'existence de l'Autre, ne s'y *attache* pas : elle s'y *agrippe*.

L'amour, en elle, se nie finalement par son excès, autant que
chez Pulchérie par son manque. Incapable de se sacrifier
seule, elle préfère commencer par sacrifier l'amant, et elle
ensuite; elle aime mieux *perdre* Suréna, que de s'en dessaisir [346] :

Palmis   : *Qu'il se donne à Mandane, il n'aura plus de crime.*
Eurydice : *Qu'il s'y donne, Madame, et ne m'en dise rien...*
                                                        (Ibid., 1142-43.)

Le refus de parler est une déclaration; le refus de choisir, un
choix. L'abstention, dans l'urgence du péril, équivaut à une
condamnation consciente, qu'Eurydice répétera, d'ailleurs,
quelques instants avant que l'irréparable ne s'accomplisse,
à la face de Suréna :

Palmis   : *Mais vous ne m'aidez point à le persuader,*
             Vous qui d'un seul regard pourriez tout décider?...
Eurydice. : *Je crois faire beaucoup, Madame, de me taire;*
             Et tandis qu'à mes yeux vous donnez tout mon bien,
             C'est tout ce que je puis que de ne dire rien.
                                        (V, iii, 1627-28, 1630-32.)

« Ne dire rien » est, une fois de plus, la manière des faibles de
consentir.

Il ne faut point, cependant, accabler Eurydice. En la laissant
partir à la mort, elle ne fait que réaliser le vœu secret de
Suréna [347]. Trop fidèle encore aux valeurs aristocratiques pour
en refuser le « devoir », plus assez pour puiser sa force dans leur
accomplissement, le héros, au-delà de la souffrance, s'achemine
de lui-même à la mort :

               Je vivrais pour savoir
        Que vous avez enfin rempli votre devoir...
        Ce penser m'assassine, et je cours de ce pas
        Beaucoup moins à l'exil, Madame, qu'au trépas.
                                        (V, ii, 1535-36, 1539-40.)

Là où Sévère, par la contagion du « devoir rempli », trouvait
l'énergie de vivre sans la possession de Pauline, Suréna, ne
pouvant et n'osant posséder le corps aimé — dont la présence
hantera ses dernières pensées [348] — n'a d'issue que dans la
« nuit du tombeau » qu'il invoquait dès le début. La solution
de la « retraite » ou, selon l'expression de Suréna, de l' « exil », à
laquelle s'étaient arrêtés les deux dernières tragédies, ou le
roman de Mme de La Fayette, n'est plus possible. La catastrophe est ici radicale : elle atteint non seulement les individus,
mais les assises mêmes d'un ordre humain, que jusque-là
on s'était bien gardé de mettre en question, et dont on avait,

au contraire, entendu sauvegarder jusqu'au bout les apparences.
Si, en effet, la condamnation de Suréna se présente comme une
double sentence, c'est *deux fois*, pour ainsi dire, qu'il mourra.
Le conflit éthique mène Suréna au « trépas » en tant qu'amant,
la contradiction politique l'immole en tant que héros. Cette
double exécution se produira au moment précis où deux séries
causales indépendantes convergeront, où Orode et Pacorus
uniront des ressentiments différents en un assassinat unique.
Suréna, avec la lucidité inaltérable du cornélien, est le premier
à le comprendre : « Mon vrai crime est ma gloire, et non pas
mon amour » (V, iii, 1651). Le prétexte passionnel offre enfin
à la raison politique l'*occasion* qu'elle attendait :

> *Madame, ce refus n'est point vers lui mon crime;*
> *Vous m'aimez: ce n'est point non plus ce qui l'anime.*
> *Mon crime véritable est d'avoir aujourd'hui*
> *Plus de nom que mon roi, plus de vertu que lui.*
>
> (V, ii, 1509-12.)

Mais Suréna ne sera pas seul à mourir. Dans la mesure où,
grâce à une concentration dramatique géniale, à un prodigieux
nœud de théâtre, par lequel Corneille prend congé de la scène,
tous les fils de l'univers héroïque se trouvent réunis autour
de son destin, la mort de Suréna va devenir le signal de la
liquidation générale.

Si le meurtre de Suréna est bien, en réalité, un suicide par
personnes interposées, qui a l'avantage de laisser au héros les
mains propres et de lui permettre de prendre, sur le monde
persécuteur, le point de vue du souverain mépris, c'est un
suicide non pas seulement pour la victime consentante, mais,
malgré eux, pour les meurtriers. Le geste qui supprime Suréna
est non moins fatal à Orode. Suréna le disait déjà carrément à
Pacorus :

> *Je n'ai goutte de sang qui ne soit à mon roi;*
> *Et si l'on m'ose perdre, il perdra plus que moi.*
>
> (IV, iv, 1355-56.)

Et Pacorus n'a rien à répondre à Eurydice, qui refuse de
« s'exposer »

> *...en proie aux fureurs des Romains*
> *Quand pour les repousser vous n'aurez plus de mains.*
>
> (IV, iii, 1219-20.)

Ni Pacorus ni Orode, en dépit du déplaisir cuisant qu'ils doivent
en ressentir, ne peuvent démentir Eurydice, lorsqu'elle déclare :

> *Que perdre Suréna, c'est livrer aux Romains*
> *Un sceptre que son bras a remis en vos mains...*
> *Exposer avec vous Pacorus et Phradate ;*
> *Que je crains que sa mort, enlevant votre appui,*
> *Vous renvoie à l'exil où vous seriez sans lui.*

(V, 1, 1443-44, 1446-48.)

Mais Eurydice, à son tour, ne peut rien répliquer à Orode, quand il définit ses rapports réels avec Suréna :

> *Si votre Suréna m'a rendu mes États,*
> *Me les a-t-il rendus pour ne m'obéir pas ?*
> *Et trouvez-vous par là sa valeur bien fondée*
> *A ne m'estimer plus son maître qu'en idée...?*

(Ibid., 1455-58.)

Orode, d'ailleurs, ne se trompe pas. Le « respect » de Suréna, qui était, au début de la pièce, rébellion tacite, devient mépris ouvert :

> *Plus on sert des ingrats, plus on s'en fait haïr :*
> *Tout ce qu'on fait pour eux ne fait que nous trahir.*

(V, 11, 1515-16.)

D'un jugement moral, Suréna passe bientôt à une évaluation hautaine des rapports de force politiques :

> *Mon visage l'offense, et ma gloire le blesse.*
> *Jusqu'au fond de mon âme il cherche une bassesse,*
> *Et tâche à s'ériger par l'offre ou par la peur,*
> *De roi que je l'ai fait, en tyran de mon cœur.*

(Ibid., 1517-20.)

Les hostilités sont maintenant ouvertes entre le roi et le héros. Plus le geste d'Orode est déraisonnable, plus il a, en fait, de raisons. Orode est amené, pour survivre comme monarque, à détruire le soutien de la monarchie. Cette nécessaire impossibilité, Suréna tente, jusqu'au dernier moment, de ne pas lui faire face :

> *Le Roi n'a pas encore oublié mes services,*
> *Pour commencer par moi de telles injustices :*
> *Il est trop généreux pour perdre son appui.*

(V, 111, 1593-95.)

Devant l'évidence, un voile tombe soudain de ses yeux. C'est ici que la tragédie se consomme : la sainte alliance du héros et du roi, de l'élan personnel et de l'ordre social, l'accord fondamental, que Corneille avait cherché de toute sa passion de penseur et de dramaturge en trente et une pièces, tout cela s'écroule d'un seul coup, en un instant, s'évanouit, se volatilise. La fin de *Suréna*, c'est plus que la fin d'une pièce, c'est la fin d'un monde.

Avec une audace, que seule permet la présence imminente de la mort, le regard du héros dévoile soudain, non l' « ingratitude » d'Orode, mais la *nature criminelle de la royauté*, criminelle, parce que précisément *contre nature* :

> *Quoi? vous vous figurez que l'heureux nom de gendre,*
> *Si ma perte est jurée, a de quoi me défendre,*
> *Quand malgré la nature, en dépit de ses lois,*
> *Le* parricide *a fait la moitié de nos rois,*
> *Qu'un frère pour régner se baigne au sang d'un frère,*
> *Qu'un fils impatient prévient la mort d'un père?*
>
> (V, iii, 1637-42.)

Ainsi le « parricide », qui, depuis *Horace, Cinna* et *Rodogune,* définissait l'acte de souveraineté, par lequel la conscience héroïque se retranchait de la nature, reste l'acte central : mais, au lieu d'être enfoui dans le silence ou affecté d'une valeur positive, il est désormais *dénoncé.* Tout se passe comme si l'expérience amoureuse de Suréna avait fini par contaminer sa pensée politique; en s'ouvrant à la nature, il se ferme à la royauté. La réciprocité des Moi, que les amants découvrent dans l'extase muette, s'attaque au principe de leur hiérarchie. Alors que la complainte de Rodrigue et de Chimène s'en prenait au « malheur », celle de Suréna et d'Eurydice met en cause l'*inégalité* de leur rang :

> *Fallait-il que l'amour vît l'inégalité*
> *Vous abandonner toute aux rigueurs d'un traité!*
>
> (V, ii, 1543-44.)

Bien mieux, évoquant la *situation type,* qui hante, de *la Veuve* à *Pulchérie,* en passant par *Don Sanche,* la pensée de Corneille, Eurydice renverse complètement le problème. Loin de prendre l' « inégalité » comme donnée fondamentale, elle la renie :

> *Cette inégalité me souffrait l'espérance.*
> *Votre nom, vos vertus* valaient bien ma naissance...
>
> (V, ii, 1545-46.)

C'est Carlos et doña Isabelle qui ressuscitent, mais à l'envers. Dans cette lumière nouvelle, où la passion est la vraie liberté, c'est le service de l'État, vers lequel étaient tendues, depuis *Horace,* toutes les énergies, qui devient un esclavage :

> *Mon pays désolé m'a seul tyrannisée.*
> *Esclave de l'État, victime de la paix,*
> *Je m'étais répondu de vaincre mes souhaits...*
> *Pour le bonheur public j'ai promis; mais, hélas!*
> *Quand j'ai promis, Seigneur, je ne vous voyais pas.*
> *Votre rencontre ici m'ayant fait voir ma faute,*
> *Je diffère à donner le bien que je vous ôte...*
>
> (V, II, 1550-52, 1555-58.)

Si Suréna dénonce la source du pouvoir monarchique comme *crime*, Eurydice dénonce l'esclavage de l'Etat comme *faute*. En un geste de défi suprême, par une sorte d'ultime blasphème, elle humiliera le *trône* — objet d'adoration quasi religieuse de tout le théâtre de Corneille — devant l'amour vainqueur :

> Suréna   : *Un trône vous attend, le premier de la terre,*
> *Un trône où l'on ne craint que l'éclat du tonnerre...*
> Eurydice : *J'envisage ce trône et tous ses avantages,*
> *Et je n'y vois partout, Seigneur, que vos ouvrages;*
> *Sa gloire ne me peint que celle de mes fers,*
> *Et dans ce qui m'attend je vois ce que je perds.*
>
> (Ibid., 1565-66; 1569-72.)

D'un seul coup, Suréna et Eurydice arrachent et jettent parmi les défroques le masque royal.

Mais le roi rend la pareille au héros. Le meurtre de Suréna — ou plutôt le double suicide qu'il constitue — est révélateur d'une double impuissance, que le héros et le roi dénoncent chacun chez l'autre. Car si, dans la galerie des symboles ou des mythes cornéliens, il faut ranger le « trône », parmi les fétiches révérés, il convient de placer le « bras » et la « gloire ». On se souvient que le « bras » de Rodrigue lui valait une succession infinie de victoires, qui permettait à son « nom » de gagner des batailles six siècles après sa mort; on se rappelle le « bras » qu'Horace venait exhiber devant Camille, et dont il exaltait la vigueur irrésistible : on appréciera d'autant mieux la terrible découverte que la politique sans scrupules du roi nous fait faire chez le héros :

> *Croyez-en un peu moins votre fermeté d'âme.*
> *Un héros arrêté n'a que deux bras à lui,*
> *Et soudain trop de gloire est un débile appui.*
>
> (IV, I, 1062-64.)

Si Suréna dévoile la culpabilité d'Orode, Orode démasque la débilité de ce « bras » et de cette « gloire », dont le héros, à commencer par Suréna, se targuait comme d'une vertu surnaturelle. Ramené à ses dimensions réelles, le héros n'est qu'un corps, que les dispositions nécessaires peuvent priver, en un

instant, de ses moyens et de son rayonnement. Alors que l'aube
héroïque éclairait Rodrigue, omniscient et omniprésent,
planant, tel le Dieu des batailles, au-dessus des Mores défaits,
le couchant de ce théâtre nous montre un individu solitaire,
abattu, au coin d'une rue, comme un chien :

> *A peine du palais il sortait dans la rue,*
> *Qu'une flèche a parti d'une main inconnue;*
> *Deux autres l'ont suivie; et j'ai vu ce vainqueur,*
> *Comme si toutes trois l'avaient atteint au cœur,*
> *Dans un ruisseau de sang* tomber mort sur la place.

(V, v, 1713-17.)

Pour la première fois, dans le théâtre de Corneille, en mourant,
le héros ne *s'élève* pas : il *tombe*. Il ne se met point, par un
décret de la volonté, au-dessus du destin et au-delà de la nature :
l'esprit redescend à la matière et se perd dans un flot de sang.
La flèche qui perce Suréna dégonfle donc une baudruche :
elle ne tue pas seulement un homme, mais un mythe. La mort
de Suréna, c'est aussi la mort du Héros.

Ce carnage général est également une débâcle universelle, où
sombrent, plus encore que les personnes physiques, les personnes
morales. Ce n'est pas la vie qui disparaît, mais les raisons de
vivre. Au moment où le roi convainc le héros d'imposture, le
héros renvoie au roi l'image de son inanité. Car, en soulignant
impitoyablement la faiblesse congénitale, l'imbécillité foncière
de la prétention héroïque, le monarque, qui n'existe que par
le « bras » du héros, se condamne à l'inexistence. Ce n'est donc
pas seulement sur le plan pratique, dans la mesure où il se
prive d'un appui indispensable, que la flèche qui tue Suréna
est aussi mortelle à Orode : elle laisse le roi dans le désert
spirituel. Ce crime, loin d'être marqué du sceau de la « grandeur
d'âme » qui sauvait encore Cléopâtre, n'est même plus *signé*.
Alors que, pour clore la tragédie, Auguste consignait à jamais
son nom dans les fastes de l'histoire, et que la souveraineté,
même pervertie chez Cléopâtre, se révélait dans la présence
foudroyante du souverain, la flèche qui atteint Suréna « a parti
d'une main *inconnue* ». Le crime royal, forfait d'Esclave, détruit
à jamais la royauté. Pacorus, qui craignait tant de voir la qualité
monarchique engouffrée dans l'indistinction amoureuse, la
laisse sombrer dans l'absentéisme politique. Tandis qu'il
fallait jadis, pour mettre fin aux péripéties du drame, *montrer*
Héraclius, Nicomède ou don Sanche au peuple, le roi désormais
se cache. Si l'amour, chez Suréna et Eurydice, disparaît dans le
silence, la monarchie, chez Orode et Pacorus, fait naufrage
dans l'anonymat [349].

Nous assistons donc à une liquidation complète des existences et des valeurs, à l'extermination du trône par l'amour, de l'amour par le trône, du roi par le héros, du héros par le roi, du roi et du héros par eux-mêmes. Sur cet océan de débris, seule se dresse encore fièrement la silhouette solitaire de Suréna. Dans cette catastrophe sans précédent, où chacun attend son salut des autres, tout le poids de la dignité tragique lui incombe. Il est moins condamné, en définitive, que *damné* :

> *Je le vois bien, Seigneur : qu'on m'aime, qu'on vous aime,*
> *Qu'on ne vous aime pas, que je n'aime pas même,*
> *Tout m'est compté pour crime ; et je dois au seul Roi*
> *Répondre de Palmis, d'Eurydice et de moi.*
>
> (IV, IV, 1301-4.)

Tel Œdipe accablé par les Dieux, Suréna entend, du moins, se réserver une sortie tragique et virile :

> *La tendresse n'est point de l'amour d'un héros :*
> *Il est honteux pour lui d'écouter des sanglots ;*
> *Et parmi les douceurs des plus illustres flammes,*
> *Un peu de dureté sied bien aux grandes âmes.*
>
> (V, III, 1675-78.)

Comme Eurydice jouait un moment les Camilles, Suréna veut terminer sur quelques maximes à la Horace. L'aristocrate, en butte à la malédiction universelle, se cherchera une fortune « hors de l'ordre commun » en se faisant non plus le sujet, mais l'*objet* du meurtre salvateur :

> *Si ma mort plaît au Roi, s'il la veut tôt ou tard,*
> *J'aime mieux qu'elle soit un crime qu'un hasard ;*
> *Qu'aucun ne l'attribue à cette loi commune*
> *Qu'impose la nature et règle la fortune...*
>
> (V, III, 1607-10.)

Voilà donc, encore une fois, le héros au-dessus de la nature et du hasard, maître sinon de sa vie, du moins de sa mort, y inscrivant, y concentrant la dignité, la signification totales d'une destinée. Encore une fois, l'héroïsme cornélien débouche, au cinquième acte de la tragédie finale, sur son ultime remède :

> *Mais contre tous les deux l'orgueil peut secourir,*
> *Et rien n'en est à craindre alors qu'on sait mourir.*
>
> (V, I, 1407-8.)

La mort, écartée au début de la pièce, reste le recours et l'affirmation de l'homme. Vérité première et dernière de la Maîtrise : devient Dieu celui qui accepte de mourir. Acceptant la dispari-

tion de sa personne contre la survie de son acte et de son nom,
le héros, même disparu, agissait sur le cours de l'histoire. De
là, d'un bout à l'autre du théâtre de Corneille, cet hymne
inlassable à la mort volontaire, ce culte, au besoin, du suicide,
qui va des saintes fureurs de Polyeucte au geste souverain
d'Œdipe ou de Sophonisbe. Il reste, en cette fin du monde
cornélien, pour que la tragédie soit complète, à dissiper cette
foi illusoire et tenace. Si le nom de Rodrigue gagnait encore des
batailles après son trépas; si Polyeucte faisait une chaîne de
conversions après son martyre; si Œdipe refaisait par son
sacrifice l'unité et la santé de Thèbes; si Sophonisbe s'attirait,
par-delà la tombe, la reconnaissance et le tribut de Rome,
Suréna, comme ses prédécesseurs, en acquiesçant à son meurtre,
croit encore à son *efficace posthume* :

> *Que son perfide auteur, bien qu'il cache sa main,*
> *Devienne abominable à tout le genre humain ;*
> *Et qu'il en naisse enfin des haines immortelles*
> *Qui de tous ses sujets lui fassent des rebelles.*
>
> (V, III, 1611-14.)

Puisque l'existence animale est méprisable, elle peut, sans rien
perdre, se transposer, se transcender en revanche tardive, mais
radicale, sur autrui :

> *Quand la perte est vengée, on n'a plus rien perdu,*

s'écrait triomphalement Horace. Si Eurydice, dont la mort est
le fidèle miroir, incapable de dépasser sa perte ou de la proclamer, prise entre ses contradictions, *s'éteint* :

> *Non, je ne pleure point, Madame, mais je meurs.*
>
> (V, v, 1732.)

Palmis, elle, refuse une mort qui ne serait pas garante de
« vengeance » :

> *Suspendez ces douleurs qui pressent de mourir,*
> *Grands Dieux ! et dans les maux où vous m'avez plongée,*
> *Ne souffrez point ma mort que je ne sois vengée !*
>
> (V, v, 1736-38.)

Mais ce dernier et émouvant écho de l'éthique héroïque, sur
lequel se termine *Suréna* et se clôt le théâtre de Corneille, n'est
qu'un vain appel, doublement condamné : non seulement,
cette vengeance, laissée aux bons soins d'une femme, d'un
principe féminin de nouveau à sa place naturelle, donc impuissant, est improbable; mais elle est, d'avance, *impossible*,

comme l'attestait Palmis elle-même, répondant aux souhaits vengeurs de son frère :

> *Je veux que la vengeance aille à son plus point;*
> *Les morts les mieux vengés ne ressuscitent point...*

(V, III, 1615-16.)

Quand la vie, de l'aveu même de Suréna, est le Bien suprême, quand

> *...le moindre moment d'un bonheur souhaité*
> *Vaut mieux qu'une si froide et vaine éternité,*

(I, III, 311-12.)

à l'individualité de chair et de sang, il n'est point de valeur de rechange. La leçon ultime de la tragédie, Suréna la tirait dès sa première scène :

> *Que tout meure avec moi, Madame : que m'importe*
> *Qui foule après ma mort la terre qui me porte?*

(Ibid., 301-2.)

Une dernière dimension, ou plutôt le sens dernier de l'échec héroïque apparaît alors : le roi, contraint à supprimer un héros qui fait à la fois sa force et sa faiblesse; le héros, qui sert un sceptre qu'il méprise et une morale qu'il renie; l'héroïne, qui en appelle à une vengeance, dont elle a elle-même démontré l'impossibilité. L'univers cornélien ne sombre point simplement dans un conflit de tendances irréconciliables, mais dans un déchirement de contradictions *absurdes*. Les personnages ne sont pas condamnés de l'extérieur, par le destin, mais de l'intérieur, par l'histoire. Certes, nous l'avons vu, ils restent fondamentalement *libres*. Chez Corneille, contrairement à ce qui a cours chez Racine, Suréna, Pacorus, Eurydice, Orode *peuvent*, d'un mot, d'un geste, changer le nœud de leurs relations personnelles. Mais le jugement défavorable que Pacorus porte sur lui-même et le jugement favorable qu'Orode porte sur Suréna ne les empêchent pas plus de tuer, que le jugement désabusé que Suréna porte sur Pacorus et sur Orode, de se laisser mourir. Si le geste généreux, le mot magnanime ne surgissent pas, comme dans *Cinna*, ce n'est pas par simple déperdition d'énergie spirituelle : c'est qu'*ils n'ont plus de sens*. Suréna, brusquement libre, par un décret inattendu de la bonté royale, d'épouser Eurydice, n'en serait pas moins le vrai prince : sauvé comme rival amoureux, il n'en resterait pas moins condamné comme rival politique. Imagine-t-on, au contraire, Suréna, par un effort de domination sur soi, s'unissant à

Mandane, comme Pauline à Polyeucte? Il ne ferait que légitimer et empirer la menace qu'il fait déjà peser, par sa seule présence, sur Orode et sur Pacorus. Devenu « fils », il appellerait tout naturellement sur lui le « parricide », qui, de son propre aveu, définit le pouvoir royal. Les individus sont libres, et peuvent à tout moment changer leurs rapports personnels : en vain. Ils se trouvent embarqués, au sens pascalien, dans une situation telle, que, *quoi qu'ils fassent*, ils sont condamnés à s'entre-détruire. La tragédie, ici, n'est donc pas privation du libre arbitre : le choix de l'homme demeure, jusqu'au bout, sa croix. Mais la liberté, *inutilisable*, est récupérée d'avance, non plus seulement par son vieil ennemi, la nature, mais par son alliée, l'histoire, qu'elle était supposée *faire*, et qui désormais *la fait*. Tel est l'envers tragique du beau conte de fées. Sur cette défaite sans recours, le théâtre de la Gloire et de la Lumière, le théâtre de la Liberté devenu celui de l'Absurdité, après sa course fulgurante à travers trente-deux pièces et six décades, retombe au silence et à la nuit.

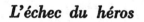

L'échec du héros

I

Parvenu au terme de cet essai, au cours duquel nous avons essayé de suivre la dialectique cornélienne de la Maîtrise dans son devenir, il nous paraît nécessaire, en guise de conclusion, de procéder à l'opération inverse et de comprendre rétrospectivement les parties à la lumière du tout qu'elles forment. Si l'on veut, le théâtre de Corneille, pris comme ensemble, réalise une certaine essence dramatique, qu'il est important de dégager. Contrairement aux vues traditionnelles, qui font du héros cornélien une espèce de surhomme, et de la dramaturgie cornélienne, le lieu du « sublime » continu, nous avons pu constater que le moteur réel de chaque tragédie, même lorsque le dénouement semble annoncer un salut, en est la *secrète faiblesse*. Faiblesse qui appelle, pour être surmontée, une nouvelle pièce, où se jouerait, cette fois, la partie décisive, et où l'on assisterait à l'avènement définitif du héros. A cet égard, la devise de l'héroïsme cornélien pourrait bien être : « demain on rase gratis. » Si Alidor, dans sa victoire sans avenir, renvoie à l'avenir ouvert de Rodrigue; si, à son tour, la dialectique du progrès aboutit, chez Horace, au dilemme de l'acte absolu, qui détruit toute possibilité de devenir et se nie lui-même, appelant le dépassement de la prouesse individuelle vers le service de l'État; mais si le service de l'État, incarné dans un instant glorieux par le geste d'Auguste, exige, pour se perpétuer dans le temps historique, la promesse d'une alliance divine, et laisse ainsi tout l'acquis impérial en suspens, jusqu'à ce que paraisse Polyeucte; si Polyeucte accomplit enfin l'héroïsme total, mais au prix de son suicide terrestre et oblige la quête héroïque, comme condition de sa survie, à se relancer sur les chemins raboteux et incertains de l'histoire, — c'est qu'à *aucun moment*, au sens dialectique du terme, le projet cornélien ne peut se rejoindre et se reposer, tel l'Esprit hégélien, en une plénitude parfaite.

Dès l'examen des premières comédies, nous avons pu remarquer leur rapport d'*alternance* (cf. pp. 49 et 59) : la subjectivité
amoureuse renvoie, pour son salut, à la contrainte nécessaire
d'un ordre objectif; mais l'ordre objectif renvoie, pour son
fondement, à une affirmation subjective, qui s'y oppose. Ce
va-et-vient perpétuel, faute de se résoudre en une synthèse,
se pose bien vite, dans les tragédies, comme un *dilemme*. Le
Moi, incapable d'échapper à l'emprise naturelle — sous forme
de sujétion affective ou de dégradation temporelle — se met
en quête de l'acte absolu, qui l'arrachera à sa condition cosmique; il le trouve dans le sacrifice radical de la psyché sensible
et la libération fulgurante du « parricide », c'est-à-dire du
déicide déguisé. Mais, du coup, le geste salvateur est celui-là
même qui retranche le héros de la communauté des hommes,
au moment où il doit se mettre au service de l'État. *Horace*
est ici la pièce centrale. Le héros, une fois son geste accompli,
n'a plus qu'à mourir, ou à déchoir, à moins de soustraire son
acte solitaire à la destruction de la durée, en se transcendant
vers un ordre permanent. C'est à cet instant que l'affirmation
subjective exige la contestation de l'Autre, et l'extermination
réciproque des Moi conduit à la perte de l'État destiné à les
sauver.

Le théâtre de Corneille se présente donc comme la vérifica-
tion sans cesse répétée d'un même théorème : la reconnaissance agonistique de la Maîtrise est, par nature, destructrice
de l'ordre qu'elle prétend instaurer. La synthèse « horizontale »
des héros entre eux et « verticale » des héros et du roi, indiquée
à la fin d'*Horace*, n'est réalisée *in extremis* dans *Cinna*, que
pour se briser définitivement avec *la Mort de Pompée*. Le reste
du théâtre cornélien est un immense effort qui vise à résoudre
l'angoissante contradiction de l'éthique et de la politique
aristocratiques, le conflit entre la source existentielle de la
puissance et la forme du pouvoir (cf. pp. 272-273). La Cité
des Maîtres, comme celle de Dieu, ne peut survivre que par
participation des Moi à l'Un, que par la délégation de l'être
héroïque à la personne du Souverain. Pour ce faire, il faut que
le souverain lui-même échappe à la prise de la nature, qu'il
s'établisse en tant que tel dans l'absolu : c'est ce qu'il tentera
successivement en se dénaturant ou, au contraire, en inscrivant
son essence dans une nature. Vain effort : *Sertorius* retrouve
la division insurmontable des héros, *Sophonisbe* celle des
monarques. Tandis que monte insidieusement à l'assaut du
trône la vague des Esclaves affranchis d'*Othon*, le trône, avec
Attila, Tite et Bérénice, justement se vide; pour rester pur,
le monarque refuse, avec *Pulchérie*, de se perpétuer. Dès lors,

nous voyons Aspar ressusciter don Gomès, la lutte des féodaux resurgir sur les débris de l'Empire, les Maîtres rejeter un Maître. *Suréna* pousse le constat de faillite à sa conclusion ultime, un meurtre symbolique, qui est, en fait, double suicide.

Prise dans son ensemble, la dialectique de la Maîtrise passe perpétuellement, par une contradiction nécessaire, du domaine de la subjectivité, où le dépassement radical de la nature est chimérique, au champ de l'histoire, où aucune synthèse totalitaire n'est possible, à partir d'une collection d'absolutismes particuliers. A aucun moment, cette contradiction n'est surmontée : des comédies aux grandes tragédies, des pièces de la « monstruosité » aux drames de l' « essence » noble, jusqu'aux tragédies de la « retraite », il n'y a nullement *progrès*, mais *oscillation*, renvoi du salut dans et par la subjectivité au salut dans et par l'histoire, et vice versa. Les différentes étapes ne constituent point des résolutions de ces contradictions, mais des subterfuges successifs pour y échapper. Une solution ayant échoué, Corneille essaie son contraire, puis il reprend le premier contraire modifié par le second, et ainsi de suite. C'est pourquoi, au bout du compte, *la dialectique cornélienne du héros n'est qu'une pseudo-dialectique*, une immense immobilité dont *Suréna* incarnera scéniquement, pour finir, les termes, dès le début irréconciliables.

La réflexion philosophique doit ici éclairer la compréhension littéraire : s'il n'y a pas, dans le théâtre de Corneille, de véritable dialectique de la Maîtrise, c'est que, *par définition, la Maîtrise est non-dialectique*. Il faut revenir un moment en arrière, au surgissement originel de la liberté, décrit par Hegel (cf. pp. 92-95), comme négation et dépassement, chez l'homme, de l'animalité, comme refus, par le risque délibéré de la vie, du simple être-au-monde naturel, au nom de valeurs (honneur, reconnaissance) strictement non-biologiques. Nous découvrons bien la Maîtrise — le « Meurs ou Tue » de don Diègue — en tant que *moment premier*, constitutif de l'Humanité : « C'est le risque de la *vie*, de la vie qui intègre pour le vivant la totalité du *donné* (et qui est aussi la « valeur » naturelle ou biologique suprême), encouru dans une lutte de pur prestige, c'est-à-dire absolument privée de toute « raison d'être » biologique, de tout « intérêt vital », — c'est ce risque qui est l'Action négatrice ou libre, qui réalise et « manifeste » la Négativité ou la Liberté, et donc l'Homme [350]. » Mais, ainsi que A. Kojève le fait aussitôt remarquer, « la Lutte et le Risque ne sont pas la seule « apparition » de la Négativité ou de la Liberté, c'est-à-dire de l'Humanité, dans le Monde naturel. Le Travail en est une autre » (*ibid.*, p. 496). Comme Hegel l'a montré, l'Esclave, forcé à travailler — en l'occurrence, à nier et dépasser, lui aussi, le donné naturel — pour satisfaire originellement les besoins du Maître, est le seul qui, en définitive, ait une *prise réelle* sur le monde, qu'il transforme, par son labeur et sa technique, en monde spécifiquement *humain*. En transformant le monde, d'ailleurs, l'Esclave *se* transforme; obligé par le travail à la fatigue, à la privation, au danger, il transcende ses propres instincts animaux, il se « supprime » comme simple *donné*, comme pur être de nature. « Dans et par le Travail l'Homme se nie en tant qu'animal, tout comme dans et par la Lutte. » (Kojève, *op. cit.*, p. 497). Cependant, la supériorité intrinsèque du Travail sur la Lutte, c'est que seul, le travail peut instituer un *progrès* et constituer une *histoire*. Le projet du « guerrier » de « vaincre ou mourir » est toujours identique à lui-même et peut se transporter tel quel, de siècle en siècle. Les armes, sans cesse nouvelles et plus perfectionnées que le guerrier emploie, c'est le travailleur qui les invente et les fournit. Les victoires que le « héros » remporte, par soi immobiles, ne mettent en branle un devenir historique que *par la médiation de l'Esclave*. « C'est donc le Travail qui est l' « apparition » authentique de la Négativité ou de la Liberté, car c'est lui qui fait de l'Homme un être dialectique, *qui ne reste pas éternellement le même* [351], mais qui devient sans cesse autre qu'il n'est réellement dans le donné et en tant que donné. La Lutte et le Maître qui l'incarne ne sont pour ainsi dire que les catalyseurs de l'Histoire ou du « mouvement » dialectique de l'existence humaine : ils engendrent ce mouvement, mais *n'en sont pas affectés eux-mêmes* [352]. »

Ainsi s'éclaire, croyons-nous, la tragédie fondamentale du théâtre cornélien. Reprenant inlassablement le projet de domination radicale de soi et d'autrui, pour en faire jaillir, d'un double mouvement, le fief du Moi et la Cité des Maîtres, *chaque pièce* aboutit indéfiniment au *même échec*, et pour les *mêmes causes*. D'un bout à l'autre, la quête de la toute-puissance finit par un constat d'*impuissance :* impuissance de toutes les conduites de domination sur autrui, qui ne sont pas fondées sur la domination de soi; mais, à son tour, impuissance de la domination de soi à gouverner la spontanéité passionnelle, au profit de la décision volontaire, à sauver le projet héroïque de la temporalité qui le ruine, en un mot, à arracher l'homme à la *nature* qui le porte et le supporte. D'où les ruses innombrables, par lesquelles la liberté impuissante tente de se donner le change, en jouant précisément la comédie de la toute-puissance. De ce fait, le théâtre de la liberté, chez Corneille aussi bien que chez Sartre (nous reviendrons sur ce compagnonnage) est, par excellence, théâtre de la *mauvaise foi*, fort moral, au demeurant, car celle-ci y est démasquée et confondue par la véracité du dramaturge. Si donc il y a échec constant de l'héroïsme pour s'accomplir dans sa plénitude, c'est qu'il y a, au départ, maldonne. Le héros peut bien, face aux autres hommes, en mettant sa vie en jeu, s'assurer une prise sur autrui : s'il peut ainsi *dépasser* la nature, il ne peut en rien la *transformer*. La loi du « Meurs ou Tue », du Tout ou Rien héroïques nie la vie, mais ne la change pas. L'homme s'élève *au-dessus* de son animalité, mais laisse celle-ci intacte *en dessous*. Il n'existe aucun coup d'État volontaire qui donne à la conscience la pleine et entière disposition d'elle-même, aucune reprise *immédiate* du Moi par le Moi, aucun contrôle de soi qui ne procède par la *médiation* du monde. Le fameux adage de Bacon reste aussi vrai du monde psychique que du monde physique : on ne commande à la nature qu'en lui obéissant. Nous retrouvons ici la loi dialectique primordiale, par laquelle la seule Maîtrise authentique doit passer par l'Esclavage. C'est ce qu'avait admirablement compris Descartes, dont la recherche d'une Maîtrise pragmatique, — « bourgeoise », si l'on veut, et non aristocratique — avait reconnu, dans la passion, un élément insurmontable de passivité, sur lequel la conscience comme telle n'a aucun contrôle. Il s'agit, dans le *Traité des Passions*, par la connaissance véritable des rapports de l'âme et du corps, par un dressage systématique de ce que les psychologues modernes appelleraient nos réflexes conditionnés, par une vigilante méfiance à l'égard de l'imagination, par une gymnastique mentale quotidienne, d'accéder *enfin* — et seulement alors — à cette maîtrise de soi, que le héros cornélien voudrait en vain instantanée. Quelle que soit la méthode, cartésienne hier, freudienne aujourd'hui, la conscience ne peut récupérer à son profit l'inconscience qui la sous-tend, que par un certain *travail*.

Or, ce qui perd l'aristocrate, c'est qu'il ne peut ni ne veut *travailler*. Attendant tout du décret volontaire, qui met l'existence tout entière en jeu, il transporte les relations agonistiques dans ses rapports privés avec autrui et avec soi. Mais, en passant du champ de bataille à la lice amoureuse, la Maîtrise se dérobe soudain, sur un terrain où elle est sans prise réelle. Le héros, incapable, en vertu de la structure même de la conscience, de dominer à volonté la source affective de son être, assiste, impuissant, au jaillissement amoureux de son Moi. Il aura beau vouloir faire de l'amour le lieu d'un combat, du duo un duel, à la suite d'Alidor et de Rodrigue, ou, inversement, de Sophonisbe et de Bérénice, il ne fera par là que détruire l'essence unitaire et véritable de l'amour, découverte trop tard par Eurydice et Suréna. De ce point de vue, la vérité pénible de l'amour aristocratique, sans cesse vécue douloureusement et honteusement par les personnages de Corneille et ceux de Mme de La Fayette, malgré toutes les cartes de Tendre dont la première préciosité aimait à se berner, c'est que *le pur aristo-crate ne peut pas aimer.* Mettant le point final à des siècles de mythe courtois, l'exclamation de Garibalde, dans *Pertharite* (II, 11, 505), constitue l'épitaphe de toutes les amours héroïques :

Je t'aime, mais enfin je m'aime plus que toi [353].

Toutefois, le drame du Narcisse héroïque, déguisé en adorateur christianisant ou platonisant, c'est qu'il ne peut pas, en fin de compte, *s'aimer.* Ce Moi, qui lui échappe en sa source vive, il a beau tantôt essayer de l'arracher à la nature, tantôt le doter d'une nature supérieure, être prêt à verser son noble « sang » ou, au contraire, être enclin à en conserver précieusement les gouttes sacrées, ce Moi qui colle impitoyablement à lui est son calvaire. Négateur de l'Autre, il devient, avant tout, destructeur de lui-même. Il ne peut coïncider avec soi, faire converger son être et son vouloir, en un mot se posséder et réaliser l'Absolu qui le tourmente, que dans certains instants, auxquels il sacrifie vie et amour. Mais sa Maîtrise, qui devait être immortelle Toute-puissance, ne s'atteint finalement que dans un spasme et ne dure que l'espace d'un paroxysme.

Cette attitude du Moi privé en condamne les prétentions publiques. Au moment où il croit faire un *acte* impérissable, le héros ne fait qu'un *geste* éphémère. Sans prise réelle sur lui-même, le noble est aussi sans prise réelle sur l'histoire, à laquelle il prétend pourtant imposer son « immuable loi ». Anti-dialec-tique par sa disposition fondamentale, le Maître veut immobi-liser à son profit la dialectique de l'histoire, qui serait, en quelque sorte, fixée d'avance et d'en haut. Tel est, nous l'avons vu, le rôle essentiel des « prophéties » de Sabine ou de Livie, qui confèrent à *Horace* et à *Cinna* leur sens dernier. Malheureuse-ment, il est aussi impossible d'assurer la pérennité monarchique en l'inscrivant dans le cours de l'histoire, que de préserver la continuité aristocratique en la confiant à un substrat naturel. Au niveau de l'existence individuelle comme de l'existence collective, l'homme *est,* ainsi que Hegel l'a dit bien avant les existentialistes, ce qu'il *se fait.*

Or, ce sont les limites mêmes de l'action héroïque qui en restreignent la portée. Lorsqu'elle tente d'accéder à l'existence authentique, celle-ci se donne toujours comme *alternative indépassable :*

Meurs ou tue...

(Le Cid, I, v, 275.)

Demain ils la verront mourir, ou t'épouser.

(Héraclius, I, III, 272.)

Et je saurai, pour vous, vaincre ou mourir en roi

(Sophonisbe, I, IV, 386.)

Seigneur, quand pour l'empire on s'est vu désigner,
Il faut, quoi qu'il arrive, ou périr ou régner.

(Othon, I, II, 235-36.)

On pourrait citer cent autres exemples. Telle est l'impasse de la liberté cornélienne, ou aristocratique en général : ne pouvant être transformation du monde donné, elle se présente invariablement sous forme de *dilemme, dont l'un des termes est là mort* [354]. Si la rhétorique cornélienne se complaît, ainsi qu'on l'a souvent noté, dans l' « ou bien... ou bien », cette réitération de l'antithèse ne vient pas d'une simple disposition psychologique de l'auteur, d'un accident de son goût, mais d'une nécessité tragique de sa métaphysique. Du point de vue de la dialectique du Maître, celui-ci peut toujours, pour se maintenir invaincu, mourir. Il peut donc toujours, quelles que soient les circonstances, se sauver *personnellement*, mais au détriment de son *projet historique*. Il se met au-dessus du destin comme héros, mais se perd comme aristocrate [355]. Or, Hegel a bien montré que la liberté réelle n'est pas choix entre deux données, mais négation et transformation du donné en tant que tel. La liberté du Maître, qui n'est que *liberté-pour-mourir*, est condamnée, en fin de compte, à l'impuissance, qui hante l'horizon de toutes les tragédies cornéliennes. « Puisque le Maître ne transcende le Monde donné que dans et par le risque de sa vie, c'est uniquement sa mort qui « réalise » sa liberté. Tant qu'il vit, il n'atteint donc jamais la liberté qui l'élèverait au-dessus du Monde donné. Le Maître ne peut jamais se détacher du Monde où il vit, et si ce monde périt, il périt avec lui. » (Kojève, *op. cit.*, p. 34). Tel est, sous la forme rébarbative, mais précise de l'analyse hégélienne, le résumé le plus exact de *Suréna :* libre pour mourir, le héros ne peut même plus, comme au temps de *Polyeucte*, s'envoler vers les béatitudes célestes, en laissant à Sévère et à Décie le soin de perpétuer l'ordre terrestre; désormais, et indissolublement, la mort du héros, c'est la fin du régime.

Il est bien évident que ce n'est pas là ce que le théâtre de Corneille nous *dit* (il est même tout entier effort pour dire le contraire), mais ce que, dans son inexorable progression, et malgré lui, il *exprime*. Conçu, en son élan initial, pour servir

d'hymne triomphal au héros, il se termine en chant funèbre.
Parti de l' « éblouissement » des corps jeunes et « bien faits »,
qu'offrait le monde aristocratique, le théâtre de Corneille, ainsi
que les romans de Mme de La Fayette, mais plus sinistrement
encore, se conclut sur l'autopsie du cadavre nobiliaire. Là où,
avec une lucidité exemplaire, les Retz et les Saint-Simon nous
décrivaient les *effets* d'une décadence, l'intuition géniale de
Corneille nous découvre les *causes*. Ce qu'on présentait comme
accidents fâcheux, vicissitudes ou bassesses de la « nature
humaine », devient une dialectique vivante où tout se tient;
où les faiblesses sont liées à l'essence de la force, où il y a une
nécessité historique qui n'explique pas l'homme, mais s'explique
par l'homme; où les contradictions de l'histoire reflètent les
contradictions de l'existence qui la supporte. Mais ce serait une
erreur par omission de tirer ici le trait final de la tragédie
cornélienne. L'affirmation et l'exploration du projet de Maîtrise
ne se terminent point sur cet ultime constat de faillite : la mort
du Maître n'est pas la mort de l'homme. Calice qu'il faut boire
jusqu'à la lie, tragédie dernière de la tragédie, — la fin du
monde héroïque n'est pas la fin du monde humain. Car la dialectique cornélienne, toute centrée qu'elle est sur le Maître,
n'en oublie pas pour autant la présence cachée, mais décisive,
de l'Esclave. La désagrégation du pouvoir monarchique,
l'autodestruction de la classe nobiliaire, dont le mouvement
s'accentue vertigineusement depuis *Othon*, pour aboutir à l'ané-
antissement de *Suréna*, ne laisse pas un pur monceau de débris,
une épave d'humanité à la dérive. Dans l'ombre épaisse, où les
bienséances de la politique et de la scène conjuguées les maintiennent, une force motrice latente, une énergie historique
contenue commencent à se mettre en branle. Face aux élus
paraît, dangereusement, la multitude; sous les pieds du héros
grouille cette réalité souterraine : le *peuple*. On ne saurait
conclure l'étude du théâtre de Corneille, sans examiner avec
précision le rôle capital — et toujours négligé — du peuple,
ou, en langage dialectique, la fonction grandissante de l'Esclave
dans cette dramaturgie du Maître.

II

Alors que *la Princesse de Clèves* présente un monde de cour
aussi hermétiquement clos qu'il est possible, ou le théâtre de
Racine un univers princier refermé sur lui-même, dont la seule

communication est, comme dans *Phèdre*, en deçà, avec ses
« aïeux » et, au-delà, avec les Dieux, le théâtre de Corneille, dès
l'origine, *intercale*, dans les relations de noble à noble, la présence invisible, mais essentielle du *Tiers*, plus précisément du
Tiers Etat. Il faut ici remettre en perspective les indications
éparses dans les analyses séparées, et dont le sens profond, à
demi dévoilé en cours de route, se révèle dans la totalité dramatique enfin déployée. Dès les comédies apparaissent le libraire,
la lingère, le mercier de *la Galerie du Palais*, spectacle, selon
l'auteur, « extraordinaire et agréable pour sa naïveté ». Les
manants y forment l'élément plaisamment pittoresque, inutile,
bien sûr, et hors du coup. Ils sont inoffensifs, ils sont là pour
« plaire », pour amuser, pour reposer l'œil. Cependant, nous
avons pu noter (cf. pp. 79-80) que ces silhouettes, un instant
entrevues, suffisent à donner au lieu scénique sa *réalité ;*
situées par décret en marge de l'action, c'est pourtant chez elles
que se rencontrent les jeunes nobles, — par leur intermédiaire,
si lointain soit-il, que l'action se noue. De plus, dans un monde
où l'argent devient toujours davantage non seulement le signe,
mais la réalité de la puissance, à l'argent *tout fait* que le noble
cherche à acquérir en offrant sa personne en gage, s'oppose,
timidement, mais nettement, l'argent *en train de se faire,*
c'est-à-dire la puissance en train de s'affirmer, par le travail.
Indications à peine esquissées, dira-t-on : certes. Il est, toutefois, frappant de retrouver exactement les mêmes dans le
roman, pourtant aristocratique s'il en fut, de Mme de La Fayette :
« Le lendemain de son arrivée, elle alla pour assortir des pierreries chez un Italien qui en trafiquait par tout le monde. Cet
homme était venu de Florence avec la reine, et s'était tellement
enrichi dans son trafic que sa maison paraissait plutôt
celle d'un grand seigneur que d'un marchand. » (*Op. cit.,*
p. 248.) Même en cette cour verrouillée, la présence de l'Étranger n'a pu être tout à fait évitée — présence d'autant plus
dangereuse que ce « marchand », par suite de son activité
thésaurisante, ressemble maintenant à un « grand seigneur ».
Mlle de Chartres, inoccupée à acheter ses pierreries, comme
Dorimant ou Lysandre, dans *la Galerie du Palais*, leurs livres,
va bientôt employer toutes ses forces vives à se murer, littéralement, en elle-même, en attendant la retraite finale, pendant
que ce « trafiquant » étend son entreprise envahissante « par
tout le monde ». Thèmes à peine apparus, que disparus ; laissés
dans une ombre propice. Pas pour longtemps.

Dans les grandes tragédies, tout a l'air de bien se passer.
Certes, si le combat contre les Mores cesse « faute de combattants », il a fallu, au début du moins, *des* combattants, ne serait-

ce que pour souligner, par leur élimination successive, la gloire
unique du héros. Sous celui-ci, une *troupe* s'avance, et l'on
trouve, de l'autre côté, des vaisseaux pleins de soldats. Mais
nous avons vu (cf. pp. 122-124) comment, confronté soudain
par cette prolifération, amie ou ennemie, des Autres, le Moi
héroïque les rassemblait dans leur dispersion, les dirigeait dans
leur inexpérience, les sauvait ou les annihilait, bref, les *digérait*
sans autre forme de procès, comme le Loup de La Fontaine
l'Agneau. Les corps étrangers étaient dûment assimilés.
Rodrigue, les rois mores, don Diègue, don Fernand : on restait
entre Maîtres, tandis que les Esclaves morts étaient emportés
par le reflux. Dès *Horace*, toutefois, cette belle simplicité se
complique : Horace sent littéralement (cf. pp. 177 et suivantes)
sa Maîtrise lui échapper par le besoin inéluctable d'une reconnaissance *universelle*, et, puisqu'il faut bien l'appeler par son
nom, *populaire*. Les personnages en prennent pour la première
fois nommément conscience. Or, ce « peuple », sur la stupidité
duquel le vieil Horace ne tarit point, exige justement du héros
ce qu'il exige de soi, lui indique sa voie et sa vocation : seul le
regard consentant de l'Esclave *constitue le Maître*, malgré les
efforts du vieil Horace pour enfermer l'aristocratie dans son
monde et ne lui faire tenir sa « qualité » et sa « gloire » que de
ses propres membres. De ce point de vue, plutôt que les inquiétantes perspectives ouvertes par la lucidité d'Horace, ce sont
les vues rassurantes de son père que *Cinna* tentera de reprendre
et d'imposer. Les conjurés, habilement maniés de haut par
Cinna (cf. p. 192), s'agitent, dociles, dans l'ombre : comme
précédemment, le règlement de comptes se passe strictement
entre les « gens de bien », les « riches », le « sénat », auxquels on
adjoint, au dernier moment, pour cimenter les fissures possibles,
les Dieux. Mieux encore, dans *Polyeucte*, le « Maître des Maîtres », le « Seigneur des Seigneurs » confirme à jamais l'ordre
établi : il scelle, du sceau de l'Absolu, l'alliance du Trône et de
l'Autel, avec Félix converti, et Sévère et Décie en passe de
l'être (cf. p. 258). Quant au populaire, qui s'agite lorsqu'on
menace « sa dernière espérance et le sang de ses rois » (iii, v,
1072), et qui fait mine de vouloir tirer Polyeucte de sa geôle,
il s'efface spontanément; ses bons sentiments démontrés, il
rentre dans le néant d'où il était un instant sorti pour alarmer
Félix.

En redescendant du Ciel sur terre, le héros retrouve, pour son
malheur, ce Tiers. *La Mort de Pompée* voit, pour la première
fois, surgir et s'élever une *race* rivale, « Photin et ses pareils »,
« ces âmes que le ciel ne forma que de boue » (cf. p. 275). La
plèbe fait ses débuts, par une irruption violente et dangereuse,

sur la scène. L'Esclave affranchi, c'est-à-dire délié, au sens strict, du lieu que lui avait assigné la Providence, ne fait plus partie d'un arrière-fond pittoresque; ce n'est plus le chœur rassurant, la « vox populi, vox Dei » qui chante docilement les répons dans l'office des Maîtres. De façon significative, ce contact est *fatal* au prince, qu'il corrompt. On a souvent vu là simple allusion aux événements de la politique contemporaine et traduit « Photin » par « Mazarin ». Et, certes, l'opinion aristocratique unanime, dénonce les « mauvais conseillers », qui changent, par leurs avis maléfiques, les rois en tyrans; elle vitupère « l'abaissement des grands et l'élévation des gens de néant », nous dit l'historien Mézeray [356], ou, dans la version de Corneille :

> *Il vous plaint d'écouter ces lâches politiques*
> *Qui n'inspirent aux rois que des mœurs tyranniques :*
> *Ainsi que la naissance, ils ont les esprits bas.*
> *En vain on les élève à régir des États :*
> *Un cœur né pour servir sait mal comme on commande.*
>
> (IV, ii, 1193-97.)

Pourtant, sur scène comme dans la réalité, si ces créatures, « nées pour servir », s'élèvent « à régir des États », ce n'est point par simple *hasard*, par une aberration accidentelle et remédiable à volonté (ainsi que Corneille voudrait le croire et nous le faire croire), de la part du monarque : c'est en vertu de sa carence fondamentale. C'est le mouvement même de la dialectique historique qui, divisant irréductiblement les Maîtres, conduit le Maître *le plus faible* (ici Ptolémée) à chercher le concours compromettant de l'Esclave, détruisant ainsi, de ses propres mains, son propre statut. Que la tension propre, par quoi se constitue le Maître, se relâche, et le voilà retombant, pour mourir, dans le troupeau qu'emporte de nouveau, comme les Mores défaits, le reflux (cf. pp. 276-277). Ce n'est pas de gaieté de cœur que Ptolémée s'appuie sur Photin : dans son désarroi, c'est le seul et dangereux remède que lui laisse sa faiblesse réelle.

Pendant la série noire des pièces « monstrueuses », la quête héroïque tend à se concentrer sur l'arrachement brutal à la nature, l'attention à se détourner des conditions historiques pour chercher le salut dans l'affirmation d'un Moi souverain. Et pourtant, même au cœur de ce paroxysme autistique, de ce triomphe forcené du solipsisme moral que constitue la « grandeur d'âme » criminelle de Cléopâtre, si l'on se demande ce qui vient finalement renverser son projet foncier de « dénaturement », c'est-à-dire (cf. p. 294) son ambition de vivre « virilement » le pouvoir absolu que sa condition féminine lui refuse, la réponse ne fait aucun doute :

> *Le peuple épouvanté, qui déjà dans son âme*
> *Ne suivait qu'à regret les ordres d'une femme,*
> *Voulut forcer la reine à choisir un époux...*
>
> (Rodogune, I, i, 47-49.)

De même que le regard populaire assignait infailliblement au héros ses limites dans *Horace*, c'est contre la mauvaise volonté du peuple, bien plus que contre la falote opposition de Séleucus, d'Antiochus ou de Rodogune, que le dessein monarchique de Cléopâtre vient se briser, ainsi qu'elle l'atteste elle-même :

> *Toi qui connais ce peuple, et sais qu'aux champs de Mars*
> *Lâchement d'une femme il suit les étendards...*
>
> (II, ii, 489-90.)

Pareillement, *Héraclius* se présente comme le drame de la récupération du Moi sur l'opacité de la naissance et l'obscurité de l'origine. Pourtant, lorsque le héros retrouve son être et son nom, les jeux ne sont pas faits, la fin heureuse n'est point consommée. Le drame joué à huis clos entre Héraclius, Phocas et Martian, et résolu par la lumière jetée sur leur identité respective, s'ouvre, au dernier moment, sur une dimension nouvelle : il faut « montrer Héraclius au *peuple* qui l'attend ». L'insistance remarquable, l'urgence désespérée avec lesquelles la formule rituelle revient à travers la pièce (cf. p. 311) sont significatives : sans la reconnaissance populaire, malgré toutes les révélations privées, pas d'Héraclius. Cette reconnaissance *fait* ici le monarque, comme elle faisait, dans *Horace*, le héros.

Pas un instant, le monde supérieur et seul visible ne parvient à se couper des bas-fonds. Il est *porté* par ce substrat, qu'il entend dérober au regard, mais dont l'importance essentielle se révèle néanmoins aux moments décisifs. Pendant les pièces de la Fronde, qui s'efforcent de fonder le privilège nobiliaire non sur une qualité acquise, mais sur une vertu innée, le peuple et le héros traversent leur lune de miel. Le bon peuple s'émeut pour la bonne cause, il se soulève pour Héraclius ou Nicomède et les libère, quand de mauvais monarques les oppriment. On reconnaît là, évidemment, un des thèmes favoris, un des « fantasmes » préférés de l'imagination frondeuse, encline à célébrer l'alliance des grands et des petits contre les empiètements du roi. On fait volontiers sortir le diable populaire de sa boîte, quitte à refermer le couvercle, aussitôt qu'il a servi. Mais l'important, c'est que, dans le théâtre de Corneille comme dans l'histoire contemporaine, le héros cherche à se prévaloir de son essence aristocratique et à l'asseoir sur un décret naturel (ou surnaturel), précisément *parce qu'elle se trouve contestée* par le mouvement du devenir réel. Au beau milieu de l'euphorie d'*Héraclius* et de *Nicomède*, surgit avec *Don Sanche* la terrible menace du héros « que le ciel n'a formé que de boue » (cf. pp. 313 et suivantes), du « fils de pêcheur » dont « le bras est le père »; menace d'autant plus terrible, que la « boue » de Carlos ne s'élève pas au pouvoir, comme celle de Photin, par des moyens ignobles, mais glorieux. La haute société se mettra sur-le-champ en devoir de récupérer l'intrus en l'anoblissant. Mais, avant un dénouement aussi heureux qu'artificiel, on voit, dans une scène étonnante, les grands d'Espagne *supplier* le héros plébéien de mentir, en se faisant passer pour un des leurs, au nom du maintien de l'ordre :

> *Tant de valeur mérite une source plus belle.*
> *Aidez ainsi que nous ce peuple à s'abuser;*
> *Il aime son erreur, daignez l'autoriser...*
>
> (Cf. p. 320.)

Ce peuple, où se trouve, malgré qu'on en ait, la source du pouvoir et qui, jusque-là bon enfant, rentrait aussitôt dans l'obéissance sur un simple regard du héros :

> *Tout est calme, Seigneur : un moment de ma vue*
> *A soudain apaisé la populace émue,*
>
> (Nicomède, V, ix, 1779-80.)

voici, à présent, qu'il faut, par un changement symptomatique, endiguer ses « émotions » par le mensonge. Ici se termine la lune de miel. Bientôt, les rapports vont se gâter.

Certes, dans *Pertharite*, la reconnaissance populaire est toujours chargée du même rôle de « dire le roi ». Pertharite, reparaissant après une longue absence, menace l'usurpateur Grimoald de « se montrer », lui aussi, au peuple qui l'attend :

> *Mon peuple aura des yeux pour connaître son roi*
> *Et mettra différence entre un tyran et moi.*
> *Il n'a point de fureur que soudain je n'excite.*
>
> (IV, iv, 1365-67.)

Il faut croire, pourtant, que la vue du peuple a baissé. Ces « malheureux sujets », qu'il s'agit d' « affranchir », ont l'audace, de l'aveu de la reine légitime, d'être parfaitement heureux sous leur tyran :

> *Avec eux je te loue, et je doute avec eux*
> *Si sous leur vrai monarque ils seraient plus heureux.*
>
> (II, v, 637-38.)

Devant tant d'ingratitude, on conçoit qu'un autre « tyran »,
Œdipe, qui plaide les circonstances atténuantes du salut public :

> *Que le dernier besoin peut faire un roi sans crime,*
> *Qu'un peuple sans défense et réduit aux abois...*

se voie vertement répondre par Dircé :

> *Le peuple est trop heureux quand il meurt pour ses rois.*
>
> (Œdipe, II, 1, 462-64.)

Ce n'est pas pour cette vile multitude, ravagée par la peste, que
Dircé s'offre à mourir :

> *...je meurs plus pour moi*
> *Que pour ces malheureux qui se sont fait un roi.*
>
> (III, 11, 903-4.)

Il est intéressant de noter la répétition d'une expression qui
revient plusieurs fois, au cours de la pièce : le besoin public
ne peut pas plus « faire » un roi que le peuple « se faire » un roi.
Dans un univers aristocratique qui tente, pour enrayer sa
décadence, de se réifier, un roi ne saurait *se faire* par un processus historique : il ne peut qu'être reçu *tout fait*[357] des mains
de la nature, avec l'estampille providentielle (« Un roi, quoique
vaincu, garde son *caractère.* » *Pertharite*, V, 11, 1591). Le roi,
c'est le soliveau que Jupiter envoie aux grenouilles de La Fontaine : à prendre tel quel. En dépit de tant de précautions, de
même que, dans le drame de Cléopâtre, qui ne semblait mettre
aux prises que le Moi et la Nature, la présence du peuple venait
s'interposer, de même, au moment où Œdipe paraît régler un
compte solennel entre lui et le Ciel :

> *Ne voyons plus le ciel après sa cruauté :*
> *Pour nous venger de lui dédaignons sa clarté...*
>
> (V, IX, 1991-92.)

la pureté métaphysique de sa tragédie est curieusement viciée
par l'intervention soudaine de ce peuple, dont le roi déchu fuit
la « justice » à l'égal de celle des Dieux :

> *Je vais donc à Corinthe achever mon supplice.*
> *Mais ce n'est pas au peuple à se faire justice.*
> *L'ordre que tient le ciel à lui choisir des rois*
> *Ne lui permet jamais d'examiner son choix ;*
> *Et le devoir aveugle y doit toujours souscrire,*
> *Jusqu'à ce que d'en haut on veuille s'en dédire.*
>
> (V, 1, 1633-38.)

Au moment le plus pathétique de son naufrage humain, le monarque n'oublie pas de tirer bien haut une leçon politique, que la grandeur de sa chute ne l'empêche point de débiter à loisir. Plus le pouvoir se divise et se dérobe au Maître, plus il légifère et prêche son devoir à l'Esclave.

Le malheur du prince, c'est que pour se maintenir, il lui faut la guerre, et pour se battre, il lui faut des soldats. Cela ne posait, du temps de Rodrigue, nul problème. Or, le soldat, à présent, est un *Esclave armé*. A partir de *Sertorius*, la rébellion militaire, restée jusqu'alors à l'état latent, ou spontanément mise au service du potentat légitime, va devenir un instrument de puissance, qui se retourne, au besoin, contre le pouvoir :

> *Ces tigres, dont la rage, au milieu du festin,*
> *Par l'ordre d'un perfide a tranché son destin,*
> *Tout couverts de son sang, courent parmi la ville*
> *Emouvoir les soldats et le peuple imbécile...*
>
> (Sertorius, V, iii, 1671-74.)

Au lieu de rester, les uns mercenaires dévoués, l'autre grande masse servile, les *soldats et le peuple*, en une redoutable conjonction, menés par quelque traître à ses pairs, comme Perpenna, vont renverser d'un seul coup l'édifice de l'ordre public. Tandis que les monarques s'entre-tuent dans *Sophonisbe* et que le pouvoir royal se volatilise dans *Othon*, Photin revient, sous le nom de Martian, avec une force décuplée et appuyée cette fois sur les prétoriens de Lacus, non plus hanter, mais habiter la scène. Nous ne redirons pas cette irrésistible ascension de l'Arturo Ui cornélien (cf. pp. 378-381). Sous la vague égide de Pison, à l'ombre d'une souche impériale abâtardie, s'instaure le règne de l'Esclave affranchi :

> *Car comme il n'a pour lui qu'une suite d'ancêtres,*
> *Lacus et Martian vont être nos vrais maîtres ;*
> *Et Pison ne sera qu'un idole sacré*
> *Qu'ils tiendront sur l'autel pour répondre à leur gré.*
>
> (III, i, 765-68.)

Si les plans de Martian et de Lacus sont finalement déjoués, ce n'est nullement grâce à la valeur du héros, mais au caprice de l'armée, qui préfère Othon à Pison. Il y a loin ici de Rodrigue, capitaine infaillible, tenant en sa seule main le fil d'innombrables destinées, à Othon, pâle général, hissé par ses troupes mutinées sur le pavois, empereur malgré lui :

> *Ils ont de rang en rang fait courir votre nom.*
> *Quatre des plus zélés sont venus me le dire,*

Et m'ont promis pour vous *les troupes et l'empire.*
Courez donc à la place, où vous les trouverez;
Suivez-les *dans leur camp, et vous en assurez.*
Un temps bien pris *peut tout.*

                                    (IV, ii, 1272-77.)

« Je suis leur chef, donc je les suis » : telle est désormais la
formule d'une Maîtrise qui doit son pouvoir emprunté à
l'humeur d'autrui et au concours des circonstances. Ce n'est
donc pas un hasard si la succession des pièces « romaines » de
Corneille reproduit l'ordre, sinon chronologique, du moins
logique, de la décadence de Rome. Alors qu'au début, Horace
affrontant les Curiaces, Auguste pulvérisant les conjurés,
donnaient une impulsion momentanée, mais décisive, à l'histoire, le principe de la Maîtrise se nie tragiquement au terme de
sa dialectique : *le Maître, qui croyait faire l'histoire, la subit.*
Pour régler leur vie et leurs désirs, Tite et Pulchérie attendent
dorénavant les décisions du sénat. « Qu'ose-t-il m'ordonner? »
demande Tite, lucide (V, v. 1667). Quant à Pulchérie, consciente, elle aussi, des rapports de force, occupée à maintenir
une ombre d'empire avec une ombre d'époux, il ne lui reste
plus qu'à régner par supercherie :

...Et pour tenir en bride un peuple sans raison,
Paraisse mon époux, et n'en ait que le nom.
Vous m'entendez, Seigneur, et c'est assez vous dire.
Prêtez-moi votre main, je vous donne l'empire:
Éblouissons le peuple, et vivons entre nous
Comme s'il n'était point d'épouse ni d'époux.

                                    (V, iii, 1551-56.)

« Éblouir », pour le héros, c'était autrefois subjuguer; par un
changement du lexique, déjà annoncé dans *Don Sanche,* maintenant, c'est mentir.

    Après avoir oscillé de l'excès au manque, le pouvoir monar-
chique, incapable de retrouver un équilibre, s'installe finalement dans le néant :

Si le roi dans la Perse est un peu trop monarque,
En Grèce il est des rois qui ne sont pas trop rois :
Il en est dont le peuple est le suprême arbitre;
Il en est d'attachés aux ordres d'un sénat;
Il en est qui ne sont enfin, sous ce grand titre,
      Que les premiers sujets de l'Etat.

                                    (Agésilas, II, i, 457-62.)

Le trône, mis sur scène dans *Rodogune,* reste à jamais vacant.
Cette amère constatation fait éclater la vérité tragique de la
Maîtrise. A la fière proclamation d'Éryxe, dans *Sophonisbe :*

Un héros, comme un dieu, peut faire des miracles,

(II, iii, 592.)

répond la découverte désespérante d'Ormène, dans *Suréna:*

Un héros arrêté n'a que deux bras à lui.

(IV, i, 1063.)

Le héros-Dieu retombe brusquement aux dimensions d'une condition triviale. Sa mort, qu'il croyait triomphe de l'esprit, apothéose, accomplissement et dépassement de son destin, voilà qu'elle n'est plus qu'accident dérisoire du corps : saigne-ment de nez d'Attila, flèche anonyme dans le dos de Suréna, pâmoison d'Eurydice. Lui qui rêvait de s'arracher à la Nature et de dilater l'Histoire à la mesure de son Moi, il n'est, après tout, qu'une solitude biologique, un paquet d'organes péris-sables : tout juste un *individu.* Du coup, pullulent, soudain délivrés, les Autres. Sortant de leur habitacle de « boue », où on les croyait maintenus par la pesanteur naturelle, les Esclaves, soldats ou peuple, par accès, par saccades, par éclairs suivis de replongée dans les ténèbres, émergent des coulisses de l'histoire — et du théâtre cornélien. Quand disparaît le dernier avatar d'empereur, et que les Valamir et Ardaric pitoyables tentent de prendre les commandes, la tragédie politique est consommée :

Allons donner tous deux les ordres nécessaires,
Remplir ce trône vide, et voir sous quelles lois
Tant de peuples voudront nous recevoir pour rois.

(Attila, V, vii, 1782-84.)

Le fantôme de Dircé doit sans doute frémir. Le roi, qui devait se tenir uniquement de lui-même et de Dieu, dépend, à présent, du *vouloir* populaire. Ce que nous présentions, au début de cette étude, et ce que Corneille entendait présenter comme *pure dialectique de la Maîtrise,* se révèle, en fait, être une *dialec-tique du Maître et de l'Esclave;* et cette dialectique, dont le génie de Corneille marque avec une impitoyable précision les étapes, à la fois éclairant l'histoire de son temps et devançant l'histoire à venir, se termine enfin lorsque le Maître est devenu l'esclave de l'Esclave.

III

Nous voudrions, pour terminer, non plus seulement analyser, mais juger ce théâtre, et nous demander si ce monument du passé reste une œuvre d'avenir. Car enfin, toute la première moitié de ce siècle a été surtout « racinienne », et Corneille y a fait le plus souvent figure, selon les humeurs, de brillant second ou de parent pauvre. C'est qu'il a été à peu près totalement méconnu. Écrasée sous le poids des poncifs traditionnels, le public, en quelque sorte, passe à côté de son œuvre. Il convenait, avant tout, de la dépoussiérer, d'en faire à nouveau briller les couleurs, d'en restituer l'originalité. On conçoit que le lecteur moderne se sente peu d'affinités avec un maître de morale louis-philipparde, un professeur d'énergie nietzschéenne, un représentant de la clarté « classique » et « française », chère à Maurras et à ses disciples. Le Corneille christianisant de Péguy serait déjà plus sympathique : mais il est faux. Poète du Surhomme ou du Saint, chantre de l'éternel triomphe, apôtre de la volonté toute-puissante, incorrigible optimiste épris des « hommes tels qu'ils devraient être » : il faut jeter par-dessus bord ces vieilleries d'un autre âge. Le Corneille qui se dégage peu à peu des travaux contemporains (lesquels prêteront aussi à l'ironie, mais auront, du moins, tenté de substituer, à de vagues impressions de théâtre ou de lecture, un déchiffrement minutieux), « notre » Corneille, en somme, c'est bien celui dont B. Dort résume parfaitement le but ultime, lorsqu'il voit, dans la dramaturgie cornélienne, la « seule tentative du théâtre français pour se constituer en théâtre d'Histoire » (*op. cit.*, p. 133). La majuscule est ici essentielle : il y a eu d'innombrables travaux sur Corneille « historien », sur son utilisation de l'histoire romaine ou médiévale, sur ses sources, sur le rapport précis de son œuvre et de l'histoire réelle de son temps. Ces études, intéressantes dans la mesure où elles restituent le matériau brut qui servit à une si vaste construction, manquent cependant le principal : Corneille ne fait pas un théâtre *avec de l'histoire*, il fait un théâtre *d'Histoire*. Il n'utilise point l'histoire pour illustrer des thèmes dont la vérité serait non-historique (psychologique, morale ou autre); mais, au contraire, il fait un théâtre dont le sens profond constitue une élucidation de l'Histoire, en général, comme dimension de l'existence humaine, et de l'histoire aristocratique, en particulier, comme lieu privilégié de son accomplissement. Par là, l'œuvre de Corneille est, dans son siècle, l'une de celles qui se rapprochent le plus des préoccupations d'aujourd'hui.

Pour comprendre la qualité propre et unique du théâtre d'Histoire cornélien, il nous paraît utile de le comparer brièvement à un autre grand théâtre d'Histoire, parent dans le temps et l'espace, bien qu'infiniment étranger par ses fins et ses moyens : celui de Shakespeare. On a quelquefois, par un zèle

patriotique mal placé, appelé Corneille le « Shakespeare français ». Il ne saurait être, évidemment, un seul instant question
de mesurer la dramaturgie cornélienne, sur le plan de la richesse
poétique, à celle de l'écrivain anglais. Là où les genres, les
sujets, les styles, les inspirations jaillissent en feu d'artifice
perpétuellement renouvelé, chez Shakespeare — sans parler
du bonheur constant et souverain de la plume —, l'ensemble du
théâtre de Corneille se présente comme le ressassement d'un
thème unique, que l'auteur prend, reprend, approfondit de
pièce à pièce, avec une rigueur et une précision d'épure de plus
en plus abstraites. C'est la force et la limitation de Corneille.
Si Shakespeare lui est incomparablement supérieur comme
poète, Corneille l'emporte de loin sur Shakespeare comme
penseur. Tandis que Shakespeare se montre grand peintre,
Corneille se révèle grand philosophe de l'histoire. Shakespeare
anime sous nos yeux une véritable épopée nationale, où
grouillent rois, nobles, bourgeois, soldats, où Falstaff côtoie
le prince Henri, où, parmi le foisonnement prodigieux des
personnages, des lieux, des intrigues, des batailles, parmi la
solennité des sacres ou la monstruosité des crimes, les élans
de joie victorieuse ou les affres des chutes pathétiques, se vit
le destin total d'une nation et s'affirme la progression invincible de l'Angleterre. Mais ces tableaux d'histoire « épique »
souffrent du mal de toute épopée : satisfaction du cœur et des
entrailles collectives, au détriment de la réflexion. Ce que l'on
a dit de la « philosophie » de Shakespeare, en général, est encore
plus vrai de sa philosophie historique : « ...Il a été beaucoup
parlé de la philosophie de Shakespeare. La force des réflexions
faites en mille endroits de ses pièces a donné l'illusion d'une
sagesse supérieure qu'il aurait eue en partage. Il était tentant
de se dire qu'en réunissant ces fragments épars de sa pensée on
reconstituerait tout un corps de doctrine, et qu'on aurait ainsi
une réponse, sa réponse, aux énigmes de la vie. En fait, ce code
n'existe pas; cette philosophie s'évanouit quand on cherche à
l'étreindre. Les contradictions se multiplient et l'incohérence
apparaît égale à celle de la réalité elle-même [358]. » Ce qui frappe,
au contraire, chez Corneille, c'est la quête inlassable, non pour
restituer la diversité irréductible du réel, mais, au contraire,
pour mettre à nu le *principe moteur* à l'œuvre sous la variété
des faits historiques. Là où Shakespeare déroule une histoire
grandiose, pour laquelle il ne nous offre guère d'autre clé que
l'enthousiasme de l'officiant, Corneille nous montre *comment* les
hommes font l'histoire, comment les pays sont aux mains de
certains individus qui les dirigent selon certaines lois. Et si les
foules shakespeariennes sont des êtres de caprice, qu'un vent

tourne d'un côté, et que l'éloquence d'Antoine retourne aussitôt de l'autre — grouillement parfois pittoresque, parfois sublime, souvent sordide —, la foule cornélienne, bien qu'invisible, se présente comme une masse travaillée par sa propre dialectique, mue par une force vectorielle. Le théâtre d'Histoire, chez Shakespeare, est un instrument de culte, national et moral; c'est, chez Corneille, un principe de compréhension politique. Par là, le théâtre de Corneille offre une prise intellectuelle plus précise et plus riche. En un siècle où les philosophes, partis à la « recherche de la vérité », se détournent des accidents imprévisibles de l'histoire, ou se contentent, avec Bossuet, d'en tirer des leçons de théodicée, Corneille y découvre le lieu même de l'existence humaine. Tout comme Descartes veut découvrir une « méthode pour bien conduire sa raison et chercher la vérité dans les sciences », Corneille, en définitive, s'efforce de trouver un principe pour bien conduire sa volonté et installer la vérité politique dans l'histoire.

Or, en même temps que le théâtre cornélien se constitue en théâtre d'Histoire, il faut également constater, avec B. Dort, que cet unique théâtre français d'Histoire est aussi *théâtre de l'échec*. « L'échec de Corneille procède d'une volonté d'acceptation totale de son temps, d'une croyance en l'avènement d'une Histoire réconciliatrice — espoir trahi par l'Histoire, volonté peu à peu vidée de sa substance » (B. Dort, *op. cit.*, p. 138). Nous serons d'accord sur le diagnostic, mais à condition d'en bien préciser le sens. A notre avis, B. Dort restreint lui-même la portée de son propos, en voyant simplement, dans l'échec de la dramaturgie de Corneille, l'échec du « groupe social » de l'auteur, que le succès du « groupe de Racine » vient confirmer. D'une façon plus générale, la fin tragique de l'héroïsme cornélien témoignerait de la défaite d'une certaine bourgeoisie sous Louis XIV, celle des « officiers » loyalistes et monarchistes, qui voient l'influence de leur classe réduite par les « commissaires » du Roi-Soleil. L'échec de Corneille serait donc le rêve d'une monarchie « parlementaire » avortée. Différemment quant à la lettre, mais, jusqu'à un certain point, parallèlement dans l'esprit, P. Bénichou voit, au cœur des contradictions profondes de l'humanité cornélienne, l'incapacité d'une aristocratie personnelle à passer à une aristocratie de type romain, respectueuse d'une loi supérieure aux individus; et il en conclut que les « maximes politiques de l'aristocratie », « telles qu'elles apparaissent dans le théâtre de Corneille... sont inspirées tout entières par les traditions et les problèmes politiques de l'ancienne France » (*op. cit.*, p. 76). Nous avons assez souligné notre hostilité à toute tentative de « réduction » du sens littéraire à celui du contexte extérieur, pour ne pas avoir à redire ici que ce type d'explication nous paraît insuffisant. En admettant, ce que nous ferons volontiers, que le théâtre de Corneille soit tout entier porté par les contradictions de sa classe [359], c'est en tant que *réflexion*, et non que *reflet*. L'œuvre survit, parce que, au lieu d'être simplement éclairée par l'histoire, elle l'*éclaire* à son tour. C'est en tant qu'interprétation que l'œuvre doit être interprétée. L'acte d'écrire, au niveau de la création véritable, est transcendant par rapport à toute situation, personnelle ou historique; il constitue précisément, comme tout acte libre, *une négation et un dépassement du donné*. C'est bien pourquoi, ce mouvement même de l'histoire, que Corneille subit passivement en tant qu'homme [360], il le transcende en tant qu'écrivain, dans la mesure où il saisit et exprime le principe organisateur de ce chaos de faits en gestation. Si donc il y a un sens de l'œuvre, il ne peut être demandé qu'à l'œuvre; et si le théâtre d'Histoire de Corneille est un immense échec, ce n'est pas en interrogeant l'histoire que nous en découvrirons la raison, mais en questionnant ce théâtre. C'est même la définition du génie de l'auteur, que ce soit l'histoire contemporaine qui s'éclaire à partir de son œuvre, et non l'inverse. Ce n'est pas l'échec de la « monarchie parlementaire » qui explique celui du héros cornélien : c'est l'échec du héros cornélien qui permet de comprendre l'absurdité du rêve « parlementaire », réconciliateur des Moi autonomes et absolus, à l'ombre du Trône. Sur la scène comme dans l'histoire, l'avortement du projet aristocratique ne provient pas de circonstances extérieures et fortuites, mais de *l'impossibilité de vivre le projet de Maîtrise dans des conditions historiques, quelles qu'elles soient.*

Aussi n'est-il pas si facile de nóus débarrasser du tragique échec de l'héroïsme cornélien, en le mettant au compte des contradictions de l'aristocratie, comme s'il était une fois pour toutes révolu et résolu, comme s'il ne nous concernait plus qu'à titre de curiosité, en un mot, comme si notre histoire *à nous* était finalement sortie de cette impasse et avait surmonté ces apories. La « réduction historiciste » risque d'être une position de confort intellectuel, qui tente d'immobiliser *là-bas* et *jadis* des dilemmes qui se posent *ici* et *maintenant*. Le plus frappant, le plus important du théâtre de Corneille, c'est son *actualité*, qui refuse de se laisser enfermer, avec les étendards de Louis XIII et de Louis XIV, au musée des Invalides. Morte et enterrée depuis longtemps cette aristocratie à laquelle il voulait conférer une solidité « plus durable que l'airain », le théâtre du Héros non seulement *survit* : il *vit*. Malgré sa « clarté classique », sous cette maîtrise parfois sèche de la plume et de la scène, sous l'éloquence raisonnable et raisonneuse, sous le voile trompeur du bien dire, autant de passion déchirante, autant de désarroi humain vibrent chez Suréna que chez Phèdre, chez Horace que chez Oreste. On l'a bien senti pour Racine; on l'a méconnu, chez Corneille. Et pourtant, de ces deux théâtres frères et ennemis, celui de Corneille est, de loin, croyons-nous, le plus proche de nous, — si l'on veut, le plus *moderne*.

Nous ne songeons nullement à faire de la « modernité » un fétiche, ni à conférer, à ce point de repère éminemment relatif, une valeur absolue. Nous voulons simplement dire que, si l'on considère la direction générale des préoccupations d'aujourd'hui, le théâtre de Corneille nous *parle* infiniment plus que celui de Racine. Et nous ne rougirons point d'en faire à Corneille un mérite. Nous nous permettrons donc, un instant, d'entrer dans le Temple de la Gloire, à la suite de Polyeucte, pour y briser quelques idoles. L'inévitable « parallèle » nous attend ici. On a répété à tort et à travers que la tragédie cornélienne était une fausse tragédie, une sorte de « tragédie optimiste », se terminant sur le triomphe total de l'homme, alors qu'on trouverait, chez Racine, le tragique à l'état pur [361]. Nous pensons qu'il faut exactement renverser les termes. La pseudo-tragédie, c'est la tragédie racinienne. Sans aucun doute, Racine nous étale à l'envi — et avec un bonheur litté-raire, une perfection du langage, que Corneille n'atteint que par instants — les faiblesses et les tourments, les péchés et les angoisses, les flagellations de la chair et les martyres de l'esprit. Mais c'est à la façon dont Pascal parle du « silence éternel des espaces infinis », qui l' « effraie ». Non point, ainsi qu'on a prétendu, que cette frayeur soit jouée et introduite uniquement pour l'édification du libertin, sous prétexte que Pascal, ayant trouvé la foi, ne pouvait plus avoir peur. La foi n'est pas cette béatitude immobile et angélique, surtout pas la foi janséniste. Le doute torturant, la crainte solitaire, Pascal les a surmontés parce qu'il les a connus. De même, les larmes de Bérénice, les affres de Phèdre sont des épreuves qui laissent les êtres brisés. Il ne s'agit pas de diminuer, d'atténuer un instant la qualité et la profondeur de la souffrance racinienne. Si Thierry Maulnier et Giraudoux ont pu comparer le monde racinien à une « cage », où tournent en rond des fauves livrés à leurs fureurs réciproques, Pascal, a pu décrire l'habitat humain comme un « cachot » : « Qu'on s'imagine un nombre d'hommes dans les chaînes et tous condamnés à la mort, dont les uns étant chaque jour égorgés à la vue des autres, ceux qui restent voient leur propre condition dans celle de leurs semblables, et, se regardant les uns les autres avec douleur et sans espérance, attendent à leur tour. C'est l'image de la condition des hommes [362]. » Mais cage de Racine ou cachot de Pascal sont, en fin de compte, des *cavernes platoniciennes*, où le sensible, même s'il se referme sur l'homme pour l'écraser, se dissout ultimement dans le rayonnement du Divin : « Impitoyable Dieu, toi seul as tout conduit! » (*Athalie*, V, VI). A la fin de sa dernière pièce, Racine efface d'un cri le malheur de onze tragédies, dans l'éclair de la Révélation. La souffrance reste, bien sûr, mais elle prend un sens rédempteur, elle devient « bénédiction », comme dans le poème de Baudelaire :

> *Soyez béni, mon Dieu, qui donnez la souffrance*
> *Comme un divin remède à nos impuretés...*

Sous la sombre vision d'une humanité corrompue, accablée par le poids d'une hérédité pécheresse, sous l'infortune et le désespoir, on découvre finalement la Présence justificatrice. Le monde théologique, grec ou chrétien, ne peut jamais offrir de tragédie *totale*, fût-ce celle de la damnation, puisque cette damnation demeure juste. Dieu peut se montrer « impitoyable » à l'homme, sa victime apparente, mais s'Il a tout conduit, la souffrance garde un sens et la vie, déchue et misérable, n'est pas un instant *absurde*. Comme Claudel l'a si bien dit du chrétien, « la vie est pour lui, non pas une série incohérente de gestes vagues et inachevés, mais un drame précis qui comporte un dénouement et un sens [363]. » Le drame humain devient justement tragédie, lorsqu'il n'y a ni *dénouement* ni *sens* au bout, lorsque la souffrance n'a plus de rachat ultime et l'infortune ne connaît plus la certitude de lendemains triomphaux. A la vérité intrinsèque des actes humains immobilisés sous le divin regard, il faut alors substituer le sens introuvable d'une vie, à jamais partagée entre le propre sens qu'elle se donne et celui que les autres lui confèrent. La tragédie, en d'autres termes, commence avec la mort de Dieu, — la disparition d'un Absolu, qu'il va falloir remplacer tant bien que mal.

A vrai dire, cette « mort de Dieu », proclamée par Nietzsche, n'est pas un accident instantané : c'est une longue agonie, que les guerres de religion précipitent dès les dernières années du XVI⁰ siècle. C'est dans cette perspective, selon nous, qu'il faut comprendre la signification profonde, la situation historique et philosophique du théâtre cornélien : devant l'Absence immense, l'héroïsme de Corneille s'inscrit au début — et, d'emblée, au sommet — de la longue lignée qui va tenter, de

Descartes à Marx, de Hegel à Nietzsche, de faire de l'Homme un Dieu pour l'homme. Alors que le Moi racinien paraît plutôt une survivance médiévale, un retour en arrière vers une vision augustinienne de l'homme, le Moi cornélien se place dans la ligne de force qui traverse et anime l'histoire de ces derniers siècles, portant d'un coup à l'extrême les velléités de l'humanisme Renaissant. L'homme moderne prend conscience, chez Montaigne, de sa solitude personnelle et, partant, de la nécessité de « vivre à soi ». Tandis que s'entre-détruit l'univers spirituel de la chrétienté, Montaigne réfère la connaissance des actions humaines, non plus au tribunal de Dieu ou de l'Église, mais au sien propre : « J'ai mes loix et ma court pour juger de moy [364]...» Pourtant, avec Montaigne, le Moi autonome n'en est qu'à son coup d'*essai* : « Si mon âme pouvait prendre pied, je ne m'essaierois pas, je me résoudrois; elle est tousjours en apprentissage et en espreuve » (*ibid.*, p. 18). Une certaine prudence, une dernière timidité retiennent une démarche encore mal assurée : « Mes actions sont réglées et conformes à ce que je suis et à ma condition. Je ne puis faire mieux » (*ibid.*, p. 28). La limite infranchissable contre laquelle vient buter l'action humaine, c'est sa *condition naturelle* qui la lui impose. L'homme peut faire, il ne se refait pas. A l'éthique de la Maîtrise, dont Montaigne aperçoit fort bien les perspectives et dont il trouve le symbole en Alexandre, il oppose résolument la morale de la Sagesse, pour lui représentée par Socrate : « Qui demandera à celuy-là ce qu'il sçait faire, il respondra : « Subjuguer le monde »; qui le demandera à cettuy-cy, il dira : « Mener l'humaine vie conformément à sa naturelle condition »; science bien plus générale, plus poisante et plus legitime » (*ibid.*, p. 24). L'homme montaignien, libéré de sa tutelle théologique, ne se retourne pas un instant contre son Dieu; rien, en lui, de la démesure prométhéenne. En cette fin du XVIᵉ siècle, le Moi humain se cherche une humble et confortable installation sur cette planète : « Sa grandeur ne s'exerce pas en la grandeur, c'est en la médiocrité » (*ibid.*, p. 24). C'est avec Descartes et Corneille qu'on passe du coup d'essai au coup de *Maître* : contre Socrate et Montaigne, il s'agit de reprendre le projet d'Alexandre et de « subjuguer le monde ». Toutefois, la liberté démiurgique de Descartes, qui nous rend « pareils à Dieu » (cf. p. 257) et « comme maîtres et possesseurs de la nature » (*Discours de la Méthode*, sixième partie), a pour point d'application concret la recherche scientifique et technique; le règne souverain de l'homme s'exerce par l'intermédiaire de la connaissance contemplative, et le Moi triomphant est celui du philosophe et du savant. Corneille, au contraire, est le premier qui

ait donné sa pleine expression au désir d'asseoir la divinité
de l'homme sur son action politique, et qui ait voulu *réaliser
l'Absolu humain dans l'Histoire.*

La parenté profonde, l'affinité élective n'est donc pas ici
avec l'inspiration nietzschéenne, dont il fut longtemps à la
mode de rapprocher l'idéal cornélien. De même que, dans
Polyeucte, il y a une ressemblance extérieure, un cheminement
parallèle de la démarche chrétienne et de la démarche héroïque,
qui recouvrent une opposition totale, il existe, entre la pensée
de Corneille et celle de Nietzsche, une intersection, dont on
aurait bien tort de vouloir faire une convergence. Un point
commun n'est pas un point de vue commun. Certes, Nietzsche,
comme Corneille, assigne pour but à l'histoire l'avènement
d'une *existence supérieure;* il affirme donc sa « croyance fondamentale », qui veut que « la société n'existe *pas* pour elle-même,
mais seulement en tant que soubassement et structure, à
partir desquels une espèce élue d'êtres puisse s'élever à sa
tâche supérieure et, en général, à une *existence* supérieure [365]. »
Cette « existence supérieure », pour Nietzsche comme pour
Corneille, ne saurait se réaliser que dans le contexte d'un *ordre
aristocratique :* « Toute élévation du type « Homme » a toujours
été et sera toujours l'œuvre d'une société aristocratique,
c'est-à-dire d'une société qui croit à une vaste échelle hiérarchique, à une diversité de valeur entre les hommes et qui, sous
une forme ou sous une autre, requiert l'esclavage [366]. » Là se
borne la ressemblance : car si Corneille et Nietzsche se proposent
la fin commune d'une existence supérieure dans une société
aristocratique — et, en ce sens, s'inscrivent dans une même
lignée, — les *moyens* qu'ils choisissent pour atteindre ce but
sont radicalement opposés. On doit même dire que, sur fond
de projet aristocratique, Nietzsche est exactement *l'inverse
de Corneille :* dans la dialectique du Maître et de l'Esclave,
les rôles sont intervertis. Tandis que, pour le Maître cornélien,
aussi bien que pour le Maître hégélien, l'existence supérieure
est tout entière volonté de s'arracher à la vie, d'accomplir
ce que Hegel appelait « le mouvement de l'abstraction absolue,
mouvement qui consiste à extirper de soi tout l'être immédiat »
(cf. note 83), ou, en d'autres termes, toute appartenance
sensible, toute dépendance vitale, — le Maître nietzschéen est,
au contraire, celui qui dit un « Oui » absolu à la Vie; qui plonge
jusqu'à ses dernières profondeurs; qui l'exalte jusqu'en ses
conséquences extrêmes; qui fait de toute vérité, « la question
de savoir si un jugement est propre à promouvoir la vie,
à l'entretenir, à conserver l'espèce, peut-être même à l'améliorer [367]. » Non que, pour Nietzsche, le culte de la Vie signifie

le simple « laisser aller » à la nature, qu'il condamne : la « volonté de puissance » est là pour exaspérer les énergies assoupies, réveiller l'homme à la présence brûlante de son corps et de ses sens, le rappeler à ses possibilités de « sauvagerie », où s'avère et s'accomplit le Maître. Les vrais aristocrates sont ceux qui « *reviennent* à la conscience innocente des bêtes de proie, tels des monstres joyeux [368]... » Ainsi, l'aristocrate grec, dont Nietzsche fait son modèle, « vivait en confiance et ouverture avec soi [369] », tandis que le « non » est le seul « acte créateur » de la moralité servile. Le noble est celui qui accepte sa *spontanéité* sans réserve, dans tous ses risques : le « système de valeurs aristocratiques » est celui qui « agit et se développe spontanément, il ne cherche son antithèse que pour pouvoir se prononcer un « oui » plus reconnaissant et exultant à soi-même [370]... » Le monde nietzschéen, c'est donc le monde cornélien (ou hégélien) renversé : là où le « héros » veut parvenir à la Maîtrise par l'extirpation de la nature, le « surhomme » prétend y arriver par son exaltation. Quand le personnage de Corneille passe, pour affirmer absolument son Moi, par un refus sacrificiel des *sens*, dont les étapes vont de l'astreinte de Rodrigue à l'ascèse finale de Bérénice ou de Pulchérie, l'apophtegme nietzschéen déclare : « C'est des sens que viennent toute vraisemblance, toute bonne conscience, toute évidence de vérité [371]. »

Le résultat de cette transmutation des valeurs aristocratiques, c'est qu'elle altère du tout au tout, chez Nietzsche, la dialectique du Maître et de l'Esclave, telle qu'on la trouve chez Corneille ou chez Hegel. Plus exactement, bien que Nietzsche parle constamment des « maîtres » et des « esclaves », *il n'y a plus entre eux de rapports dialectiques*. La Maîtrise s'atteint désormais par génération et croissance spontanées, qui jouissent *immédiatement* d'elles-mêmes et n'exigent plus la *médiation*, auparavant indispensable, d'autrui : « Les « bien nés » *se sentaient* simplement les « heureux »; ils n'avaient pas besoin de fabriquer artificiellement leur bonheur en regardant leurs ennemis [372]... » Dès lors, disparue toute contestation, c'est-à-dire toute dialectique signifiante dans les rapports du Maître et de l'Esclave, ce dernier n'étant plus que le « soubassement », le poids mort, sur lequel s'élève l'édifice vivant de la société aristocratique, on voit, du coup, s'évanouir tout principe moteur de l'Histoire. La dialectique humaine devient « struggle for life » animal. L'histoire nietzschéenne sombre tout entière dans un vaste et vague biologisme, pure transposition du « darwinisme » dans les relations politiques, dont on s'enlève ainsi tout moyen de comprendre la nature et le progrès propres. Là où Corneille pensait *classe*, par une totale régression,

Nietzsche, à présent, pense *espèce*. C'est pourquoi, à la limite, l'avènement du « surhomme » nietzschéen, contrairement à celui du « héros » cornélien, ne vise pas à accomplir l'histoire, mais à la supprimer; il ne se propose pas de faire enfin et à jamais régner l'*État*, mais d'instaurer l'ère de l'*anarchisme orgiaque* : « Ces « instruments de civilisation » sont la honte de l'humanité [373]... » Les « aristocrates » de Nietzsche « jouissent de la liberté par rapport à tout contrôle social, ils sentent que dans la solitude sauvage, ils peuvent lâcher la bride à cette tension qui est le produit de la claustration et de l'emprisonnement au sein de la paix sociale [374]... » Dès lors, ayant retrouvé la vertu « barbare », le surhomme s'exprime quand il brise les cadres qui le compriment; il s'accomplit authentiquement dans les instants où il transgresse l'ordre social (que le héros cornélien cherche à fonder *in aeternum*). Les nécessités de la Vie ne sont pas le ciment, mais le *dissolvant* de l'Histoire : « Il est impossible de ne pas reconnaître, au cœur de toutes ces races aristocratiques, la bête de proie; la superbe *brute blonde* qui rôde, avide de butin et de victoire; ce fond secret avait besoin d'un exutoire, de temps à autre; il fallait que la bête se déchaînât de nouveau, qu'elle retournât aux lieux sauvages — la noblesse romaine, arabe, allemande et japonaise, les héros homériques, les Vikings scandinaves connaissent ce même besoin [375]. » Cette « nuit de Walpurgis » aristocratique, à laquelle la « superbe brute blonde », la « race aryenne conquérante [376] » nous convient, cette fringale d' « existence supérieure » qui se nourrit de la destruction de l'existence civilisée, rien n'est plus contraire aux voies astreignantes de l'héroïsme cornélien. Certes, au bout de l'héroïsme cornélien comme de l'héroïsme nietzschéen, triomphe l'affirmation totalitaire des Maîtres, mais il s'agit de deux totalitarismes bien différents. Tandis que ce qui est rêverie poétique, ardeur spirituelle, chez Nietzsche, deviendra, chez ses successeurs, délire panbiologique, qui demandera précisément la Maîtrise à la révolte *contre* le processus dégradant de l'histoire, — la Maîtrise cornélienne, portée tout entière à incarner la subjectivité noble *dans* le mouvement même de l'histoire, appartient à une autre lignée : celle qui, passant par la philosophie hégélienne, se termine dans l'entreprise marxiste.

IV

La parenté profonde n'est donc pas entre le héros et le surhomme, mais entre le héros et le révolutionnaire. Bien entendu, il n'est pas un instant question d'identifier ici le mouvement révolutionnaire du xxᵉ siècle et l'absolutisme monarchique du xviiᵉ, ce qui serait, de toute évidence, absurde. Mais il serait également absurde de ne pas voir, dans ces deux tentatives *opposées*, deux tentatives *inverses*, c'est-à-dire dialectiquement liées par leur rapport même de contradiction. Car si l'aristocratisme cornélien entend établir un Ordre au service du Moi solitaire, et le socialisme contemporain veut, au contraire, changer le Moi individuel en le mettant au service d'un Ordre, il n'en reste pas moins que ces deux projets politiques contradictoires expriment un projet métaphysique commun : il s'agit, dans les deux cas, d'instaurer le règne absolu de l'homme par une Maîtrise, conçue, dans son essence, comme négation radicale du monde donné, comme totale reprise en main de la condition humaine. Ce n'est pas par hasard que la fameuse formule, empruntée par Sartre à Malraux, selon laquelle le « désir d'être Dieu » est la clé des conduites humaines, nous a paru offrir la clé du théâtre de Corneille; c'est aussi l'inspiration profonde de la théandrie hégélienne, qui passera dans la conscience marxiste, comme Maîtrise humaine de l'Histoire au terme de l'histoire humaine [377]. Puisqu'il s'agit, dans cet essai, de littérature, nous voudrions terminer en montrant brièvement la relation essentielle de l'héroïsme cornélien aux attitudes fondamentales de la conscience révolutionnaire, telle qu'elle hante la littérature contemporaine de l' « engagement », en particulier chez Malraux et chez Sartre [378].

Tout autant que le héros cornélien, celui de Malraux n'a qu'une obsession : *la possession absolue de soi*. Et pas seulement le héros, mais, comme chez Corneille, tous les personnages. Le joueur Clappique, qui cherche dans l'angoisse des tripots « le seul moyen qu'il eût jamais trouvé de se posséder lui-même » (*La Condition Humaine*, Gallimard, p. 205); le terroriste Tchen, qui définit en un halètement le « sens de la vie » comme « ...la possession complète de soi-même » (*ibid.*, p. 156); le révolutionnaire Kyo, qui découvre, dans le geste suprême par lequel il se sacrifie, « combien être contraint à se réfugier tout entier en soi-même est épuisant » (*ibid.*, p. 243) — tous manifestent la même hantise; elle se retrouve à la source de

toutes les conduites, en apparence opposées. Comme chez
Corneille, cette récupération, cette domination totales de soi
passe par la domination des autres, — qu'il s'agisse, avec le
capitaliste Ferral, de voir dans l'intelligence humaine « la
possession des moyens de contraindre les choses ou les hommes »
(*ibid.*, p. 189), ou que Tchen demande à ses disciples en terro-
risme « que chacun s'instituât responsable et juge de la vie
d'un maître. » (p. 195). Notons que c'est, d'ailleurs, le même
critère qui sert, chez Malraux et chez Corneille, à établir
l'authenticité de la Maîtrise. Celui qui demande à son pouvoir
sur autrui le contrôle sur soi n'aboutit qu'aux cruautés inutiles
de la torture et du sadisme. C'est précisément cette perversion
du projet de Maîtrise qui permet à Malraux de distinguer
l'homme de droite (Ferral) de l'homme de gauche (Katow),
lequel ne commande aux autres qu'en commandant d'abord à
soi. Cependant — et c'est la préoccupation majeure de *la
Condition Humaine* et de *l'Espoir* aussi bien que du théâtre
de Corneille — il faut transformer cette collection d'absolutismes en collectivité des Moi. Malraux va alors demander
au xxe siècle, à la révolte des Esclaves, ce que Corneille, au
xviie siècle, demandait à la domination des Maîtres. Un appel
lancinant à autrui, une quête inlassable de la réciprocité sous
forme de « fraternité » (parallèle ici au « mérite » des héros
cornéliens, qui les rendait « dignes » les uns des autres) vont
s'efforcer de jeter un pont de compréhension, une arche
d'alliance entre les solitudes individuelles. De ces « possessions
de soi » multiples, il s'agit de faire jaillir un *ordre unique*, qui
soit aussi *justice historique* [379] : or, la même contradiction
insurmontable, dans deux contextes politiques pourtant
opposés, va éclater entre l'absolutisme de la personne et les
exigences de l'organisation. Kyo et Tchen, à Han-Kéou, face
à Vologuine, délégué de l'Internationale communiste, ou encore
l'impossible aménagement de l'Apocalypse espagnole, que nous
décrit *l'Espoir*, nous montrent la Maîtrise révolutionnaire
aussi mortellement divisée que la Maîtrise aristocratique
d'antan. Par un destin parallèle, le communiste Kyo ne peut
pas plus conserver son autonomie, c'est-à-dire son intégrité,
face aux directives du Komintern, que le noble face à son roi.
Dans les deux cas, le Moi absolu réclame, pour s'accomplir,
un Ordre absolu, où il se découvre aussitôt *de trop*.

C'est ce même échec de la Révolution comme du Trône qui
définit, chez Malraux et chez Corneille, le sens de la *tragédie* :
« Pour un homme qui pense, la révolution est tragique. Mais
pour un tel homme, la vie aussi est tragique. Et si c'est *pour
supprimer sa tragédie* qu'il compte sur la révolution, il pense

de travers, c'est tout. » (*L'Espoir*, Gallimard, p. 390, souligné par nous.) *Mutatis mutandis*, cette analyse, admirable dans sa netteté, peut servir d'épigraphe, ou plutôt d'épitaphe à la dramaturgie cornélienne. Mais, inversement, le héros cornélien indique au héros moderne son destin. C'est en vain que le phonographe de Manuel joue, à la dernière page de *l'Espoir*, les symphonies de Beethoven sur la ville détruite, annonçant, au milieu des ruines universelles, ce salut par l' « art », dont Malraux a fait depuis son « espoir » véritable. Ce n'est là qu'un faux salut, une moquerie d'éternité par laquelle la conscience mortelle tente de se donner le change, et dont le Roquentin de Sartre, dans *la Nausée*, dénoncera à juste titre la futilité. C'est pourquoi le seul salut authentique du héros de Malraux est celui-là même de son ancêtre : le sens de sa vie ne se donne que dans son *être-pour-la-mort*. Tel le héros cornélien, dont l'acte suprême n'existe que dans l'*instantané*, Kyo sait que « celui qui cherche aussi âprement l'absolu ne le trouve que dans la sensation » (*C. H.*, p. 127) et Tchen dédaigne « tout ce qui ne tendait pas à l'*instant* qui le lierait à lui-même dans une possession vertigineuse. » *(Ibid.)* C'est bien là l'inévitable dialectique de l'héroïsme : il n'est de possession absolue que dans l'instant, il n'est d'instant absolu que dans la mort. Sur le plan non plus personnel, mais collectif, la même dialectique oppose la pureté de la révolte qui s'instaure à l'ignominie de la révolution qui s'installe; l'*instant* apocalyptique de la fraternité au *temps* du mépris et de la terreur. La nécessité, qui veut que, pour se posséder, Tchen se suicide, oblige, pour s'ouvrir enfin à autrui, Kyo et Katow à mourir : « il y a une fraternité qui ne se trouve que de l'autre côté de la mort. » (*L'Espoir*, p. 363.) Suréna et Eurydice en avaient déjà fait l'expérience à leur manière. Affrontant, à travers les siècles, une histoire qui change, le projet héroïque reste dans une impasse qui ne change pas.

C'est cet échec du Moi à se constituer en Absolu subjectif qui va pousser Sartre, empruntant une voie déjà tracée par Corneille, à chercher le salut de la liberté dans sa perte volontaire en un Absolu historique [380]. L'impossible déité de l'homme, livré à cette solitude dont les personnages de Malraux n'avaient jamais pu se débarrasser, parce qu'ils ne s'étaient jamais mis réellement et totalement au service d'une *cause* [381]; le rêve d' « être-Dieu », absurde lorsqu'on cherche à le réaliser de façon symbolique dans des gestes ou dans des actes, c'est-à-dire dans des relations individuelles avec autrui, — voilà qu'ils deviennent la vérité même de l'Histoire, quand ils se manifestent par une action concertée et collective. Le

projet individuel irréalisable se réalise par sa reprise identique
chez autrui. Les apories de l'existence séparée se résolvent dans
la communauté d'un Ordre. La dialectique de la liberté, qui
s'empêtre dans d'insolubles contradictions, au niveau individuel (*Horace* ou *Huis Clos*), trouve seulement son issue,
lorsqu'elle se transcende en dialectique historique (*Cinna* ou
Les Mains Sales). Ce n'est donc pas par hasard qu'à la fin
de notre analyse d'*Horace*, nous avions pu déceler un cheminement parallèle de ces théâtres frères [382] (cf. pp. 182-83). Si
l'héroïsme de Corneille et celui de Malraux se rejoignent
dans un même mouvement *éthique*, le « théâtre de la liberté »,
chez Corneille et chez Sartre, s'inspire d'une même postulation
métaphysique. A l'origine, la revendication d'une liberté radicale,
qui va bien au-delà du libre arbitre cartésien, vient du même
refus total du monde, du même *puritanisme biologique*, — ce
qui n'est pas le cas chez Malraux. Le Moi humain, s'il veut
échapper à la viscosité naturelle qui menace de l'engluer et
de l'engloutir, doit exister comme *pure conscience*, faire de la
conscience le synonyme humain de l'existence [383]. Qui refuse
d'être bête n'a d'autre ressource que d'être ange : d'où la forme
particulière d' « angélisme », que constitue le projet antiphysique cornélien ou sartrien. Nulle coïncidence, si la « nausée »
sartrienne [384] naît au contact du « tiède », du « mou », du
« visqueux », en un mot, du *vital ;* le rêve de Roquentin de
« n'avoir ni sang, ni lymphe, ni chair... N'être que du froid »
(*La Nausée*, Gallimard, Collection Pourpre, p. 44), correspond
exactement au désir cornélien d'être pure « lumière », de transformer le corps en source ou objet d' « éblouissement ». Il
s'agit là de deux variantes, selon les individus et selon les
siècles, du même projet fondamental. La conscience, désincar-
née ou lumineuse, débarrassée de cette « vermine » qu'est le
corps, pour Pablo du *Mur*, ou délivrée de cette opacité naturelle
où Héraclius se perd, reste alors seule et entière *maîtresse*
d'elle-même [385]. Ce corps, dont Malraux essayait de tirer de
l'héroïsme en bandant ses ressorts au paroxysme, dans l'amour
ou dans la haine, Corneille et Sartre vont le glacer, l'épurer, en
un mot, le neutraliser, au profit de la liberté. La haine du
« mou », chez Sartre (notamment dans l'acte amoureux, où
la chair se fond en fluide, se dissout en succion moite [386])
fait pendant au rejet du « féminin » (« larmes », « amollissement »,
etc.), chez Corneille, à la dichotomie fondamentale du « mâle »
et du « femelle », qui gouverne son théâtre entier. Dans les
deux cas, la « féminité » est refusée comme symbole de la
condition *naturée* de l'homme, c'est-à-dire comme lieu d'une
indépassable *passivité* résiduelle. De là, cette détestation,

commune à Corneille et à Sartre, du *spontané* : car le mouvement « spontané », du point de vue d'une liberté totale, est,
comme Montaigne l'avait bien vu et pratiqué, un pseudo-
mouvement; dans le règne du Moi naturel, « nous n'allons pas;
on nous emporte, comme les choses qui flottent... » (*op. cit.*,
t. II, p. 3). Admirable formule, qui décrit exactement, au
physique et au moral, cette foule bouvilloise que Roquentin
voit *couler* devant lui, alors que chacun des êtres qui la compo-
sent croit *se mouvoir* [387] : « ...les choses vivantes, les chiens,
les hommes, toutes les masses molles qui se meuvent spontanément, j'en ai assez vu pour l'instant. » (*La Nausée*, p. 41).
Cette réaction, ressentie ici sur le plan affectif, se trouve ailleurs
élucidée sur le plan théorique, dans un curieux passage, qui
constitue une sorte de manifeste de l' « anti-spontanéisme »
et une suite inattendue à la fameuse « Dédicace à M.*** »,
mise par Corneille en tête de *la Place Royale* : « En ce dosage
de nature et de liberté, la liberté se soumet à la nature : on
s'invente comme on est; rompant avec la coutume et la règle,
adapté aux circonstances sans en être déterminé, l'élan spontané
est un commencement, une trouvaille, mais qui reflète notre
essence singulière. Cela revient à subordonner le faire à l'être,
l'action à la passion, le visible à l'invisible; l'homme de « prime-
saut » échappe à la dure nécessité d'unifier sans cesse ce qu'il
pense, ce qu'il sent, et ce qu'il fait : l'unité de sa personne est
déjà là, elle s'épanouit, comme une rose dans les ténèbres;
c'est la convergence secrète que les historiens découvriront
dans ses actes. Au lieu de se faire, il se cueille et se respire [388]. »
Dans une perspective métaphysique qui refuse tout « dosage
de nature et de liberté », et qui voit dans l' « élan spontané »
une subordination de « l'action à la passion », on retrouve
textuellement, malgré une verve et un style tout modernes,
la préoccupation fondamentale de l'héroïsme cornélien :
dans le royaume du Spontané, « Je » est éternellement « un
Autre ».

Du coup, l'instauration du règne humain ne peut se faire
que par négation radicale du règne naturel. L'analyse que donne
A. Kojève de la nouvelle Maîtrise révolutionnaire de l'Esclave,
est, à cet égard, d'une pénétration remarquable : « L'homme
qui n'a pas éprouvé l'angoisse de la mort ne sait pas que le
Monde naturel donné lui est hostile, qu'il tend à le tuer, à
l'anéantir, qu'il est essentiellement inapte à le satisfaire réellement. Cet homme reste donc au fond solidaire avec le Monde
donné. Il voudra tout au plus le « réformer », c'est-à-dire en
changer les détails, faire des transformations particulières
sans modifier ses caractères essentiels. Cet homme agira en

réformiste « habile », voire en conformiste, mais jamais en révolutionnaire véritable. Or, le Monde donné où il vit appartient au Maître (humain ou divin), et dans ce Monde il est nécessairement Esclave. Ce n'est donc pas la réforme, mais la suppression « dialectique », voire révolutionnaire du Monde qui peut le libérer, et — par suite — le satisfaire. Or, cette transformation révolutionnaire du Monde présuppose la « négation », la non-acceptation du Monde donné *dans son ensemble*. Et l'origine de cette négation absolue ne peut être que la terreur absolue inspirée par le Monde donné... » (*op. cit.*, p. 33). Il faut ici peser chaque terme. Dans ce texte d'une concision, d'une précision admirables, voici soudain *liées*, non par accident, mais par nécessité, l'horreur du Monde, la « Nausée » sartrienne, et le sens métaphysique de l'entreprise révolutionnaire. Visant, au-delà du Maître humain, le Maître *divin*, c'est-à-dire l'ordre même de la Nature, la révolte de l'Esclave est « négation absolue », parce que « terreur absolue », du Monde. Tel est bien le sens profond de la fameuse onzième « thèse sur Feuerbach » de Marx : « Les philosophes n'ont fait qu'*interpréter* le monde, de diverses façons; mais il s'agit de le *transformer*. » Comme le résume le cri du poète, il faut « recréer les monts et les mers et les plaines, / D'après une autre volonté [389]. » Le rêve d' « être-Dieu » reste intact : il se déplace simplement du plan personnel au plan collectif, et l'absolue Maîtrise, impossible pour chacun, est assurée par tous. C'est ce que signifie l'appel émouvant au rassemblement universel, le « Prolétaires de tous les pays, unissez-vous! » Il n'est pas question d'une simple union tactique, mais *mystique*. L'homme, en donnant la main à son frère, reprendra en main son destin; en faisant l'Histoire, pour la première fois et littéralement, il *se fera*, il ne se tiendra plus enfin que de lui-même.

Évoquer, comme l'a bien vu Malraux, la « Condition Humaine », c'est donc, par principe, la récuser [390]. Le projet antiphysique, sous sa forme réactionnaire ou révolutionnaire, est, fondamentalement, rejet de la naturalité de l'homme, au profit de sa déité. Mais, comme Malraux le savait trop bien, ce n'est là qu'un « rêve », c'est-à-dire une chimère [391]. Aussi l'échec de l'homme à se posséder absolument, à être Dieu poursoi, chez Malraux, se redouble-t-il d'un échec parallèle, à l'échelon collectif et historique, chez Sartre [392], — échec qui répète, en termes de démocratie, celui de l'héroïsme cornélien, en termes d'aristocratie. Car le totalitarisme des Esclaves est finalement ruiné par les mêmes contradictions que le totalitarisme des Maîtres. Le rêve de libre Histoire comme de libre Existence, chez Sartre aussi bien que chez Corneille, achoppe à la double réalité de la Nature et d'Autrui. Sans pouvoir ici entrer dans les détails [393], il est intéressant de noter *à quel point* les apories de la Raison Dialectique sartrienne reproduisent celles de la dialectique cornélienne.

On sait que, dans sa *Critique de la Raison Dialectique* (Gallimard, 1960), Sartre entend fonder en nécessité la dialectique historique qui, dans le marxisme, se présente simplement comme constatation empirique. Il s'agit de donner un statut d'intelligibilité total au mouvement de la « praxis » humaine, qui culmine dans l'avènement du socialisme moderne. A l'origine, dans la condition de nature, est le mal. Sartre nous décrit un « homme de la rareté » luttant contre la disette, dans un monde où il n'y en a pas « assez pour tous » et où, par conséquent, l'Autre est, pour chacun, menace permanente : « chacun voit en chacun l'Autre et le principe du Mal. » (p. 221). C'est dans ce milieu de rareté naturelle que surgissent les relations d'altérité et, partant, d'antagonisme. Telle est la « contre-finalité » de la matière, qui fait de l'homme un « contre-homme ». Or, le moment de la liberté collective s'affirme comme arrachement violent des individus, dispersés dans la « série » anonyme, pour constituer un « groupe » vivant. C'est le sens de la révolte et des grandes journées révolutionnaires. Au lieu de l'éparpillement des Moi séparés en entreprises contradictoires, « le groupe se définit par son entreprise et par ce mouvement constant d'intégration qui vise à en faire une praxis pure en tentant de supprimer en lui toutes les formes de l'inertie. » (*ibid.*, p. 307). Du Moi superbement isolé d'Oreste, dans *les Mouches*, ou de Hugo, dans *les Mains Sales*, il s'agit, pour la liberté, de passer à cette relation de pure réciprocité et de totale intégration, où chacun est, pour l'Autre, un Alter Ego. Les exemples s'en trouvent dans les moments de ferveur et d'action révolutionnaires. Le malheur, c'est que l'Apocalypse — et Sartre se réfère nommément au Malraux de *l'Espoir* —, comme tous les moments où l'homme dépasse sa condition, est *instantanée*. La difficulté, pour avoir été reculée par un déploiement d'ingéniosité théorique, reparaît dans toute sa force. Sartre va connaître la même impasse, pour déboucher de l'instant révolutionnaire sur l'ordre révolutionnaire, que Corneille, pour s'élever de l'instant héroïque à l'ordre héroïque.

Tout d'abord, la volonté d'arrachement à la condition de nature retrouve brusquement, sur son chemin, cette *spontanéité*, contre laquelle Sartre comme Corneille viennent buter. De même que Corneille tantôt s'efforce d'éliminer, en la brimant, la nature qui s'oppose à la liberté, tantôt, au contraire, tente d'inscrire cette liberté toute faite dans la nature, Sartre commence par refuser violemment *(Réponse à Lefort)* de faire reposer la révolution sur la spontanéité des masses, pour en appeler bientôt subrepticement *(Le Fantôme de Staline)*, puis ouvertement *(Critique de la Raison Dialectique)* à leur élan et à leur regroupement spontané [394]. Cette contradiction identique, dans deux philosophies de la liberté différentes, exprime simplement le fait qu'il est impossible à l'existence, individuelle ou collective, de se reprendre totalement sur l'être, à l'action de se récupérer complètement sur la passion. La même *pesanteur*, qui fait retomber l'essor cornélien des hauteurs héroïques, résorbe la poussée du « groupe » sartrien dans la « série ». La conscience « lumineuse » du héros cornélien, la « fusion brûlante » du groupe sartrien ont tôt fait de choir à la matière et de s'y refroidir. Du coup, contre cette pesanteur, qui met en jeu leur Maîtrise, les aristocrates comme les révolutionnaires vont recourir à la *violence :* ainsi qu'Horace est sauvé en servant l'État de Tulle ou Cinna en obéissant aveuglément à Auguste, la spontanéité ouvrière, à la fois nécessaire et redoutable, ne sera sauvée que par la médiation du Parti. « Un Ordre qui fait régner l'ordre et qui donne des ordres. La « générosité », l'enthousiasme viendront après, s'ils viennent [395]. » Mais la discipline du Parti, à son tour, requiert la médiation du dirigeant. Le prolétaire, comme l'aristocrate, récupérera donc sa Maîtrise par l'intermédiaire du *Chef ;* les individus dispersés se retrouveront et s'uniront par participation à l'Un. L'argument par lequel Sartre, dans un fameux article, justifie les crimes de Staline est exactement le même que celui par lequel Corneille absout les forfaits d'Auguste : la concorde, la cohésion pratique des Moi humains isolés doit, historiquement, passer par le culte du Chef unificateur. Ce n'est pas par hasard que le dictateur sartrien et le monarque cornélien font l'objet, de la part de leur société respective, d'un « culte de la personnalité » sans exemple. Grâce à cet Ordre, imposé d'en haut, surgit, selon Sartre, une nouvelle « subjectivité russe », comme une nouvelle subjectivité noble se manifestait, sous l'empire d'Auguste, à la fin de *Cinna*.

Il ne s'agit là, toutefois, que d'un mythe, auquel l'œuvre même de Corneille apporte un démenti, tout comme la réflexion de Sartre se contredit elle-même. Car l' « unité » ainsi obtenue, la « fusion » de chacun avec tous, sous le sceptre du monarque, blanc ou rouge, est un leurre. Le « serment », auquel Sartre se voit contraint d'avoir recours pour assurer le lien réel du « groupe », — décision selon laquelle une liberté « s'affecterait d'inertie » —, loin d'être la perpétuation indéfinie de l'Apocalypse, n'est qu'une conduite de mauvaise foi : nulle volonté ne peut renoncer par décret à être libre. La liberté peut toujours se reprendre, le Moi redevenir individu et briser la structure totalitaire de la communauté. En un mot, comme nous en avertit Sartre lui-même, le « traître » peut toujours paraître. Ainsi cette « altérité », que Sartre, au début de son analyse, s'empressait de reléguer à l'état de nature, produit fortuit, en somme, de la « rareté », fait une rentrée menaçante au terme de l'Histoire et met en péril la fusion révolutionnaire des consciences. Désormais, en *raison directe* de cette volonté d' « intégration » des hommes dans une société où ni pluralisme ni sécession ne seraient possibles, le Moi, censé découvrir chez l'Autre son Alter Ego, y trouve soudain un *traître en puissance*. Le parallélisme avec le dilemme de l'absolutisme cornélien est frappant. L'ère de la réciprocité totale — aristocratique ou populaire — aboutit à l' « ère du soupçon ». Dès lors, selon le mot terrible de Sartre, « la liberté de chacun réclame la violence de tous contre elle » (*op. cit.*, p. 448). On instaurera, pour sauver la liberté, la « dictature de la liberté » (*ibid.*, p. 744). Malheureusement, ce serment-terreur, cette liberté-violence, que Sartre décrit comme le « commencement de l'humanité » (*ibid.*, p. 453), en consacre, au contraire, la fin. Irréparablement se consomme la séparation, la division des hommes. Le rêve cornélien d' « union des rois et des héros » et la chimère sartrienne d' « intégration » prolétarienne, méconnaissant les lois de l'existence naturelle et la présence indépassable de l'Autre, détruisent eux-mêmes leur fin par les moyens qu'ils se voient contraints d'employer. En passant par la médiation de la violence, l'intégration désintègre. La discorde insurmontable se met entre les héros et les rois, la suspicion désigne chaque prolétaire comme l'ennemi de chaque prolétaire. Le Moi, qui peut toujours se reprendre et se refermer, est, à jamais et par essence, l'adversaire de l'Ordre. Là où Sartre voudrait bien, par commodité politique, ne voir qu'un *moment* du devenir, le théâtre de Corneille, sur ce point plus lucide, y montre une *insoluble* contradiction. Il ne reste plus au Chef, en qui l'Ordre se résume et se repose, qu'à supprimer, *par peur d'une dissidence possible*, une à une, les loyautés réelles. La sainte union des hommes culmine alors dans l'avènement des « purges ». Suréna devient, aux yeux d'Orode, suspect par définition, comme sont suspects, par principe, tous ses lieutenants aux yeux d'un Staline. Et c'est ainsi qu'à trois siècles de distance, la flèche qui tue Suréna est sœur jumelle des balles dans la nuque.

On voit donc à quel point le théâtre de Corneille est *trop actuel*, à quel point son échec ultime, loin de pouvoir être

relégué dans un temps et restreint à une classe, vise directement
notre siècle : c'est la fin du rêve qui, de Corneille à Malraux ou à
Sartre, passe aussi par Hegel et par Marx[396]. La participation du
Moi au cosmos ou à la communauté ne saurait s'opérer par une
perte radicale, qui se récupérerait ensuite miraculeusement *au*
bout, dans l'unité supra-historique ou surnaturelle du Chef
humain ou divin. L'échec de l'héroïsme cornélien s'explique,
en définitive, par l'absence de toute *médiation* à l'intérieur de
sa propre dialectique, par la loi du « Tout ou Rien », qui, transposée tragiquement des relations privées au comportement
historique, conduit à l'éclatement final du monde nobiliaire.
De même, faute de médiation réelle, de gradation allant des
pluralités personnelles aux pluralismes collectifs, au sein d'un
organisme social dont l'unité reste toujours virtuelle, jamais
accomplie; faute d'une certaine spontanéité laissée au jeu des
hommes et de la matière, jamais planifiables ni récupérables à
merci, le socialisme de l' « intégration » totale et de la « fusion »
des hommes, dont rêvent Sartre et les marxistes, aux moments
d'enthousiasme, devient brusquement, à d'autres moments, un
« monstre sanglant qui se déchire lui-même[397] ». Telle est, pour
nous du moins, la leçon que propose, dans son cadre et dans son
temps, le théâtre de Corneille à la réflexion contemporaine. Car,
en parlant de nos problèmes, de nos dilemmes, de nos écrivains,
nous n'avons pas quitté un seul instant le théâtre de Corneille,
ou plutôt, le théâtre de Corneille ne nous a pas quittés.

Le mérite profond de Corneille, la marque de son génie, c'est,
ici, comme Stendhal ou Balzac, d'avoir à la fois exprimé et
devancé son temps; d'avoir saisi, à contre-fil des courants
philosophiques de son époque, l'importance de l'histoire comme
dimension fondamentale de l'existence; enfin, en une période
où Bossuet faisait de cette histoire un chapitre de l'Écriture
Sainte, d'avoir cherché, en elle, l'avènement du Règne par où
s'affirmerait à jamais la Maîtrise de l'homme. C'est par là que
le théâtre de Corneille communique avec nos préoccupations les
plus intimes et propose, à la méditation des Esclaves révoltés
pour devenir Maîtres à leur tour, l'échec inéluctable de toute
Maîtrise. Le sens dernier du « sublime » cornélien, ce n'est pas
celui de la conquête triomphante, bondissant infatigablement
de cime en cime; c'est celui de la défaite perpétuellement renouvelée et refusée, de l'acharnement à passer outre, de pièce en
pièce, à l'impossible, pour descendre, de chute en chute,
jusqu'à l'annihilation. Loin d'être ce fameux parangon de
clarté et de raison classiques, le théâtre de Corneille est, dans
son essence, théâtre de la démesure, presque du délire. Cette
liberté impuissante à force de se vouloir toute-puissante, cette

extraordinaire dépense d'énergie en fin de compte immobile, cette frénésie pour réaliser l'irréalisable : tel est ce sublime à bout de nerfs. A l'inverse de la Passion sacrée, grecque ou chrétienne, où la souffrance opère par miracle la catharsis finale, comme dans la tragédie janséniste de Racine ou le drame franciscain de Claudel, on aura reconnu, dans la tragédie cornélienne, une *Passion inutile* [398].

v

On nous permettra, pour conclure, quelques aperçus personnels. Nous aimerions terminer cette étude sur une indication positive. Sartre déclarait un jour : « L'existentialisme n'est pas autre chose qu'un effort pour tirer toutes les conséquences d'une position athée cohérente [399]. » S'il y a bien des manières, pour l'homme, de vivre avec Dieu, il y a tout autant de façons de vivre sans. Pas plus qu'*une* philosophie théiste, il n'y a *une* philosophie athée, et il est d'autres avenues, pour l'être humain solitaire sur sa planète, que celles de l'absolutisme, bien moins athée que déicide, qui va de Corneille à Sartre. Sans quitter le XVIIe siècle, ni pour autant être obligés de nous tourner vers Pascal ou vers Bossuet, nous trouvons l'antidote à Corneille : il ne s'appelle pas Racine, mais Molière. Le héros, Molière nous en décrit précisément la chute en Arnolphe [400]. Ce n'est pas par hasard que le cri de triomphe prématuré du tyran de *l'Ecole des Femmes* : « Je suis maître, je parle : allez, obéissez » (II, v) est textuellement celui qui tombe des lèvres de Pompée à la fin de *Sertorius*. Comme *l'Ecole des Femmes* nous le montre en détail, les relations dominatrices d'individu à individu sont vouées à l'échec; et de même que le théâtre de Corneille nous dévoile avec épouvante la montée irrésistible des Esclaves, Molière, par un renversement analogue de la situation, cette fois salutaire, nous présente l'homme parti pour être le Maître, et qui, en fait, devient peu à peu l'Esclave d'autrui. Or, la faillite d'Arnolphe tient essentiellement à l'impossibilité où il se trouve de surmonter, en Agnès et en lui-même, le mouvement spontané de la nature. Le corps et les sens se révoltent contre la discipline inepte qu'on prétend leur infliger, contre la mortification qui est à l'origine du projet de Maîtrise. Si Pauline s'écrie : « Et sur mes sens ma raison souveraine... », Agnès lui répond : « Le moyen de chasser ce qui fait du plaisir? » Nous aimerions revenir ici brièvement sur nos indications précé-

dentes (cf. pp. 440-441). Au fond, Corneille témoigne ici la
même haine du monde que Pascal, la même méfiance envers
le mouvement naturel qui porte l'homme. (Ceci est aussi vrai
de Sartre, dont les réactions devant la nature sont celles
d'un théologien puritain.) Pascal s'évertue inutilement à
convaincre Miton que son Moi est « haïssable» et à exposer avec
une admirable précision le mécanisme de sa perte : si Miton
« couvre » son Moi, c'est qu'il le déteste autant que son mystique
interlocuteur. La « pure nature », dont Molière va bientôt nous
parler par la bouche d'Horace [401], est aussi répugnante à
l'honnête homme, qui la cache sous ses dentelles, sa perruque
et ses bonnes manières — comme plus tard le « dandy » baude-
lairien sous son plastron et sa froideur — qu'au dévot. Si
l'âme noble entend faire d'elle-même une forteresse, c'est moins
pour se protéger d'autrui, en définitive, que de soi. C'est pourquoi la démarche héroïque est parallèle, dans une certaine
mesure, à la démarche mystique, ainsi que nous le notions à
propos de *Polyeucte*. Dans les deux cas, il s'agit de *se perdre en
tant qu'être naturel*, de se faire éclater en tant qu'individu porté
à l'existence par le monde, soit vers le solipsisme radical du Moi
qu'on exalte, soit vers la fusion avec Dieu du Moi qu'on « abê-
tit ». La princesse de Clèves, autant que l'abbesse de Port-
Royal, est une solitaire : orgueil ici, humilité là, le résultat est le
même. Face aux risques de la passion, la morale commence par
un divorce. Molière est un de ceux qui restituent avec le plus de
force, au XVIIᵉ siècle, les droits de l'existence terrestre.

Mais il faut commencer par rejeter cette aspiration ruineuse
à l'existence *pure*, dont le cri de Phèdre mourante dénonce la
hantise, lorsqu'elle « rend au jour qu'il souillait toute sa
pureté »... La vraie morale — et il faut se heurter ici, autant
qu'à Corneille ou à Hegel, à Pascal et à la tradition janséniste
qui passera jusqu'à Baudelaire — ne se constitue point en
s'exténuant à dépasser en soi l'animalité vers le règne impossible
de la Conscience, mais en partant d'une animalité acceptée pour
construire l'humanité :

> *Et dans les mouvements de leurs tendres ardeurs,*
> *Les bêtes ne sont pas si bêtes que l'on pense.*

Vérité essentielle, que nous rappelle Mercure, dans le prologue
d'*Amphitryon*. Aussi la véritable individualité n'est-elle pas
le Moi pseudo-héroïque d'Alceste, qui ne part en guerre contre
le monde que pour se dissimuler sa propre faillite : c'est la
personne de Philinte, faite de nature reconnue et civilisée,
construite non par un effort *contre* soi, mais *sur* soi [402]. Il a fallu
une incroyable cécité pour voir en Molière on ne sait quel

apôtre de la médiocrité bourgeoise, quel amant timide du
« juste milieu », quel adepte du confort moral! Quand Philinte
s'écrie :

> *La parfaite raison fuit toute extrémité*
> *Et veut que l'on soit sage avec sobriété,*

la « sobriété » moliéresque, loin d'être repli apeuré, retraite
mesquine sur soi, exige, au contraire, la mise en œuvre d'une
humanité difficile. Car il est, certes, difficile de rejeter la tentation des « extrêmes » pascalien et cornélien, et de rester fidèle
à une nature qu'il faut *corriger*, sans l'*abolir*. Il est pénible de
tenir les deux bouts de la chaîne; ardu, de dire simultanément
« oui » et « non ». Pas plus que l'humanisme de Molière n'est
cette avarice de l'âme, ce resserrement du cœur, qui est au
contraire, dénoncé chez Harpagon et chez Arnolphe, il n'est
laisser-aller insouciant aux jeux de la spontanéité. Cette morale
de la nature est aussi morale du *risque*. Lorsque Agnès décide
de se fier à un amour jailli de l'éblouissement de la beauté et
du ravissement des sens, elle est parfaitement consciente du
danger, comme elle l'indique dans son admirable lettre à
Horace : « Je suis si touchée de vos paroles, que je ne saurois
croire qu'elles soient menteuses... Vous auriez le plus grand
tort du monde, si vous me trompiez; et je pense que j'en *mour-
rois de déplaisir*. » (III, IV). Pour être authentique, la morale
de la nature ouvre, elle aussi, sur le « risque de la mort », cher à
l'éthique de la Maîtrise. Cette fois, pourtant, ce risque n'est
pas pris pour surmonter et nier en soi la Vie, mais pour l'affirmer; il ne pose pas le Moi en l'opposant à l'Autre, il n'est pas
risque couru *contre* autrui, mais *avec* autrui. Devant le « blon-
din séducteur », qui n'hésite pas à recourir aux bons offices
d'une maquerelle, à s'introduire la nuit chez une jeune fille ni
à l'enlever, Agnès joue le jeu de la passion et sort du cloître,
où la princesse de Clèves se réfugie. Au lieu d'essayer toujours,
comme Arnolphe, de « prendre », Agnès choisit de faire confiance
et de se donner : « Je serais bien aise d'être *à vous...* » (*ibid.*).
La tragédie possible devient *in extremis* comédie, le galant se
laisse toucher à temps à la contagion de l'innocence : « Quels
fâcheux périls elle pourrait courir, / Si j'étais *maintenant*
homme à la moins chérir! » (V, II). « Horace sauve Agnès du
déshonneur, mais Agnès sauve Horace de la médiocrité. Avec
les valeurs de tendresse, le rêve d'autonomie s'évanouit. Et
c'est bien là ce que redoutaient les personnages de Corneille.
Nul ne peut désormais se mettre au-dessus de son destin [403]. »

Il faut aller plus loin. En cet instant, une nouvelle dialectique
des rapports humains se dessine : l'affrontement amoureux des

consciences passe non plus par la *négation* figée, mais par la *médiation* authentiquement vécue de la nature. Ce n'est pas de la mortification, mais de l'épanouissement du corps que jaillit l'étincelle de l'Esprit :

> *Et souvent de nos mœurs l'absolu changement*
> *Devient par ses leçons l'ouvrage d'un moment ;*
> *De la nature en nous il force les obstacles,*
> *Et ses effets soudain ont de l'air des miracles.*

> (L'Ecole des Femmes, III, IV, 902-5.)

Ce « miracle », que le cornélien cherche en vain dans la crispation de tout l'être contre lui-même, voici qu'il se produit justement là où on ne l'attendait pas : du côté de cette spontanéité naturelle, que l'on jouait dès le départ corrompue ou perdante. La « clarté » de l'esprit, le « fonds d'âme » admirable, dont Horace fait la découverte émerveillée chez Agnès (II, IV), l'avènement du spirituel sont désormais portés par le même mouvement profond d'où surgit l'éblouissement amoureux. L'éveil de l'intellect et des sens, réconciliés par-delà le platonisme, suit un progrès parallèle, s'accroît d'un mutuel concours. En Agnès, pleinement accomplie au terme de la pièce, pas un instant l'âme ne nie le corps. Cette *animalité* fondamentale, qui définit, au début de la comédie, le niveau premier de la vie humaine [404], le règne final de l'Esprit ne la supprime pas pour autant :

> *Il n'est rien de plus faible et de plus imbécile,*
> *Rien de plus infidèle : et malgré tout cela,*
> *Dans le monde on fait tout pour ces animaux-là.*

> (V, IV, 1577-79.)

« Faiblesse », « imbécillité », « infidélité » : telle est bien, en effet, la triple dimension de l'existence naturée, incapable d'être « par et pour soi », de se tenir tout entière d'elle-même, de se choisir un cours inflexible. Telles sont aussi les limites d'exercice d'une liberté dont l'effort ne saurait tendre vers le dépassement, mais l'accomplissement de sa condition incarnée, et dont le but — impossible à réaliser une bonne fois, d'un seul geste, comme à définir une bonne fois, d'une seule formule — est d'équilibrer à la fois le « oui » et le « non » à soi-même, dans le risque, la tension, le tâtonnement perpétuels.

C'est bien par là qu'à trois siècles de distance, la réponse que fait Molière à Corneille et à Pascal s'apparente, dans son inspiration profonde, à celle que fait Camus à Sartre ou à Claudel. Il n'est pas question de liquider l'angoisse humaine par l'acceptation, la soumission totales, en face d'un ordre des choses

supposé divin, de se plier, d'un cœur adorant, à la « nécessité »
et aux « événements », où Pascal voyait les « maîtres » donnés
par la « main de Dieu [405] ». Aucun homme, dans sa vie réelle,
sauf le poète ou le mystique, au moment de l'exaltation où il se
perd, ne peut dire un « oui » illimité à ce qui est. Agir, simplement vivre, c'est toujours, du comportement pratique le plus
humble à la décision politique la plus élevée, donner un sens
humain à un monde qui n'a qu'un sens *naturel*. C'est sans doute
du décalage, de la disparate entre ces deux plans signifiants
que naît, pour la conscience moderne, le sentiment primordial
de l'Absurde. Et sans doute, comme le voulait Marx avec raison,
la seule réponse possible de l'homme au choc terrifiant de
l'Absurde ne saurait être donnée par une philosophie qui se
contente d'interpréter un monde inhumain, mais par une action
qui effectivement le transforme et l'humanise. Cependant, la
transformation du monde ne saurait être cette « non-acceptation du Monde donné *dans son ensemble* » dont parle Kojève
(cf. p. 507), qui hante la pensée moderne comme le Mal de notre
siècle. Si l'homme crée *son* monde par son travail, c'est dans *le*
monde et à partir du monde, sans jamais s'y arracher. Et si ce
monde tue l'homme, il le nourrit ; si l'existence humaine doit se
retourner, à certains moments, contre lui, sans lui, elle demeure
impossible. En un mot, si, comme Kojève, élucidant Hegel, le
prétend, le Monde est essentiellement « inapte à satisfaire »
l'homme (formule que la conscience chrétienne reprendrait
volontiers à son compte), puisque aussi bien il n'est d'autres
nourritures que terrestres, il ne reste plus à l'homme, sur sa
planète enfin conquise, qu'à mourir de faim [406].

Tout comme Molière opposait, à la vision antiphysique de
l'héroïsme laïque ou du mysticisme religieux, la vision de
l'homme demeuré en plein Paris, en pleine Cour, en pleine civilisation, naturel —, à la Nausée sartrienne de l'Être s'oppose la
participation cosmique de l'homme camusien, même révolté :
« Dans la lumière, le monde reste notre premier et notre dernier
amour. » (*L'Homme Révolté*, Gallimard, p. 377). Ce n'est donc
nullement par hasard que la morale du « juste milieu », chez
Molière, fait exactement pendant à la « pensée des limites »,
chez Camus ; que, dans les deux cas, nous avons affaire, par
contraste avec la postulation chrétienne ou prométhéenne, à
une éthique de la *mesure*. Puisqu'il ne saurait être question ni
d'accepter ni de refuser totalement le Monde donné, à la fois
extérieur et intérieur, mais qu'au contraire, il faut construire
sans pouvoir faire jamais table rase, dépasser en restant arc-
bouté et pris au réel, la morale existentielle (à ne point confondre
avec l'existentialiste) ne peut être qu'oscillation entre deux

pôles de conduite, mouvement de va-et-vient, équilibre sans cesse rompu entre des extrêmes impossibles. Dès qu'un des termes du dilemme humain tend à se poser en absolu, surgit aussitôt le terme contraire. On peut dire ici de la morale, en général, ce que Camus disait de la justice et de la liberté, en particulier : « Pour être fécondes, les deux notions doivent trouver, l'une dans l'autre, leur limite » (*op. cit.*, p. 359). A une dialectique du progrès par arrachement s'opposera une dialectique du progrès par confrontation. A l'inverse de la philosophie existentialiste, l'humanisme de la mesure se refuse à croire qu'il puisse y avoir « conversion » brusque du plan de l'existence inauthentique au plan de l'existence authentique, que la conscience puisse jamais connaître de libération fulgurante. La liberté n'est pas explosion soudaine, incandescence qui brûlerait toute matérialité, hyperbole, au sens mallarméen : contre cette liberté-éclair de l'*instant* élu, que Sartre nous décrit au niveau individuel, dans *l'Être et le Néant*, et au niveau de l'Apocalypse collective, dans sa *Critique*, contre cette liberté qui n'a pas cessé un moment de hanter le théâtre de Corneille, nous soutiendrons ici cette liberté *patiente*, que nous propose un autre philosophe, Merleau-Ponty [407]. Liberté plongeant ses racines dans une existence anonyme qui la dépasse, liberté qui se fait, non contre toute habitude, mais par l'acquisition de certaines habitudes, liberté qui reconnaît enfin que, chez l'homme, l'acte doit, pour être efficace, s'appuyer sur un état. A Valéry qui prétend que « l'homme d'esprit » a pour mission de « se réduire sciemment à un refus indéfini d'être quoi que ce soit [408] » et de s'exténuer vers ce « point pur » du *Cimetière Marin*, d'où

> *La scintillation sereine sème*
> *Sur l'altitude un dédain souverain,*

c'est Valéry qui répond, admirablement et pathétiquement, lui-même : « O qui me dira comment au travers de l'existence *ma personne* tout entière s'est conservée, et quelle chose m'a porté, inerte, pleine de vie et chargé d'esprit, d'un bord à l'autre du néant [409] ?... »

Notes

INTRODUCTION

1. *L'Univers imaginaire de Mallarmé*, p. 14.

2. *La Vieillesse de Corneille*, p. 267.

3. R. Le Brun, *Corneille devant trois siècles*, pp. 4, 23, 27, 48, 81, 131.

4. *Sentiments de l'Académie*, p. 21.

5. Sur ce point, il est intéressant de noter que l'extraordinaire enquête de G. Bachelard à travers le monde symbolique se trouve souvent partagée entre une remarquable phénoménologie des significations imaginaires et la tentation des « explications » freudiennes.

6. *L'Imaginaire*, p. 244.

7. *Ibid.*, p. 245.

8. *Phénoménologie de l'expérience esthétique*, t. I, p. 264.

9. *Phénoménologie de la perception*, p. 373.

10. *Le Dieu caché*, p. 22.

11. Pour l'étude scénique du théâtre de Corneille, voir notes 19 et 20.

12. Les études stylistiques sont trop peu nombreuses : la plus sérieuse reste celle, déjà ancienne, de M. Souriau, *L'Évolution du vers français au XVIIe siècle*, 1893, pp. 108-196. Cf. également, P. Barrière, « Le lyrisme dans la tragédie de Corneille, *RHL*, 1928, et J. Schérer, *La Dramaturgie classique en France*, 1959, *passim*.

13. C'est là que les analyses sont les plus abondantes. Signalons en particulier les travaux d'A. Adam, G. Couton, O. Nadal, P. Bénichou et B. Dort, que nous aurons souvent l'occasion de citer.

14. *Op. cit.*, p. 26.

15. Ce que Maurice Merleau-Ponty, résumant l'enseignement de toute la tradition phénoménologique, dit de la perception naturelle, s'applique, croyons-nous, *mutatis mutandis*, à la vision critique : « ... je perçois correctement quand mon corps a sur le spectacle une prise précise; mais cela ne veut pas dire que ma prise soit jamais totale. » *Op. cit.*, p. 343.

16. G. Couton, *Corneille*, p. 5.

17. Lettre à M. de Zuylichem, éd. Marty-Laveaux, t. X, p. 454.

18. *Victor-Marie, Comte Hugo*, p. 448.

19. J. Boorsch, « Remarques sur la technique dramatique de Corneille », *Yale Romanic Studies*, 1941, p. 101. Du même auteur, « L'invention chez

Corneille », *ibid.*, 1943. Également, G. May, *Tragédie cornélienne, tragédie racinienne*, The University of Illinois, 1948. Bien que ces auteurs soient français, ils ont été peut-être influencés par les préoccupations structuralistes de la critique américaine. On connaît trop peu, en France, les travaux, souvent remarquables, qui voient le jour à l'étranger. Dans le seul cas de Corneille, parmi les livres les plus pénétrants, on compte celui du Danois V. Vedel, de l'Allemand R. Schneider; parmi les articles les plus intéressants, un grand nombre de publications d'outre-Manche et d'outre-Atlantique, que nous avons essayé d'utiliser.

20. « Il (Corneille) crée des personnages d'une réalité telle qu'ils s'imposent à lui, et il a de son œuvre une vision d'ensemble. Le caractère synthétique de son théâtre comique pourrait encore être prouvé par deux autres recherches. L'une porterait sur l'analogie des situations et des thèmes de toutes les comédies... L'autre porterait sur la géographie sentimentale de ce Paris où se situent presque toutes ses œuvres comiques. » J. Schérer, « Le retour des personnages dans les comédies de Corneille », *Mélanges Mornet*, p. 61.

21. F. Rostand, *L'imitation de soi chez Corneille*, p. 10.

22. « L'exercice du crime chez Corneille », *Mercure de France*, 1951, p. 36.

23. *Pierre Corneille, dramaturge*, 1957.

PRÉLUDE AU HÉROS

24.
> *J'ai brûlé fort longtemps d'une amour assez grande*
> *Et que jusqu'au tombeau je dois bien estimer,*
> *Puisque ce fut par là que j'appris à rimer...*
> v. 58-60 (Ed. M.-L., t. III, p. 74).

L. Rivaille avait déjà indiqué l'importance de cette déclaration (*op. cit.*, p. 64); récemment, G. Couton écrivait encore : « On n'a pas assez souligné la signification de l'*Excuse à Ariste* (1637) : par elle, l'auteur triomphant du *Cid* dédie toute son œuvre à la belle dont l'amour l'a rendu poète. » (*Corneille*, p. 18). Bien entendu, il serait naïf de croire que Corneille ait tiré sa première pièce tout armée de son cerveau, sans emprunt d'aucune sorte. On a fort pertinemment démontré (notamment Nadal, *op. cit.*, p. 69) que certains des éléments de *Mélite* préexistaient dans la pastorale d'alors, dans les romans et sur la scène. Pas plus chez Corneille que chez l'enfant prodige Rimbaud, il n'y a création littéraire *ex nihilo :* ce qui compte, c'est que dans *Mélite* (ou *les Étrennes des Orphelins*), des éléments extérieurs de style et de facture soient repris et informés par une expérience affective profonde, marqués au sceau d'une vision personnelle, que les œuvres suivantes expliciteront pleinement.

25. Rappelons brièvement ici la difficile carrière de ces comédies et leur lente exhumation hors de l'oubli. On se souvient du jugement de La Bruyère : « Ses premières comédies sont sèches, languissantes, et ne laissoient pas espérer qu'il dût ensuite aller si loin... » (*Les Caractères*, Garnier, p. 82). Au quasi-désaveu de l'auteur même fait, d'ailleurs, écho celui de ses propres partisans. Fontenelle : « Il est certain que ces pièces ne sont pas belles; mais outre qu'elles servent à l'*Histoire du Théâtre*, elles servent beaucoup aussi à la gloire de M. Corneille. » (*op. cit.*, p. 82). La « gloire » de Corneille, toutefois, c'est de s'être élevé « au-dessus de son siècle », c'est-à-dire, en l'occurrence, d'avoir emprunté son éclat à la médiocrité de ses rivaux. Ne parlons pas de Voltaire. Laharpe n'est guère plus tendre : « ... on me dispensera sans doute de parler des premières comédies

de Corneille. On se souvient seulement qu'il les a faites, et sans rien valoir elles valaient mieux que toutes celles de son tems. » (*Lycée*, t. III, p. 461). C'est le jugement de Fontenelle, tourné à l'aigre. Vers le milieu du XIXe siè-cle, un des cornéliens les plus sincères reconnaît des mérites aux comédies, — « la plupart négatifs » (Guizot, *Corneille et son Temps*, 1852, p. 154). En 1891, Brunetière fait remarquer que ces comédies n'ont pas même été étudiées par un érudit allemand; or, elles sont utiles à « l'intelligence du génie de Corneille » et offrent, de surcroît, un intérêt documentaire — style Louis XIII en littérature (*Études Critiques*, 6e série, p. 100). C'est seulement au tournant du siècle, ou presque, que les premières œuvres de Corneille accèdent de nouveau à la dignité littéraire. J. Lemaître y décou-vre « du marivaudage encore, mais appuyé et pesant dans ses finesses mêmes... » (*Histoire de la langue et de la littérature françaises* de Petit de Julleville, t. IV, p. 266). L'année suivante, en 1898, Lanson affirme que « les premières comédies, éclipsées dans la gloire du *Cid*, sont loin d'être indifférentes ou médiocres » (*Corneille*, p. 50) et en souligne surtout le « réalisme ». Dans son étude *Sur les grands chemins de la poésie classique* (Perrin, 1914), A. Bellessort, tout en continuant à vanter la douceur et la beauté d'une imitation directe de la vie (p. 108), aborde un des premiers la psychologie profonde des personnages, le sens véritable de ces intrigues amoureuses : nous le rencontrerons au cours de notre étude. Les érudits commencent à chercher les sources, les « clefs » de *Mélite*, de *Clitandre*. La thèse de L. Rivaille, *Les Débuts de Pierre Corneille*, Boivin, 1936, constitue la première étude sérieuse et systématique de cet ensemble de pièces, qu'aucun critique désormais, que ce soit O. Nadal dans son *Senti-ment de l'Amour dans l'œuvre de P. Corneille* (1948), B. Dort dans son *Pierre Corneille dramaturge* (1957) ou G. Couton dans son *Corneille* (1958), ne saurait négliger. D'excellentes éditions critiques ont vu récemment le jour : *Mélite* (Mario Roques, Droz, 1950); *Clitandre* (R. L. Wagner, Droz, 1949); *La Veuve* (Mario Roques et Marion Lièvre, Droz, 1954); *L'Illusion Comique* (Garapon, ibid. 1957), ainsi que *La Galerie du Palais* et *L'Illusion Comique* aux Presses Universitaires de Manchester (Th. B. Rudmose-Brown, 1920; J. Marks, 1944). Il reste encore, du point de vue de l'interprétation de ces comédies, du chemin à parcourir, pour leur rendre pleinement justice.

26. *Mélite*, 1629. Nous nous permettrons de renvoyer ceux de nos lec-teurs qui n'auraient pas les détails de cette pièce (ou des suivantes) pré-sents à l'esprit, aux excellents « arguments », mis par Corneille lui-même, en tête de ses œuvres dramatiques.

27. Cf. O. Nadal, étude idéologique du mot « mérite » : « Ce caractère de mérite qu'on accorde à la beauté physique, aux appas, aux avantages du corps, s'étend naturellement à tout ce qui séduit dans la personne aimée, au charme de sa conversation (*Galerie du Palais*, II, 1, 338-340), à ses qualités de cœur et d'esprit (*Polyeucte*, IV, III, 1269), au prestige du caractère, des talents personnels, etc. » (*op. cit.*, p. 289). C'est également ce qu'avait bien vu E. Droz, dans *Corneille et l'Astrée*, RHL, v. 28, 1921.

Quant aux dates, nous donnons celles de la représentation, les dates de composition étant trop souvent conjecturales. Sur ces problèmes, cf. H. C. Lancaster, *A History of French Dramatic Literature in the Seven-teenth Century* et, plus récemment, G. Couton, « Comment dater les gran-des pièces de Corneille », *Revue d'Histoire du Théâtre*, v. 8, 1956.

28. J. Starobinski, « Sur Corneille », *Temps Modernes* (novembre 1954). Ce court article est, à notre avis, un des plus importants. Nous aurons l'occasion de revenir à cette source.

29. La maxime, selon laquelle « ... en fait d'amour la fraude est légitime » (V, vi, 1743), est placée non dans la bouche du traître, mais de l'héroïne, Mélite, et en conclusion à la pièce.

30. J. Rousset, dans *La littérature de l'Age Baroque en France* (Corti, 1953) a bien mis en lumière le rôle capital du « change » dans les comédies de Corneille : « A structure baroque, âme baroque : toutes les comédies de Corneille tournent autour d'un thème central : l'inconstance, le « change ». Des âmes flottantes, des esprits fluides, qui donnent le spectacle d'un incessant va-et-vient; fidèles ou infidèles, tous changent ou rêvent de changer ou feignent de changer » (pp. 205-206). Toutefois, J. Rousset tend à prendre la *structure* dramatique du « change » pour une *attitude* cornélienne fondamentale, en l'étudiant en dehors de son contexte. Or, ce « change », selon nous, représente chez Corneille un élément essentiel de la temporalité *héroïque*, et non pas *baroque*, ce qui en altère profondément la signification.

31. Nous sautons à pieds joints par-dessus *Clitandre*, 1632, « tragédie » ou plutôt mélodrame, qui est loin de manquer d'intérêt et dont certains thèmes nous paraissent importants. Nous les retrouverons plus tard, dans le contexte approprié. Nous tenons cependant à signaler ici, et pour éviter tout malentendu, que, bien que nous nous attachions à suivre le déroulement concret de la dramaturgie cornélienne, nous nous intéressons à son mouvement et à sa liaison *dialectiques*, non à sa succession chronologique; de même, quoique nous tâchions à saisir l'ensemble de l'œuvre cornélien et que nous considérions la plupart des pièces, nous ne nous sentons pas obligé de les examiner *toutes*, quel qu'en soit le mérite ou l'intérêt. Il y a sans doute des lacunes; ces lacunes paraîtront peut-être regrettables : elles sont, en tout cas, volontaires.

32. Il est curieux qu'A. Bellessort, qui, par ailleurs, dit des choses très pénétrantes sur les comédies, ait pu écrire que « les parents ne jouent qu'un rôle effacé. Ils ne sont guère là que pour enregistrer les mariages » (*op. cit.*, p. 112). Rien n'est plus contraire à la vérité.

33. Nous reviendrons à loisir sur ce point, cf. pp. 440-41 et 512 sqq.

34. L'expression est de Corneille et nous la trouverons dans la comédie suivante. Cf. p. 52.

35. L'ami de Lysandre, Dorimant, qui aime Hippolyte.

36. Telle semble être l'interprétation de Nadal : « On sait que cette notion de l'épreuve est loin d'être étrangère à l'amour. La chevalerie s'en est fait constamment une loi... Ce conflit dans l'amour même, voilà l'essentiel de la pièce » (*op. cit.*, pp. 104-105).

37. La critique du xixᵉ siècle semble être restée tout à fait insensible à des sentiments aussi évidents : « ... son observation, n'enfonçant pas, n'a rien d'amer, rien seulement qui donne à réfléchir. » (Brunetière, *Histoire de la littérature française classique*, t. II, p. 175).

38. Bien que G. Reynier ait encore pu écrire de *la Suivante* (*Le Cid*, 1929) : « ... c'est une pièce assez amusante, où l'on suit en souriant les manœuvres d'une demoiselle de compagnie qui a du goût pour l'amoureux de sa maîtresse et fait tous ses efforts pour le lui souffler » (p. 26), c'est, au contraire, la première « comédie » dont la critique moderne ait mis en relief le tragique latent. L. Lemonnier : « Aucun auteur réaliste, par la suite, ne choisira avec plus de sûreté, et presque de cruauté, le drame qui peut se passer en de telles circonstances. » (*Corneille*, 1945, p. 50); ou encore G. Couton : « *L'École des Femmes* n'est pas plus sombre et finit mieux. » (*Corneille*, 1958, p. 25).

39. Ceci n'est pas tout à fait exact. Nous verrons qu'il y a, dans les tragédies de Corneille, une certaine présence de l'élément populaire, mais « en coulisse » — dans le théâtre comme dans l'histoire, en somme. L'éclairage cornélien laisse, de toute façon, ces bas-fonds du monde dans l'ombre. Cf. pp. 482-491.

40.

> *Il est né gentilhomme, et sa vertu répare*
> *Tout ce dont la fortune envers lui fut avare.*
>
> La Veuve (II, II, 487-88.)

41. Cette interprétation des desseins de Florame se trouve dans la bouche de Damon, son ami, qui dit la tenir de Florame même :

> *Il a peu de fortune, et beaucoup de courage;*
> *Et hors cette espérance, il hait le mariage.*
> *C'est ce que l'autre jour en secret il m'apprit.*   (I, I, 77-79.)

Nous avons toutes les raisons d'en croire Damon, qui n'est à aucun moment le rival de Florame et devient même son allié et son complice à la fin. D'ailleurs, le comportement dudit Florame avec sa sœur confirme, si besoin était, notre impression d'une personnalité lucide, sans scrupules et, pour tout dire, cynique.

42. Précisons qu'il ne s'agit pas exactement ici d'un jugement moral, mais de la « conformité » de Géraste au « type » du vieillard amoureux et de sa vraisemblance psychologique. Il est, cependant, instructif de voir l'idée que Corneille se fait du vieillard amoureux « normal », comme il est révélateur de le voir, en tant que *critique*, épouser tout naturellement le point de vue de *Géraste* et considérer une opération, somme toute, « libérale » ce qui, pour d'autres personnages de sa propre pièce, à commencer par Amarante, paraît un marchandage et un achat ignobles.

43. A sa fille, qui refuse de changer de sentiment, après que son père eut autorisé ses « premiers feux » :

> *Mais sachez qu'il fallait, ingrate, en vos amours,*
> *Ou ne m'obéir point, ou m'obéir toujours...*
> *Il n'est point de raison valable entre nous deux,*
> *Et pour toute raison, il suffit que je veux.*
>
> (V, VII, 1567-68; 1590-91)

44.
Célie :   *Les amours d'un vieillard sont d'une faible amorce.*
Florame :   *Que veux-tu ? Son esprit se fait un peu de force :*
> *Elle se sacrifie à mes contentements,*
> *Et pour mes intérêts contraint ses sentiments.*
>
> (III, I, 685-88)

45.
> *Que veux-tu que je fasse? En l'état où je suis,*
> *Etre à toi malgré lui, c'est ce que je ne puis;*
> *Mais je puis empêcher qu'un autre me possède,*
> *Et qu'un indigne amant à Florame succède...*
>
> (IV, VII, 1291-94.)

46. La critique avait déjà exprimé cela, en disant qu'avec *Mélite* et *la Galerie du Palais*, on a surtout affaire à des « comédies de caractère », et avec *la Veuve* et *la Suivante* à des « comédies d'intrigue ». O. Nadal (*op. cit.*, p. 104) a repris récemment cette distinction. Nous avons essayé d'en élucider le sens. Bien entendu, nous simplifions ici, pour les besoins de l'exposé. Dans *la Galerie du Palais*, comme le titre même l'indique, il y a, par exemple, une volonté évidente de « faire contemporain », d'incarner le drame de la subjectivité aristocratique, dans un monde social bien défini. On a beaucoup glosé sur la « lingère », le « mercier » et tous les détails concrets, de plus en plus nombreux, qui contribuèrent, à l'époque, au succès retentissant de la pièce. Mais, ainsi que l'auteur l'avoue de bonne grâce, il ne s'agit là strictement que d'un hors-d'œuvre, sans rapport

avec le corps de l'ouvrage. Utiles à la création de l'atmosphère, les scènes de mœurs ne sont pas incorporées au drame. Cette fusion ne s'opérera que dans *la Suivante*. Les distinctions que nous avons faites, sans être toujours nettes, correspondent bien, croyons-nous, à une réalité.

47. Notons ici que l'œuvre critique de Corneille, considérable par la qualité, la lucidité et le volume, est essentiellement une critique *pratique* de « technicien » de la scène, à la rigueur d'esthéticien. Corneille entend livrer au public (et par opposition avec de purs théoriciens comme d'Aubignac) les réflexions d'un homme de théâtre sur son métier. Aussi s'arrête-t-il le plus souvent aux questions de forme — vertus ou défauts dramatiques de l'intrigue, vraisemblance des situations ou des caractères, etc. —, rarement aux questions de fond philosophiques. La Dédicace de *la Place Royale* au probablement imaginaire Monsieur *** est donc, à cet égard, doublement précieuse et importante.

48. Cf. Nadal, *op. cit.*, p. 111 : « Non seulement Alidor décide de s'affranchir de l'humiliation qu'entraîne l'esclavage de la passion... mais encore il semble souhaiter pour celle qu'il aime une punition et une guérison semblables. Cela n'est pas une preuve de peu d'amour... C'est déjà, et plus qu'une ascèse amoureuse, une volonté de faire remonter l'amour à sa source, de lui restituer sa gratuité absolue. » Par des voies différentes, D. de Rougemont, dans *l'Amour et l'Occident* (nouvelle édition, 1961), voit en Alidor un héros « courtois », qui ne feint de ne point vouloir aimer que pour aimer davantage : « Quoi, c'est le bonheur qui serait fatal au repos de cet étrange amant?... Disons plutôt qu'on voit trop bien ce qu'il essaye de nous dissimuler. Lui aussi, il ne veut que « brûler »! Mais il ne peut l'avouer qu'en affirmant le contraire, en affirmant qu'il veut guérir : car on avoue difficilement le goût du malheur à cette époque. » (p. 183). Hypothèse ingénieuse, qui consiste à supposer que Corneille veut dire le contraire de ce qu'il dit en effet; cela ferait un beau sujet de pièce. Ce n'est pas celui de *la Place Royale*.

49. « Mais je vais trop avant pour une épître : il semblerait que j'entreprendrais la justification de mon Alidor... » *(Dédicace).*

50. Ainsi que l'ont prétendu de bonnes âmes, choquées dans leur humanisme. Nous rencontrons et dénonçons ici pour la première fois (mais non, hélas! pour la dernière) le paralogisme critique particulièrement insidieux, qui consiste à *substituer* le point de vue du commentateur à celui de l'auteur et à confondre ainsi compréhension et jugement. Si nous avons, dans notre préface, tâché de défendre une critique qui s'efforce de rendre compte du passé avec les instruments intellectuels du présent, il ne saurait être question un instant de substituer les vues du présent à celles du passé.

51. L'exercice de la volonté contre l'amour n'est donc absolument pas cet exercice gratuit ou musculaire, que Lemaître nous a décrit : « Alidor est une sorte de maniaque de l'indépendance intérieure, et comme un dilettante de la volonté » (*op. cit.*, p. 268), et d'autres, comme L. Lemonnier, à sa suite : « ... c'est un maniaque de la volonté, un original qui se contraint à faire des choses difficiles, contre nature, et qui le blessent lui-même, pour le simple plaisir de montrer sa force d'âme ou, comme il se le figure, de rester libre. » (*op. cit.*, p. 54).

52.

> *Et je puis avec joie accepter tous maris.*
> La Place Royale (I, 1,80)

53. G. Lanson, « Le héros cornélien et le « généreux » selon Descartes », *RHL*, v. 1, 1894. L'utilisation du *Traité des Passions* comme clé de la psychologie cornélienne, proposée par Lanson dans son célèbre article,

a longtemps passé pour une vérité fondamentale de la critique cornélienne. Ce parallélisme Corneille-Descartes, radicalisé par le philosophe E. Cassirer, qui lui donne une rigueur théorique absolue dans son essai, *Descartes, Corneille et Christine de Suède* (Vrin, 1942), est considérablement nuancé par P. Bénichou, dans *Morales du Grand Siècle* (Gallimard, 1948, pp. 25-27); Bénichou refuse l'idée de « contrainte volontaire » des passions comme définition de la morale héroïque : le fameux parallélisme n'est cependant pas contesté. Cette mise en question est, au contraire, fortement et justement exprimée par R. Champigny, dans son article sur « Corneille et le *Traité des Passions* », *French Review*, v. 26, 1952-53. Situant surtout son analyse sur le plan psychologique, Champigny montre que le cornélien n'a ni la conscience ni la maîtrise de soi qui correspondent au modèle cartésien. Il faut aller plus loin encore et souligner, entre les deux auteurs, une *incompatibilité éthique*, dans l'ordre des fins comme des moyens.

54. Cf. notamment, L. Rivaille, *op. cit.*, pp. 465 et suiv.

55. Hegel, *Phénoménologie de l'Esprit*, traduction de J. Hyppolite, t. I, p. 169.

56. Il va sans dire que le Cogito servile d'Épictète n'est pas purement et simplement assimilable à celui de Descartes. Nous parlons du « stoïcisme » cartésien pour la simplicité de l'exposé, bien qu'il y ait loin, comme l'indiquait déjà Cassirer, de l'ataraxie du stoïcisme antique à la philosophie de l'action moderne, à base de stoïcisme, telle qu'on la trouve chez Descartes. — Nous ajouterons que, pour nous, l'utilisation de catégories historiques, comme Cogito « bourgeois » ou « aristocratique », n'implique nullement la *réduction* du Cogito à n'exprimer *que* la condition bourgeoise ou aristocratique, à la manière du marxisme orthodoxe. L'acte par lequel une subjectivité se saisit elle-même transcende toute situation historique, quoiqu'il ne soit possible qu'en situation dans l'histoire.

57. Octave Nadal, *op. cit.*, p. 116. Inversement, nous ne pourrons être d'accord avec B. Dort, lorsqu'il note, à propos d'Alidor : « comble de l'aristocratisme pour un « officier » : refuser toute possession; rejeter même l'amour; ne plus être entravé par rien... » *op. cit.*, p. 37. Il n'y a nullement là un « comble », sauf si l'on identifie sans plus l'œuvre et l'auteur. C'est Corneille qui est « officier », pas Alidor. Bien que son attitude *indique* un ordre aristocratique, c'est sur le plan de la littérature, et implicitement. Alidor est le noble *de théâtre* (et pour les besoins du théâtre) et toute explication *directe* par l'histoire manquera sa réalité.

58. Nous nous séparons ici de l'interprétation de G. Couton, qui rapproche Alidor de Don Juan : « Demandons-nous plus simplement si Corneille na pas voulu se faire le peintre d'un don juanisme qui revient périodiquement à la mode... Don Juan se repent. Il accepte un bonheur tranquille... Don Juan n'a plus en perspective qu'une vie de stériles conquêtes » (*Corneille*, p. 27).

59. « *Dorimant :* C'est une jeune fille sage, et je crois que rien ne saurait la corrompre qu'un mari. *Medley :* Un mari! *Dorimant :* Oui, un mari. J'ai connu bien des femmes qui ont fait des difficultés pour perdre un pucelage et qui, ensuite, n'en ont fait aucune pour planter des cornes... Le peu d'espoir que j'avais d'elle en sa présente condition m'a fait lui conseiller d'en changer. » George Etheredge, *The Man of Mode*, 1675, I, 1. (traduit par nous.)

60. Cf. pp. 354-355. Shakespearien averti, L. Lemonnier se souvient des hésitations de Hamlet devant Ophélie; il est le seul commentateur, à notre connaissance, qui ait flairé les profondeurs troubles d'Alidor :

« il y a peut-être, dans Alidor, ce que nous appellerions un complexe sexuel; il aime Angélique, mais il se sent incapable de la posséder... ce n'est peut-être qu'un impuissant. » (*op. cit.*, p. 56). Et, plus loin : « Sans doute, proposer une interprétation franchement freudienne de la pièce serait commettre un long contresens; il n'en reste pas moins que, dans cette œuvre incomplète, dans cette comédie d'intrigue un peu trop habile, il y a des indications subtiles et audacieuses, qui dépassent de beaucoup la psychologie de l'époque. » (p. 58).

61. Ce qui ne veut pas dire que Corneille cesse d'écrire des comédies (il donnera encore *l'Illusion Comique, le Menteur* et *la Suite du Menteur*), mais que ces comédies ne forment plus, en tant que telles, un *cycle*, un mouvement cohérent de pensée et de théâtre. Les nouvelles pièces s'inséreront, à divers intervalles, dans la production tragique et ne pourront être comprises qu'à partir d'elle. C'est pourquoi, sans préjuger de leur valeur littéraire intrinsèque, nous leur attacherons moins d'importance dans une étude qui s'efforce de saisir les mouvements successifs d'une dialectique.

62. On nous dira qu'il n'y a pas du tout « déclin » de la condition aristocratique, à l'époque où Corneille écrit ses comédies, mais affirmation et épanouissement. A ceci nous répondrons : *a)* la littérature n'est aucunement pour nous un « reflet » de l'histoire, au sens épiphénoméniste que tend à prendre l'expression dans trop de textes; c'en est la *conscience*, ce qui est tout à fait différent. Bien qu'historiquement située, la prise de conscience littéraire est toujours à distance de l'histoire immédiate, par rapport à laquelle elle peut être en retard ou en avance. On connaît assez l'exemple de Balzac; *b)* mode de connaissance autonome et spécifique, l'activité littéraire a souvent, de par sa compréhension propre de la problématique humaine, une intuition plus profonde et plus exacte de ce qu'est *réellement* la signification historique d'une époque. Balzac, poussant à leurs conséquences extrêmes les relations de l'individu et de la société en proie à l'argent, dans la première phase du capitalisme, a raison contre l'historien positiviste de voir *déjà* le Second Empire en filigrane sous la Restauration. Pareillement, Corneille, à juste titre, décrit déjà, dans ses comédies, le déclin d'une aristocratie coupée de ses origines, en porte à faux dans l'existence comme dans l'histoire, sous les apparences de la santé, — déclin qui, de son vivant même, deviendra décadence ouverte.

63. Tout ceci sera développé à propos du *Cid*.

64. Cette analyse renvoie également, pour une élucidation plus détaillée, aux développements de la page 92 sqq.

65. Il est à noter que ce projet alidorien reprend très exactement, sur le plan amoureux, le projet de « récupération indirecte » de l'*argent* par le jeune noble désargenté, qui à la fois convoite les « biens » et veut, nous l'avons vu, s'y sentir supérieur.

66. De même, il fera payer et quérir les « trois livres » par « ses gens ». La perpétuelle médiation du *serviteur* révèle le manque total de prise directe de l'aristocrate sur le monde, dans l'immobilité de la paix. Les thèmes esquissés ici iront, cela va sans dire, s'enrichissant et s'accentuant.

67. C'est ce qu'avait bien remarqué A. Bellessort, à propos des jeunes gens des comédies : « Ils conçoivent l'amour comme une partie d'échecs qui doit se terminer sur un mariage, où il importe qu'on entre en vainqueur... On dirait qu'ils font de l'amour un apprentissage à la politique. » (*op. cit.*, p. 112).

68. Cf. Alidor, à la pensée qu'Angélique va se retirer dans un cloître

> *Ravi qu'aucun n'en ait ce que j'ai pu prétendre,*
> *Puisqu'elle dit au monde un éternel adieu...*
>
> La Place Royale, (V, viii.)

69. Il s'agit là d'une relation cornélienne fondamentale au monde et à autrui, sur laquelle nous reviendrons.

70. Ch. Péguy, *Victor-Marie, Comte Hugo*, pp. 422-23, passim.

71. Qu'on ne nous fasse point dire que les aristocrates de Corneille sont des sadiques ou que les tortionnaires de Buchenwald sont des aristocrates! Ce que nous voulons dire, c'est que, dans son rapport de bourreau à victime, le Nazi essaie de faire revivre une *relation de supériorité absolue à autrui* et retrouve, dans une situation historique différente et dans le contexte du racisme biologique et collectif, au lieu du racisme individualiste et nobiliaire du xviie siècle, le désir de se faire exister *par la domination sur autrui*. C'est l'exemple même de ce que nous entendions dans notre préface, lorsque nous parlions de la « transhistoricité de l'humain ».

72. Ce lien avait été pressenti par A. Bellessort, lorsqu'il voyait, dans les personnages des comédies, de « jeunes héros qui ne demandent à la vie que de grandes causes à défendre et des champs de bataille où montrer la couleur de leur sang » (*op. cit.*, p. 115).

73. La nature de cet « intérêt d'État » est parfaitement précisée dans le *Discours sur la Tragédie :* « ... dans la tragédie, les affaires publiques sont mêlées d'ordinaire avec les intérêts particuliers des personnes illustres qu'on y fait paraître; il y entre des batailles, des prises de ville, de grands périls, des révolutions d'États... » (Éd. Pléiade, t. I, p. 117). L'héroïsme, dans son principe, est indissociable de la guerre et de la politique, en un mot, de l'histoire.

74. Il faut prendre ici, nous le verrons, ces deux termes au pied de la lettre.

75. Non pas envisagées en tant que passions de l'âme, mais dans la mesure où elles se comprennent par leur sens historique : ambition de « monarque » ou de « tyran », vengeance de « maison » à « maison », etc.

LE HÉROS

LE CID OU LA CONQUÊTE D'AUTRUI

76. Cf. G. Couton : « Par les premières scènes, *le Cid* adhère encore aux comédies bourgeoises qui le précèdent. » (*Corneille*, p. 42). Nous ne saurions, toutefois, accepter l'épithète « bourgeoises », les comédies cornéliennes étant toutes fondamentalement aristocratiques, selon notre interprétation.

77. Voir en particulier : P. Bénichou, *Morales du Grand Siècle* (1948) et G. Couton, *Réalisme de Corneille* (1953). Dès 1935, le critique danois V. Vedel avait déjà rattaché, par une remarquable analyse, les attitudes de l'héroïsme cornélien aux traditions de l' « honneur militaire » à la Montluc (*Corneille et son temps*, pp. 29-30).

78. Cf. G. Couton, *op. cit.*, qui distingue la « rencontre » de don Diègue et de don Gomès, l' « appel » de Rodrigue au Comte, le « duel judiciaire » entre Rodrigue et don Sanche, couronnés par l'amnistie accordée à Rodrigue par le roi et qui correspond à l' « abolition » dans le droit du xviie siècle.

79. *Ibid.*, p. 69. Nous sommes loin de ce *Cid* de « jeunesse » et de « chevalerie » généreuses, où s'incarnait le « génie français », dont nous entre-

tint Péguy; plus loin encore de ce *Cid* couleur 1918, sur lequel s'extasiait
A. Dorchain : « Pour parler du *Cid*, ce sont les plus beaux mots de la
langue française qui reviennent obstinément sous la plume : devoir,
amour, honneur; la famille, le pays, la gloire... Tout y est généreux,
passionné, ingénu. Jamais on n'a respiré sur la scène un air plus vivifiant
et plus pur. » (*Pierre Corneille*, p. 176). A vrai dire, ce *Cid* « conte de fées »
était déjà celui de J. Lemaître : « Le beau chevalier protégé de Dieu et
adoré des femmes... la belle fille aux longs voiles noirs, si forte et si faible...
le grand vieillard majestueux et familier... le roi débonnaire, naïf et mali-
cieux comme un bon roi de légende... ah! quel monde délicieux! quelles
belles et bonnes âmes, ingénues, passionnées, sublimes! Ce n'est qu'amour,
fierté, dignité, courage, dévouement, sacrifice. Pas un mauvais sentiment,
sauf la jalousie du comte, lequel disparaît dès le premier acte. » (*op. cit.*,
p. 275). Il n'y a pas de contresens plus total — ni plus répandu.

80. G. Poulet, dans ses *Études sur le temps humain*, « Corneille » (Plon,
1950) a admirablement posé le problème de la temporalité cornélienne,
à savoir comment relier les Moi instantanés et successifs, créés par une
volonté qui fait éclater la durée causale. Mais nous ne croyons nullement,
pour notre part, que la volonté cornélienne brise réellement la durée
vitale; car, comme nous le dit G. Poulet, le héros de Corneille soit un être
sans passé, relié seulement à lui-même par l'acceptation historique de
soi et la continuité d'ardeur. C'est bien l'*idéal* de l'héroïsme cornélien qui
se trouve ici défini, non pas sa *réalité*, qui est inverse. La tragédie de
don Diègue, qui ne sera jamais surmontée, c'est précisément celle d'une
conscience prise dans une durée et reprise par un passé.

81. Cf. pp. 77-78.

82. *Phénoménologie de l'Esprit*, traduction J. Hyppolite, t. I, p. 156.

83. « Un individu surgit face à face avec un autre individu. Surgissant
ainsi immédiatement, ils sont ainsi l'un pour l'autre à la manière des
objets quelconques... ils sont des consciences *enfoncées dans l'être de la
vie*, des consciences qui n'ont pas encore accompli l'une pour l'autre le
mouvement de l'abstraction absolue, mouvement qui consiste à extirper de
soi tout l'être immédiat » (c'est-à-dire toute appartenance sensible, toute
dépendance vitale). *Ibid.*, p. 158. Il s'agit évidemment là d'un texte capital
pour la compréhension de l'héroïsme cornélien.

84. A. Kojève, *Introduction à la lecture de Hegel*, p. 15. Nous suivons
en général dans ce bref exposé, forcément simplifié et clarifié, la ligne
d'interprétation de ce bel ouvrage, sauf en ce qui concerne la « relation
de réciprocité », que Kojève tend à passer sous silence, au profit de la
« lutte à mort ».

85. Hegel ne fait qu'indiquer en passant les problèmes intrinsèques de
la Maîtrise, lorsqu'il note que, pour la conscience du Maître, « le Moi
simple est l'objet absolu » et « a pour moment essentiel l'*indépendance
subsistante* », *op. cit.*, p. 160, — thème que le théâtre de Corneille ne se
fera pas faute de développer.

86. Il est bien évident que la dialectique mise en jeu dans la littérature
rejoint et recoupe celle-là même de l'histoire, et que la prise de conscience
cornélienne s'inscrit à son tour dans l'histoire réelle de la conscience
aristocratique au XVIIe siècle.

87. Cf. p. 79. C'est exactement ce que montre et démontre *la Galerie
du Palais*.

88. Si, au cours du duel de Rodrigue et de don Sanche, Rodrigue laisse
la vie à don Sanche, et que ce dernier ne se sente nullement déshonoré,

c'est qu'il était uniquement question d'un duel « judiciaire », d'un tournoi, où la dignité personnelle n'était pas en jeu, comme dans les rapports de don Diègue et de Rodrigue avec le Comte.

89. C'est dans cette perspective qu'il faut comprendre la parenté qui unit *l'Illusion Comique* au *Cid*, et que l'on a souvent notée. On s'est aperçu qu'à peu de choses près, le langage de Rodrigue est celui de Matamore. S'agirait-il là d'une espèce d'humour cornélien, qui saurait au besoin regarder les ressorts de son propre héroïsme d'un œil amusé? Ce serait bien mal connaître Corneille, que de croire qu'il puisse se servir de Matamore pour faire de l'esprit aux dépens des grands personnages tragiques. C'est exactement l'inverse qui se produit : ce que Corneille expose à la risée, c'est la contrefaçon de l'héroïsme, un héroïsme impur, qui se paye de *mots*. Comme les autres comédies, *l'Illusion Comique* représente l'étape d'une prise de conscience héroïque; elle est même, en un sens, plus proche de l'avènement final que les autres, dans la mesure où elle introduit pour la première fois la guerre, la mort et le combat à l'horizon de l'éthique cornélienne. Il s'agit, toutefois, d'une « illusion », et qui reste, comme le sursaut d'Alidor, « comique », parce que coupée du réel et « de mauvaise foi ».

> *L'un tue et l'autre meurt, l'autre vous fait pitié;*
> *Mais la* scène *préside à leur inimitié.*   (V, v, 1619-20.)

Le théâtre est donc ce lieu ambigu, dont Corneille chante les louanges,

> *L'entretien de Paris, le souhait des provinces,*
> *Le divertissement le plus doux de nos princes,*
> *Les délices du peuple et le plaisir des grands*
>
>   (Ibid., 1649-51.)

mais aussi foyer d'erreur, destiné très exactement à faire prendre les vessies pour des lanternes :

> *Leurs vers font leurs combats, leur mort suit leurs paroles,*
> *Et, sans prendre intérêt en pas un de leurs rôles,*
> *Le traître et le trahi, le mort et le vivant,*
> *Se trouvent à la fin amis comme devant.*
>
>   (Ibid., 1621-24.)

Lieu des réconciliations impossibles, univers à la fois imaginaire et inscrit dans la réalité, la scène se propose à Corneille dans une équivoque fondamentale, là où, pour Racine, elle sera transparence et pureté du drame intemporel; c'est que, chez Corneille, l'ambiguïté propre au scénique correspond très exactement à la dialectique de l'être et du paraître aristocratiques. D'un côté, en effet, la mise en scène de l'héroïsme est nécessairement *comique*, dans la mesure où elle est consciente d'être « du théâtre », c'est-à-dire du chiqué par rapport à l'épreuve authentique et réelle (d'où la cascade d'exploits matamoresques, bravoure qui se multiplie à l'infini dans le vide de l'imaginaire). Cependant, au moment où il se donne comme pur imaginaire, le comique est ce qui, sur scène, fait paraître le réel et détruit l'illusion :

> *Ainsi tous les acteurs d'une troupe comique,*
> *Leur poème récité, partagent leur pratique.*
>
>   (Ibid., 1617-18.)

La séparation de l'imaginaire et du réel se fait précisément quand « on relève la toile, et tous les comédiens paraissent avec leur portier, qui comptent de l'argent sur une table, et en prennent chacun leur part » (*ibid.*). Le rire naît ici lorsqu'on voit affleurer la réalité de l'argent sous la mascarade de l'héroïsme. Il va donc de soi que *l'Illusion Comique*, où le projet cornélien se pose pour la première fois dans sa pureté et, *en tant que théâtre,* dans sa fausseté, correspond symboliquement au jeu du réel et de l'imaginaire dans une condition aristocratique dégradée, où, nous l'avons déjà vu à propos des comédies antérieures, la *réalité de l'argent* transparaît sous l'illusion d'une supériorité qui, coupée de l'épreuve originelle et justificatrice, n'est plus qu'un souvenir mythique. La structure particulière de « play within a play », de pièce à l'intérieur d'une pièce, que l'on trouve chez Shakespeare, dans l'épisode de la « souricière » hamletienne, ou, de nos jours chez Pirandello et chez Genet, et dont on a toujours souligné la présence dans *l'Illusion Comique*, caractérise justement les moments de crise où l'être et le paraître humains se confondent, et où le théâtral devient inextricablement le réel. Pour le pessimisme moderne, l'être n'est pas récupérable sur le paraître; pour Shakespeare et Corneille, la réalité finit par jaillir de la théâtralité. Le *vrai* Claudius paraît, pris dans la souricière; chez Corneille, le Magicien de *l'Illusion* a seul, en définitive, la clé du réel. Tandis que les aventures de Clindor ne nous offraient qu'un simulacre, les exploits de Rodrigue nous transportent au lieu même de la réalité héroïque. Si l'on veut, Matamore, c'est le fantôme que Rodrigue incarnera par l'affrontement de la mort. La norme de vérité trouvée, le « Meurs ou Tue » de don Diègue ayant enfin éclaté dans le désert spirituel, en un mot, l'être de l'homme étant reconquis sur le paraître, le théâtre se supprime en tant que conscience d'être théâtre, il adhère de nouveau pleinement à lui-même. C'est l'instant où la comédie se consomme et s'accomplit dans la tragédie.

90. Cf. pp. 91-92.

91. Cf. p. 94, note 83.

92. Ce dernier, en effet, dans son *Discours de la Tragédie*, illustrant la discussion par l'exemple respectif de *Rodogune* et du *Cid*, écrit : « Lorsqu'on agit à visage découvert, et qu'on sait à qui on en veut, le combat des passions contre la nature, ou du *devoir contre l'amour*, occupe la meilleure partie du poëme. » (Ed. Pléiade, I, p. 99).

93. C'est notamment, l'interprétation de critiques aussi différents, dans leur compréhension de Corneille, que Péguy : « leur idée, leur système de pensée, c'est que la destination de l'amour est la même que la destination de l'honneur » (*Note conjointe*, Œuvres, t. IX, p. 176) et R. Caillois : « on se demande où réside dans la pièce le conflit entre le devoir et la passion. » (*N. R. F.*, mars 1938, p. 479).

94. O. Nadal, *op. cit.*, p. 168. Il faut comprendre, toutefois, que Nadal réagit ici, non sans raison, contre l'interprétation « lansonienne » des Stances, qui les réduit à un schéma délibératif de type intellectuel. Cf., par exemple, l'analyse de G. Reynier : « Et déjà se dessine ici la conception des héros cornéliens : ils ne sont pas des impulsifs, ils ne se laissent pas porter par les événements, ils les dominent. Si fort que soit leur émoi, c'est au tribunal de la raison qu'ils soumettent la cause : c'est elle qui pèse les motifs, qui examine les solutions et qui rend l'arrêt. » (*Le Cid*, p. 131).

95. Sartre, *op. cit.*, p. 528. En d'autres termes, il ne fait aucun doute que l'expression pure de la douleur prenne ici la *forme* délibératoire; il y a une superstructure logique et un progrès argumentatif des Stances, qui est indiscutable : 1° Douleur immobile. 2° Que faire? Dilemme. 3° Solutions alternatives : impossibles. 4° Seule solution : la mort. 5° Mort : n'est pas une solution. 6° Seule possibilité réelle : vengeance. Ce qui est important, c'est de comprendre cette *superstructure logique* comme transposition, sur le plan du rationnel, d'une *infrastructure émotionnelle*, qu'il convient ici de mettre à nu.

96. Cf. pp. 38 et suiv. On connaît assez le soin avec lequel le Corneille repenti de 1660 corrige, dans ses pièces de jeunesse, les traits de sa plume

un peu trop suggestifs. Il faut croire qu'il n'a pas réussi à désarmer les susceptibilités des défenseurs perspicaces de la « morale », tel Laharpe, déplorant, chez Corneille, la violence faite aux « bienséances du sexe » : « Corneille les a blessées trop souvent, même dans ses ouvrages les plus estimés : c'est un sentiment qu'il n'avait pas. Chez lui, Pauline dit, en parlant de Polyeucte [*sic*] :

Il est toujours aimable, *et je suis toujours femme.*

Émilie dit qu'elle a promis à Cinna *toutes les douceurs de sa possession,* que ses *faveurs* l'attendent. On pourrait citer beaucoup de traits semblables; mais il suffit d'indiquer le défaut général. » (*Lycée,* t. III, p. 568). Bossuet savait parfaitement sur quel plan se situait d'emblée le drame de Rodrigue et de Chimène, comme en témoigne sa clairvoyante dénonciation : « Dites-moi, que veut un Corneille dans son *Cid,* sinon qu'on aime Chimène, qu'on l'adore avec Rodrigue, qu'on tremble avec lui, lorsqu'il est dans la crainte de la perdre, et qu'avec lui on s'estime heureux lorsqu'il espère de la posséder. » (*Maximes et réflexions sur la comédie,* Œuvres, éd. Calvet, 1919, pp. 580-81). Cet aspect essentiel, et longtemps négligé, du drame a bien été mis en lumière par Nadal : « le premier mouvement de l'amour rappelle invinciblement à Rodrigue la personne de Chimène non comme un objet d'estime et d'adoration, mais comme une promesse de jouissance. » (*op. cit.,* p. 166). Nous aurons maintes occasions de revenir sur la puissance de l'envoûtement sensuel chez Corneille — qui ne date pas des célèbres vers de *Psyché.*

97. Nous renvoyons le lecteur, sur ce point capital, à l'article très intéressant de R. Champigny, déjà cité, « Corneille et le *Traité des Passions* ». L'auteur, après avoir montré, à la suite de Nadal, qu'il ne s'agit en rien d'un exercice « rationnel », a très bien aperçu que, dans cette « délibération », Rodrigue est « de mauvaise foi », et qu'il n'est pas simplement ballotté par les mouvements de la passion : « Ce n'est pas un philosophe qui a parlé, mais un habile avocat, lequel a essayé de nous convaincre et, en même temps, de *se* convaincre. Pour adopter des termes à la mode, au lieu d'un choix authentique, nous avons affaire à un remarquable exemple de mauvaise foi. » (*French Review,* v. 26, p. 115). Nous nous écartons, toutefois, de l'interprétation de Champigny, dans la mesure où elle méconnaît précisément que la grandeur de Rodrigue, c'est de *sortir* de sa mauvaise foi par une graduelle et impitoyable prise de conscience.

98.
> *Rechercher un trépas si mortel à* ma gloire!
> *Endurer que l'Espagne impute à ma mémoire*
> *D'avoir mal soutenu l'honneur de ma* maison!

(Ibid., 382-34.)

99. C'est un fait bien connu que la colère contre une chose, que l'on cassera, par exemple, dans un accès de fureur, relève d'une attitude spontanément et momentanément « animiste », qui humanise l'objet et lui prête un statut de responsabilité et de culpabilité symboliques.

100. S'appuyant sur des passages différents (III, IV, 910 et V, VI, 1758), G. Couton est arrivé, sur ce point, à la même conclusion : « Les répliques sont parallèles, presque interchangeables. Les rôles des amants tiennent leur beauté de n'être pas séparables, et de constituer un duo, non seulement dans les moments lyriques, mais tout au long du drame. » (*Corneille,* pp. 43-44).

101. La palme ici revient sans conteste à R. Brasillach : « Dans cette scène célèbre, la voix que nous entendons, c'est la voix même, sourde,

basse de la jeunesse émue... et qui, à tâtons, dans la lumière pâle de la lune, près du jardin d'Espagne, où les fleurs exhalent leurs parfums, se cherche, se reconnaît. » (*Pierre Corneille*, p. 147).

102. On trouve comme une timide prise de conscience de cette pénible vérité, une première esquisse de cette interprétation chez M. Tastevin, dans son analyse de Chimène : « Rodrigue a vraiment bien de la cruauté en demandant à une aussi tendre amante de le tuer elle-même... Il répète cependant sa demande à plusieurs reprises et il oblige la pauvre fille à chercher, pour refuser, de subtiles et mauvaises raisons... » (*Les Héroïnes de Corneille*, Champion, 1924, p. 13).

103. En effet, la pièce de Shakespeare, tragédie *lyrique* (alors que le lyrisme du *Cid* n'est qu'une échappée, aussitôt contenue, de quelques vers), valorise le pur *sentiment*, largement ouvert sur le corps et la nature, amour qui se jure sur un croissant de lune, qui culmine dans la consommation charnelle de la nuit et s'éveille au chant du rossignol. Le monde féodal et ses querelles, l'épreuve de l'épée, en paraissent, du coup, ridicules et féroces ; la femme, à l'opposé, incarnation des valeurs sensibles et du monde naturel, est sur un piédestal, — très exactement en haut sur ce balcon, où Roméo, symboliquement, doit s'élever jusqu'à elle. La tragédie shakespearienne, à cet égard, représente l'éclatement et la dissolution de la tradition féodale et comme une justification posthume de l'hérésie de Tristan et Iseult. La pièce de Corneille, au contraire, consolide et approfondit la ligne « dure » de l'éthique aristocratique : la femme y aura donc, sous les espèces de Chimène et de l'Infante, comme nous le verrons, le *dessous*.

104. Nous simplifions ici quelque peu. Il faut concéder à O. Nadal que le projet de Rodrigue a bien un côté « trouble » et « déconcertant », mais pas au sens où l'entend ce critique : l'acharnement du héros ne marque pas du tout l'« échec de l'éthique aristocratique de la gloire », mais son apogée (nous y reviendrons) ; cependant, tout en servant *objectivement* la pure éthique de la Maîtrise, *subjectivement* — si l'on nous permet de reprendre une distinction qui a fait fortune à notre époque —, les mobiles de Rodrigue ne sont rien moins que purs. On se souvient que, dans les Stances, il s'était laissé aller un instant à la tentation du suicide : « Il vaut mieux courir au trépas... ». Cette tentation reparaît curieusement, au moment où il semble s'affirmer de la façon la plus vigoureuse :

> *Punis-moi par vengeance, ou du moins par pitié.*
> *Ton malheureux amant aura bien moins de peine*
> *A mourir par ta main qu'à vivre avec ta haine.*
>
> (v. 960-62.)

Démonstration extérieure de force, la « poursuite » de Chimène par Rodrigue laisse entrevoir, chez celui-ci, une *inquiétante faiblesse*, si bien que la victoire apparente de la Maîtrise se trouve contestée, en dessous, par la fuite devant la « peine » et la « perte », c'est-à-dire par l'invasion du Sentiment. Il n'y a là, croyons-nous, aucune contradiction de la part de Corneille, mais, au contraire, chez ce dramaturge réputé simple et, au besoin, simpliste, une humaine complexité : le héros ne saurait s'accomplir tout d'un trait et les personnages de Corneille, malgré la légende, ne sont pas d'une pièce.

105. C'est ici le lieu, croyons-nous, de dire quelques mots du personnage ingrat de l'Infante, que nous avons rencontré au début de notre analyse et qui n'apparaît pas moins de sept fois, au cours de la pièce. Elle a même droit, tout comme Rodrigue, à des Stances. Pourtant, elle a été condamnée très tôt à l'unanimité et décrétée inutile. Corneille semble s'être rendu de bonne grâce à cette condamnation, qu'elle partage avec la Sabine d'*Horace*,

« étant toutes deux des personnages épisodiques qui s'émeuvent de tout ce qui arrive selon la passion qu'elles en ressentent, mais qu'on pourrait retrancher sans rien ôter de l'action principale. » *(Deuxième Avertissement au Lecteur.)* Il est certain que, du point de vue de l'économie dramatique, la sentence est juste, puisque le personnage reste coupé de l'action et en marge de la pièce. Mais c'est justement ce manque de prise total d'une *fille de roi* sur cette action, cette impuissance de la toute-puissance qui constituent l'intérêt indéniable de l'Infante. Nous avons vu (pp. 87-88) que la situation de l'Infante était une *situation de comédie*, transposée dans le monde historique de la tragédie. Or, dans la succession des scènes où elle apparaît, l'Infante *continue* le jeu de la mauvaise foi comique. Forte de son rang, qui l'élève malgré elle, si l'on peut dire, au-dessus des autres personnages, elle ne cesse de se donner une puissance imaginaire, proposant à Chimène d'arrêter le duel de Rodrigue et du Comte (II, iii), conseillant Chimène de haut au nom du bien public (IV, ii), déclarant enfin que, devant l'amour de Rodrigue et de Chimène, elle se fait violence :

> Je me vaincrai *pourtant, non de peur d'aucun blâme,*
> *Mais pour ne pas troubler une si belle flamme...*
> Je ne veux point reprendre un bien que j'ai donné...
> Allons encore un coup le donner à Chimène.

(V, iii, 1637-38, 1640, 1642.)

Bien entendu, elle ne « donne » rien du tout, — que ce qui est déjà donné sans son concours et qui, par principe, échappe à son contrôle. Cette « victoire sur soi » n'est donc qu'une supercherie, par laquelle elle essaie de se donner le change, couvrant d'une puissance et d'un triomphe *imaginaires* une impuissance et une défaite *réelles*. De fait, et selon l'excellente description qu'en donne Corneille, émue « de tout ce qui arrive selon la *passion* qu'elle en ressent », l'Infante est tout attente *passive*; chaque épisode, chaque mouvement de la pièce la trouve palpitante et liée au destin des autres — suivant l'ascension de Rodrigue, espérant contre tout espoir le reprendre et renonçant *vraiment* à lui que contrainte et forcée, *de l'extérieur*, par les circonstances :

> Puisque pour me punir le destin a permis
> Que l'amour dure même entre deux ennemis.

(V, ii, 1595-96.)

Ces jeux de la faiblesse et de la mauvaise foi classent donc l'Infante parmi les personnages de comédie, ce qui, naturellement, ne veut point dire que sa souffrance ne soit pas des plus vives. Mais, chez Corneille, la comédie n'exclut en rien la souffrance et le « comique » n'est jamais « drôle » : simplement, la douleur reste, dans le théâtre cornélien, comique, lorsqu'elle se donne la comédie. Le personnage de l'Infante ne nous paraît donc pas inutile : il renforce et complète le sens du drame : 1° *psychologiquement*, en concourant, avec Chimène, à définir un type d'attitude humaine *féminin*, où le règne des sens et du sensible fait contraste à la « mâle » Maîtrise de Rodrigue; 2° *dramatiquement* (et, si l'on peut dire, non pas en dépit, mais en vertu de sa passivité) en servant de système de référence, d'axe de coordonnées à la courbe héroïque que décrivent les autres personnages — et c'est là le sens de cette permanence du niveau comique au sein de la tragédie, qu'assure l'Infante, à la différence de Chimène, qui ne retombe au niveau comique qu'après s'y être un moment arrachée; 3° *politiquement* — c'est un point des plus importants —, l'Infante rappelle que le rang n'est qu'impuissance sans la Maîtrise authentique (ce n'est pas une coïncidence si à la fois le roi, son père, et l'Infante apparaissent éminemment comme des *faibles*, face au Comte et à Rodrigue, et nous en verrons les conséquences). En bref, planté au cœur d'une pièce où prend conscience de lui-même le mouvement tragique, le drame

de l'Infante est celui de l'*immobilité ;* ainsi que le disent fort bien ses
derniers mots à sa suivante Léonor :

> *Viens me voir achever comme j'ai commencé.*

(V, III, 1644.)

106. Comme l'attestent les vers fameux qui terminent la scène IV de
l'acte III :

> — *Chimène, qui l'eût cru ?* — *Rodrigue, qui l'eût dit ?* etc.

où la beauté des vers ne saurait dissimuler, chez les deux personnages,
un affaissement du tonus héroïque.

107. R. Bray, dans son étude sur *La Préciosité et les Précieux* (Albin
Michel, 1948) a bien montré le parallélisme (p. 139), mais aussi la différence profonde (pp. 221 sq.) entre Corneille et le mouvement précieux.

108. Sauf, bien entendu, quand on pousse la thèse à l'absurde, à la
manière de F. J. Tanquerey, dans un article de la *Revue des Cours et
Conférences* (juillet 1934), célèbre dans les annales de la critique cornélienne, où, sous prétexte de mettre en lumière le rôle des passions dans
ce théâtre, l'auteur en arrive à écrire que Corneille a songé à peindre
« des hommes et des femmes que mènent, ou comme il dit lui-même [*sic*],
que maîtrisent les passions communes de l'humanité. » Ce contresens
flagrant n'a heureusement eu que peu de zélateurs.

109. P. Bénichou, *Morales du Grand Siècle*, p. 25. Cette conception de
l'héroïsme cornélien comme mouvement porté par la nature et la passion
se trouve également chez O. Nadal, *op. cit.*, notamment p. 136 et p. 274.

110. Contre l'ensemble de la critique moderne, influencée par Tanquerey,
laquelle voit dans l'héroïsme cornélien un mouvement spontané qui soulève
et exalte la nature noble, nous croyons résolument à l'interprétation
inverse, proposée, à peu près seul, par R. Schneider, et dont il donne une
excellente formule : « ... on n'atteint au sommet de la puissance que par
la voie du sacrifice » (*op. cit.*, p. 36). Telle est bien la loi inexorable de la
toute-puissance cornélienne : « tout est sacrifice, même la vie » (*ibid.*,
p. 38) ; ou encore : « Ainsi tout est contrainte dans la vie des puissants et
c'est le seul sujet qui ait paru au poète digne de lui » (p. 57). Nous retrouverons ce thème, encore amplifié, à propos d'*Horace*.

111. Il y a évidemment un rapport précis entre la manière dont le bourgeois ou l'aristocrate traitent la *passion* et l'*argent*, c'est-à-dire deux
relations de *possession* des êtres ou des choses. Tandis que l'attitude bourgeoise est cumulatrice et progressive, balançant profits et pertes, cherchant le salut économique dans l'équilibre, et moral dans le juste milieu,
l'attitude aristocratique est, en tous domaines, soumise au principe du
tiers exclu et du tout ou rien. C'est ce que confirme, d'ailleurs, un regard
sur l'époque : « Si la noblesse a maintenu, en somme, au XVIIe siècle, en
face d'une bourgeoisie en possession des grands emplois civils, son prestige et ses positions, c'est qu'elle était passée maîtresse en l'art de servir
noblement — c'est le cas de le dire — et d'user de la vie et des biens de
fortune, non en serve mesquine, mais en reine qui les dispense et qui sait
au besoin les prodiguer : c'est cela qui distingue et qui constitue, essentiellement, l'honnête homme et le chevalier. » J.-E. Fidao-Justiniani,
Qu'est-ce qu'un classique ? (Firmin-Didot, 1930, p. 60).

112. Cf. note 104.

113. Nous aurons à étudier le rôle du « peuple » de façon précise, plus
tard.

114. Notre interprétation du « combat contre les Mores » va donc à l'encontre de celle que proposait G. Reynier dans son *Cid :* « Il [Rodrigue] ne songe guère à se faire valoir. Pas de trace chez lui de cette satisfaction d'orgueil dont d'autres héros de Corneille se payeront eux-mêmes de leurs beaux efforts », p. 194.

115. C'est ce qu'avait parfaitement deviné la prescience amoureuse de l'Infante, qui, dès l'acte II et dès l'issue du duel de Rodrigue et du Comte, avait prévu la trajectoire héroïque des conséquences :

> Que ne fera-t-il point, s'il peut vaincre le Comte?
> *Je m'ose imaginer qu'à ses moindres exploits*
> *Les royaumes entiers tomberont sous ses lois;*
> *Et mon amour flatteur déjà me persuade*
> *Que je le vois assis au trône de Grenade, etc.*

(v. 534, sqq.)

116. J. Starobinski, dans l'article précité, a très bien mis en évidence l'importance et la signification du « nom », qu'il rattache à l' « éblouissement » et à la vertu magique du Moi. Nous croyons qu'au niveau de l'héroïsme authentique, le monde des rapports magiques se dépasse en une véritable théologie.

117. A. Malraux, *la Condition Humaine*, p. 192. On sait comment J-P. Sartre a, depuis, repris et développé, sur le plan de l'analyse existentielle, cette formule, à laquelle Malraux avait été conduit par l'approfondissement du projet héroïque et dont Sartre a fait le projet humain fondamental. « Ma liberté », comme il écrit dans *l'Être et le Néant*, est « choix d'être Dieu et tous mes actes, tous mes projets, traduisent ce choix et le reflètent de mille et mille manières.» (p. 689). Il reste discutable de savoir si ce désir d'être-Dieu est bien le projet ultime de *tout* homme, mais il est indéniable qu'il caractérise le projet *aristocratique* dans son essence.

118. Cf. A. Kojève, *op. cit.*, p. 16 : « La réalité humaine ne peut s'engendrer et se maintenir dans l'existence qu'en tant que réalité reconnue. Ce n'est qu'en étant « reconnu » par *un autre*, par *les autres*, et — à la limite — par *tous les autres*, qu'un être humain est réellement humain. » Du duel nobiliaire et amoureux à la guerre, et de la guerre à la légende, telle est bien la courbe suivie par l'héroïsme dans *le Cid*.

119. Ceci n'est vrai qu'au stade du *Cid*, qui sera contredit et dépassé par l'évolution ultérieure.

120. C'est lui qui formule le principe du « Meurs ou Tue », axiome de la Maîtrise héroïque. Il y a souvent, chez Corneille, un personnage gardien des principes et qui sert de conscience intellectuelle et morale aux autres. Dans *Cinna*, ce sera Livie.

121. De ce point de vue, *le Cid* marque un progrès dans la prise de conscience aristocratique, par rapport à *la Place Royale*. Si, en effet, par opposition à l' « universalisme » bourgeois, la conscience aristocratique proclame et réclame, avec Alidor, sa *singularité* (cf. p. 67) et fonde sa morale sur l'orgueil du Moi, — à une étape ultérieure, le Moi se dépasse à son tour dans la dimension nouvelle de la « classe », où les relations de réciprocité et d'équivalence nient la pure individualité empirique. Mais Alidor prendra bientôt sa revanche sur Rodrigue : il va falloir, au sein d'une classe devenue *indistincte*, recréer la *distinction* aristocratique. Ce sera le problème central d'*Horace*.

122. Il existe tout un côté proprement *politique* du *Cid*, dont il sera question plus tard, à propos de *Cinna* (pp. 185 sqq.). Le problème

est ici esquissé par l'analyse des relations de Rodrigue et du Comte.

123. Cf. pp. 114-115.

HORACE OU LA CONQUÊTE DE SOI

124. Ceci est vrai, du moins, des premières tragédies. Plus tard, il se produira, dans le théâtre de Corneille, un véritable renversement, une « inversion » des sexes, dont il nous faudra rendre compte. (Cf. pp. 292 sqq. et 355 sqq.)

125. Non seulement, ainsi que nous le notons plus bas, la morale héroïque reste, chez Julie, stationnaire, c'est-à-dire médiocre, mais elle a quelque chose de borné. Un peu comme don Diègue déclarait : « Il n'est qu'un seul honneur, il est tant de maîtresses! », méconnaissant le caractère « unique » de l'amour et, par conséquent, la nature véritable de l'épreuve héroïque, Julie dira de Sabine à Camille :

> *... elle est pourtant plus à plaindre que vous.*
> On peut changer d'amant, *mais non changer d'époux.*
>
> (I, ii, 145-46.)

126. Par exemple, Renan : « Il [Curiace] est plus humain qu'Horace, et par conséquent un peu plus faible et plus intéressant. C'est l'homme *normal*, c'est ce que *nous* voudrions être en une telle position... » (souligné par nous). *Sur Corneille, Racine et Bossuet*, |Cahiers de Paris, 1926, p. 22.

127. A certains égards, toutefois, *Horace ou la Naissance de l'Homme* nous paraît contenir les plus graves erreurs, notamment sur le personnage de Camille, qui devient « un petit visage torturé » (p. 21), une « petite Camille de rien du tout » (p. 42), « pitoyable comme une pauvre folle en haillons » (p. 69). D'une façon générale, le livre souffre de ce défaut qui consiste à substituer sans cesse le point de vue du critique à celui de l'auteur. Pour réfuter l'interprétation selon laquelle Horace se sacrifierait finalement à sa « gloire », L. Herland s'écrie : « les fous meurent pour des mots, jamais un héros de Corneille; et la gloire est-elle plus qu'un *mot?* » (p. 109). Dans une optique chrétienne, peut-être; dans l'optique cornélienne, où la gloire est le maître-mot et la clé de voûte de tout l'édifice moral, sûrement pas. Il ne s'agit pas de savoir ce qu'est la « gloire » pour L. Herland, mais pour Horace. De tels procédés faussent irrémédiablement l'analyse et c'est pourquoi d'excellentes remarques de détail aboutissent à une interprétation d'ensemble insoutenable.

128. Rendu à l'héroïsme originel dans la chaleur du combat, Curiace, notons-le, reniera, avec les cinq autres combattants, ce sentiment indigne, ainsi que Julie nous l'apprend dans son fameux récit de la bataille :

> *... alors qu'on les déplore, ils s'estiment heureux*
> *Et prennent* pour affront la pitié *qu'on a d'eux.*
>
> (III, ii, 801-02.)

129. Aucune *équivalence* possible entre les deux points de vue opposés, que certains critiques bien intentionnés ont voulu réconcilier, tel A. Dorchain, déclarant Horace et Curiace « patriotes chacun à leur manière » (*op. cit.*, p. 200).

130. Cette confrontation, à peine indiquée jusqu'ici (cf. *Galerie du Palais*, pp. 79-80), apparaît, au contraire, avec force, dans les dernières tragédies. Elle est également esquissée avec vigueur chez Molière et, en particulier, dans les scènes « paysannes » de *Dom Juan*, où la noblesse s'aperçoit à travers le regard de l'Autre, qui n'est nullement un « alter

ego » et renvoie le « grand seigneur » à son monde propre et différent :
« Testiguenne! parce qu'ous êtes Monsieur, ous viendrez caresser *nos*
femmes à notre barbe? Allez-v's-en caresser *les vôtres* » (III, III). *Œuvres*,
Ed. Garnier, I, p. 735.

131.

Et le combat cessa faute de combattants...

Tel est surtout le sens de ce vers célèbre, puisque le combat cesse, en
fait, quand la peur envahit l'armée moresque.

132. Outre le critique allemand R. Schneider (cf. note 110), le critique anglais Harold C. Ault a très bien vu ce côté automutilateur des
héros cornéliens, dans son article sur le « génie tragique de Corneille »
(*Modern Language Review*, 1950, v. 45, pp. 164-176) : « they are human
beings who have forced themselves to achieve something out of the reach
of the normal run of mankind... And in that achievement they are scarred
for ever... » p. 175. (Ce sont des êtres humains qui se sont forcés à accomplir quelque chose qui dépasse la portée de l'humanité ordinaire... Et,
ce faisant, ils en gardent à jamais la *cicatrice*...). La tragédie cornélienne
est excellemment définie par le même critique : « ... the tragedy of the
will, of the man who has forced himself to such a pitch of resolution that,
to conquer his eternal crown, he must close his heart on those nearest
him and, in so doing, slay a part of himself. » (*ibid.*) (« la tragédie de la
volonté, de l'homme qui s'est obligé à une résolution d'une telle hauteur,
que, pour conquérir sa couronne éternelle, il doit fermer son cœur à ceux
qui lui sont *le plus proches* et, par là même, *tuer une partie de soi*. »

133. Cf. apostrophe de Camille à Curiace, qui veut se battre avec
Horace : « ... cesse d'*aspirer* au nom de fratricide » (II, v, 600).

134 Dans son excellent article sur « Corneille et *l'Astrée* » (*op. cit.*,
p. 371), E. Droz avait déjà bien senti que le « patriotisme » d'Horace
n'était qu'une autre forme de sa conscience de classe, et non de son « nationalisme », au sens moderne : « Horace est un patriote, oui, et nous l'admi-
rons à ce titre. Mais ce n'est pas sa patrie qu'il chante en marchant au
combat, c'est l'éclat du *renom* qu'il va gagner dans cette lutte fratricide,
dont la rareté enfle son *orgueil*, tandis que Curiace n'en ressent que l'horreur. » (souligné par nous).

135. Il faut, d'ailleurs, citer le reste du passage, où le thème est rendu
encore plus explicite :

> *Tourne ailleurs les efforts de tes bras triomphants;*
> *Sa joie éclatera dans l'heur de ses enfants,*
> *Et se laissant ravir à l'amour maternelle,*
> *Ses vœux seront pour toi, si tu n'es plus contre elle.*

(v. 57-60.

136. Pour l'explicitation du sens profond de l' « inceste », nous aimerions renvoyer le lecteur à la belle analyse qu'en a esquissée Claude Vigée,
dans *l'Été Indien* (Gallimard, 1957, pp. 131-143). Du point de vue de ce
poète, — qui voit, dans la hantise horrifiée de l'inceste, la nostalgie d'un
« inceste heureux », unissant l'homme à l'origine parentale et ontologique,
chez une conscience coupable et isolée dans le Moi, — l'héroïsme cornélien
paraîtrait sans doute la pointe extrême de l'orgueil démoniaque et de la
révolte sacrilège. La conscience aristocratique serait, en somme, la forme
absolutiste de la conscience malheureuse.

137. L. Herland, *op. cit.*, p. 111.

138. C'est n'avoir pas lu le texte que d'écrire, comme on a pu le faire,
sans doute pour atténuer l'horreur de cette scène : « Horace ne s'attendait
pas à la lutte. Absorbé dans sa joie superbe, il n'avait pas même prévu

le chagrin de Camille. » (M. Tastevin, *op. cit.*, p. 61). G. Couton a, sur ce point, remis les choses en place : « Ces recommandations du frère à la sœur présentent une double utilité : elles préparent le meurtre de Camille, coupable de n'en avoir pas tenu compte; elles font mieux connaître et mieux juger Horace... » (*Corneille*, p. 56).

139. Cf. Vieil Horace :

> *Mais enfin l'amitié n'est pas du même rang,*
> *Et n'a point les effets de l'amour ni du sang...*
>
> (III, v, 957-58.)

140. Cf. citation de Sabine, p. 165.

141. J. Lemaître lance l'idée : « Camille semble une femme de Racine, non certes par sa langue, mais par son intime complexion » (*op. cit.*, p. 286). L'idée fait fortune et on la retrouve jusque chez des commentateurs récents, auxquels O. Nadal répond très justement : « Moins subtile, plus instinctive, Camille ferait pressentir quelque héroïne racinienne. Mais elle est trop le contraire des héroïnes cornéliennes pour cesser de leur ressembler. » (*op. cit.*, p. 182).

142. Il y a là, chez Corneille, que l'on dit peu psychologue à l'ordinaire, une analyse très précise de la « mauvaise foi », conscience momentanée qui se renie et se fuit dans l' « obscurité », et qu'il ne faut pas un instant confondre avec l'insincérité, mensonge évident à soi-même. Sabine est à la fois parfaitement « sincère » et « de mauvaise foi ». Telle est la complexité particulière de cette conduite : toute mauvaise foi qui n'est pas pure hypocrisie est « mauvaise foi de bonne foi ».

143. Cf. plus loin, pp. 165 et suiv.

144. Nous nous rencontrons ici tout à fait avec l'interprétation que Nadal donne du personnage de Camille : « Ainsi dans son plus vif ressentiment, essayant de justifier son attitude, elle en appelle toujours à l'éthique de la Gloire et la retourne contre son père et le « cruel vainqueur ». C'est la gloire qui lui commande de « dégénérer », d'être « indigne sœur » (*op. cit.*, p. 183). Le seul point sur lequel nous nous écartons de Nadal, c'est lorsqu'il fait, du duel du frère et de la sœur, une sorte d'accident historique : « Elle [Camille] est cette voix qui s'élève contre les desseins de conquête que l'histoire impose à certains peuples privilégiés. » (*ibid.*). Pour nous, il s'agit d'une contradiction non externe, mais interne, non contingente, mais nécessaire, à l'intérieur de la dialectique même de la Maîtrise.

145. Par son geste de défi, Camille se placera aussi résolument et aussi sûrement « hors de l'ordre commun » qu'Horace, allant même, comme nous le verrons, jusqu'à contester tout ordre.

146. Cf. la célèbre description du combat par Valère :

> *C'est peu pour lui de vaincre, il veut encor braver.*
>
> (IV, II, 1130.)

147. Nous avions déjà rencontré la « pauvre folle en haillons » de L. Herland (cf. note 127). Nous la retrouvons chez G. Couton : « Folle de douleur, reniant père et patrie... pauvre brebis galeuse qui n'a plus sa place dans le troupeau. » (*Corneille*, p. 57).

148. Horace, en effet, connaît bien et nomme l'adversaire :

> *Le nom est dans ta bouche et l'amour dans ton cœur...*
> *Ta bouche la demande et ton cœur la respire... etc.*
>
> (v. 1270, 1272.)

149. G. Couton a fort justement noté, dans son *Réalisme de Corneille*, à propos du *Cid*, qu'il existe un « racisme » cornélien, de caractère inter-

national et aristocratique. Ceci est tout aussi vrai du « patriotisme » d'Horace, qui est essentiellement celui d'une classe, et non d'une nation, — celui de Condé qui, au besoin, s'allie aux Espagnols contre les armées de France.

150. L'interprétation qui semble prévaloir est celle que l'on trouve par exemple chez G. Couton : « elle cherche peut-être la mort, *sans se l'avouer* » (*Corneille*, p. 57) ou encore chez le critique américain L. Lockert : « Clearly she *never conceives* that her death may be the cost of her imprecations... » (*Studies*, 1958, p. 39, n. 1). Il existe, toutefois, des exceptions. Ainsi L. Lemonnier, dont la biographie alerte de Corneille contient nombre de remarques inédites et pénétrantes sur l'œuvre même : « Elle [Camille] brave la mort et elle *l'obtient*. C'est un beau, c'est un noble cri de désespoir contre le sort qui l'a mise dans une situation inextricable » (*op. cit.*, p. 106). Les remarques du critique danois V. Vedel sont encore plus explicites, lorsqu'il voit dans l'attitude de Camille bien plus qu'une réaction émotive : « ... même la provocation de Camille et son meurtre par son frère sont, bien qu'amenés par une surexcitation extrême, des actes d'une volonté *pleinement consciente* et dont les auteurs sont responsables avec toute leur personnalité » (*op. cit.*, p. 98). — Souligné par nous.

151. Cf. la prière de Sabine à Horace :

> *Cher époux, cher auteur du tourment qui me presse,*
> *Écoute la pitié, si ta colère cesse;*
> *Exerce l'une ou l'autre, après de tels malheurs,*
> *A punir ma faiblesse, ou finir mes douleurs :*
> *Je demande la mort pour grâce, ou pour supplice.*

(IV, VII, 1383-87.)

152. « Tous veulent que la mort de Camille en gâte la fin... mais je ne sais si tous en savent la raison. On l'attribue communément à ce qu'*on voit cette mort sur la scène*; ce qui serait plutôt la faute de l'actrice que la mienne... » (*ibid.*).

153. Cf. Horace, durcissant en « loi » ce qui était rapport spontané chez Rodrigue et Chimène :

> *Fais-toi de mon exemple une immuable loi.*

(IV, VII, 1362.)

154. Le récit de sa victoire sur les Mores, à cet égard, ne représente nullement pour Rodrigue un déploiement d'éloquence gratuit : non seulement Rodrigue se trouve inculpé d'avoir tué en duel le Comte, mais d'avoir pris une grave initiative militaire à l'insu du roi. La narration épique est un *plaidoyer déguisé*.

155. Contrairement à la thèse de Faguet : « Le personnage principal ce n'est pas Horace le fils, c'est Horace le père. C'est lui qui est l'âme même de la pièce. » (*En lisant Corneille*, p. 119).

156. Critiquant le commentaire de Voltaire sur le « Qu'il mourût! » : « tout l'auditoire fut si transporté, qu'on n'entendit jamais le vers faible qui suit », Laharpe soulignait l'importance du second vers, lequel montrait le dessous des sentiments « paternels » (*Lycée, op. cit.*, p. 486). Se plaçant également au point de vue esthétique, M. Souriau, dans son étude sur *L'évolution du vers français au XVIIe siècle*, défendait le « second vers » de façon révélatrice : « Le héros parle d'abord, puis le père... c'est un cri du cœur. » (p. 174).

157. A qui le vieil Horace et le Roi devront tour à tour rappeler les rudiments de la bonne conduite :

Vieil Horace :

> *Tous trois désavoueront la douleur qui te touche,*
> *Les larmes de tes yeux, les soupirs de ta bouche...*
> *Sabine, sois leur sœur, suis ton devoir comme eux.*

(v. 1643-44, 1646.)

Tulle :   *Sabine, écoutez moins la douleur qui vous presse;*
Chassez de ce grand cœur ces marques de faiblesse:
C'est en séchant vos pleurs que vous vous montrerez
La véritable sœur de ceux que vous pleurez.

(V, III, 1767-70.)

158. Ce qui est l'interprétation générale de L. Herland : « L'héroïsme d'Horace est déjà un héroïsme chrétien », *op. cit.*, p. 91. Nous reviendrons, à propos de *Polyeucte*, sur l'interprétation « chrétienne » de Corneille.

159. C'est ce qu'a très bien vu R. Schneider : « Car c'est pour la gloire que vit le héros ; et c'est le tragique de cette gloire qu'elle se détruit elle-même en tendant toujours, dans son éternelle insatisfaction, vers une région où elle ne peut plus croître. » (*op. cit.*, p. 38).

160.

Horace, ne crois pas que le peuple stupide
Soit le maître absolu d'un renom bien solide...

(V, III, 1711-12.)

161. Cf. signification de la « justice » royale pour Tulle :

Permettez qu'il achève, et je ferai justice:
J'aime à la rendre à tous, à toute heure, en tout lieu.
C'est par elle qu'un roi se fait un demi-dieu.

(V, II, 1476-78.)

162. Tout se passe comme si la conclusion d'*Horace* reprenait la conclusion du *Cid* : « Laisse faire le temps, ta vaillance et *ton roi* », en donnant enfin à ce dernier personnage un rôle réel, et non pas simplement verbal.

CINNA OU LA CONQUÊTE DU POUVOIR

163. G. Couton, *Réalisme de Corneille* (1953), p. 116.

164.

Faites doubler la garde aux murs et sur le port.
C'est assez pour ce soir.

Le Cid (II, VI, 631-32.)

165. Cf. *Examen du Cid :* « Il [le Roi] est inexcusable de n'y donner aucun ordre après leur arrivée, et de *laisser tout faire à Rodrigue.* »

166.

Mais, Sire, pardonnez à ma témérité,
Si j'osai l'employer sans votre autorité :
Le péril approchait...

(IV, III, 1247-49.)

167.

C'est de cette façon que, pour votre service...

(IV, III, 1329.)

168.

Pour posséder Chimène et pour votre service,
Que peut-on m'ordonner que mon bras n'accomplisse?

(V, VII, 1833-34.)

169. Cf. notamment A. Adam, *Histoire de la Littérature française au XVIIe siècle*, t. I, pp. 531 sqq.

170. Cette déclaration de principes sera encore renforcée plus loin :

Je fais gloire, pour moi, de cette ignominie:
La perfidie est noble envers la tyrannie.

(III, IV, 973-74.)

171.

> *Ma vertu pour le moins ne me trahira pas.*
> *Vous la verrez...*
> *Rendre Auguste jaloux du sang qu'il répandra*
> *Et le faire trembler alors qu'il me perdra.*
>
> (I, ɪv, 312-13, 315-16.)

172. Nous rejetons donc catégoriquement, pour notre part, les efforts récents de la critique pour «récupérer» Cinna. Cf., par exemple, M. O. Ganny Sweetser, « Importance du personnage d'Auguste dans la dramaturgie cornélienne », *Romanic Review*, v. 52, 1961 : « ... il a conspiré et projeté d'assassiner l'empereur, entraîné par l'enthousiasme de la jeunesse pour un idéal politique élevé — celui de la liberté de Rome... » (p. 265).

173. Chaque homme qui fait l'expérience du néant la traduit spontanément dans son propre langage et la comprend selon sa propre perspective. Certaines expressions peuvent se recouper, naturellement, sans pour autant se confondre. Le croyant et le héros font, chacun à leur manière, l'épreuve du vide existentiel et témoignent du vain effort de l'activité humaine pour se constituer en absolu; faire du croyant un « héros », ou d'Auguste un « chrétien », n'en serait pas moins une erreur.

174. Cf. plus loin :

> *Mon repos m'est bien cher, mais Rome est la plus forte...*
>
> (v. 622.)

et

> *Après un long orage il faut trouver un port*
> *Et je n'en vois que deux, le repos, ou la mort.*
>
> (IV, ɪɪɪ, 1235-36.)

Horace choisit spontanément la mort, Auguste le repos.

175. Il est donc intéressant de noter que les dispositions d'Auguste sont ici *l'inverse* de l'attitude machiavélienne — ce sera un élément important à verser au dossier de l'acte V. Voici, en effet, comment un spécialiste de Machiavel définit, au terme d'une longue étude, le « vrai machiavélien » : « Dans le fond de son cœur, il s'est demandé s'il valait mieux être aimé que craint, ou mieux être craint qu'aimé; et il s'est répondu que sans doute il vaudrait mieux être l'un et l'autre; mais que, comme il est difficile d'être les deux ensemble, le plus sûr est donc d'être craint... » (Ch. Benoist, *Le Machiavélisme*, III, Plon, 1936, p. 376). Auguste, au contraire, après s'être fait longtemps craindre, veut à présent être aimé.

176. Cf. Maxime :

> *Possédez-les [les grandeurs], Seigneur, sans qu'elles vous possèdent.*
> *Loin de vous captiver, souffrez qu'elles vous cèdent.*
>
> (II, ɪ, 457-58.)

177. Par exemple, A. Dorchain : « ... Cinna, nous surprenant par sa dissimulation sans bornes... se fait le théoricien de la monarchie... » (*op. cit.*, p. 213), Faguet, *op. cit.*, pp. 130-31.

178.

> *Mais quand le peuple est maître, on n'agit qu'en tumulte :*
> *La voix de la raison jamais ne se consulte;*
> *Les honneurs sont rendus aux plus ambitieux...*
> *Le pire des États, c'est l'État populaire.*
>
> (Ibid., 509-11, 521.)

179.

> *J'ose dire, Seigneur, que par tous les climats*
> *Ne sont pas bien reçus toutes sortes d'États;*
> *Chaque peuple a le sien conforme à sa nature...*
> *Les Parthes, les Persans veulent des souverains,*
> *Et le seul consulat est bon pour les Romains.*
>
> (II, ɪ, 535-37, 543-44.)

180.

Cette faveur si pleine, et si mal reconnue,
Par un mortel reproche à tous moments me tue.

(III, II, 805-6).

181. On trouve dès le XVIIᵉ siècle l'erreur courante sur le « républicanisme » d'Émilie — et le correctif qu'il convient d'apporter. Au voisin dont Guez de Balzac rapporte les propos, et selon lequel « Émilie étoit la rivale de Caton et de Brutus dans la passion de la liberté » et une « possédée du démon de la république », Saint-Évremond répondait indirectement par une remarquable analyse de la nature de ce « républicanisme » : « ... Si *votre égal étoit devenu votre maître*, ce couteau que vous avez acheté pour vous tuer quand vous verrez la ruine de votre patrie, ce couteau ne se seroit-il pas essayé contre le tyran, avant que d'être employé contre vous-même? » (Sur Émilie, à Hortense Mancini). — Cités par A. Dorchain, *op. cit.*, p. 213.

182. G. Poulet, *Études sur le Temps Humain*, « Corneille », p. 91. Nous trouvons également une conception voisine de l'héroïsme comme « élan spontané » chez P. Bénichou et O. Nadal. Cf. note 109.

183. Napoléon, cité dans les *Mémoires de Mᵐᵉ de Rémusat* (t. I, chap. IV). (Cité dans Corneille, *Théâtre Complet*, Bibliothèque de la Pléiade, t. I, p. 1323).

184. On ne saurait à la fois déformer et révéler plus ingénument le sens de la pièce qu'on n'avait coutume de le faire au XVIIIᵉ siècle, en *supprimant* carrément le personnage de Livie : « Je ne parle pas du rôle de Livie, que l'on a retranché à la représentation, comme l'Infante dans *le Cid*. Il était non seulement inutile, mais il *affaiblissait* le mérite de la clémence d'Auguste, en lui faisant suggérer par les conseils d'autrui, une belle action que la générosité *doit* seule lui dicter. » (Laharpe, *op. cit.*, p. 521. Souligné par nous.)

185.

Apprends sur mon exemple à vaincre ta colère...

(V, III, 1713.)

186. Voltaire, *Commentaire sur Cinna*, p. 366. — Lanson, *Corneille*, p. 113. — Lemaître, dans *Histoire de la Littérature Française* de Petit de Julleville, t. IV, p. 294. — A. Adam, *op. cit.*, t. I, p. 536. On a même été plus loin récemment, et, après avoir christianisé *Horace* (cf. n. 158), L. Herland a entrepris de montrer, dans « le Pardon d'Auguste dans *Cinna* » (*Table Ronde*, nº 158, février 1961), une « irruption du surnaturel » (p. 126), et trouve dans la conversion d'Émilie « un miracle véritable » (p. 119). Nous ne pouvons, dans notre perspective, qu'opposer à cette interprétation une fin de non-recevoir.

187. A. Adam, *ibid.*, p. 532.

188. Nous sommes heureux de nous rencontrer ici avec M. Souriau, venu, par d'autres voies, à la même conclusion : « Jusqu'à quel point la parfaite conscience que Louis XIV avait de sa grandeur, cette foi superbe dans son autocratie, ne serait-elle pas un écho des sentiments plus que royaux que Corneille prête à ses rois? Cette magnanimité, Corneille n'en trouvait le modèle ni dans l'histoire ancienne ni dans la réalité contemporaine, mais bien dans sa grande âme. S'il y a, dans les princes de Racine, un reflet du Roi-Soleil, il y a, dans Louis XIV, le reflet de Corneille. » (*Évolution du vers français, op. cit.*, pp. 195-96).

189 Cf. la formule employée par l'Assemblée du Clergé de 1625 : ... les rois sont ordonnés de Dieu, et non cela seulement, mais qu'eux-

mêmes sont dieux... » (cité par A. Chérel, « la pensée de Machiaval en France au temps de la Fronde », *Revue de Littérature comparée*, 1933, p. 578).

POLYEUCTE OU LA CONQUÊTE DE DIEU

190. Voltaire est, à cet égard et comme bien souvent, le porte-parole spirituel et superficiel de son époque, dans son *Epître Dédicatoire de Zaïre* (1733) : (Ed. Garnier, *Théâtre de Voltaire*, p. 145) :

> *De Polyeucte la belle âme*
> *Aurait faiblement attendri,*
> *Et les vers chrétiens qu'il déclame*
> *Seraient tombés dans le décri,*
> *N'eût été l'amour de sa femme*
> *Pour ce païen favori,*
> *Qui méritait bien mieux sa flamme*
> *Que son bon dévot de mari.*

191. Chateaubriand, *Génie du Christianisme*, IIe partie, livre III, chap. VIII, Calmann-Lévy, 1901, t. I, p. 281.

192. « Nous ne devons qu'une croyance pieuse à la vie des saints, et nous avons le même droit sur ce que nous en tirons pour le porter sur le théâtre que sur ce que nous empruntons des autres histoires; mais nous devons une foi chrétienne et indispensable à tout ce qui est dans la Bible, qui ne nous laisse aucune liberté d'y rien changer. » (*Examen* de 1660).

193. De cet interdit, Boileau sera rétrospectivement le prophète fameux :

> *C'est donc bien vainement que nos auteurs déçus,*
> *Bannissant de leurs vers les ornements reçus,*
> *Pensent faire agir Dieu, ses saints et ses prophètes...*
> *De la foi d'un chrétien les mystères terribles*
> *D'ornements égayés ne sont point susceptibles.*
> (*Art Poétique*, Chant III. Œuvres, Ed. Garnier, p. 176.)

Sur le problème des rapports de la tragédie et de la religion, la mise au point la plus précise se trouve dans l'ouvrage de Kosta Loukovitch, *L'Evolution de la tragédie religieuse classique en France*, Droz, 1933. On y lira, en particulier, un excellent exposé de tous les problèmes de la « grâce », tels qu'ils se posent, du point de vue de l'orthodoxie catholique, dans *Polyeucte* (pp. 218-269).

194. Bien entendu, il ne s'agit pas ici du problème de la liberté *chrétienne*, parfaitement conciliable avec la grâce dans la théologie moliniste et dans la doctrine tout simplement catholique; il s'agit de la liberté *héroïque*, telle que nous l'avons rencontrée dans notre analyse du théâtre cornélien, et qui fait de l'homme le successeur, voire le remplaçant de Dieu.

195. A. Adam, *op. cit.*, pp. 537-538.

196. Ch. Péguy, *Victor-Marie, Comte Hugo*, p. 448.

197. A. Rousseau, « Corneille ou le Mensonge Héroïque », *Revue de Paris*, juillet 1937.

198. L. Herland, *Corneille par lui-même*, 1954, p. 100.

199. L'expression est de P. Bénichou, dans son analyse de l'effort janséniste, *op. cit.*, pp. 97 et suiv. Cette « démolition » n'est, d'ailleurs pas l'œuvre des seuls jansénistes. Si, au début du siècle, on avait pu encore se faire illusion sur l'accord possible de la « gloire » la plus mondaine et du christianisme véritable (par exemple Balzac, dans son traité *De la Gloire*. Cf. Nadal, *op. cit.*, p. 329, n. 7), sur le bon compagnonnage du stoïcisme antique et du catholicisme orthodoxe (néo-stoïcisme de du Vair et Charron, etc.), vers le milieu du siècle la confusion n'est plus possible.

Des deux voies, l'humaine et la divine, il faut choisir. Ce n'est pas seulement Pascal qui somme ses contemporains de le faire, c'est Bossuet, qui
en pleine Oraison Funèbre d'Henriette d'Angleterre, jette brusquement
la « gloire » et « l'honneur » à bas : « La grandeur et la gloire! Pouvons-
nous encore entendre ces noms dans ce triomphe de la mort? Non,
messieurs, je ne puis plus soutenir ces grandes paroles, par lesquelles
l'*arrogance humaine* tâche de s'étourdir elle-même, pour ne pas apercevoir
son néant... » (*Oraisons Funèbres*, A la Cité des Livres, 1930, p. 71). Et
plus loin : « Mais peut-être, au défaut de la fortune, les qualités de l'esprit,
les grands desseins, les vastes pensées pourront nous *distinguer* du reste
des hommes? Gardez-vous de le croire... » (*ibid.*, p. 72. Souligné par nous.)
Il ne saurait y avoir de condamnation plus précise de l'idéal cornélien.

200. Cité par G. Couton, *Vieillesse de Corneille*, p. 308.

201. Même constatation chez O. Nadal : « Mais précisément, ce croyant
si plein des vérités de la religion est aussi l'écrivain qui proposera de
l'homme une image nue et démunie de Dieu; il osera le montrer dans une
solitude absolue, libre, assuré de l'être dans la mesure qu'il voudra...
Un tel regard et cette religion orthodoxe, le poète d'une foi si neuve et
le paroissien de Saint-Sauveur, nous ne chercherons pas à les accorder.
Corneille a vécu; s'il a porté allégrement ou douloureusement cette contradiction nous n'en saurons sans doute jamais rien. » (*op. cit.*, p. 124).

202. Cf. ici encore Chateaubriand : « Corneille, qui se connaissait si bien en
sublime, a senti que l'amour pour la religion pouvait s'élever au dernier
degré d'enthousiasme, puisque le chrétien aime Dieu comme la souveraine
beauté, et le ciel comme sa patrie. » *Génie du Christianisme, loc. cit.*

203. *Op. cit.*, pp. 455-56.

204. Cf. la thèse de L. Rivaille, déjà citée, pp. 465 et suiv.

205.
> Il [Dieu] est toujours tout juste et tout bon; mais sa grâce
> Ne descend pas toujours avec même efficace;
> Après certains moments que perdent nos longueurs,
> Elle quitte ces traits qui pénètrent les cœurs :
> Le nôtre s'endurcit, la repousse, l'égare :
> Le bras qui la versait en devient plus avare,
> Et cette sainte ardeur qui doit porter au bien
> Tombe plus rarement, ou n'opère plus rien.
>
> Néarque à Polyeucte, (I, 1, 29-36.)

206.
> Vous sortez du baptême, et ce qui vous anime,
> C'est sa grâce qu'en vous n'affaiblit aucun crime.
> (II, vi, 693-94.)

207. Cité par G. Couton, *Réalisme de Corneille*, p. 90. Cité également
par K. Loukovitch, *op. cit.*, p. 377.

208. Cité par R. Brasillach, *Notre Avant-Guerre*, p. 316. A. Rousseaux,
disciple de Péguy en matière cornélienne, a voulu diminuer la portée de
ces affirmations, en y voyant une « boutade, à l'échelle du baroque clau-
délien » (« Situation de Corneille », *op. cit.*, p. 146). Boutade tant qu'on
voudra, celle-ci s'inscrit néanmoins dans une longue tradition de glose
catholique sur *Polyeucte* au xviie siècle.

209. *Op. cit.*, p. 346.

210. J. Calvet, *Polyeucte* (Mellotée), p. 112. On a même été plus loin,
et l'on a récemment prétendu que Pauline n'avait jamais aimé réellement
Sévère! « Le 'charme' qui emporte Pauline vers Sévère glorieux est cette
attraction même qu'exercent sur elle le prestige du héros, sa renommée,

ses actions triomphales. Ce ne sont ni la personne de Sévère, ni son amour...
Cette tentation, on le voit, n'est pas de nature sensuelle... » (O. Nadal,
op. cit., p. 202). Non seulement une telle interprétation est contredite
par les paroles mêmes de Pauline et ses déclarations expresses *(vide infra)*,
mais, en posant que le mariage de Pauline est « une obligation qui n'a
coûté aucun effort à Pauline puisqu'elle allait dans le sens de son
idéal » *(ibid.)*, Nadal fausse radicalement le sens de la pièce en supprimant
l'*épreuve* fondamentale de l'héroïne. On ne saurait mieux saisir sur le
vif comment la conception, héritée de J.-F. Tanquerey, de l'héroïsme
comme mouvement naturel et spontané, « qui ne coûte rien », peut égarer, à
l'occasion, les plus pénétrants critiques.

211.

> *Parmi ce grand amour que j'avais pour Sévère,*
> *J'attendais un époux de la main de mon père,*
> *Toujours prête à le prendre; et jamais ma raison*
> *N'avoua de mes yeux l'aimable trahison.*

(I, III, 193-96.)

212. Ce n'est pas par hasard que M. Magendie a pu fort judicieusement
comparer l'entrevue de Sévère et de Pauline à l'épisode de Bellinde et de
Célion dans l'*Astrée* (*L'Astrée*, Perrin, 1928, pp. 86 et 89). La préciosité,
en un sens, n'est rien d'autre que le transfert théologique du culte de Dieu
à la femme, et, en ce sens, Sévère a pour Pauline tous les attraits du héros
« précieux », par opposition au personnage moins ragoûtant du « mari »,
dans la perspective du XVIIe siècle.

213.

> *Votre mérite est grand, si ma raison est forte :*
> *Je le vois, encor tel qu'il alluma mes feux,*
> *D'autant plus puissamment solliciter mes vœux*
> *Qu'il est environné de puissance et de gloire,*
> *Qu'en tous lieux après vous il traîne la victoire...*

(II, II, 506-10.)

214.

> *Elle n'est point parjure; elle n'est point légère :*
> *Son devoir m'a trahi, mon malheur et son père.*
> *Mais son devoir fut juste et son père eut raison.*
> *J'impute à mon malheur toute ma trahison.*

(II, I, 445-48).

215. Par exemple, commentant les vers 477-78, K. Loukovitch s'écrie :
« Peut-on marquer plus nettement la toute-puissance de la volonté? »
(*op. cit.*, p. 253).

216. *Op. cit.*, p. 55. Ou encore, comme l'écrit R. Champigny (*art. cit.*,
p. 119) : « Du panthéon païen, Polyeucte a extrait Mars, dieu des batailles,
et l'a fait tout-puissant. »

217. Évident, est-il besoin de le dire, dès les premiers mots sortis de
sa bouche :

> *... la pitié qui me blesse*
> *Sied bien aux plus grands cœurs et n'a point de faiblesse.*
> *Sur mes pareils, Néarque, un bel œil est bien fort.*

(I, I, 85-87.)

C'est ce que Saint-Évremond, le critique le plus pénétrant de
l'œuvre cornélienne au XVIIe siècle, avait bien vu. Rappelons son diagnostic connu, mais utile à citer ici, sur le fatal échec de la tragédie religieuse
(entendons, naturellement, de la tragédie *héroïque*, la seule digne de ce
nom pour Saint-Évremond) : « ... il est certain que de la doctrine la plus
sainte, des actions les plus chrétiennes, et des vérités les plus utiles, on
fera les tragédies du monde qui plairont le moins. » Et d'expliquer pourquoi, avec profondeur : « L'esprit de notre religion est directement opposé
à celui de la tragédie. L'humilité et la patience de nos saints sont trop

contraires aux vertus des héros que demande le théâtre. » (« De la Tragédie Ancienne et Moderne », *Œuvres*, édition Planhol, I, pp. 174-75. Souligné par nous.)

218. Cf. pp. 163 sqq.

219. Ou des adversaires aux aguets : « Cette pièce ne roule pas du tout sur le christianisme et l'héroïsme des martyrs. Ce n'est pas une tragédie chrétienne. Le christianisme n'y est pas nerf. » (Renan, *Sur Corneille*, p. 30). « ... Polyeucte est tout aussi romain que chrétien » (p. 44).

220. A propos de cette conception polyeuctienne du martyre, H. C. Ault pose une question théologique pertinente : « The question of the efficacy of martyrdom when voluntarily provoked by the victim does not arise, though such martyrs were condemned by certain Fathers of the Church. It is assumed throughout the tragedy that such martyrdom is equally efficacious; Polyeucte himself asserts that it is more so :

Plus elle est volontaire, et plus elle mérite. »

Art. cit., p. 174, n. 1. (« La question de l'efficacité du martyre, lorsqu'il est provoqué volontairement par la victime, n'est pas posée, bien que de tels martyrs fussent condamnés par certains Pères de l'Église. Il est supposé, dans toute la tragédie, qu'un martyre de cette sorte est tout aussi efficace; Polyeucte lui-même affirme qu'il l'est davantage, etc. »)

221. Cf. pp. 215-16.

222. Loin d'être ces purs fanatiques prévenus contre le théâtre, que l'on dépeint d'ordinaire, les critiques jansénistes étaient, au contraire, d'une perspicacité souvent remarquable, aiguisée par le zèle religieux. Lorsque Nicole écrit, dans son *Traité de la Comédie* : « Toutes les pièces de Corneille, qui est sans doute le plus honnête homme de tous les poètes de théâtre, ne sont que de vives représentations d'orgueil, d'ambition, de jalousie, de vengeance, et principalement de cette vertu romaine qui n'est autre chose qu'un *furieux amour de soi-même* » (cité par G. Couton, *Réalisme de Corneille*, p. 90), il nous offre une analyse parfaitement exacte et lucide de ce « sublime », admiré par tant de gens qui n'en comprenaient ni l'inspiration ni l'aspiration. Du point de vue chrétien, l'utilisation du langage et des symboles religieux à des fins de glorification purement humaine constitue une profanation, à bon droit dénoncée par les Jansénistes.

223. Lettre à Christine, 20 novembre 1647. Descartes, *Lettres*, Presses Universitaires de France, 1954, p. 182.

224. *Op. cit.*, p. 56.

LES TENTATIONS DU HÉROS

LA LIBERTÉ CONTRE LA NATURE

225. Pour J. Lemaître, après *Polyeucte*, le théâtre cornélien n'est plus peuplé que de « monstres de la volonté, moins pareils à des créatures vivantes qu'à des statues marchant droit devant elles d'un seul bloc » (*op. cit.*, p. 293). Pour F. Brunetière, Corneille ne fait que peindre « Sertorius galant et Othon dameret » (*Études critiques*, p. 141); à plus forte raison, « nous ne dirons rien d'*Agésilas* (1666), de *Tite et Bérénice* (1670), non plus que de *Suréna* (1674), qui n'ont rien qui puisse fixer l'attention. » (*Histoire de la littérature*, II, p. 206). Même les commentateurs les plus récents et les plus brillants de l'œuvre cornélienne semblent admettre à contrecœur un affaissement du génie cornélien après la « grande époque ».

Ainsi, pour Nadal, par exemple, « à partir de *Rodogune*, Corneille pousse à fond ses vues sur le héros; il fait de l'énergie, de « la grandeur de courage », le ressort essentiel de la tragédie; celle-ci n'est plus que la démonstration d'un système de valeurs... Le théâtre cornélien s'enferme en effet dans ses formules psychologiques — et cesse ainsi d'être une psychologie — et dans ses intrigues arbitraires — et il perd ainsi son rythme vivant. Il devient une convention; la scène et la vie font rupture. » (*op. cit.*, p. 217). G. Couton, dans sa *Vieillesse de Corneille*, est un des rares critiques qui aient vu, dans les œuvres tardives du génie cornélien, un art nouveau, plus sobre, moins déclamatoire, faisant davantage appel à l'intelligence — à un moment, malheureusement, où le public voulait être « touché ». Loin d'être pure mécanique enfermée dans ses propres formules, les dernières pièces de Corneille, selon Couton, offrent « un art d'un réalisme impitoyable, mais le réalisme de l'intelligence » (*op. cit.*, p. 262). Nous croyons, pour notre part, qu'il ne faut pas négliger la valeur affective, la charge émotive de cet ultime effort : le théâtre de Corneille reste, d'un bout à l'autre, et avec des moyens différents, l'expression fondamentale d'une *passion*. Si les procédés de l'art cornélien deviennent sans aucun doute plus intellectuels, la sensibilité ne cesse de s'approfondir et reste prête à jaillir avec une force et une beauté inégalées dans maints passages de *Tite et Bérénice*, de *Psyché* ou de *Suréna;* le pathétique du cri est rehaussé par la sévérité des entours où il résonne. Il faut être reconnaissant à G. Couton d'avoir bien montré les ressources d'un art qui, loin d'être en perte de vitesse, est, dans les meilleures œuvres, un renouvellement.

226. G. Couton, *La Vieillesse de Corneille*, p. 261, — travail qui, sans conteste, constitue la meilleure mise au point de ces questions.

227. « Il est classique dans sa façon de comprendre l'histoire. Il l'aime non en historien, non en peintre, non en psychologue intéressé par les variations de l'esprit humain, mais en *moraliste*... » (A. Bellessort, *op. cit.*, pp. 139-140). « Moraliste, c'est le côté moral des faits historiques qui l'intéresse » (V. Vedel, *op. cit.*, p. 138).

228. Pour Brunetière, l'histoire cornélienne est un « vaste répertoire de situations dramatiques » (*Histoire de la Littérature, op. cit.*, p. 186). De même, pour Lanson : « Dans toutes ces histoires, il cherche : des *situations* à exploiter en intrigues fortes, des *caractères* à animer de sa psychologie. » (*Esquisse*, p. 61).

229. Il convient, toutefois, de noter une recrudescence récente d'intérêt pour la pièce. L. Lemonnier a fort bien noté que, « avec *la Mort de Pompée*, Corneille aborde le plus haut thème historique qu'il ait jamais traité » (*op. cit.*, p. 130); mais il y remarque surtout Cornélie en tant que « le plus grand caractère de femme » du théâtre cornélien. De son côté, L. Herland a étudié « les éléments précornéliens dans *la Mort de Pompée* » (*RHL*, v. 50, 1950). B. Dort (*op. cit.*, pp. 59-61) est le premier qui ait insisté sur l'importance de la pièce du point de vue de la dialectique héroïque.

230. Par exemple, Brunetière, *Études critiques*, pp. 136 et suiv. Ou récemment, G. Couton, qui, dans sa *Vieillesse de Corneille* (*op. cit.*, pp. 291-92) soutient la thèse du « machiavélisme » d'Auguste et de son pardon.

231. Ce qui, d'ailleurs, s'applique très exactement au cas de Machiavel lui-même.

232. Qu'il y ait là, comme on l'a dit, une allusion certaine à Richelieu, de même que le peu ragoûtant Martian d'*Othon* sera une allusion non moins claire à Mazarin, cela ne fait aucun doute. Ce qui est intéressant, c'est justement de voir comment Corneille comprenait le moteur de l'histoire contemporaine, et quel était pour lui le processus de la détérioration

monarchique. Sa distinction entre l'élément authentique et l'élément inauthentique de la volonté de toute-puissance, ses vues sur la violence juste et injuste, sont d'une remarquable profondeur. Sa seule erreur, évidemment, est de croire que la corruption du projet monarchique ne peut lui venir que de l'extérieur et qu'elle n'est point engendrée par ses *contradictions internes*. En réalité, il s'agit là d'une fausse naïveté, professée pour les besoins de la cause, — en tout cas, d'une proposition théorique, que le sens même des pièces démentira.

233.
> *... Il est mort, Madame, avec toutes les marques*
> *Que puissent laisser d'eux les plus dignes monarques :*
> *Sa vertu rappelée a soutenu son rang...*
>
> (V, iii, 1633-35.)

234. « *Théodore* a été imprimée avant *Rodogune*, et dans tous les recueils, si l'on en excepte celui de 1663, elle passe la première. » (Marty-Laveaux, Notice de *Rodogune*, t. IV, p. 400). Bien que l'ordre de représentation ait été depuis inversé par les recherches critiques, nous préférons nous en tenir ici à l'ordre de présentation adopté couramment par l'auteur lui-même.

235. C'est exactement ce que dit Didyme, bien qu'en parlant de lui-même, ce qui, en définitive, ne fait aucune différence :
> *C'est par ce moyen seul qu'on peut vous garantir :*
> *Conservez une vierge en faisant un martyr.*
>
> (IV, v, 1441-42.)

236. « Je vous supplie, Monsieur, d'oublier la douceur de notre naturel, l'innocence de nos mœurs, l'humanité de notre politique, pour considérer les coutumes barbares et les maximes criminelles des princes de l'Orient.» *Lettre à M. de Barillon* (1677). Saint-Évremond, *Critique Littéraire*, Edition Bossard, Paris, 1921, p. 154.

237. J. Lemaître lance, en quelque sorte, la formule; à partir de *Rodogune*, l'héroïsme cornélien tend vers l'inhumain, « ... la beauté de l'effort en lui-même l'aveuglant sur tout le reste et lui faisant perdre enfin la juste notion du bien et du mal » (Petit de Julleville, *op. cit.*, p. 316). A partir de là, le branle est donné. Cléopâtre n'est plus, dans le théâtre de Corneille, l'exception, mais la *règle* qui donne la vraie mesure du reste. Ainsi débute le règne du Corneille « nietzschéen », qui prend appui sur *Rodogune*. On le trouve chez V. Vedel, R. Caillois, G. May et, à l'occasion, chez O. Nadal. Nous nous écarterons résolument, en ce qui nous concerne, de cette interprétation.

238. Il s'agit, bien entendu, du « nietzschéisme » vu par les critiques de la fin du XIXe siècle et du début du XXe comme effort d' « amoralisme » total.

239. Saint-Marc Girardin, *Cours de Littérature Dramatique*, t. I (1863), pp. 359-360. C'est aussi l'interprétation de R. Jasinski, dans une étude récente et très serrée de *Rodogune* : « Antiochus et Séleucus offrent le modèle de la parfaite humanité, dans la générosité la plus haute... On peut estimer qu'ils manquent d'envergure, de ressort... Mais ils incarnent avec le maximum de noblesse les plus pures vertus du cœur. » « Le sens de *Rodogune* », dans *Mélanges Mornet*, 1951, p. 67.

240. C'est ce qu'analyse fort bien R. Jasinski : « Antiochus et Séleucus non seulement refusent de s'entre-déchirer, mais jusqu'au dernier moment tentent l'impossible pour apaiser l'implacable ressentiment de Cléopâtre » (*loc. cit.*, p. 69). C'est bien précisément ce refus qui, sinon pour nous, du moins pour Corneille, en fait, comme Curiace, non pas des héros, mais des *anti-héros*.

241. « Venez, venez, esprits qui présidez aux pensers funestes, déli-

vrez-moi de mon sexe, emplissez-moi à déborder, de la tête aux pieds, de la plus féroce cruauté ! » Ed. G. L. Kittredge, Ginn and Co., 1936, p. 1119.

242. L. Petit de Julleville, *Le Théâtre en France* (1889), p. 121.

243.

> *Et toi, que me veux-tu,*
> *Ridicule retour d'une sotte vertu,*
> *Tendresse dangereuse autant comme importune?*

(V, 1, 1509-11.)

244.

> *Pour le trône cédé, cédez-moi Rodogune.*
>
> *La couronne est à nous ; et sans lui faire injure...*
> *Chacun de nous à l'autre en peut céder sa part.*

(I, III, 123.)

(III, IV, 963, 965.)

245. Cette situation ayant, dès l'origine, choqué la sensibilité, on ne sera pas étonné qu'on se soit ingénié à l'adoucir. Déjà Saint-Évremond se voyait obligé de défendre la pièce contre l'accusation de barbarie ; nous le retrouvons défendant aussi le personnage de Rodogune : « Rodogune, cette pauvre princesse opprimée, n'a pas demandé un crime pour un crime : elle a demandé sa sûreté, qui ne pouvait s'établir que par un crime... » (Lettre à M. de Barillon, *loc. cit.*). Ce distinguo n'est guère plus convaincant que l'interprétation, avancée par Guizot, selon laquelle Corneille aurait, en l'occurrence, uniquement l'effet dramatique en vue : « Cette épouvantable proposition n'est qu'une subtile invention destinée à fonder la situation du cinquième acte... » (*Corneille et son temps*, p. 244). On a été encore plus loin, et récemment, R. Jasinski, voulant blanchir à nos yeux le personnage de Rodogune des accusations voltairiennes, a soutenu que, si l'héroïne demande la mort de Cléopâtre, c'est « par une obligation toute formelle, avec l'espoir et la quasi-certitude qu'elle ne l'obtiendra pas. » (« Psychologie de Rodogune », *RHL*, v. 49, 1949, p. 326). Nous pensons pour notre part, que c'est changer le sens profond de la pièce que de tenter à tout prix de l' « humaniser » : il faut prendre la demande de Rodogune comme, plus tard, celle de Rodelinde à Grimoald dans *Pertharite* — ou, plus tôt, celle de Rodrigue offrant son épée à Chimène — mortellement au sérieux. S'il nous est impossible de conclure, comme fait L. Goldmann, que « la caractéristique de la pièce... est l'équivalence rigoureuse du vice et de la vertu », ce qui nous paraît contraire au sens même du théâtre cornélien, du moins lui accordera-t-on volontiers que, devant Cléopâtre et Rodogune demandant chacune impitoyablement la mort de l'autre, « l'homologie des deux comportements est rigoureuse. » (« Le problème du mal », *Médiations*, automne 1961, pp. 172-73).

246. Ce qui ne fait que souligner, sur ce point précis, l'opposition de l'héroïsme à la Nietzsche et à la Corneille : si le salut nietzschéen se cherche volontiers du côté de la biologie, le salut cornélien, lui, est résolument politique. Cf. pp. 499 sqq.

247. C'est, en effet, à partir de *Rodogune*, que Corneille formulera, sur le plan dramatique, dans son *Examen* d'*Héraclius*, puis de *Don Sanche*, les revendications d'une dramaturgie personnelle.

248. Cf. R. Crétin, *Les Images dans l'Œuvre de Pierre Corneille*, A. Olivier édit., 1927, pp. 138-172.

249. Cf. également Martian :

> *Il doit se consoler*
> *De la mort d'un tyran qui voulait l'immoler :*
> *Je ne sais quoi pourtant dans mon cœur en murmure.*

(V, VII, 1869-71.)

Le problème est donc plus complexe que ne le laissait entendre un critique récent, Lacy Lockert, qui écrivait à ce propos : « Phocas wonders distractedly why the *voix du sang* does not reveal his son to him... These believers in the *voix du sang* are invariably mistaken whenever it would have guided them if there were such a thing », *op. cit.*, p. 74.

250. Cf. pp. 151-sqq.

251. Si l'inceste est le drame psychique par lequel la conscience vit son enracinement dans l'être, et le parricide le geste par lequel le héros tente de transcender sa condition naturée, inceste et parricide sont *deux moments* d'une *même situation existentielle,* ainsi que Jocaste le dit fort bien à Thésée :

> *Eh bien, soyez mon fils, puisque vous voulez l'être ;*
> *Mais donnez-moi la marque où je dois le connaître...*
> *J'en vois quelque partie en ce désir inceste ;*
> *Mais pour ne plus douter, vous chargez-vous du reste ?*
> *Etes-vous l'assassin et d'un père et d'un roi ?*
>
> (*Œdipe.* III, v, 1125-26, 1129-31.)

Corneille, suivant en ceci l'intuition profonde de la légende grecque, avait déjà compris la liaison intime des deux « forfaits ». Le « complexe » d'Œdipe n'est, ici, que la manifestation *sexuelle* d'un complexe *ontologique.* Ajoutons que, bien entendu, ce thème des amours entre frères et sœurs n'est nullement de l'invention de Corneille, pas plus que la passion « incestueuse » de Phèdre n'est une invention de Racine. C'était une « situation » dramatique des plus scabreuses et des plus goûtées à l'époque, que Boyer, dans *Tyridate* (1649), pousse presque jusqu'à la consommation. (Sur cette question, cf. E. Gros, *Quinault,* Champion, 1926, pp. 285-91). Ce qui est intéressant, c'est de voir ce que Corneille ou Racine font de ce thème, et quel sens ils lui donnent.

252. Mais non pas *uniquement.* Cf. le poignard plongé par Rome dans le sein de sa « mère » Albe; Camille révoltée contre son père ; Cléopâtre tournée contre ses fils. Si l'on veut, la forme « latérale » est la forme spécifiquement cornélienne que prend un rapport « vertical » dans son essence.

253. *Op. cit.*, p. 135.

254. Cette maxime politique fondamentale souligne, si besoin était, la « lâcheté » des deux frères de *Rodogune,* longtemps pris pour des « frères modèles » et prêts à céder le trône par amour.

255.

Héraclius :	*Montrons Héraclius au peuple qui l'attend.*	(II, ii, 476.)
Exupère :	*Et qu'il die, en mourant, à ce peuple confus :* '*Peuple, n'en doute point, je suis Héraclius.*'	(III, iv, 1085-86.)
Eudoxe :	*Montrez Héraclius au peuple qui l'attend.*	(IV, i, 1182.)
Héraclius :	*Allons lui rendre hommage, et d'un esprit content* *Montrer Héraclius au peuple qui l'attend.*	(V, vii, 1915-16.)

LA NATURE CONTRE LA LIBERTÉ

256. Il est vrai que Corneille, dans sa lettre-préface à M. de Zuylichem revendique son originalité et son audace en tant que créateur d'un nouveau type de comédie, la « comédie héroïque ». Nous verrons plus loin ce qu'il faut en penser.

257. Cf. G. Couton, *Corneille et la Fronde*, Publications de la Faculté des Lettres de Clermont, 1951.

258. Il est, bien entendu, parfaitement légitime, dans un autre ordre de recherches, de considérer la littérature elle-même comme phénomène historique et de prendre sur elle le point de vue de l'historien.

259. L'expression était déjà employée pour caractériser le personnage de Photin, dans *la Mort de Pompée* (cf. p. 275). Si la « lumière » est l'élément aristocratique, la « boue » est, tout naturellement, l'élément roturier, le lieu humain où la nature insoumise règne dans son opacité trouble.

260. J. Starobinski, « Sur Corneille », dans les *Temps Modernes*, novembre 1954.

261. Il s'agit là, au fond, du même mouvement par lequel Rodrigue contestait Alidor, mais explicité et amplifié.

262. Cf. pp. 217 sqq.

263. Sur le plan littéraire, la « comédie héroïque », où la comédie serait haussée à la hauteur de l'héroïsme par la simple *présence* de personnes « illustres » dans la pièce, et non par leurs *actions*, reflète la même réification du projet aristocratique — au reste, sans lendemain.

264. Cf. p. 275.

265. Cf.

> *... Une vertu qui fût imaginaire*
> (*Car je l'appelle ainsi quand elle est sans effets...*)
>
> (II, III, 640-41.)

266. « La grandeur de courage... regarde son malheur d'un œil si dédaigneux qu'il n'en saurait arracher une plainte. » (*Examen*).

267. C'est ce que note fort justement Lanson : « Donc le héros cornélien, extérieurement passif, battu des événements et des hommes, intérieurement actif, résistant aux événements et aux hommes, ramènera la tragédie à son point de départ : le tragique sera la catastrophe d'une grande âme, immobile et opprimée. » (*Corneille*, p. 139). Sans doute faut-il comprendre ainsi que, sur le plan artistique, les pièces de la Fronde soient nettement inférieures non seulement aux « grandes tragédies », mais aussi aux pièces de la « monstruosité ». Le héros tend vers une *immobilité idéale*, dont la perfection même contribue à rendre le drame languissant. Nous avons personnellement été frappé, à la représentation, par le caractère statique et franchement « traînant » de *Nicomède*. Peut-être est-ce la raison théorique d'une « impression de théâtre » toute subjective.

268. Voltaire, *Commentaire sur le Théâtre de P. Corneille. Pertharite*, *op. cit.*, v. 32, pp. 144-45.

269. Notamment G. Couton, *Corneille et la Fronde, op. cit. Pertharite*.

270. Cf. p. 165.

LE DÉCLIN DU HÉROS

271. Cet aspect du jansénisme a bien été mis en lumière par les travaux de P. Bénichou, *Morales du Grand Siècle*, et de L. Goldmann, *Le Dieu Caché*.

272. Cf. Dircé :

> *Et ces amusements de ma captivité*
> *Ne me font rien devoir à qui m'a tout ôté.*
>
> (II, II, 527-28.)

273. Cf. également réaction de Dircé à l'annonce que la peste vient de cesser dans Thèbes :

> — *Tous ces mourants, Madame, à qui déjà la peste*
> *Ne laissait qu'un soupir, qu'un seul moment de reste...*
> *Rendent grâces au ciel d'une commune voix...*
> — *Que m'importe qu'il montre un visage plus doux,*
> *Quand il fait des malheurs qui ne sont que pour nous?*
> (V, ix, 1957-58, 1960, 1963-64.)

274. Œdipe se retrouve immédiatement *aux côtés de Dircé*, quand il s'agit de maintenir le trône inviolable, hors de portée du peuple esclave :

> ... *Ce n'est pas au peuple à se faire justice:*
> *L'ordre que tient le ciel à lui choisir des rois*
> *Ne lui permet jamais d'examiner son choix.*
> (V, i, 1634-36.)

Il estime correctement son adversaire momentané :

> *Pour Dircé, son orgueil dédaignera sans doute*
> *L'appui tumultueux que ton zèle redoute.*
> (Ibid., 1653-54.)

Ajoutons qu'il resterait bien des choses à dire à propos d'*Œdipe*, comme de toutes les pièces que nous analysons brièvement. Les limites de cet essai ne nous permettent pas de consacrer aux trente-deux pièces de Corneille une critique aussi étendue qu'aux quatre « grandes tragédies » et à *Suréna*. Nous nous bornons donc, pour le reste, à esquisser ce qui nous paraît être le *mouvement de la dialectique héroïque*, objet de la présente étude, sans pouvoir rendre justice à des pièces fort belles, et souvent négligées, avec autant de soin que nous aimerions.

275. Cf. pp. 304 sqq.

276. Au sens où Œdipe définissait une politique du « haut » pour le peuple :

> *L'ordre que tient le ciel à lui choisir des rois*
> *Ne lui permet jamais d'examiner son choix:;*
> *Et le devoir aveugle y doit toujours souscrire,*
> *Jusqu'à ce que d'en haut on veuille s'en dédire.*
> (*Œdipe*, V, i, 1635-38.)

277. Ici se consomme le glissement fatal de l'État, fondé sur le Moi, au Moi, qui résorbe l'État; le passage d'Auguste à Louis XIV, que nous avions signalé à propos de *Cinna* (cf. p. 220). Tandis que l'identification spontanée d'Horace à Rome supposait un *élargissement* d'Horace vers Rome, nous avons ici affaire à un *rétrécissement* de Rome à Sertorius. Horace, c'était Rome; Rome, c'est maintenant Sertorius. C'est exactement le mouvement inverse.

278. Cf. p. 512.

279. A. Adam, *op. cit.*, t. IV, pp. 239-240, *passim*.

280. De Visé avait déjà traité Syphax d' « esclave couronné », à l'époque de la querelle de *Sophonisbe* (cité par R. Bray, *La tragédie cornélienne devant la critique classique*, p. 47).

281. On a souvent noté l'apparition et la récurrence de ce thème du « vieillard amoureux » dans toutes les tragédies de la dernière période. On a tout naturellement invoqué, à ce propos, ce que nous savons de l'existence personnelle de l'auteur, notamment le fameux épisode de ses amours tardives et malheureuses avec « Marquise ». En quoi on a sans doute psychologiquement raison. Mais ceci ne nous avance à rien sur le plan de la compréhension théâtrale. Ce qui compte, ce n'est pas de savoir si Corneille a eu ou n'a pas eu la même expérience douloureuse de la « décrépitude » que ses personnages; c'est uniquement de comprendre ce qu'il a fait de ces tourments, réels ou imaginaires, à la scène; non pas comment il les a vécus, mais comment il les a intégrés à la perspective de son œuvre.

282. A la décharge de Rodelinde, sa fidélité à Pertharite peut aussi se comprendre par le fait que Grimoald n'est pas *vraiment roi.*

283. Toute proportion gardée et eu égard à des contextes historiques et littéraires radicalement différents, bref, *mutatis mutandis*, ce curieux égarement de Massinisse n'est pas sans rappeler certaines scènes faulknériennes, en particulier celle de *Sanctuaire* où le gangster *impuissant* Popeye fait violer devant lui l'étudiante Drake Temple par un de ses hommes et tente en vain de se donner une jouissance par procuration. Cette manière particulière de vivre une situation d'impuissance était déjà indiquée chez Alidor. Cf. p. 73.

284. Cf. pp. 296-98.

285. Georges May, *Tragédie cornélienne, Tragédie racinienne*, The University of Illinois Press, 1948.

286. A. Adam, *op. cit.*, IV, p. 237.

287. G. Couton, *La Vieillesse de Corneille, op. cit.*, p. 244.

288. C'est notamment l'interprétation de G. Couton, *op. cit.*, p. 116.

289. A. Adam, *op. cit.*, IV, p. 257.

290. B. Dort, *op. cit.*, p. 94.

291. « Toutes les pièces qui ont été écrites, depuis l'antiquité jusqu'à nos jours, n'ont jamais été que policières. Le théâtre n'a jamais été que réaliste et policier. Toute pièce est une enquête menée à bonne fin... » E. Ionesco, *Victimes du Devoir, Théâtre*, vol. I, p. 179 (Gallimard.)

292. C'est exactement pour la même raison que, dans une société aristocratique dont les beaux jours appartiennent déjà au passé, comme celle du xviie siècle, l'action, selon la même loi, tend à devenir agitation d'alcôve, et la politique à se régler plutôt par le lit que par l'épée. Il s'agit de la même dialectique humaine à l'œuvre, avec une complexité infiniment plus grande, dans l'histoire, et dont le théâtre nous offre le modèle à la fois simplifié et élaboré.

293. Cette transformation de l'être héroïque en paraître, dans les œuvres de vieillesse, a fort bien été notée sous forme de description purement empirique : apparition d'une « atmosphère » nouvelle, paroles calculées, menaces polies, « masque » assuré par la maîtrise de soi, qui font contraste avec l'état premier de l'univers cornélien (cf. G. Couton, « le renouvellement de l'art cornélien », *op. cit.*, pp. 239 et suiv.). D'autres critiques ont proposé une explication théorique de ce phénomène. Par exemple, J. Rousset le rattache à l'esthétique baroque : « Le héros cornélien est un personnage d'ostentation qui se construit à la manière d'une façade baroque, disjoignant l'être et l'apparence comme l'architecture baroque disjoint la structure et la décoration et donne à celle-ci la primauté. » (*op. cit.*, p. 217). Reprenant ce thème dans un article précisément intitulé « Être et paraître » (*Monde Nouveau*, oct. 1955), mais laissant de côté, à juste titre, le problème du « baroque », qui est ici inessentiel, J. Starobinski a bien montré l'importance, pour la morale héroïque, du dédoublement du dehors et du dedans. Le jeu de l'être et du paraître n'est, toutefois, nullement le même à tous les *moments* du théâtre cornélien, et B. Dort, à notre connaissance, est le premier qui ait tenté de comprendre la relation de l'être et du paraître cornéliens non comme une constante, mais comme un *rapport dialectique variable*, et leur dissocia-

tion comme un moment de cette dialectique («la Cour ou la politique devenue destin », *op. cit.*, pp. 92-96).

294. Tel est précisément le sens de l' « amour platonique », qui fait
ici son apparition et qui est refus de l'être au profit de la satisfaction
imaginaire, — la réalité amoureuse étant définie *par opposition à son
accomplissement :*

> *Il est un autre amour dont les vœux innocents*
> *S'élèvent au-dessus du commerce des sens.*
> *Plus la flamme en est pure et plus elle est durable;*
> *Il rend de son objet le cœur inséparable;*
> *Il a de vrais plaisirs dont ce cœur est charmé,*
> *Et n'aspire qu'au bien d'aimer et d'être aimé.*
>
> (*Othon*, I, iv, 311-16.)

Nous aurons l'occasion de revenir sur ce point à propos de *Tite et Bérénice.*

295. Nous nous sommes déjà expliqué sur ce que nous croyons être
les rapports de la littérature et de l'histoire. Cette tirade d'Othon ne saurait être réduite à représenter une « allusion » à Mazarin : ce ne sont pas
les sentiments de Corneille pour Mazarin qui « expliquent » ce passage;
c'est, au contraire, ce passage qui permet de comprendre les sentiments
de Corneille pour Mazarin.

296. Ce thème va devenir, nous le verrons, un des thèmes fondamentaux des toutes dernières pièces.

297. Nous reviendrons sur ce point dans notre conclusion (I et II).

298.

Cléante :
> *Tous ces mourants, Madame, à qui déjà la peste*
> *Ne laissait qu'un soupir, qu'un seul moment de reste...*
> *Rendent grâces au ciel d'une commune voix...*

Dircé :
> *Que m'importe qu'il montre un visage plus doux,*
> *Quand il fait des malheurs qui ne sont que pour nous?*
>
> (*Œdipe*, V, ix, 1957-58, 1960, 1963-64.)

Lacus :
> *Et qu'importe à tous deux de Rome et de l'État?*
> *Qu'importe qu'on leur voie ou plus ou moins d'éclat?*
> *Faisons nos sûretés, et moquons-nous du reste.*
> *Point, point de bien public s'il nous devient funeste.*
>
> (*Othon*, II, iv, 651-54.)

299.

Livie :
> *Tous ces crimes d'État qu'on fait pour la couronne,*
> *Le ciel nous en absout alors qu'il nous la donne,*
> *Et dans ce sacré rang où sa faveur l'a mis,*
> *Le passé devient juste et l'avenir permis.*
>
> (*Cinna*, V, ii, 1609-12.)

Vinius :
> *Régnez: qui fait des lois peut bien faire un divorce.*
> *Du trône on considère enfin ses vrais amis,*
> *Et quand vous pourrez tout, tout vous sera permis.*
>
> (*Othon*, I, ii, 250-52.)

Cf. également le « recours au ciel » :

Cinna :
> *Il se met du parti de ceux qu'il fait régner...*
>
> (*Cinna*, III, iv, 1007.)

Lacus :
> *En ces occasions, lui qui tient les couronnes*
> *Inspire les avis sur le choix des personnes.*
>
> (*Othon*, II, v, 697-98.)

L'admonestation de Camille : « mettez bas l'artifice » (*ibid.*, cf. p. 373)
cherche précisément à démasquer *Lacus*, à découvrir la réalité *ignoble*
sous le langage *noble:* à ce stade de détérioration héroïque, cette distinction est impossible, et l'on voit sans peine les conséquences politiques de
cette impossibilité psychologique.

3oo.

Camille :

> *Je sais ce qu'est Pison et quelle est sa noblesse...*
> *Je veux croire, en faveur des héros de sa race,*
> *Qu'il en a les vertus, qu'il en suivra la trace,*
> *Qu'il en égalera les plus illustres noms;*
> *Mais j'en croirais bien mieux de grandes actions.*

(III, III, 893, 961-64,)

3o1. Sur le sens de ce « couronnement », nous reviendrons plus tard. Cf. pp. 489-9o.

3o2. Nous avons étudié *Agésilas* séparément (*Agésilas*, édition critique).

3o3. « Le caractère d'Attila est supérieurement peint, c'est une espèce de tigre. » Stendhal, *Pensées*, t. I, p. 298. Édition du Divan. Cité par P. Lièvre, *Corneille, Théâtre Complet*, t. II, Bibliothèque de la Pléiade, p. 1262.

3o4. B. Dort, *op. cit.*, p. 102. G. Couton parle d'un « monstre fascinant » (*Corneille*, p. 168) et O. Nadal d'une « volonté farouche, décidée ; une puissance et une liberté absolues » (*op. cit.*, p. 247). Il s'agit là d'une vue à peu près unanime.

3o5. Sur ce point, nous nous séparons de G. Couton : « Son barbare est admirable d'intelligence maléfique, créateur d'une doctrine militaire singulièrement moderne : sa guerre psychologique paralyse l'adversaire par la terreur, énerve sa capacité de résistance, mine le pays ennemi de l'intérieur... et finalement le submerge sans qu'il ait été nécessaire de livrer bataille. » (*Corneille*, p. 168). Là où G. Couton voit un bond en avant, nous voyons précisément un retour en arrière. A l'appui de notre thèse, qui voit dans la tactique guerrière d'Attila une *régression*, du point de vue de l'éthique héroïque, nous rappellerons le témoignage de Jornandès, dans sa chronique, qui décrit notre monarque comme « un perfide qui usait de la ruse avant de recourir aux armes » : or, c'était supposé être là la politique méprisable du cabinet espagnol. (Cité par V. Vedel, *op. cit.*, p. 194.)

3o6. Cf. pp. 190-91 et p. 275.

3o7. O. Nadal a bien vu ce rapprochement : « Ce sont le caractère et le drame d'Alidor *(La Place Royale)* transposés dans une tête politique et sur le plan de l'histoire... mais les moyens employés sont différents. » (*op. cit.*, p. 248). Nous croyons, pour notre part, que ces moyens sont *trop* semblables, malgré la « transposition ».

3o8. Sur cette question controversée, voir notamment H. C. Lancaster, *op. cit.*, III, v. 2, pp. 573 sqq ; G. Couton, *Vieillesse de C.*, pp. 171 sqq.; R. Jasinski, *Vers le Vrai Racine*, t. I, pp. 366 sqq ; A. Adam, *Histoire, op. cit.*, t. IV, pp. 364 sqq.

3o9. Comme Tite le remarque fort bien, ces deux « passions » se situent, chez elle, *au même niveau:* faisant allusion à la « victoire » que Domitie prétend avoir remportée sur son amour pour Domitian,

> *Peut-être auriez-vous peine à le bien étouffer,*
> *Si votre ambition n'en savait triompher.*

(V, II, 1513-14.)

3o.

> *Voulez-vous pour servir être sûr du salaire,*
> *Seigneur? et n'avez-vous qu'un amour mercenaire?...*
> *Que ces prétentions sentent les âmes basses! etc.*

(IV, III, 1215-16, 1219.)

311. Encore une fois, il ne s'agit pas de juger d'après les critères personnels du critique, qui n'ont rien à voir ici, mais d'après la logique interne de ce théâtre.

312. Notre interprétation s'écarte donc tout à fait ici de celle de Nadal :
« On montrerait aisément la même absence d'ambition politique chez
quelques héroïnes. Bérénice vient à Rome en ambassade amoureuse et
non politique... » (*op. cit.*, p. 258).

313. Cf. sur ce point, P. Bénichou, *op. cit.*, pp. 97-111, « La démolition du Héros ».

314. Claude Vigée, *Les Artistes de la Faim*, Calmann-Lévy (1960), p. 195.

315. « Mais les hommes *conservent-ils* de la passion dans ces engagements
éternels? » *La Princesse de Clèves*, Mme de La Fayette, *Romans et Nouvelles*,
Garnier (1948), p. 387.

316. *Ibid.*, p. 394.

317. Le lien fondamental qui rattache la séparation cornélienne de
Tite et Bérénice à la littérature passionnelle de l'époque a été très bien
senti par G. Couton : « Peut-être y a-t-il, dans *Tite et Bérénice* et cette
séparation, influence d'une mode littéraire qui fait se quitter des amants
et non plus se rejoindre dans la vie ou dans la mort... La mode peut procéder des *Lettres Portugaises* qui viennent de paraître et annoncer *la Princesse de Clèves.* » (*Vieillesse de C.*, p. 189). Cependant l'histoire littéraire ne
fait que poser le problème. S'il y a « mode », il faut comprendre *pourquoi*.
Aucune mode ne prend dans le « vide ». En réalité, il ne s'agit nullement
d'un accident contingent du goût, mais de l'aboutissement d'une attitude
fondamentale proposée par l'éthique aristocratique sous forme de « préciosité ». C'est toute une conception séculaire de l'homme et de l'amour
qui se meurt ici.

318. Déjà annoncée par bien des éclairs de lucidité, tel le cri significatif
de Garibalde, dans *Pertharite* (II, 11), sur lequel nous aurons l'occasion de
revenir. Cf. p. 480.

319. Que les poètes aient repris et magnifié les thèmes affectifs qui
hantent la conscience occidentale, depuis la désacralisation du monde
moderne, c'est ce que Claude Vigée a montré dans *Les Artistes de la Faim*.
Il a parfaitement raison de mettre, au terme de la lignée qui part de la
princesse de Clèves (et nous ajouterons ici de la Bérénice cornélienne),
l'*Hérodiade* de Mallarmé :

> *Oui, c'est pour moi, pour moi, que je fleuris, déserte!*

Aux épousailles mallarméennes s'opposent exactement les « noces »
de Camus.

320. Mouvement déjà esquissé par Alidor, mais porté ici à l'absolu,
car Alidor veut continuer à *vivre*.

321. Le passage entier est à citer :

> *Qu'on rêve avec plaisir quand notre âme blessée*
> *Autour de ce qu'elle aime est toute ramassée!*
> *Vous le savez, Seigneur, et comme à tout propos*
> *Un doux je ne sais quoi trouble notre repos :*
> *Un sommeil inquiet sur de confus nuages*
> *Élève incessamment de confuses images,*
> *Et sur leur vain rapport fait naître des souhaits*
> *Que le réveil admire et ne dédit jamais.*

(II, 1, 521-28.)

Dans son effort désespéré pour faire éclater la gangue du réel, Corneille,
apôtre de la conscience lucide et de la décision réfléchie, rencontre curieusement ici, pour la première fois — et sans s'y arrêter — la tentation des
évasions oniriques.

322.

> *Moi qui me figurais que ma caducité*
> *Près de la beauté même était en sûreté...*
>
> (II, 1, 455-56.)
>
> *Il m'est honteux d'aimer; il vous l'est d'être aimée*
> *D'un homme dont la vie est déjà consumée...*
>
> (V, III, 1497-98.)

323. A la fin de ce théâtre, Martian retrouve, en effet, le même mouvement douloureux du héros vers sa force perdue que don Diègue dans *le Cid*. Mais le ton est, cette fois, d'autant plus *désespéré* qu'il n'existe plus de Rodrigue et que la perte est *sans retour :*

> *J'aimais quand j'étais jeune, et ne déplaisais guère...*
> *Mais, hélas ! j'étais jeune et ce temps est passé;*
> *Le souvenir en tue, et l'on ne l'envisage*
> *Qu'avec, s'il faut le dire, une espèce de rage;*
> *On le repousse, on fait cent projets superflus :*
> *Le trait qu'on porte au cœur s'enfonce d'autant plus...*
>
> (II, 1, 441, 444-48.)

Il va sans dire que l'invention du personnage de Martian n'est pas gratuite, et sa tragédie est celle de l'univers cornélien tout entier.

LA MORT DU HÉROS

SURÉNA

324. J. Lemaître, « Corneille », *op. cit.*, p. 339; également *Racine*, pp. 230-31. G. Lanson, *Esquisse*, p. 99. L'utilisation des « interrogatoires » raciniens dans *Suréna* est étudiée de façon très précise par G. Couton, *Vieillesse de C.*, pp. 213-215.

325. Sur ce point, voir R. Jasinski, *Vers le vrai Racine*, t. II, pp. 231 sqq.

326. Allusions, d'ailleurs, toutes conjecturales : pas de « noble », qui réponde au signalement de Suréna, en 1674. Cf. Lanson, *Esquisse*, p. 99.

327. S. Doubrovsky, « *La Princesse de Clèves:* une Interprétation Existentielle », dans *La Table Ronde*, juin 1959, pp. 45-46.

328. Cf. page précédente :

> *Et d'un mot échappé la douceur hasardée...*
>
> (I, 1, 57.)
>
> *... insensible aux douceurs*
> *Que par un plein succès l'amour verse en nos cœurs... etc.*
>
> (II, 1, 419).

329. Sauf, bien sûr, le bref moment où Rodrigue et Chimène oublient leur rôle pour se confondre dans la nostalgie du souvenir :

> *Que notre heur fût si proche et sitôt se perdît?*
>
> (*Le Cid*, III, IV, 988.)

330. Cf. notamment le célèbre passage de *Psyché*, III, III :

Psyché
L'Amour
> *Des tendresses du sang peut-on être jaloux?*
> *Je le suis, ma Psyché, de toute la nature :*
> *Les rayons du soleil vous baisent trop souvent;*
> *Vos cheveux souffrent trop les caresses du vent :*
> *Dès qu'il les flatte, j'en murmure;*
> *L'air même que vous respirez*
> *Avec trop de plaisir passe par votre bouche;*
> *Votre habit de trop près vous touche;*
> *Et sitôt que vous soupirez,*
> *Je ne sais quoi qui m'effarouche*
> *Craint parmi vos soupirs des soupirs égarés.*
>
> (v. 1189-98.)

331. Au contraire, Mme de Clèves fait tout pour *ne pas* s'apercevoir, aussi longtemps qu'il est possible, de son sentiment.

332. S. Doubrovsky, « Arnolphe ou la Chute du Héros », *art. cit.* p. 117.

333. *Art. cit.*, p. 46.

334. Cf. la présentation même de Suréna :

> *L'autre [Suréna], par les devoirs d'un* respect légitime,
> *Vengeait le sceptre en nous de ce manque d'estime.*
>
> (I, 1, 45-46.)

335. Là encore, il est à peine besoin de souligner la différence radicale avec Racine, chez qui les affres de la passion présente sont toujours ressenties comme affleurement du passé (Néron habité par la lignée des Domitius, Phèdre visitée par le péché maternel, etc.).

336.

> Cf. Horace : *Fais-toi de mon exemple une* immuable *loi.*
>
> (IV, vii, 1362.)
>
> Cinna : *Conservez* à jamais *ma dernière victoire!* etc.
>
> (V, iii, 1698.)

337. Molière l'a parfaitement compris. Cf. p. 514.

338. « Il y avait toujours quelque chose à souhaiter au-delà de sa possession. » (*op. cit.*, p. 260).

339. Cf. « La qualité de mari lui donna de plus grands privilèges; mais elle ne lui donna pas une autre place dans le cœur de sa femme. » (*P. de Cl.*, *ibid.*).

340. « Vous m'avez donné de la passion dès le premier moment que je vous ai vue; vos rigueurs et votre possession n'ont pu l'éteindre... elle dure encore; je n'ai jamais pu vous donner de l'amour, et je vois que vous craignez d'en avoir pour un autre. Et qui est-il, madame, cet homme heureux qui vous donne cette crainte? Depuis quand vous plaît-il »? etc. (*op. cit.*, p. 334).

341. Cf. ce que dit Suréna, p. 442.

342. Il existe une admirable formule de R. Schneider sur le héros cornélien, qui s'applique littéralement à Suréna : « ...inexorablement tu t'avances vers une situation où tu t'opposeras à ton être et à ton essence, où ton existence même deviendra impossible. » (*op. cit.*, pp. 49-50).

343. Il est bien évident que le dilemme d'Orode, dans la pièce, est celui de Louis XIV, dans l'histoire : obligé d'éliminer, par ruse ou par force, les grands nobles du service politique et de s'appuyer, pour l'exercice concret du pouvoir, sur les « esclaves affranchis » de son siècle. Par là, tout comme Orode, en liquidant Suréna, se suicide, la monarchie louis-quatorzienne (et Saint-Simon n'avait pas tort) creuse, en fait, son tombeau.

344. Le cas de Pacorus, corrompu par la passion égoïste, est évidemment différent. Cf. G. Couton, *Vieillesse de C.*, p. 210 : « Il semble bien que Corneille n'ait pas voulu odieux ce personnage d'Orode. Les bons mouvements, même avortés, la raison d'État lui sont des circonstances atténuantes. L'antipathie va au prince Pacorus... »

345. Contrairement à Camille, qui revendique les droits et la morale de l'amour envers et contre tous.

346. C'est ce qu'a très bien exprimé M.-J. Durry, dans une des très rares études consacrées à *Suréna :* « Dans un égoïsme qui ne se distingue plus de l'abnégation, elle préfère qu'il périsse plutôt que de le voir à une autre. » « *Suréna* », dans *le Divan*, 1940, p. 302.

347. « En obéissant à Eurydice, Suréna s'obéit. » M.-J. Durry, *ibid.*, p. 309.

348.

> *Que d'un cœur tout à moi, que* de votre personne
> *Pacorus sera maître, ou plutôt sa couronne!*
> Ce penser m'assassine, *et je cours de ce pas*
> *Beaucoup moins à l'exil, Madame, qu'au trépas.*

(V, II, 1537-40.)

349. Tel est, pour nous, le sens de ce « dénouement invisible », dont J. Schérer, dans son étude sur *La dramaturgie classique en France* (Nizet, 1959) a souligné la force et l'originalité : « La valeur tragique de l'invisible, déjà assez fortement marquée dans *Bajazet*, est portée à son plus haut point, peut-être sous l'influence de cette pièce, dans l'un des dénouements les plus neufs et les plus émouvants de notre théâtre classique, celui de la dernière tragédie de Corneille, *Suréna*. » (pp. 145-146).

L'ÉCHEC DU HÉROS

350. A. Kojève, *op. cit.*, p. 495.

351. Souligné par nous.

352. Il va sans dire que nous ne prenons pas ici le schéma hégélien pour parole d'Évangile. Nous croyons, en revanche, pouvoir et devoir utiliser ce qui, dans le système de Hegel, illumine notre sujet.

353. C'est bien ainsi que d'Urfé avait parfaitement posé, dès le début du siècle, le problème dans *l'Astrée*, en opposant la « vraie » et la « fausse » direction de l'amour. A la vision de Sylvandre : « Savez-vous bien que c'est qu'aimer? c'est mourir en soy pour revivre en autruy, c'est ne se point aimer que d'autant que l'on est agréable à la chose aimée, et bref c'est une volonté de se transformer, s'il se peut, entièrement en elle » (édition M. Magendie, Perrin, 1928, p. 50), fait contraste la leçon d'Amilcar, déjà voisine de celle de La Rochefoucauld : « ... l'origine de toutes ces amours procède de celle que chacun a pour soy-mesme... » (*ibid.*, p. 268). Telle est l'amère vérité que fait éclater, en définitive, contre le mythe originel, l'héroïsme aristocratique, au terme de sa carrière cornélienne.

354. C'est ce qu'a fort bien noté G. May, *op. cit.*, dans son analyse des « procédés » dramatique de Corneille; c'est aussi ce que sentent parfaitement les personnages, dans chaque pièce, qui, dès qu'ils rencontrent un obstacle, menacent de *se tuer* (sans, d'ailleurs, le faire, la plupart du temps).

355. C'est notamment le dilemme de Carlos, dans *Don Sanche* (cf. p. 314) ou de Sophonisbe (cf. p. 358).

356. Cité par P. Bénichou, *op. cit.*, p. 65.

357. Il convient de remarquer que cette « réification » du *pouvoir*, dans les tragédies, correspond très exactement à la réification de l'*argent*, dans les comédies.

358. E. Legouis et L. Cazamian, *Histoire de la Littérature Anglaise*, Hachette, 1924, pp. 427-428. Notons qu'il existe une interprétation différente de Shakespeare : « A une exception près, ces drames historiques traitent une large et même période et se font suite; mieux encore, ils sont reliés les uns aux autres par des idées communes... » Paul Reyher, *Essai sur les idées dans l'œuvre de Shakespeare*, p. 221. Mais on découvre bientôt que ce thème commun « n'est au fond que l'histoire d'un crime, de ses conséquences et de son expiation » (*ibid.*, p. 253). La pensée de Shakespeare semblerait donc s'inspirer, en matière d'histoire, d'une théologie providentialiste, et constituerait un « bréviaire » chrétien des rois. Quoi

qu'il en soit de l'interprétation shakespearienne, il n'en subsiste pas moins, entre le Barde et Corneille, une différence fondamentale.

359. Mais, pour commencer, *laquelle ?* Celle à qui il appartenait *de naissance* — les « officiers » de B. Dort — et faut-il alors aboutir à un « essentialisme » de classe ? Ou celle à laquelle il s'identifie par son *projet conscient* — les « grands » et les « rois » de Bénichou ?

360. On connaît assez ses flatteries aux rois, aux grands, au besoin aux financiers, sa recherche consciente et organisée du succès littéraire et matériel : un modèle de « personnalité bien adaptée ».

361. Il existe même un article de L. J. Wang, « The « tragic » theatre of Corneille », *French Review*, v. 25, 1951-52, qui réunit toute une collection de citations montrant que le théâtre cornélien n'est pas vraiment « tragique ». Contentons-nous, pour notre part, de quelques citations, dont on pourrait multiplier à l'infini la liste. « Le tragique impose à l'homme une limite et le broie sous forme inéluctable; le héros cornélien ne connaît aucune limite, il peut tout, non seulement sur lui-même et sur les autres, mais sur l'événement et le destin... » (J. Rousset, *op. cit.*, p. 213). « A ce point parvenue, la tragédie n'est plus qu'un refus du tragique; son ancien pouvoir de terrifier, d'évoquer des images farouches et pitoyables cède à une autre mission, celle de révéler l'homme dans sa gloire et dans son règne. » (O. Nadal, *op. cit.*, p. 141). « Il [Corneille] refuse une vision tragique du monde... Son œuvre est un acte de foi en l'homme, mais tout aussi bien en Dieu, parce que son humeur profonde l'engage à l'optimisme. » (G. Couton, *Corneille*, p. 98). Nous croyons, au contraire, avec R. Schneider, que l'héroïsme cornélien est par essence tragique, parce que « des lois s'imposent à la vie, qui contredisent à la vie même » (*op. cit.*, p. 37); avec B. Dort, qu'il est historiquement tragique, parce qu'il aboutit inévitablement à un échec; et surtout qu'il est fondamentalement tragique, parce qu'il propose comme but à l'existence une attitude impossible, qui tend à la destruction progressive de soi.

362. Pascal, *Pensées et Opuscules*, Hachette, 1945, p. 426.

363. P. Claudel, *Positions et Propositions*, Gallimard, p. 249. C'est bien pour cela que G. Lanson soulignait très justement l'absence de *tragique* dans les pièces médiévales : « Comme Dieu triomphe toujours, le drame finit toujours bien. Même les martyrs sont heureux, puisque la mort les introduit à la vie éternelle. » *Esquisse*, p. 5.

364. *Op. cit.*, livre III, chap. ii, p. 21.

365. F. Nietzsche, *Au-Delà du Bien et du Mal*, § 258 : « Ihr Grundglaube muss eben sein, dass die Gesellschaft *nicht* um der Gesellschaft willen da sein dürfe, sondern nur als Unterbau und Gerüst, an dem sich eine ausgesuchte Art Wesen zu höheren Aufgabe und überhaupt zu einem höheren *Sein* emporzuheben vermag... » *Werke*, Zweiter Band, Hanser Verlag, München, 1955, p. 728.

366. *Ibid.*, p. 727 : § 257 « Jede Erhöhung des Typus « Mensch » war bisher das Werk einer aristokratischen Gesellschaft — und so wird es immer wieder sein : als einer Gesellschaft, welche an eine lange Leiter der Rangordnung und Wertverschiedenheit von Mensch und Mensch glaubt und Sklaverei in irgendeinem Sinne nötig hat. »

367. *Ibid.*, p. 569 : § 4 « Die Frage ist, wie weit es lebenfördernd, lebenerhaltend, Art-erhaltend, vielleicht gar Art-züchtend ist... »

368. *Op. cit.*, *Zur Genealogie der Moral*, p. 786 : « ... sie treten in die Unschuld des Raubtier-Gewissens *zurück*, als frohlockende Ungeheuer... »

Par contraste, nous avons eu l'occasion de voir, à propos de *Rodogune*, l'erreur fondamentale qui fait de Cléopâtre quelque « bête de proie » nietzschéenne. Cf. p. 300, n. 246.

369. *Ibid.*, p. 784 : « Während der vornehme Mensch vor sich selbst mit Vertrauen und Offenheit lebt... »

370. *Ibid.*, p. 782 : « Das Umgekehrte ist bei der vornehmen Wertungsweise der Fall : sie agiert und wächst spontan, sie sucht ihren Gegensatz nur auf, um zu sich selber noch dankbarer, noch frohlockender ja zu sagen... »

371. *Op. cit.*, *Jenseits von Gut und Böse*, p. 634 : « Von den Sinnen her kommt erst alle Glaubwürdigkeit, alles gute Gewissen, aller Augenschein der Wahrheit. »

372. *Op. cit.*, *Zur Genealogie der Moral*, p. 783 : « Die « Wohlgeborenen » *fühlten* sich eben als die « Glücklichen »; sie hatten ihr Glück nicht erst durch einen Blick auf ihre Feinde künstlich zu konstruieren... ». Et aussi : « Gerade umgekehrt also wie bei dem Vornehmen, der den Grundbegriff « gut » voraus und spontan, nämlich von sich aus konzipiert und von da aus erst eine Vorstellung von « schlecht » sich schafft! » *ibid.*, p. 785. (« Voilà une approche totalement opposée à celle de l'aristocrate, qui conçoit la notion fondamentale de « bien » immédiatement et spontanément, c'est-à-dire de soi-même, et, à partir de là, se crée sa propre notion de « mal »! »)

373. *Ibid.*, p. 787 : « Diese « Werkzeuge der Kultur » sind eine Schande des Menschen... »

374. *Ibid.*, p. 786 : « Sie geniessen da die Freiheit von allem sozialen Zwang, sie halten sich in der Wildnis schadlos für die Spannung, welche eine lange Einschliessung und Einfriedigung in den Frieden der Gemeinschaft gibt... »

375. *Ibid.*, p. 786 : « Auf dem grunde aller dieser vornehmen Rassen ist das Raubtier, die prachtvolle nach Beute und Sieg lüstern schweifende *blonde Bestie* nicht zu verkennen; es bedarf für diesen verbogenen Grund von Zeit zu Zeit der Entladung, das Tier muss wieder heraus, muss wieder in die Wildnis zurück — römischer, arabischer, germanischer, japanesischer Adel, homerische Helden, skandinavische Wikinger — in diesem Bedürfnis sind sie sich alle gleich. »

376. *Ibid.*, p. 776 : « ...nämlich arischen Eroberer-Rasse... »

377. Il va sans dire que nous simplifions ici beaucoup la complexité des problèmes, des pensées et des attitudes : nous croyons, toutefois, que le schéma général que nous tentons de dégager, pour servir à la compréhension ultime de l'héroïsme cornélien, est valable. En ce qui concerne Hegel, il faudrait distinguer entre l'ambiguïté des rapports qui constituent l'Homme et Dieu (« ...l'homme ne connaît Dieu qu'en tant que Dieu se connaît dans l'homme, cette connaissance est conscience que Dieu a de lui-même, mais aussi connaissance que l'homme a de Dieu, n'est rien autre que l'Esprit de Dieu lui-même. » Hegel, *Les Preuves de l'Existence de Dieu*, Aubier, 1947, p. 162), rapports *théologiques* qui définissent la Divinité de l'homme sur le plan métaphysique, — et le culte de la puissance démiurgique de l'homme, conçue à la manière cartésienne, dans la tradition *pratique* : « ...ce temps a transformé l'homme en maître, et rendu suprême sa puissance sur le réel. » (Hegel, *Morceaux choisis*, Gallimard, 1939, p. 278). Il est évident que c'est le second aspect de l'hégélianisme qui est passé dans le marxisme, en même temps que l'idée d'une récupération finale, non seulement de la *nature*, mais de l'*histoire* par la Subjectivité, — Marx dira la praxis — humaine.

378. Cette parenté avait déjà été très exactement signalée par H. Peyre, dès 1949 : « Dans la revue anglaise *Horizon* d'octobre 1945, une interview de Malraux, alors combattant sur le front d'Alsace (prise le 5 janvier 1945) citait Malraux comme se rattachant (ainsi que Giono, Bernanos et Montherlant) à « la tradition héroïque de la France, celle de Corneille »... Dans *Theatre Arts* (juin 1946), J.-P. Sartre redéfinissait le drame racinien et le drame cornélien : c'est dans Racine qu'il voyait des personnages abstraits, dont les actes résultaient d'une analyse intellectuelle. « Corneille, au contraire, montre la volonté au cœur même de la passion, nous rend l'homme dans toute sa complexité, dans sa réalité totale. Les jeunes auteurs... se rangent avec Corneille. » *On écrira sans doute un jour une thèse sur « Corneille père du théâtre existentialiste ».* « Quelques ouvrages récents sur le xviie siècle », *The Romanic Review*, v. 40, avril 1949, p. 122. (Souligné par nous.)

379. Cf. *Cinna :* Le passé devient *juste* et l'avenir *permis* (V, ii, 1612).

380. Dans son article déjà cité, « Être et paraître », J. Starobinski avait aperçu, mais récusé la parenté du héros cornélien et du héros existentialiste : « Quand il agit, le héros existentialiste vise à affirmer sa liberté, et rien que sa liberté. Tandis que l'homme cornélien, par le moyen de l'acte libre, cherche à faire *voir un être* — une essence parfaite, un absolu substantiel : ce moi éblouissant — dans lequel la liberté qui l'a suscité s'engouffre tout entière et s'oublie » (p. 72). Cette réserve, valable quant à la première période de l'existentialisme sartrien, ne saurait s'appliquer à son évolution ultérieure : chez Corneille comme chez Sartre, la liberté entend se perdre non pour « faire voir un être », ce qui n'est qu'un premier stade inauthentique dans la mesure où il est insuffisant, mais pour s'incarner dans l'absolu d'une histoire. (Cf. n. 392).

381. Cf. *La Condition Humaine :* « L'idée des deux cents groupes qui agissaient comme le sien exaltait et troublait Tchen à la fois. Malgré la fusillade que le vent mou apportait de toute la ville, la violence lui donnait la sensation d'une action solitaire. » Ed. Le Livre de Poche, p. 85. Ceci reste vrai des « révolutionnaires » proprement dits : ce qui les relie (Hemmelrich, Katow, etc.) les uns aux autres, c'est l' « affection virile » (p. 177), non une idéologie, qui, au contraire, dès qu'elle apparaît (rencontre de Han-Kéou avec le délégué russe), *désunit.*

382. Il existe, sur ce point, une déclaration capitale de Sartre lui-même, sous forme de réponse à une enquête d'une revue américaine, à propos du fameux jugement de La Bruyère (le texte est en anglais) : « We believe the statement should be reversed. Racine paints psychological man, he studies the mechanics of love, of jealousy in an abstract, pure way ; that is without ever allowing moral consideration or human will to deflect the inevitability of their evolution. His dramatis personae are only creatures of his mind, the end results of an intellectual analysis. Corneille, on the other hand, showing will at the very core of passion, gives us back man in all his complexity, in his complete reality. » (« Forgers of Myths... » *Theatre Arts*, XXX, June 1946, p. 329. Également cité par G. May, *op. cit.* et M. Peyre). Heureusement (n. 378), le français, à peine anglicisé, se reconnaît facilement : « Nous croyons que ce jugement devrait être renversé. Racine peint l'homme psychologique, il étudie les mécanismes de l'amour, de la jalousie, d'une façon abstraite, à l'état pur ; c'est-à-dire sans jamais permettre aux considérations morales ou à la volonté humaine de dévier le cours inévitable de leur évolution. Ses personnages ne sont que des créatures de son esprit, le dénouement résulte d'une analyse intellectuelle. Corneille, au contraire, montrant la volonté au cœur même de la

passion, nous restitue l'homme dans toute sa complexité, dans sa réalité totale. »

383. Cf. cette déclaration théorique sur « le corps comme être-pour-soi » : « Ainsi donc *mon* corps est une structure consciente de ma conscience. » *L'Être et le Néant*, p. 394. Cf. aussi la fameuse analyse de la répugnance pour le « visqueux », qui représenterait, pour la conscience, le cauchemar d'une « revanche de l'En-soi » (*ibid.*, p. 701), d'une transformation par « empâtement de ses idées » (p. 702).

384. Francis Jeanson, moins critique, quand il s'agit de Sartre, qu'hagiographe, a essayé de dissocier l'auteur, qui aurait « toujours fait bon ménage » avec son corps (*Sartre par lui-même*, Éditions du Seuil, 1958, p. 187) des obsessions de Roquentin, que, pour plus de sûreté, d'ailleurs, il s'efforce de minimiser (*ibid.*, p. 124). Malheureusement, la « nausée » de Roquentin est la source affective qui *alimente* la pensée philosophique à l'œuvre dans *l'Être et le Néant*, et qui oriente, d'une façon générale, les catégories de la psychanalyse existentielle, telles que Sartre les applique au déchiffrement de Baudelaire et de Genet. Il s'agit donc bien, sans l'ombre d'un doute, de nausée *sartrienne*.

385. Sartre, en effet, à sa manière, qui n'est plus celle de Descartes, fait de la conscience une zone ontologique radicalement *indépendante*, sinon comme être, du moins comme activité : « ... la conscience est conscience de part en part. Elle ne saurait donc être limitée que par elle-même » (*Être et Néant*, p. 22), « ... parce que rien ne peut mordre sur elle... » (p. 26), etc. Ce n'est donc pas par hasard que l'apparition de l'autrui sartrien, tout comme celle de l'autrui cornélien, se présente *dans les mêmes termes*, en tant que *menace* et *perte de la Maîtrise* : « En tant que je suis objet de valeurs qui viennent me qualifier sans que je puisse agir sur cette qualification, ni même la connaître, *je suis en esclavage*... je suis *en danger*. Et ce danger n'est pas un accident, mais la structure permanente de mon être-pour-autrui. » (souligné par nous) (*ibid.*, p. 326). « Avec le regard d'autrui, la « situation » m'échappe ou, pour user d'une expression banale, mais qui rend bien notre pensée : *je ne suis plus maître de la situation.* » (*ibid.*, p. 323) (souligné dans le texte).

386. Cf. ce monologue révélateur de Boris, dans *l'Age de Raison:* « Quand ça sera fini avec elle, je serai chaste, je ne veux plus d'histoires. Ça me dégoûte de faire l'amour. Pour être juste, ça n'est pas tant que ça me dégoûte mais j'ai horreur de tomber dans les pommes. On ne sait plus ce qu'on fait, *on se sent dominé* et puis alors, à quoi ça sert d'avoir choisi sa bonne femme, ça serait la même chose avec toutes, c'est du physiologique. » (p. 41, souligné par nous). Telle est bien la raison pour laquelle le « physiologique » apparaît aussi à Mathieu comme « chair obscène et terrible » (*ibid.*, p. 78), lui qui confiait à Marcelle : « Écoute : je... je voudrais *ne me tenir que de moi-même.* » (*ibid.*, p. 18). Au bégaiement près, Corneille eût pu reprendre mot pour mot la formule.

387. Double passivité, d'ailleurs : longue immobilité du mouvement sans but des promeneurs du dimanche; mais aussi, au moral, spontanéité qui ne traduit que les mécanismes montés des habitudes bourgeoises.

388. *Les Communistes et la Paix*, II, dans *Les Temps Modernes*, nos 84-85, p. 735.

389. E. Verhaeren, « L'Effort », dans *La Multiple Splendeur*, p. 133, Mercure de France, 1955.

390. « Il est très rare qu'un homme puisse supporter, comment dirais-je? sa condition d'homme... » *La Condition Humaine*, op. cit., p. 191.

391. « La maladie chimérique, dont la volonté de puissance n'est que la justification intellectuelle, c'est la volonté de déité... » (*ibid.*, p. 192).

392. Il y a aussi, bien sûr, à un stade antérieur, chez Sartre, la même tentative ou tentation d'un salut par l'affirmation subjective absolue (Oreste, le premier Goetz, Mathieu, etc.). Mais l'échec de cet « héroïsme » personnel à se constituer sur une base authentique est dépassé vers l'action « socialiste », qui est, en somme, un « héroïsme » collectif.

393. Cf. S. Doubrovsky, « J.-P. Sartre et le Mythe de la Raison Dialectique », dans *La Nouvelle Revue Française*, (septembre, octobre et novembre 1961).

394. « Réponse à Lefort », *Temps Modernes*, nº 89. Après avoir violemment pris à partie Lefort, qui était censé accorder trop d'importance à la valeur révolutionnaire de la spontanéité populaire, et qui était coupable de l'hérésie selon laquelle l'organisation de la classe elle-même esquisse ce que sera la société socialiste (p. 1574), Sartre, dans « Le Fantôme de Staline », *ibid.*, nᵒˢ 129-131, fait, par miracle, réapparaître des « masses » avec une « volonté », en régime capitaliste, et donne curieusement dans le spontanéisme de l'analyse concrète (p. 632). Les Soviétiques s'y voient même reprocher de sous-estimer la « puissance révolutionnaire des mouvements ouvriers » (p. 627). Dans la *Critique* finalement, on fera franchement appel au « regroupement révolutionnaire » des masses « contre l'inertie des institutions et contre cette souveraineté qui se bâtit sur leur impuissance » (p. 624).

395. « Les Communistes et la Paix », II, *loc. cit.*, p. 759.

396. Il passe également, cela va sans dire, par d'autres voies. S'il y a tentation de « salut par le Chef » à gauche, il y a tout autant (et plus) tentation parallèle à droite. P.-H. Simon, à cet égard, a déjà fort bien fait le *Procès du Héros* (Le Seuil, 1950). Il existe toute une postérité « cornélienne » *de droite*, qui inclut Montherlant, Saint-Exupéry et bien d'autres. Si nous nous sommes attachés, dans cet essai, à celle de gauche, c'est qu'elle nous a paru à la fois moins évidente et plus authentique, — proche non par la lettre, mais par l'esprit. Le cornélien de droite, au xxᵉ siècle, est en général un pessimiste, qui prétend s'affirmer, au besoin, contre l'histoire ; Corneille, au contraire, comme le révolutionnaire d'aujourd'hui, est un optimiste, qui entend respecter le mouvement de l'histoire et l'annexer à son profit.

397. « Le Fantôme de Staline », *art. cit.*, p. 644. Nous ajouterons, pour dissiper tout malentendu, que cette contradiction ne nous paraît nullement inhérente à *toute* forme d'organisation socialiste, mais uniquement à celle qui prétend réaliser une « intégration », totale et totalitaire, des individus.

398. Telle est la conscience affective profonde qui pousse, vers la fin, Tite, Pulchérie ou Suréna à un refus de plus en plus farouche de toute descendance, de toute *postérité*.

399. *L'Existentialisme est un Humanisme*, *op. cit.*, p. 94.

400. Nous reprenons ici la substance de notre article précité (cf. n. 332).

401.

> De la manière enfin que la pure nature
> Exprime de l'amour la première blessure.
>
> (*École des Femmes*, III, ɪv, 944-45.)

402. Le problème est plus complexe que nous ne pouvons l'exposer en si peu d'espace. Il convient de distinguer entre les *théories* de Philinte, qui tendent à poser et accepter une sorte d' « essence » humaine, et sa *pratique*

personnelle, laquelle, au contraire, révèle la lutte courageuse d'une existence pour se trouver, sans jamais vouloir se fonder sur la domination d'autrui. Cf., à ce sujet, les belles analyses de R. Jasinski, dans *Molière et « le Misanthrope »*, Armand Colin, 1951.

403. S. Doubrovsky, *art. cit.*, p. 118.

404. Ce n'est pas simplement pour faire rire le public que Molière parle des « puces », qui « inquiètent » Agnès la nuit (I, III) ou prête à celle-ci le mot célèbre : « Le petit chat est mort. » (II, v). Plus exactement, le rire *situe* ici et souligne le niveau premier de l'existence d'Agnès, parmi ses *semblables*, c'est-à-dire les bêtes. On appréciera d'autant mieux son ascension ultime de l'animalité à l'humanité.

405. Pascal, *op. cit.*, p. 576 : « Si Dieu nous donnait des maîtres de sa main, oh ! qu'il leur faudrait obéir de bon cœur ! La nécessité et les événements en sont infailliblement. »

406. C'est ce que s'empresse de faire le fameux « Artiste de la Faim », dans la nouvelle de Kafka, et ce que C. Vigée s'emploie à dénoncer dans son étude, déjà citée, du même nom.

407. M. Merleau-Ponty, *Phénoménologie de la Perception*, Gallimard, 1945, « La Liberté », pp. 496-520. Cf. notamment : « Si la liberté est de faire, il faut que ce qu'elle fait ne soit pas défait à l'instant par une liberté neuve. Il faut donc que chaque instant ne soit pas un monde fermé, qu'un instant puisse engager les suivants, que, la décision une fois prise et l'action commencée, je dispose d'un *acquis*, je profite de mon élan, je sois incliné à poursuivre, il faut qu'il y ait une *pente de l'esprit*. » pp. 499-500. Et aussi : « Au-dessous de moi comme sujet pensant, qui peux à mon gré me situer dans Sirius ou à la surface de la terre, il y a donc comme un *moi naturel* qui ne quitte pas sa situation terrestre et qui esquisse sans cesse des valorisations absolues », p. 502 (souligné par nous).

408. Cité par M. Raymond, *De Baudelaire au Surréalisme*, J. Corti, 1952, p. 154. Ce qui, chez Valéry, est présenté comme jugement *normatif*, devient, dans la philosophie existentialiste, description *factuelle*.

409. Cité par M. Raymond, *ibid.*, p. 157. Nous conclurons sur cette réponse à la théorie sartrienne de la conscience, issue en droite ligne de Descartes (« La conscience a à être son propre être, elle n'est jamais soutenue par l'être, c'est elle qui soutient l'être au sein de la subjectivité... » *Être et Néant*, p. 102) — ou, si l'on préfère, nous finirons sur ce postulat inverse. Les positions éthiques et politiques des « libertaires » totaux de la conscience, à la façon de Corneille hier, ou de Sartre aujourd'hui, ne sont que le redoutable résultat de leurs prémisses métaphysiques.

Bibliographie

I. OUVRAGES GÉNÉRAUX :

Baudelaire, *Œuvres complètes*, Bibliothèque de la Pléiade, N. R. F., 1961.

Boileau, *Œuvres*, Classiques Garnier, 1961.

Bossuet, *Maximes et Réflexions sur la comédie*, dans *Œuvres*, publiées par J. Calvet, Hatier, 1919.
Oraisons funèbres, A la Cité des Livres, 1930.

Camus (Albert), *L'Homme révolté*, Gallimard, 1951.

Chanson de Roland (La), publiée par Joseph Bédier, l'Édition d'Art, Paris, 1922.

Chateaubriand, *Le Génie du Christianisme*, Calmann-Lévy, 1901, 2 v.

Claudel (Paul), *Positions et Propositions*, Gallimard, 1928, 2 v.

Corneille, *Œuvres de P. Corneille*, publiées par Charles Marty-Laveaux, Hachette, 1862-68, 12 v.
Théâtre complet, Bibliothèque de la Pléiade, N. R. F., 2 v., 1957.

Descartes, *Œuvres et lettres*, Bibliothèque de la Pléiade, N. R. F., 1958.
Lettres, Presses Universitaires de France, 1954.

Dufrenne (Mikel), *Phénoménologie de l'Expérience esthétique*, Presses Universitaires, 1953, 2 v.

Etheredge, (George), *The Man of Mode*, dans *Restoration Plays*, Modern Library, Random House, New York, 1953.

Hegel, *Morceaux choisis*, traduction de H. Lefèvre et N. Guterman, Gallimard, 1939.
Phénoménologie de l'Esprit, traduction de Jean Hyppolite, Aubier, Éditions Montaigne, 1941, 2 v.
Les Preuves de l'existence de Dieu, traduction de Henri Niel, Aubier, Éditions Montaigne, 1947.

Ionesco (Eugène), *Théâtre*, Gallimard, 1954, 2 v.

Kojève (Alexandre), *Introduction à la lecture de Hegel*, Gallimard, 1947.

La Bruyère, *Œuvres*, Classiques Garnier, 1962.

Mme de La Fayette, *Romans et nouvelles*, Classiques Garnier, 1948.

Malraux (André), *La Condition humaine*, édition revue et corrigée, Gallimard, 1946.
L'Espoir, Gallimard, 1937.

Merleau-Ponty (Maurice), *Phénoménologie de la Perception*, Bibliothèque des Idées, Gallimard, 1945.

MOLIÈRE, *Œuvres*, Classiques Garnier, 1956, 2 v.

MONTAIGNE, *Essais*, Classiques Garnier, 1942, 3 v.

NIETZSCHE, *Au-delà du Bien et du Mal*.
  La Généalogie de la Morale (dans *Werke*, Hanser Verlag, München, 1955, 3 v.).

PASCAL, *Pensées et Opuscules*, Hachette, 1945.

RACINE, *Théâtre complet*, Classiques Garnier, 1962.

SARTRE (Jean-Paul), *La Nausée*, Gallimard, 1938.
  L'Imaginaire, Bibliothèque des Idées, Gallimard, 1940.
  L'Être et le Néant, Bibliothèque des Idées, Gallimard, 1943.
  L'Age de raison, Gallimard, 1945.
  L'existentialisme est un humanisme, Nagel, 1946.
  Situations II, Gallimard, 1948.
  Critique de la Raison dialectique, Bibliothèque des Idées, Gallimard, 1960.
  « Forgers of Myths », dans *Theatre Arts*, XXX, juin 1946.
  « Les communistes et la paix », dans *Les Temps Modernes*, nos 84-85, oct.-nov. 1952.
  « Réponse à Lefort », dans *Les Temps Modernes*, no 89, avril 1953.
  « Le fantôme de Staline », dans *Les Temps Modernes*, nos 129-31, janvier 1957.

SHAKESPEARE, *The Complete Works*, edited by G. L. Kittredge, Ginn and Co, Boston, 1936.

SOPHOCLE, *Théâtre*, t. II, traduction P. Mazon, Les Belles Lettres, 1958.

VERHAEREN (Émile), *La Multiple Splendeur*, nouvelle édition, Mercure de France, 1955.

VIGÉE (Claude), *L'Été indien*, Gallimard, 1957.
  Les Artistes de la Faim, Calmann-Lévy, 1960.

II. CRITIQUE

ADAM (Antoine), *Histoire de la littérature française au XVIIe siècle*, Domat, 1954, 5 v.

AULT (Harold .C.), « The tragic genius of Corneille », *Modern Language Review*, avril 1950, v. 45.

BARRIÈRE (P.), « Le lyrisme dans la tragédie de Corneille », *R. H. L. F.*, v. 35, 1928.

BELLESSORT (André), *Sur les grands chemins de la poésie classique*, Perrin, 1914.

BÉNICHOU (Paul), *Morales du Grand Siècle*, Bibliothèque des Idées, Gallimard, 1948.

BENOIST (Charles), *Le Machiavélisme*, t. III, Plon, 1936.

BOORSCH (Jean), « Remarques sur la technique dramatique de Corneille », *Yale Romanic Studies*, 1941.
  « L'invention chez Corneille », *Yale Romanic Studies*, 1943.

BRASILLACH (Robert), *Pierre Corneille*, Arthème Fayard, 1938.
  Notre Avant-guerre, Plon, 1941.

BRAY (René), *La tragédie cornélienne devant la critique classique*, Hachette, 1927.

La préciosité et les précieux, Albin Michel, 1948.

BRUNETIÈRE (Ferdinand), *Études critiques sur l'histoire de la littérature française*, sixième série, « Corneille », Hachette, 1891.

Histoire de la littérature française classique, t. II, Delagrave, 1912.

CAILLOIS (Roger), « Un roman cornélien », mars 1938, *N. R. F.*, v. 50.

CALVET (Jean), *Polyeucte*, Mellotée, 1932.

CASSIRER (Ernest), *Descartes, Corneille et Christine de Suède*, Vrin, 1942.

CHAMPIGNY (Robert), « Corneille et le *Traité des Passions* », *French Review*, v. 26, 1952-53.

CHAPELAIN (Jean), *Les Sentimens de l'Académie Françoise sur la tragi-comédie du Cid*, édition G. Collas, Paris, Picard et fils, 1912.

CHÉREL (A.), « La pensée de Machiavel en France au temps de la Fronde », *Revue de Littérature comparée*, 1933, pp. 577-87.

COUTON (Georges), *La Vieillesse de Corneille*, Imprimerie F. Deshayes, Paris, 1949.

Corneille et la Fronde, Publications de la Faculté des Lettres de Clermont, 1951.

Réalisme de Corneille, Les Belles Lettres, 1953.

« Comment dater les grandes pièces de Corneille », *Revue d'Histoire du Théâtre*, v. 8, 1956.

Corneille, Connaissance des Lettres, Hatier, 1958.

CRÉTIN (Roger), *Les images dans l'œuvre de Pierre Corneille*, Caen, A. Olivier édit., 1927.

DORCHAIN (Auguste), *Pierre Corneille*, Garnier, 1918.

DORT (Bernard), *Pierre Corneille, dramaturge*, l'Arche, 1957.

DOUBROVSKY (Serge), « *La Princesse de Clèves* : une interprétation existentielle », *La Table Ronde*, juin 1959.

« Arnolphe ou la chute du Héros », *Mercure de France*, septembre 1961.

« J.-P. Sartre et le mythe de la Raison dialectique », *N. R. F.*, sept.-oct.-nov. 1961.

DROZ (Émile), « Corneille et l'*Astrée* », *R. H. L. F.*, v. 28, 1921.

DURRY (Marie-Jeanne), « Suréna », *Le Divan*, 1940, pp. 302-10.

FAGUET (Émile), *En lisant Corneille*, Hachette, 1914.

FIDAO-JUSTINIANI (J.-E.), *Qu'est-ce qu'un classique?*, Firmin-Didot, 1930

FONTENELLE, *Œuvres*, t. III, nouvelle édition, Paris, 1767, chez Saillant, Desaint et Regnard.

GOLDMANN (Lucien), *Le dieu caché*, Bibliothèque des Idées, Gallimard, 1955.

« Le problème du mal », *Médiations*, automne 1961.

GROS (Étienne), *Quinault*, Champion, 1926.

GUIZOT (François), *Corneille et son temps*, Didier, 1852.

HERLAND (Louis), « Les éléments précornéliens dans la *Mort de Pompée* de Corneille », *R. H. L. F.*, v. 50, 1950.

Horace ou la naissance de l'Homme, Éditions de Minuit, 1952.

Corneille par lui-même, Éditions du Seuil, 1954.

« Le « pardon » d'Auguste dans *Cinna* », *La Table Ronde*, février 1961.

JASINSKI (René), « Psychologie de Rodogune », *R. H. L. F.*, v. 49, 1949.
« Le sens de *Rodogune* », *Mélanges Mornet*, Nizet, 1951.
Molière et le Misanthrope, A. Colin, 1951.
Vers le vrai Racine, A. Colin, 1958.

JEANSON (Francis), *Sartre par lui-même*, Éditions du Seuil, 1958.

LAHARPE (Jean-Francois de), *Lycée*, Sens et Brouilhet fils libraires, t. III, « Corneille », 1813.

LANCASTER (H. C.), *A History of French Dramatic Literature in the Seventeenth Century*, Johns Hopkins University Press, Baltimore, 1929-42, 9 v.

LANSON (Gustave), « Le héros cornélien et le « généreux » selon Descartes », *R. H. L. F.*, v. 1, 1894.
Corneille, Hachette, 1898.
Esquisse d'une histoire de la tragédie française, Columbia University Press, New York, 1920.

LE BRUN (Roger), *Corneille devant trois siècles*, E. Sansot, Paris, 1906.

LEGOUIS (Émile) et CAZAMIAN (Louis), *Histoire de la littérature anglaise*, Hachette, 1924.

LEMAITRE (Jules), *Impressions de théâtre*, Lecène et Oudin, 1888, t. I.
« Corneille », dans *Histoire de la langue et de la littérature française* de Petit de Julleville, t. IV, A. Colin, 1897.

LEMONNIER (Léon), *Corneille*, Tallandier, 1945.

LOCKERT (Lacy), *Studies in French classical drama*, The Vanderbilt University Press, Nashville, 1958.

LOUKOVITCH (Kosta), *L'évolution de la tragédie religieuse classique en France*, Droz, 1933.

MAGENDIE (Maurice), *L'Astrée*, Perrin, 1928.

MAY (Georges), *Tragédie cornélienne, tragédie racinienne*, The University of Illinois Press, 1948.

NADAL (Octave), *Le sentiment de l'amour dans l'œuvre de Pierre Corneille*, Bibliothèque des Idées, Gallimard, 1948.
« L'exercice du crime chez Corneille », *Mercure de France*, janvier 1951.

PÉGUY (Charles), *Victor-Marie, Comte Hugo*, dans *Œuvres complètes*, v. 4, N. R. F., 1916-52.
Note conjointe sur M. Descartes et la philosophie cartésienne, ibid., v. 9.

PETIT DE JULLEVILLE (Louis), *Le théâtre en France*, A. Colin, 1889.

PEYRE (Henri), « Quelques ouvrages récents sur le XVIIᵉ siècle », *The Romanic Review*, v. 40, avril 1949.

POULET (Georges), *Études sur le temps humain*, Plon, 1950.

RAYMOND (Marcel), *De Baudelaire au Surréalisme*, J. Corti, nouvelle édition, 1952.

RENAN (Ernest), *Sur Corneille, Racine et Bossuet*, Cahiers de Paris, 1926.

REYHER (Paul), *Essai sur les idées dans l'œuvre de Shakespeare*, Didier, 1947.

REYNIER (Gustave), *Le Cid de Corneille*, Mellotée, 1929.

RICHARD (Jean-Pierre), *L'Univers imaginaire de Mallarmé*, Éditions du Seuil, 1962.

RIVAILLE (Louis), *Les débuts de Pierre Corneille*, Boivin, 1936.

ROSTAND (François), *L'Imitation de soi chez Corneille*, Boivin, 1946.

ROUGEMONT (Denis de), *L'Amour et l'Occident*, Plon, édition remaniée et augmentée, 1961.

ROUSSEAUX (André), « Corneille et le mensonge héroïque », *La Revue de Paris*, juillet 1937.
Le Monde classique, v. 3, Albin Michel, 1951.

ROUSSET (Jean), *La littérature de l'âge baroque en France*, J. Corti, 1953.

SAINTE-BEUVE, *Portraits littéraires*, t. I, nouvelle édition, Garnier frères, 1862.

SAINT-ÉVREMOND, *Critique littéraire*, édition Bossard, Paris, 1921.
Œuvres, t. I, publié par R. de Planhol, A la Cité des Livres, 1927.

SAINT-MARC GIRARDIN, *Cours de littérature dramatique*, t. I, Charpentier, 1863.

SCHÉRER (Jacques), « Le retour des personnages dans les comédies de Corneille », *Mélanges Mornet*, Nizet, 1951.
La Dramaturgie classique en France, Nizet, 1959.

SCHLUMBERGER (Jean), *Plaisir à Corneille*, Gallimard, 1936.

SCHNEIDER (Reinhold), *Grandeur de Corneille et de son temps*, traduction M. de Gandillac, Alsatia, 1943.

SIMON (Pierre-Henri), *Procès du Héros*, Éditions du Seuil, 1950.

SOURIAU (Maurice), *L'Évolution du vers français au XVIIe siècle*, « Corneille », Hachette, 1893.

STAROBINSKI (Jean), « Sur Corneille », *Les Temps Modernes*, novembre 1954.
« Être et paraître », *Monde Nouveau*, octobre 1955.

SWEETSER (M. O. Ganny), « Importance du personnage d'Auguste dans la dramaturgie cornélienne », *The Romanic Review*, v. 52, 1961.

TANQUEREY (F. J.), « Le héros cornélien », *Revue des Cours et Conférences*, 15 et 30 juillet 1934.

TASTEVIN (Maria), *Les Héroïnes de Corneille*, Champion, 1924.

VEDEL (Valdemar), *Corneille et son temps*, traduction E. Cornet, Champion, 1935.

VOLTAIRE, *Commentaires*, Genève, 1764, 12 v.

WANG (L. J.), « The « tragic » theatre of Corneille », *French Review*, v. 25, 1951-52.

Index des œuvres
et des personnages cornéliens cités.

Table

LE CID OU LA CONQUÊTE D'AUTRUI

HORACE OU LA CONQUÊTE DE SOI

I. Exposition thématique : existence féminine et morale du sentiment) chez Sabine et Camille, 133-138, face à la morale « romaine » de Julie, 138.

II. L'existence masculine du héros, 139-140; la « tragédie parfaite » selon Aristote et Corneille, 140-141; la confrontation d'Horace et de Curiace : supériorité morale d'Horace, 141-145; vers une sur-éthique : le fratricide conscient, 145-149; la guerre entre Albe et Rome comme simple variante du « duel héroïque », 149-151; métaphysique du « parricide » : révolte contre le péché originel de la naissance et de l'affectivité, 151-154.

III. La rencontre avec Camille n'est pas surajoutée : elle couronne et consomme la tragédie, 154-155; préparation dramatique, 155-156; le contraste entre Camille et Sabine, 156-158; construction, chez Camille, d'un héroïsme du sentiment, 158-159; le duel d'Horace et de Camille : la victoire de Camille, 159-167.

IV. Destruction mutuelle de Camille et d'Horace : le schisme de l'éthique héroïque, 167-169; nécessité et signification du « jugement » de Tulle, 169-171; la solitude tragique du héros, face à son père, 171-173, à Valère et à l'ordre romain, 173-174; mise en question de l'acte héroïque par le temps, 174-177 et le regard d'autrui, 177-179.

V. Apparition d'un salut politique par le « service de l'État », 179-180; réconciliation des Moi divisés dans une totalité organique, 180-184.

CINNA OU LA CONQUÊTE DU POUVOIR

I. Émergence du Monarque, 185-187.

II. La situation première de *Cinna* : le schéma cornélien, 187-190; sous l'apparence, dégradation du projet héroïque chez Émilie et chez Cinna, 190-193.

III. Dégradation parallèle de la Maîtrise monarchique chez Auguste : la fuite devant la mort et le refuge en autrui, 193-196.

IV. Le pseudo-républicanisme de Cinna : une douloureuse prise de conscience politique, 196-200; conflit entre le dessein politique de Cinna et celui d'Émilie, 200-202; la désunion des amants, 202-203.

V. Auguste sur la voie pénible du redressement intérieur, 204-207; le « combat » avec Cinna et Émilie, 207-211; la victoire d'Auguste : dialectique du « pardon » et de la « clémence », 212-216.

VI. Au-delà du drame humain, apothéose du Monarque : la monarchie de droit divin, 217-221.

POLYEUCTE OU LA CONQUÊTE DE DIEU

I. Le paradoxe de *Polyeucte* : la place d'une tragédie chrétienne dans une dramaturgie héroïque, par nature antichrétienne, 222-225.

II. Piété de Corneille et impiété de son théâtre, 225-227; ambiguïté de

LA LIBERTÉ CONTRE LA NATURE

Cet ouvrage
reproduit
par procédé photomécanique
a été achevé d'imprimer
dans les ateliers de la S.E.P.C.
à Saint-Amand (Cher), le 2 février 1982.
Dépôt légal : février 1982.
N° d'imprimeur : 056.